terra magica
cleverreisen

ALASKA - YUKON
KOMPAKT

Don Pitcher / Deke Castleman

ALASKA - YUKON KOMPAKT

www.terramagica.de

Reich Verlag

Titel der amerikanischen Originalausgabe:
»Alaska-Yukon Handbook«
© Text by Don Pitcher & Deke Castleman 1983/1997
© Illustrationen und Karten by Moon Publications, Inc.,
Chico, California 1997
© 2000 für die deutschsprachige Ausgabe by Reich Verlag AG/
terra magica, Luzern/Switzerland
Aus dem Amerikanischen von Marion Blythe und Anna Maria Dahm
Umschlaggestaltung: Andreas Kotowski
Titelbildfoto aus dem terra-magica-Farbbildband **ALASKA Spektrum**
von Max Schmid (ISBN 3-7243-0339-4)
Herstellung und Satz: VerlagsService Dr. Helmut Neuberger
& Karl Schaumann GmbH, Heimstetten
Druck: Jos. C. Huber, Dießen
Binden: R. Oldenbourg, Kirchheim
Alle Rechte vorbehalten
Printed in Germany
ISBN 3-7243-0355-6
Terra magica ist seit 1948 eine international geschützte Handelsmarke
und ein eingetragenes Warenzeichen der Reich Verlag AG

Inhalt

Alaska und das Yukon Territory 9
Regionen und geologische Besonderheiten 9, Besitzverhältnisse 15, Klima 16, Licht und Dunkelheit 18, Fauna 19, Flora 33, Historisches 36, Staat und Verwaltung 44, Wirtschaft 44, Die Menschen 49, Einheimische Kunst und traditionelles Handwerk 52

Unterwegs 54
Nationalparks und Schutzgebiete 55, Forest Service 56, State Parks und Erholungsgebiete 56, Weitere Einrichtungen 57, Freizeitbeschäftigungen 57, Unterbringung 62, Verpflegung 64, Praktische Hinweise (Währung, Bargeld, Reiseschecks, Geldwechsel, Post und Telefon, Zeiten und Maßeinheiten, Einreisebestimmungen, Einreise nach Kanada, Campingausrüstung, Kleidung, Wichtige Kleinigkeiten und Dokumente, Küchengeschirr, Toilettenartikel und Reiseapotheke) 65, Gesundheit und Hilfe in Notfällen 69, Informationsmaterial 71, Anreise 71, Reiserouten in Alaska 74

Tore zum Norden 79
- Seattle und Umgebung 79
- Bellingham 86
- Vancouver 88
- Vancouver Island 94
- Victoria 96
- Die Golf-Inseln 99
- Prince Rupert und die Nordküste 105
- Rund um den Chatham Sound 110
- Metlakatla 111
- Port Edward 112
- Queen Charlotte Islands 112

Südostalaska 118
- Alaska Marine Highway 122
- Tongass National Forest 124
- Ketchikan 126
- Umgebung von Ketchikan 135
- Misty Fjords National Monument 138
- Metlakatla 139
- Hyder und Stewart 142
- Prince of Wales Island 147
- Craig 150
- Klawock 152
- Thorne Bay, Hydaburg und andere Orte 153
- Wrangell 154
- Stikine River 161
- Petersburg 162
- Kake 170
- Sitka 171
- Chichagof Island 184
- Pelican 185
- West Chichagof-Yakobi Wilderness 186
- Elfin Cove 186
- Tenakee Springs 187
- Juneau 188
- Tracy Arm-Fords Terror Wilderness 207
- Chuck River Wilderness 209
- Endicott River Wilderness 210
- Admiralty Island 210

Inhalt

• Angoon	210
• Kanufahrten quer durch Admiralty Island	211
• Seymour Canal	212
• Glacier Bay National Park	213
• Gustavus Area	216
• Tatshenshini River und Alsek River	221
• Haines	221
• Chilkat Bald Eagle Preserve	231
• Skagway	231
• Chilkoot Trail	239
• Klondike Highway	240

Yukon Territory 242

• Watson Lake	244
• Entlang der Cassier Mountains	247
• Teslin	248
• Nach Whitehorse	248
• Whitehorse	248
• Alaska Highway nach Beaver Creek	258
• Haines Junction	258
• Kluane National Park	259
• Nach Beaver Creek	262
• Beaver Creek	263
• Klondike Loop	263
• Carmacks	264
• Zum Silver Trail	264
• Stewart Crossing	265
• Dawson City und Umgebung	266

Im Landesinneren 278

• Eagle	278
• Yukon-Charley Rivers National Preserve	284
• Taylor Highway	285
• Tok	286
• Delta Junction	288
• Fairbanks	290
• North Pole	308
• Chena Lake Recreation Area	309
• Fox	309
• Ester	310

• Die Umgebung von Fairbanks	311
• Elliott Highway und Manley Hot Springs	319
• Dalton Highway	321
• George Parks Highway	324
• Nenana	324
• Von Clear nach Kealy	327
• Denali	328
• Denali Highway	349

Südliches Zentralalaska 353

• Denali State Park	353
• Talkeetna	356
• Nach Süden	360
• Hatcher Pass Road	362
• Wasilla	362
• Anchorage und Umgebung	366
• Chugach State Park	401
• Arctic Valley	403
• Eagle River Area	403
• Eklutna Village	404
• Eklutna Lake Area	404
• Östlich von Anchorage	405
• Potter Marsh Area	405
• Turnagain Arm Trail	406
• Beluga Point	406
• Indian Creek und Bird Creek	406
• Von Girdwood nach Whittier	407
• Girdwood	407
• Portage-Gletscher	409
• Whittier	411
• Von Palmer nach Valdez	413
• Palmer	414
• Glennallen	419
• Richardson Highway in Richtung Süden	420
• Valdez	426
• Cordova	433
• Kenai Peninsula	441
• Nach Hope	444
• Nach Seward	446
• Seward	447
• Kenai Fjords National Park	454
• Nach Soldotna/Kenai	457

Inhalt

- Soldotna 460
- Kenai 462
- Nach Homer 464
- Homer 465

Südwestalaska 476

- Kodiak Island 478
- Kodiak National Wildlife Refuge 491
- Lake Clark National Park 494
- Katmai National Park 495
- McNeil River State Game Sanctuary 500
- Die Aleuten 501
- Unalaska/Dutch Harbor 503
- Weitere Inseln der Aleuten 509
- Pribilof Islands 509

Die Beringstraße und die arktische Küste 512

- Dillingham 514
- Walrus Island State Game Sanctuary 515
- Wood-Tikchik State Park 516
- Bethel 517
- Nome 520
- St. Lawrence Island 524
- Kotzebue 524
- Nationalparks in Nordwestalaska 526
- Barrow 528
- Prudhoe Bay/Deadhorse 532
- Arctic National Wildlife Refuge 533

Register 534

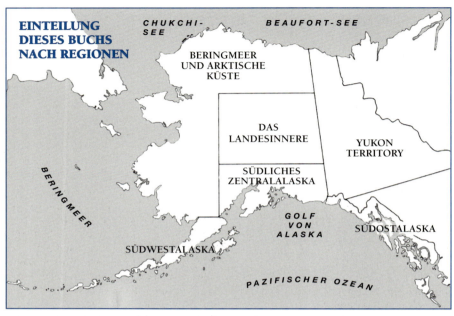

Kartensymbole

—	Hauptstraße	o	Dorf/Ort	– · –	Landesgrenze
—	Nebenstraße	o	Stadt	– · · –	Staatsgrenze
- -	Unbefestigte Straße	■	Sehenswürdigkeit	· – · · –	Fähre
═══	Wanderweg	•	Hotel/Übernachtung	⌒	State Highway
=	Brücke		Treppen	▬	Eisenbahn
▲	Gipfel	🎿	Skigebiet	≋	Gewässer
✈✈	Flughafen			⌒	Primary Highway (Kanada)
△	Campingplatz			⊕	Transcanada Highway

Alaska und das Yukon Territory

Die für die USA typischen Landschaften setzen sich ohne Unterbrechung bis in den hohen Norden, den Staat Alaska, fort. Die Great Plains im Mittelwesten der Vereinigten Staaten erstrecken sich bis zu den Mackenzie Lowlands und zur North Slope, während die Gebirgskette der Rocky Mountains vom tiefsten Inneren Mexikos bis zur nördlichen Brooks Range reicht. Westlich der Rocky Mountains zieht sich ein hohes Plateau von British Columbia durch das Innere des Yukon und durch Alaska. Von dort dehnt es sich weiter westlich zum Delta des Yukon River aus, wo es schließlich im Beringmeer versinkt.

Im Westen des Plateaus, von Mexiko bis hoch nach Alaska, ziehen sich zwei parallel verlaufende Gebirgsketten, zwischen denen ein etwas flacheres Gebiet liegt. Die Ausläufer der Sierra Nevada bilden in Oregon und Washington die Cascades, in British Columbia die Coast Mountains, die St. Elias und Wrangell Mountains sowie die Alaska Range, bis sie schließlich als Aleuten Range kurz vor Asien in den Pazifik münden. Der näher am Ozean gelegene Gebirgszug der California Coast Range wird im Staate Washington zu den Olympic Mountains. Weiter nördlich verläuft eine Inselkette von Vancouver zu den Queen Charlotte-Inseln und zum Alexander-Archipel, bis sie in den St. Elias Mountains endet. Dort vereinigen sich die beiden Gebirgsketten zu einem verschlungenen Berggebiet mit eisbedeckten Gipfeln. In Alaska trennen sich diese beiden Gebirgszüge wieder. Die Chugach und Kenai Mountains erstrecken sich in südwestlicher Richtung zur Insel Kodiak. Zwischen diesen beiden parallel verlaufenden Gebirgsketten liegt eine Landsenke von 5000 Kilometer Länge. Die Coastal Mountains werden lediglich an vier Stellen unterbrochen: durch die Täler des Columbia, Fraser, Skeena und Stikine River. Viele der in diesem Buch beschriebenen Orte liegen in diesem mächtigen Gebirgszug, der die höchsten Gipfel, die größten Gletscher und viele der heute noch aktiven Vulkane Nordamerikas birgt.

Regionen und geologische Besonderheiten

In diesem Buch ist Alaska in fünf Regionen unterteilt: den Südosten, das Binnenland, das südliche Zentral-Alaska, den Südwesten und die arktische Küste. Außerdem werden Seattle und Umgebung, Teile von British Columbia und das Yukon Territory beschrieben.

Der **Südosten**, eine Küstenregion, die durch die Inside Passage unterteilt ist, wird häufig als »Panhandle« (Pfannenstiel) bezeichnet.

Alaska und das Yukon Territory

Land der Superlative

Alaska vereint mehr Superlative als jeder andere Staat der USA und ist so groß, wild und dünn besiedelt, daß es nahezu unglaublich ist. Mit 1,5 Millionen Quadratkilometer ist Alaska genau doppelt so groß wie Texas, der zweitgrößte Staat der Vereinigten Staaten. Etwa vier Staaten von der Größe Alaskas würden den gesamten restlichen Teil der USA ausfüllen.

Zu Alaska gehört der Mt. McKinley, der mit 6189 Meter die höchste Erhebung Nordamerikas ist, und der Aleutengraben, der bis zu 7600 Meter unter den Meeresspiegel abfällt und damit zu den tiefsten Gräben im Pazifik zählt. Die 72000 Kilometer lange Küste ist länger als alle übrigen Küstenstreifen Amerikas zusammen. Trotzdem verbinden viele Alaska häufig immer noch vorwiegend mit Eis und Schnee. Tatsächlich sind jedoch lediglich drei Prozent der Fläche mit Gletschern und Eisfeldern bedeckt.

Neben diesen geologischen Extremen sind aber auch noch andere Extreme erwähnenswert: Die Stadt Juneau ist mit mehr als 7800 Quadratkilometern innerhalb der Stadtgrenzen die flächenmäßig größte nordamerikanische Stadt. North Slope Borough ist mit 230000 Quadratkilometer nicht nur etwas größer als der Staat Idaho, sondern stellt auch die größte Stadtgemeinde weltweit. Da in Alaska nur 605000 Menschen leben, steht der Staat im US-Vergleich der Bevölkerungszahlen an vorletzter Stelle vor Wyoming. Wäre New Yorks Stadtteil Manhattan so dünn besiedelt, würden dort nur 17 Menschen leben. Würde man die Einwohner von Manhattan nach Alaska umsiedeln, stünden jedem 50 Hektar Land zur Verfügung.

Regionen und geologische Besonderheiten

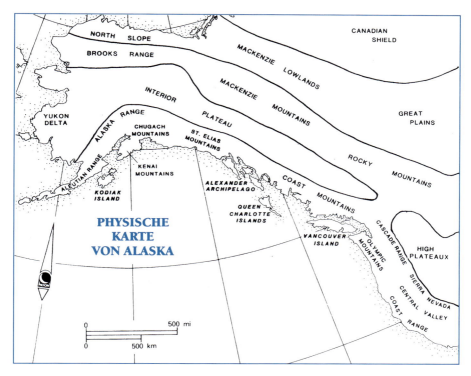

Zur Inside Passage gehört ein ganzes Netz enger Wasserwege, umgeben von zerklüfteten Bergen, die sich entlang der Westküste Kanadas südlich von Ketchikan bis hoch nach Skagway winden. Das Klima ist kühl und von starken Niederschlägen geprägt. Als Verkehrsmittel stehen nur Fähre und Flugzeug zur Verfügung.

Leicht hügelige Landschaften erstrecken sich im **Binnenland** zwischen dem Nordteil der Alaska Range und den Südhängen der Brooks Range. Die Bevölkerung lebt überwiegend an den Flußufern des mächtigen Yukon, des Tanana und des Kuskokwim. Die Region erlebt kurze, warme Sommer sowie lange, kalte Winter und verzeichnet nur wenig Niederschlag. Da es wenige Straßen gibt, werden als Transportmittel überwiegend Buschflugzeuge und Schiffe benutzt.

Das **südliche Zentralalaska** erstreckt sich entlang dem Golf von Alaska bis zur südlichen Ecke der Halbinsel Kenai und weiter bis zu den Gipfeln der Alaska Range. Wie im Südosten ist das Klima durch den Pazifik geprägt. Die Verkehrsverbindungen sind mit allen Transportmitteln gut.

Zum **Südwesten** gehören Kodiak, die Halbinsel Alaska, die Aleuten und das Gebiet um die Bristol Bay. In diesem zerklüfteten, baumlosen Gebiet leben überwiegend Aleuten und Inuit. Das Klima ist wenig einladend. Es herrschen neblige Sommer und

Alaska und das Yukon Territory

Winter mit eiskalten Winden, Stürmen und wenig Sonne vor. Überdies ist der Südwesten eine der aktivsten Vulkan- und Erdbebenzonen der Welt. Vier von zehn Erdbeben weltweit werden hier registriert. 40 aktive Vulkane markieren die Linie, an der die Pazifikplatte und die nordamerikanische Platte aufeinandertreffen. Als Verkehrsmittel kommen überwiegend Flugzeuge oder Boote zum Einsatz.

Die **arktische Küste** erstreckt sich über ein weit ausgedehntes, sehr dünn besiedeltes Buschland, die Beringstraße entlang bis nach Barrow und Prudhoe Bay. Die größeren Ortschaften Nome, Kotzebue und Barrow sind umgeben von zahlreichen kleineren Siedlungen. Das Klima ist ähnlich dem im Binnenland, jedoch noch extremer: lange kalte Winter, kurze kühle Sommer und nur ganz geringe Niederschläge. Die Küste ist fast ausschließlich nur mit Flugzeugen erreichbar.

■ TEKTONISCHE PLATTEN

Faßt man die komplizierten geologischen Vorgänge knapp zusammen, so kann man feststellen, daß die riesige Pazifikplatte langsam in nordöstlicher Richtung abdriftet. Dort stößt die Platte mit der amerikanischen Platte zusammen, auf der der amerikanische Kontinent liegt. Dies alles spielt sich entlang eines Bogens ab, der sich von den westlichen Aleuten im Golf von Alaska bis zur Inside Passage erstreckt. Das Aufeinandertreffen der beiden tektonischen Platten bewirkt eine Verschiebung des Meeresbodens unter die kontinentale Landmasse. Dabei werden starke geologische Kräfte freigesetzt: Es bilden sich Berge, und es entstehen gewaltige Erdbeben, die vulkanische Aktivitäten und Eruptionen entlang der Verwerfungslinien zur Folge haben.

Die Pazifikplatte schiebt sich noch heute in der Nähe von Yakutat (unweit der Grenze zwischen dem Südosten und dem südlichen Zentral-Alaska) unter die Kontinentalplatte. Die bei diesem Vorgang freigesetzte Kraft sorgt dafür, daß der Mount Logan, der höchste Berg Kanadas, stetig wächst.

■ ERDBEBEN

Seismologisch gehört Alaska zu den Gebieten, die die stärksten Erdbeben und die größten Gezeitenwellen verzeichnen. In den vergangenen 90 Jahren registrierte man allein 80 Erdbeben, die eine Stärke von sieben auf der nach oben offenen Richter-Skala hatten (das berühmte Erdbeben von 1906, dem San Francisco zum Opfer fiel, wird auf eine Stärke von 7,8 bis 8,3 geschätzt). Das verheerendste Erdbeben erlebte Alaska am 27. März 1964 um 17.35 Uhr. Mit der unglaublichen Zahl von 9,2 auf der Richter-Skala war es das stärkste Erdbeben, das jemals in Nordamerika registriert wurde. Dabei wurden fast alle Küstenorte des südlichen Zentral-Alaska dem Erdboden gleichgemacht. Verwüstungen gab es auch an der gesamten nördlichen Pazifikküste, und sogar in den Kanälen des Ortes Venice im Süden von Kalifornien sorgte das Erdbeben noch für hohe Wellen. Im November 1987 wurden am seismischen Spalt Yakataga, einer Verwerfung am Ende des Prince William Sound, zwei Erdbeben der Stärke 7,5 und 7,0 registriert. In dieser Gegend erwarten Seismologen in der Zukunft ein Erdbeben mit der Stärke 8 oder mehr.

■ VULKANE

Wie die Erdbebengebiete entstanden auch die größten Vulkane Alaskas entlang der

Regionen und geologische Besonderheiten

Aleuten. Tatsächlich erstrecken sich 57 aktive Vulkane entlang dieses Bogens: Viele von ihnen waren in den vergangenen 300 Jahren aktiv. Der stärkste bisher berichtete Ausbruch ereignete sich im Jahr 1912, als der Novarupta bei einem Ausbruch seinen Gipfel verlor.

Im Sommer 1992 brach der Mount Spurr, ein aktiver Vulkan 126 Kilometer westlich von Anchorage, mit verheerenden Auswirkungen aus. Eine Wolke aus Asche erhob sich 15 000 Kilometer in den Himmel und bedeckte Anchorage mit einer dicken Ascheschicht. Der internationale Flughafen der Stadt blieb 20 Stunden geschlossen.

■ TSUNAMIS

Ein Erdbeben tief unter dem Meeresboden im Golf von Alaska oder im offenen Pazifik ist für die Küsten von Alaska und Hawaii sowie den Westen Kanadas und der USA besonders gefährlich. Diese Aktivitäten führen zur Entstehung gewaltiger Flutwellen (Tsunamis), die bei einer Höhe von nur einem bis zwei Meter auf dem offenen Meer eine Geschwindigkeit von 800 km/h erreichen können. Entgegen der weit verbreiteten Vorstellung überschwemmen diese Flutwellen nicht urplötzlich die Küste mit einer acht bis zehn Meter hohen Wasserwand, die alles mit sich reißt. Im Gegenteil: das Land wird vom Wasser nur langsam bis zu einer Tiefe von einem bis zwei Meter überspült. Nach einer kurzen Beruhigung wird die Welle zurück ins Meer gezogen und bildet einen gewaltigen Sog. Die größten Zerstörungen des Erdbebens von 1964 entstanden auf diese Weise. Die einzige – aber auch nicht sichere – Chance zu überleben besteht darin, mit einem Boot auf der Welle hinauszufahren.

■ GLETSCHER

Gletscher bilden sich in Gebieten mit viel Niederschlag und in einer gewissen Höhe, wo sich der Schnee meterhoch auftürmen kann und unter der Schneeschicht festes Eis entsteht. Durch den enormen Druck und die auf die Schneemassen einwirkende Schwerkraft wird das Eis langsam bergab geschoben, gräbt sich wie ein gigantischer gefrorener Fluß riesige Täler und macht auch vor Bergausläufern nicht halt. Sobald das Gleichgewicht zwischen der Fließbewegung des Gletschers und dem Schmelzprozeß ausgeglichen ist, kommt dieser Vorgang mehr oder weniger zum Stillstand. Fließt der Gletscher schneller als er an seiner Mündung schmilzt, dann wächst er weiter. Schmilzt er schneller, als er in Bewegung ist, nimmt er an Größe ab. Durch den enormen Druck werden alle Luftblasen aus dem Eis des Gletschers gepreßt. Es ist in seiner Beschaffenheit jetzt so kompakt, daß die höheren Frequenzen des Lichts den Gletscher nicht mehr durchdringen können. Dadurch entsteht die typische dunkelblaue Färbung. Die enorme Verdichtung sorgt außerdem für ein extrem langsames Schmelzen. Ein oder zwei kleine Stücke Eis in eine Kühltasche mit einem Getränk geworfen, halten es für ein bis zwei Tage kühl.

Wenn man entlang der Küste oder in den Nationalparks im Inneren Alaskas wandert, kann man anhand der verschiedenen Landformen erkennen, welche Regionen von Gletschern geformt wurden. Im Gegensatz zu Flüssen, die immer ein für sie typisches Bett in Form eines V schaffen, bilden Gletscher einen U-förmigen glazialen Graben. Täler und Erhebungen, die vom Haupttal abzweigen, werden durch die Gletscher abgeschnitten und bilden sogenannte hän-

gende Täler und verstümmelte Ausläufer. So kann es passieren, daß ein Seitental, das einst einen Nebengletscher beherbergte, als hängender Graben zurückbleibt. Aus diesen Tälern und Gräben stürzen häufig tosende Wasserfälle herab. Die alpinen Gletscher tragen durch die gewaltige Kraft viel Gestein fort und formen dadurch Kare. Die kahlen und zerklüfteten Grate zwischen den Karen werden Aretes genannt.
Auf seinem Weg ins Tal schiebt ein Gletscher eine Unmenge von Felsteilen, Sand und Geröll mit sich. Diesen glazialen Schutt schiebt er entweder vor sich her oder trägt ihn an seiner Oberfläche mit sich. Der von einem Gletscher liegengelassene Schutt wird als Moräne bezeichnet. Laterale Moränen befinden sich an den Seiten der Gletscher, während Endmoränen den Kopf des Gletschers kennzeichnen. Eine Mittelmoräne entsteht immer dann, wenn sich mehrere Gletscher vereinen. Die Geröllinien können bis zu dem Punkt verfolgt werden, wo die Seitenmoränen zwischen den Gletschern aneinanderstoßen.

■ PERMAFROST

Um den Begriff Permafrost zu verdeutlichen, stellt man sich eine Schlammschicht auf einem Eisblock vor. Normalerweise spricht man bei Bodenfrost in gemäßigten Breiten immer nur davon, wie tief im Winter der Boden von der Oberfläche her einfriert. In Alaska mißt man, wieviel vom Boden im Sommer auftaut. Bei richtigem Permafrost handelt es sich um Boden, der mehr als zwei Jahre lang nicht auftaut. Um Permafrost entstehen zu lassen oder zu erhalten, muß die Temperatur im Jahresmittel unter dem Gefrierpunkt liegen. Der Boden oberhalb des Permafrostes, der im Sommer auftaut, wird aktive Schicht genannt. Unter bestimmten Bedingungen frißt sich der Permafrost immer weiter ins Erdinnere durch und erweitert sich, bis er auf die heiße Schicht des Erdmantels stößt. In der Arktis beginnt der Permafrost einige Zentimeter unterhalb der Erdoberfläche und kann etwa 600 bis 1500 Meter tief ins Erdinnere hineinreichen. Dann spricht man von Dauer-Permafrost. Fast das gesamte Gebiet nördlich des Polarkreises ist von einer solchen Schicht unterlagert. Einen nicht immer währenden Dauerfrost gibt es in den etwas weiter südlich gelegenen Gegenden im Norden Alaskas. Dort beschränkt sich der Permafrost aufgrund der unterschiedlichen Bodenbeschaffenheit auf bestimmte Gebiete.
Gefrorener Boden ist an sich kein Problem, es sei denn, man muß darin graben. Russische Ingenieure begannen als erste, sich beim Bau der Transsibirischen Eisenbahn mit diesem Problem zu beschäftigen. In Alaska standen die Goldgräber vor der gleichen Herausforderung, vor allem, wenn es darum ging, in tiefer gelegene Erdschichten vorzustoßen.
Ein Problem der jüngeren Zeit ist das Absinken von Häusern, weil die von ihnen abgestrahlte Wärme den Permafrost auftaut. Ähnlich verhält es sich beim Straßenbau, wenn die isolierende Schicht abgetragen wird und Wärme direkt auf den gefrorenen Boden trifft. Das hat eine Verschiebung der Frostgrenze zur Folge und macht sich auch im Inneren Alaskas bemerkbar. Dauerfrost stellte auch die Ingenieure, die am Bau der Alaska-Pipeline arbeiteten, vor große Probleme. Das mit 62 °C durch die Pipeline fließende Öl hätte die Permafrostschicht aufgetaut. Um verheerende finanzielle und ökologische Folgen auszu-

schließen, wurde mehr als die Hälfte der Pipeline oberirdisch verlegt; durch ein ausgeklügeltes System wird die Öltemperatur herabgesetzt.

Besitzverhältnisse

Die ursprünglichen Einwohner von Alaska lebten im Einklang mit der Natur und in respektvollem Miteinander mit den heimischen Tieren. Der Begriff des Grundbesitzes war fremd. Die russischen Eroberer erhoben im 18. Jahrhundert Anspruch auf das Land und schlossen darin auch die Ureinwohner ein. 1867 wurde Alaska von Rußland an die USA verkauft. Im Jahrhundert danach begann die Erdölförderung. Kraftwerke entstanden, aber auch Nationalparks. Die gesamte Region wurde von Behörden verwaltet. Als Alaska 1959 als Bundesstaat in die Vereinigten Staaten aufgenommen wurde, befand sich lediglich 0,003 Prozent des Landes in privatem Besitz (Grund- und Hauseigentum, Bergwerke). Nur 0,1 Prozent des Landes war den Ureinwohnern vorbehalten. Diese Areale verwaltete das Bureau of Indian Affairs.

Durch ein Gesetz (Statehood Act) wurden 420 875 Quadratkilometer von Alaska dem Staat unterstellt. Die Einwohner wurden nicht befragt, man überging sie einfach. Das und die Klärung der Besitzrechte im Zuge der Bauarbeiten zur Alaska-Pipeline rief die Nachkommen der Ureinwohner auf den Plan und führte zum bedeutendsten Abkommen, das jemals zwischen einem Staat und seinen Ureinwohnern getroffen wurde. Der Alaska Native Claims Settlement Act (ANCSA) von 1971 schuf zwölf Gesellschaften, die den Einwohnern gehörten. Ihnen wurden 178 000 Quadratkilometer Land und eine Milliarde Dollar in Form von staatlichen Öllizenzen und gemeinnützigen Fonds zugewiesen. Menschen, die wenigstens zu einem Viertel von Ureinwohnern abstammten, waren berechtigt, als Aktionäre Eigentum an Dörfern und regionalen Firmen zu erwerben. Nach dem ANCSA sollten diese Einwohner in Wirtschaft und Kultur des Staates einbezogen werden, und zwar als gemeinsam auftretende Aktionäre an einem Großteil der Schätze Alaskas. Ein einheimischer Betrieb, das Unternehmen Doyon Limited mit Hauptsitz in Fairbanks, erhielt im Zuge dieser Vereinbarung mehr als 48 500 Quadratkilometer Land und wurde so zum größten Firmengrundbesitzer der Vereinigten Staaten.

Durch das neue Gesetz wurden 1978 rund 324 000 Quadratkilometer Land von der Verteilung ausgeklammert und der Wahrnehmung nationaler Interessen vorbehalten. Angesichts der Fertigstellung der Pipeline erregten sich die Gemüter über diese Landvergabe erheblich. Dabei war man in zwei Lager gespalten: Die einen protestierten gegen die weitere Beschlagnahmung ihrer Ländereien, während Vertreter des konservativen Lagers um die Erhaltung der einmaligen Natur und Tierwelt dieser Gebiete kämpften. Schließlich einigte man sich darauf, daß 430 000 Quadratkilometer von Alaska für diese Zwecke abgetrennt wurden. Hierzu zählen auch der große Denali National Park sowie die Glacier Bay und die Region Katmai. Diese Gebiete wurden ebenso in Nationalparks umgewandelt wie Gates of the Arctic, Kobuk Valley, Wrangell-Elias, die Kenai-Fjorde und Lake Clark. Neben diesen Naturschutzgebieten wurden aber auch viele andere Naturdenkmäler, Flußlandschaften und Reservate geschützt.

Alaska und das Yukon Territory

■ ARCTIC NATIONAL WILDLIFE REFUGE

Die jüngste Auseinandersetzung geht um die Frage, ob im sogenannten Studiengebiet 1002 am Rande des 6000 Quadratkilometer großen Arctic National Wildlife Refuge (ANWR), dem Naturschutzgebiet in der Arktis, auf 930 Hektar Land Ölquellen erschlossen werden sollen und mit Bohrungen begonnen werden darf. In einem Kompromiß von 1980 wurden durch ein Gesetz, dem Alaska National Interest Land Conservation Act (ANILCA), Millionen von Quadratkilometern Land als Parks und Naturschutzgebiete ausgewiesen. Ferner soll eine Studie der Regierung prüfen, ob innerhalb des ANWR Öl und Gas ohne Beeinträchtigung der Umwelt gefördert werden können. Die Ölfirmen denken bereits an den Tag, an dem die Vorräte in der North Slope erschöpft sind. Bis 1995, 18 Jahre, nachdem das erste Mal Öl durch die Pipeline geflossen ist, wurden 10,3 Milliarden Barrel Öl gefördert. Das geschätzte restliche Vorkommen soll nur noch zwei Milliarden Barrel betragen. Den Unternehmen zufolge ist eine nahezu zwanzig Jahre dauernde Förderung von Erdöl und Erdgas mit dem Schutz der Natur vereinbar.

Die Naturschützer wissen dagegen, daß durch die Ausbeutung von Bodenschätzen die Herden der Karibus sowie über 200 andere Tierarten im Reservat gefährdet sind. Sie weisen zudem darauf hin, daß es sich bei diesem Schutzgebiet um eines der wenigen Gebiete der Welt handelt, in dem das komplette Spektrum des arktischen Ökosystems bewahrt wird.

Häufig wird in dem Streit um die Karibus und das Erdöl aber die Existenz der Inupiat vergessen. Diese Ureinwohner leben in dem Dorf Kaktovik auf der Insel Barter, die Jahrtausende lang ein wichtiger Verbindungspunkt auf der Handelsroute zwischen Grönland und Sibirien war. In der einzigen Siedlung im Naturschutzgebiet leben 70 Prozent der Bewohner von der Jagd zum Eigenbedarf.

Klima

Man muß bei einer Alaskareise das ganze Jahr über mit extremen und unvorhergesehenen Wetterlagen rechnen, egal in welchem Teil des Landes man sich befindet. Während der bitterkalten Winter von Anfang Oktober bis Ende April ist bequemes Reisen nahezu unmöglich. Frühling, Sommer und Herbst unterscheiden sich in Alaska dagegen gar nicht so sehr von den Jahreszeiten in anderen Gegenden. Auch in Alaska ist es abwechselnd kühl, warm, feucht und trokken, manchmal windig oder neblig trüb.

■ TEMPERATUREN UND NIEDERSCHLÄGE

1915 stieg die Quecksilbersäule in Fort Yukon auf 43 °C an. In Fairbanks werden regelmäßig im Juli über 32 °C gemessen. Aber in Fort Yukon kann es auch kalt werden. Dann sinkt die Quecksilbersäule auf –61 °C ab. Der Rekord für Alaska liegt bei –63 °C. Und jeder Windhauch läßt diese Temperatur noch kälter erscheinen, falls dies überhaupt möglich ist.

Einen anderen Rekord hält der Tompson-Paß, unweit von Valdez gelegen. Dort fielen in 24 Stunden knapp zwei Meter Schnee, und in einem Monat waren es sogar fast sieben Meter. Das Jahresmittel beim Schneefall kann schon mal bei 25 Meter liegen.

Klima

Die Zirbeldrüse

Die meisten Lebewesen in Alaska konzentrieren sich auf die fünf Monate im Jahr mit viel Tageslicht und verschlafen sieben Monate der Dunkelheit und der Kälte. Diese Tatsache beruht auf der Physiologie der Zirbeldrüse. Die Drüse liegt nur ein kurzes Stück unterhalb des ältesten und mysteriösesten Teils des menschlichen Gehirns. Die Zirbeldrüse ist ein einzigartiges, asymmetrisches Knötchen, umgeben von einer großen Masse hochentwickelten symmetrischen Gewebes.

Bei Fischen, Reptilien und Vögeln sitzt das »Auge« dieser Drüse an einem langen Stiel in der Nähe der äußeren, vorderen Sektion des Gehirns, und zwar zwischen den beiden richtigen Augen, nämlich dort, wo ein drittes Auge angesiedelt sein könnte. Trotzdem ist sie nicht mit den Augen oder anderen sensorischen Strängen verbunden. Die Zirbeldrüse ist vergleichbar mit einer simplen, aber effizienten Fotozelle, die die relative Dauer, Intensität und die polarisierenden Winkel des Lichts in der Umgebung aufnimmt. Damit ist sie das entscheidende Organ für die Regulierung des internen und des jahreszeitlichen Rhythmus. Durch die Zirbeldrüse erfahren Zugvögel, wann sie sich auf den Weg begeben müssen, und Säugetiere bemerken, wann sie schlafen und wann sie sich vermehren müssen.

Die Bedeutung der Zirbeldrüse bei Vögeln und Säugetieren ist der Schlüssel, um ihre Funktion beim Menschen zu verstehen. Unsere Zirbeldrüse produziert nach heutiger Erkenntnis nur ein einziges Hormon: das Melatonin. Es zirkuliert im Körper und ruft zwei bekannte Reaktionen hervor: Schläfrigkeit und verminderte sexuelle Aktivität. Licht verhindert die Produktion von Melatonin. Mehr Sonnenlicht führt also zu geringerer Schläfrigkeit und zu stärkerer sexueller Aktivität. Das erklärt viele interessante Phänomene, wie zum Beispiel die Tatsache, warum wir weniger tief schlafen, wenn es nicht dunkel ist, den Ursprung der sogenannten Frühlingsgefühle oder die Tatsache, warum der sexuelle Trieb tagsüber stärker ausgeprägt ist. Hier findet man auch die Begründung für spezifisch nordische Besonderheiten. 72 Prozent der Babys in Alaska werden zwischen Mai und September gezeugt (und nicht zwischen November und Februar, wie allgemein vermutet). Außerdem kommt man in Alaska im Sommer mit weit weniger Schlaf aus.

Dagegen fielen im Winter 1936/37 in Barrow lediglich sieben Zentimeter Schnee.
In Ketchikan rechnet man mit einer durchschnittlichen Regenmenge von vier Metern im Jahr. Aus der Not hat man hier eine Tugend gemacht und bezeichnet den Regen als »flüssigen Sonnenschein«. Dagegen fallen in Barrow nur 25 Millimeter Regen im Jahr.
In Alaska zeichnet sich ein deutlicher Trend zur Erwärmung ab, der bemerkenswerte Auswirkungen auf das Land hat. Im Sommer 1977 stiegen die Temperaturen plötzlich an und blieben seitdem in allen Jahreszeiten höher als zuvor. Meteorologen berichten, daß das Thermometer im Inneren Alaskas nur selten noch unter $-40\,°C$ fällt. Auch die Temperaturen in Gebieten mit Permafrost sind um einige Grad gestiegen. Neben anderem dürfte der Treibhauseffekt dafür verantwortlich sein. Chlorfluorkarbonate (CFC) werden als Hauptverursacher für den Treibhauseffekt angesehen. Halon, ein CFC, das

Alaska und das Yukon Territory

in Feuerlöschern verwendet wird, ist insbesondere in den Systemen zur Feuerbekämpfung der Öl- und Gasfirmen vorhanden. Der Ozonrückgang in der nördlichen Hemisphäre soll weit mehr Konsequenzen haben als der in der südlichen, angesichts der Tatsache, daß der Norden stärker besiedelt ist.

■ KLIMAZONEN

Das Wetter in Alaska läßt sich in drei Klimazonen unterteilen: den Küstenbereich, das Innere Alaskas und die Arktis. Ausschlaggebender Faktor für die Küstengebiete – den Südosten, das südliche Zentral-Alaska und den Südwesten – ist der warme Luftstrom aus Japan. Er sorgt für Temperaturen, die im Durchschnitt milder sind als sonst in diesen Breitengraden. Dieser Luftstrom sorgt auch für regelmäßige Regenfälle, da durch die Berge im Küstengebiet die feuchte Luft vom Pazifik aufsteigt. So regnet es beispielsweise in Juneau an zwei von drei Tagen. Die Berge bewahren das Hochland im Innern Alaskas vor diesen maritimen Luftströmen, so daß dort die jährliche Niederschlagsmenge mit höchstens 36 Zentimetern gering ist. Das Innere Alaskas unterliegt großen Temperaturschwankungen, von eisigen Wintern bis zu großen Hitzewellen im Sommer reichend. Die arktische Zone ist gekennzeichnet durch kühle, wolkige und windige Sommer (mit etwa 10°C) und kalte, windige Winter.

Licht und Dunkelheit

Will man seine Alaskareise zwischen Ende Mai und Ende Juli antreten, kann man die Taschenlampe getrost zu Hause lassen. Würde man einmal eine Woche vor oder nach der Sommersonnenwende am Nordpol für eine Woche sein Zelt aufschlagen, hätte man den Eindruck, als würde sich die Sonne kaum bewegen. Der nördliche Wendekreis, der bei 67 Grad liegt, wird als die Linie betrachtet, von der ab die Sonne am 21. Juni nicht untergeht und ab 21. Dezember auch nicht aufgeht.
In Barrow, auf dem 71. Breitengrad und etwa 430 Kilometer nördlich des nördlichen Wendekreises gelegen, geht die Sonne zwischen dem 10. Mai und dem 2. August 84 Tage lang nicht unter.
Fairbanks hingegen, 225 Kilometer südlich des nördlichen Wendekreises, verzeichnet am Tag der Sommersonnenwende 22 Sonnenstunden. An einem klaren Tag färbt sich das Licht von orangeblau in einen violetten Sonnenuntergang, dem wiederum ein wunderschöner rosafarbener Sonnenaufgang folgt. Danach kehrt es sich wieder um in das strahlende Orangeblau, und der Prozeß beginnt von neuem im Zwei-Stunden-Rhythmus. Sogar Ketchikan, etwa 55 Grad nördlicher Breite gelegen und wahrscheinlich der südlichste Punkt auf der Reiseroute der meisten Alaskaurlauber, freut sich im Sommer immer noch über mehr als 18 Stunden Tageslicht. Man sieht in der Dämmerung keine Sterne, und auch das Zwielicht wirft nur schwache Schatten. Im Dezember genießen die Bewohner von Ketchikan dagegen lediglich sechs Stunden fahles Tageslicht, in Fairbanks sogar nur drei Stunden. In Barrow sieht man im Dezember die Sonne neun Wochen lang überhaupt nicht.
Die Erklärung für die Mitternachtssonne findet man in der Stellung der Achse, um die die Erde rotiert. Da die Erdachse nicht direkt auf die Sonne zeigt, sondern leicht geneigt ist, ist der nördliche Wendekreis im Sommer auf die Sonne gerichtet. So bringt

auch eine komplette Erdumdrehung während eines 24-Stunden-Rhythmus nur wenig Unterschied im Winkel, in dem die Sonnenstrahlen die nördlichen Gebiete der Erde treffen. Dennoch müssen die Sonnenstrahlen einen größeren Weg zurücklegen und stoßen in Alaska in einem niedrigeren Winkel auf das Land. Wegen des niedrigen Einfallswinkels verteilen sich die Strahlen über ein größeres Gebiet und verlieren so an Intensität. Daher ist die Lufttemperatur etwas geringer. Und da die Sonne in einem niedrigeren Winkel über den Himmel zu wandern scheint, dauert es zwischen Sonnenaufgang und -untergang länger. Hinzu kommt, daß die Atmosphäre die Strahlen desto stärker bricht, je mehr man sich den Polen nähert. Dies wiederum hat zur Folge, daß für einen längeren Zeitraum ein Zwielicht entsteht, nachdem die Sonne bereits untergegangen ist. Dieses ausgesprochen weiche Licht hat einen besonderen Zauber, zeichnet scharfe Schatten und verfügt über eine große Farbpalette.

■ DAS NORDLICHT

Wer im Sommer nur ein paar Wochen in Alaska verbringt, wird das Phänomen der langen Tage als wohltuend empfinden. Die arbeitende Bevölkerung jedoch verbindet mit Dunkelheit Erholung. Sterne sieht man im Sommer in Alaska überhaupt nicht. Anfang August werden die Tage spürbar kürzer. Das macht sich in Fairbanks schon innerhalb einer Woche bemerkbar. Die Temperaturen fallen, Beeren und Hagebutten werden reif, Pilze sprießen, und ein großes Erlebnis steht bevor: das Nordlicht (Aurora borealis).

Die abgeschieden lebenden Inuit kennen eine Vielzahl von mythischen Erklärungen für die schimmernden bunten Fäden am Himmel. Manche glauben, sie symbolisierten die Geister von Ahnen oder Tieren, während andere ihnen böse Kräfte zuschreiben. Die Erdölsucher sahen darin Gase, die auf reiche Vorkommen hindeuteten. Die Japaner haben eine besonders romantische Erklärung: Demnach soll eine Heirat unter Nordlicht zu einer besonders erfüllten Ehe führen. Die Wissenschaftler vertreten kontroverse Ansichten über das Nordlicht. Einige sind der Meinung, daß es nie unter 60 Kilometern über der Erdoberfläche auftrete. Ob das Nordlicht einen elektrischen Ton hervorruft oder nicht, wird ebenfalls diskutiert; selbst Experten, die daran glauben, wissen nicht, worauf das zurückzuführen wäre. Alle Fachleute stimmen jedoch darin überein, daß die Sonne das Nordlicht entstehen läßt.

Wenn die Oberfläche der Sonne zur Entladung kommt, schleudert die freigesetzte Energie eine Welle von ionisierten Partikeln durch den Weltraum. Diese Partikel sind als Solarwind bekannt. Treffen diese kleinen Teilchen auf die in der Erdatmosphäre vorhandenen Gase, beginnt eine paarweise Verbindung von Oxygenen und Nitrogenen. Bei diesem Vorgang vereinen sich die schnellsten Ionen mit den höchsten Gasschichten, ein rotes oder gelbes Nachglühen folgt. Die langsameren Ionen dringen in die niedrigeren Regionen vor und rufen das grüne und violette Licht hervor.

Fauna

Jahrtausende lang hatten die einheimischen Jäger mit ihren bescheidenen Waffen und ihren begrenzten Bedürfnissen kaum Einfluß auf die Tierwelt. Die Einwohner in den Dörfern der Inuit und Aleuten lebten von

Fisch, vom Fang kleinerer Säugetiere und von ein bis zwei Walen pro Jahr. Die Athapasken-Indianer im Landesinnern töteten nur wenige Elche und Karibus. Mitte des 18. Jahrhunderts veränderte sich die Situation mit der Landnahme durch Europäer schlagartig. Seeotter, Pelzrobben und Grauwale wurden schnell bis zur Grenze der Ausrottung gejagt. 1850 war der Moschusochse, größtes Mitglied in der Familie der Schafe, fast ausgestorben. Die Karibus waren auf ein Zehntel ihrer ursprünglichen Zahl dezimiert. Wölfe wurden rücksichtslos vernichtet, weil sie den Jägern im Weg waren.

Glücklicherweise haben Maßnahmen zum Naturschutz die Zahl der Tiere wieder ansteigen lassen. Heute besitzt Alaska eine der dichtesten Tierpopulationen auf der Erde. So leben hier doppelt so viele Karibus wie Menschen. Außerdem kommt auf jeden dritten Einwohner ein Moschuswild und ein Schwarzwedelwild. Und wenn 80 000 Schafe bereits beeindruckend erscheinen, sind 40 000 Grizzlybären beinahe unvorstellbar. Weißkopf-Seeadler und Goldadler sind ebenfalls weit verbreitet, und der große Trompeterschwan, der in den unteren 48 US-Staaten fast ausgestorben ist, hat sich in Alaska behauptet. Meeressäugetiere von Killerwalen bis zu den sich erholenden Otterbeständen sind in großer Zahl vorhanden. Zudem leben in den Küstengewässern vor Alaska Fische und andere Meerestiere in unvorstellbarer Menge und Vielfalt.

Lachs, Heilbutt, Krabben, Schellfisch, Hering und Stint spielen in der Wirtschaft Alaskas eine bedeutende Rolle. Der Wirtschaftsfaktor Tierwelt ist der Staatsführung jedoch erst in der letzten Zeit bewußt geworden. Der Tourismus, Alaskas drittgrößter Erwerbszweig, basiert fast völlig auf der Naturschönheit und der Tierwelt. Die Fauna des Staates ist eine der einträglichsten, sich erneuernden Ressourcen und wird dies – falls man sie mit Vorsicht behandelt – auch in Zukunft bleiben.

■ GRIZZLYBÄREN

Der Grizzly ist das Symbol der Wildnis und der Maßstab ihrer Unberührtheit. Grizzlybären waren ursprünglich in ganz Nordamerika zu finden. Um 1800 zählte man noch über 100 000 Exemplare, heute gibt es

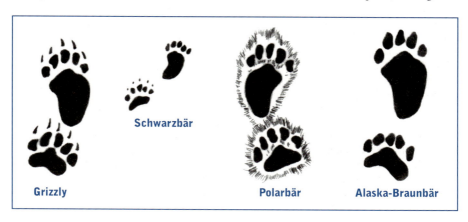

Grizzly Schwarzbär Polarbär Alaska-Braunbär

Fauna

Wilde Natur

Besucher des Nordens sollten sich dessen bewußt sein, daß Wildtiere fast überall anzutreffen sind, sobald man sich außerhalb eines Hauses aufhält, und gelegentlich selbst in einem Haus. Viele Tiere sind sehr gut darauf vorbereitet, ihre Territorien gegen Eindringlinge (also auch Menschen) zu verteidigen. Selbst die Kleinsten können beißen.
Man sollte daher nie versuchen, ein Tier zu streicheln oder zu füttern. Das ist selten gut für das Tier, für einen selbst und für die, die nachkommen. Jedes Tier, das sich ohne Angst nähert, kann unberechenbar werden, so daß man gebührend Abstand halten sollte. Wer mit einem Haustier unterwegs ist, sollte es sorgfältig im Auge behalten. Streunende Hunde werden häufig sofort erschossen. Das Wandern in Gebieten mit Bären erfordert einige besondere Vorkehrungen (siehe Seite 331ff.). Nur über eines muß man sich keine Sorgen machen: Es gibt keine Schlangen in Alaska.

---

in den unteren 48 Staaten der USA weniger als 300. In Alaska schätzt man die Zahl auf 32000 bis 43000 Exemplare.
Die größte Wahrscheinlichkeit, auf einen Grizzly zu stoßen, besteht im Denali National Park. Die etwa 200 Grizzlybären hier sind wild und verhalten sich überwiegend natürlich. Das ist besonders wichtig für die Aufzucht von Jungen, denen beigebracht wird, wie man Wurzeln ausgräbt, Beeren findet sowie Erdhörnchen und Moschuskälber fängt. Die Grizzlybären im Denali National Park haben keine Angst vor Menschen, sind extrem neugierig, und einige von ihnen haben bereits Bekanntschaft mit Bohnen in Dosen, Hamburgern und Keksen gemacht. Obwohl im Park noch niemand von einem Grizzly getötet wurde, ist es aufgrund des unvernünftigen Verhaltens von unerfahrenen Wanderern und Fotografen sowie als Folge von unzureichender Aufbewahrung von Proviant bereits zu schweren Verletzungen gekommen. Vorsicht ist also geboten, obwohl man deshalb nicht auf eine Wanderung verzichten sollte.
Grizzlybären ernähren sich zu 80 Prozent vegetarisch. Sie leben von Beeren, Weiden sowie Wurzeln. Daneben jagen sie auch Erdhörnchen, Karibus, Füchse und kleine Schwarzbären. Die Bären erreichen die Geschwindigkeit von Rennpferden und zeigen eine überraschende Ausdauer. Jedes Tier benötigt als Territorium etwa 50 Quadratmeilen und bewegt sich nachts mehrere Kilometer fort.
Ausgewachsene Bärenmännchen und -weibchen kann man in der Paarungszeit im Juli zusammen beobachten. Ansonsten sind sie Einzelgänger. Die Tragzeit beträgt etwas mehr als fünf Monate. Im Dezember werden in der Regel ein bis drei Junge geboren, die bei der Geburt noch kein Fell haben, etwa ein Pfund wiegen und die erste Lebenswoche blind sind. Sie wachsen zweieinhalb Jahre bei ihrer Mutter auf. Dann werden sie von ihr vertrieben.

Alaska und das Yukon Territory

Entgegen einer allgemeinen Annahme halten Bären keinen Winterschlaf. Sie schlafen zwar in harten Wintern tief und manchmal wochenlang. Häufig jedoch sind sie hungrig oder rastlos und suchen nach gefrorenen Wurzeln, Beeren sowie nach Fleisch. Gelegentlich verbringen die Bären den ganzen Winter draußen. Vor diesen »Winterbären« fürchten sich die Einheimischen am meisten. Auf ihrem Pelz entsteht eine dicke Schicht Eis, die nahezu undurchdringlich und damit fast kugelsicher ist.
Grizzly- und Braunbären wurden einst als verschiedene Tierarten angesehen. Heute zählen sie als eine Art. Der wichtigste Unterschied ist die Größe, die auf den jeweiligen Lebensraum zurückzuführen ist. Grizzlybären sind die größten Allesfresser, werden bis zu zwei Meter groß und wiegen zwischen 200 und 300 Kilogramm. Braunbären leben in den Küstengebieten und erreichen durch eine eiweißreiche Kost sagenhafte Größen. Kodiak-Braunbären stehen im Ruf, die größten und schwersten zu sein. Sie werden über drei Meter groß und bis zu 600 Kilogramm schwer.

■ ELCHE

Elche sind die größten Mitglieder der Hirsch-Familie, von denen wiederum die größten Exemplare in Alaska leben. Ein Elch kann bis zu zwei Meter groß werden und über 500 Kilogramm wiegen, und das bei einer Kost, die aus Weidenzweigen als Hauptnahrungsmittel und Espen und Birken besteht – davon allerdings über zehn Kilogramm täglich. Das Geweih, das aus Knochen besteht, wird abgeworfen und jedes Jahr erneuert. Ein ausgewachsenes Geweih kann über 25 Kilogramm wiegen. Die Elche von etwa gleichem Rang und gleicher Größe kämpfen während der Paarungszeit im September um die Vorherrschaft im Revier. Die Elchkühe bringen jedes Jahr im Mai ein bis zwei Kälber zur Welt. Die Kälber bleiben genau ein Jahr beim Muttertier und werden dann verjagt. Gelegentlich kann man am Sommeranfang eine hochträchtige Kuh mit einem umhertollenden Jährling sehen.
Elche benötigen kein sehr großes Gebiet. Sie kommen mit 50 Kilometer pro Jahr aus, vorwiegend Wald, der ihnen den natürlichen Schutz vor Feinden bietet. Das amerikanische Wort »Moose« für Elch stammt übrigens aus dem Dialekt der Algonquin in Massachusetts und bedeutet: »Der, der kleine Zweige mümmelt.«
Tiefer Schnee und bittere Kälte kosten einen von drei Elchen in Zentralalaska das Leben. Jedes Jahr werden im Winter Hunderte von Elchen entlang der schneefreien Eisenbahntrassen zwischen Seward und Fairbanks von Zügen getötet. Andere Tiere verhungern. Diejenigen, die von Autos auf den Straßen angefahren werden, werden geschlachtet. Ihr Fleisch wird an Einheimische verteilt. Seitdem die Jagdquoten drastisch reduziert wurden, steigt die Zahl der Elche langsam wieder an.
Wenn die Elche Alaskas die größten der Welt sind, dann findet man wiederum die größten Exemplare in Alaska auf der Kenai-Halbinsel. Ein Elch aus dieser Region hält den Rekord. Er war etwa zehn Jahre alt, wog rund 680 Kilogramm und hatte ein Geweih von über 1,8 Meter Breite. Dementsprechend liegt das Zentrum für die Erforschung der Elche an der Swanson River Road, nur 80 Kilometer von Soldotna entfernt, auf der Halbinsel Kenai in einem Gebiet, das den letzten großen Waldbränden in den Jahren 1940 und 1969 widerste-

Fauna

hen konnte und einen jungen Wald für die hier lebenden Elche bietet. Das Forschungszentrum wurde 1969 eröffnet und umfaßt sechs riesige Gehege, in denen ein Dutzend Elche reichlich Platz hat.

■ KARIBUS

Die Karibus sind Wanderer, extrem flüchtig, rastlos, schnell und anmutig. Rentiere, die der gleichen Art angehören, sind kleiner und häufig domestiziert. Karibus sind friedliche Lebewesen und flüchten eher vor ihren Verfolgern, meistens Wölfen, als zu kämpfen. Anders als Elche sind Karibus Herdentiere. Sie benötigen ein mehr als zehnmal größeres Territorium für ihre Streifzüge. Das Herdenleben und die Notwendigkeit des Wanderns sind mit dem Verhalten vergleichbar, das die Bisons in den weiten Ebenen an den Tag legen. Die Karibus schließen sich zu großen Gruppen zusammen und laufen 80 Kilometer täglich. Man schätzt, daß in Alaska rund eine Million Karibus in zwölf großen Herden lebt. Karibus können sich extrem gut an die winterliche Umgebung anpassen. Sie besitzen riesige Nasenhöhlen und große Atmungsorgane, um die eiskalte Winterluft aufnehmen zu können. Zudem bedeckt dickes Fell fast jeden Zentimeter ihres Körpers, bei dem das Unterfell durch dichtes, öliges Deckfell geschützt wird. Das läßt die Karibus größer erscheinen, als sie tatsächlich sind. Ein gut entwickelter Bulle wiegt über 300 Kilogramm, eine Kuh ungefähr die Hälfte. Karibus geben die gehaltvollste Milch in der Tierwelt. Sie enthält 20 Prozent Fett. Ihre riesigen tänzelnden Hufe, die im Mythos vom Weihnachtsmann auf seinem Schlitten unsterblich geworden sind, eignen sich ausgezeichnet zum Scharren im Schnee, Laufen und Schwimmen. Das Wort Karibu leitet sich übrigens aus einem Dialekt der Algonquin aus Maine ab, und bedeutet »Kratzende Hufe«.

Die Karibus sind die einzigen Mitglieder der Familie der Rehe, bei denen die Weibchen ein Geweih tragen. Die Jungen sind bereits eine Stunde nach der Geburt auf den Beinen und trinken Muttermilch. Sie können schon eine Woche nach der Geburt über 30 Kilometer zurücklegen. Da die Herde nicht warten kann, sind diejenigen zum Sterben verurteilt, die nicht mithalten können. Damit wird die Herde gesund gehalten, die Vermehrung eingedämmt und überdies Futter für Fleischfresser geschaffen.

Die Inuit gehören zu den natürlichen Feinden der Karibus. Früher nutzten sie 99 Prozent der Beute: Sie aßen das Fleisch roh, gebraten und gekocht, alle Organe und sogar das nur halb verdaute Futter aus dem Tiermagen. Dabei galten die kleinen Fettklumpen hinter den Augen als Delikatesse. Auch die Kleider, Decken, Laken und Zelte wurden fast ausschließlich aus der Haut der Karibus gefertigt, die faserigen Sehnen wurden als Nähzwirn verwendet.

■ DALL-SCHAFE

Benannt nach William H. Dall, einem der ersten Männer, die den unteren Yukon vermaßen (1866), wird das Dallschaf gelegentlich auch als Alaska-Großhornschaf bezeichnet, da es mit dem Großhornschaf der Rocky Mountains nahe verwandt ist.

Gekennzeichnet durch ihr leuchtend weißes Fell, tragen die Schafböcke große gebogene Hörner, geformt aus einer speziellen Hautstruktur, die aus einer kompakten Masse aus Haar und Öl besteht. Die Hörner werden nicht abgeworfen, sondern jedes Jahr um einen neuen Ring ergänzt. Daher sind die Hörner um so länger, je älter ein Bock und je dominanter er in der Herde ist. Die Böcke können ein Gewicht von 80 Kilogramm erreichen. Die weiblichen Tiere tragen kleine spitze Hörner und wiegen durchschnittlich 50 Kilogramm. Ihr Lebensraum ist die hohe alpine Tundra. Sie ernähren sich von Gras, Moosen, Flechten und Blumen. Der erhöhte Blickwinkel bietet ihnen eine ausgezeichnete Verteidigungsmöglichkeit. Sie sind zudem großartige Kletterer. In den Ketten der Chugach, der Kenai, der Alaska und der Wrangell Mountains leben etwa 60000 bis 80000 Dall-Schafe. Während des Sommers ziehen die Böcke weit nach oben und überlassen die niedrigeren Weideflächen den Mutterschafen und Lämmern.

■ **WÖLFE**

Der Wolf gehört seit jeher zu den am meisten mißverstandenen, verzerrt dargestellten und verleumdeten Säugetieren, und dies sowohl in der Realität als auch im Märchen. Erst in der Mitte der vierziger Jahre, als der Biologe Adolph Murie im Nationalpark Mount McKinley eine langfristige und systematische Studie über Wölfe anstellte, begann die Revision der falschen Vorstellungen und akzeptierten Überlieferungen.

Murie zog drei Jahre lang vor allem durch die Ebenen unterhalb des Polychrome-Passes und konnte sich mit einigen Wolfsfamilien vertraut machen. Auch wenn Murie zu dem Ergebnis gelangte, daß das Gleichgewicht zwischen Raubtier und Beute für beide Seiten von Vorteil ist, sah sich die Parkverwaltung durch einen Rückgang der Dall-Schafe, durch politischen Druck und wegen der bestehenden Vorurteile gezwungen, Wölfe zu töten, die entgegen den Schlußfolgerungen von Murie als Ursache für den Rückgang des Schaf-Bestandes angesehen wurden. Allerdings ging die Zahl der Wölfe ohnehin in gleichem Ausmaß wie die der Schafe zurück; jahrelang konnten in den Fallen keine Wölfe mehr gefangen werden, weil sie zu selten geworden waren.

Es gilt als sicher, daß das Sozialverhalten der Wölfe – innerhalb des Rudels und im Hinblick auf die Beute – erstaunlich komplex und ausgefeilt ist. Die Alpha-Männchen und Alpha-Weibchen sind die zentralen Tiere im Rudel. Sie werden von vier bis sieben Jungen, Jährlingen und anderen erwachsenen Tieren umgeben. Das ranghöchste Weibchen wird vom ranghöchsten Männchen lange umworben, auch wenn es nicht unbedingt der Erzeuger ihrer Jungen sein muß.

Das Territorium eines Rudels kann nur 520, aber auch 2000 Quadratkilometer betragen. Die Größe ist von zahlreichen Faktoren abhängig.

Zu den komplexesten und faszinierendsten Aspekten von Wölfen zählt wohl ihr Jagdverhalten. Der Forscher Barry Lopez hat überzeugend dargelegt, daß die jeweilige Beute selbst für ihre Tötung verantwortlich ist und sich dem Wolf als Beute in rituellem Selbstmord hingibt, wenn dieser sie tötet. Lopez behauptet ferner, daß der Augenkon-

Fauna

takt zwischen dem Wolf und seiner Beute wahrscheinlich ein komplexer Austausch von Informationen sei, bei dem sich entscheide, ob es zur Jagd und zur Tötung komme. Lopez nennt das die »Todeskonversation«. Weiter stellt er fest, daß den Haustieren diese zwischentierische Sprache aberzogen worden sei. Das domestizierte Pferd, ein großes Tier, das wie ein Elch in der Lage sei, die Rippen eines Wolfes zu brechen oder seinen Kopf mit einem Tritt zu spalten, werde nahezu immer in Panik geraten und fliehen. Und es werde immer getötet. Der Wolf, der das oben beschriebene Ritual begonnen habe, habe nämlich keine Antwort erhalten. Er stoße unwissend auf ein Tier, das mit dem entsprechenden Ritual nichts anfangen könne. Aus diesem Grund verletze und töte der Wolf die Beute in Wut. Seit dem Aufkommen von Halsbändern mit Funksendern und der Nutzung von Flugzeugen haben die Wanderungen einzelner Wölfe und von Rudeln Biologen immer wieder erstaunt. Wölfe wandern häufig mit einer Geschwindigkeit von 8 bis 15 km/h Stunde, und das für mehrere Stunden. In einigen Tagen kann ein Wolf, der sich von einem Rudel gelöst hat, bis zu 800 Kilometer zurücklegen. Wölfe sind zudem in der Lage, passende Lebensräume schnell auszuwählen und einzunehmen.

Die Population der 6000 bis 7000 Wölfe Alaskas soll sich in gutem Zustand befinden, selbst wenn jedes Jahr rund 15 Prozent von ihnen erlegt werden. Sie haben ihre Lebensräume vergrößert, was zur Folge hat, daß ihre Zahl langsam ansteigt. Im Norden des Landes kommt ihnen dafür ein extrem günstiger Umstand zugute: das Fehlen der Viehwirtschaft. Die Viehzüchter waren nämlich seit jeher die schlimmsten Feinde des Wolfes.

■ ERDHÖRNCHEN UND MURMELTIERE

Beide Nagetiere sind echte Winterschläfer (daß Tiere in Alaska auch ohne Winterschlaf auskommen, haben wir bei Braun-, Grizzly- und Polarbären gesehen). Sie verharren sechs Monate lang in tiefem Schlaf. Diese Grenze zwischen Leben und Tod ist eine der spannendsten Gratwanderungen in der Tierwelt. Der Herzschlag eines Erdhörnchens verlangsamt sich während des Winterschlafs bis auf sechs Schläge pro Minute, wobei die Körpertemperatur auf knapp über den Gefrierpunkt (2 °C) sinkt. Tatsächlich hat ein Zoologe der University of Alaska in Fairbanks sogar herausgefunden, daß die Körpertemperatur des arktischen Erdhörnchens, des nördlichsten Winterschläfers, bis auf −3°C, also unter den Gefrierpunkt, absinken kann. Natürlich gefrieren die Erdhörnchen dabei nicht, sondern unterkühlen.

Erdhörnchen holen nur im Abstand von einigen Minuten Luft und verbrauchen im Winterschlaf die Hälfte ihres Körpergewichts. Wenn man mit einer Nadel in die Pfote eines Erdhörnchens im Winterschlaf stechen würde, dann würde es zehn Minuten dauern, bis es dies fühlt.

Murmeltiere werden häufig für Vielfraße gehalten. Sie wählen als Lebensraum große Felsnasen, die ihnen Schutz bieten, und stoßen einen gellenden Pfeifton aus, mit dem sie sich gegenseitig vor Feinden und anderen möglichen Gefahren warnen.

■ WAPITIHIRSCHE

Wapitihirsche, die in den westlichen US-Staaten verbreitet sind, waren vor 10 000 Jahren auch in Alaska anzutreffen. Sie starben jedoch während der letzten Eiszeit aus.

Mitte der zwanziger Jahre des 20. Jahrhunderts entschieden die Einwohner von Alaska, diese Hirschart wieder im Land anzusiedeln. Nachdem sie einige Jahre auf verschiedenen Inseln gehalten wurden, brachte man sie zu ihrer ständigen Heimat, der Insel Afognak vor der Nordküste von Kodiak. Trotz des unwirtlichen Klimas entwickelten sich die Bestände gut. Einige Tiere erreichten bis zu 450 Kilogramm Gewicht. In nur zwanzig Jahren (bis 1950) wurden allerdings 27 Bullen von einheimischen Jägern abgeschossen. Die Jagd dauerte bis in die späten sechziger Jahre an und wurde dann eingestellt, nachdem einige schwere Winter die Herden dezimiert hatten. Zehn Jahre Schutz und milde Winter haben es den Herden erlaubt, sich erneut zu erholen. Heute leben wieder 1300 Wapitis auf Afognak und Rasberry und etwa 25 auf Kodiak. Davon werden jedes Jahr rund 200 Tiere geschossen.

■ MOSCHUSOCHSEN

Der Moschusochse war im Norden des Landes in großer Zahl vertreten, bis er Mitte des 19. Jahrhunderts durch Jagd völlig ausgerottet wurde. In den dreißiger Jahren brachte man einige Dutzend Moschusochsen von Grönland zur Insel Nunivak im Beringmeer. Wie der Elch auf Afognak gedieh auch der Moschusochse auf Nunivak gut. Die Einwohner nutzten die weiche Unterwolle der Tiere und gründeten eine kleine Strickwarenmanufaktur, in der Pullover, Schals und Mützen hergestellt wurden. Es wäre dabei geblieben, wenn nicht J. Teal Jr., ein Student des Arktis-Erforschers Stefansson, gewesen wäre. Stefansson erkannte das Potential der Moschusochsen-Wolle und regte Teal an, mit der Domestizierung der Moschusochsen zu experimentieren. Nach zehn Jahren Arbeit auf seiner Farm in Vermont kam Teal zu dem Ergebnis, daß es sich um liebenswerte, zähe und leicht zu domestizierende Tiere handelte. 1964 begann er mit Versuchen an der University of Alaska in Fairbanks. 1984 zog er auf eine Farm im Matanuska-Tal, wo die Moschusochsen seitdem gezüchtet werden, um Qiviut, die weiche Unterwolle, zu erhalten, die in Alaska wegen ihrer Isolierfähigkeit (achtmal wärmer als eine vergleichbare Menge Schafwolle) und wegen ihrer stofflichen Eigenschaften (weicher als die feinste Kaschmirwolle) geschätzt wird. Qiviut wird in den Frühlingsmonaten geschoren. Dabei erhält man etwa vier bis fünf Pfund pro Moschusochse. Die Rohwolle wird zu einer Spinnerei in Rhode Island gesandt und dann an das Unternehmen Oomingrnak verkauft, eine Genossenschaft, der in mehreren Dörfern im Westen von Alaska etwa 200 Mitglieder angehören. Hier wird die gesponnene Wolle zu Kleidungsstücken verarbeitet, die im Einzelhandel in Anchorage und auf der Farm verkauft werden (Informationen über die Möglichkeiten, beide Unternehmen zu besuchen, siehe Seite 413ff.).

■ LUCHSE

Der Luchs ist ein extrem scheues und unzugängliches Tier, das vor allem Schneehasen jagt. Auf der Halbinsel Kenai wurde der Luchs Ende der siebziger Jahre in großem Umfang gejagt, als der Pelz eines Tieres bis zu 500 Dollar wert war. Die dezimierte Zahl der Luchse erlaubte es den Schneehasen, sich übermäßig zu vermehren. In dem Jahr, in dem die Luchspopulation sich gerade erholte, kam es aufgrund des normalen siebenjährigen Zyklus zu einem rapiden Rückgang beim Schneehasen-Bestand, wodurch der Luchs seiner wichtigsten Nahrungsquelle beraubt wurde. Heute machen Luchse in Städten wie Soldotna und Sterling Jagd auf Hühner und Kaninchen. Kenai ist mit dem übrigen Alaska kaum verbunden, so daß der Luchs dort besonders gefährdet ist. Seit Anfang der neunziger Jahre wird dieses Problem aber auch auf dem Festland akut. Eine dieser Wildkatzen kam in der Nähe des Chugach State Park durch eine Klappe für Haustiere sogar in ein Haus, während ein anderer Luchs in der Nähe von Fairbanks eine Hausziege angriff.

■ BERGZIEGEN

In Alaska zählt man heute zwischen 13 000 und 15 000 dieser mit den Antilopen verwandten Tiere. Sie haben schneeweißes Fell, zottige Köpfe sowie bis zu 30 Zentimeter lange Hörner mit schwarzen Spitzen und wiegen zwischen 70 und 140 Kilogramm. Sie bewohnen vor allem die Küstengebiete und die östliche Alaska Range. Häufig sieht man sie hoch oben auf Felsenklippen so steil klettern, daß sie sogar Dall-Schafe verscheuchen könnten.

■ SCHWARZWEDELHIRSCHE

Zahlenmäßig nimmt diese Tierart in Alaska hinter dem Karibu mit rund 150 000 bis 175 000 Exemplaren den zweiten Platz ein. Die Sitka-Hirsche bevorzugen vor allem die Wälder an der Küste – im Südosten in der Gegend des Prince William Sound und auf Kodiak sowie den umliegenden Inseln – und ziehen hoch in die Küstengebirge, um dort im Spätsommer junge Sträucher und reife Beeren zu fressen. Die Böcke wiegen etwa 70, die weiblichen Tiere etwa 45 Kilogramm.

■ SCHWARZBÄREN

In den Küstenwäldern leben Schwarzbären. Ihr Fell kann jedoch auch eine zimtfarbene oder gletscherblaue Färbung aufweisen. Schwarzbären unterscheiden sich von Grizzlybären durch ihre Größe (viel kleiner), ihre Gesichtsform (weit schmaler) sowie das Fehlen des Buckels. Trotzdem sind sie für Menschen gefährlicher als Grizzlybären. Es hat in Alaska mehr Angriffe und Verletzungen durch Schwarzbären als durch Braunbären gegeben.

■ SEEOTTER

Seeotter, Meerestiere aus der Familie der Wiesel, haben ein langes, schönes Fell, einen der wärmsten, luxuriösesten und haltbarsten Pelze, was ihnen längst zum Verhängnis wurde. Ein Otterpelz ist so wertvoll, daß er in London oder Kanton bis zu 5000 Dollar erzielt. Die Otter, die einst im ganzen Gebiet zwischen den Aleuten und Mexiko verbreitet waren, brachten die russischen Promyshleniki dazu, Mitte des 18. Jahrhunderts auf den Aleuten einzufallen, wo sie Ureinwohner wie Otter gleichermaßen dezimierten.

1803 kehrte Alexander Baranof mit 15 000 Pelzen zurück in das östliche Rußland. Bis 1840 war die Otterjagd sogar der wichtigste Wirtschaftszweig im Pazifik. Als die USA 1867 Alaska kauften, hatte man am nördlichen Pazifik bereits rund eine Million Otter getötet.

Während der gesetzlosen Zeit im letzten Viertel des 19. Jahrhunderts wurden die Otter fast völlig ausgerottet. Obwohl sich 1906 mehrere Schoner monatelang vor der Nordpazifikküste aufhielten, brachten ihre Besatzungen keinen einzigen Pelz mit zurück. 1911 wurde die Jagd auf Otter in einem internationalen Vertrag verboten. Kleine, isolierte Gruppen der Otter haben auf den westlichen Aleuten überlebt. In den letzten 80 Jahren hat sich der Bestand bis heute auf etwa 150 000 erholt, so daß sie mittlerweile den Fang von Schalentieren bedrohen. Trotzdem dürfen nach wie vor nur die Ureinwohner Alaskas Otter legal jagen. (Die Ölpest nach der Havarie der *Exxon Valdez* kostete 5500 Seeotter das Leben.)

■ SEELÖWEN

Zwei Meeressäugetiere tragen den Namen des Wissenschaftlers George Wilhelm Steller, der die Tiere 1742 erstmals beschrieb: die nordpazifische (Steller-)Seekuh, eine Verwandte der Rundschwanz-Seekuh, die in diesen kälteren Gewässern lebt, sowie der Steller-Seelöwe. Weil sie keine Furcht vor Menschen kannte und diese sie wegen ihres schmackhaften Fleisches jagten, war die Seekuh nur 26 Jahre später ausgerottet. Heute, 250 Jahre später, droht dem Seelöwen dasselbe Schicksal. Seelöwen sind Flossenfüßer, also Säugetiere mit Flossen anstelle von Füßen. Die Männchen wiegen bis zu einer Tonne, die Weibchen bis zu 270 Kilogramm. Seelöwen ernähren sich von Fischen, vor allem von Schellfisch. Die verspielten Tiere waren bis vor kurzem noch in großer Zahl in den Küstengewässern vor Alaska vorhanden. 1960 schätzte man den Bestand der Seelöwen im nördlichen Pazifik, im Golf von Alaska und an der Küste vor den Aleuten auf insgesamt 140 000. Innerhalb von 25 Jahren ging ihr Bestand jedoch erschreckend zurück. Die kommerzielle Jagd wurde zwar Mitte der siebziger Jahre eingestellt, aber 1985 zählte man nur noch 68 000 dieser Tiere. Vier Jahre später gab es gerade einmal 25 000. Im selben Jahr setzte man den Seelöwen auf die Liste der vom Aussterben bedrohten Tiere, wodurch die weltweit nur noch 66 000 Exemplare geschützt wurden. Vermutungen über die Gründe für diesen rapiden Rückgang stützen sich vor allem auf Nahrungsmangel. Die verbleibenden Seelöwen sind klein, anämisch, mangelernährt und bekommen weniger Nachwuchs. Nach Ansicht von Greenpeace ist daran wohl die Überfischung von Beringmeer und Golf von Alaska schuld. Die Zahl der Trawler, der riesigen Fabrikschiffe, die 500 Meter lange Netze kilometerweit über den Meeresboden ziehen, hat sich in den letzten zehn Jahren verzehnfacht. Sie »reinigen« heute den Meeresboden, wobei etwa fünf Millionen Tonnen Fisch vom Grund des Ozeans heraufgeholt werden, von denen mehr als zehn Prozent als Abfall gelten. Da ist es kein Wunder, daß die Seelöwen neben den Hafen- und Pelzrobben sowie vielen einheimischen Seevögeln vom Aussterben bedroht sind.

■ WALE

Die größten Sommergäste Alaskas sind die Wale. Jeden Frühling wandern Grauwale von der Baja Califonia in Richtung Norden und kehren im Winter in den Süden zurück. Ebenfalls im Frühling schwimmen Buckelwale von den Gewässern vor Hawaii nach Norden. Diese über 15 Meter langen Tiere durchbrechen häufig mit ihrem Schwanz die Oberfläche des Wassers oder schlagen darauf, als ob sie eine Nachricht übermitteln wollten. Kleinere, etwa zehn Meter lange Minke-Wale sind ebenfalls verbreitet. Killerwale (Orca), bei denen es sich nicht um Wale, sondern Vertreter der größten Delphinart handelt (bis zu sieben Meter lang), ziehen in Gruppen durch das Meer

Fauna

und jagen Fische. An der fast drei Meter hohen, dreieckigen Rükkenflosse und der schwarz-weißen Musterung sind sie leicht zu erkennen.

■ PELZROBBEN

Die in Alaska vertretene Robbenart, die Pelzrobbe (Callorhinus ursinus), ist, wie der lateinische Name verrät, eine Art Robbenbär. Die Bullen werden bis zu drei Meter lang und erreichen ein Gewicht von nahezu 200 Kilogramm. Zehntausende dieser Heuler kehren jedes Jahr zur Paarungszeit zu den Pribilof-Inseln zurück. Die dominanten Bullen erreichen die Inseln nach acht Monaten im Meer im frühen Juni. Der lautstarke Kampf um die ersten Plätze am Strand führt häufig zu blutenden Blessuren. Die Weibchen tauchen erst einige Wochen später auf, sind kleiner (etwa 40 Kilogramm Gewicht) und dem Bullen untergeordnet.

Ein großer gestandener Bulle kann in seinem Gefolge bis zu 60 oder 70 Weibchen sammeln. Die Bullen fressen nicht und zehren den ganzen Sommer nur von ihrem Fett. Mitte August, wenn sie sich auf den Weg zum Nordpazifik begeben, wo sie wieder fressen, schlafen und erneut Kraft schöpfen, sehen sie völlig ausgehungert und abgemagert aus.

Die Tragzeit dauert ein Jahr. Die Kühe kommen zum selben Steingarten zurück, an dem sie selbst geboren wurden, um ihre Jungen zur Welt zu bringen. Die Jungen schwimmen Ende Oktober fort und kehren einige Jahre später zurück.

■ WALROSSE

Was die Pribilof Islands für die Pelzrobben sind, ist die Insel Round in der nördlichen

Orca (Killerwal)

Bristol Bay für die Walrosse. Allerdings gibt es dort nur einen Strandclub für Männer. Die Weibchen und die Jungen bleiben im nördlichen Beringmeer und in der Chukchi Sea, wo sie im relativ seichten Wasser Nahrung finden. Gelegentlich drängen sich bis zu 10 000 dieser riesigen und über eine Tonne schweren Bullen an den schmalen Stränden.

Am Strand wirken Walrosse unbeholfen und erinnern an große Kugeln. Im Wasser jedoch bewegen sich die großen, dicken Fettbäuche in eleganter Zeitlupe. Um zur Insel Round zu gelangen und sich dort die Walrosse anzusehen, kann man mit Alaska Air nach Dillingham fliegen. Dort besteigt man ein Flugtaxi nach Togiak und nimmt schließlich ein Boot zur Insel.

■ ADLER

Weißkopf-Seeadler sind an den Küsten so verbreitet, daß sie schon fast alltäglich geworden sind. Mit ihren fleckenlos weißen Köpfen, der Flügelspannweite von zwei Metern und den spektakulären Manövern, mit denen sie Lachse fangen, verfügen sie über einen besonderen Reiz. Jeden Herbst kommen Tausende von Seeadlern nach Haines, wenn in der Nähe Lachse laichen. Eine schwarz verfärbte Fichte mit bis zu zwei

Boden saßen, sind aufgrund ihrer Größe von bis zu einem Meter schon für kleine Grizzlybären oder jugendliche Wanderer gehalten worden.

Der Weißschwanzadler ist ein Bewohner Asiens, der in Nordamerika ausschließlich auf der Insel Attu in den westlichen Aleuten vorkommt.

■ TROMPETENSCHWÄNE

Die Spannweite dieses größten Wasservogels kann die eines Adlers erreichen (bis zwei Meter), und sein Gewicht kann bis zu 20 Kilogramm betragen. Trompetenschwäne sind schneeweiß und haben dadurch über Jahrhunderte hinweg einen Platz in Legenden, Dramen, Metaphern und in der Musik gefunden. Die Fluggeschwindigkeit auf ihren Streifzügen von Alaska zum Winterquartier im Nordwesten der Pazifikküste erreicht fast 100 km/h, wobei sie in bis zu 3000 Meter Höhe fliegen (etwa 500 Tiere

Dutzend der weißgekrönten Vögel ist dann nicht ungewöhnlich.

Die Goldadler im Landesinnern sind nicht weniger beeindruckend, wenn man Größe, Ernährungsgewohnheiten und Flugfähigkeit in Betracht zieht. In der Umgebung des Denali National Park sind sie in großer Zahl vertreten. Goldadler, die in der Tundra am

Vogelbeobachtung

Alaska ist ein Paradies für Vogelliebhaber. Man kann dann nicht nur einige Vögel beobachten, sondern Dutzende oder Hunderte, Papageientaucher in der Kachemak Bay, Weißkopf-Seeadler in Haines, Murren auf den Pribilof-Inseln. In Alaska wurden über 400 Vogelarten gezählt, von denen 200 jeden Sommer allein zu den Pribilof-Inseln zurückkehren. Und knapp hundert Vogelarten fliegen jährlich zur Potter Marsh nur einige Kilometer südlich von Anchorage.

Da ist es keine Überraschung, daß Vogelbeobachtung sich im Norden so großer Beliebtheit erfreut. Einige in Alaska vorkommende Vogelarten sind zudem extrem selten. Von einer Brachvogelart leben auf der ganzen Welt nur noch 5000 Exemplare. Ihre einzigen Brutplätze befinden sich in Alaska.

Nachdem 1988 acht Brachvögel in einem Naturschutzgebiet im Delta des Yukon mit Ringen gekennzeichnet worden waren, wurde einer von ihnen auf der Insel Caysan in der Südsee in über 3000 Kilometer Entfernung wiederentdeckt. Daneben gibt es Trompetenschwäne, die in den USA als beinahe ausgestorben galten, bis einige tausend Exemplare im Delta des Copper River entdeckt wurden. Viele asiatische Vogelarten dringen zudem in der westlichen Hemisphäre nur bis in den Westen von Alaska vor.

Fauna

überwintern sogar in Alaska). Die Schwäne werden etwa 30 Jahre alt und stoßen einen trompetenähnlichen Laut aus, der ihren Namen begründet.

1933 hatte die Anzahl der Trompetenschwäne in den unteren 48 Staaten der USA mit nur noch 33 Exemplaren den Tiefstand erreicht. Man hatte den Trompetenschwan wegen des Fleisches, der Daunen und Federn schon fast ausgerottet. Anfang der fünfziger Jahre entdeckten Biologen von Buschflugzeugen aus in Alaska einige tausend Schwäne, so daß Anfang der siebziger Jahre der Trompetenschwan von der Liste der bedrohten Tierarten gestrichen werden konnte.

Heute verbringen von den etwa 12 000 Schwänen in ganz Nordamerika ungefähr 10 000 den Sommer in Alaska, von denen etwa 2000 im Delta des Copper River zu finden sind. Sie lassen sich sehr gut entlang der Straße von Cordova zur Million Dollar Bridge beobachten.

■ GÄNSE

Die Bestände an aleutischen Kanada-Gänsen waren vor etwa zwanzig Jahren an der Schwelle zur Ausrottung, haben sich aber bis heute bemerkenswert erholt. Die Aleuten-Gans, kleiner als die Kanada-Gans, war auf den Inseln bis ins 20. Jahrhundert verbreitet, als Jahrzehnte der Fuchszucht zu einer fast völligen Ausrottung führten. Ende der sechziger Jahre waren nur noch einige hundert Tiere auf einer Insel ohne Füchse am Leben. Von einigen anderen Inseln wurden die verwilderten Füchse entfernt und dort die Gänse wieder angesiedelt. 1987 hatte sich ihre Zahl mit 5800 Exemplaren wieder so weit erholt, daß man sie von der Liste der gefährdeten Tierarten streichen konnte und sie nun nur noch zu den bedrohten Tierarten gehören.

Bei den Kaisergänsen ist eine umgekehrte Entwicklung eingetreten. In den vergangenen zwanzig Jahren ist die Zahl von 150 000 Ende der sechziger Jahre auf 70 000 Ende der achtziger Jahre um die Hälfte auf heute rund 70 000 gesunken. Rund 90 Prozent des weltweiten Bestandes brütet im westlichen Alaska, auf den Aleuten und in Sibirien.

Schneegänse gibt es dagegen in großer Zahl. Von ihnen ziehen riesige Schwärme mit bis zu 100 000 Vögeln jedes Jahr etwa 8000 Kilometer von der Mitte Kaliforniens über Alaska bis zu ihren Brutgebieten auf der Insel Wrangell.

■ SCHNEEHÜHNER

Das Schneehuhn ist der Nationalvogel Alaskas und beliebtes Jagdwild der Kleinwildjäger. Viele Schneehuhnarten ähneln den Fasanen, Wachteln und Rebhühnern der übrigen US-Bundesstaaten. Sie vermehren sich in großer Zahl. Ihr Federkleid wechselt von Winterweiß zu Sommerbraun. Sie besitzen nur einen sehr schwach ausgeprägten Sinn für Selbstschutz. Die zahlreichen Ortschaften in Alaska mit dem Namensteil »Chicken« gehen auf das Schneehuhn als Namensgeber zurück. Da das eigentliche englische Wort »Ptarmigan« (Schneehuhn) zu schwer auszusprechen war, wurde es auf »Chicken« (Huhn) reduziert.

■ LACHSE

Es gibt fünf Arten von Lachsen: den Königslachs (Chinook), den Rotlachs (Sockeye), den rosafarbigen Buckellachs (Humpie), den Silberlachs (Coho) und den Chum. Sie kehren mit unbeirrbarer Ausdauer alle an dieselbe Stelle im Fluß zurück, an der sie geschlüpft sind, um dort zu laichen und dann bald zu sterben.

Der Königslachs ist der größte Fisch der Lachsfamilie, von denen wiederum die größten Exemplare in den Gewässern vor Alaska beheimatet sind. Das durchschnittliche Gewicht dieser Tiere beträgt 15 bis 20 Kilogramm, aber auch Exemplare mit mehr als 40 Kilogramm sind keine Seltenheit. Die Königslachse leben im allgemeinen fünf bis sechs Jahre im Salzwasser, bevor sie zum Laichen ins Süßwasser kommen. Je mehr Jahre sie im Meer zugebracht haben, desto größer sind sie.

Der Rotlachs weist den besten Geschmack auf und ist für die Fischindustrie besonders interessant. Sein Durchschnittsgewicht beträgt zwischen drei und fünf Kilogramm. Er wird vorwiegend im Juni und Juli gefangen. 1990 betrug die Ausbeute 50 Millionen Rotlachse.

Am häufigsten kommt der rosafarbige Buckellachs vor. Bei den Wanderungen Ende Juni und Anfang September zählt man bis zu 150 Millionen Buckellachse. Der Buckellachs ist klein, wiegt 1,5 bis zwei Kilogramm, hat ein weiches Fleisch und einen milden Geschmack.

Der Silberlachs ist wegen seiner Geschwindigkeit, seiner Beweglichkeit und seines sechsten Sinnes berühmt. In den letzten 90 Tagen seines Lebens erhöht er sein Gewicht um mehr als das Doppelte. Silberlachse können zwischen drei und 4,5 Kilogramm schwer werden. Sie schwimmen erst spät zu den Laichplätzen, von Ende Juli bis November. Der Chum ist von den fünf Pazifiklachsen am wenigsten wertvoll, selbst wenn er durchschnittlich fünf bis zehn Kilogramm wiegt. Er legt in seinem Leben die weitesten Strecken zurück. Man kennt ihn auch unter dem Namen Hundelachs, da er schon seit langer Zeit den Huskies als Nahrung dient.

■ HEILBUTT

Der Heilbutt ist der beliebteste größere Fisch. In der Regel wiegt er 10 bis 20 Kilogramm, aber auch Exemplare mit 50, 100 oder sogar 150 Kilogramm sind keine Seltenheit. Den Rekord im Staat Alaska hält ein Heilbutt mit 210 Kilogramm von fast zweieinhalb Meter Länge. Auch wenn er riesig ist, gibt er sich an der Angel nicht als Kämpfer und kann während eines Bootsausflugs von Kodiak, Homer, Seward oder Dutch Harbor leicht gefangen werden. Sein Fleisch ist weiß und von feiner Beschaffenheit.

■ SCHELLFISCH

Der Schellfisch ist für die Fischwirtschaft interessant, seit sein Fleisch als Krabben- und Hummerersatz entdeckt wurde. Der Fang von Schellfisch in den Gewässern vor Alaska hat in der jüngeren Vergangenheit zu internationalen Kontroversen geführt. Von asiatischen Trawlern, Fischfabriken von der Größe eines Fußballplatzes, werden Treibnetze von fast einem Hektar in 30 Metern Tiefe ausgelegt. Damit fangen die Besatzungen 20- bis

Flora

30mal so viele Meerestiere, wie erlaubt sind, daneben auch Seevögel und Säugetiere. Schellfischmännchen werden zur Weiterverarbeitung mitgenommen, während den Weibchen nur der Rogen abgestreift wird und die Kadaver dann wieder über Bord geworfen werden, was eigentlich verboten ist. Dennoch landen jährlich rund 55000 Tonnen toter Schellfischweibchen wieder im Meer. Internationale Übereinkünfte zum Verbot der Treibnetzfischerei wurden von Japan, Taiwan und Südkorea nicht unterzeichnet. Trawler aus diesen Ländern trifft man vor Alaska nach wie vor an.

> **Fischfang**
>
> Die Möglichkeiten zum Fischen sind in Alaska vielfältig, da der kommerzielle Fischfang sowie die Sport- und die Freizeitfischerei für fast jeden Einwohner Alaskas von Bedeutung sind. Die kommerzielle Fischerei ist der zweitwichtigste Wirtschaftszweig Alaskas. 1994 wurden in den Gewässern Alaskas 200 Millionen Lachse von Berufsfischern gefangen, zehn Millionen von Sportfischern. Jährlich betragen die Einnahmen aus der Sportfischerei nahezu 100 Millionen Dollar.

■ STINT

Der fetteste Fisch in den nördlichen Gewässern ist der Pazifische Küstenstint, von dem man erzählt, er sei so fett, daß man ihn wie eine Kerze anzünden könne. Der silbrigweiße Fisch ist lang und schmal wie ein Stift und schwimmt während drei Wochen im Frühsommer in riesigen Schwärmen vom nördlichen Kalifornien bis zu den Pribilof-Inseln. Traditionell wird aus dem Stint Öl gewonnen. Die Weibchen werden tonnenweise in Gruben und Fässer gefüllt und dort zwei Wochen zum Verfaulen belassen. Dann gibt man Süßwasser hinzu und kocht die ganze Masse. Dabei gelangt Öl an die Oberfläche. Nach dem Abschöpfen, Sieben, Filtern und Sterilisieren erhält man aus einer Tonne Stintweibchen ungefähr 50 Liter Öl (ähnlich dem Lebertran). Die jungen Männchen schmecken dagegen gekocht, geräuchert, getrocknet und gesalzen.

■ ZUCHT VON MEERESTIEREN

In den Küstengebieten Alaskas entwickelt sich langsam eine kommerzielle Zucht von Schalentieren – Austern, Miesmuscheln, Venusmuscheln, Kammuscheln und Algen. Heute gibt es etwa 50 Zuchtbetriebe, die vor allem die Märkte und Restaurants am nordwestlichen Pazifik beständig mit qualitativ hochwertigen Schalentieren versorgen. Ein ganzer Wust von Regelungen hemmt die Zuchtstätten jedoch. Die kommerzielle Fischerei mit Einnahmen von einer Milliarde Dollar sieht die Konkurrenz nicht gerne. Das Potential scheint dennoch riesig zu sein.

Flora

Die Vegetation an der Nordpazifikküste sowie im Innern des Yukon und Alaskas läßt sich in vier Gruppen einteilen: Regenwald, borealer Wald, Taiga und Tundra.

Die üppigen **Regenwälder** in British Columbia bergen riesige Nadelbäume: Douglas-Kiefern, Schierlingstannen, Zedern und Fichten. Die Zedern wachsen auch in Südostalaska, dort überwiegen jedoch Fichten und Schierlingstannen. Natürlich findet man auch die Sitka-Fichte (Alaskas Nationalbaum), die sich mit den Redwoods in

Alaska und das Yukon Territory

Hagebutte

Brombeere

Blaubeere

Kalifornien in Höhe, Alter und Schönheit sowie wirtschaftlichem Wert messen kann.

Das südliche Zentralalaska ist von lichteren Wäldern aus Schierlingstannen und Fichten durchzogen, wobei sich die Fichte noch über die nördlich gelegene Insel Kodiak verbreitet hat, aber in Richtung Westen nicht weiter als auf das angrenzende Festland vordringt. In den höher gelegenen, subalpinen Gebieten im Küstenbereich gibt es dichte Erlenwälder.

Die **borealen Wälder** im Landesinneren, insbesondere in den Tiefebenen, sind eher spärlich und nur recht vereinzelt anzutreffen. Dort wachsen vorwiegend Weißtannen, Papierbirken, Fichten, Kiefern und Balsampappeln.

Charakteristisch für die **Taiga**, die Übergangsregion zwischen den Wäldern im Norden und der Tundra, sind die schwarzen Kiefern. Typisch sind auch verkrüppeltes Buschwerk (vorwiegend Weide) sowie sumpfige Gegenden.

Die **Tundra** beginnt etwa nach der Baumgrenze, die hier ungefähr bei 700 bis 800 Meter liegt. Hier trifft man auf ähnliches Unterholz wie in der Taiga, jedoch ohne Bäume. In der höher gelegenen, alpinen Tundra wachsen vor allem Gras, Moos und Flechten. Fast verschwenderisch wirkt das Meer von wundervollen Wildblumen, zu denen auch das Vergißmeinnicht zählt, die Blume des Staates Alaska.

■ BÄUME

In Alaska gibt es zwei Baumgrenzen: Die eine wird durch die jeweilige Höhe bestimmt, die andere durch den Breitengrad. Allgemein betrachtet nimmt der Baumbestand ab, je weiter man nach Norden gelangt. Auch wenn man noch vereinzelt Erlen und Pappeln in der Nähe der Brooks Range sieht, wird diese arktische Region an der North Slope überwiegend durch die baumlose Tundra bestimmt. Krüppelweiden, Erlengestrüpp, Gräser und Moos verleihen der Tundra hier das Aussehen eines langfloringen Teppichs. Dieser Tundragürtel zieht sich entlang der Küste des Beringmeers zur Halbinsel von Alaska und zu den Aleuten. In Richtung Süden wird die arktische Vegetation dann mehr und mehr durch die pazifische Küstenvegetation abgelöst.

■ BLUMEN

Fireweed trifft man auf der Reise durch Alaska häufig an. Diese Wildblume sucht die Sonne und wächst vorwiegend in Ebenen entlang der Straßen und Flüsse. Findet

Flora

sie optimale Bedingungen vor, wird die Pflanze bis zu zwei Meter hoch. Die rosafarbenen Blüten sind am ganzen Blütenstiel zu finden, vom unteren Ende bis zur Spitze. Erfahrene Goldschürfer behaupten, den Beginn des Winters in Alaska und auch seine Härte daran ablesen zu können, wie die Blütezeit des Fireweed verläuft.

Im südlichen Zentralalaska und im Landesinneren findet man häufig die stachelige **Rose**. Diese Pflanze wird gut einen Meter hoch und hat scharfe Dornen. Die Blüten bestehen aus fünf pinkfarbenen Blättern, und ihre leuchtend roten Hagebutten, die viel Vitamin C enthalten, werden Mitte August reif.

Auch die Schlüsselblume, die in drei Arten vorkommt, gehört zu Alaska. Ihre pinkroten Blüten wachsen überwiegend in der Tundra. Andere rote Farbtupfer in der Tundra sind der lilafarbene **Bergsteinbrech**, die moosige **Lichtnelke** und die hellrot leuchtende **Mohnblume**.

Und dann gibt es in Alaska die weiße **Anemone**, die der Butterblume gleicht und ebenfalls in der Tundra wächst.

Leicht zu erkennen ist sicher auch die in den Bergen wachsende **Nelkenwurz**, die an eine weiße Rose erinnert.

Etwa ein halbes Dutzend verschiedener Arten des weißen **Steinbrech** ist im ganzen Staat Alaska zu finden.

Vorsichtig sollte man mit der heimischen **Schierlingstanne** umgehen: Einige Arten dieser Bäume sind harmlos, eine jedoch enthält tödliches Gift.

Ähnlich verhält es sich mit der **Schafgarbe** mit den kleinen weißen Blüten und den fast spitzenähnlichen Blättern. Sie ist eine Heilpflanze.

Und hat man erst einmal die **Labrador-Teepflanze** ausfindig gemacht, wird man sie auch überall im Wald und in der Taiga von Alaska entdecken. Das **Baumwollgras** sieht genauso aus, wie der Name sagt. **Gänseblümchen** und das **Flohkraut** komplettieren die Gruppe der weißblütigen Pflanzen.

Leicht zu verwechseln mit der Fireweed-Pflanze ist der **Rittersporn**. Seine Lilafärbung ist lediglich etwas dunkler. Die Blüte wächst an einem hohen Stengel, die Blätter sind eher niedrig im Wuchs.

Eine sehr schöne und dunkelblau blühende Blume ist der **Eisenhut** aus der Familie der Butterblumen.

Glockenblumen und Sternhyazinthen kann man in der Gegend um den Denali National Park überall antreffen. In den weiter nördlich gelegenen Wäldern wachsen noch drei Arten von **Veilchen**. Meist in Gruppen zusammen blühen die hell lilafarbenen **Lupinen**. Im Innern von Alaska sind die **Astern** weit verbreitet.

■ **BEEREN**

Beeren sind die einzigen Früchte, die in Alaska in freier Natur wachsen. Glücklicherweise sind viele Beerensorten in ausreichendem Maß vorhanden. Einige sind eßbar, einige wenige davon schmecken noch gut, und lediglich eine einzige Beerensorte ist giftig. Wer auf seinen Streifzügen durch Alaska gerne einmal Beeren pflücken möchte, läßt sich am besten gleich zu Beginn die **Giftbeere** (Baneberry) von Einheimischen zeigen, und merkt sich diese genau. Sie gehört zur Familie der Krähenfußgewächse und kommt nur im Südosten und im Landesinneren vor. Die weiße Beere erinnert ein wenig an eine Erbse. In reifem Zustand hat sie ein leuchtendes Rot.

Überall in Alaska stößt man auf **Wacholderbeeren**, häufiger jedoch auf verschiedene

Arten von **Blaubeeren**, die auch besser schmecken. **Holunderbeeren** schmecken zwar gut, können aber den Magen ganz schön durcheinanderbringen. Die **Himbeeren** schmecken erst dann so richtig, wenn sie den ersten Frost abbekommen haben. Mit ein wenig Glück findet man auch rote **Johannisbeeren**. Ein paar Büsche stehen in der näheren Umgebung des Denali Park Hotels. Besser aber noch sind die wilden **Erdbeeren**.

■ PILZE

In Alaska gibt es ungefähr 500 verschiedene Pilzarten. Man kann sie vorwiegend in den Wäldern zwischen Ketchikan und Katmai sowie in der Tundra zwischen Kantishna und Kotzebue finden. Die meisten Pilze sind harmlos und vorwiegend eßbar, nur eine Handvoll ist giftig.

Historisches

Die Athabasken-Indianer aus Kanadas Norden erzählen sich gern eine Legende aus grauer Vorzeit, in der einer ihrer Vorfahren einem Riesen in Sibirien half, einen Rivalen zu erschlagen. Der besiegte Riese fiel in die See und bildete so eine Landverbindung nach Nordamerika. Über diese Brücke zogen die Vorfahren der Athabasken-Indianer und brachten den Karibu mit. Mit der Zeit aber zersetzte sich der Körper des Riesen. Doch Teile seines Skeletts blieben über der Wasseroberfläche und bildeten die Aleuten.

Wissenschaftler vermuten, daß der Wasserspiegel des Ozeans in der Zeit des Pleistozäns (vor etwa 30000 bis 40000 Jahren) etwas niedriger und es so den Nomaden aus Nordostasien möglich war, über die 1450 Kilometer lange Landbrücke das Beringmeer zu passieren. Einer der ältesten Funde, der auf menschliches Leben in Amerika schließen läßt, ist ein am Ende gezackter Karibu-Knochen. Er wurde in Old Crow im nördlichen Yukon ausgegraben. Wissenschaftler sind sich sicher, daß dieser Knochen den Menschen als Werkzeug diente. Man schätzt den Knochen auf ein Alter von 27000 Jahren. Da das innere Flachland von Alaska und das Tal des Yukon niemals von Eis bedeckt waren, gab es eine eisfreie Nomadenroute. Als sich im Lauf der Zeit das Klima erwärmte und die großen Eismassen bis zu den Rocky Mountains und dem Canadian Shield zurücktraten, ergab sich ein Korridor durch die Great Plains, der den Weg nach Süden freigab.

■ DIE ATHABASKEN

Die Athabasken waren die ersten Indianer, die die Beringstraße auf dem Landweg überquerten. Ihre Sprache wird heute noch im Innern von Alaska bis zum Südwesten Amerikas gesprochen (unter Navajos und Apachen). Diese Indianer aus dem Landesinneren folgten den großen Mastodon-, Mammut- und Karibuherden. Die Landwirtschaft war ihnen unbekannt, dennoch schufen sie sich einige einfache Handwerkszeuge. Als Rohmaterial diente das Kupfer, das in dieser Gegend vorkam.
Einige Gruppen fanden einen Weg bis zur Küste. Die Tlingits, Verwandte der Athabasken-Indianer, wanderten den Nass River stromabwärts in die Nähe von Prince Rupert und zogen in den Südosten Alaskas. Ihre Umgebung versorgte sie im Übermaß mit Fisch und Krustentieren, aber auch mit den großen Baumstämmen der Zeder, aus

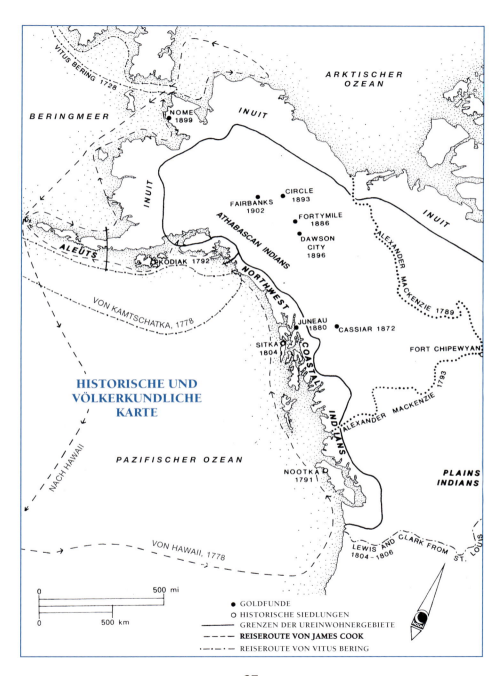

Alaska und das Yukon Territory

denen sie ihre Gemeinschaftshäuser bauten, Totempfähle errichteten und die langen Kanus konstruierten.

■ DIE INUIT

Am Ende der letzten Eiszeit, vor etwa 10 000 Jahren, kamen aus Asien die mongolischen Inuit. Heute findet man sie in Sibirien, in Alaska und in den arktischen Teilen von Kanada bis nach Grönland. Ihre Sprache, in Alaska unterschieden in die beiden Dialekte Inupiak, der im Norden gesprochen wird, und in Yup'ik im Süden, hat keinerlei Ähnlichkeit mit irgendeinem anderen nordamerikanischen Dialekt, ausgenommen einem Dialekt auf den Aleuten. Genau wie die Tlingit lebten auch die Inuit in Küstennähe, und zwar etwa dort, wo auch die großen Meeressäugetiere vorbeizogen. Diese Tiere wurden von den Inuit in Kajaks und Umiaks gejagt. Sie ernährten sich aber auch von Karibus, Vögeln und Fischen. Ihre Häuser lagen teilweise unter der Erdoberfläche und waren aus Treibholz, Geweihen und Walknochen errichtet und mit einer Grasnarbe bedeckt (Iglus aus Schnee und Eis wurden ausschließlich von den kanadischen Eskimos genutzt). Im Sommer wohnten sie in Zelten aus Tierhäuten und zogen zum Fischen aus. Hundeschlitten benutzten die Inuit erst, nachdem die Einwanderer sie eingeführt hatten.

■ DIE BEWOHNER DER ALEUTEN

Meeressäugetiere und Fische waren für die Inselbewohner, die von den Inuit abstammen, von jeher Nahrungsgrundlage. Die Fischhäute dienten ihnen als Kleidung, und die Knochen lieferten nützliche Haushaltsmaterialien. Bevor um 1740 die Russen auf die Aleuten kamen, lebten hier fast 25 000 Menschen. Um 1800 herum waren davon nur noch 2000 übriggeblieben. Die russischen Pelzhändler ermordeten die Menschen oder verschleppten die Männer, nahmen die Frauen als Sklavinnen und sorgten durch Fortpflanzung dafür, daß sich nicht nur Krankheiten ausbreiten konnten, sondern daß es heute nur noch etwa 1000 reinrassige Aleuten gibt. Die übrigen Bewohner heirateten die neuen Besatzer, und heute leben einige Gruppen dieser Nachfahren etwas verstreut auf den östlichen Aleuten und auf den Pribilof-Inseln weiter im Norden.

■ DIE ENTDECKUNG DURCH DIE EUROPÄER

Zu Beginn des 18. Jahrhunderts, lange bevor die Kolonisten der Neuen Welt die amerikanische Grenze weiter in Richtung Westen zur Pazifikküste hinausschoben, hatten die russischen Entdecker und Händler bereits damit begonnen, ihre eigene Grenze in östlicher Richtung zum Pazifik auszudehnen.
Ihnen folgten mutige Entdecker auf dem Seeweg. Sie suchten Antwort auf Fragen, die die Europäer seit den Reisen Marco Polos ständig interessiert hatten, die Verbindung zwischen Asien und Amerika sowie jenes geheimnisvolle Land, das weiter im Osten lag und das die damaligen Karten nur sehr ungenau beschrieben.
Auf Weisung Peters des Großen brach der aus Dänemark stammende Vitus Bering, ein Seemann, der fast 20 Jahre lang im Dienste der russischen Marine stand, 1725 in Richtung Kamtschatka in Sibirien auf. Drei Jahre brauchte er, bis er nach vielen Mühen die bis dahin nicht kartographierte Küste des Nord-

Historisches

pazifiks erreichte. Dort baute Bering sein erstes Schiff, die *Gabriel,* und segelte an St. Lawrence Island (südlich des heutigen Nome) und an den Diomeden vorbei. Undurchdringlicher Nebel verhinderte jedoch, daß er Amerika fand. So kehrte er um und überwinterte in Kamtschatka. Im Frühjahr ging er erneut auf Entdeckungsfahrt. Hierbei fertigte er Karten vom überwiegenden Teil der Küste der Kamtschatka-Halbinsel an. Schlechtes Wetter und schwindende Lebensmittelvorräte an Bord zwangen ihn jedoch erneut zur Umkehr.

Während der folgenden zehn Jahre reiste Bering zwischen Moskau und der Nordpazifikküste hin und her. Er plante und rüstete eine ganze Reihe von Expeditionen aus, jedoch war er nie mehr selbst Leiter solcher Forschungsreisen, auf denen der Rest der sibirischen Küste und Japan zu weiten Teilen kartographiert wurde.

1741, im Alter von 60 Jahren, ging Bering auf seine bemerkenswerte Reise nach Amerika. Als Kommandant der *St. Peter* segelte er von Kamtschatka aus in südöstlicher Richtung. Er passierte die Aleuten und Kodiak und sichtete schließlich den Mount St. Elias auf dem Festland. Zu diesem Zeitpunkt aber litt Bering zusammen mit 31 Mitgliedern seiner Mannschaft schon an Skorbut. Vitus Bering starb im Dezember 1741 und wurde auf der Insel begraben, die heute Bering Island heißt.

James Cook

■ BESITZANSPRÜCHE

Die russischen Erfolge riefen die Spanier auf den Plan, die die gesamte Westküste Nordamerikas beanspruchten. 1774/75 wurden die Spanier Juan Perez und Bruno Hecata von Mexiko aus in Richtung Norden auf die Reise geschickt. 1775 und 1779 segelte der spanische Entdecker Juan Francisco Quadra sogar bis nach Sitka. Letztendlich aber waren die Spanier nicht in der Lage, dauerhafte Siedlungen nördlich von San Francisco aufrechtzuerhalten. Erst den Engländern James Cook und George Vancouver gelang es auf ihren Reisen (1776 bis 1780 bzw. 1791 bis 1795), diese nördliche Küste genau zu erkunden und Karten von ihr anzulegen.

1778 landete Cook auf der Insel Vancouver und segelte anschließend weiter nach Norden bis zum nach ihm benannten Cook Inlet im südlichen Zentralalaska. Dabei war er auf der Suche nach der Nordwestpassage zum Atlantik. Er segelte weiter in Richtung Aleuten und stieß dabei auf das Beringmeer und den Arktischen Ozean. Etwa 15 Jahre später war Vancouver mit seinem Schiff *Discovery* unterwegs. Auf dieser Reise fertigte er genaues Kartenmaterial der Küste Kaliforniens bis hoch nach Südostalaska an und beanspruchte dieses Gebiet für England. Vancouver war es auch, der die erste sehr ausgedehnte Erkundung des Pudget Sound vornahm und als erster Vancouver Island

Alaska und das Yukon Territory

umsegelte. Das Kartenmaterial, das er dabei anlegte, war so genau, daß es noch weitere hundert Jahre benutzt wurde.

■ ENTDECKUNG AUF DEM LANDWEG

Mittlerweile hatten Entdecker aber auch auf dem Landweg von Stützpunkten in Ostkanada und in den Vereinigten Staaten den Pazifik erreicht. 1789 fuhr Alexander Mackenzie, ein Händler der Northwest Company, den Mackenzie River abwärts bis zum Arktischen Ozean. Vier Jahre später gelang es ihm als erstem Menschen, den gesamten Kontinent auf dem Landweg zu durchqueren. Er erreichte bei Bella Coola in British Columbia den Pazifik.

Andere Mitglieder der aggressiv expandierenden Northwest Company mit Sitz in Montreal erkundeten den Süden. Simon Fraser folgte 1808 dem Fraser River bis fast zu dem Punkt, wo heute die Stadt Vancouver liegt. Eine Gruppe von Entdeckern paddelte auf dem Missouri River bis zu den Quellflüssen und überquerte dann das Land bis zum Columbia River. Diesem Fluß folgten sie in den Jahren 1804-06 bis zum Pazifik.

■ DER PELZHANDEL

Die nicht gerade maßvollen russischen Eindringlinge, angeführt von Gregor Shelikof, einem Pelzhändler und Kaufmann, die die Bewohner der Aleuten entweder ermordet oder versklavt hatten, veranlaßten den russischen Zaren 1789, die Russisch-Amerikanische Gesellschaft zu gründen. Deren erster Direktor war der sibirische Kaufmann Alexander Baranof. Er siedelte von Sibirien auf die heutige Insel Kodiak über. Er wurde zur mächtigsten Figur in Alaskas jüngerer Geschichte und steht für die Versklavung der noch verbliebenen Aleuten und den Krieg gegen die im Panhandle ansässigen Indianer. Aber er begründete auch die Handelsbeziehungen mit den Engländern, Spaniern und Amerikanern. Seine Handelsschiffe segelten bis Hawaii, Japan und Mexiko. Als er die Ressourcen auf Kodiak und der näheren Umgebung ausgeschöpft hatte, verlegte er die Gesellschaft nach Sitka, das zu einer glanzvollen Hauptstadt der Neuen Welt wurde. Er regierte sein neues Reich von seinem mächtigen Holzhaus aus, das auf einem Hügel oberhalb des Hafens von Sitka stand.

■ DIE ERSTE HÄLFTE DES 19. JAHRHUNDERTS

1824 und 1825 unterzeichnete Rußland zwei Verträge mit den USA und England, in denen festgelegt wurde, daß die südliche Grenze des russischen Teils von Amerika bei 54° 40' nördlicher Breite verlaufen sollte. Auf diesem Breitengrad liegt heute in etwa der Ort Ketchikan. Das weite Gebiet südlich dieser Grenze blieb den Abenteurern überlassen. Der Wunsch Amerikas, die Provinz Oregon zu besitzen, die rund um den Columbia River entstand, basierte auf den Erkundungen durch Robert Gray (1792) und der Expedition von Lewis und Clark. England begründete seine Ansprüche auf dieses Gebiet damit, daß Engländer diese Region durch die Northwest Company, die damals in die legendäre Hudson Bay Company übergegangen war, als erste erobert hätten. Als amerikanische Siedler dieses Gebiet mehr und mehr zu besiedeln begannen, schlugen die Wellen der Erregung hoch. Ein drohender Krieg wurde verhindert, als sich beide Parteien darauf einigten, die Grenzen so zu ändern, wie noch

Historisches

heute die Grenze zwischen Kanada und den USA verläuft, also entlang des 49. Breitengrades. Die Insel Vancouver wurde England zugesprochen. 1870 kaufte die neue kanadische Nation die gesamte Landfläche der Hudson Bay Company auf (Rupert's Land). Schließlich trat 1871 auch British Columbia der kanadischen Konföderation unter der Voraussetzung bei, daß man eine Eisenbahnverbindung von der Ostküste her schaffen würde.

■ RÜCKZUG DER RUSSEN

Für die Russisch-Amerikanische Gesellschaft war 1863 kein gutes Jahr. In Rußland wankte das starre Gesellschaftssystem. In Alaska verschärfte sich zu dieser Zeit der Wettbewerb mit den englischen und amerikanischen Walfängern und -händlern. Die Lebensmittel wurden knapp und die Versorgungsschiffe von Kalifornien kreuzten nur sehr unregelmäßig und unzuverlässig auf. Die Zahl der Pelzrobben und Seeotter ging stark zurück. Sie waren in hundert Jahren fast ausgerottet worden. Die Beziehungen des Zaren Alexander I. zu den Briten hatten sich außerdem verschlechtert. Eine Folge war der Rückzug des Zaren aus Verträgen mit der Gesellschaft, die sich auflöste.

Inzwischen hatte die Western Union zwei Kabel unter dem Atlantik von Amerika nach Europa verlegt, die jedoch nicht funktionierten. Daher versuchten es die Techniker auf einem anderen Weg: Man wollte ein Kabel von British Columbia über Land entlang des Yukon River und über die Beringstraße bis nach Sibirien verlegen. Von dort aus sollte es weiter in Richtung Osten und Süden bis nach Westeuropa verlaufen. 1865 schickte die Western Union Telegraph eine Expedition nach Alaska. Sie wurde angeführt von William Dall, der als erster das Landesinnere vermaß. Ihm und allen, die das Kartenmaterial sahen, wurde dabei die Weite des Landes und sein Reichtum an Bodenschätzen klar. Die Politiker in Washington, D.C., waren von diesen Berichten begeistert. Am 30. März 1867 kaufte Staatssekretär William H. Seward Alaska für die lächerliche Summe von 7 200 000 Dollar von Rußland.

■ DAS GESETZ VON 1884

Mit dem Inkrafttreten dieses Gesetzes wurden in Alaska erstmals ein Gouverneur ernannt und Gesetze verabschiedet. Trotzdem gab es nach wie vor weder ein eigenes Landesparlament noch eine Vertretung in Washington. Präsident Chester Arthur ernannte Richter, Rechtsanwälte und Marshalls. Von 1884 bis 1900 gab es aber lediglich jeweils einen Richter, einen Rechtsanwalt und einen Marshall für das gesamte Gebiet. Sie alle hatten ihren Sitz in der Hauptstadt Sitka. Erst 1900 teilte der Kongreß das Territorium in drei Distrikte auf und setzte eigene Gerichte in Nome und Eagle ein.

■ DIE SUCHE NACH GOLD

Der Goldrausch veränderte Alaska. Nach dem Goldrausch in Kalifornien 1849 setzte sich die Suche nach dem Gold in nördlicher Richtung fort. 1858 suchte man am Fraser River und weiter bis zu den Cariboo-Goldfeldern. 1872 stieß man auch in der Region Cassiar in British Columbia auf Gold. Wenig später wurde man in Alaska und im Yukon ebenfalls fündig: Juneau (1880), Fortymile (1886), Circle (1893), Dawson City (1896), Nome (1899), Fairbanks (1902) und Iditarod (1908).

Alaska und das Yukon Territory

Den Entdeckern folgten Gruppen von Frauen und Männern auf Flußbooten, Hundeschlitten oder zu Fuß. Sie schufen immer dort, wo die Abenteurer Gold entdeckt hatten, Außenposten der Zivilisation. Das Gold bewirkte aber noch etwas anderes. Zum ersten Mal faßten sowohl die kanadische als auch die US-Regierung ihre neuen Besitzungen etwas genauer ins Auge. So fallen beispielsweise die Anfänge einer administrativen Infrastruktur im Yukon und in Alaska in diese Zeit. Als aber Siwash George Carmack zusammen mit seinen zwei Schwagern, Athapasken-Indianern, 1896 im Bonanza Creek im Yukon Territory auf Gold stieß, konnte man diese weite nördliche Wildnis kaum als besiedelt bezeichnen. Zu diesem Zeitpunkt gab es lediglich eine Handvoll kleiner Dörfer am Yukon River. An der Mündung des Skagway River stand am Strand damals eine einzige unbewohnte Hütte. 1897 zogen 10 000 bis 20 000 Goldsucher auf dem Weg zur Mündung des Yukon an ihr vorbei. Diejenigen, die den Klondike endlich erreichten, mußten feststellen, daß sie zwei Jahre zu spät gekommen waren. Als Nebeneffekt war aber dadurch der Norden des amerikanischen Kontinents erobert worden. Mit der Ausbreitung des Goldrauschs bis Nome, Fairbanks und Kantishna sowie zum Hatcher Pass und nach Hope war Alaska endgültig besiedelt.

■ DAS 20. JAHRHUNDERT

Im ersten Jahrzehnt des neuen Jahrhunderts begann man, die unendlich weite Wildnis zu kultivieren. In Valdez und Eagle errichtete das Militär Stützpunkte, um Gesetz und Ordnung besser aufrechterhalten zu können. Telegrafenkabel wurden durch das Innere des Landes verlegt, die Nordwestpassage war entdeckt. Gleich an mehreren Punkten begann man mit dem Verlegen von Eisenbahnschienen, riesige Kupferminen wurden ausgebeutet, und zu Tausenden gruben unabhängige Pioniere auf eigenen Claims nach den Bodenschätzen des Landes. Die Fußpfade verwandelten sich in Planwagenstrecken. Auch die Post arbeitete mehr oder weniger regelmäßig. In begrenztem Ausmaß gab es sogar so etwas wie eine Regierung: 1905 wurde die Hauptstadt von Sitka nach Juneau verlegt. 1906 kam der erste Kongreßabgeordnete aus Washington in Alaska an, und 1912 trat die erste gesetzgebende Versammlung des Bezirkes zusammen.

■ DER EINFLUSS DES MILITÄRS

Anfang der vierziger Jahre wurden in Anchorage, Whittier, Fairbanks, Nome, Sitka, Delta, Kodiak, Dutch Harbor sowie an der Spitze der Aleuten Militärstützpunkte eingerichtet. Dies hatte zur Folge, daß sich der Einfluß des Militärs ausweitete, aber auch alle anderen Dienstleistungen zunahmen. Hinzu kam, daß 1942 bereits 2300 Kilometer des Alaska Highway von Dawson Creek in British Columbia bis Delta in Alaska fertiggestellt wurden. Auch 80 Kilometer des Klondike Highway zwischen Whitehorse und Carcross, der 243 Kilometer lange Haines Highway und der 528 Kilometer lange Glenn Highway zwischen Tok und Anchorage wurden gebaut. Diese Straßen verbanden schließlich Alaska mit dem Rest der Welt. Genau wie nach dem Goldrausch nahm die Bevölkerung in Alaska auch nach dem Zweiten Weltkrieg drastisch zu. Ein Teil der Soldaten blieb einfach dort oder kehrte später wieder zurück. Damit verdoppelte sich die Einwohnerzahl Alaskas zwischen 1940 und 1950.

Historisches

■ DER WEG IN DIE SELBSTÄNDIGKEIT

Die fünfziger Jahre brachten Alaska einen Aufschwung in der Bauindustrie, der Holzwirtschaft, der Fischerei und sogar für die Verwaltung. Westlich der Halbinsel Kenai im Cook Inlet entdeckte man ein großes Ölvorkommen. Obwohl die Bevölkerungszahl ständig zunahm, fühlten sich die Einheimischen immer noch als minderwertig innerhalb der amerikanischen Gesellschaft. Immer wieder unternahmen sie Vorstöße, um einen eigenständigen politischen Status zu erreichen.
Am 7. Juli 1958 waren sie endlich erfolgreich. Der Kongreß stimmte zu, daß Alaska als 49. Staat in den amerikanischen Staatenbund aufgenommen wurde.
Präsident Dwight D. Eisenhower unterschrieb schließlich die offizielle Proklamation am 3. Januar 1959, 43 Jahre nachdem Richter James Wickersham es erstmals vorgeschlagen hatte.
Gut fünf Jahre später wurde das südliche Zentralalaska vom schweren Karfreitagserdbeben erschüttert, das auf der nach oben offenen Richter-Skala eine Stärke von 9,2 erreichte. Damit ist es bis heute das stärkste Erdbeben der westlichen Hemisphäre geblieben, das jemals aufgezeichnet werden konnte.
Als sich die Beben gelegt hatten und die Springflut vorüber war, lagen die Städte Anchorage, Whittier, Valdez, Cordova, Seward und Kodiak in Schutt und Asche. 131 Menschen starben. Der Schaden wurde damals auf eine halbe Milliarde Dollar geschätzt. Aber die unerschütterlichen Einwohner erholten sich schnell und gingen mit jener Zielstrebigkeit und jenem Optimismus an den Wiederaufbau, die den jungen Staat noch heute auszeichnen.

■ MODERNE ZEITEN

Seine große Zeit erlebte Alaska, als die Atlantic-Richfield-Gesellschaft 1968 in der Prudhoe Bay ein Reservoir von zehn Milliarden Barrel Öl fand. 1969 verpachtete der Staat rund 2000 Quadratkilometer Landfläche am North Slope für die Summe von 900 Millionen Dollar. Dieser Betrag war das Zehnfache von dem, was bis zu diesem Zeitpunkt jemals für eine Verpachtung erzielt wurde. Ein Konsortium von Ölfirmen begann sofort damit, die Transalaska-Pipeline zu planen. Diese Pipeline sollte das Rohöl von der Prudhoe Bay bis nach Valdez transportieren. Das Vorhaben wurde jedoch durch Proteste von Umweltschützern verzögert, die wegen des Eingriffs in die Natur besorgt waren. Sie erreichten einen Aufschub von vier Jahren.
Mit der Verabschiedung des Alaska Native Claims Settlement Act (ANCSA) 1971 und des Alaska National Interest Lands Conservation Act (ANILCA) im Jahr 1980 waren diese Hindernisse endgültig aus dem Weg geräumt.
Die Pipeline wurde von 1974 bis 1977 gebaut. Nach Jahren der Ungewißheit und Streitereien wuchsen Alaskas Staatseinnahmen – und seine Bevölkerung. Seitdem steht und fällt das wirtschaftliche Geschick des Staates mit dem Ölpreis.

■ DIE ÖLPEST

Am 23. März 1989 um 23 Uhr verließ Kapitän Joseph Hazelwood mit dem 300 Meter langen Supertanker *Exxon Valdez* nur einige Stunden, nachdem er am Ende der Pipeline 20 Millionen Barrel Öl von der Prudhoe Bay geladen hatte, die normale Schiffahrtsstraße auf dem Prince William

Sound, um den Eisbergen des Columbia-Gletschers auszuweichen. Durch eine tragische Verkettung von Fehlern, Mißverständnissen und Mißachtung der Navigationsregeln lief die *Exxon Valdez* am 24. März um 0.01 Uhr auf das Bligh-Riff auf, wodurch ein mannshohes Loch in das Schiff gerissen wurde, aus dem sofort Öl auslief. Es dauerte drei Stunden, bis die Küstenwache informiert war, und zwölf Stunden, bis die erste Mannschaft zur Bekämpfung der Ölpest vor Ort eintraf. Es sollten aber noch weitere 72 Stunden vergehen, bevor eine Ölsperre um den Tanker errichtet wurde. Als der Rest des Öls auf die *Exxon Baton Rouge* umgeladen war, waren bereits über 1600 Kilometer der mittleren Südküste von einem Ölteppich bedeckt.

In den folgenden Wochen erwiesen sich die technischen Möglichkeiten, einer Umweltkatastrophe derartigen Ausmaßes zu begegnen, als völlig unzureichend. Der Einsatz von chemischen Mitteln, um das Öl zu binden, was den wichtigsten Teil des Notfallplans darstellte, war nicht nur nicht effektiv, sondern auch umstritten. Arbeiter zeigten Symptome von Vergiftungen. Die wenigen Schiffe (ein Dutzend nach einer Woche), die dafür vorgesehen waren, das Öl abzusaugen (und auch funktionstüchtig waren) konnten lediglich knapp 20 Liter Öl pro Stunde entfernen. Und das angesichts von Millionen Litern Öl. Es gab zudem keinerlei Einrichtungen, um das abgeschöpfte Rohöl zu lagern.

Die mobilisierten einheimischen Fischer versuchten das Öl mit Sperren von einigen der reichhaltigsten Fischgründe der Welt abzuhalten. Als das Öl an die tierreichen Küsten des Prince William Sound geschwemmt wurde, sandte man Mannschaften aus, die dem verseuchten und hart werdenden Schlamm mit Schaufeln, Kellen und Plastiksäcken entgegentreten sollten. Ende der ersten Juniwoche waren bereits 24000 Vögel und 1000 Seeotter verendet. Während der Reinigungskampagne im Sommer waren 10000 Menschen an dem vergeblichen Versuch beteiligt, die Strände am Prince William Sound, an den Halbinseln Kenai und Alaska so wie an der Insel Kodiak und die Küste hinunter bis zu den Shumagin-Inseln auf den Aleuten in ihren ursprünglichen Zustand zurückzuversetzen.

Staat und Verwaltung

Genau wie die amerikanischen Staaten Delaware, Wyoming und North Dakota entsendet Alaska ins Repräsentantenhaus der USA nur einen Vertreter. Dem Senat der USA gehören zwei Senatoren aus Alaska an. Der Bundesstaat hat 20 jeweils auf vier Jahre gewählte Senatoren und 40 Repräsentanten, die ihr Amt für zwei Jahre innehaben. Sie treffen sich in der Hauptstadt Juneau immer von Januar bis April.

Wirtschaft

Das Leben in Alaska ist teuer. Was den Lebensstandard und die Unterhaltskosten betrifft, nimmt Alaska einen führenden Platz unter den amerikanischen Bundesstaaten ein. Gleich mehrere Faktoren halten die Preise auf hohem Niveau. So müssen beispielsweise die meisten Verbrauchsgüter aus den restlichen 48 Bundesstaaten nach Alaska importiert werden, wobei die Transportkosten auf den Verkaufspreis aufgeschlagen werden. Auch die Transportkosten innerhalb von Alaska sind sehr hoch. In ent-

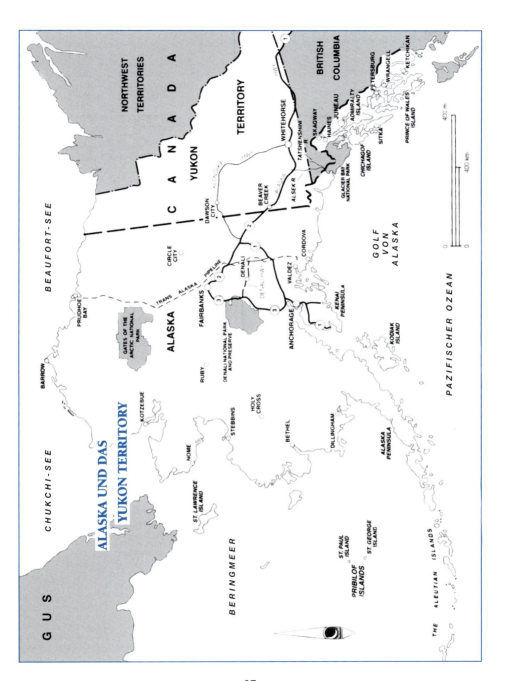

legenen Gebieten spürt man das besonders, denn hier fehlt der Wettbewerb, bei gleichzeitig hoher Nachfrage. Nicht vergessen darf man auch die Tatsache, daß die Winter in Alaska lang, kalt und dunkel sind. So liegen die Heiz- und Energieversorgungskosten ganz besonders hoch. Es kommt nicht von ungefähr, daß Alaska beim Pro-Kopf-Energieverbrauch die Führungsstellung innerhalb der amerikanischen Staaten einnimmt. Da die Lebenshaltungskosten so hoch sind und die Löhne natürlich damit Schritt halten, hält sich dieser Zyklus selbst in Gang. Der durchschnittliche Lohn der Bewohner Alaskas liegt pro Stunde, pro Woche und aufs Jahr gerechnet weit über dem der restlichen Landesteile. Nimmt man einmal die beiden Städte Anchorage und Fairbanks aus, wo aufgrund der hohen Bevölkerungszahlen und der direkten Transportwege mehr Wettbewerb herrscht, wird alles teurer, je weiter man sich von Seattle entfernt. Es kommt durchaus vor, daß bestimmte Konsumgüter in Kotzebue doppelt so teuer sind wie beispielsweise in Ketchikan.

■ BESCHÄFTIGUNG

Manche Mythen sterben nur schwer aus. Dank des wirtschaftlichen Aufschwungs im 20. Jahrhundert meinen Außenstehende immer noch, daß man einfach nach Alaska gehen und dort automatisch sein Glück in Goldminen oder auf den Ölfeldern machen kann. Das war jedoch 1898 und 1975 genauso verkehrt wie heute. Die vielen Fehlschläge, die die Wirtschaft Alaskas hinnehmen mußte, scheinen dem nationalen Selbstbewußtsein jedoch nicht geschadet zu haben. So ist kaum bekannt, daß die Arbeitslosigkeit im Bundesstaat Alaska in der Regel höher ist als im restlichen Teil der USA. Dies gilt auch für die Hochsaison im Sommer. Im Winter erreichen die Arbeitslosenzahlen manchmal sogar das Doppelte gegenüber den restlichen USA. Hinzu kommt, daß in schlechten Zeiten die Industrie, die sehr gebietsbezogen ist, noch anfälliger ist: Geht es der Holzindustrie schlecht, leidet der gesamte Südosten Alaskas. Laufen die Geschäfte in der Fischindustrie schlecht, ist der gesamte Küstenstreifen betroffen. Und fallen die Ölpreise, dann leidet der ganze Staat. Trotz allem ist die Lage auf dem Arbeitsmarkt nicht ganz so schlecht, wie es viele Bewohner von Alaska und auch die staatlichen Stellen gern glauben machen wollen. Auch heute noch kann man nach Alaska kommen und sein Glück machen. Tatsache ist, daß die meisten Bewohner Alaskas ursprünglich von irgendwoher einwanderten. Nur 33,3 Prozent der Einwohner Alaskas wurden in diesem Staat geboren. Das ist der zweitniedrigste Prozentsatz in den Vereinigten Staaten. Die Beschäftigungsmöglichkeiten sind jedoch sehr begrenzt. Jeder Dritte arbeitet für die Gemeinde, den Staat oder die Regierung von Alaska. Dagegen beschäftigt die Industrie, die für fast 90 Prozent der Staatseinnahmen sorgt (Öl und Gas), weniger als vier Prozent der gesamten arbeitenden Bevölkerung.

■ PERMANENT FUND

Als 1976 der Ölreichtum am Südende der Pipeline endlich zutage trat, plädierten die Wähler dafür, daß ein bestimmter Teil der Staatseinnahmen, die aus dem Öl- und Mineraliengeschäft erwirtschaftet wurden, in einen Fonds eingezahlt werden sollte. Das Geld von diesem Konto sollte ausschließlich für Investitionen ausgegeben werden, und nicht für irgendwelche Regierungsausga-

Wirtschaft

ben. Dies erklärt, warum während der Durststrecke 1986, als Hunderte von staatlichen Angestellten arbeitslos waren und die Staatsausgaben drastisch zurückgeschraubt wurden, mehr als sieben Milliarden Dollar unberührt in diesem Fonds lagerten. Er ist einzigartig im gesamten Land: der einzige Fonds, der an alle Bewohner Dividenden ausschüttet, und die größte Ansammlung von Geld in den USA.

■ FISCHINDUSTRIE

Nahezu 25 Prozent der kommerziellen Fischproduktion Amerikas kommt aus den reichen Fischgründen vor Alaska – das entspricht einer Menge von über 500 000 Tonnen im Wert von mehr als 1,5 Milliarden Dollar. Etwas mehr als zwei Drittel dieser Einnahmen sind Erlöse aus dem Fang von Lachs und Bodenfisch, der Rest verteilt sich auf Schellfisch, Heilbutt, Hering und andere Fischarten. Von den 50 wichtigsten Produktionsstätten der Fischindustrie Amerikas befinden sich allein sechs in Alaska. Dabei rangiert Kodiak fast immer unter den ersten drei.

99 Prozent der gesamten Lachskonserven, die in Amerika produziert werden, kommen aus Alaska (100 000 Tonnen). In der Fischindustrie Alaskas sind die meisten Menschen (80 000) beschäftigt. Die Fischindustrie trägt zudem mit 22 Prozent zu den Staatseinnahmen bei. Das ist mehr als die Einnahmen aus dem Tourismus, dem Bergbau, der Landwirtschaft und der Forstwirtschaft zusammen.

■ LANDWIRTSCHAFT

Der Prozentsatz der Fläche Alaskas, die landwirtschaftlich genutzt wird, ist genauso verschwindend gering wie die Einnahmen, die aus diesem Erwerbszweig kommen. Von den 1,5 Millionen Quadratkilometern sind nur 690 für die Landwirtschaft geeignet. Davon sind weniger als 200 Quadratkilometer dem Getreide vorbehalten. Von fast 15 Milliarden Dollar Bruttosozialprodukt kommen nur 27 Millionen Dollar aus Verkäufen landwirtschaftlicher Erzeugnisse. Das Matanuska Valley (Palmer/Wasilla) und das Tanana Valley (Fairbanks/Delta) machen fast 90 Prozent des gesamten Farmlandes von Alaska aus. Heu, Kartoffeln, Milch, Gemüse und Gerste sind die fünf bedeutendsten landwirtschaftlichen Erzeugnisse dieses Bundesstaates.

■ GOLD UND BODENSCHÄTZE

Zwischen 1880 und 1980 wurden 30 Millionen Unzen Gold aus Alaskas Boden gefördert. Dabei darf man jedoch nicht vergessen, daß eine Unze Gold bis 1967 nie mehr wert war als 35 Dollar, während es 1991 bereits etwa 400 Dollar waren. Darüber hinaus wurden in der Zeit von 1900 bis 1980 auch 690 000 Tonnen Kupfer und zwischen 1920 und 1980 29,2 Millionen Tonnen Kohle ans Tageslicht gebracht. Sieht man von Gas und Öl ab, so wurden zwischen 1880 und 1980 Rohstoffe im Gegenwert von etwa 20 Milliarden Dollar aus dem Boden Alaskas gefördert.

Seit 1980 wurde Gold im Wert von mehr als 1,5 Milliarden Dollar geschürft. Die größte Goldförderung Alaskas befindet sich in der Fort Knox Mine in einem Vorort von Fairbanks. Die im November 1997 eröffnete Mine soll über Goldvorräte für die nächsten zwanzig Jahre verfügen.

Zink zählt zu den wertvollsten Bodenschätzen Alaskas. In der Red Dog Mine, 145 Kilo-

Alaska und das Yukon Territory

meter nördlich von Kotzebue, wird jährlich Zink im Wert von rund 250 Millionen Dollar gefördert. Hinzu kommen eineinhalb Millionen Tonnen Kohle, die in Usibelli nahe dem Denali National Park abgebaut werden. Als einziger Staat Amerikas fördert Alaska Platin, ein Metall, das weitaus mehr wert ist als Gold. Eine halbe Million Unzen wurden im Südwesten Alaskas gewaschen. Außerdem stieß man auf Vorkommen von Jade, Molybdän, Chrom, Nickel und Uran. Die Erschließungskosten in den abgelegenen Gebieten Alaskas haben jedoch den Ausbau dieser Bodenschätze begrenzt.

■ ÖL

Nahezu alles, was sich in Alaska bewegt, wird mit Öl angetrieben, das vorwiegend aus der Gegend um die North Slope stammt. Ohne Öl würde die Wirtschaft Alaskas einer unsicheren Zukunft entgegensehen. So machen die Einnahmen aus dem Öl- und Gasgeschäft etwa 87 Prozent des Bruttosozialprodukts aus. Die Staatseinnahmen aus dem Ölgeschäft sind in Alaska so an den Ölpreis gekoppelt, daß das Budget des Staates schon um 450 Millionen Dollar angeglichen werden muß, wenn der Ölpreis nur um einen Dollar pro Barrel fällt. Und trotzdem beschäftigt dieser Industriezweig lediglich vier Prozent der gesamten arbeitenden Bevölkerung.
Selbst wenn in Alaska jährlich nahezu 600 Millionen Barrel Öl gefördert werden, ist Alaska nur die Nummer zwei nach Texas. In Alaska werden gerade 23 Prozent der Ölmengen in den USA gefördert. Seit man 1902 in Alaska mit kommerziellen Bohrungen nach Öl begann, wurden hier fast vier Milliarden Barrel Öl aus dem Erdreich geholt. 1976 flossen 67 Millionen Barrel Öl in Alaska, 1977 waren es bereits 171 Millionen Barrel, obwohl die Pipeline erst ein halbes Jahr in Betrieb war. Als dann 1978 die Pipeline erstmals das ganze Jahr hindurch genutzt werden konnte, förderte man fast 450 Millionen Barrel Öl. Ihren Höhepunkt hatte die Ölförderung 1988 mit 738 Millionen Barrel Öl aus der Prudhoe Bay erreicht.
Mit geschätzten zwölf Milliarden Barrel Öl, die nach heutigem Stand der Technik gefördert werden können, ist das Ölfeld Prudhoe Bay das größte Ölvorkommen Nordamerikas und rangiert weltweit an 18. Stelle. Etwas mehr als neun Milliarden Barrel sind bereits bis Anfang 1995 durch die Alaska-Pipeline geflossen. Bei einem Gesamtwert von rund 25 Milliarden Dollar, was einem Betrag von genau 500 Dollar pro Einwohner entspricht, ist offensichtlich, warum Alaska der reichste Bundesstaat der USA ist.

■ TOURISMUS

Nach der Erdölproduktion und dem kommerziellen Fischfang ist der Tourismus Alaskas drittgrößter Industriezweig. Mit 27000 direkten und 50000 indirekten Arbeitsplätzen ist er der zweitgrößte Arbeitgeber des Landes. Mehr als eine Million Urlauber besuchen jedes Jahr Alaska und geben dabei mehr als 1,5 Milliarden Dollar aus. Neun von zehn kommen dabei in der Zeit von Mai bis September.
Etwa 56 Prozent der Besucher (einschließlich der Geschäftsreisenden) sind Individualreisende, der Rest sind Pauschalreisende. 90 Prozent kommen aus den Vereinigten Staaten und Kanada. Nach einer vom Fremdenverkehrsamt von Alaska über zwei Jahre durchgeführten Studie schnitt Alaska unter den möglichen Reisezielen sehr gut ab. Glaubt man dem Bericht der Statistiker, so

werden die Freundlichkeit und die Hilfsbereitschaft der Bewohner Alaskas als sehr gut bewertet, gefolgt von den Sehenswürdigkeiten, den Restaurants und den Unterkünften. Zu den beliebtesten Urlaubsaktivitäten gehören Rundflüge, eintägige Schiffsfahrten, Floßfahrten, Angeln, Kanufahren und Wandern. Nach den beliebtesten Zielen befragt, nannten die Besucher folgende zehn Sehenswürdigkeiten: Portage-Gletscher, Inside Passage, Mendenhall-Gletscher, Glacier Bay, die Totempfähle von Ketchikan, den Denali National Park, die Pipeline, die russische Kirche von Sitka, das Museum der University of Alaska in Fairbanks und den historischen Distrikt in Skagway aus der Zeit des Goldrauschs.

Axt der Haida mit Raubvogelkopf

Die Menschen

1996 lebten in Alaska etwa 605 000 Menschen. Von ihnen waren etwa 94 000 einheimischer Abstammung. Entsprechend der vier geographischen Regionen gibt es auch vier Gruppen von Einheimischen. Zu den Indianern im Südosten gehören die **Tlingits**, **Tsimshians** und **Haidas**. Im Landesinneren sowie in einigen Teilen des südlichen Zentralalaskas und in der arktischen Region leben die **Athabasken**. Die **Aleuten** leben auf der Halbinsel Alaska und auf der Inselkette der Aleuten. Die **Inuit** leben überwiegend an der Küste des Beringmeers und des Arktischen Ozeans, sie sind aber auch in kleinen Dörfern in der weiten nördlichen und westlichen Tundra anzutreffen.

Die nicht einheimische Bevölkerung ist relativ homogen, mit einem nur geringen Anteil von Einwohnern spanischer oder afrikanischer Abstammung, Asiaten, Bewohnern der Pazifikinseln sowie von Nachfahren skandinavischer und russischer Einwanderer. Der durchschnittliche Einwohner ist 29 Jahre alt, weiß, männlich und lebt seit vier Jahren in diesem Bundesstaat.

Alaska hat einen deutlichen Überschuß an Männern. 105 Männer kommen auf 100 Frauen (in den anderen Staaten sind es durchschnittlich 95 Männer auf 100 Frauen). Aber Frauen auf Männersuche sollten sich beeilen: Um das Jahr 2000, wenn die Bevölkerung auf etwa 625 000 Einwohner angewachsen sein wird, soll auch das Gleichgewicht zwischen den Geschlechtern wiederhergestellt sein.

Alaska ist zwar der größte, aber dennoch der am wenigsten bevölkerte unter den 50 Bundesstaaten der USA. Daraus ergibt sich die niedrigste Bevölkerungsdichte pro Quadratmeile (0,7). Die Geburtenrate liegt in Alaska bei 24,4 pro 1000 Einwohner, aber nur 33,3 Prozent der Bewohner Alaskas wurden auch in diesem Bundesstaat geboren. Die Scheidungsrate liegt bei 8,8 pro tausend Paaren. Beim Anteil der Landarbeiter

Alaska und das Yukon Territory

an der Gesamtbevölkerung nimmt Alaska mit 0,1 Prozent den letzten Platz ein.

■ DIE BEWOHNER DES SÜDOSTENS

Eines der wenigen Indianerreservate Alaskas liegt in Metlakatla bei Ketchikan. Eine Gruppe von nahezu tausend Tsimshian-Indianern zog 1887 aus ihrem ursprünglichen Lebensraum, der etwas südlich von Prince Rupert lag, fort und siedelte sich hier an. Grund für diese Umsiedlung waren Mißverständnisse zwischen William Duncan, dem Hauptsprecher der Gruppe, und den Kirchenoberen. Aus diesem Grund sind sie als einzige Volksgruppe nicht eingebunden in den Alaska Native Claims Settlement Act. Ähnlich verhält es sich mit etwa 800 Haida-Indianern, die im Süden der Insel Prince of Wales an der Südostspitze von Alaska leben. Das ist zugleich das nördlichste Gebiet der Haida.

Die Tlingit-Indianer sind die traditionellen Bewohner des Südostens von Alaska. Sie sind verwandt mit den Athabasken im Landesinneren. Gesegnet mit einem unglaublichen Reichtum an Lebensmitteln, Brennstoffen, Pelzen und Werkzeugen, konnten die Tlingit ein sehr ausgeklügeltes und komplexes Gesellschaftssystem, eine eigene Religion sowie eigene künstlerische Traditionen entwickeln. Zentraler Punkt war ein Gemeinschaftshaus, das im allgemeinen Platz für 50 bis 100 Menschen bot. Die Pfosten der Häuser waren aus riesigen Zedern- und Fichtenstämmen, meist mit Schnitzereien versehen und bemalt mit den Totemsymbolen des Clans. Um das Haus durch die einzige Tür zu betreten, mußte man sich bücken. Das längliche Gebäude besaß keine Fenster. Etwa zehn solcher Clan-Häuser bildeten ein Dorf, und eine bestimmte Anzahl von benachbarten Dörfern ergab eine Gruppe. Dies jedoch hatte für die Tlingit nur wenig Bedeutung, da sie sich nur dem Clan und seinen Mitgliedern zugehörig fühlten.

Geheiratet wurde nur zwischen den Clans. Hochzeiten innerhalb eines Clans wurden als Inzest angesehen. Man lebte in einem matriarchalischen System, d. h. daß die Kinder zum mütterlichen Clan gehörten. Das hatte zur Folge, daß die Erben eines Mannes die Kinder seiner Schwester waren. Die Verwandtschaft bei Männern war so vor allen Dingen auf das Verhältnis zwischen Onkel und Neffen beschränkt. Im Alter von zehn Jahren verließen die Jungen das Haus, um bei einem Onkel zu leben. Er war für die Erziehung zuständig. Er arrangierte auch die Heirat des Jungen mit einem Mädchen aus einem anderen Clan. Ein Mädchen blieb bis zur Hochzeit bei ihrer Mutter. Als Brautgabe überreichte man meist eine Anzahl von Decken. Für die Decken waren die Tlingit berühmt. Festlichkeiten sollten zwar den Verstorbenen ehren, waren aber dennoch für die Lebenden eine willkommene Abwechslung. Nicht selten dauerte ein solches Fest einige Tage oder sogar Wochen. In dieser Zeit mußte der Gastgeber nicht nur für das Essen, sondern auch für die Kleidung und Unterhaltung der Gäste sorgen. Dies bezog sich meist auf einen benachbarten Clan, der häufig etwas wohlhabender war. Am Ende eines solchen Festes gab man die wertvollsten Besitztümer an diesen Clan ab. Es verstand sich von selbst, daß die Besitztümer bei der nächsten Feierlichkeit wieder zurückgegeben wurden, und dies meist in einem noch opulenteren Rahmen und mit mehr Großzügigkeit des Gastgebers.

Die Tlingit folgten einem sehr intensiven Glaubenssystem, wobei sie davon ausgin-

Die Menschen

gen, daß alles, vom Gletscher bis hin zum Angelhaken, einen Geist habe. Die Schamanen der Tlingit waren im wahrsten Sinne des Wortes allmächtig: Sie kontrollierten und beschworen das Karma für den gesamten Clan. Sie verbreiteten ihr Verständnis vom Leben nach dem Tode mit der Autorität der Menschen, die gestorben ist und wieder zurückgekehrt sind. Die Kunst der Tlingit äußerte sich im Schnitzen der Totempfähle, die sie als Hauspfosten verwendeten, den Feierlichkeiten und anderen bedeutenden Ereignissen sowie den sehr fein gewebten Decken der Frauen. Ganz anders als die eher sanftmütigen Aleuten waren die Tlingit harte Krieger. Sie ließen sich von den einfallenden Russen nicht beeindrucken, was das Zusammenleben nicht gerade einfach machte.

■ DIE ATHABASKEN

Die Athabasken-Indianer sind ein rastloses Volk aus Jägern und Wanderern, das kaum kulturelle Dinge an Ort und Stelle aufbauen konnte. Verwandt sind die Athabasken mit den Tlingit im Südosten von Alaska und den Navajo und Apachen im Südwesten der USA. Sie ernährten sich von den Säugetieren, die im Inneren des Landes lebten – überwiegend Karibus und Elche – sowie von Süßwasserfischen. Die harten Winter überstanden sie in kleinen Dörfern, aus nicht mehr als sechs Häusern bestehend, mit einem *Kashim* (Gemeinschaftshaus). Sie betrieben Eisfischen und gingen in der Dunkelheit auf Jagd, bei sie Hundeschlitten als Transportmittel benutzten.

■ DIE ALEUTEN

So wie die Athabasken-Indianer vom Land lebten, waren die Aleuten fast vollkommen vom Meer abhängig. Sie lebten auf den windgepeitschten Aleuten-Inseln und gründeten dort kleine Dörfer. Die Hütten waren aus einem mit Robbenhaut überzogenen Rahmen mit einer Feuerstelle in der Mitte und einem Dampfbad an der Seite (hier vollzogen sich auch die Hochzeiten ohne eine besondere Zeremonie). Die Häute der Seeotter verarbeiteten sie zu Kleidungsstücken. Für die Herstellung ihrer Parkas verwendeten sie die Innereien von Walrossen und Robben. Ihre Kajaks *(Bidarka)* stellten sie aus der Haut der Meeressäugetiere her, die sie über ein Gestell aus Holz oder Walknochen zogen. Den höchsten künstlerischen Wert erreichten ihre Korbwaren. Ihre Tänze waren sehr kriegerisch, wobei sie Masken, Rasseln und Messer verwendeten.

Als Mitte des 18. Jahrhunderts die russischen *Promyshleniki* die Aleuten überfielen, lebten etwa 25 000 Aleuten auf den Inseln und im südlichen Teil der Halbinsel Alaska. Innerhalb von 50 Jahren verlor die Hälfte der Einheimischen durch Gewalt oder Krankheiten ihr Leben. Den überwiegenden Teil der Überlebenden schickte man als Sklaven in die Neue Welt, um nach Seeottern zu jagen oder für die Russen in den Krieg zu ziehen. Heute haben die meisten Aleuten nur noch zur Hälfte oder zu einem Viertel aleutisches Blut in ihren Körpern. Nur 1000 Einheimische sind noch Vollblut-Aleuten.

Alaska und das Yukon Territory

■ DIE INUIT

Die Inuit in Alaska sind im allgemeinen bekannt unter der Bezeichnung Eskimo. Das Wort stammt aus dem französisch-kanadischen Sprachraum, und zwar von dem Wort *Esquimau*. Dieses wiederum ist das abgewandelte Algonquin-Wort *Askimowew,* was soviel bedeutet wie »Esser von rohem Fisch«. Der Begriff schließt Eskimo, Yup'ik und Inupiat ein. Auch wenn es keine abfällige Bezeichnung ist, verwenden die Einheimischen doch spezifischere Namen. Die bekannteste Bezeichnung »Inuit« bedeutet nichts anderes als Volk und ist der Plural des Wortes »Inuk«, was »Mensch« heißt.

Der Name Inuit drückt die Zugehörigkeit zu der sehr traditionellen Gemeinschaft mit ihrem strengen Gemeinschaftssinn aus. Die Gesellschaft hatte meist keinen Anführer, weil jedes Mitglied mit verantwortlich war, seinen Teil zum Überlebenskampf beizutragen. Die Grenze zwischen persönlichem Eigentum und Gemeinschaftseigentum war kaum nachvollziehbar. Diebstähle gab es überhaupt nicht. Man teilte alles, sogar die Frauen.

Ein Junge galt erst als erwachsen, wenn er das erste Mal getötet hatte. Dieses Ereignis wurde mit einem großen Fest begangen. Ein Mädchen wurde mit Beginn der Menstruation erwachsen. Hieran schloß sich ein zweiwöchiges Ritual an. Ein Mann suchte sich eine Braut aus, zahlte einen geringen Preis, und ohne jede weitere Zeremonie baute er eine Hütte aus Knochen und Geäst, bedeckt mit Moos und Gras.

Sogenannte Iglus aus Schnee und Eis benutzte man nur vorübergehend als Schutzhütten auf der Jagd (überwiegend bei den kanadischen Eskimos). Als Brennstoff dienten Walöl und Treibholz. Der Speisezettel bestand fast ausschließlich aus Fleisch: Fisch, Walfleisch, Walrosse, Karibus und Vögel. Genau wie die ihnen verwandten Aleuten benutzten sie die Felle und Häute, um Kleidungsstücke und Boote herzustellen. Masken sind zwar die bekannteste Kunstform der Inuit, doch fast in allem, was sie herstellen, findet sich eine künstlerische Note.

Der Einfluß der Russen war bei den Inuit kaum spürbar. Um so brutaler wurden sie mit der modernen Lebensart konfrontiert, als die sogenannten »Boston-Whalers« etwa um 1850 auftauchten. Schnell gewöhnten die Inuit sich an den Whisky mit all seinen negativen Auswirkungen. Bewußtlos wurden die einheimischen Männer an Bord der Walfangschiffe verschleppt. Sie lernten die Prostitution (Vermietung ihrer Frauen) und die Sklaverei (Verkauf der Frauen) kennen.

Die Jahre des Walfangs endeten, kurz bevor der Goldrausch einsetzte. Zu diesem Zeitpunkt war die Kultur der Inuit bereits ruiniert. Nach und nach gelang den Inuit Ende des 19. Jahrhunderts durch die Unterstützung von Missionaren und Politikern die Rückkehr zur Rentierzucht, was wiederum Einkommen, Nahrungsmittel und Häute bedeutete. Man schätzt, daß heute 34 000 Inuit in Alaska leben. Damit hat sich ihre Zahl in den vergangenen 50 Jahren verdoppelt. Die Inuit leben in einem geographischen Gebiet, das sich in einem Bogen von Sibirien nach Grönland erstreckt. Sie sprechen zwei Dialekte, Yup'ik an der Beringküste und Inupiat entlang der arktischen Küste.

Einheimische Kunst und traditionelles Handwerk

Ähnlich anderen alten Kulturen sind die Kunst und das Handwerk der ursprüngli-

Einheimische Kunst, traditionelles Handwerk

chen Bewohner Alaskas geprägt von Spiritualität, religiösen Zeremonien und anderen Einflüssen. Jede Gruppe arbeitete mit den ihr zur Verfügung stehenden natürlichen Ressourcen, um die notwendigen Dinge des Lebens herzustellen. Existenz, Religion und künstlerischer Ausdruck waren untrennbar miteinander verbunden.

Die Inupiat der nördlichen Küste Alaskas sind berühmt für die Verarbeitung von **Elfenbein**. Das Elfenbein stammt aus den Zähnen von Walrossen, die ausschließlich von den Einheimischen gejagt werden dürfen, sowie von Mammuts und urzeitlichen Riesenelefanten (Mastodonten), sogenanntes fossiles Elfenbein, das von Bergarbeitern oder durch Erosion freigelegt wurde.

Alle einheimischen Volksgruppen Alaskas nutzten **Körbe** zur Lagerung, zum Tragen und zum Kochen. Die Athabasken verwendeten Birkenrinde zusammen mit Wurzeln zur Herstellung der Körbe. Die küstennahen Haida-, Tlingit- und Tsimshian-Indianer verwendeten die Rinde der mächtigen Zedern. Die besonders fingerfertigen Yup'ik und die Bewohner der Aleuten formten ihre Körbe aus Gräsern. Die schönsten Exemplare und Beispiele dieser Handwerkskunst sind in den größeren Museen Alaskas ausgestellt. Kommerziell hergestellte Körbe werden überall ab 30 Dollar angeboten.

Jede Kultur hat ihre eigene, traditionelle Technik zur Herstellung von **Masken** und die unterschiedlichsten Verwendungen. Die Kunst der Herstellung dieser Masken zählt zu den am höchsten entwickelten Künsten der Welt. Wie Totempfähle repräsentieren Masken einzelne Tiere und Vögel, die angebetet wurden. Jede Maske beinhaltete den Geist des jeweiligen Tieres. Die Masken der Athabasken wurden von Tänzern getragen, die von einem Chor begleitet wurden, um die Beziehung zu den Tiergeistern darzustellen. Diese Vorführung war gleichzeitig auch Teil der Feierlichkeiten, um Gäste zu unterhalten.

Totempfähle waren die größten und zugleich eindrucksvollsten Beispiele einheimischer Kunst, auch wenn sie heute in jeder Größe und Beschaffenheit angefertigt werden. Typische Abbildungen zeigen Wölfe, Wale, Bären, Raben, Adler und Biber sowie mythische Monster, Vorfahren und Geister. Totempfähle sind heute in vielen Souvenirgeschäften Alaskas und im Yukon Territory erhältlich.

Unterwegs

Da Alaska der größte Staat der USA mit gleichzeitig der niedrigsten Bevölkerungszahl ist, ist es folgerichtig, daß man hier auf weitgehend unberührte Natur trifft. Alaskas Natur ist in der Tat beeindruckend, rauh und so vielfältig, daß nahezu alles möglich scheint. Die Sportmöglichkeiten sind geradezu unerschöpflich und die öffentlichen Verkehrsverbindungen in Alaska ausreichend, um auf dem Landweg, zu Wasser oder aus der Luft den Ort zu erreichen, den man sich zur Erholung ausgesucht hat. Wer bereits Erfahrung gesammelt hat und gut vorbereitet ist, kann mit einem kleinen Wohnmobil von Glennallen nach Kennicott im Wrangell-St. Elias National Park fahren und dort einen Monat lang mit dem Rucksack wandern, ohne einem Menschen zu begegnen. Oder man beginnt in Bettles und wandert in westlicher Richtung durch die vier Nationalparks entlang der Brooks Range bis zur Chukchi Sea an der Westküste der Arktis. Man kann auch sein Kajak in der Resurrection Bay bei Seward zu Wasser lassen und zehn Tage lang durch die Kenai-Fjorde paddeln oder mit einem Kanu in

Nationalparks und Schutzgebiete

Ambler am Kobuk losfahren und dem Flußlauf bis nach Kotzebue folgen. Wandern, Rucksacktouren, Bergsteigen, Skiausflüge, Fahrten mit Hundeschlitten oder Schneemobilen, Ausflüge mit Schneeschuhen, Angeln, Jagen, Kajak- und Kanufahrten und Rundflüge gehören zu den beliebtesten Freizeitbeschäftigungen in Alaska. Seit einiger Zeit nehmen auch Mountainbiking, Windsurfen und Wildwasserrafting an Beliebtheit zu. Für Liebhaber extremer Herausforderungen gibt es daneben ausgefallenere Freizeitmöglichkeiten wie Gleitschirmfliegen, Drachenfliegen, Campen im Winter, Eisangeln oder Sporttauchen. Die Möglichkeiten sind wirklich nahezu unbegrenzt.

Wer nicht sehr erfahren ist und die Planung, Vorbereitung, Ausstattung und Führung lieber jemand anderem überlassen will, kann auf über 500 Anbieter von Abenteuerpauschalreisen zurückgreifen, die vom Heliskiing auf Eisfeldern und Tiefseetauchen im Arktischen Meer bis zum Eisklettern auf dem Mount McKinley und Fallschirmspringen über dem Turnagain Arm nahezu alles anbieten. Die beste (wenn auch nicht vollständige) Aufstellung von Führern und Ausstattern findet man im *Alaska Vacation Planner,* der jedes Jahr vom Ministerium für Tourismus in Alaska herausgegeben wird. Die Broschüre ist beim Fremdenverkehrsamt von Alaska in Frankfurt (siehe Seite 71) erhältlich.

Nationalparks und Schutzgebiete

Soweit es sich um staatliche Einrichtungen handelt, ist der National Park Service verantwortlich. Die Nationalparks sind ganz ohne Zweifel die landschaftlichen Schaufenster der Nation. Besucher kommen zu Millionen, in der Regel nur, um sich alles anzuschauen, gelegentlich aber auch, um die herrliche Landschaft hautnah zu erleben. Eine unverkennbar touristische Atmosphäre durchzieht die meisten Nationalparks, besonders den Denali National Park und den Glacier Bay National Park. Die Parkleitung ist hier vorwiegend damit beschäftigt, die Menschenmassen zu kontrollieren, und sie beansprucht einen gewichtigen Teil der Gewinne, die die Betreiber der Transporteinrichtungen, Würstchenbuden, Andenkenstände und Hotels in den Parks erwirtschaften. Die meisten Besucher kommen zur Hauptsaison im Sommer, so daß die Schlangen an den Zufahrten häufig lang, die Fahrten ausgebucht und die Übernachtungsmöglichkeiten völlig erschöpft sind. Überdies sind Fahrten ins Hinterland der Parks verboten oder streng limitiert. Andere Nationalparks wie Kenai Fjords und Wrangell-St. Elias sind zwar über Straßen gut zu erreichen, aber sie sind relativ neu und noch unterentwickelt, so daß sie lediglich Besucherzentren haben und nur einige wenige Rundfahrten angeboten werden. Die übrigen acht Parks und Schutzgebiete (Aniakchak, Katmai, Lake Clark, Gates of the Arctic, Noatak, Kobuk Valley und Yukon-Charley Rivers) sind so schwer zugänglich, daß der Besuch sehr teuer für den normalen Durchschnittsreisenden ist. Die anderen Nationalparks sind eigentlich nicht mehr als ein Name und eine Reihe von Grenzen auf der Landkarte.

Wer die Nationalparks in den anderen Bundesstaaten Amerikas kennt, wird überrascht sein, daß es in den Parks in Alaska kaum Fußwege gibt. Das hat unter anderem den Grund, daß die meisten Nationalparks unbewaldet sind und in der feuchten alpinen Tundra, wo solche Wege nicht nur unnötig sind, sondern auch der Ökologie schaden, die isolierende Schicht auf dem Boden durch das Betreten abgetragen wird und sich der schmelzende Permafrostteil in eine schlammige und unpassierbare Masse verwandelt. Sogar im Denali National Park gibt es lediglich um den Eingang des Parks und das Hotel herum Wege. In einigen Parks (zum Beispiel Denali und Katmai) werden zum Wandern Genehmigungen ausgestellt, während man in den anderen Parks auf eigene Faust losziehen darf. Einige der besser zugänglichen Parks verfügen über ausgewiesene Camping- und Grillplätze, in den anderen kann man sein Zelt überall aufschlagen.

Forest Service

Ähnlich dem Park Service, der für die Betreuung der Touristen zuständig ist, ist auch der Forest Service organisiert. Ein Teil des Budgets des Forest Service ist zwar für Besucher- und Service-Einrichtungen vorgesehen, die Belange der Holzindustrie stehen jedoch deutlich im Vordergrund. Dem Forest Service sind in Alaska 930 Quadratkilometer unterstellt, die sich in die zwei größten Nationalwälder des Landes aufteilen: Tongass im Südosten Alaskas und Chugach im südlichen Zentralalaska.

Die Landflächen sind überwiegend bewaldet. Es gibt zahlreiche Wanderwege, und die Campingplätze sind oft in sehr schöner Landschaft gelegen, vorwiegend an Seen. Eine Übernachtung kostet acht bis zwölf Dollar pro Person. Dem Forest Service unterstehen außerdem viele Hütten, von denen einige sogar über Straßen zu erreichen sind. Die meisten liegen jedoch im Schutzgebiet Tongass und können nur per Wasserflugzeug oder Boot angesteuert werden. Im Chugach liegen einige an den Wanderwegen, besonders um Cordova herum. Für die Benutzung dieser Hütten ($ 25 pro Nacht) ist eine Reservierung lange im voraus erforderlich. Anmeldungen schickt man an das Alaska Public Lands Information Center (605 West Fourth Avenue, Anchorage, AK 99501, Tel. +1(907)271-2599). Der Forest Service unterhält ein besonders schönes Besucherzentrum am Portage-Gletscher, 60 Kilometer südlich von Anchorage, und verfügt zudem über viele Büros im gesamten Staat.

State Parks und Erholungsgebiete

Alaska unterhält mehr als hundert Parks, vom 60 Quadratkilometer großen Staatspark Wood-Tikchik bei Dillingham bis zum drei Hektar großen Izaak Walton Campground in der Nähe von Sterling auf der Halbinsel Kenai. Fortwährend kommen weitere Landflächen zu diesen State Parks hinzu. Im allgemeinen sind die Einrichtungen dieser State Parks meist groß und wenig überlaufen. Zudem sind sie gut erreichbar. Etwa 90 Prozent der Erholungsgebiete und Parks verfügen über Wanderwege, 80 Prozent sogar über Campingplätze.
Viele Jahre hindurch hat man erfolglos versucht, für diese Einrichtungen per Gesetz eine festgelegte Benutzungsgebühr zu erheben. Da aber aufgrund des Ölpreisverfalls die staatlichen Einnahmen bis auf die Hälfte zurückgingen, wurde das Gesetz 1987 vom Parlament verabschiedet. So zahlt man jetzt auch auf den Campingplätzen des Bundesstaates Alaska die übliche Gebühr von sechs bis fünfzehn Dollar pro Nacht. Ein Jahres-

Freizeitbeschäftigungen

paß, der auf den Campingplätzen zum Preis von 100 Dollar erworben werden kann, erlaubt Campen in allen State Parks und Erholungsgebieten des Landes. Wer die Wahl hat, steuert immer einen State Park oder eines der Erholungsgebiete an – sie bieten die besten Freizeiteinrichtungen Alaskas.

Weitere Einrichtungen

Der größte Teil der freien Natur Alaskas untersteht dem Alaska Department of Fish and Game sowie dem U.S. Fish and Wildlife Service: insgesamt 307 500 Quadratkilometer. Die beiden Behörden kümmern sich um die Tierwelt ihrer Ländereien und geben Genehmigungen zum Angeln und zum Jagen aus. Darüber hinaus überwachen beide auch das Ölgeschäft, besonders im Gebiet des Kenai National Wildlife Refuge und eines Tages möglicherweise auch im Arctic Refuge. In den größeren Schutzgebieten findet man Einrichtungen für Besucher (Kenai und Kodiak), also Campingplätze ($ 6 bis $ 10), Wanderwege, Kanurouten und Besucherzentren.

Schließlich gibt es noch das Bureau of Land Management (BLM), das verantwortlich ist für den verbleibenden Rest des Staates. Mit der Verabschiedung des National Interest Lands Act im Jahr 1980 schrumpfte die Fläche, die das BLM zu verwalten hat, fast auf die Hälfte zusammen.

Freizeitbeschäftigungen

Wandern und Campen sind die bei den Einwohnern Alaskas und den Besuchern des Landes bei weitem beliebtesten Freizeitbe-

Die Natur respektieren

Man sollte sich zum ersten Ziel machen, keine Spuren zu hinterlassen. Abfälle sind Umweltverschmutzung und stören nicht nur die weiteren Besucher, sondern im umgekehrten Fall auch einen selbst. Den Müll zu vergraben, ist sinnlos, weil Tiere ihn sicher wieder ausbuddeln. Man sollte auch Sorge für das mangelnde Umweltbewußtsein anderer Besucher tragen. Auf diese Weise dient man dem Land, dem man ein einzigartiges Erlebnis verdankt. Ein Lagerfeuer sollte auf Sand oder Schotter entzündet sowie stets klein und unter Kontrolle gehalten werden. Dies gilt ganz besonders für die trockenen Jahreszeiten und beim Aufenthalt in Wäldern. Man sollte alles vermeiden, was auch nur den kleinsten zufälligen Brand entfachen könnte.

schäftigungen in der freien Natur. Praktisch jeder kann diesem Zeitvertreib nachgehen. Man muß dafür weder besonders gut in Form sein, noch ein dickes Bankkonto haben und auch nicht die technisch aktuellste und komplizierteste Ausrüstung erstehen. Die Höhenunterschiede im Hinterland sind nicht dramatisch, und eine Wanderung kann in einem so langsamen, nicht anstrengenden Tempo vorangehen, wie es für die schwächsten Wanderer angenehm ist.

Im Verhältnis zur Größe der Freizeitgebiete gibt es in Alaska allerdings nur sehr wenige Wege, und die bahnen sich durch die Wildnis. Es ist einfach, eine bestimmte Richtung, z. B. in der weiten Taiga und Tundra zu wählen und einfach los zu marschieren. Das lange Tageslicht bietet im Sommerhalbjahr mehr Freiheit und erlaubt es, während der Wandersaison von den üblichen Routen abzuweichen. Die hohe Wahrscheinlichkeit,

Unterwegs

zahlreiche verschiedene Tiere anzutreffen, ist zudem ein weiterer unschätzbarer Vorteil. Wie man selbst entdecken wird, haben die Menschen in dieser Region ein besonders großes Unabhängigkeitsgefühl, und ihre private Umgebung ist ihnen heilig. Wer ihnen mit Respekt begegnet, wird aber auch ihre überschwengliche Gastfreundschaft kennenlernen. Alle Indianerreservate sind in Privatbesitz. Bevor man hier also campt, holt man sich stets den Rat eines Einheimischen ein. Ebenso baut man sein Zelt nie in der unmittelbaren Umgebung von Dörfern der Einheimischen auf, ohne vorher um Erlaubnis gebeten zu haben. Wer ein Dorf von Indianern oder eine kleine Ansiedlung betritt, sollte den Menschen gerade in die Augen blicken und der erste sein, der »Hallo« sagt. Man sollte immer bedenken, daß man selbst der Eindringling ist, und daher alles daran setzen, eventuelle Bedenken seitens der Einheimischen zu zerstreuen.

■ FOTOGRAFIEREN

Zum Wandern und Campen gehört auch das Fotografieren in Alaska angesichts der großartigen Landschaft, der wunderschönen Fauna und der herrlichen Flora sowie des besonderen Lichtes. Professionelle Fotografen haben in Alaska tolle Möglichkeiten, und dies nicht zuletzt wegen der idealen Beleuchtung. Wenn überall noch die Morgendämmerung oder bereits der Sonnenuntergang eingesetzt hat, kann man in Alaska während der langen Tage nahezu endlos fotografieren.
Eine gute Ausrüstung sollte aus mehreren Kameras, einem 24mm-Weitwinkelobjektiv, einem 80–200mm- und einem 400mm-Teleobjektiv bestehen. Ein Stativ ist für all jene, die Tiere beobachten und fotografieren möchten, ebenfalls unentbehrlich.
Eine häufige Ursache von unliebsamen Zwischenfällen mit Wildtieren sind verrückte Fotografen, die entweder zu nahe an die Tiere herankommen oder hinter ihrer Kamera ein falsches Gefühl von Sicherheit besitzen. Der gesunde Menschenverstand sollte erhalten bleiben, und zwar ganz gleich, ob man eine Kamera vor den Augen hat oder nicht.

■ MOUNTAINBIKING

Das Mountainbiking scheint in Alaska weniger umstritten zu sein als anderswo. Das gilt sogar für die Wege des Forest Service, die auch für Radfahrer zugänglich sind. Dies ist in erster Linie darauf zurückzuführen, daß Wanderer nicht darauf angewiesen sind, auf den Wegen zu bleiben und Radfahrern bequem ausweichen können. Der Grund liegt aber auch darin, daß in Alaska ein gewisser Respekt vor der Umwelt besteht und eine Sensibilität gegenüber anderen Menschen vorhanden ist, die sich diese großartige Natur teilen. Allerdings sind alle Wege in den State Parks für Mountainbiker gesperrt (bis auf einige breitere im Chugach State Park in der Nähe von Anchorage). Hier werden Fahrräder als Fahrzeuge angesehen, die die Pfade, die Tundra und die Menschen leicht schädigen können. Viele andere Pfade, insbesondere in der Umgebung von Fairbanks und auf der Halbinsel Kenai, sind besonders beliebte Gebiete bei Mountainbikern. Am besten erkundigt man sich vor Ort in den Geschäften für Sport- und Freizeitausrüstungen.

Freizeitbeschäftigungen

■ JAGEN

Alle Regeln und Informationen für die jeweilige Jagdsaison findet man in der Broschüre *Alaska Game Regulations*, die beim Alaska Department of Fish and Game (P.O. Box 3-2000, Juneau, AK 99802) angefordert werden kann.

■ STRANDGUTSAMMELN

An den Tausenden von Kilometern Küste erwartet die erfahrenen und glücklichen Sammler ein ganzer Schatz voller Treib- und Strandgut. Zu den vielfältigen Überraschungen gehören Rettungsringe, Leuchtbojen, Walzähne, Bernstein, Überbleibsel aus dem Zweiten Weltkrieg, russische Ausrüstungsgegenstände und Flaschenpost. Das Strandgutsuchen kann sich zu einer schönen Beschäftigung entwickeln, die vom Wetter und vom Wasserstand, von Wind und Sturm, der Zugänglichkeit des Strandes und seiner Beschaffenheit bestimmt wird. Experten meinen, daß die beste Zeit für Strandgutsucher Anfang Mai ist, wenn der Schnee bereits geschmolzen und die Zahl der Wanderer, Angler und anderen Strandgänger noch gering ist.

■ GOLDSUCHE

Gold waschen ist nicht nur ein großer Spaß, es versetzt auch zurück in die Geschichte des Nordens. Und immerhin besteht ja auch die Möglichkeit, einen kleinen Goldklumpen zu finden, und das wäre zweifelsfrei das schönste Souvenir der Alaskareise. Alles, was man zum Goldschürfen benötigt, ist eine Plastikpfanne mit einem Durchmesser von 30 Zentimetern, eine Pinzette und eine Pipette zum Herauspicken der Goldflocken sowie ein kleines Glasfläschchen, um den Fund aufzubewahren. Am besten versucht man sein Glück an einer aus der Zeit des Goldfiebers bekannten Flußmündung. Touristenbüros geben hierzu gerne Auskunft. Von kommerziellem Schürfgelände sollte man sich jedoch fernhalten und sich sofort eine Genehmigung holen, wenn man sich offensichtlich auf einem privaten Claim befindet. Das Prinzip des Goldschürfens beruht darauf, daß Gold zweimal so schwer ist wie Blei und daher am Boden der Pfanne liegenbleibt. Man füllt die Pfanne mit Flußschlamm oder Geröll halb voll, gießt dann Wasser darüber und rührt nun das Gemisch mehrmals außen am Rand herum oder schüttelt die Pfanne hin und her. Die Sand- oder Lehmklumpen zerbröckelt man mit der Hand und entfernt die größeren Steine. Man schüttelt die Pfanne und bringt dadurch den Inhalt in Bewegung. Wenn man nun eine Seite der Pfanne in den Fluß hält, kann man nach und nach alles überflüssige Gestein herauswaschen, bis schließlich nur ein Rest schwarzer Sand verbleibt. Wer in diesem Rest winzige Goldstückchen, die zu klein sind, um sie mit der Pinzette anfassen zu können, entdeckt, kippt den schwarzen Sand aus und läßt ihn trocknen. Das getrocknete Material legt man später auf ein sauberes Stück Papier und bläst den Sand fort. Übrig bleibt das Gold.

■ ANGELN

Angeln bringt nicht nur Freude und Entspannung, es verhilft den Erfolgreichen auch zu einigen leckeren Mahlzeiten. Gute Plätze zum Angeln sind besonders geschützte Stellen in Flüssen (hinter Felsen), wo sich die Fische gern aufhalten. Das Anglerglück stellt sich am sichersten in den

Unterwegs

frühen Morgenstunden oder am späten Abend ein. Gut eignen sich auch bedeckte Tage, wenn die Sonne nur spärlich durch die Wolken dringt und die Sonnenstrahlen auf der Wasseroberfläche tanzen, ohne tiefer einzudringen. Damit Bären nicht auf den Geschmack kommen, sich die Beute einzuverleiben, legt man die gefangenen Fische am besten ein gutes Stück flußabwärts ab.

Zum Angeln benötigt man fast überall eine Erlaubnis. In British Columbia sind die Lizenzen noch nach Süß- und Salzwasser unterteilt. Die Gebühr richtet sich danach, ob man hier wohnt oder nur Urlaub macht. So zahlen Besucher in British Columbia pro Jahr 23 Dollar für eine Salzwasserlizenz, 27 Dollar für eine Süßwasserlizenz und 15 Dollar für eine drei Tage gültige Erlaubnis. In Alaska muß man für eine Tageserlaubnis zum Sportfischen zehn Dollar bezahlen. Sie wird im allgemeinen von den Veranstaltern von Angelfahrten ausgestellt. Die Lizenz in Alaska erlaubt auch das Angeln in den Nationalparks. In Kanada muß man dafür zusätzlich vier Dollar zahlen. Beim Kauf der Lizenz läßt man sich am besten auch gleich eine Broschüre mit den geltenden Bestimmungen beim Angeln in den Gewässern der Umgebung geben. Um Ärger mit den Behörden zu vermeiden, sollte man genau auf die vorgeschriebenen Angelzeiten, Fangbeschränkungen usw. achten.

Schalentiere sind nicht immer eßbar. Am besten holt man sich Rat bei Einheimischen, bevor man nach Krabben gräbt.

Die genauen Bestimmungen für das Angeln und Jagen in Alaska sind in einer Broschüre enthalten, die beim Alaska Department of Revenue, Fish and Game Licensing (1111 West Eighth Street, Room 108, Juneau, AK 99801, Tel. +1(907)465-2376) erhältlich ist. Informationen über Charterboote gibt es beim Chamber of Commerce in jeder Hafenstadt.

■ RAFTING

Wildwasser-Raftingtouren werden von zahlreichen Veranstaltern im ganzen Land angeboten. Einige kurze und einfache Fahrten führen auf dem Nenana River bei Denali, dem Kenai River flußabwärts bei Sterling und auf dem Lowe River außerhalb von Valdez. Eine große Zahl dieser Unternehmen bieten Floßfahrten auch mit einer oder mehreren Übernachtungen an, sowie bis zu dreiwöchige Fahrten auf den Flüssen Charley, Kobuk, Tonsina, Chickaloon und Nova. Eine Auflistung der in Frage kommenden

Freizeitbeschäftigungen

Veranstalter entnimmt man dem *Alaska Vacation Planner*, der vom Fremdenverkehrsamt in Alaska herausgegeben wird.

■ KANU- UND KAJAKFAHRTEN

Diese Wassersportarten benötigen keine große Vorbereitung. Auch die dazugehörige Ausrüstung läßt sich einfach transportieren. Hinzu kommt, daß man die Flüsse, Fjorde und Buchten Alaskas sehr gut mit einem Kanu oder Kajak auch auf eigene Faust erkunden kann. In jeder größeren Stadt vermietet mindestens ein Unternehmen Kanus und Kajaks. Außerdem erteilt man dort Unterricht oder vermittelt eine kundige Person, die das übernimmt.
Viele Gesellschaften bieten aber auch organisierte Touren an. Zu den Ausrüsterfirmen mit ausgesprochen gutem Ruf gehören **Alaska Treks'n'Voyages** (P.O. Box 625, Seward, AK 99664, Tel. +1(907)224-3960), **Ageya Kayak Tours** (2517 Foraker Drive, Anchorage, AK 99517, Tel. +1(907)243-3274) und **Alaska Discovery** (418 Franklin Street, Juneau, AK 99801, Tel. +1(907)586-1911).

■ WINDSURFEN

Die Kombination aus hervorragender Landschaft, viel Raum und ausreichend Wind lassen das Windsurfen zu einem fesselnden Erlebnis werden, das auch bei den Einwohnern Alaskas mehr und mehr an Beliebtheit gewinnt. Der Turnagain Arm in der Nähe von Girdwood und Portage ist der schönste Platz dafür, auch wenn einige hartgesottene Surfer auf die Wellen vor der Küste von Kodiak schwören. Der Turnagain Arm bietet zwei bis drei Meter hohe Wellen mit einer Geschwindigkeit von 15 bis 20 Stundenkilometer sowie stetige, vorhersehbare Winde – und das alles nur eine kurze Fahrt von Anchorage entfernt. Windsurfer können im Turnagain Arm ganz schön schnell vorankommen. Es ist dort durchaus möglich, große Geschwindigkeiten zu erreichen. Der Turnagain Arm birgt aber auch Gefahren, insbesondere die Gezeitenwechsel, das Watt und das beißend kalte Wasser. Aber selbst überzeugte Warmwasser-Surfer schwören auf den Reiz, vor der Küste von Alaska zu surfen.

■ HEISSE QUELLEN

Alaska ist eine Region mit großer thermischer Aktivität, was die mehr als hundert heißen Quellen belegen, von denen rund ein Dutzend zugänglich und erschlossen ist. Der Begriff zugänglich ist jedoch in Alaska relativ. Am besten erreicht man die heiße Quelle in Chena, knapp hundert Kilometer östlich von Fairbanks, zu der eine gute befestigte Straße führt. Zu den anderen, ebenfalls zugänglichen Quellen nahe Fairbanks gehören die von Manley, die man nach 240 Kilometern Fahrt auf einer holprigen und unbefestigten Straße erreicht, sowie Circle mit einem ähnlichen Anfahrtsweg. Ebenfalls beliebt sind die heißen Quellen im Südosten: White Sulphur und Tenakee auf der Insel Chichagof unweit vor Juneau sowie Chief Shakes und Baranof auf der Insel Baranof. Für mehr Informationen zu den heißen Quellen wendet man sich an das Alaska Department of Natural Resources (Tel. +1(907)451-2700).

■ RUNDFLÜGE

Auch wer in Alaska weder Wanderungen noch Floß- oder Kajakfahrten unternehmen

Unterwegs

will, sollte sich zumindest das Vergnügen gönnen, einmal in einem der kleinen Flugzeuge oder Hubschrauber über eine landschaftlich schöne Gegend zu fliegen. Zwei besonders empfehlenswerte Flugrouten führen vom Denali Park über die nördliche Ecke der Alaska Range und den Mount McKinley sowie vom Talkeetna über die Südecke dieser Gebirgszüge. Der Flug von Juneau, Haines oder Skagway über die Glacier Bay ist ein unvergeßliches Erlebnis. Und die volle und grandiose Schönheit des Columbia-Gletschers erlebt man erst auf einem Flug von Anchorage oder Valdez über diesen Gletscher. Die nach einem regelmäßigen Flugplan durchgeführten Flüge kosten meist zwischen 100 und 150 Dollar pro Person. Wer sich ein kleines Buschflugzeug und einen Piloten auf eigene Rechnung mietet, zahlt leicht bis zu 300 Dollar pro Stunde. Dies gilt allerdings für ein Flugzeug mit drei oder vier Plätzen, was sich lohnt, wenn man Mitreisende findet, um die Kosten zu teilen.

Unterbringung

Die einzige preiswerte Übernachtungsmöglichkeit im Norden Amerikas ist das Campen. Wer weder eine Pauschalreise gebucht hat, noch Freunde überall in Alaska besucht oder Besitzer einer Goldmine ist, braucht auch nicht den kleinsten Gedanken daran zu verschwenden, nach Alaska ohne ein Zelt und einen Schlafsack zu reisen.
Spaß beiseite: In Alaska zahlt man im Durchschnitt in einem preiswerten Hotel so viel, wie man sonst in einer ganzen Woche für Essen und Verkehrsmittel ausgibt. In vielen Gegenden ist Campen kostenfrei möglich, und öffentliche Duschen gibt es überall.

Das Zelt sollte auf jeden Fall wasserdicht sein, und eine Hülle für den Schlafsack, am besten mit einer Gore-Tex-Außenseite, ist angebracht.
In den wenigen, nicht auf Besucher eingestellten Orten ohne Campingplätze kann man problemlos in den umliegenden Wäldern übernachten. So lange man sein Zelt außerhalb der Sichtweite von Straßen und Häusern aufstellt, keine Bäume fällt und vorsichtig mit Feuer umgeht, bekommt man keine Scherereien. Gebiete, deren Betreten durch Schilder mit der Aufschrift »No Trespassing« verboten ist, sollte man grundsätzlich meiden.
In Kanada darf man auf Gebieten campen, die dem Staat gehören. Eine Genehmigung hierfür ist nicht erforderlich. In Alaska trifft dies auf alle staatlichen Besitzungen zu und auf die National-Forest-Gebiete. In beiden Ländern muß man allerdings für das Übernachten in den Nationalparks eine gebührenfreie Genehmigung einholen. In den Städten ist Campen in öffentlichen Anlagen in der Regel untersagt.

■ CAMPGROUNDS

Grundsätzlich lassen sich die Campingplätze in zwei Kategorien einteilen: Zum einen gibt es vom Bundesstaat, von den Provinzen und von einzelnen Staaten betriebene Campingplätze, die oft recht einfach ausgestattet sind, zum anderen private oder von den Gemeinden geführte Campingplätze, die in der Regel heiße Duschen, Waschautomaten, Geschäfte, Abwasserleitungen und Stromanschlüsse bieten. Letztere sind überwiegend auf Wohnmobile ausgerichtet und bieten häufig nur nebenbei Campingmöglichkeiten.
Die staatlichen Campingplätze (selten mehr

als $15 pro Nacht) sind gegenüber den kommerziell geführten Plätzen (in der Regel mehr als $15) meistens billiger. Die Duschgelegenheiten ($3) auf den kommerziell geführten Campingplätzen bieten häufig die einzige Möglichkeit in der Umgebung, sich einmal gründlich abzuduschen, und werden nicht nur von Campern benutzt.

■ JUGENDHERBERGEN

Offiziellen Angaben zufolge gibt es in Alaska zwölf Jugendherbergen: in Anchorage, Girdwood, Seward (zwei), Soldotna, Fairbanks, Delta, Tok, Haines, Juneau, Sitka und Ketchikan. In Kanada findet man Jugendherbergen in Vancouver, Victoria und Banff, entlang dem Icefields Parkway und in Jasper. Die meisten sind über Straßen oder mit einer Fähre zu erreichen, auch wenn sich in Alaska einige wenige Jugendherbergen etwas außerhalb des öffentlichen Verkehrsnetzes befinden (die Jugendherbergen von Delta, Tok und Seward liegen gut zehn Kilometer außerhalb der Stadt). Die Schlafsäle sind in den Jugendherbergen für Frauen und Männer getrennt. Manchmal ist die Benutzung von Bettlaken vorgeschrieben, die man jedoch überall leihen oder kaufen kann. Oder man bringt seinen eigenen Schlafsack mit. Überall gibt es Gemeinschaftsküchen und Leseräume, dafür wird beim täglichen Saubermachen Mithilfe erwartet. In einigen Häusern stehen Waschmaschinen und Trockner zur Verfügung. Meist zahlen die Mitglieder eines Jugendherbergsverbandes etwa $12 für eine Übernachtung und Nichtmitglieder $15. Empfehlenswert ist es, wenn man bereits zu Hause Mitglied des nationalen Jugendherbergsverbandes wird und sich einen internationalen Mitgliedsausweis ausstellen läßt. Wo immer und wann immer es möglich ist, sollte man in einer Jugendherberge vorher reservieren, entweder schriftlich, wobei man das Geld für die erste Übernachtung beifügt, oder telefonisch unter Angabe der Kreditkartennummer.

■ HOTELS

In erster Linie werden in diesem Buch Hotels der unteren Preisklasse genannt, die ein gutes Preis-Leistungsverhältnis bieten. Hinzu kommen Mittelklassehotels ohne Berücksichtigung von Preiskategorien. Dort, wo es keine günstigen Alternativen gibt, sind teure Hotels aufgelistet. Sowohl in den großen Touristenorten als auch abseits der üblichen touristischen Wege sind die Übernachtungsmöglichkeiten sehr begrenzt. Was verfügbar ist, wird schon lange im voraus von Pauschalreiseveranstaltern reserviert. Sofern man also kein Zimmer reserviert hat, geht man am besten davon aus, kein freies Zimmer mehr vorzufinden. Das gilt vor allem für die preiswerteren Hotels. Besonders im Denali National Park sowie in Valdez, Kodiak und Skagway sollte man vorbereitet sein. Dort bleibt nur die Wahl zwischen einem Zimmer für stolze $95 (falls noch eines frei ist) und dem Campen.

■ BED AND BREAKFAST UND HÜTTEN

Privatzimmer mit Frühstück (»Bed and Breakfast«) erfreuen sich in Alaska und Kanada immer größerer Beliebtheit. Hier hat man als Gast die Möglichkeit, Einheimische in ihren schmucken Häusern kennenzulernen und dabei gleichzeitig noch etwas Geld zu sparen (ab $40 pro Nacht). Das Frühstück ist inklusive.

Unterwegs

Wer auch in abgelegenen Gebieten ein festes Dach über dem Kopf haben will, sucht am besten nach den Hütten des Forest Service. Für $25 pro Nacht wird eine Hütte mit sechs Kojen, einem Holzofen und Feuerholz angeboten. Von den etwa 200 Hütten im Tongass National Forest und im Chugach National Forest sind jedoch nur wenige über eine Straße zu erreichen. Die meisten erfordern eine Anreise per Flugzeug oder Boot. Die Hütten erfreuen sich großer Beliebtheit. Der Forest Service nimmt daher Reservierungen schon sechs Monate im voraus an. Bei den beliebtesten Hütten, insbesondere während der Jagd- und Angelsaison, gleicht die Verteilung einer Lotterie.

Verpflegung

Die preiswerteste und gesündeste Art zu essen, besteht darin, Lebensmittel zu kaufen und selbst zu kochen. Vieles kann kalt gegessen werden. Gefriergetrocknete Lebensmittel sind für Wanderer und Camper sehr bequem (wenngleich auch teuer und nicht sehr schmackhaft). Man muß nur Wasser hinzufügen, alles erhitzen, und das Essen ist fertig. Bequem sind natürlich auch Konserven, deren Gewicht man jedoch im Gepäck spürt. Zum Proviant gehören außerdem unbedingt Teebeutel, Instant-Hafermehl, eine Pfannkuchenmischung, frische und getrocknete Früchte sowie Nüsse. Die meisten der großen Supermärkte bieten eine große Auswahl dieser Lebensmittel an, meist sogar noch die Möglichkeit, dort eine Suppe zu essen oder sich an der Salatbar zu bedienen. Sofern die Möglichkeit besteht, sollte man an den Verkaufsständen am Straßenrand (vorwiegend im Matanuska Valley) und an den Fischverkaufsständen an der Küste anhalten. Die einheimischen Waren sind zwar mit Sicherheit nicht gerade billig, dafür stets frisch und schmackhaft und mit Sicherheit günstiger als im Restaurant. In den Jugendherbergen gibt es entweder Gemeinschaftsküchen, oder man bereitet sich seine Mahlzeit auf dem Campingkocher zu.

■ RESTAURANTS

Etwas Schmackhaftes findet man überall in Alaska. Dennoch ist Alaska nicht gerade bekannt für seine ausgezeichnete Küche. Noch nicht einmal in Anchorage, Juneau, Fairbanks und anderen größeren Städten sind die Restaurants wirklich gut, dafür häufig teuer und manchmal sogar enttäuschend. Ohnehin wird es so sein, daß nach einer Woche Herumreisen in Alaska und im Yukon alle Coffee Shops, Rasthäuser, Cafes und Imbißstände die gleiche Speisekarte anzubieten scheinen. Für ein einfaches und langweiliges Frühstück mit Schinken und Eiern zahlt man meist zwischen $6 und $7. Auch die Burger und Pommes frites sind ähnlich teuer. Etwas preiswerter bekommt man ein getoastetes Käse-Sandwich. Für ein gegrilltes Hähnchen zahlt man ab $8. Dagegen ist eine Portion Spaghetti schon für $7 zu haben. Es ist daher immer empfehlenswert, etwas zu essen für den Notfall dabei zu haben. Es könnte helfen, wenn man zwischen übertäuerten Restaurants hungrig herumläuft und der Weg zu der nächsten preiswerten Essensmöglichkeit weit ist.

■ LACHS

Das eine oder andere Mal sollte man sich diesen Genuß schon gönnen. Der Lachs ist hier meist sehr frisch und delikat. Einige der Lachsräuchereien bieten auch Rentierwürste und Hummer an. In allen Restaurants gibt es unter anderem Makkaroni und Kartoffeln, Salate aus Bohnen, Karotten und Sellerie sowie schwarze Oliven und Sauerteigbrötchen. Krönender Abschluß einer Mahlzeit ist ein Blaubeerkuchen. Nichtalkoholische Getränke sind meist im Preis für das Essen enthalten, Bier und Wein werden extra berechnet. Für eine Mahlzeit muß man mittags mit $10 bis $15 und abends mit $15 bis $20 rechnen. In den Zeitungen findet man übrigens öfter kleine Rabattabschnitte und Anzeigen, die verbilligte Abendessen ankündigen. Es lohnt sich also, einen Blick in die Zeitungen zu werfen. Den besten Lachs in Alaska bekommt man in Fairbanks, aber auch in Juneau und Tok gibt es hervorragend zubereiteten Lachs.

Praktische Hinweise

Die Preise in Alaska sind hoch, doch das bedeutet nicht, daß man diese auch zahlen muß. Man kann hier problemlos leben, ohne ein Vermögen auszugeben, wenn man es nur versucht. Planung ist dabei ein wichtiger Teil, Geldeinteilung ein weiterer. Wer mit einem Auto durch Kanada und Alaska fährt, kann einen oder zwei Reisende mitnehmen, um die Kosten zu teilen. Eine Kreditkarte verschafft übrigens nicht nur Sicherheit unterwegs, sondern auch einen Zahlungsaufschub, weil die Abrechnung erst nach der Rückkehr ins Haus flattert. Wer sein Greyhound-Ticket 7 bis 30 Tage im voraus kauft, kann mit einem hohen Rabatt an jeden Ort innerhalb der USA oder Kanada fahren. Und man sollte wirklich den Mut haben, mit dem Zelt nach Alaska zu reisen. Man spart dabei eine Menge Geld.

Das Buch wird helfen: So kann man die günstigsten und interessantesten Reiseziele, Sehenswürdigkeiten und Einkaufsmöglichkeiten auswählen. Dann addiert man die Kosten für Verkehrsmittel sowie Unterbringung und kalkuliert großzügig $25 bis $40 pro Tag für Essen und andere Dinge ein. Mit ein wenig Kreativität, Flexibilität und Sparsamkeit erlebt man einen unvergeßlichen Urlaub, ohne sich dabei zu verschulden.

■ WÄHRUNG

Wie bereits an anderer Stelle erwähnt, beziehen sich alle Preise in diesem Handbuch auf die lokale Währung: Kanadische Dollar (C$) in Kanada und Dollar ($) in den Vereinigten Staaten. Alle Hotel- und Restaurantpreise beziehen sich jeweils auf eine Person und einen Tag oder eine Mahlzeit. Bei den Hotelpreisen kommen häufig die örtlichen Steuern hinzu. Die angegebenen Preise für die Campingplätze gelten in der Regel für einen ganzen Platz. Die Preise und Öffnungszeiten der Sehenswürdigkeiten und Einrichtungen, die hier im Buch genannt werden, beziehen sich auf die Hauptsaison, also Juni bis August. Im Mai und September werden häufig Vergünstigungen angeboten, wenn die Öffnungszeiten kürzer und viele Einrichtungen bereits geschlossen sind.

Wenn man ein Zimmer mietet, eine Mahlzeit bestellt oder eine andere Dienstleistung in Anspruch nimmt, fragt man immer vorher nach dem Preis.

Wie in den anderen amerikanischen Bundesstaaten erwartet man auch in Alaska vor allem in besseren Restaurants ein Trinkgeld

Unterwegs

(in der Regel 15 Prozent der Gesamtrechnung), nicht jedoch an Ständen oder bei den sogenannten Takeaways. Angestellte im Tourismusgewerbe erhalten häufig nur einen ganz geringen Lohn und sind daher auf Trinkgeld angewiesen.

Alle Preisangaben für Verkehrsmittel gelten für die einfache Strecke, es sei denn, es ist ausdrücklich anders angegeben. Zu bedenken ist, daß die Fahrer der öffentlichen Verkehrsmittel kein Geld wechseln können und dürfen.

Wer aus einer Telefonzelle telefonieren möchte, sollte sich die Gebrauchsanweisung genau durchlesen. Bei vielen Apparaten wirft man erst dann Münzen ein, wenn sich der angerufene Partner meldet. Hat man die Münzen vorher in den Apparat geworfen, ist das Geld verloren.

■ BARGELD, REISESCHECKS, GELDWECHSEL

Reiseschecks sind die sicherste Art, Geld mit sich zu führen. Sie sollten von bekannten amerikanischen Gesellschaften wie zum Beispiel Bank of America, VISA oder American Express ausgestellt sein. Mit europäischen Reiseschecks kann es in Nordamerika häufig Schwierigkeiten geben. Sie werden meist nicht akzeptiert.

Wer vor Antritt der Reise schon genau weiß, daß nicht nur Alaska, sondern auch Kanada bereist werden soll, sollte einige der Reiseschecks auch auf C$ ausstellen lassen. Das erspart eine Menge Unannehmlichkeiten für den Fall, daß man in Kanada außerhalb der üblichen Banköffnungszeiten (montags bis donnerstags von 10 bis 15 Uhr und freitags von 10 bis 17 Uhr) ankommt. Die ersten Stunden in dem jeweiligen Land erleichtert man sich auf jeden Fall dadurch, daß man etwas kanadisches und amerikanisches Bargeld bei sich hat. An der Grenze kann man kein Geld umtauschen. Außerdem wird in Kanada der Dollar häufig nur zu einem sehr schlechten Kurs gewechselt, während in den USA die Annahme von kanadischen Dollar häufig sogar verweigert wird. Der amerikanische Dollar wird in C$ meistens im Verhältnis 1:1,35 umgetauscht.

■ POST UND TELEFON

Wer sich während der Reise Post nachsenden läßt, muß die Post auf seinen Namen c/o General Delivery an das jeweilige Postamt auf der Reiseroute adressieren lassen. Die amerikanischen Postämter bewahren postlagernde Sendungen nur zehn Tage auf, die kanadischen Postämter 15 Tage. Für den Fall, daß man den Ort in Kanada, an dem die Post lagert, nicht rechtzeitig erreicht, besorgt man sich eine »Holding of Mail Card«. Für jeden Monat, in dem die Post gelagert werden soll, muß man eine Briefmarke im Wert von C$ 1,50 aufkleben und an das betreffende Postamt schicken. Eine Verlängerung ist für maximal drei Monate möglich. Man sollte Anrufe unterlassen, um zu erfahren, ob Postsendungen angekommen sind. Zum Abholen von postlagernden Sendungen sind folgende Städte sehr bequem: Vancouver, B.C. V6B 3P7, Prince Rupert, B.C. V8J 3P3, Whitehorse, Yukon Y1A 2B0, Seattle, WA 98101, Juneau, AK 99801, Fairbanks, AK 99701, und Anchorage, AK 99501. Die Beförderung der Postsendungen von Alaska in den Yukon dauert einige Wochen.

Die Vorwahl für ganz Alaska ist 907, die Vorwahl für British Columbia 604. Die Provinzen Yukon und Alberta haben die gemeinsame Vorwahl 403.

Praktische Hinweise

■ ZEITEN UND MASSEINHEITEN

1983 wurden in Alaska die Zeitzonen von vier auf zwei verringert. Vom Südosten bis zur Westspitze des Festlandes gilt nun die Alaska Time. Das ist eine Stunde weiter als die Pacific Time und vier Stunden vor der Eastern Time. Die westlichen Aleuten leben nach der Hawaii Time, zwei Stunden hinter der Pacific Time. British Columbia und Yukon haben die Pacific Time. Auf der Fahrt von Prince Rupert nach Ketchikan, von Dawson nach Eagle oder von Beaver Creek nach Tok gewinnt man also eine Stunde, von Skagway nach Whitehorse verliert man eine. Um Temperaturen in Celsius umzurechnen, zieht man von der Angabe in Fahrenheit 32 ab und teilt den Rest durch 1,8. Um Meilen in Kilometer umzurechnen, multipliziert man mit 1,6. Wer Kilometer in Meilen umrechnen will, multipliziert mit dem Faktor 0,6. Als Autofahrer sollte man daran denken, daß 55 mph (miles per hour) 90 Kilometer pro Stunde sind. Und mit einer Imperial Gallon, die ein Fünftel größer ist als die U.S. Gallon, kommt man deutlich weiter.

■ EINREISEBESTIMMUNGEN

Um illegale Einwanderer an der Einreise zu hindern, kontrollieren die amerikanischen Grenzbeamten argwöhnisch jeden, der die Grenze passiert. Das Aussehen ist daher ausschlaggebend. Wer also wie ein harmloser Tourist wirkt, wird nur wenig befragt. Man sollte niemals den Eindruck erwecken, daß man in den USA oder Kanada arbeiten oder studieren möchte, geschweige denn in geschäftlichen Angelegenheiten reist. Man stellt klar, daß man in keinem anderen Land als dem Heimatland leben will. Nicht selten lassen sich die Grenzbeamten auch das mitgeführte Geld zeigen. Hat man dann weniger als $250 in der Tasche, kann unter Umständen die Einreise verweigert werden. Die beste Empfehlung ist immer noch, sich der Grenze und den dort tätigen Beamten höflich und freundlich zu nähern und sich nicht auf Diskussionen oder einen Streit einzulassen.

Jeder, der in die Vereinigten Staaten einreisen will, benötigt einen Paß sowie ein gültiges Visum, das bei den amerikanischen Botschaften der USA in Bonn, Wien und Bern sowie bei den Konsulaten der USA in Berlin, Hamburg, Düsseldorf, Frankfurt, Stuttgart, München, Salzburg und Zürich erhältlich ist. Deutsche, Österreicher, Schweizer und Staatsbürger einiger anderer Länder, die sich als Urlauber nicht länger als drei Monate in den USA aufhalten wollen und bei der Einreise einen Flugschein oder eine Fahrkarte für die Weiter- oder Rückreise vorlegen können, brauchen kein Visum zur Einreise in die USA.

Impfungen sind für die Einreise nicht vorgeschrieben. Geld darf man in unbegrenzter Menge einführen (Beträge, die 5000 Dollar übersteigen, müssen angegeben werden). Bei einer Fahrt durch den Westen Kanadas und nach Alaska kann es passieren, daß man die kanadisch-amerikanische Grenze bis zu viermal in jeder Richtung überquert (Lower 48 nach British Columbia oder Alberta, zurück nach Südostalaska, dann in den Yukon und wiederum zurück nach Amerika). Als Besucher aus Europa sollte man sich mit den Vorschriften vertraut machen, die für eine Wiedereinreise in die Vereinigten Staaten erforderlich sind.

■ EINREISE NACH KANADA

Besucher aus Westeuropa benötigen für die Einreise nach Kanada nur einen gültigen

Unterwegs

Reisepaß. Ein Visum ist nicht erforderlich. Jugendliche unter 18 Jahren, die ohne Begleitung ihrer Eltern reisen, müssen zudem eine Erlaubnis ihrer Erziehungsberechtigten vorlegen. Handfeuerwaffen und automatische Waffen sind in Kanada nicht erlaubt. Der nationale Führerschein des jeweiligen Landes ist als Fahrerlaubnis vollkommen ausreichend.

■ CAMPINGAUSRÜSTUNG

Auch im Sommer sind die Wetterverhältnisse im Norden sehr wechselhaft. Man sollte daher immer gegen Regen und Kälte gewappnet sein. Wasserfest und warm sollten die Hauptkriterien beim Kauf von Campingausrüstung und Kleidung sein. Die Ausrüstungsgegenstände sollten in durchsichtige Plastikbeutel oder in Säcke verpackt und so geordnet sein, daß alles Empfindliche gegen Feuchtigkeit geschützt ist. Wer Wanderungen und Fahrten mit öffentlichen Verkehrsmitteln vorhat, sollte darauf achten, daß das Gewicht des fertiggepackten Rucksacks ein Viertel des eigenen Körpergewichts nicht übersteigt. Am besten geht man zu Hause mit vollem Gepäck ein wenig umher und entscheidet dann, ob man so 16 Kilometer im Regen wandern möchte.

Komfortabel sind Schaumstoffmatten oder Luftmatratzen. Sie bieten nicht nur verhältnismäßig großen Komfort, sondern auch Isolierung gegen Kälte und Schutz gegen Feuchtigkeit – unerläßlich im Norden. Daunenschlafsäcke sind unbrauchbar, sobald sie einmal feucht geworden sind. Trotzdem sind sie leichter und wärmer als Schlafsäcke mit synthetischer Füllung. Schlafsäcke mit synthetischer Füllung sind in nassem Zustand zwar wärmer und auch preiswerter in der Anschaffung, sie sind jedoch schwerer und schlechter zu verpacken.

■ KLEIDUNG

Erfahrungsgemäß ist es bequemer und praktischer, wenn man mehrere Schichten übereinander trägt als ein oder zwei dicke Sachen. Das ermöglicht, je nach Temperatur oder körperlichem Zustand einzelne Bekleidungsstücke nacheinander aus- oder anzuziehen. Am besten beginnt man mit einem T-Shirt oder guter Unterwäsche. Darüber zieht man ein Wollhemd, weil es bequem und sehr warm ist. Ein ebenfalls wollener Pullover und eine wasserdichte Jacke sind leichter und vielseitiger als eine dicke Jacke. Eine Daunenweste ist geradezu ideal. Daunenjacken sind jedoch im Regen völlig nutzlos.

Natürlich gehören auch die richtigen Wanderschuhe ins Gepäck. Die neuen, sehr leichten Wanderschuhe sind sehr praktisch, jedoch tun es auch noch die guten alten Boots. Sie sollten auf jeden Fall wasserdicht sein. Für das Durchqueren von Flüssen oder sumpfigem Gebiet eignen sich auch Turnschuhe. In öffentlichen Bädern ist das Tragen von leichten Gummisandalen wegen der Fußpilzgefahr ratsam.

Ins Gepäck gehören außerdem Wollmütze und Handschuhe oder Fäustlinge. Praktisch sind ein Parka oder ein Poncho als Regenschutz. Der Poncho ist zudem leicht und kann als Unterlage bei feuchtem Boden benutzt werden. Wasserdichte Hosen sind leicht und können sehr praktisch sein.

Bei all der sportlichen Ausrüstung sollte man nicht vergessen, daß man sicherlich auch im Westen von Kanada und in Alaska in einem teureren Restaurant landet. Daher sollte man eine Sportjacke oder ein besseres

Gesundheit und Hilfe in Notfällen

Hemd ebenfalls im Gepäck haben. Mit den neuen Textilien findet auch im kleinsten Reisegepäck eine Hose mit Bügelfalten Platz.

■ WICHTIGE KLEINIGKEITEN UND DOKUMENTE

Nützlich ist ein kleiner Taschenrechner mit Weckfunktion. Eine etwas längere leichte Fahrradkette und ein Schloß ermöglichen es, den Rahmen des Rucksacks an einem festen Gegenstand anzuschließen, wenn das Gepäck für kurze Zeit abgestellt werden soll. Im allgemeinen sind Diebstähle selten, zu Leichtsinn sollte es dennoch nicht verleiten.

Ein mindestens fünf Meter langes Seil darf nicht fehlen, damit man seine Essensvorräte vor Bären schützen kann.

Von allen wichtigen Dokumenten sollte man vorab Kopien anfertigen. Dazu gehören Reisepaß, Jugendherbergsausweis, Tickets, Kaufbescheinigung der Reiseschecks, Angaben über Brillenstärke sowie medizinische Daten. Verkleinert kann alles auf einen Bogen kopiert werden. Am sichersten ist das Geld in einem kleinen Beutel aufgehoben, den man unter der Kleidung trägt. Sämtliche Reisedokumente sollte man in einem Plastikbeutel aufbewahren, um sie vor Schweiß und Feuchtigkeit zu schützen.

■ KÜCHENGESCHIRR

Ein kleiner Campingkocher bietet die beste Gewähr dafür, daß man auf einer Wanderung problemlos auch warme Mahlzeiten oder ein warmes Getränk zubereiten kann. Feuerholz ist oft naß oder nicht vorhanden. Manchmal sind Lagerfeuer sogar verboten.

Es gibt Kocher, die nicht nur sehr leicht sind, sondern auch mit verschiedenen Brennstoffen betrieben werden können. Am besten eignet sich ein Gaskocher. Gaspatronen dürfen allerdings nicht im Fluggepäck transportiert werden.

Für Wanderungen empfiehlt sich proteinhaltige Kraftnahrung. Eine mit Wasser gefüllte Feld- oder Plastikflasche ist praktisch für unterwegs.

■ TOILETTENARTIKEL UND REISEAPOTHEKE

In jedem größeren Warenhaus kann man Kunststoffbehälter in der Größe kaufen, daß Toilettenartikel genau hineinpassen. Ein Deodorant ohne Duftstoffe vermindert unliebsame Kontakte mit Bären. Ein Gel mit Aloe Vera eignet sich gut für Verbrennungen, Bisse und Ausschläge. Bei Magenkrämpfen und Durchfall hat sich Imodium bewährt. Moleskin hilft bei Blasen. Wer regelmäßig Medikamente einnehmen muß, bringt genügend davon mit.

Gesundheit und Hilfe in Notfällen

Über 85 Prozent aller Todesfälle in den nördlichen Breitengraden werden durch Unterkühlung verursacht. Lang andauernde Kälte und heftiger Wind, verbunden mit totaler körperlicher Erschöpfung, führen schnell zu Schüttelfrost, Schläfrigkeit, Orientierungslosigkeit, Bewußtlosigkeit und später zum Tod. Das Gefährlichste ist, daß man selbst in den seltensten Fällen die drohende Gefahr erkennt. Man sollte deshalb stets für wetterfeste Kleidung sorgen, sich in verschiedenen Schichten (aus Wolle oder Polypropylen, keine Baumwolle) kleiden, es

Unterwegs

vermeiden, naß zu werden und nahrhaftes Essen zu sich nehmen. Mit nasser Kleidung verliert man weitaus schneller an Körpertemperatur als mit trockener. 60 Prozent der Körperwärme entweicht aus dem unbedeckten Kopf. Daher sollte man entweder einen regendichten Hut oder eine Wollmütze tragen.

Wenn man bei sich oder einem Mitreisenden die ersten Warnsignale von Unterkühlung bemerkt, sollte man sofort Regen und Wind ausweichen und einen warmen Platz finden, an dem man die nasse Kleidung ausziehen kann. Dann deckt man sich mit einer Decke oder mit dem Schlafsack zu und setzt eine Mütze auf. Am allerwichtigsten jedoch ist, daß man nicht einschläft. Erwärmen kann man sich langsam, indem man warme Gegenstände (erhitzte Steine, gekochte Kartoffeln usw.) um Kopf, Nacken, Seiten und Leistengegend packt. Am besten wärmt man aber eine unterkühlte Person immer noch durch eigene Körperwärme, indem man sich völlig unbekleidet neben den Kranken legt. Vorsicht ist jedoch bei allzu schneller Erwärmung geboten, da dies leicht zu einer Herzattacke führen kann. Sofern es möglich ist, sollte eine unterkühlte Person umgehend in ein Krankenhaus gebracht werden. Auf Unterkühlung ist besonders bei allen nächtlichen Wanderungen zu achten. Wer sich an einem Regentag auf einer Tageswanderung befindet, sollte sich nicht bewußt in unnötige Risiken begeben.

■ WASSER

Sogar klare, kalte und schnell fließende Flüsse können verseucht sein. Um sich nicht durch Parasiten von im Fluß lebenden Bibern und Bisamratten infizieren zu lassen, kocht man das Trinkwasser am besten 20 Minuten ab, bevor es getrunken wird. Geht das nicht oder ist einem das zu umständlich, kann man das Wasser auch mit Chlor oder – besser noch – mit Jod entkeimen. Auf jeden Fall aber muß das Wasser 30 Minuten stehenbleiben, nachdem das Präparat hinzugefügt wurde. Zur Entkeimung kann man auch Tabletten verwenden. Als echter Purist kann man für rund $35 eines der Wasserentkeimungsgeräte erstehen, die in guten Ausrüsterläden verkauft werden.

■ GIARDIASIS

Auch wenn die Seen und Bäche in Alaska klar und sauber erscheinen, nimmt man, wenn man unbehandeltes Wasser trinkt, das Risiko auf sich, von einer schwächenden Krankheit befallen zu werden. Verursacher ist ein Einzeller *(Giardia duodenalis)*, der im ganzen Staat zu finden ist und sowohl von Menschen als auch von Tieren verbreitet wird. Auch wenn die Krankheit durch Medikamente zu heilen ist, sollte man darauf achten, nur unzweifelhaft sauberes Trinkwasser mit sich zu führen oder Wasser aus Bächen oder Seen abzukochen. Es reicht aus, das Wasser einmal richtig zum Kochen zu bringen, um die Giardia und andere schädliche Organismen abzutöten. Eine weitere Möglichkeit ist der Gebrauch von Wasserfiltern, die jedoch andere Organismen, wie den Campylobacter, der nur 0,2 Mikrometer mißt, nicht ausfiltern.

■ ÄRZTE

Wer krank oder verletzt ist und die hohen Rechnungen der privaten Ärzte und der allgemeinen Krankenhäuser umgehen will, läßt sich von gemeinnützigen Institutionen eine einfache Klinik benennen. Dort muß

Anreise

man zwar länger warten und sich auch oft an Sprechstunden halten, wird aber in den meisten Fällen ebenso gut behandelt.

Informationsmaterial

Wer seine Reise lange vorher plant, kann sehr gutes Kartenmaterial und Informationsbroschüren bei den Fremdenverkehrsämtern anfordern.
In Europa sind das **Fremdenverkehrsamt von Alaska** (Friedberger Landstraße 96, D-60316 Frankfurt/Main) und das **Kanadische Fremdenverkehrsamt** (c/o Kanadisches Konsulat, Benrather Straße 8, D-40213 Düsseldorf) zuständig. Beim Fremdenverkehrsamt von Alaska kann man ein sehr gutes Informationspaket anfordern, das neben dem Alaska-Reiseplaner auch eine Straßenkarte, ein Unterkunftsverzeichnis und zahlreiche weitere Informationsbroschüren enthält. Das Info-Paket erhält man in Deutschland über das Alaska-Infotel. 0180-5215253. Für Anforderungen aus Deutschland entstehen dabei Gebühren von 10 Mark, in Österreich und der Schweiz werden 15 Mark berechnet. Schriftliche Bestellungen (Scheck beilegen) nimmt der PELA Touristikservice (Postfach 1227, D-63798 Kleinostheim) entgegen. Broschüren zu Kanada und über den Yukon gibt es bei der Canadian Tourism Commission. Anfragen hierzu können an den Lange Touristik Dienst (Postfach 200 247, D-63469 Maintal, Tel. 06181-45178) gerichtet werden. In Österreich und der Schweiz wendet man sich an die Canadian Tourism Commission (c/o Welcome Canada, Freihofstraße 22, CH-8700 Küsnacht, Schweiz, Tel. 01-9106160). Im Internet findet man Informationen unter www.canadatourism.com

Eine kostenlose **Straßenkarte** des Staates Washington gibt es beim Washington State Department of Transportation (Transportation Building, Olympia, WA 98504). Ein Verzeichnis aller verfügbaren **Karten von Alaska** erhält man bei der USGS Distribution Branch (P.O. Box 25286, Federal Center, Denver, CO 80225).
Spezielle Informationen über die Nationalparks in Alaska gibt es beim **National Park Service** (540 West Fifth Avenue, Anchorage, AK 99501). Kostenlose Landkarten der National Forests Tongass und Chugach kann man beim **U.S. Forest Service** (P.O. Box 1628, Juneau, AK 99802) anfordern.
Die **Fahrpläne für Fähren** erhält man bei der Reederei Alaska Marine Highway (Pouch R, Juneau, AK 99811).
Ein Verzeichnis der **Jugendherbergen in Alaska** ist erhältlich beim Anchorage International Hostel (700H Street, Anchorage, AK 99501).
Wer in Deutschland, Österreich oder der Schweiz Mitglied eines Automobilclubs ist, erhält in den USA bei der American Automobile Association (AAA) oder in Kanada bei der Canadian Automobile Association (CAA) kostenlos das *TourBook* und das *CampBook,* die den Westen Kanadas sowie Alaska beschreiben und sehr genaue Karten enthalten. Man braucht in einem Büro dieser beiden Automobilclubs lediglich seinen Mitgliedsausweis vorzulegen, um die Unterlagen zu erhalten. Die Büros findet man in allen großen Städten.

Anreise

Am schnellsten und komfortabelsten erreicht man Alaska und Westkanada per Flugzeug. Aus dem deutschsprachigen

Unterwegs

Raum bestehen Direktverbindungen nach Alaska mit **Condor** von Mai bis September jeweils zweimal wöchentlich (samstags und mittwochs) von Frankfurt nach Anchorage (ab 1349 Mark). Der Flug am Mittwoch führt weiter nach Whitehorse im Yukon. Im Sommer startet **Balair** von Zürich aus einmal pro Woche nach Anchorage. Einen Direktflug nach Westkanada bietet die **Lufthansa** nach Vancouver, ebenfalls von Mai bis September. Hinzu kommen Verbindungen mit fast allen in Deutschland vertretenen US-Fluggesellschaften, die mit einem Zwischenstop in den USA die Flughäfen im Westen Kanadas und Alaskas ansteuern. Daneben kann man mit **British Airways** über London nach Seattle, Vancouver oder Anchorage fliegen sowie mit der holländischen **KLM** über Amsterdam nach Vancouver.

Greyhound, übrigens das größte Unternehmen seiner Art in der Welt, verfügt über Tausende von Bussen und Stationen in den USA und in Kanada. Busfahren ist sehr flexibel – man kauft ein Ticket, und schon ist man auf dem Weg (ausgenommen man hat längere Wartezeiten). Außerdem sind die Preise besonders interessant, es gibt unter anderem Sonderpreise für Vorausbuchungen. Besonders günstig ist der **Ameripass**, mit dem man unbegrenzt durch die USA reisen kann. Er gilt für 7, 15 oder 30 Tage und ist ein Jahr lang gültig. Mit diesem Paß kommt man bis nach Vancouver. Von Vancouver nach Whitehorse, dem nördlichsten (und westlichsten) Punkt, den die Greyhound-Busse ansteuern, beträgt der Fahrpreis C$ 309. Den Greyhound **Canada Pass** gibt es für 6 bis 60 Tage (C$ 212 bis C$ 480).

Alle regulären Tickets sind für ein Jahr gültig, unbegrenzte Aufenthalte und Zwischenstops sind erlaubt. Da die Busse rund um die Uhr unterwegs sind, kann man häufig auch das Geld für eine Hotelübernachtung sparen. Anstatt streng nach Plan in einem Stück zum Reiseziel durchzufahren, sollte man ab und zu in interessanten Orten auf dem Weg aussteigen.

Green Tortoise Travel steht für mehr als nur eine Busfahrt – es ist ein Urlaub und eine kulturelle Erfahrungsreise in sich. Die alternative Buslinie nutzt alte Greyhound-Busse, aus denen die Sitze entfernt und durch Schaumgummimatratzen auf erhöhten Plattformen ersetzt wurden. Vorne gibt es eine Lounge mit Sitzen und Tischen. Essen ist auf den Langstreckenreisen in der Regel im Preis inbegriffen.

Green Tortoise bietet jeden Sommer zwei Alaskareisen an. Eine startet Ende Juni und die andere Ende Juli. Jeder Bus faßt 32 Passagiere und zwei Fahrer. Die Fahrten dauern einen Monat und führen von Eugene, Portland oder Seattle bis nach Fairbanks oder Anchorage. Man kann auch in Alaska zusteigen. Der Fahrpreis liegt bei $1500 zuzüglich $250 für die Verpflegung. Im Preis ist die Überfahrt mit der Fähre von Bellingham nach Skagway enthalten.

Abgesehen vom etwas alternativen Äußeren sind die Busse von Green Tortoise zuverlässig und verfügen über einen guten Sicherheitsstandard. Weitere Informationen gibt es bei Green Tortoise Alternative Travel (P.O. Box 24459, San Francisco, CA 94124, Tel. +1(415)821-0803).

Inland Coach Lines (Tel. +1(250) 385-4411) bietet gute Verbindungen entlang Vancouver Island, von Victoria nach Port Hardy, mit Weiterfahrt in Port Alberni nach Tofino. In Port Hardy nimmt man eine B.C. Ferry nach Prince Rupert, wo man Umsteigeverbindungen zur Alaska State Ferry hat.

Anreise

Alaskon Express, der nördliche Ableger der Gray Line, fährt dreimal wöchentlich nach Alaska.
Alaska Direct bietet ebenfalls dreimal in der Woche Verbindungen von Whitehorse nach Anchorage und Fairbanks.
Norline Coaches fährt von Whitehorse bis hinauf nach Dawson.
Der Fährverkehr in der Inside Passage von Bellingham nach Skagway kreuzt auf über 1600 Kilometer auf einem inländischen Wasserweg und durch Fjorde, viel wilder als die Fjordwelten Norwegens und Chiles.
Washington State Ferries (Tel. +1(206)464-6400) bietet regelmäßige Fährdienste durch den Pudget Sound und nach Vancouver Island.
Black Ball Transport (Tel. +1(250)381-1551) verkehrt zwischen Victoria und Los Angeles.
B.C. Ferries (Tel. +1(250)669-1211) bietet Pendelverkehr zwischen Vancouver Island und dem Festland British Columbias sowie Langstreckendienste durch die kanadische Inside Passage von Port Hardy nach Prince Rupert und zu den Queen Charlotte Islands.
Alaska Marine Highway (Juneau) bedient zwei Streckennetze: von Bellingham durch Südostalaska sowie durch das südliche Zentralalaska von Cordova nach Dutch Harbor. Beide Strecken sind nicht miteinander verbunden, man kann jedoch die Strecke von Juneau nach Cordova mit einem Flug von Alaska Airlines zurücklegen.

ren, wo es einem gefällt – und dort bleibt man, so lange man will. Auf manchen Straßen kommt kaum ein anderes Auto entgegen. Hier im Norden scheint alles offen und unbegrenzt – das macht einen großen Teil seines Reizes aus.
Man kann den ganzen Weg hoch und auch wieder zurückfahren. Die Alternative ist eine Überfahrt mit der Fähre auf der Hin- oder der Rückfahrt. Der **Alaska Highway** besteht nunmehr seit über 55 Jahren. Längst sind die Tage vorbei, wo man extra Benzin und vier Ersatzreifen mitnehmen mußte. Heute ist die Straße nahezu komplett befestigt und breit genug, daß sich zwei Trucks ohne Probleme überholen können. Serviceeinrichtungen mit Tankstellen gibt es alle 82 Kilometer. Trotzdem führt die Autobahn über 2244 Kilometer durch unwirtliche Wildnis. Schlaglöcher und Wellen in der Fahrbahn sind nicht ungewöhnlich. Mechaniker sind rar, und bei den Benzinpreisen vergeht so manchem das Lachen. Das Abenteuer beginnt in Dawson Creek in British Columbia bei der ersten Meile des Alaska Highway und führt durch den kanadischen Yukon nach Fairbanks.
Alternativ zum Alaska Highway kann man den **Cassiar Highway** von Meziadin Junction in Richtung Westen ins Yukon Territory nehmen. Die 737 Kilometer lange Strecke ist landschaftlich beeindruckend und der überwiegende Teil der Straße befestigt. Servicestellen sind jedoch noch rarer als auf dem Alaska Highway.

■ MIETWAGEN

Mit dem Auto durch Alaska zu fahren ist eine besonders günstige Reiseart und garantiert ein Maximum an Flexibilität. Man kann überall starten und dorthin fah-

■ PAUSCHALREISEN

Über 70 Reiseveranstalter in Deutschland und mehr als zehn Veranstalter in Österreich bieten ein- und mehrwöchige Rundreisen nach Alaska und in den kanadischen

Unterwegs

Yukon an. **Holland America-Westours** (Tel. +1(206)281-3535) ist sozusagen der Urgroßvater von Pauschalreisen nach Alaska. Chuck West, einer der schillerndsten Charaktere in der Geschichte des Alaska-Tourismus, begründete die Tourismusbranche 1948, als er Stadtrundfahrten durch Fairbanks in seinem privaten Auto anbot. Er machte Westours zu einem großen, schuldenfreien Unternehmen, das er 1970 an die niederländische Kreuzfahrtreederei Holland America Lines verkaufte. Im Januar 1989 kaufte Carnival Cruise Lines das komplette Unternehmen, inklusive der weltweiten Kreuzfahrtflotte, der Gray Line of Alaska sowie den 18 Hotels der Westmark-Kette. Neun Kreuzfahrtschiffe mit 1200 bis 1400 Passagieren steuern im Sommer von Vancouver aus Häfen in Südostalaska und auf der Kenai Peninsula an und kreuzen in der Glacier Bay sowie im Prince William Sound. Eine siebentägige Kreuzfahrt von Vancouver nach Anchorage kostet pro Person ab 1735 Mark. In Deutschland wird Holland America Line vom Kreuzfahrtenveranstalter Seetours International (Seilerstraße 23, 60313 Frankfurt/Main) vertreten.

Chuck West hat inzwischen mit **Alaska Sightseeing/Cruise West** (Tel. +1(206)441-8687) ein weiteres Reiseunternehmen gegründet. Die unternehmenseigenen Kreuzfahrtschiffe sind kleiner (weniger als hundert Passagiere) und intimer.

Weitere Kreuzfahrtreedereien, die Reisen durch die Inside-Passage anbieten, sind unter anderem Princess Cruises, Celebrity Cruises, Royal Carribean Cruise Line, Norwegian Cruise Line und Society Expeditions. Weitere Informationen zu Alaska-Kreuzfahrten erhält man im Reisebüro.

Reiserouten in Alaska

Wer nur eine Woche Zeit hat, kann mit der Fähre sechs Tage von Bellingham nach Juneau oder Skagway und wieder zurück fahren. Alternativ kann man einen Weg mit der Fähre zurücklegen, sich Juneau, die Glacier Bay, Skagway oder Whitehorse ansehen und von Juneau oder Whitehorse zurückfliegen. Nach Anchorage zu fliegen ist eine andere Möglichkeit, bei der man die Stadt kurz besichtigen und nach Denali weiterreisen, die Halbinsel Kenai oder den Prince William Sound besuchen kann.

Zwei Wochen sind die Durchschnittsdauer von Pauschalreisen nach Alaska. In dieser Zeit kann man mit der Fähre von Bellingham nach Skagway fahren und die Reise beispielsweise in Juneau für eine Übernachtung unterbrechen. Dann bleibt man je eine weitere Nacht in Skagway und in Whitehorse, bevor es auf dem Landweg weiter nach Fairbanks geht. Nach einem Besuch im Denali National Park geht es weiter nach Anchorage. Von dort aus kann man zwischen der Weiterreise zur Halbinsel Kenai oder zum Prince William Sound wählen. Alternativ kommt eine Fahrt mit der Fähre nach Juneau in Betracht, an die sich ein Flug nach Cordova und die Weiterfahrt mit der South West Ferry zum Prince William Sound und der Halbinsel Kenai anschließen. Danach geht es weiter nach Anchorage. Bei richtiger Planung kann die Zeit sogar noch für einen Aufenthalt im Denali National Park reichen. Allerdings ist man nach einer zweiwöchigen Alaskarundreise wirklich urlaubsreif.

Drei Wochen sind wohl das Minimum, um wenigstens eine Strecke mit dem eigenen Fahrzeug zurückzulegen. Man kann nach Whitehorse und Dawson, anschließend nach Eagle und weiter nach Tok fahren und von

Reiserouten in Alaska

Fairbanks einen Abstecher zu den heißen Quellen von Manley oder Central machen, bevor man sich auf den Weg nach Denali und Anchorage begibt. Daran schließt sich eine Fahrt über die Kenai Peninsula oder mit dem Wagen auf der *Bartlett* oder *Tustumena* über den Prince William Sound an. Wer vier und mehr Wochen Zeit hat, kann sich sehr entspannt eine individuelle Route zusammenstellen. Eine schöne Ergänzung sind die Überfahrt mit der Fähre nach Cordova oder Kodiak oder die einwöchige Fahrt mit der *Tustumena* nach Dutch Harbor auf den Aleuten.

■ RUNDREISEN

Häufig ist in Alaska das Flugzeug die einzige Möglichkeit, von einem Ort zum anderen zu kommen. Um die besten Flugpreise in Alaska in Erfahrung zu bringen, vergleicht man immer die Angebote der großen Fluggesellschaften und Reiseveranstalter. In der Regel erhält man bei Reiseveranstaltern ein günstigeres Angebot, da diese größere Kontingente einkaufen und die Tarife, um mit den Busreiseveranstaltern mitzuhalten, möglichst niedrig kalkulieren. So liegt der günstigste Flugtarif zwischen Anchorage und Nome normalerweise nur wenige Dollar höher als der Komplettpreis für eine Busreise mit der Gray Line, die überdies eine Übernachtung, zwei Stadtrundfahrten sowie Transfers enthält. In den Tageszeitungen findet man auch immer wieder Spezialangebote, die häufig bis zu 50 Prozent unter dem Normaltarif liegen.

■ FLUGRUNDREISEN

Meist ist man beim Flug zum Zielort auf die großen einheimischen Fluggesellschaften angewiesen. Fliegen diese das Wunschziel jedoch nicht an, muß man sich auf das Abenteuer einlassen, mit einer der kleinen örtlichen und erlebnisreichen Fluglinien zu fliegen. Dies bedeutet mit Sicherheit ein aufregendes und sehr individuelles Urlaubserlebnis. Diese kleinen Fluggesellschaften bieten regelmäßige Flüge an, bei denen die Preise in etwa gleich liegen (wenn auch meist sehr teuer), und fliegen Städte und Sehenswürdigkeiten an, die mit öffentlichen Verkehrsmitteln entweder gar nicht oder nicht auf dem Landweg erreichbar sind (z. B. Eagle oder die McNeil State Game Preserve). Das trifft auf fast 75 Prozent des Staates Alaska zu.

Die meisten Flugzeuge können bis zu 16 Passagiere befördern und fliegen unabhängig davon, wie viele Passagiere gerade da sind (wenn die Wetterbedingungen es zulassen). Ganz gleich ob die Maschinen voll besetzt sind oder nicht, zahlt man nur den normalen Preis. Möchte man jedoch wirklich einsam gelegene Hütten, Fjorde, Flüsse, Gletscher oder Parks besuchen, muß man sich an die berühmten Piloten mit ihren engen zwei-, drei- und viersitzigen Cessnas wenden. Berühmt sind auch die Charterraten, die bei $300 pro Flugstunde liegen. Das läßt die häufig schon als sehr teuer betrachteten Flugpreise der Alaska Airlines geradezu als ein Schnäppchen erscheinen. Dafür erlebt man ein wahres Flugabenteuer. Der Pilot landet auf kleinen Pontons auf noch kleineren Seen, mit Kufen auf Schnee und Eis, auf Schotterpisten mit dicken Reifen und fliegt durch Nebelbänke, in denen er sich nur auf seine Instrumente oder seinen Instinkt verläßt. Dabei ist die Maschine mit Ausrüstung und Menschen völlig überladen, und die Ausrüstungsgegenstände, Reservekanister, Werkzeuge,

Unterwegs

Post, Versorgungsgüter usw. sind auch noch mit an Bord. Bei solchen Flügen muß man alle Einzelheiten im voraus festlegen – Preise, Haltepunkte und Abholtermine sowie die Orte, an denen man abgesetzt werden will. Notfall- und Ausweichprogramme sowie die Berücksichtigung von Ebbe und Flut sollte man ebenfalls bedenken. Bei solchen Unternehmungen darf man niemals in Eile sein. Zeit spielt in Alaska keine entscheidende Rolle. Hier bestimmen das Wetter und die Wartungsarbeiten an den Maschinen den Rhythmus: Wer auf Schwierigkeiten vorbereitet und sehr flexibel in seinem Reiseplan ist und nur eine vage Vorstellung von dem hat, was er eigentlich sehen möchte, der ist für diese Flüge durch den Norden sicherlich der richtige Passagier.

■ ZUG

Abgesehen von der White-Pass- und Yukon-Route zwischen Skagway und Fraser sowie der Eisenbahn für Kinder im »Alaskaland« in Fairbanks gibt es eigentlich nur eine einzige Bahnstrecke in Alaska: die 750 Kilometer lange Linie zwischen Seward und Fairbanks, die von der Alaska Railroad betrieben wird. Hinzu kommt noch eine knapp 15 Kilometer lange Strecke zwischen Portage und Whittier. Mit dem ausgefallenen Zug, der zwischen Seward und Fairbanks verkehrt, fährt man zwar langsam, hat aber viel mehr Platz für sich zur Verfügung als in den Bussen. Preislich gibt es kaum Unterscheide zum Bus. Zwischen 19. Mai und 18. September verkehrt einmal täglich ein Expreßzug in jeder Richtung zwischen Anchorage und Fairbanks (zehn Stunden Fahrzeit, Fahrpreis $135). Für die Strecke zwischen Fairbanks und Denali zahlt man $50 und von Anchorage nach Denali $96. Die Reiseveranstalter Princess Tours und Westours hängen in der Regel doppelstöckige Aussichtswagen an den Zug an, für die man einen Aufschlag von 30 Prozent auf den normalen Fahrpreis bezahlen muß (ein Mittagessen kostet weitere $9 und ein Abendessen $18). Pauschalreisen gibt es auch zum Denali National Park in großer Zahl. Ferner sind im Angebot Kombinationen von Zug und Flugzeug. Familien erhalten Preisnachlässe. Mehrmals täglich pendelt ein Zubringerzug durch die Chugach Mountains zwischen Portage und Whittier ($8). Dieser Zug führt täglich weiter bis nach Seward ($45 einfache Strecke, $70 für eine Rundreise). Weitere Informationen gibt es bei der Alaska Railroad (Passenger Services, P.O. Box 107500, Anchorage, AK99510, Tel. +1(907)265-2494).

■ MIT DER FÄHRE

Die Schiffe des **Alaska Marine Highway** laufen fast alle Häfen in Südostalaska sowie auf dem Weg nach Dutch Harbor auf den östlichen Aleuten, die meisten Küstenorte im südlichen Zentralalaska, auf der Insel Kodiak und auf den Halbinseln Kenai und Alaska an. Die beiden Streckennetze sind nicht miteinander verbunden, aber Alaska Airlines ermöglicht mit Flügen zwischen Juneau und Cordova einen einfachen, wenn auch teuren Übergang. Fünf von neun Fähren verfügen über Kabinen, acht über beheizte Decks, auf denen man seinen Schlafsack ausrollen oder in einer Lounge übernachten kann. Auf der *Bartlett*, die im Prince William Sound kreuzt, sind keine Duschen vorhanden, dafür aber auf allen übrigen Fähren. Auf allen Schiffen (außer auf der kleinen Fähre, die zwischen Ketchikan und Metlakatla pendelt) kann man essen. Eine Überfahrt ist sehr entspannend und erholsam, zumal die Fahrpreise durchaus annehmbar sind, wenn man sie mit den Flugpreisen vergleicht. Weitere Informationen gibt es bei Alaska Marine Highway (P.O. Box 25535, Juneau, AK 99802, Tel. +1(907)4653941). Dort erhält man Fahrpläne und Preise und kann Reservierungen tätigen. Vorausbuchungen empfehlen sich ganz besonders dann, wenn man in einer Kabine übernachten oder ein Auto mit an Bord nehmen möchte. Das südliche Abfahrtsterminal des Alaska Ferry System befindet sich nicht in Seattle, sondern im 140 Kilometer nördlich gelegenen Bellingham.

■ MIT DEM BUS

Das hervorragende Busnetz, das man in British Columbia und im Yukon vorfindet, wird in Alaska weniger dicht. Dennoch erreicht man die wichtigsten Zielorte entweder mit einem Bus oder Minibus und die meisten kleineren Orte, die an ausgebauten Straßen liegen, in einem Kombiwagen. Nimmt man die großen Busreiseveranstalter und den Alaskon Express (Gray Line) einmal aus, so sind die verbleibenden Buslinien meist kleine lokale Unternehmen. Einige wichtige Strecken werden nicht täglich bedient. Viele Buslinien in Alaska und im Yukon verkehren überdies nicht in den Abend- und Nachtstunden. Jeder Fahrgast, der aus Skagway oder Edmonton/Prince George ankommt, muß daher in Whitehorse übernachten. Alle Transitpassagiere vom Yukon nach Anchorage übernachten in Beaver Creek oder in Tok. Die Übernachtung muß man selbst bezahlen.

■ MIT DEM AUTO

Für den relativ kleinen Teil Alaskas, der über ein Straßennetz verfügt, ist das Auto immer noch das bequemste, verläßlichste und preiswerteste Transportmittel. Allerdings werden in Alaska beim Kauf von Autos sehr hohe Preise gefordert, und beim Verkauf am Ende der Reise können wiederum Probleme entstehen. In den abgelegeneren Orten sind Mietwagen ebenfalls sehr teuer. In den größeren Städten hat man Schwierigkeiten, überhaupt ein Mietauto zu bekommen. Die Benzinpreise sind in den größeren Städten Alaskas manchmal niedriger als in den anderen Staaten Amerikas. Das gleicht die höheren Benzinpreise in den abgelegenen Gebieten etwas aus.

■ MIT DEM FAHRRAD

Leidenschaftliche Radfahrer verbindet eine intensive Beziehung mit ihrem Zweirad. Und wer sich über das Radfahren in Alaska noch nicht im klaren ist und die Mühen (Berge, Regen, Wind, Mücken und Muskelkater) auf sich nehmen will, sollte wissen, daß die Vorteile ganz klar auf Seiten des Fahrrads liegen. Der Fahrpreis entfällt, ein Fahrrad ist umweltfreundlich, einfach in der Instandhaltung und dient zudem der körperlichen Ertüchtigung. Daher ist die Mitnahme eines Fahrrads eine gute Alternative. Erfreulich ist auch, daß auf den meisten Fähren Räder ohne Extrakosten mitgenommen werden können. Für einen kleinen Betrag werden auch fast alle Busgesellschaften und Eisenbahnunternehmen das Fahrrad als Gepäck annehmen, wenn auch einige wenige das Verpacken in einer Kiste zur Bedingung machen. Auch die meisten Fluggesellschaften nehmen Räder als

Unterwegs

Gepäck an, solange sie verpackt sind. Bevor man sich also ein Flugticket oder einen Fahrschein kauft, vergleicht man die Preise und fragt nach den Bedingungen für den Transport von Fahrrädern. Alaska ist für Radler und Autos gleichermaßen ein hartes Pflaster, für Fahrräder sicherlich eine noch größere Herausforderung. Um die nicht gerade immer guten Straßen bewältigen zu können, empfiehlt sich ein Mountainbike mit mindestens 15 Gängen. Auf jeden Fall sollte man mit den nötigsten Reparaturen vertraut sein und auch einen Satz Werkzeug bei sich haben. Unbedingt ins Gepäck gehören Ersatzschläuche und Reifen, ein Satz Flickzeug, eine Luftpumpe, Kabel, Ersatzkette, Kettenwerkzeug und möglicherweise sogar ein Ersatzrad. Am besten befördert man sein Gepäck in Satteltaschen, die mit Plastikplanen abgedeckt werden. Bei feuchtem Wetter sind Schutzbleche angenehm. Unbedingt benötigt man warme, wasserdichte Kleidung (besonders regendichte Hosen), einen Poncho, Regenhut, Wollhemd, Wollsocken und wasserdichte Schuhe. Außerdem braucht man Fahrradhandschuhe, kurze Hosen und eine Schutzbrille. Sofern man seine Ausrüstung nicht aus Europa mitbringt, hat man in Städten wie Seattle, Vancouver oder auch Anchorage Gelegenheit, sich alles zu besorgen.

Für kürzere Strecken kann man sich in großen Städten auch Fahrräder leihen. Für nur $12 pro Tag besichtigt man damit auf sehr angenehme Weise alle Sehenswürdigkeiten, insbesondere bei schönem Wetter.

Tore zum Norden

Es gibt klassische Startpunkte für einen Urlaub in Alaska und im Yukon Territory. Man erreicht den Norden sowohl von den unteren US-Staaten als auch von Kanada aus problemlos auf verschiedenen Wegen. Dabei sollte man jedoch beachten, daß diese Ausgangspunkte nicht nur für den Beginn einer Rundreise geeignet sind, sondern durchaus selbst ein lohnendes Reiseziel sind. Hier kann man sich vor Beginn einstimmen und hinterher mit allen Annehmlichkeiten einer Großstadt verwöhnen lassen. Wer die Zeit hat, sollte sich auf jeden Fall vom großstädtischen Flair der Ausgangspunkte einnehmen lassen, der weiter nördlich den Reizen der Einsamkeit und berauschenden Landschaften weicht.

Seattle und Umgebung

Seattle ist ideal als Ausgangspunkt des Alaska-Urlaubs. Seit den Tagen des Goldrauschs dient die Stadt als Tor nach Alaska und in den Yukon. Es gibt eine direkte Flugverbindung nach Anchorage, eine Busfahrt nach Bellingham dauert nur eineinhalb Stunden, und Seattle ist auch der südliche Endpunkt des Alaska Marine Highway Ferry System. Natürlich ist Seattle selbst einen Besuch wert. Die Lage der Stadt mit ihren Wasserstraßen und den Olympic Mountains im Westen, den Cascades sowie dem Mount Rainier im Südosten gibt einen Vorgeschmack auf das, was man weiter im Norden erwarten kann.

■ PIKE PLACE MARKET UND UMGEBUNG

Am besten beginnt man den Tag im Stadtzentrum mit einem Frühstück am **Pike Place Market** (Ecke Pike Place/Steward Street). Bauern bringen ihre Waren bereits seit dem Ersten Weltkrieg zum Verkauf hierher. Der quirlige Markt ist täglich geöffnet und zählt zu den Höhepunkten der Stadt, und das Vergnügen ist zudem kostenlos. Man bummelt gemütlich vorbei an frischen Früchten und Gemüse, Kräutern und Gewürzen, Fisch, Backwaren, Blumen und Ständen mit Kunstgewerbe. Eine Übersichtskarte gibt es am Informationsstand (Ecke Pike Street/First Avenue).
Man trifft sich unter der Leuchtreklame »Public Market Center« bei Rachel, einem rundlichen Schwein aus Bronze. Direkt hinter Rachel erreicht man **Pike Place Fish**. Die berühmten fliegenden Fische darf man nicht verpassen. In nördlicher Richtung stolpert man über schmale Tische, überfüllt mit Bildern, Kunsthandwerk, T-Shirts, frischen Lebensmitteln und vielem mehr.
Ein seit Jahren sehr beliebtes Restaurant in

Tore zum Norden

dieser Gegend ist das **Athenian Inn**, wo mehrere Szenen des Films *Schlaflos in Seattle* gedreht wurden. Hier hat man einen phantastischen Ausblick auf die Elliot Bay. Ein ebenfalls altbekanntes Lokal ist **Lowell's Restaurant** (seit 1908), wo sich die Marktleute montags zum Kaffee treffen. In **Emmett Watson's Oyster Bar** werden die Austern ganz frisch in der Schale serviert. Wenn man lieber eine köstliche sizilianische Pizza essen mag, ist man in der **Cuchina Fresca** genau richtig.
Auf der anderen Straßenseite gibt es viele Geschäfte, darunter die Bäckerei **Three Girls Bakery**, das **Milagros** mit mexikanischer Volkskunst und Handwerk und **Left Bank Books**, ein gut sortierter Buchladen.

■ STADTZENTRUM

Alle Busse im Stadtzentrum können zwischen 6 und 19 Uhr kostenlos genutzt werden. Sehenswert ist das **Seattle Art Museum** (100 University Street) mit einer Ausstellungsfläche von 14 400 Quadratmetern, einem Souvenirshop und einem Café. Vor dem Museum steht eine 15 Meter hohe Statue, »Hammering Man« von Jonathan Borofsky. Im Inneren findet man auf drei Etagen Kunstgemälde aus der ganzen Welt (Dienstag bis Sonntag von 10 bis 17 Uhr, Donnerstag von 10 bis 21 Uhr; $ 6).
Einen Abstecher ans Wasser sollte man unbedingt machen. Am besten geht man die Treppen hinter Pike Place (am nördlichen Ende) hinunter bis zum Pier 59. Für den **Omnidome** und das hervorragende **Seattle Marine Aquarium** am Pier 59 gibt es kombinierte Eintrittskarten ($ 11).
Altmodische Straßenbahnen (Baujahr 1927) rattern über den Alaska Way von Pier 70 zum Pioneer Square. Nördlich liegt **Creative Northwest**, ein guter Souvenirladen mit Kunstgegenständen aus der Region.
Ye Olde Curiosity Shop, eine Kombination aus Museum und Touristenshop am Pier 54, hat sich auf Absonderlichkeiten wie Schrumpfköpfe und Mumien spezialisiert. Wenn man noch nie mit einer Fähre unterwegs war, dann lohnt sich ein Abstecher zum **Washington State Ferry Terminal** am Pier 52. Eine Rundfahrt nach Vashon Island

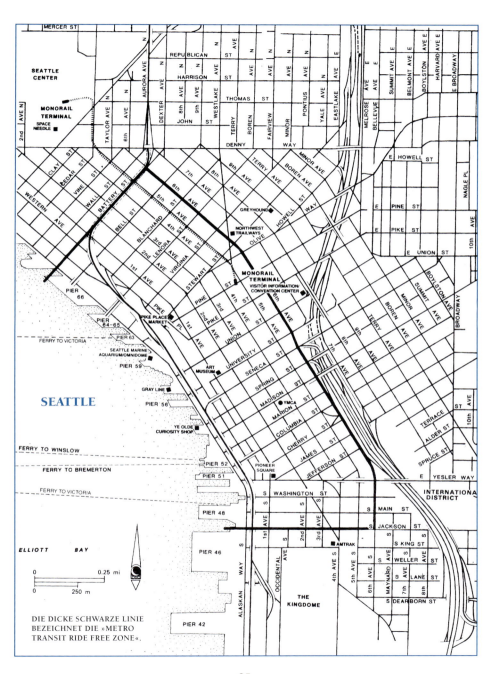

Tore zum Norden

oder Bainbridge Island ist eine ausgezeichnete und dennoch preiswerte Ausflugsreise ($ 3,50).

Weiter geht es nach Süden, vorbei am Waterfront Park, Ständen mit Fish and Chips und Ausflugsständen, und links am Yesler Way in Richtung Pioneer Square, wo zur Zeit des Goldrauschs das Herz Seattles schlug. An dieser Stelle ließ Henry Yesler 1852 ein Sägewerk erbauen. Die Baumstämme beförderte er über den Yesler Way, der damals noch Skid Road hieß. 1889 fiel jedoch der größte Teil der Gebäude in dieser Gegend einem Großbrand zum Opfer. Vieles von dem, was man heute dort sieht, wurde erst danach gebaut.

Für einen Blick aus der Vogelperspektive auf diesen Teil der Stadt nimmt man einen der sehr alt anmutenden Fahrstühle auf die Spitze des **Smith Tower** ($ 1).

Höher hinaus geht es im **Columbia Seafirst Center** (Ecke Fifth Avenue/Columbia Street), das mit 76 Stockwerken das Stadtzentrum überragt. Vom gläsernen Aussichtspunkt in der 73. Etage hat man einen wunderschönen Panoramablick über die ganze Region ($ 3,50).

Für einen »tiefen« Einblick in die Stadt sollte man eine **Underground-Tour** ($ 5,50) unternehmen, die mehrmals täglich von Doc Maynard's Public House (610 East First Avenue) beginnt und durch die Abwasserkanäle Seattles führt.

Der Höhepunkt eines Bummels durch die historische Gegend von Seattle ist der Besuch des **Klondike Gold Rush National Historical Park** (117 South Main Street). Beim Eintreten wird man vom Bild der berühmten »Golden Stairs« begrüßt. Hier erzählt man die Geschichte des verrückten Sommers 1897, in dem Tausende von Männern alles zurückließen, um dem Ruf des Goldes zu folgen. Die Mitarbeiter des Visitor Centers sind sehr zuvorkommend und freuen sich, wenn sie Besuchern im Auditorium Filme über den Goldrausch vorführen können. Für diejenigen, die es weiter nach Norden zieht, ist ein Besuch dieses Centers ein absolutes Muß. Um zum Park zu gelangen, geht man am besten vom Yesler Way an der First Avenue nach rechts, einige Blocks später an der Main Street nach links (täglich von 9 bis 17 Uhr).

In der Main Street weiter nach Osten kommt man zum **International District**, in dem Menschen aus allen Teilen Asiens leben. Zu den dortigen Sehenswürdigkeiten zählen das **Wing Luke Memorial Museum** (414 Fifth Street) mit wechselnden Ausstellungen asiatischer Künste ($ 2,50), der **Hing Hay Park** mit seinen farbenfrohen chinesischen Pagoden und der japanische Supermarkt Uwajimaya (Ecke King Street/Sixth Avenue), der größte asiatische Supermarkt im Nordwesten.

■ NORDWESTLICH DES STADTZENTRUMS

1962 fand in Seattle die Weltausstellung statt. Sie ist für die Einwohner Seattles bis heute nicht zu Ende. Das Ausstellungsgelände, das nun **Seattle Center** (Eintritt frei) heißt, ist fester Bestandteil der Stadt. Eine Monorail-Bahn (Ecke Fifth Avenue/ Pine Street) fährt für 90 Cents hin. Im **Center House** gibt es einen Pavillon mit Dutzenden von Spezialitäten-Imbißständen. Außerdem kann man auf die 184 Meter hohe **Space Needle** hinauffahren ($ 7) oder sich im Museum des **Pacific Science Center** Vorführungen auf einer riesigen IMAX-Leinwand und eine Laser-Show (zusammen $ 8) ansehen. Mit Kindern sollte man etwas

Zeit im **Seattle Children's Museum** und im **Fun Forest** einplanen.
Anschließend verläßt man das Gelände am besten in nördlicher Richtung zur First Avenue und fährt mit dem Bus Nr. 15 oder 18 zum südlichen Ende der Ballard Bridge. Westlich der Brücke am Salmon Bay Terminal liegt der Großteil der **Nordwestpazifik-Fischfangflotte**. Ein Bummel durch diese den meisten Menschen fremde Welt ist erholsam und interessant zugleich.
Von dort kommt man mit dem Bus Nr. 17 zu den **Ballard Locks**. Diese engen Schleusen ermöglichen den Schiffsverkehr zwischen dem Puget Sound und dem Lake Washington. Der Bau wurde bereits 1916 beendet. Neben der Technik sind auch die wunderschönen umliegenden Gärten sehenswert. Besucher sind gern gesehen (Besucherzentrum im Sommer täglich von 10 bis 19 Uhr; Eintritt frei).

■ NÖRDLICH DES STADTZENTRUMS

Nördlich der Locks liegt der sehenswerte **Woodland Park Zoo** (täglich von 9.30 bis 18 Uhr; $ 7).
Ein weiterer Platz zur Erholung ist der Green Lake Park, wo ein befestigter Weg rund um den malerischen See führt. Daneben gibt es Dutzende weiterer Parks, in denen man seine müden Glieder ausstrecken, ein Sonnenbad nehmen und die vorbeiflanierenden Menschen beobachten kann.
Zu den schönsten Museen der Stadt und den besten seiner Art zählt das **Burke Memorial Museum** (Ecke Northeast 45th Street/17th Avenue Northeast) im Universitätsbezirk. Es ist mit Liebe zum Detail angelegt und zeigt eine großartige Auswahl indianischer Kunst aus dem nordwestlichen Küstenbereich. Das Museum liegt am Nordrand des weiträumigen, parkähnlich angelegten Geländes der University of Washington. 1909 diente es der Alaska-Yukon-Pacific-Ausstellung. Etliche Busse, viele entlang der Third Avenue, verbinden das Universitätsgelände mit dem Stadtzentrum. Mit dem eigenen Fahrzeug fährt man vom Highway 1–5 ab und stellt den Wagen auf einem der vielen Parkplätze ab (täglich von 10 bis 17 Uhr; $ 3).

■ SÜDLICH DES STADTZENTRUMS

Zu den Hauptattraktionen von Seattle zählt das bekannte **Museum of Flight** (9404 East Marginal Way South). Im Museum sieht man Dutzende von Flugzeugen, vom Aerocar von 1950 bis zum M-12-Blackbird-Spionageflugzeug (täglich von 10 bis 17 Uhr, Donnerstag bis 21 Uhr; $ 6).
Weitere Sehenswürdigkeiten sind die **Rainier Brewery** (Montag bis Samstag von 13 bis 18 Uhr, Eintritt frei) sowie der **Kingdome**, wo die Profis zu Football- und Baseball-Spielen zusammenkommen.

Tore zum Norden

■ INFORMATIONEN

Umfassendes Informationsmaterial erhält man beim **Seattle/Kings County Convention & Visitors Bureau** (800 Convention Place; Montag bis Freitag von 8.30 bis 17 Uhr, Samstag und Sonntag von 10 bis 16 Uhr).
Bei einem Abstecher dorthin sollte man unbedingt ein Exemplar des *Seattle Visitors Guide* mitnehmen. Erhältlich sind auch ein Veranstaltungskalender, Stadtpläne und Landkarten für Ausflüge, Informationsblätter für alle Sehenswürdigkeiten und Fahrpläne für die öffentlichen Verkehrsmittel, die Ausflugsfahrten von Gray Line und die Flughafenbusse.
Ein kleineres Informationszentrum befindet sich in der Nähe der Space Needle (nur im Sommer).

■ UNTERBRINGUNG

Bei knappem Reisebudget empfiehlt sich eines der Motels nahe dem Flughafen am Pacific Highway South (Highway 99) oder nördlich des Schiffahrtskanals an der Aurora Avenue (Highway 99). Von überall kann man die Metro-Busse in Richtung Stadtzentrum besteigen.
Das **Seattle International AYH-Hostel** (85 Union Street, Tel. +1(206)622-5443; $16-19) ist günstig und liegt direkt unterhalb des Pike Place Market.
Alternativ dazu gibt es drei private Jugendherbergen: **Vincent's Backpackers' Guest House** (527 Malden Avenue East, Tel. +1(206)323-7849); **American Backpackers' Hostel** (126 Broadway Avenue East, Tel. +1(206)720-2965); **Green Tortoise Backpacker's Guest House** (715 Second Avenue North, Tel. +1(206)282-1222).

■ AN- UND WEITERREISE

Der **Sea-Tac International Airport** liegt 19 Kilometer südlich von Seattle, auf halbem Wege nach Tacoma. Ein kleiner Informationsschalter befindet sich am Hauptgepäckband am nördlichen Ende. Die Metro-Busse der Linien 174, 184 und 194 verbinden den Flughafen mit der Stadt (Montag bis Samstag halbstündlich, Sonntag stündlich; einfache Fahrt $1,10 im Nebentarif, $1,60 in der Hauptverkehrszeit). Alternativ nimmt man den *Airporter* von **Gray Line** (halbstündlich zu sechs Innenstadt-Hotels; $7,50). Einen ähnlichen Service bietet auch der **Airporter Shuttle**, der nach Bellingham (einschließlich dem Alaska Ferry Terminal) und Blaine an der kanadischen Grenze fährt. Nach Vancouver gelangt man mit dem **Quick Shuttle Service**.
Amtrak-Züge fahren in Seattle von der King Street Station an der Ecke Third Avenue South und South King Street ab (Tel. +1(206)464-1930). Coast Starlight bietet täglich Verbindungen nach Portland, Oakland und Los Angeles. Empire Builder verbindet Seattle viermal pro Woche mit Spokane und Salt Lake City sowie in östlicher Richtung mit Minneapolis und Chicago. Die Züge von Mount Baker International fahren täglich nach Vancouver, B.C., über Edmonds, Everett, Mount Vernon und Bellingham.
Die Schiffe der Washington State Ferries (Pier 52; Hin- und Rückfahrt ab $3,50, Fahrrad 50 Cent) starten täglich zu Überfahrten nach Bainbridge Island, Bremerton und Vashon Island. Eine weitere Schiffsverbindung besteht im Westen von Seattle (Fauntleroy) alle 40 bis 50 Minuten nach Southworth. Von dort legt jede halbe Stunde auch eine Fähre nach Vashon Island ab (Tel. +1(206)464-6400). Die *Royal Victorian*, die

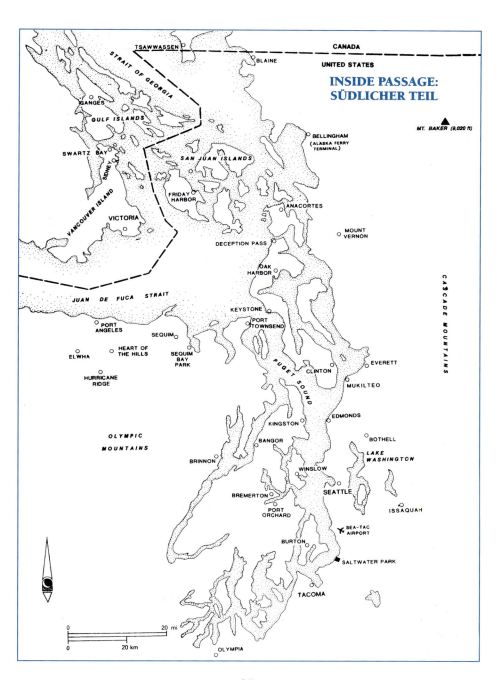

Tore zum Norden

von Mitte Mai bis Ende September zwischen Seattle und Victoria verkehrt, bietet ebenfalls Überfahrten für Passagiere und Fahrzeuge. Die Fähre fährt von Donnerstag bis Sonntag jeweils von Pier 48 ab (Reservierung unter Tel. +1(206)625-1880). Die reine Passagierfähre *Victoria Clipper* bietet von Pier 63 zweistündige Überfahrten nach Victoria (Tel. +1(206)448-5000).

Greyhound Lines an der Ecke Ninth Avenue und Stewart Street offeriert tägliche Busverbindungen in alle größeren Städte in Kanada und den USA. Abfahrten starten alle paar Stunden. Von der 1936 Westlake Avenue starten die Busse der **Northwest Trailways** zu vielen Zielen im Nordwesten sowie nach Vancouver, B. C.

Seattle verfügt mit den **Metro-Transit-Bussen** über ein ausgezeichnetes Busnetz, das täglich in der Zeit von 6 bis 1 Uhr die Hauptstrecken bedient (85 Cent in der Nebenzeit, $1,10 von 6–9 Uhr und 15–18 Uhr). Das Fahrgeld ist abgezählt bereitzuhalten. Innerhalb der *Ridefree Zone,* die im Stadtplan eingezeichnet ist, zahlt man bis 20 Uhr nichts. Mit einem sogenannten free transfer, den man beim Bezahlen vom Fahrer erbittet, kann man mit dem Fahrschein umsteigen oder innerhalb von zwei Stunden mit der gleichen Linie zurückfahren (Informationsbüros von Metro Bus: 821 Second Avenue und Westlake Station, drei Tage gültiger Visitor Pass für alle Stadtfahrten für $3 erhältlich).

Bellingham

138 Kilometer nördlich von Seattle und 88 Kilometer südlich von Vancouver liegt Bellingham. Das freundlich anmutende, malerische Städtchen ist Ausgangspunkt für Reisende nach Norden, die mit der *Columbia,* dem Flaggschiff der Reederei Alaska Marine Highway, hier ankommen.

■ SEHENSWERTES

Das im Stadtzentrum gelegene **Whatcom Museum** verteilt sich auf vier Komplexe entlang der Prospect Street. Dazu gehört ein prunkvolles Gebäude aus rotem Backstein, das von 1892 bis 1939 als Rathaus diente ($3).

Die Fähren machen in Bellinghams historischem Stadtteil **Fairhaven** fest. In dieser reizenden Umgebung gibt es zahlreiche Geschäfte, Galerien und exquisite Restaurants. Und schließlich darf man einen Besuch bei **Village Books** (1210 11th Street) nicht versäumen.

■ INFORMATIONEN

Das **Convention and Visitors Bureau** (904 Potter Street, Tel. +1(360)671-3990) ist im Sommer täglich von 9 bis 18 Uhr geöffnet (sonst von 8.30 bis 17.30 Uhr).

In den Sommermonaten gibt es außerdem donnerstags und freitags am Bellingham Cruise Terminal einen Informationsstand.

■ UNTERBRINGUNG

Das **Bellingham and Whatcom County Convention and Visitors Bureau** (904 Potter Street, Tel. +1(360)671-3990) informiert über noch verfügbare Übernachtungsmöglichkeiten während der Sommermonate.

Eine preiswerte Unterkunft ist das **AYH Hostel** (Tel. +1(360)671-1750) in einem herrlichen Haus in Fairhaven Rose Garden, vom Fähranleger einen langen Weg bergauf. Vom Busbahnhof der Stadtbusse in der

Bellingham

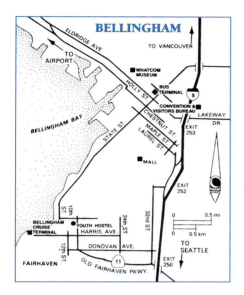

Pensionen im viktorianischen Stil: **The Castle** (Tel. +1(360)676-0974), **North Garden Inn** (Tel. +1(360)671-7828), **DeCann House B&B** (Tel. +1(360)734-9172) und **A Secret Garden B&B** (Tel. +1(360)671-5327).

Die am nächsten gelegenen öffentlichen Campingplätze liegen elf Kilometer südlich im **Larrabee State Park**. Weitere Möglichkeiten bestehen 23 Kilometer nördlich im **Birch Bay State Park**.

■ AN- UND WEITERREISE

Der Busbahnhof von **Greyhound** liegt an der Ecke der State Street und Magnolia Street (Tel. +1(360)733-5251), der Busbahnhof für die Stadtbusse direkt gegenüber.

Den Nahverkehr, auch den Terminal für die Fähre nach Alaska, bedient **Whatcom County Transportation Authority**.

Das **Bellingham Cruise Terminal** liegt am Ende des historischen Bezirks und dient als Ausgangspunkt der Fähren zu den San-Juan-Inseln und Victoria. Um dorthin zu gelangen, nimmt man den Old Fairhaven Parkway, fährt vom Highway 1-5 (Exit 250) ab, biegt nach rechts auf die 12th Street und dann nach links auf die Harris Avenue hinunter zum Wasser. Eine schönere, wenn auch längere Strecke führt über den Chuckunut Drive. Von der Innenstadt von Bellingham sind es bis zum Anleger etwa neun Kilometer. Dabei geht man zu Fuß über die 12th und die State Street. Am Cruise Terminal kann man Reservierungen machen oder Tickets für den **Alaska Marine Highway** erstehen, der Passagier- und Fahrzeugbeförderung nach Prince Rupert sowie zu den Zielen im Südosten Alaskas anbietet. Die Fähren nach Alaska legen ganzjährig ab, in der Regel am Freitagabend. Das Terminal ist donnerstags und freitags geöffnet.

Innenstadt kommt man mit einem Bus der Linie 1 für 25 Cent dorthin. Reservierungen sind besonders für die Hochsaison sehr ratsam. Am Wochenende ist dort ganztägig jemand telefonisch zu erreichen, werktags nur nach 17.30 Uhr. Donnerstags füllt sich die Jugendherberge schnell, da freitags die *Columbia* zur Fahrt nach Norden hier ablegt.

Zu den preiswerten Hotels ($30-40) zählen das **Evergreen Motel** (1015 Samish Way, Tel. +1(360)734-7671), das **Motel 6** (3701 Bryon Street, Tel. +1(360)671-4494), das **Shangri-La Downtown Motel** (611 East Holly Street, Tel. +1(360)733-7050), das **Lions Inn Motel** (2419 Elm Street, Tel. +1(360)733-2330) und das **Aloha Motel** (315 North Samish Way, Tel. +1(360)733-4900).

Informationen zu den schönsten Bed-&-Breakfast-Häusern gibt es bei der **Whatcom County B&B Guild** (Tel. +1(360)676-4560). Dazu zählen beispielsweise die folgenden

Tore zum Norden

Einige Kilometer nördlich der Stadt an der I-5 (Exit 258) liegt der **Bellingham International Airport**. Horizon Air und United Express fliegen täglich. Wenn man in Seattle landet und nach Bellingham will, kann man mit dem **Bellingham/Sea-Tac Airporter** (Tel. +1(360)733-3600) fahren, der fünfmal täglich zwischen den beiden Flughäfen verkehrt (einfache Fahrt $18,50). Der **Quick Shuttle** bedient zusätzliche Ziele in Vancouver und Seattle. Landesweite Busverbindungen bieten **Greyhound** und **Northwestern Trailways** vom Amtrak-Bahnhof in Fairhaven. In den Norden Vancouvers, nach Mount Vernon, Everett, Edmonds und Seattle, gelangt man mit dem Mount Baker International von **Amtrak**.

Vancouver

Die Kanadier halten Vancouver für ihre schönste Stadt, und sicherlich kann keine andere Stadt in Nordamerika eine so imposante Lage aufweisen: Wie eine Wand stehen die schneebedeckten Berge im Norden. Weite Buchten und Meerengen umgeben Vancouver von den anderen drei Seiten. Vancouver ist noch immer eine junge Stadt. Auch wenn Kapitän George Vancouver bereits 1792 in das Burrard Inlet segelte und das Gebiet entdeckte, kamen die ersten Siedler erst 70 Jahre später.
Zuerst siedelten dort Holzfäller und Holzarbeiter an, aber die Bemühungen, entlang dem Fraser River seßhaft zu werden, gewannen erst an Bedeutung, als 1858 der Cariboo-Goldrausch alles mitriß. 1887, mit dem Anschluß an Kanadas erste transkontinentale Eisenbahn, geriet Vancouver endgültig in den Mittelpunkt und wurde der bedeutendste Hafen des Landes. Heute ist die Stadt mit 490 000 Einwohnern die drittgrößte Kanadas. 1,5 Millionen Menschen leben in der Region.
Für die Kanadier ist Vancouver das Tor zum Pazifik. Aufgrund der Bestimmungen der US-Marine machen alle Kreuzfahrtschiffe, die durch die Inside Passage fahren, an den Piers am Canada Place halt.

■ WESTLICHES STADTZENTRUM

Für viele Besucher ist der **Stanley-Park** der Höhepunkt ihres Aufenthaltes in Vancouver. Man erreicht ihn mit dem Bus Nr. 11 von der West Pender Street aus. Der wunderschöne Park nimmt eine große Halbinsel ein, die in die Burrard-Bucht hineinragt. Ein Spaziergang entlang der Uferpromenade führt vorbei an Totempfählen und schnatternden Gänsen und hält immer wieder neue Ausblicke bereit. Im Stanley-Park gibt es einen **Zoo** (Eintritt frei), ein **Aquarium** ($10), Snack Bars und viele Rasenflächen und schöne Plätze, wo man sich niederlassen und entspannen kann. Wer nicht gerne läuft, kann sich in einem der Fahrradläden (Ecke Denman/Robson Street) ein Fahrrad mieten.
Den Weg zurück in das Zentrum kann man mit einem Schaufensterbummel in der **Robson Street**, der Einkaufsstraße von Vancouver, verbinden. Bei den Bewohnern von Vancouver ist sie eher als Robson-Straße bekannt, denn es gibt viele Delikatessenläden, Teestuben, Cafés und andere kleine Läden mit europäischem Anstrich.

■ STADTZENTRUM

Die Landschaftsplanung und das harmonische Gleichgewicht von unbebauten Flä-

Vancouver

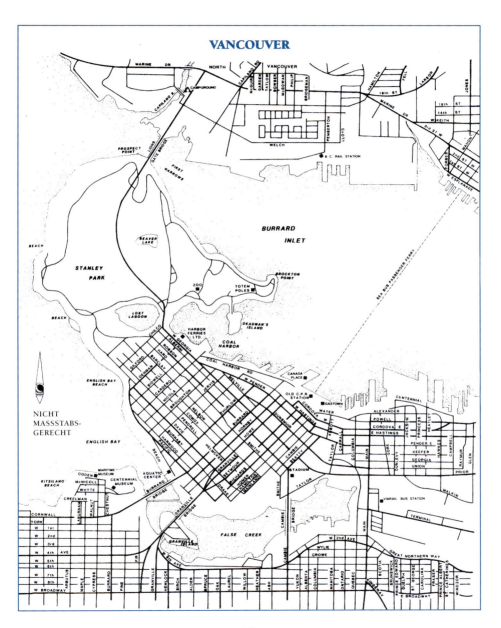

Tore zum Norden

chen und Büros machen den **Robson Square** zu einer architektonischen Sehenswürdigkeit. Er nimmt drei Häuserblocks entlang der Howe Street, südlich der Georgia Street, ein. Dazu gehören die **Central Plaza**, mit einem hervorragenden Lebensmittelmarkt, das **Provincial Law Court** mit seinem schräg abfallenden Glasdach und das restaurierte alte **Provincial Courthouse** an der Hornby Street, in dem heute die Kunstgalerie von Vancouver untergebracht ist.

Durch **Eaton's Department Store** gelangt man in die Granville Mall und hinunter an die Uferpromenade. Nach einem Blick auf den alten Bahnhof der Canadian Pacific Railway, der heute als Terminal der Sea-Busse dient, geht man in Richtung **Canada Place**. Das wie ein Segel anmutende Gebäude am Burrard Inlet wurde zur Expo '86 gebaut. Heute sind dort ein Tagungszentrum, das Pan Pacific Hotel und ein IMAX-Kino untergebracht. Außerdem gibt es eine Anlegestelle für Kreuzfahrtschiffe.

Ein paar Blocks weiter östlich liegt **Gastown**. Der älteste Teil Vancouvers war dort, wo sich heute die Water und die Carral Street kreuzen. Es ist auch Standort des Denkmals für Gassy Jack Deighton, einen berüchtigten Hotel- und Saloonbesitzer, nach dem der Stadtteil benannt ist.

Die **Water Street** beherbergt unzählige Galerien, Boutiquen und ausgefallene Restaurants, in denen sich die Schickeria von Vancouver und die Touristen drängeln. Leider fielen alle alten Gebäude aus der Zeit des Gassy Deighton dem Feuer im Jahr 1886 und dem Bauboom in der Zeit des Eisenbahnanschlusses zum Opfer. Lediglich die restaurierten Lagerhäuser und Hotels aus der Zeit um 1890 sowie aus den Anfängen dieses Jahrhunderts vermitteln noch ein wenig von der Atmosphäre der damaligen Zeit.

In der **8 West Pender Street** kann man das schmalste Gebäude der Welt bestaunen. Entlang der Pender Street, über drei Blocks hinweg, zwischen der Carral und der Gore Street, erstreckt sich **Chinatown**. Vancouvers Chinesenviertel ist das zweitgrößte in ganz Nordamerika und wird nur von dem in San Francisco übertroffen. Die vielen Restaurants, Läden und Märkte laden zum Verweilen und zum Bummeln ein.

■ NÖRDLICHES STADTZENTRUM

In den Norden von Vancouver kommt man am besten auf dem Highway Nr. 1 oder mit dem Sea Bus vom alten CPR-Bahnhof aus. Am anderen Ufer liegt der **Lonsdale Quay Market**, mit mehreren Parks, Pubs, Verkaufsständen, Geschäften und unzähligen Restaurants.

Weiter geht es mit dem Auto (oder per Bus Nr. 228 oder Nr. 229) zum **Lynn** Canyon **Park**. Viele Pfade durchqueren die Waldstücke, und es gibt sogar einen Fluß, in dem man schwimmen kann. Höhepunkt ist das Ecology Center (täglich von 10 bis 17 Uhr) mit Filmen und Ausstellungen über die Umgebung der Stadt.

Nach diesem erholsamen Abstecher geht es weiter westlich (oder Bus Nr. 228 oder Nr. 229 zurück zur Lonsdale Avenue, umsteigen in den Queens Bus Nr. 232) in Richtung Nancy Greene Way und **Grouse Mountain Skyride**. Die Straßenbahn (C$ 16,50) zum Ski-Resort auf dem Grouse Mountain verkehrt ganzjährig und befördert Touristen und Tagesausflügler. Die Fahrt ist ein wirklich unvergeßliches Erlebnis. Bevor man seine Fahrkarte jedoch löst, sollte man einen Blick hinauf zum Berg werfen: Wenn

Vancouver

die Bäume in den Wolken verschwinden, ist die Sicht auf der Spitze des Berges gleich Null.
Danach geht es zum zwei Kilometer entfernten **Cleveland Dam** (1954) und zum **Lake Capilano**, der Hauptwasserversorgung Vancouvers. Der Damm an sich ist schon sehr imposant. Unterhalb des Dammes führt eine schmutzige Straße nach Süden zum gekennzeichneten Laichplatz der Fische. Die **Capilano Salmon Hatchery** (Eintritt frei) ist wirklich zu jeder Jahreszeit einen Besuch wert, am besten jedoch von Mai bis Oktober, wenn man die Lachse beobachten kann, die zu ihrem Laichplatz zurückkehren. Dabei wandern sie die Fischleiter hinauf. Ein 30minütiger Fußweg führt den Fluß entlang. Man braucht nur der Beschilderung gegenüber der Fischzucht zu folgen.
Weiter südlich befindet sich die **Capilano Suspension Bridge** (C$ 7). Zu Fuß ist es von der Fischzucht aus nur ein 15minütiger Marsch auf einem befestigten Pfad entlang der Autobahn. Mit dem Bus Nr. 246 (Highlands), den man über die Capilano Road nach Süden in Richtung Ridgewood Drive erreicht, fährt man über die Lions Gate Bridge zurück nach Vancouver. Da die Busrouten im Norden Vancouvers manchmal verwirrend scheinen, fragt man sicherheitshalber den Fahrer nochmal.

■ UNIVERSITÄT UND MUSEEN

Die **University of British Columbia** (UBC) erreicht man über die West 10th Avenue (oder mit dem Bus Nr. 10 ab Granville Street). Vorbei am Uhrenturm und dem Rosengarten (Blütezeit von Juni bis September) kommt man zum **Museum of Anthropology** (täglich von 11 bis 17 Uhr, donnerstags bis 21 Uhr). Das Museum zeigt eine phantastische Auswahl indianischer Skulpturen aus den Küstengebieten des Nordwestens. Hinzu kommt eine umfangreiche Forschungssammlung, die für Besucher ebenfalls zugänglich ist.
Von den angrenzenden Klippen hat man einen großartigen Blick auf die Strait of Georgia. Gleich links ist eine steile Treppe hinunter zum Strand. Die Natur zeigt sich hier so wild, daß man kaum glaubt, sich am Rande einer Großstadt zu befinden. Eine weitere Treppe führt nach oben zum Campus der University of British Columbia. Oben angelangt, wendet man sich nach links und geht zwischen den roten Backsteinhäusern hindurch zum ebenfalls auf dem Campusgelände befindlichen **Nitobe Japanese Garden**. Überall auf dem Campus findet man liebevoll gestaltete Bereiche mit Häusern, bei denen sich das Hinschauen wirklich lohnt. Bei Hunger lohnt ein Abstecher ins **Student Union Building** mit einer großen Cafeteria (**The Subway**) und einem Pub (**The Pit**).
Von der Universität kehrt man auf die Küstenstraße entlang der English Bay zurück (Bus Nr. 14 in Richtung Hastings auf dem Broadway bis Mac Donald, umsteigen in den Knight Bus Nr. 22 bis zur Cypress Street). In nördlicher Richtung auf der Cypress Street stößt man auf einen Totempfahl.
In der Nähe liegen mehrere Museen am Südende der English Bay am Eingang nach False Creek. Das **Vancouver Museum** erzählt die Geschichte Vancouvers. Dort gibt es auch eine Cafeteria mit einem schönen Ausblick (C$ 6).
In der Nähe befinden sich das **Maritime Museum** und das **Planetarium** (C$ 6,50). Täglich und kostenlos ist das RCMP-Schiff

Tore zum Norden

St. Roch im Maritime Museum anzuschauen, das 1940 als erstes Schiff die schwierige Nordwest-Passage zwischen Atlantik und Pazifik in beiden Richtungen durchquerte. Öffnungszeiten für alle Museen sind täglich von 10 bis 17 Uhr.

■ **DEN HOWE SOUND ENTLANG**

Ein Tagesausflug, den sich ein richtiger Eisenbahnfan sicherlich nicht entgehen lassen wird, ist die Fahrt mit einer authentischen Dampflokomotive aus den dreißiger Jahren. Der sechsstündige Ausflug führt mit dem *Royal Hudson* von Nord-Vancouver zur Holzfällerstadt Squamish. Zwischen Mai und September verläßt der Zug Vancouver von Mittwoch bis Sonntag jeweils um 10 Uhr. Bis Squamish benötigt er zwei Stunden. Dabei passiert er Horseshoe Bay und fährt den Howe Sound aufwärts. Im Ort selbst hat man lange genug Aufenthalt, um etwas zu essen und das **Pioneer Museum** im Park nahe dem Bahnhof besuchen zu können. Der Ausflug ist zwar touristisch, dennoch ist die Landschaft so unbeschreiblich schön, daß sie kaum übertroffen werden kann. Kombiniert werden kann die Zugfahrt auf dem Rückweg mit einer Überfahrt mit der **MV Britannia**. Die dreistündige Rückreise durch die Fjorde gibt erste Hinweise auf die Inside Passage nach Skagway: schneebedeckte Berge, dich-

te Wälder, Adler und Seehunde. Und außerdem sieht man den gesamten Hafen von Vancouver. Die Rundreise kostet insgesamt C$ 62. Darin enthalten ist bereits der Transfer vom Bahnhof zum Dock der Harbor Ferries. Unter Tel. +1(604)984-5246 erhält man weitere Informationen und kann reservieren.

■ **INFORMATIONEN**

Die beste Möglichkeit, direkte Informationen über Vancouver und die Provinz British Columbia zu erhalten, bietet sich in einem der sieben **Travel InfoCentres** (Hauptstelle: 200 Burrard Street, Tel. +1(604)683-200, täglich von 8 bis 18 Uhr, im Winter sonntags geschlossen), die über die ganze Stadt verteilt sind. Die anderen InfoCentres befinden sich in Delta, Richmond, Coquitlam und North Vancouver sowie am Vancouver International Airport und am Tsawwassen Ferry Terminal.

Detaillierte topographische Landkarten für Wanderungen sind erhältlich bei **World Wide Books and Maps** (736 Granville Street, Tel. +1(604)687-3320).

Die Ankunft des ersten Zugs am 23. Mai 1887 war ein Vorbote für den Aufstieg Vancouvers zum wichtigsten städtischen Zentrum des westlichen Kanada.

Vancouver

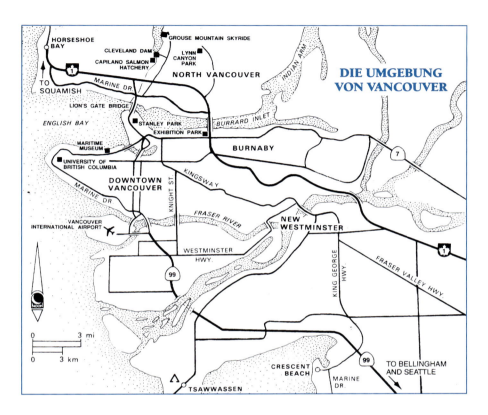

■ VERKEHRSMITTEL

Der **Vancouver International Airport** (**YVR**) liegt 20 Kilometer südlich von Vancouver. In die Stadt kommt man mit dem Transit-Bus Nr. 100, der vor der oberen Ebene des Terminals (Abflüge) an der rechten Seite abfährt. Man muß das Fahrgeld von C$ 1,50 abgezählt bereithalten und den Busfahrer um einen Transfer bitten. Gleich hinter der großen Brücke geht es mit dem Bus Nr. 20 weiter, der entlang der Granville Street ins Stadtzentrum fährt. Von Montag bis Samstag verkehrt die Linie 100 jede halbe Stunde, am Sonntag nur stündlich; an allen Tagen aber bis nach Mitternacht. Alternativ dazu fährt der **Express Bus Airporter** von der »Ebene 2« alle halbe Stunde in die Innenstadt (C$ 11).

Fähren von **B.C. Ferries** bieten mehrmals täglich Verbindungen von Tsawwassen, 30 Kilometer südlich von Vancouver, zu den Gulf Islands und zur Swartz Bay (Victoria). Die Fähre nach Nanaimo auf Vancouver Island legt mehrmals täglich in Horseshoe Bay, nordwestlich von Vancouver ab (Fahrtdauer zehn Minuten), genauso wie die Fähre nach Langdale (Sunshine Coast). Zum

Tore zum Norden

Anleger in Tsawwassen nimmt man von der Howe Street einen Bus der Linie 601 in Richtung South Delta bis Ladner Exchange und von dort weiter mit einem Bus der Linie 640 bis zur Fähre (C$ 1,50).
Der **SeaBus** überquert vom alten Bahnhof am Fuße der Seymour Street den Burrard Inlet nach North Vancouver. Hier bestehen Verbindungen tagsüber alle 15 Minuten (an Werktagen) sowie an Wochenenden alle halbe Stunde (C$ 1,50 inklusive Umsteigen).
Bei **Greyhound** (1150 Station Street, im VIA Bahnhof) gibt es Bustickets nach Prince Rupert (C$ 181), Whitehorse im Yukon (C$ 309) und zu weiteren Zielen in Kanada. Den Canada Travel Pass gibt es in jedem Greyhound-Busbahnhof in Kanada. Achtung: Der Kauf des Passes muß sieben Tage vor Reiseantritt erfolgen. Dafür kann man unbegrenzt alle inländischen Greyhound-Routen nutzen (einschließlich der Strecke von Vancouver nach Seattle).
Alle zwei Stunden verkehren die Busse der **Pacific Coach Lines** (Tel. +1(604)662-8074) zwischen 5.45 und 17.45 Uhr vom Greyhound-Busbahnhof. Einschließlich Fähre und Steuern kostet die Fahrt nach Victoria C$ 25,50.
Ebenfalls vom Greyhound-Terminal fährt zweimal täglich ein Bus der **Maverick Coach Lines** (Tel. +1(604)662-8051) nach Powell River ab. Wer unterwegs etwas von der Landschaft sehen möchte, muß den frühen Bus um 8.30 Uhr nehmen. Der Bus am Morgen hält zwei Stunden in Powell River und kehrt dann nach Vancouver zurück, wo er gegen 22 Uhr wieder eintrifft. Der Fahrpreis beträgt einschließlich Kosten für die beiden Fähren C$ 25,25. Von Powell River gibt es regelmäßige Fährverbindungen nach Nanaimo auf Vancouver Island.

Egal wie weit man fährt – Fahrten mit sämtlichen Bussen im Stadtgebiet von Vancouver, dem Sky Train und dem SeaBus kosten außerhalb der Hauptverkehrszeit C$ 1,50 und während der Hauptverkehrszeit bis zu C$ 3. Dabei muß der Fahrpreis abgezählt bereitgehalten werden. Fahrscheine werden nicht ausgehändigt. Auf allen Linien gibt es innerhalb von 90 Minuten die Möglichkeit zum Umsteigen (Transfer). Es gibt auch Tageskarten – wenn man die öffentlichen Verkehrsmittel oft nutzt, ist es ein sinnvolles Angebot.
VIA Rail (1150 Station Street) fährt alle Ziele östlich von Vancouver an. Für eine Fahrt von Vancouver nach Jasper bezahlt man C$ 156, die Reise nach Halifax in Nova Scotia, am anderen Ende des Landes, kostet C$ 741. Für C$ 535 kann man mit dem Canrail Pass 30 Tage ohne Einschränkungen in ganz Kanada die Eisenbahn benutzen.
Jeden Sonntag, Mittwoch und Freitag fährt **B.C. Rail** von North Vancouver nach Prince George (C$ 177), über Whistler (C$ 27), sowie weiter von Prince George nach Prince Rupert (C$ 89), wobei man jedoch in Prince George übernachten muß, um die VIA-Rail-Verbindung zu erreichen.
Bei **Auto Driveaway** (211 West First Street, North Vancouver, Tel. +1(604)985-0936) kann man Autos nach Toronto, Montreal und Los Angeles mieten. In der Regel muß man C$ 250 als Kaution hinterlegen und für das Benzin aufkommen. Europäer benötigen für dafür einen Internationalen Führerschein.

Vancouver Island

Vancouver Island ist die größte Insel vor der Westküste Nordamerikas. Sie liegt parallel

Vancouver Island

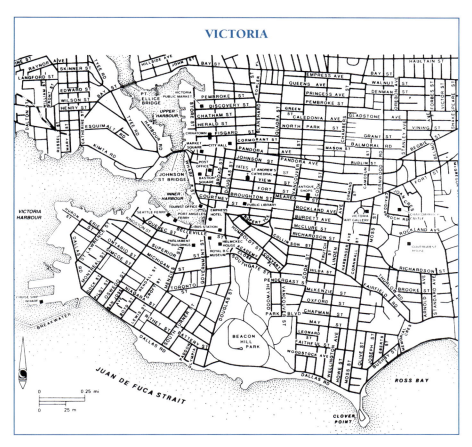

zur kanadischen Provinz British Columbia, ist 454 Kilometer lang und im Durchschnitt 97 Kilometer breit. Entdeckt wurde diese Insel 1776 von Captain Cook, aber erst Captain George Vancouver fand bei seiner Reise durch die Johnstone Strait heraus, daß die Insel nicht mit dem Festland verbunden ist. Heute leben 3800 Menschen auf Vancouver Island, die meisten von ihnen in und um Victoria und entlang der Ostküste. Die Südspitze der Insel ist eine der am schnellsten wachsenden Regionen Kanadas. Die Wirtschaft stützt sich hauptsächlich auf die Holzverarbeitung und Fischindustrie, den Tourismus und den Bergbau.

Eine Bergkette mit schneebedeckten Gipfeln zieht sich durch die Inselmitte und trennt die wilde, zerklüftete Westküste vom übrigen Teil der Insel. Da die Westküste weitgehend unzugänglich ist, ist der Pacific Rim National Park der richtige Ort für Wanderer.

Tore zum Norden

Vancouver Island ist eigentlich schon ein Ferienziel für sich. Wenn man seine Fahrt nach Norden unterbricht, kann man auf dieser Insel ebenfalls reichlich Wildnis, Wasser und Küsten, Dörfer, mittelgroße Städte und spannende Großstädte kennenlernen. Danach macht man sich auf den Weg nach Port Hardy an der Nordspitze der Insel, wo das Abenteuer Alaska erst richtig beginnt.

Victoria

Der faszinierendste und ungewöhnlichste Ort auf der ganzen Insel ist Victoria mit seiner nahezu britischen Gefälligkeit, der angenehmen Freundlichkeit und dem weiten, wilden Hinterland. Victoria wurde 1843 als Stützpunkt der Hudson Bay Company gegründet. Mit der weiteren Entwicklung ging auch der Ackerbau einher, die kleine Siedlung blieb jedoch von der großen Welt mehr oder weniger unbeachtet. Das änderte sich erst 1858, als der Goldrausch am Fraser River amerikanische Goldsucher in Scharen in die Stadt brachte. Zehn Jahre später wurde Victoria Hauptstadt der Kronkolonie British Columbia. Heute lebt drei Viertel der Bevölkerung von Vancouver Island in der Stadt (300 000 Einwohner) und auf der Halbinsel Saanich. Die vielen historischen Denkmäler, die schönen Parks und Gärten sowie die Touristenvorführungen machen Victoria zu einem reizvollen Zwischenstopp auf dem Weg durch die Inside Passage und weiter nach Norden.

■ STADTZENTRUM

Die meisten Rundführungen beginnen bei den **Parlamentsgebäuden** (1898), die den inneren Teil des Hafens überragen. Zusammen mit dem **Empress Hotel** (1908) verleihen die Gebäude der Stadt ein fast monumentales Aussehen. Täglich gibt es kostenlose Führungen durch die Parlamentsgebäude. Treffpunkt ist die Vorderseite des Gebäudes. Gegenüber steht das moderne **Royal B.C. History Museum** (im Sommer von 9.30 bis 19 Uhr, im Winter von 10 bis 17.30 Uhr; C$ 7,50). Es ist das größte seiner Art in Westkanada und eines der besten weit und breit. Die umfangreiche Sammlung von Kunst, Gebrauchsgegenständen und Fotos öffnet alle Sinne für die Geschichte von British Columbia. Für die Besichtigung sollte man einen halben Tag einplanen. Im **Thunderbird Park** neben dem Museum stehen Totempfähle und Nachbildungen von Indianer-Häusern aus dem Nordwesten. Das **Helmcken House** (1852), unmittelbar hinter den Totempfählen, ist eines der ältesten Häuser der Provinz, das noch an seinem ursprünglichen Standort steht (C$ 4). Nur einen Block südlich in der Douglas Street befindet sich der Eingang zum **Beacon Hill Park**. Diese hundert Jahre alte Anlage erstreckt sich hinunter bis zur Juan de Fuca Strait. Vom Ufer aus hat man einen wunderschönen Blick auf die Olympic Mountains. Ein 39 Meter hoher Totempfahl, Teiche und Blumengärten machen den Charme des Parks aus.
Herzstück der Innenstadt ist der **Bastion Square** von 1890. Seinen Namen verdankt er der alten Bastion des Fort Victoria (1843), das früher einmal hier stand.
Das ehemalige Gerichtsgebäude (1889) beherbergt heute das **Maritime Museum**. Der Vorplatz mit seinen schattenspendenden Bäumen und den einladenden Bänken ist ideal für ein Picknick oder einfach nur zur Entspannung.

Vancouver Island

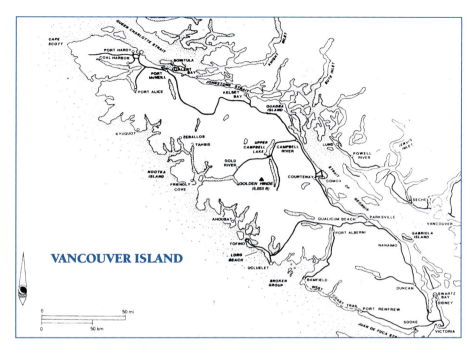

Der **Centennial Square** (Ecke Pandora Street/Government Street) ist ein weiterer historischer Teil der Stadt.
Victorias buntes **Chinatown** liegt nördlich an der Government Street und der Fisgard Street. Das Stadtzentrum Victorias ist voll von weiteren Attraktionen, wie den Unterwassergärten, der Miniaturwelt, dem Glasgarten und dem Wachsfigurenkabinett.

■ CRAIGDARROCH CASTLE

Im Park neben der **Christ Church Cathedral** (Courtenay Street) sind viele alte Grabsteine vom ersten Friedhof der Stadt aufgestellt. Wenn man sich östlich hält, schlendert man gemütlich etwa 15 Minuten auf der Rockland Avenue durch ein ruhiges Wohngebiet bis zum **Government House**. Es ist die Residenz des Lieutenant Governors. Die reizvoll angelegten Gärten dieses Anwesens sind der Öffentlichkeit kostenlos zugänglich.
Das **Craigdarroch Castle** erreicht man, wenn man den Garten durch das zweite Tor verläßt und auf der Joan Crescent weiter in nördlicher Richtung geht. Das alles überragende Herrenhaus im viktorianischen Stil wurde 1891 vom Kohlemagnat Robert Dunsmuir erbaut. Heute kann es täglich besichtigt werden (C$ 6).
Ebenfalls in dieser Gegend liegt die **Art Gallery of Greater Victoria** (1040 Moss Street; C$ 4,50). Der Rückweg in die Innenstadt führt die Fort Street entlang, vorbei an vielen Antiquitätengeschäften.

Tore zum Norden

■ BUTCHART GARDENS

Die berühmten Butchart Gardens liegen 20 Kilometer nördlich von Victoria am Saanich Inlet. Sie entstanden vor knapp 90 Jahren, als der kanadische Zementindustrie-Pionier Butchart und seine Frau damit begannen, Pflanzen aus aller Welt zu sammeln und in ihrem Steinbruch anzupflanzen. Heute enthält dieser Garten etwa 5000 verschiedene Arten von Blumen, Bäumen und Sträuchern, viele sind selten und exotisch. Die beste Besuchszeit ist in den frühen Abendstunden, wenn das matte Licht und der Abendhimmel alles besonders schön erscheinen lassen. Zu den Gärten gelangt man über den Highway 17 nach Norden. Von dort folgt man einfach den Hinweisschildern (Sommer täglich von 9 bis 22 Uhr, im Winter von 9 bis 17 Uhr; Erwachsene C$ 13, 13 bis 17 Jahre C$ 7, Kinder C$ 2).

■ INFORMATIONEN

Das **Tourism Victoria Travel Information Center** (812 Wharf Street, Tel. +1(250)382-2127) beim Inner Harbor ist täglich von 9 bis 19 Uhr geöffnet und hält eine riesige Auswahl an Karten und Broschüren über Victoria und Umgebung bereit. Informationsmaterial über die Tierwelt in British Columbia erhält man im **Ministry of Environment, Land and Parks** (780 Blanshard Street). Topographische Karten zum Wandern oder eine große Landkarte der ganzen Insel bekommt man bei **Crown Publications** (521 Fort Street, Tel. +1(250)386-4636).

■ AN- UND WEITERREISE

Der Anleger für die Fähren nach Port Angeles befindet sich im Inner Harbor. Die Fähre der Reederei **Black Bell Transport** nach Port Angeles verkehrt zweimal täglich im Winter und viermal täglich in den Sommermonaten (nähere Informationen: Tel. +1(250)386-2202; einfache Fahrt C$ 6,50, Auto/Fahrer C$ 27). Die Einreiseformalitäten für die USA werden in Port Angeles erledigt.
Die Anacortes-Fähre nach Friday auf der Insel San Juan (C$ 6) verläßt Sidney täglich um 12.30 Uhr. Für Fahrpläne und Preise wendet man sich am besten an **Washington State Ferries** (Tel. +1(604)381-1551). Täglich gibt es siebzehn Fährverbindungen zwischen der Swartz Bay (Vancouver Island) und Tsawwassen auf dem Festland (einfache Fahrt C$ 8,50, Auto/Fahrer C$ 25). Die Fähren der **Victoria Line** legen täglich um 13 Uhr von Pier 48 in Richtung Victorias Ogden Point ab (einfache Fahrt C$ 27, Auto/Fahrer C$ 60). Die Fähren verkehren ausschließlich im Sommer.
Die Busse auf Vancouver Island gehören zur **Island Coach Lines** (Tel. +1(604)385-4411). Sechs Busse verkehren täglich auf den Strecken von Victoria nach Nanaimo (C$ 16,50), zum Campbell River (C$ 36,80) und nach Port Hardy (C$ 77,85).
Busse der Linie 70 fahren stündlich von der Douglas Street im Zentrum über den Pat Bay Highway zum Fähranleger Swartz Bay (C$ 2,25). Mit dieser Linie erreicht man aber auch den Anleger in Sidney, um mit der Washington-State-Fähre nach Anacortes zu gelangen. Weiter geht es in Tsawwassen mit einem Bus der Linie 640 in Richtung Valley-To-Sea (C$ 1,75) nach Ladner Exchange (stündlich). Dort steigt man in einen Bus zur Innenstadt von Vancouver. Wer in Vancouver zur Jugendherberge möchte, verlangt ein Transfer-Ticket zur Fourth Avenue.
Die Busse der **Island Coach Lines** (ICL, 710 Douglas Street) befahren die Strecke von

Victoria nach Vancouver für C$ 25,50 im Zwei-Stunden-Takt. Eisenbahnfans können mit einem Dieselzug von Esquimalt nach Courtenay fahren (Abfahrt 8.15 Uhr; C$ 32). Fahrräder werden nicht mitgenommen. Den Bahnhof erreicht man mit Bussen der Linien 23, 24 und 25.

Einzelheiten über den Nahverkehr entnimmt man dem *Rider's Guide*, der im Information Center erhältlich ist. Der normale Tarif für eine Busfahrt liegt bei C$ 1,50. Es gibt aber auch Tages- und Touristenkarten.

Um von Seattle nach Norden zu kommen, kann man mit einem Auto oder Bus nach Port Angeles fahren und dort die Fähre nach Victoria besteigen. Oder man fährt von Tsawwassen mit einer Fähre nach Swartz Bay. Ganz gleich für welche Route man sich entscheidet, das endgültige Ziel sollte Port Hardy am Nordzipfel von Vancouver Island sein, von wo die Fähre *Queen of the North* von Mai bis September jeden zweiten Tag nach Prince Rupert fährt. Von dort aus kann man mit einem Greyhound-Bus über den Yellowhead Highway und den Alaska Highway bis nach Whitehorse fahren oder ein Schiff der Alaska State Ferries besteigen, um es in Haines oder Skagway wieder zu verlassen, von wo Straßenverbindungen in andere Teile von Alaska bestehen.

Die Golf-Inseln

Diese über hundert Inseln vor der Ostküste von Vancouver Island waren einmal Bestandteil der Hauptinsel, wurden aber durch Vergletscherung abgetrennt. Landschaftlich sind diese Inseln einfach herrlich. Lange Kanäle schlängeln sich durch mit Kiefern bewachsene Hügel. Die hier herrschende Stille und die Lebensart der

Die Golf-Inseln

Kapitän George Vancouver umsegelte als erster Vancouver Island. Seine Verhandlungen mit dem Spanier Quadra, am Nooka-Sund, legte den Grundstein für die britische Vorherrschaft an dieser Küste. Von 1792 bis 1794 erforschte und kartographierte er die gesamte Inside Passage vom Puget Sound bis zur Glacier Bay.

Bewohner ziehen auch Stadtbewohner an. So werden viele der Inseln regelmäßig von Vancouver Island aus von Fähren angefahren. Zum Festland besteht nur sporadischer Fährverkehr. Busverbindungen zu den Golf-Inseln gibt es nicht.

■ NANAIMO

Nanaimo wurde 1852 als Bergwerksstadt gegründet. Heute sind besonders Nanaimos Stadtzentrum und sein kleiner Bootshafen sehenswert. Von der Stadt aus hat man einen

Tore zum Norden

sehr schönen Blick auf das Festland. Wenn man vom Museum aus am Wasser entlang geht, erreicht man die **Bastion**, ein hölzernes Fort, das 1853 von der Hudson Bay Company zum Schutz der Bergarbeiter und ihrer Angehörigen gegen Indianer-Überfälle errichtet wurde.

Ausgezeichnet wandern und campen kann man auf **Newcastle**, einer Insel unmittelbar bei der Innenstadt von Nanaimo. Ein Faltblatt mit Hinweisen für einen neun Kilometer langen Naturlehrpfad auf der Insel erhält man im Fremdenverkehrsamt von Nanaimo. Von Juni bis August verkehrt von Nanaimo stündlich eine Fähre zur Insel (Hin- und Rückfahrt C$ 4,25). Die ganze Insel ist ein Schutzgebiet der Provinz, Fahrzeuge sind nicht erlaubt.

Die Fähre zur Insel **Gabriola** legt etwa jede Stunde neben dem Busbahnhof in der Innenstadt ab (Hin- und Rückfahrt C$ 3,50). Campingplätze gibt es in **Page's Resort** (Tel. +1(250)247-8931. **Haven-by-the-Sea** auf Gabriola, nur drei Kilometer vom Fähranleger entfernt, bietet Zimmer und Hütten ab C$ 49 (Tel. +1(250)247-9211).

In den Sommermonaten legt die Fähre nach Horseshoe Bay (Vancouver) stündlich in Departure Bay ab, etwa drei Kilometer nördlich von Nanaimo. Drei Busse der Island Coach Lines fahren täglich nach Port Alberni (C$ 9), fünf nach Campbell River (C$ 18,50) und neun nach Victoria (C$ 15).

■ QUER ÜBER DIE INSEL

Die Straße von Parksville nach Port Alberni führt durch eine einzigartige Waldlandschaft entlang der Nordseite des Mount Arrowsmith (1806 Meter), der die Insel überragt. Gleich hinter dem lieblichen Cameron Lake liegt der **MacMillan Provincial Park** (Cathedral Grove) mit seinen 850 Jahre alten Douglas-Tannen. Der quer durch die Insel führende Highway verläuft direkt durch den alten Wald. Sehr viel gibt es in Port Alberni nicht zu sehen, und so beschränkt sich ein Besuch dieser Stadt meist darauf, daß man sofort auf ein Schiff zum Alberni Inlet umsteigt. Das kombinierte Fracht- und Passagierschiff *Lady Rose*, das 1937 in Schottland gebaut wurde, unternimmt auch viereinhalbstündige Fahrten durch die Bucht. Der Anleger befindet sich an der Argyle Street. Auf der Fahrt nach Ucluelet passiert *Lady Rose* die **Broken Group Islands**, die heute Teil des Pacific Rim National Park sind. Außerdem besteht eine Busverbindung nach Tofino.

Ucluelet und **Tofino** sind zwei kleine malerische Dörfer an der Westküste der Insel mit wenigen touristischen Einrichtungen. Sie sind getrennt durch den 16 Kilometer langen **Long Beach**, den schönsten Strand an der Küste Kanadas mit vielen Campingplätzen.

Der 77 Kilometer lange **West Coast Trail** (1907-12 erbaut) zwischen Bamfield und Port Renfrew war ursprünglich einmal als lebenswichtige Verbindung für gestrandete Seeleute gedacht, deren Schiffen die Westküste mit ihren heimtückischen Windverhältnissen zum Verhängnis wurde. Heute ist er Teil des Pacific Rim National Park und bei geübten Wanderern besonders beliebt. Mindestens sechs Tage benötigt man für diesen Weg, in der Regel sogar acht. Stets muß man mit Regen und Nebel rechnen, und es gibt unterwegs keine Einkaufsmöglichkeiten.

Strandwanderungen und Camping sind die beliebtesten Aktivitäten. Holz für ein Feuer liegt überall am Strand. Man sollte aber auf die Gezeiten achten, denn bei auslaufender

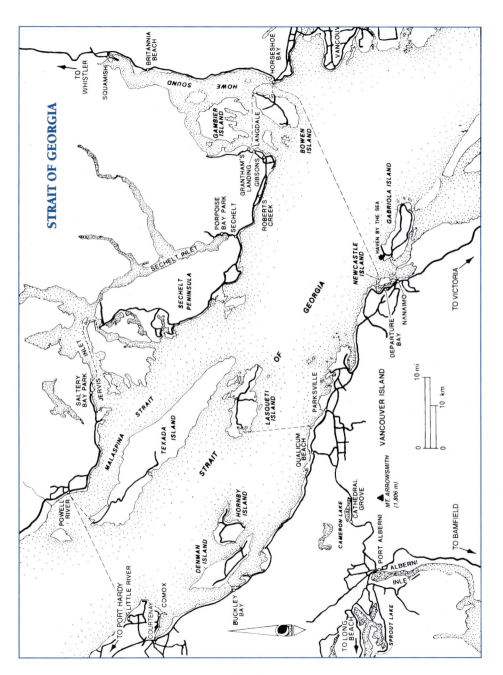

Tore zum Norden

Flut ist man sehr schnell durch Klippen abgeschnitten. Die Anzahl der Wanderer ist auf 52 pro Tag begrenzt. Reservierungen sind bereits ein Jahr im voraus unter Tel. +1(604)387-1642 möglich.

■ CENTRAL VANCOUVER ISLAND

Courtenay ist das Verbindungs- und Versorgungszentrum auf halbem Weg entlang der Ostküste. Die Powell-River-Fähre legt in Little River an, das elf Kilometer nördlich von Courtenay liegt. Dorthin gibt es keine Busverbindung, aber Comox Taxi bietet einen Fahrservice zum Busbahnhof von Courtenay. Der Bus nach **Campbell River** (45 Kilometer) kostet nur C$ 4,50. Zwischen Courtenay und Victoria verkehrt auch ein Zug.

Campbell River ist eine boomende Stadt an der Spitze der Strait of Georgia und zugleich der nördlichste größere Ort der besiedelten Ostküste. Die exzellent ausgebaute Autobahn verläuft über 236 Kilometer von Campbell River bis nach Port Hardy. Dazwischen liegt nahezu unberührtes Land. Das Stadtzentrum von Campbell River liegt an der Discovery Passage, durch die George Vancouver 1792 segelte, um zu beweisen, daß Vancouver eine Insel ist. Stündlich verkehrt eine Fähre durch die Discovery Passage nach Quadra Island. Sie legt an der östlichen Seite des Tyee Plaza ab.

Eine befestigte Straße zum **Gold River** folgt der Südküste des oberen Campbell-Sees nahe dem Strathcona Provincial Park. Von dort hat man einen traumhaften Ausblick auf die Berge, Wälder und Flüsse im Inneren von Vancouver Island. Eine Vielzahl von Wegen schlängelt sich durch den Park. Campen ist überall erlaubt, ein Mindestabstand von 800 Metern zu den Hauptstraßen muß dabei jedoch unbedingt eingehalten werden. Gold River ist eine moderne Pendlerstadt für die Angestellten der großen Holz- und Papierfabrik am Muchalat Inlet, die 16 Kilometer südwestlich liegt. Zwischen Campbell River und Gold River verkehren keine öffentlichen Verkehrsmittel. Der Frachter *MV Uchuck III* (Tel. +1(250)283-2325; C$ 23) kreuzt rund um Friendly Cove und befördert Passagiere von Gold River nach Tahsis.

■ BROUGHTON STRAIT

Nur zwei Kilometer abseits des Island Highway liegt **Port McNeill**, der Ausgangspunkt für Fahrten zu den vielen vorgelagerten Inseln. Während des Tages kreuzt eine Fähre durch die Broughton Strait nach Sointula und Alert Bay. Der Anleger der Fähre befindet sich im Stadtzentrum.

Das Städtchen **Sointula** auf der Insel Malcolm ist eine freundliche kleine Gemeinde, die aus einer finnischen Siedlung hervorgegangen ist. Viele Einwohner sprechen heute noch finnisch, und die nordisch anmutende Landschaft legt Vergleiche mit Skandinavien nahe.

Alert Bay, auf der fünf Kilometer langen Insel Cormorant in der Nähe der Mündung des Nimpkish River gelegen, wurde 1870 gegründet, als eine Lachspökelfabrik errichtet wurde. 1878 wurde die Indianermission Kwakiutl von Fort Rupert bei Port Hardy nach Alert Bay umgesiedelt. Die hier lebenden 1800 Menschen sind die Nachkommen dieser beiden Gruppen. Die Stadt mit ihren großen Fachwerkbauten und den schaukelnden Fischerbooten am Ufer ist sehr hübsch. Sie ist in zwei Wohngebiete geteilt: Links der Fähre leben die Indianer und rechts die übrigen Einwohner. Alert ist eine der faszi-

Die Golf-Inseln

Die Kwakuitl-Indianer an der Küste British Columbias trugen solche rot, schwarz und weiß bemalten Rabenmasken bei rituellen Tänzen.

nierendsten Küstenstädte im Norden von British Columbia. In den Broschüren der Fremdenverkehrsämter wird man darüber jedoch nur wenig lesen, da die Einheimischen unter sich bleiben wollen.

■ PORT HARDY

Am nördlichen Ende von Vancouver Island, 485 Kilometer von Victoria entfernt, liegt die mittelgroße Touristenstadt Port Hardy. Hier legt auch die Fähre nach Prince Rupert ab, einem Ort an der nördlichen Küste von British Columbia. Da diese Fähre bereits um 7.30 Uhr in der Frühe ablegt, muß man zwangsläufig die Nacht davor in Port Hardy verbringen. Schwierig ist es, wenn man mit der Fähre von Prince Rupert ankommt. Sie legt etwa gegen 22.30 Uhr an, so daß die Suche nach einer Unterkunft ohne Reservierung nicht immer einfach ist. Auf halbem Weg zwischen dem Fährbahnhof bei Bear Cove und der Innenstadt (vier Kilometer) liegt der beste Campingplatz dieser Gegend: **Quatse River Campground** (Byng Road, Tel. +1(250)949-2395). Auf der anderen Straßenseite werden im **Pioneer Inn** (Tel. +1(250)949-7271) Einzelzimmer für C$ 62 und Doppelzimmer für C$ 72 vermietet. Das Pioneer Inn bietet auch einen ausgezeichneten Coffee Shop. Wer dort das »Trucker-Frühstück« bestellt, wird bis zum Abend kaum einen knurrenden Magen bekommen. An der Bear Cove Road gelegen, nur drei Kilometer vom Fährbahnhof entfernt, ist der **Wildwoods Campsite**. Ein Parkplatz für Wohnwagen ist der **Sunny Sanctuary Campground** kurz vor der Coal Harbor Road. Im **Hotel Seagate** (Tel. +1(250)949-6348) rechts vom Anleger werden Einzelzimmer für C$ 72 und Doppelzimmer für C$ 80 vermietet. Vom Coffee Shop am Glen Lyon Inn in der Hardy Bay Road hat man einen wunderschönen Blick über den kleinen Bootshafen. Von der Uferpromenade kann man den neuen Fährbahnhof Bear Cove bereits sehen, er ist jedoch acht Kilometer weit entfernt. Ein Minibus pendelt alle 90 Minuten zwischen dem Busbahnhof in der Market Street und den Fähranlegern (C$ 5,35). Wenn man vorher anruft (Tel. +1(250)949-6300), wird man ohne Aufpreis von allen Campingplätzen und Hotels abgeholt. Dieser Minibus und die Busse von Island Coach Lines nach Campbell River (C$ 41) und Victoria (C$ 77,45) warten auch bei der Ankunft der Fähre von Prince Rupert am Fährbahnhof.

■ QUEEN OF THE NORTH

Auf dem Flaggschiff der riesigen Flotte von B.C. Ferry haben 750 Passagiere und 160 Autos Platz. Es legt jeden zweiten Tag (im Juni, Juli und September an ungeraden Tagen, im August an geraden Tagen) in Port Hardy um 7.30 Uhr ab. Die Ankunft in Prince Rupert ist etwa um 22.30 Uhr. Für eine einfache Überfahrt zahlt man C$ 98, für ein Auto einschließlich Fahrer sind es

Tore zum Norden

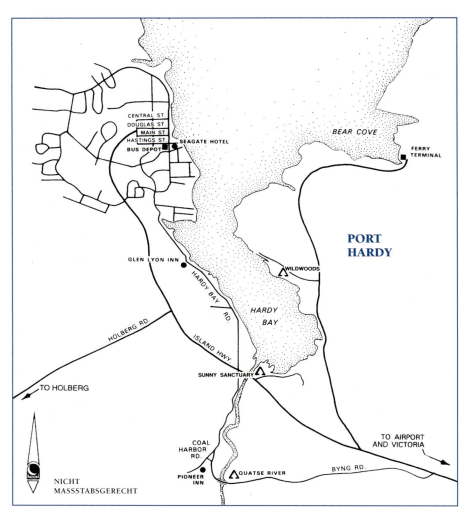

NICHT MASSSTABSGERECHT

C$ 202. Autofahrer können bereits am Vorabend der Reise an Bord gehen und in ihrem Fahrzeug übernachten.
Die landschaftlich reizvolle Fahrt führt über 274 Seemeilen durch den fast unbewohnten mittleren Teil der Inside Passage. Das ist natürlich bei klarem Wetter besonders schön. Das Schiff erreicht den offenen Pazifik unmittelbar hinter dem Nordende von Vancouver Island. Dabei kann es durchaus auch einmal in unruhige See geraten, wenn es für zwei Stunden durch den Queen Char-

lotte Sound fährt. Einen Vorgeschmack auf eine Fahrt auf dem offenen Pazifik bekommt man auch im Milbanke Sound. In der Cafeteria an Bord gibt es Frühstück, und um 14 Uhr wird ein Mittagessen serviert, das mit Abstand besser ist als das Büfett am Abend.
Am Souvenirstand an Bord erhält man die sehr gute Broschüre *B.C. Ferries Guide to the Inside Passage* für C$ 2.

Prince Rupert und die Nordküste

Das regnerische Prince Rupert liegt auf Kaien Island, unweit der Mündung des großen Skeena River am Nordende der kanadischen Inside Passage. Da Prince Rupert durch Straßen, Eisenbahn, Fähre und Flugzeug mit dem Rest der Welt verbunden ist, passieren die meisten Reisenden auf ihrem Weg von Vancouver Island, den Queen Charlotte Islands, dem Inneren von British Columbia und Alaska auch diesen Ort. Prince Rupert wird auch als »Stadt der Regenbogen« bezeichnet, obwohl behauptet wird, daß es gar nicht lange genug aufhört zu regnen, um einen Regenbogen zu bilden.

■ **HISTORISCHES**

Lange bevor die Hudson Bay Corporation 1834 Fort Simpson 30 Kilometer nördlich der heutigen Stadt Prince Rupert errichtete, war diese Gegend ein bedeutendes Handelszentrum. Die hier ansässigen Tsimshian-Indianer hatten sich im Laufe der Jahre zu wohlhabenden Händlern entwickelt. Gehandelt wurde mit wertvollen Metallen, Fellen, Sklaven usw. Sie dienten den mächtigen Völkern im Norden und Süden des Landes als Mittelsmänner. Vom wichtigen Handelsposten Fort Simpson zwischen Vancouver und Sitka wurden Missionare, Holzhändler, Fischer und Siedler angezogen. Zu dieser Zeit herrschte zwischen den Indianern und den Siedlern ein Burgfrieden mit kleinen Schönheitsfehlern. Bis 1862 genoß William Duncan von Metlakatla einen mehr oder weniger berüchtigten Ruhm. Ein Goldminenstreik am oberen Ende des Skeena River führte 1875 zur Eröffnung des ersten Sägewerks an der Nordküste. Es lag acht Kilometer nördlich von Fort Simpson und war noch bis 1969 in Betrieb.
Die Wirtschaft basierte damals auf der Fisch- und Holzindustrie. Bis heute hat sich Prince Rupert seine Rolle als Dreh- und

Tore zum Norden

Angelpunkt im Transportwesen erhalten. Man kann dort viele Konservenfabriken, eine große Zellstoffabrik und ausgedehnte Hafenanlagen finden.

■ SEHENSWERTES

Der erste Gang sollte zum **Museum of Northern B.C.** (100 First Avenue East, Tel. +1(250)624-3207; im Sommer Montag bis Samstag von 9 bis 20 Uhr, Sonntag von 9 bis 17 Uhr; im Winter Montag bis Samstag von 10 bis 17 Uhr) führen. Der Eintritt ist frei, es wird jedoch eine Spende erwartet. Mit einer ganzen Reihe von Ausstellungsstücken wird die Geschichte dieser Region eindrucksvoll dargestellt. Ausgesprochen anschaulich ist die Dokumentation über die Tsimshian-Indianer und Fort Simpson. Außerdem gibt es sehr gute Video-Vorführungen über den Bau der Grand Trunk und die Anfänge der Heilbutt- und Lachs-Fischfangindustrie. Im rückwärtigen Teil des Museums befindet sich eine Kunstgalerie. Im gleichen Gebäude findet man auch das Visitors Information Office.

Hinter dem Museum steht eine Holzschnitzer-Hütte, in der man mit etwas Glück die Entstehung eines Totempfahls verfolgen kann. Direkt neben dem Museum liegt das Gerichtsgebäude, das von einem sehr schönen Park umgeben ist. Die **Sunken Gardens** (»Versunkene Gärten«) waren während des Zweiten Weltkriegs eine Munitionshalde.

Auf der anderen Seite der First Avenue, mit Blick auf den Hafen, befindet sich der **Northern Mariners Memorial Park**, der an die Seeleute erinnert, die auf dem Meer ihr Leben verloren haben.

Wer sich tiefer und eingehender mit der Vergangenheit von Prince Rupert beschäftigen möchte, sollte die **Regional Archives** (123 Third Street, Tel. +1(250)624-3326; täglich 10 bis 16 Uhr) aufsuchen.

Danach bietet sich ein Spaziergang durch den **Roosevelt Park** an. Er liegt nur zwei Blocks weiter an der Fifth Street. Da Prince Rupert im Zweiten Weltkrieg ein Hafen für Truppentransporte der Alliierten war, übernachteten zeitweilig bis zu 7000 amerikanische Soldaten in den Kasernen auf diesem Hügel.

■ AKTIVITÄTEN

Im Info-Center kann man sich eine Wanderkarte für die Linear Trails besorgen. Diese Wanderwege verbinden die Stadt mit dem Anleger für die Fähre und die Seilbahn mit dem Roosevelt Park. Ein Pfad beginnt auch an der Seal Cove.

■ INFORMATIONEN

In Prince Rupert muß man unbedingt einmal nach der Uhrzeit oder nach der Temperatur fragen. Beides kann man nämlich einer Anzeigetafel entnehmen, die hoch oben am Highliner Inn, dem Wahrzeichen der Stadt, angebracht ist. Die Angaben stimmen jedoch nicht immer, was das Ganze um so lustiger macht. Eine weitere Informationsquelle ist das Info-Center auf dem Campingplatz an der Park Avenue.

■ ESSEN

Das Frühstück ist überall in der Stadt gut und günstig, denn für C$ 4 erhält man bereits Eier mit Schinken.

Smitty's Pancake House liegt in der Pride O' the North Mall.

Sehr gut ist auch das Essen im **Slumber Inn**, das bereits ab 5 Uhr morgens öffnet.

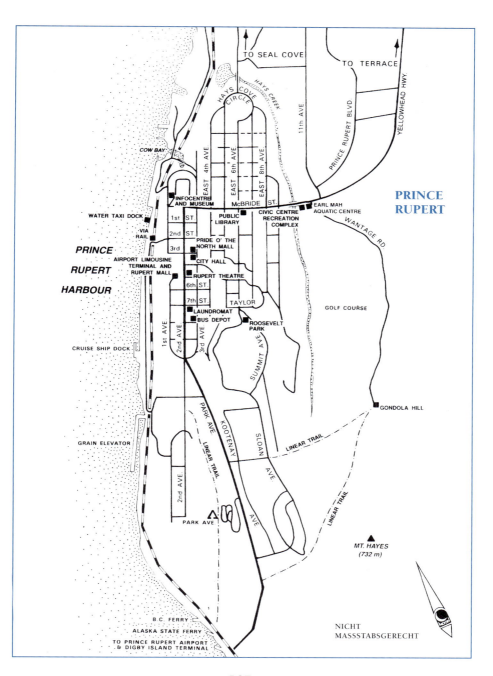

Tore zum Norden

Auch im rund um die Uhr geöffneten Coffee Shop des **Moby Dick Motor Inn** wird ein preiswertes Frühstück mit Schinken und Eiern serviert.
Versuchen kann man auch die Spezialitäten im **Raffles Inn** an der Third Avenue, die ab C$ 3 angeboten werden.
Sehr gute chinesische Gerichte gibt es im **Stardust** – preiswert und reichlich.

■ UNTERHALTUNG

Gelegenheiten zum Trinken und zum Tanzen gibt es in Prince Rupert durchaus, man muß nur aufpassen, daß man nicht unbeabsichtigt in eine Prügelei gerät.
Im **Popeye's Pub** im Rupert Hotel treffen sich die Jugendlichen um 20 Jahre. Hier spielen die Bands Hard Rock, aber geklatscht wird nicht.
Die über 30jährigen treffen sich im **Surf Club** an der Second Avenue West. Hier spielen die Bands die Hits aus den vierziger, fünfziger und sechziger Jahren.
Im **Empress** auf der gegenüberliegenden Straßenseite geht es etwas ruhiger zu, ebenso wie in **Solly's Pub** in Seal Cove und im **Breakers Pub** an der Cow Bay.

■ UNTERBRINGUNG

In Prince Rupert ist das Angebot an einigermaßen preiswerten Unterkünften überraschend groß. Aber an einem so wichtigen Verkehrsknotenpunkt kann es trotzdem mühsam sein, ohne vorherige Reservierung ein gutes und preiswertes Zimmer zu finden.
Am billigsten sind die **Pioneer Rooms** (167 Third Avenue East, Tel. +1(250)624-2334). Einzel- und Doppelzimmer ohne eigenes Bad kosten C$ 15 und 20. Aber selbst wenn man ein Taxi für die Fahrt vom Fähranleger nimmt (C$ 7), ist das Haus nach Ankunft der Fähre immer schnell belegt.
Alternativ dazu kann man es im **Aleeda Motel** 900 Third Avenue West, Tel. +1(250)627-1367) versuchen. Alle Zimmer sind mit Bad ausgestattet und verfügen teilweise über eine Küchenzeile. Die Preise liegen zwischen C$ 65 und 70.
Der **Park Avenue Municipal Campground** liegt nur einen Kilometer in Richtung Stadt, wenn man vom Fährbahnhof kommt. Zu Fuß sind es etwa zehn Minuten. Das Büro ist von 9 bis 24 Uhr geöffnet (Tel. +1(250) 624-5861). Für einen Campingplatz zahlt man dort C$ 11 und 16 (einschließlich Duschen-Benutzung).
Als Alternative bietet sich der **Prudhomme Lake Provincial Park**, 20 Kilometer außerhalb der Stadt am Highway 16 an.
Über eine besonders schöne Lage verfügt das **Eagle Bluff B&B** (Cow Bay Road, Tel. +1(250)627-4955). Die kleine Pension wurde über dem Wasser erbaut und bietet einen wundervollen Ausblick auf den Hafen. Cafés, Galerien und Restaurants sind nur hundert Meter entfernt. Die Zimmer sind sauber und komfortabel, und im Übernachtungspreis zwischen C$ 50 und 60 ist ein kleines Frühstück bereits enthalten.

■ NAHVERKEHR

Prince Rupert verfügt über ein gutes Nahverkehrsnetz, mit dem man tatsächlich jeden Winkel der Stadt innerhalb von einer Stunde erreicht. Die Fahrt kostet C$ 1, eine Tageskarte C$ 2. Die Busse fahren während der Woche parallel zu den Geschäftszeiten, am Freitagabend etwas länger, am Samstag nur eingeschränkt und am Sonntag überhaupt nicht. Fahrpläne und Streckenkarten erhält man in jedem Bus.

Prince Rupert und die Nordküste

Ein Auto kann man bei **Budget** in der Rupert Mall (Tel. +1(250)627-7400) ab C$ 40 pro Tag mieten, zuzüglich 25 Cent für jeden gefahrenen Kilometer. Ähnliche Preise berechnet auch **Tilden** (Tel. +1(250)624-5318).

■ **RUNDFAHRTEN**

Informationen über das Ausflugsprogramm der **Gray Line of Alaska** können unter Tel. +1(250)624-6124 abgehört werden. Von Prince Rupert verkehrt eine ganze Reihe von Charter- oder Ausflugsschiffen, die von **Seashore Charters** organisiert werden. Wer sich ein Boot zum Angeln mieten will, zahlt etwa C$ 40 bis 60 pro Stunde und Person oder C$ 150 pro Person und Tag. An Ausflugsfahrten werden unter anderem eine zweistündige Hafenrundfahrt geboten. Man zahlt C$ 50 pro Person, die Mindestteilnehmerzahl liegt bei vier Personen. Ebenfalls vier Gleichgesinnte müssen sich finden, um an einer Picknick-Tour zum Krabbenfischen teilzunehmen. Sie kostet C$ 60 pro Person.

■ **AN- UND WEITERREISE**

Dreimal täglich fliegt **Canadian Regional** (Tel. +1(250)624-6292) von Vancouver über Terrace nach Prince Rupert (Fluglinie Air B.C., Tel. +1(250)624-4554, fliegt die gleiche Strecke). Der Flug geht dann wieder zurück nach Vancouver und kostet C$ 271 für die einfache Strecke. Der Flughafen liegt auf Digby Island, gegenüber vom Hafen. Canadian Airlines hat zur Abfertigung der Passagiere ein Stadtbüro in der Rupert Square Mall in der Second Avenue West eingerichtet. Der Schalter dort ist jeweils zwei Stunden vor Abflug geöffnet. Von dort bringt ein Bus die Passagiere mit der Fähre zum Flug-

hafen. Der Bus kann kostenlos benutzt werden, jedoch entfallen für die Überfahrt mit der Fähre C$ 12 pro Person, die beim Busfahrer zu zahlen sind. Darüber hinaus kann man mit dem **Water Taxi** zum Flughafen fahren. Mehrmals täglich gibt es Abfahrten vom zweiten Dock südlich der McBride Street (C$ 2,50). Von der Anlegestelle sind es noch etwa fünf Kilometer bis zum Flugplatz.

Die beiden Fähranleger von **B.C. Ferries** und **Alaska Ferry** liegen zwei Kilometer vom Stadtzentrum entfernt. Stadtbusse fah-

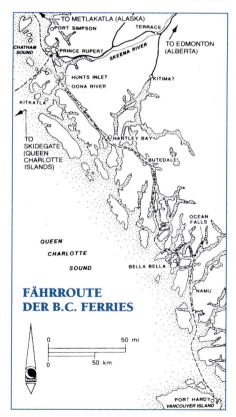

FÄHRROUTE DER B.C. FERRIES

Tore zum Norden

ren alle zwei bis drei Stunden zu diesen Fähranlegern. Zu den An- und Abfahrten von B.C. Ferries gibt es auch Verbindungen mit Pendelbussen (C$ 3,50). Unter Tel. +1(250)624-5645 kann man eine Hotelabholung vereinbaren. Für die Fahrt mit einem Taxi vom Fähranleger in die Innenstadt zahlt man C$ 5. Die *Queen of the North* von B.C. Ferries verkehrt alle zwei Tage zwischen Port Hardy auf Vancouver Island und Prince Rupert. Der Fahrpreis beträgt C$ 98 (pro Person) und für ein Auto einschließlich Fahrer C$ 202. Die *Queen of Prince Rupert* fährt vier- bis sechsmal wöchentlich nach Skidegate Landing auf den Queen Charlotte Islands. Die sechseinhalbstündige Fahrt beginnt in Prince Rupert und kostet C$ 21,75. Für einen Pkw mit Fahrer bezahlt man C$ 83.

Der Bahnhof von **VIA Rail** liegt am Ende der Second Street. Eine Holzrampe führt von dort direkt ins Wasser (Tel. +1(250)627-7304). Der Zug verläßt Prince George jeden Mittwoch, Freitag und Sonntag jeweils um 8 Uhr und erreicht Prince Rupert am Montag, Donnerstag und Sonntag ebenfalls um 8 Uhr (C$ 89 nach Jasper, C$ 140 nach Prince George). Dabei besteht von Prince George auch eine Verbindung nach Vancouver. Diese Zugstrecke verläuft entlang der historischen Route am Skeena River. Die beste Sicht hat man von einem Fensterplatz auf der rechten Seite.

Der Busbahnhof von **Greyhound** (822 Third Avenue, Tel. +1(250)624-5090) ist werktags von 8.30 bis 20.30 Uhr geöffnet. Alle Busse sind Nichtraucherbusse. Täglich bestehen zwei Busverbindungen von und nach Prince Rupert (Fahrdauer zwölf Stunden). Die Busse kommen jeweils um 9.45 und 18.30 Uhr in der Stadt an und fahren um 11.15 und 20.30 Uhr nach Prince George zurück. Dort

hat man Anschluß nach Vancouver (C$ 181) und Whitehorse (C$ 201).

Rund um den Chatham Sound

Beim Einlaufen der Fähre in den Hafen sieht man auf der linken Seite **Digby Island**. Bereits vor langer Zeit hatten sich hier Norweger angesiedelt, deren alte Häuser noch heute erhalten sind. So steht noch immer die alte Bootswerft (Wahl's Boatyard) in Dodge Cove, wo früher die Fischerboote aus Holz gezimmert wurden. Einen alten Anleger und weitere schon verfallene Gebäude findet man in Casey Cove, einer benachbarten Bucht. In dieser Gegend gibt es viele Wander-Möglichkeiten. Ein Schiff (Rupert Water Taxi) legt vom Anleger am Ende der McBride Street mittwochs und freitags um 11.30 und 15.30 Uhr zur Fahrt nach Dodge Cove ab (C$ 2,50). Das ist eine preiswerte Hafenrundfahrt.

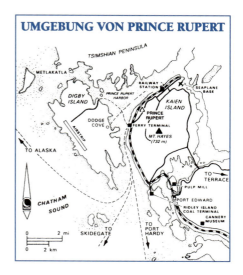
UMGEBUNG VON PRINCE RUPERT

Port Simpson, 30 Kilometer nördlich von Prince Rupert, war eine Siedlung der Tsimshian, bevor die Hudson Bay Company hier 1834 das Fort errichtete. Der Anteil der weißen Bevölkerung nahm seit der Jahrhundertwende ständig zu, fiel jedoch wieder stark ab, als Prince Rupert Endstation der Grand Trunk Railroad wurde. Das Fort wurde 1904 aufgegeben, brannte 1912 völlig ab und ist heute wieder eine Siedlung der Tsimshian-Indianer. Die hier angesiedelte Fischfabrik gehört den Indianern. Der einzige Weg, um nach Port Simpson zu gelangen, ist der Flug mit Harbor Air (C$ 35) vom Seal-Cove-Wasserflugzeug-Hafen.

Die *Centurion 4*, eine weitere kleine Fähre der B.C., legt in Prince Rupert mit Ziel Kincolith ab, einer kleinen Indianersiedlung am Portland Inlet. Abfahrt ist an dem kleinen Anleger im Stadtzentrum. Die Fähre startet montags und freitags jeweils um 8 Uhr, die Rückkehr in Prince Rupert erfolgt gegen 15.30 Uhr. Die Hin- und Rückfahrt kostet C$ 15.

Leider fährt keine Fähre mehr durch den landschaftlich schönen Portland-Kanal bis nach Stewart, so daß lediglich die Möglichkeit bleibt, die Fähre nach Alaska in Ketchikan zu besteigen, um dann bis Hyder mitzufahren.

Metlakatla

Das kleine Indianerdorf Metlakatla, acht Kilometer westlich von Prince Rupert, wurde 1862 vom anglikanischen Missionar William Duncan auf einem alten Tsimshian-Anwesen gegründet. Bald entstanden hier ein Sägewerk und ein Handelsposten. Dadurch wurden die Einheimischen zu Selbstversorgern. Die 1874 von Duncan

Der Missionar William Duncan machte Vorzeigechristen aus den Tsimshian-Indianern, aber er löschte dabei alle Spuren ihrer Kultur aus.

erbaute Kirche hatte 1200 Sitzplätze und war zur damaligen Zeit das größte Gotteshaus westlich von Chicago und nördlich von San Francisco. Später legte sich Duncan mit seinen Kirchenoberen an, die von ihm verlangten, daß er den Indianern die damals übliche Form der Liturgie beibringen sollte. Er protestierte dagegen, woraufhin der Bischof die ortsansässigen Regierungsvertreter dahingehend beeinflußte, den Grund und Boden, auf dem die Mission errichtet war, zu beschlagnahmen. Die Kirchenfürsten erhofften sich von diesem Vorgehen Duncans Nachgeben, was jedoch ausblieb. Er fuhr statt dessen nach Washington und erreichte, daß die Tsimshian-Indianer ein für allemal in Alaska ein Refugium erhielten. 1887 führte Duncan 823 Indianer zur Insel Annette in Alaska, wo sie ein neues Metlakatla gründeten (siehe Seite 139). Das alte Metlakatla in British Columbia brannte 1901 ganz nieder, so daß heute keine Überreste mehr an die Zeit von Duncan erinnern.

Port Edward

Eine landschaftlich besonders reizvolle, 20 Kilometer lange Fahrt von Prince Rupert bringt interessierte Reisende zum **North Pacific Cannery Village Museum** (1889 Skeena Drive, Tel. +1(250)628-3538; im Sommer täglich von 10 bis 19 Uhr, im Winter Mittwoch bis Samstag von 10 bis 16 Uhr). Es handelt sich dabei um die älteste noch erhaltene Konservenfabrik an der nordamerikanischen Westküste, erbaut im Jahr 1889. Während ihrer Blütezeit beschäftigte die Fabrik insgesamt 400 Arbeiter verschiedener Nationalitäten. Die letzten Fischkonserven wurden 1972 hergestellt.
1987 wurde das Gebäude in ein Museum umgewandelt und der Stadt Port Edward übereignet. Hier kann man verschiedene Ausstellungen besuchen. Dazu zählt eine zehn Meter hohe Reliefkarte, auf der die Routen eingezeichnet sind, entlang derer die Lachse während ihrer Laichzeit ziehen. Ferner sieht man eine sieben Meter lange Karte des Skeena River, die mit der Hand auf Segeltuch gemalt wurde, sowie alte Seekarten und Ausstellungsstücke, die sich mit dem Lachsfang beschäftigen. Einen Blick sollte man auch in die Fabrikationsräume im rückwärtigen Teil werfen, in denen Konservendosen hergestellt wurden.

Queen Charlotte Islands

Die Queen Charlotte Islands (60 Einwohner) bilden eine 300 Kilometer lange Kette, die vom kanadischen Festland durch den stürmischen, 80 Kilometer breiten Hecate-Kanal getrennt ist. Insgesamt zählt die Inselgruppe etwa 150 Inseln, aber von Bedeutung sind eigentlich nur die beiden größten, Graham und Moresby. Der enge Skidegate-Kanal trennt die beiden in der Mitte des Archipels gelegenen Inseln voneinander. Im Westen der Inselgruppe gibt es schneebedeckte Berge. Weite Ebenen und hügeliges Land bestimmen dagegen den Osten bis hin zur Mitte und den Norden der Inseln. In der nahezu unberührten Natur gibt es die größten Schwarzbären der Welt, und der gemäßigte Regenwald wirkt wie ein dichter, grüner Dschungel. Wenn man also ein wirklich einzigartiges Erlebnis sucht, ist dies genau der richtige Platz.
Wer auf die Queen Charlotte Islands fahren will, sollte genug von allem Notwendigen mitbringen, da die Inseln wirklich abgelegen sind. Vor allem auf Regen muß man sich einstellen, der hier eigentlich immer irgendwo fällt. Auf gute Regenkleidung und Gummistiefel sollte man daher nicht verzichten. Die besten Reisemonate sind der August und der September.

■ HISTORISCHES

Der europäische Entdecker Juan Perez sichtete 1774 als erster die Inseln. Sie waren über Jahrhunderte die Heimat der Haida-Indianer. Sie bauten die größten Kanus an der Pazifikküste, die sie zum Walfang und zur Seeräuberei benutzten. Später verbannten die Missionare und die weißen Vertreter der Regierung die Kunst und die Bräuche der Haida. Bis 1915 sank die Zahl der Haida von ursprünglich 8000 auf 588 Bewohner. Ihre Nachkommen leben heute in dem Ort Haida bei Masset und in Skidegate.

■ SKIDEGATE

Die Fähre *Queen of Prince Rupert* der B.C. Ferries legt am Anleger in Skidegate an. Das **Haida Gwaii Museum** (C$ 3) befindet sich etwa 500 Meter östlich des Fähranlegers. Es ist dienstags bis freitags von 10 bis 17 Uhr geöffnet, an Wochenenden von 13 bis 17 Uhr und bietet eine sehr gute Sammlung von Tonarbeiten, hundert Jahre alte Totempfähle und tolle Darstellungen der Fauna sowie der Insekten- und Vogelwelt. Außerdem gibt es eine Aussichtsplattform, von der aus man die Grauwale beobachten kann, die auf dem Weg nach Norden hier eine Pause einlegen (April bis Mai). Der Ort Skidegate, Lebensraum einer kleinen Haida-Gemeinschaft (470 Einwohner), liegt etwa 2,5 Kilometer weiter an der gleichen Straße. In der Form eines traditionellen Langhauses wurde das **Band Council Office** an der Uferpromenade gebaut.
Zwischen 7.30 Uhr und 22.30 Uhr verkehrt zwölfmal täglich die Fähre *MV Kuvuna*. Die zwanzigminütige Fahrt führt zur Alliford Bay (Moresby Island) und zur Straße nach Sandspit (hin und zurück C$ 3, für ein Auto mit Fahrer C$ 8,50). Es ist das einzige öffentliche Verkehrsmittel auf den Inseln. Daneben werden vom Anleger aus noch etliche Ausflugsfahrten angeboten.

■ QUEEN CHARLOTTE CITY

Die zweitgrößte Stadt auf den Inseln ist Queen Charlotte City (1000 Einwohner), fünf Kilometer westlich des Fähranlegers.

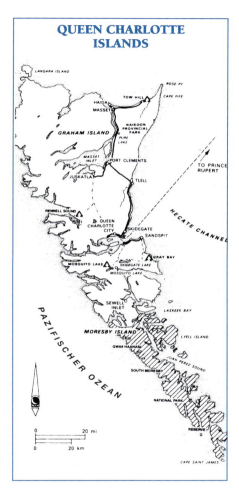

QUEEN CHARLOTTE ISLANDS

Hier sind die meisten Regierungsbüros angesiedelt. Hinzu kommt noch ein halbes Dutzend kleiner Holzhäuser. Zunächst sollte man sich aber aufmachen zum **Visitor Reception Centre**, das täglich von 8 bis 17 Uhr geöffnet ist, und dort den *Guide to the Queen Charlotte Islands* erstehen. Hier kann man sich auch für über 40 Kajakfahrten,

Tore zum Norden

Angeltouren, Segeltörns, Rundflüge und Besichtigungsfahrten anmelden.
Das beste Preis-Leistungsverhältnis für eine Übernachtung in Queen Charlotte City findet man im **Premier Creek Lodging**, das 1910 erbaut wurde (Tel. +1(250)559-8415). Die Preise liegen zwischen C$ 30 für ein Einzelzimmer und C$ 55 für ein Doppelzimmer.
Oder man bleibt im **Spruce Point Lodging** in der Seventh Street (Tel. +1(250)559-8234; Einzelzimmer C$ 55, Doppelzimmer C$ 65 inklusive Frühstück).
Im **Premier Hotel** in der Third Avenue (Tel. +1(250)559-8415) kann man den Blick über den Hafen genießen (Doppelzimmer C$ 56).

■ SANDSPIT

Vom Fähranleger auf der Insel Moresby fährt man 13 Kilometer auf einer asphaltierten Straße bis Sandspit (730 Einwohner). Sandspit ist in erster Linie eine Holzfällerstadt. Überdies gibt es in dieser Gegend schöne Strände. Der **Gwaii Haanas/South Moresby National Park Reserve** ist Hauptanziehungspunkt der Insel. Sandspit verfügt über die einzige Start- und Landebahn der Insel.
Die beste von mehreren Pensionen ist das **Moresby Island Guesthouse** in der Beach Road (Tel. +1(250)637-5300), in dem man für ein Einzelzimmer C$ 30 und für ein Doppelzimmer C$ 55 bezahlt.
Man kann natürlich für C$ 76 pro Doppelzimmer auch im sehr schönen **Sandspit Inn** übernachten (Tel. +1(250)637-5334).
Wer gern zeltet, findet an einem einsamen Strand 15 Kilometer südlich von Sandspit den **Gray Bay Campground**. Weiter als zum Gray Beach kann man auf der Insel Moresby in Richtung Süden auch gar nicht fahren. Den noch verbleibenden Teil in Richtung Süden bis zum Kap St. James erreicht man nur im Rahmen einer Gruppenreise oder in einem Kajak. Beides kann jedoch eine äußerst abenteuerliche Erfahrung im Nordpazifik sein. Die Straße, die von Holzfirmen gebaut wurde, führt von der Gray Bay am Skidegate Lake in westliche Richtung weiter bis zum Moresby Camp am Mosquito Lake und wieder zurück zum Fähranleger. Es ist eine gute Tagestour. Wer auf dieser Strecke trampen will, ist möglicherweise noch länger unterwegs.
Viele Informationen erhält man am Flughafen von Sandspit. Von hier aus fliegt Canadian Airlines nach Prince Rupert und Vancouver.
Budget Rent-A-Car verfügt ebenfalls über ein Flughafenbüro, (Tel. +1(250)637-5688). Auch in Sandspit gibt es eine Vielzahl von Veranstaltern, die Ausflüge und Besichtigungstouren rund um die Insel und zum Park anbieten. Bei Kallahin Expeditions in Queen Charlotte ist man an der richtigen Adresse.

■ GWAII HAANAS/SOUTH MORESBY NATIONAL PARK RESERVE

Dieser Park, der seit 1988 besteht, war ein Sieg für die Umweltschützer und die Haida-Indianer und eine Niederlage für die Holzfirmen. Er wird von Parks Canada und den Gwaii Haanas verwaltet. Ein Teil des Abkommens mit den Holzarbeitern und Fischern war der Bau eines künstlichen Hafens in Sandspit. Seit 1997 ist er Ausgangspunkt für Ausflugs- und Fischerboote. Der Park selbst kann mit Boot, Wasserflugzeug und Helikopter erreicht werden. Ungefähr 50 Veranstalter bieten Ausflüge in den Nationalpark an.

Der Park umfaßt 138 Inseln mit einer Fläche von insgesamt 14 700 Quadratkilometer und über 1500 Kilometer Küstenlinie. Mehr als 500 Standorte der Haida-Indianer mit archäologischen Fundstücken befinden sich auf dem Parkgelände, dazu gehören auch fünf verlassene Dörfer. Am bekanntesten ist Ninstints auf Sgan Gwaii Island. Das 1890 verlassene Dorf besteht aus verrotteten Langhäusern und Dutzenden von Totempfählen. Das Dorf gehört zum Weltkulturerbe der UNESCO. Weitere Informationen kann man bei Parks Canada in Sandspit einholen (Tel. +1(250)637-5362).

■ **NAIKOON PARK**

Der Naikoon Provincial Park bedeckt große Teile des flachen Gebietes im Nordosten von Graham Island. Die Verwaltung des Parks befindet sich in Tlell, 40 Kilometer nördlich von Skidegate (Tel. +1(250)557-4390), wo es auch einen Campingplatz mit 31 Stellplätzen (C$ 11) und einen Bereich zum Picknicken gibt. Tlell ist die Heimat einiger Weber, Töpfer und anderer Kunsthandwerker, die einen deutlichen Kontrast zu den ebenfalls auf der Insel lebenden rauhen Holzfällern darstellen.

Übernachten kann man im **Tlell River House** (Tel. +1(250)557-4211), in dem man für ein Einzelzimmer C$ 52 und für ein Doppelzimmer C$ 60 zahlt. In diesem Haus gibt es auch ein Restaurant und eine Bar.

Hltunwa Kaitza B&B (Tel. +1(250)557-4664) liegt am Strand. Dort zahlt man C$ 30 pro Person.

An der Nordseite des Tlell River führt ein fünf Kilometer langer Wanderweg zum Strand und am Wrack der *Pesuta* vorbei. Das Schiff war zum Holztransport eingesetzt und kenterte 1928 während eines starken Sturmes. Hier beginnt der **East Beach Hike**, der bis zum Tow Hill an der nördlichen Spitze der Insel führt. Für die insgesamt 89 Kilometer braucht man zwischen vier und acht Tage. An diesem Strand sind Fahrzeuge mit Allradantrieb erlaubt, die man leider auch ziemlich oft hier sieht.

■ **NACH TOW HILL**

Weiter in Richtung Nordwesten gelangt man nach **Port Clements** (470 Einwohner). Dort sollte man einen Abstecher ins Museum (täglich von 13 bis 17 Uhr, Spende erbeten) und zum Markt machen. Darüber hinaus findet man ein paar Bars sowie ein Restaurant.

Falls man hier übernachten will, kann man dies im **Golden Spruce Motel** tun (Tel. +1(250)557-4325). Für ein Einzelzimmer werden C$ 40, für ein Doppelzimmer C$ 45 berechnet.

Der nächste Ort ist **Masset**, die größte Siedlung auf der Insel Graham mit 1400 Einwohnern. Ein Informationszentrum befindet sich direkt vor dem Ortseingang. Unterkünfte sind nur in begrenzter Zahl vorhanden, zum Beispiel im **Naikoon Park Motel** (Tel. +1(250)626-5187) mit Zimmern für C$ 45 oder im **Copper Beach House** beim Dock (Tel. +1(250)626-3225). Es gibt auch einen kleinen Campingplatz an der Tow Hill Road. Der Ort selbst hat kaum etwas zu bieten, aber das macht die Umgebung wett.

Man fährt am besten nach **Haida** (Old Masset) weiter, um sich dort das Museum, Geschäfte mit Kunsthandwerk und Totempfähle anzusehen. Von hier fliegt Harbour Air zweimal täglich nach Prince Rupert (C$ 116).

Tore zum Norden

Tow Hill liegt 26 Kilometer östlich von Masset und ist auf den letzten 13 Kilometern nur über eine Schotterstraße zu erreichen. Am Fuß des Hügels, an der Brücke über den Heillen River, beginnen drei Wanderwege.

Der **Blow-hole Trail** (ein Kilometer) führt zu einer Felsformation an der Küste und ermöglicht einen beeindruckenden Blick auf das Basaltkliff an der Nordseite von Tow Hill (109 Meter). Von dort windet sich ein zweiter Pfad bis zur Spitze des Bergs, von wo aus man Sandstrände sehen kann, die sich in zwei Bögen entlang der Nordküste von Graham ziehen.

Der längste Wanderweg ist der **Cape Fife Trail** (zehn Kilometer), der zur Ostseite der Insel verläuft. Von dort kann man nach Rose Point wandern, der nördlichsten Spitze der Inselgruppe, von der die Haida glauben, daß dort die Welt entstanden sei. Zurück geht es entlang der North Beach zum Tow Hill. Dort angekommen hat man insgesamt eine Strecke von 31 Kilometern zurückgelegt. Dafür braucht man einen bis drei Tage.

Einen windigen Campingplatz gibt es neben der Straße unmittelbar westlich vom Tow Hill. Man darf aber auch an jeder anderen Stelle im Naikoon Park zelten.

Weitere Informationen über dieses Schutzgebiet erhält man im **Naikoon Park Headquarter** (P.O. Box 19, Tlell, B.C. V0T 1Y0, Tel. +1(250)557-4390).

■ RENNELL SOUND

Eine Straße für Holztransporte führt von Queen Charlotte City in Richtung Nordwesten über 55 Kilometer durch das Herz der Insel Graham nach Port Clements. Auf halbem Weg zweigt eine Straße nach Westen zum Rennell Sound ab, dem westlichsten Punkt Kanadas, den man mit dem Auto erreichen kann. Der letzte Abschnitt bis zu dem zerklüfteten Küstenabschnitt hat ein Gefälle von 24 Prozent. An der Küste kann man Strandgut sammeln. Überdies gibt es einen kostenlosen Campingplatz. Wenn man wieder auf der Straße für Holztransporte ist, kommt man hinter Juskatla zu einem unvollendeten Kanu der Haida und zur einzigen goldenen Fichte auf der Welt.

■ AN- UND WEITERREISE

Nimmt man einmal die Fähre, die zwischen Skidegate und Alliford Bay verkehrt, aus, so besteht auf den Inseln überhaupt kein öffentliches Verkehrsnetz. Die Einheimischen sind zwar bekannt dafür, daß sie Tramper gerne mitnehmen, jedoch ist der Verkehr nicht besonders dicht. Sofern man auf den Hauptstraßen unterwegs ist, hat man noch in gewissem Sinne Glück, denn häufig wird man auch auf den Wegen für den Holztransport abgesetzt. Und hier sind viele Schwarzbären unterwegs. Die meisten Straßen für Holztransporte sind für die Öffentlichkeit nur an den Wochenenden sowie werktags ab 18 Uhr zugänglich.

Fahrräder kann man in Queen Charlotte City und Masset mieten. Mietwagen gibt es bei Budget in Queen Charlotte City, Sandspit und Masset (Tel. +1(250)637-5688).

Die meisten Besucher erreichen die Inseln mit der ausgezeichneten Fährverbindung von B.C. Ferries aus Prince Rupert. Eine Überfahrt kostet C$ 21,75, für ein Auto C$ 83. Diese Fährverbindung besteht im Sommer fünf- bis sechsmal pro Woche und in der Nebensaison viermal wöchentlich. Die Fähre bleibt über Nacht in Skidegate. So kann man sich den Ort zwischen Hin- und Rückfahrt gemütlich ansehen.

Queen Charlotte Islands

Mit **Canadian Airlines** und **Air B.C.** kann man täglich von Vancouver nach Sandspit fliegen (Hin- und Rückflug ab C$ 250). Bei der Ankunft warten am Flugplatz bereits Fahrzeuge von Twin Services, mit denen die Passagiere für C$ 6 nach Queen Charlotte City fahren können.
Harbour Air (Tel. +1(250)627-1341) fliegt zweimal täglich von Queen Charlotte City sowie von Sandspit und Masset nach Prince Rupert und bietet Flüge zu weiteren Inseln.
South Moresby Air Charters (Tel. +1(250)559-4222) fliegt überallhin. Die beliebtesten Ziele sind Hot Spring Island und Nistints.
Weitere Informationen über die Queen Charlotte Islands erhält man beim Queen Charlotte Chamber of Commerce (P.O. Box 38, Masset, B.C. V0T 1M0, Tel. +1(250)626-5211).

Südostalaska

Für viele Menschen steht Alaska für bitterkalte Winter, angenehme Sommer, große Flüsse, riesige schneebedeckte Berge und offene Tundralandschaften, die bis in den Horizont verlaufen. Dabei darf man den Garten Eden im Südosten Alaskas nicht vergessen. Fast ganz vom kanadischen British Columbia umgeben, erstreckt sich der sogenannte »Pfannenstiel« Alaskas über etwa 800 Kilometer entlang der nordamerikanischen Pazifikküste. Dieser üppige Landstrich verdankt seine Schönheit dem Wasser: dem Regen, der auf das Land niedergeht, den Gletschern, die von gigantischen Eisfeldern herunterragen, und dem Ozean, der alles umgibt. Graublaue Wolken treiben ein Versteckspiel mit den grünen Inseln, tiefe Fjorde ragen in die schneebedeckte Bergwelt hinein und Wasserfälle stürzen über Hunderte von Metern durch immergrüne Wälder in die Flüsse herab, in denen sich unzählige Lachse tummeln. Hier, an den zerklüfteten, felsigen Küstengebieten, haben die Weißkopf-Seeadler ihre Heimat. Und die weiten blauen Gletscher reichen majestätisch bis hinein ins Meer.

■ DAS LAND

Südostalaska setzt sich aus bergigem Festland und Hunderten von Inseln zusammen. Diese Inseln haben allerdings eine recht unterschiedliche Struktur. Es gibt felsige Riffe, die bei Ebbe kaum aus dem Wasser hervorschauen, aber auch einige große Inseln, die zu den bedeutendsten Nordamerikas gehören. Diese Inseln bilden das Alexander-Archipel. Die zerklüfteten Küsten der Inseln sind insgesamt über 170 Kilometer lang. Zu den größten Inseln gehören Prince of Wales, Chichagof, Baranof, Admiralty, Revillagigedo und Kupreanof. Die Namen gehen auf englische, russische und spanische Entdecker zurück.

■ DER REGENWALD

Ein Großteil des Landes ist bedeckt von dichten Regenwäldern aus Sitka-Kiefern (dem Nationalbaum), Hemlock-Fichten sowie gelben und roten Zedern. Dazwischen findet man immer wieder offenes hügeliges Gelände, das als Tundra oder Sumpfmoor bezeichnet wird. Vereinzelt sieht man dort Kiefern und Zedern. Oberhalb der Baumgrenze, die hier etwa bei 760 Metern liegt, ragen felsige Bergspitzen hervor, bewachsen mit alpiner Vegetation. Ein besonders schöner Anblick sind die mit Blüten gesprenkelten Grasstreifen, die im Sommer an den Küsten zu finden sind.

In den Regenwäldern gibt es ein dichtes Unterholz mit Heidelbeersträuchern und anderen Büschen. Beim Wandern begegnet

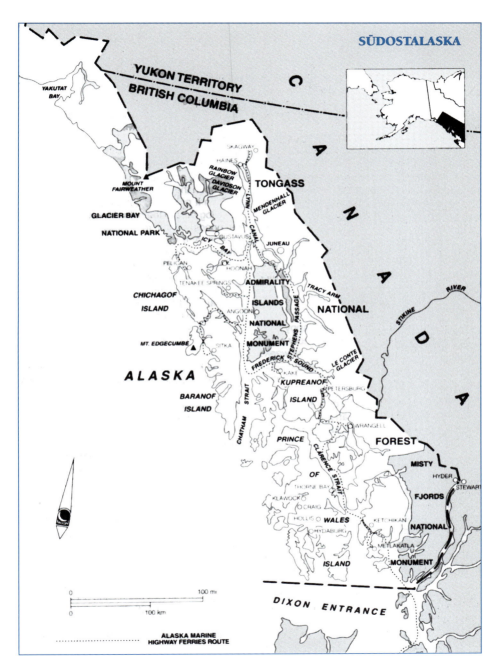

Südostalaska

man der sogenannten Devil's Club, einer sehr schönen und üppigen Pflanze mit ahornähnlichen Blättern und roten Beeren. Sie besitzen aber auch scharfe Dornen, die bei Berührung einen Juckreiz wie nach einem Bienenstich hervorrufen. Zudem setzen sich die Dornen in der Haut fest, lassen sich nur schwer entfernen und rufen nicht selten eine schmerzhafte Schwellung hervor, die erst nach einigen Tagen wieder abklingt. Wer querfeldein wandern will, tut daher gut daran, zum Schutz der Hände feste Handschuhe zu tragen. Erstaunlicherweise sind Moskitos in Südostalaska bei weitem nicht so zahlreich wie zum Beispiel im Inneren Alaskas. Sie können allerdings auch hier zeitweise das Wohlbefinden stark beeinträchtigen.

■ DAS KLIMA

Die Hochglanzbroschüren für Touristen zeigen immer wieder fröhliche Menschen, die sich auf glitzernden Gletschern unter strahlend blauem Himmel sonnen. Fotografen warten jedoch häufig wochenlang, um diese Momente auf Film zu bannen. Südostalaska ist nun einmal eine Region mit viel Regen. Man sollte sich also auf Regen und Nebel mindestens während der Hälfte des Aufenthaltes einstellen. In einigen Gebieten ist der blaue Himmel – wenn überhaupt – nur einmal pro Woche zu sehen. Das kühle maritime Klima bringt im Sommer viel Regen und im Winter Regen und Schnee. Die meisten Städte in Südostalaska verzeichnen mehr als 200 Zentimeter Regen pro Jahr, wobei die Stadt Ketchikan mit 411 Zentimetern Regen pro Jahr eine Spitzenstellung einnimmt. Das ergibt im Durchschnitt 1,2 Zentimeter Regen an jedem Tag des Jahres. Den absoluten Rekord hält der kleine Fischerort Port Alexander auf der Insel Baranof mit 560 Zentimeter Regen pro Jahr. Das unterschiedliche Wetter spiegelt auch die topographischen Verschiedenheiten Südostalaskas wider. So verzeichnet die Skagway sehr wenig Regenfall, während ein paar Kilometer weiter an den Bergspitzen entlang der kanadischen Grenze eine Regenmenge von etwa 400 Zentimeter pro Jahr gemessen wird. Glücklicherweise fallen im Juni, Juli und August die geringsten Niederschlagsmengen.

Die Bewohner haben gelernt, mit dem Regen zu leben, den sie »flüssigen Sonnenschein« nennen. Regenschirme sieht man hier kaum, dagegen sind regenfeste Kleidung und rote Gummistiefel für fast jede Gelegenheit passend. Nicht von ungefähr wird in Südostalaska auch die beste Regenkleidung verkauft. Im Gespräch mit Einheimischen findet man schnell heraus, daß sie dem Regen sogar eine gewisse Zuneigung entgegenbringen. Schließlich sorgt der Regen nicht nur für das üppige Grün der Landschaft und einen scheinbar unerschöpflichen Bestand an Lachsen, er erspart auch einen möglichen Zuzug von weniger Wetterfesten.

■ DIE MENSCHEN

In Südostalaska leben heute insgesamt nur 650 Menschen, fast die Hälfte davon in Juneau. Der Rest verteilt sich auf rund zwei Dutzend sehr einsam gelegene Städte und Siedlungen entlang der Inside Passage. Die Wirtschaft basiert vorwiegend auf dem Fischfang, der Holzindustrie und dem Tourismus. Die Orte sind auf das Wasser nicht nur wegen des Fischfangs angewiesen, sondern auch wegen der Holzstämme, die darauf zu den Sägewerken transportiert wer-

Unterbringung

den. 95 Prozent aller Güter werden mit Schiffen nach Südostalaska gebracht. Und auch die meisten Touristen reisen mit Kreuzfahrtschiffen oder Fähren an. Südostalaska entspricht ziemlich genau dem Heimatgebiet der Tlingit-Indianer (ausgesprochen: »Klink-it«). Sichtbare Zeichen ihrer Kultur sind noch immer vorhanden, sowohl authentisch als auch für Touristen geschaffen. In fast jeder Stadt steht mindestens ein Totempfahl, in einigen sind Dutzende zu sehen. Das Kunsthandwerk der Tlingit besteht vorwiegend aus Schnitzereien, Perlenstickereien, Mokassins aus Seehundleder und Silberschmuck. Nicht dazu gehören die »Ulus«, die Puppen der Inuit, und andere Utensilien, die in den Souvenirgeschäften verkauft werden.

■ UNTERBRINGUNG

In den Sommermonaten wird Südostalaska überschwemmt von Touristen und Tausenden junger US-Amerikaner, die einen Job suchen. Die Übernachtungsmöglichkeiten sind sehr begrenzt. Wenn man nicht zeltet oder in Jugendherbergen übernachtet, muß man in dieser Zeit mindestens $55 für ein Einzelzimmer und $65 für ein Doppelzimmer mit Gemeinschaftsbad veranschlagen. Eine ausgezeichnete Alternative sind die vielen Privatpensionen in ganz Südostalaska. Für C$3 kann man eine Aufstellung mit den Adressen und Preisen bei der **Alaska Bed and Breakfast Association** (369 South Franklin, Suite 200, Juneau, AK 99801, Tel. +1(907)586-2959) anfordern.
Hinzu kommen viele Campingplätze und in den größeren Orten auch Jugendherbergen. Viele von ihnen sind jedoch nur in der Hauptsaison von Mitte Mai bis Mitte September geöffnet. Campen darf man überall im Tongass National Forest, ausgenommen in den Gebieten, die Tagesbesuchern vorbehalten sind. Demgegenüber ist das Campen in öffentlichen Anlagen innerhalb der Stadtgrenzen in der Regel untersagt. Wer über etwas mehr Geld verfügt, kann sein Haupt

Südostalaska

auch in besonders exklusiven Quartieren zur Ruhe betten. Dazu zählen abgelegene Lodges und Ferienanlagen in großartiger Landschaft und mit gutem Service.

■ AN- UND WEITERREISE

Besucher kommen auf drei Wegen nach Südostalaska: mit Kreuzfahrtschiffen, mit Flugzeugen oder auf einer Fähre. Kreuzfahrtschiffe sind die mit Abstand beliebtesten Transportmittel: Jährlich entscheiden sich mehr als 5000 Touristen für diese Urlaubsform. Mit den kleineren Schiffen, wie denen von **Alaska Sightseeing/Cruise West**, sind die Fahrten intimer und mehr auf die Natur ausgerichtet, aber auch sehr kostspielig. Mit ein wenig Planung kann man dieselben Orte für weniger Geld besuchen. Individualreisende entscheiden sich häufig für die Anreise mit dem Flugzeug. Tägliche Flüge ab Seattle nach Juneau, Ketchikan, Wrangell, Petersburg, Sitka und Gustavus bietet **Alaska Airlines**. Wasserflugzeuge verbinden diese Städte dann mit weiteren Orten im Südosten von Alaska und ermöglichen so Zugang zu den abgelegenen Orten wie Elfin Cove, Tokeen und Port Alexander. Einzelheiten über diese Verbindungen findet man in den folgenden Abschnitten.

Alaska Marine Highway

Nur drei Orte in Südostalaska sind mit dem Rest des Kontinents durch Straßen verbunden: Haines, Skagway und Hyder. Alle anderen, auch die Hauptstadt Juneau, sind nur mit dem Schiff oder per Flugzeug zu erreichen. Die fehlenden Straßen haben zur Folge, daß ein ausgedehntes Netz mit öffentlichen Fähren zur Verfügung steht. Es ist heute das am besten ausgebaute Fährnetz der westlichen Hemisphäre und das längste der Welt. Die meisten dieser Fähren verkehren zwischen Prince Rupert in British Columbia und Skagway ($124) und legen unterwegs in den größeren Orten an. Einmal wöchentlich besteht auch eine Fährverbindung zwischen Bellingham (Washington) bis hinauf nach Skagway ($246). Weniger häufig genutzt, obwohl landschaftlich ebenso schön, wird die wöchentliche Sommer-Fährverbindung von Hyder/Stewart aus. In den Sommermonaten sind die größeren Städte durch täglich verkehrende Fährschiffe miteinander verbunden, während man in den kleineren Siedlungen manchmal bis zu zwei Wochen auf die nächste Fähre warten muß.

■ HISTORISCHES

Eine der ersten Amtshandlungen der neu berufenen Regierung 1959 war der Aufbau eines staatlichen Fährnetzes. Bis dahin bestand das Fährnetz aus einem einzigen Boot, der 30 Meter langen *Chilkat*. Als 1960 ein entsprechendes Gesetz verabschiedet worden war, wurden drei neue Schiffe in Auftrag gegeben: *Matanuska, Malaspina* und *Taku*. In den Siebzigern folgten die *Tustumena, Bartlett, Le Conte* und das Flaggschiff *Columbia* (130 Meter lang, 1000 Passagiere). 1977 kam die *Aurora* hinzu, und die Reederei plant für die nächsten Jahre weitere Schiffseinsätze.

■ DAS FÄHRNETZ

Südostalaska wird von den Fähren *Columbia, Malaspina, Matanuska, Taku, Le Conte* und *Aurora* angelaufen. Die *Tustumena* und die *Bartlett* verkehren nur zwischen Häfen

Alaska Marine Highway

im südlichen zentralen Alaska. Die kleineren Schiffe *(Le Conte* und *Aurora)* halten den Fährdienst zu den weiter entlegenen Orten wie Hoonah, Pelican und Angoon aufrecht. Alle Schiffe befördern auch Autos und haben an Bord eine Cafeteria. Die Duschen können kostenlos benutzt werden (ausgenommen auf der *Bartlett).* Auf den größeren Schiffen stehen Kabinen und etwas geräumigere Einrichtungen zur Verfügung. Die *Le Conte* und die *Aurora* steuern ruhigere Orte an, die vom Tourismus noch im wesentlichen unberührt sind. An Bord dieser kleineren Schiffe hat man schnell Gelegenheit, mit Einheimischen in Kontakt zu kommen. Die meisten Fährterminals öffnen eine oder zwei Stunden vor Ankunft der Schiffe und schließen nach deren Abfahrt. Es gibt eine Gewichtsbeschränkung für das Gepäck von 50 Kilogramm pro Person. Das wird aber eigentlich nur dann eng gesehen, wenn man um einiges über dieser Freigepäckgrenze liegt oder das Schiff ausgebucht ist.

Viele Reisende halten eine Fähre für ein schwimmendes Motel – einen Ort, um Naßgewordenes zu trocknen, zu waschen, zu entspannen, zu schlafen oder auch andere Menschen zu treffen, während man sich zur gleichen Zeit neuen Sehenswürdigkeiten und Abenteuern nähert. Gemessen am allgemeinen Preisniveau in Alaska ist die Kost auf den Fähren relativ preiswert und akzeptabel. Um Geld zu sparen, versorgen sich jedoch viele Reisende schon vor der Abfahrt mit Lebensmitteln.

Eine Kabine bietet Privatsphäre und die Chance, vom hektischen Treiben im Hochsommer etwas Abstand zu halten. Zur Auswahl stehen verschiedene Kabinentypen, alle Kabinen der Schiffe von Southeast Ferries verfügen über ein eigenes Bad mit Dusche (ausgenommen *Tustumena).* Die Preise liegen bei $227 für eine Zweibettkabine von Prince Rupert nach Haines. Diese Preise verstehen sich zuzüglich der normalen Fährpassage.

Wer sich am Schnarchen anderer nicht stört, kann viel Geld sparen. An Bord ist immer genug Platz, um den Schlafsack auszurollen. Dies ist in der sogenannten Recliner-Lounge, einem überdachten Raum mit Flugzeugsitzen, sowie im Solarium, im rückwärtigen Teil des Schiffes, möglich. Ein Großteil dieses Solariums ist überdacht und wird beheizt. Außerdem gibt es dort einige Liegen, auf denen man sitzen und schlafen kann. Es ist an Bord der Treffpunkt der Rucksackreisenden, der Individualtouristen, der Arbeiter in den Konservenfabriken und der Basketball-Teams von Oberschulen. Das Solarium ist so beliebt, daß in einigen Häfen (insbesondere Bellingham) buchstäblich ein Ansturm auf einen der Plätze beginnt. Um dort einen Sitzplatz zu bekommen, muß man sich schon fünf Stunden vorher anstellen. Macht außerdem das Wetter mit, kann man auf dem nicht überdachten Teil des Solariums schnell die Entstehung einer Zeltstadt mitansehen.

Zwischen Anfang Juni und dem Labor Day (erster Montag im September) sind Mitarbeiter des Forest Service an Bord folgender Schiffe: *Columbia, Malaspina, Matanuska* und *Taku.* Die geschulten Mitarbeiter zeigen Videos und Dias, organisieren Spielshows, beantworten Fragen und geben Einblick in die Arbeit des Forest Service. Hier erhält man auch eine Karte des **Tongass National Forest** ($4).

Die aktuellen Fahrpreise entnimmt man der Liste *Southeast Alaska Ferry Passenger Chart* entnehmen oder ruft die Homepage des State of Alaska auf (http://www.state.ak.us).

Südostalaska

Reservierungen für Fährfahrten kann man in den USA unter Tel. (800)642-0066 vornehmen oder schriftlich über Alaska Marine Highway, P.O. Box 25535, Juneau, AK 99802-5535. Reservierungen für den Sommer sind frühestens im Dezember des Vorjahres möglich. Wenn man mit dem Auto unterwegs ist, sollte man unbedingt frühzeitig reservieren. Vor der Abfahrt ist es empfehlenswert, am Fährterminal nochmals nachzufragen, ob die Fähre planmäßig abfährt. Ist eine Mitfahrt in Bellingham nicht mehr möglich, fährt man einfach mit einer Fähre nach Victoria, nimmt dort den Bus nach Port Hardy und bucht dann eine Fährpassage nach Prince Rupert. Es ist zwar etwas kostspieliger, aber auch interessanter. Wer in Prince Rupert oder in Südostalaska ohne Fahrzeug an Bord geht, benötigt keine Reservierung. Die einzige Ausnahme bildet die Hauptreisezeit Mitte August, während der die staatliche Messe Südostalaskas stattfindet und für alle Verbindungen nach Haines und in den Prince William Sound Reservierungen vorgeschrieben sind. Für die Mitnahme von Fahrrädern, Kanus, Kajaks und Schlauchbooten wird eine zusätzliche Gebühr von bis zu $ 41 berechnet.

Tongass National Forest

Dreimal größer als jeder andere Nationalwald Amerikas ist der Tongass National Forest. Auf einer Fläche von 680 Quadratkilometern befinden sich atemberaubende Küstenwälder, Dutzende von Gletschern, schneebedeckte Gipfel, eine Vielzahl von wilden Tieren sowie Hunderte von grünen Inseln. Hier wurde die nahezu unberührte Schönheit der Landschaft erhalten, die andernorts schon lange verlorenging. 1902 wurde das Naturschutzgebiet zunächst Alexander Archipelago Forest Reserve benannt, aber bereits 1907 von Präsident Theodore Roosevelt in Tongass National Forest umgetauft. In späteren Jahren konnte das Gebiet noch erweitert werden und umfaßt heute den größten Teil des »Pfannenstiels« (fast 95 Prozent der Landfläche von Südostalaska gehört dem Staat).

■ AKTIVITÄTEN

Für Naturfreunde ist der Tongass National Forest ein wahres Paradies. Hier gibt es Dutzende von Wanderwegen. Über 1700 Kilometer Straßen für den Holztransport warten auf Mountainbiker, die sich nicht von den Transportern abschrecken lassen. Auf den Inseln gibt es Hunderte von wunderschönen Seen, an vielen liegen Hütten des Forest Service. Angler können in den Seen, aber auch im Meer und in den zahlreichen Flüssen Lachse und Forellen fangen. Für Bootsfahrer ist die Inside Passage von Alaska ein Paradies. Bei Kajakfahrern besonders beliebt sind das National Monument Misty Fjords, der Glacier Bay National Park und die Gewässer um Sitka und Juneau. Außergewöhnlich gute Möglichkeiten für Kajakfahrten auf dem Meer gibt es aber auch überall sonst in Südostalaska. Wer ein Kajak für Fahrten auf dem Meer besitzt, nimmt es einfach mit, da man es auch auf den Fähren transportieren kann. Informationen hierzu geben die Mitarbeiter in den örtlichen Büros des Forest Service.
Da weniger als fünf Prozent der Landfläche von der Holzwirtschaft ausgebeutet oder in irgendeiner anderen Weise erschlossen wurde, ist es gar nicht nötig, eine offiziell als unberührt bezeichnete Gegend in Südostalaska zu suchen. Mit den 21 zugänglichen

Gebieten stehen mehr als 200 Quadratkilometer innerhalb des National Forest zur Verfügung. Zu den größten zählt das **Misty Fjords National Monument** (8500 Quadratkilometer) in der Nähe von Ketchikan und das **Admiralty Island National Monument** (3900 Quadratkilometer) unweit von Juneau. Weitere Gebiete sind **Tracy Arm-Ford's Terror** (2650 Quadratkilometer), südlich von Juneau, **Stikine-Le Conte** (1800 Quadratkilometer), unweit von Wrangell, **Russell Fjord** (1400 Quadratkilometer), unweit von Yakutat, **South Baranof** (1300 Quadratkilometer), südlich von Sitka, und **West Chichagof-Yakobi** (1100 Quadratkilometer) bei Pelican. Durch den Tongass Timber Reform Act von 1990 kamen sechs neue Gebiete mit einer Fläche von mehr als 1200 Quadratkilometer hinzu.

Einige der Schutzgebiete auf den etwas abgelegeneren Inseln vor der Westküste von Prince of Wales (Coronation, Maurell und Warren Island) sind dem offenen Meer ausgesetzt und daher während des größten Teils des Jahres nicht erreichbar, noch nicht einmal mit dem Wasserflugzeug. Einigermaßen gut zu erreichen sind dagegen Stikine-Le Conte, Admiralty Island, Russell Fjord und Petersburg Creek-Duncan Salt Chuck. Ausgebaute Wanderwege und Kanu- bzw. Kajakrouten findet man in Misty Fjords, Admiralty Island, Stikine-Le Conte, Tebenkof Bay und Petersburg Creek-Duncan Salt Chuck.

■ UNTERBRINGUNG

Der Verwaltung des Tongass National Forest unterstehen mehr als 145 Hütten im Südosten Alaskas. Sie sind eine wundervolle Möglichkeit, das pure Alaska zu erleben. Die meisten Hütten sind rustikal, mit nur einem einzigen Raum in der Größe von etwa 16 Quadratmetern. Sie bieten ausreichend Platz für vier bis sechs Personen. Im allgemeinen sind die Hütten mit einem Holzofen, bei dem das Feuerholz bereits zur Verfügung steht (einige Hütten haben aber auch Ölöfen), einer Toilette neben dem Haus und Ruderbooten (bei Hütten, die an Seen liegen) ausgestattet. Für Übernachtungen in einer solchen Hütte muß man sein eigenes Bettzeug, Kochutensilien, Kocher, Lebensmittel, Taschenmesser, Kartenspiel, Feuerzeug und Streichhölzer mitbringen. Viele dieser Hütten sind nur mit dem Wasserflugzeug erreichbar. Die Flüge können sehr teuer werden, da man im Durchschnitt für eine Flugstunde in einer Cessna 185 (Platz für zwei Personen samt Ausrüstung) $280 und in einer Beaver (Platz für fünf Personen samt Ausrüstung) $400 bezahlen muß. Auch wenn man knapp bei Kasse ist, sollte man sich dieses Erlebnis nicht entgehen lassen. Ein paar Hütten kann man auch auf dem Wanderweg von der Stadt aus erreichen (in Ketchikan, Petersburg und Juneau). Wer ohnehin einmal in Alaska einen Rundflug geplant hat, kann dies sehr gut mit einem Aufenthalt in einer dieser Hütten verbinden. Erst aus der Vogelperspektive bekommt man einen wirklichen Eindruck von der Weite dieses Landes.

Die Reservierung solcher Hütten kann man persönlich in jedem Ranger-Büro vornehmen (Ketchikan/Misty Fjords, Thorne Bay, Craig, Wrangell, Petersburg, Sitka, Hoonah, Juneau/Admiralty Island oder Yakutat). Ansonsten wendet man sich an die unten aufgelisteten Büros. Der Forest Service berechnet für eine Übernachtung $25, wobei dieser Betrag ausschließlich der Erhaltung dieser Einrichtungen dient. Die Vergabe der Hütten erfolgt nach der Reihenfolge der eingegangenen Anmeldungen.

Südostalaska

Bei bevorzugten Hütten gleicht dieses Verfahren jedoch einer Lotterie. Die Reservierung ist sechs Monate im voraus möglich. Kreditkarten werden bisher noch nicht akzeptiert. Broschüren des Forest Service zeigen alle Freizeitmöglichkeiten in der Umgebung der Hütten. Außerdem gibt es Karten des Tongass National Forest, in denen die Hütten des Forest Service eingezeichnet sind ($4). Weitere Informationen erhält man beim **Forest Service Information Center** (Centennial Hall at 101 Egan Drive, Juneau, AK 99801, Tel. +1(907)586-8751) oder beim **Southeast Alaska Visitor Center** in Ketchikan (Tel. +1(907)228-6220).

Ketchikan

Für viele Besucher, die zum ersten Mal hier sind, ist Ketchikan nach der 36stündigen Überfahrt von Bellingham das Tor nach Alaska. Auf der Fahrt hören die Reisenden von den Mitarbeitern des Forest Service die Geschichten über die Männer der ersten Stunde und sehen die Städte der Holzfäller und das üppige Grün der Inseln, die zu British Columbia gehören, vorüberziehen.

Die fünftgrößte Stadt von Südostalaska (8000 Einwohner und 6000 weitere in der Umgebung) bezeichnet sich selbst als »Alaskas erste Stadt«. Und sogar die Postleitzahl 99901 scheint das zu bekräftigen. Viele Passagiere legen in Ketchikan einen Stop ein, anstatt weiter in Richtung Juneau und die nördlicheren Orte zu hetzen. Da das Stadtzentrum gut drei Kilometer vom Fähranleger entfernt ist, bleibt den Kurzzeitbesuchern nur eine sehr oberflächliche Busrundfahrt oder ein Weg zu den Supermärkten, um Vorräte einzukaufen. Dabei verdient Ketchikan mit seiner grandiosen Landschaft, den schönen Wanderwegen, ungewöhnlichen Museen, der größten Sammlung von Totempfählen auf der ganzen Welt, dem belebten Stadtkern und den berühmten Misty Fjords mehr als nur einen kurzen Zwischenstop.

Etwa 145 Kilometer nördlich von Prince Rupert, auf der Insel Revillagigedo, liegt Ketchikan an einem steilen Hang entlang der Tongass Narrows. Den komplizierten Inselnamen kürzen die Einheimischen mit »Revilla« ab. Die Stadt selbst ist gut fünf Kilometer lang und drei Blocks breit. Sie zieht sich in ununterbrochener Linie am Ufer entlang, beginnend beim Fähranleger, und reicht bis hinter Thomas Basin. Die Tongass Avenue ist die einzige Durchgangsstraße der Stadt, und die geschäftigste im ganzen Staat.

Ein Großteil von Ketchikan wurde auf aufgeschüttetem Grund erbaut. Teilweise stehen die Häuser auch auf Pfählen über dem Wasser oder schlängeln sich entlang der steilen Hänge. Die Straßen, die zu den Häusern in den Hügeln führen, sind kurvenreich. In den drei kleinen Bootshäfen drängen sich die Fischerboote (in Ketchikan gibt es fast so viele Boote wie Autos), und die beiden Konservenfabriken und die Tiefkühlanlagen arbeiten den Sommer über auf Hochtouren. Mit mehr als 400 Zentimeter Niederschlag pro Jahr gehört die Umgebung von Ketchikan zu den regenreichsten Gebieten Alaskas. Die Wettervorhersage für Ketchikan ist sehr einfach: Wenn man die Spitze des Deer Mountain nicht sehen kann, regnet es. Kann man sie sehen, wird es bald regnen.

■ HISTORISCHES

Der Name Ketchikan stammt von dem Tlingit-Wort *Kitcxan* und wird im allgemeinen

Ketchikan

mit folgender Bedeutung übersetzt: »dort, wo die Flügel des Adlers sind.« Das bezieht sich auf die Form der Landzunge an der Mündung des Creeks. In dieser Landzunge legte man in den dreißiger Jahren den Thomas-Basin-Bootshafen an. Einem Gerücht zufolge fand man beim Bau des Hafens einige Leichen. 1885, als Ketchikan noch eine der jüngsten, aber schon größeren Städte in Südostalaska war, wurde an der Mündung des Ketchikan Creek die erste lachsverarbeitende Fabrik eröffnet. In den dreißiger Jahren dieses Jahrhunderts hatte Ketchikan bereits den Beinamen »Lachshauptstadt der Welt« erworben. Schließlich gab es hier mittlerweile 13 Fabriken. Zudem war Ketchikan damals die größte Stadt in Alaska. Überfischung führte in den vierziger Jahren zu einem starken Rückgang der Lachse. Ein Jahrzehnt später erhielt die Stadt eine Zellstoffabrik und wurde zu einem Zentrum der Holzindustrie. 1997 jedoch wurde die Zellstoffabrik geschlossen. Durch strikte Fischfangbeschränkungen hat sich die Fischfangindustrie inzwischen wieder erholt und erlebt einen neuen Aufschwung.

Als neuer Wirtschaftszweig spielt der Tourismus heute eine nicht unbedeutende Rolle. So steigt die Zahl der Besucher auf den Kreuzfahrtschiffen, die Ketchikan anlaufen, jedes Jahr und liegt inzwischen bei rund 5000 pro Jahr. So kann es passieren, daß in der Hochsaison ein halbes Dutzend Kreuzfahrtschiffe im Tongass Narrows vor Anker liegen. Die Innenstadt ist dann vollkommen überlastet.

■ **IM STADTZENTRUM**

Klein, aber sehr interessant ist das in der Bibliothek befindliche **Tongass Historical**

Südostalaska

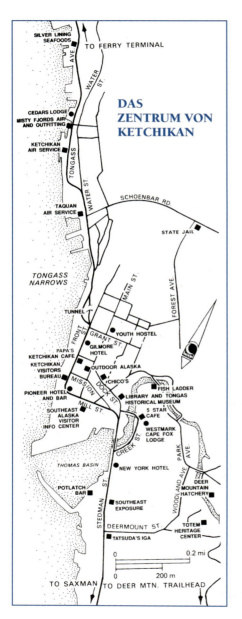

DAS ZENTRUM VON KETCHIKAN

Museum (629 Dock Street, Tel. +1(907)225-5600; von Mitte Mai bis September täglich von 8 bis 17 Uhr, im Winter mittwochs bis freitags von 13 bis 17 Uhr, am Wochenende von 13 bis 16 Uhr; $2). Das Museum enthält Gegenstände der einheimischen Geschichte sowie eine Ausstellung über die hiesige Kultur und den Fischfang.

Vor dem Museum steht der Totempfahl **Raven Stealing the Sun** und nicht weit entfernt der **Chief Johnson Pole** (eine ältere Version steht im Totem Heritage Center).

Der kleine **Whale Park** liegt an der Kreuzung, an der sich auch das Büro des Forest Service befindet. Hier steht auch der 1993 errichtete **Chief-Kyan-Totempfahl**. Der Sage nach verhalf der Vorgänger dieses Totempfahls jedem, der den Totempfahl berührte, zu einem Geldsegen. Es lohnt sich bestimmt, sein Glück auch einmal an diesem neuen Glücksbringer zu versuchen.

Einige der vielen langen **Treppen** Ketchikans, die zu den Häusern oben auf den Hügeln führen, sollte man erklimmen. Die besten Ausgangspunkte für einen solchen Spaziergang sind der Tunnel an der Ecke Front Grant Street sowie an der Kreuzung Main und Pine Street.

Um den malerischen Bootshafen **Thomas Basin** zu erreichen, wendet man sich in der Thomas Street nach rechts, und zwar unmittelbar hinter dem Gebäude der Heilsarmee (Salvation Army).

Und wenn man schon einmal in der Gegend ist, sollte man auch die **Potlatch Bar** ansteuern, wo man Billard spielen oder mit den einheimischen Fischern ein Bier trinken kann.

Weiter unten in der Stedman Street kann man einen Blick auf das farbenfrohe Wandgemälde am Ketchikan Community College werfen. Es trägt den Titel **Return of the**

Ketchikan

Eagle (Rückkehr des Adlers) und wurde 1978 von Ray Troll und 25 einheimischen Kindern gemalt.

■ CREEK STREET

Der bekannteste und am häufigsten fotografierte Stadtteil von Ketchikan ist das Viertel mit den Pfahlbauten entlang des Ketchikan Creek. Die Häuser sind durch einen Bohlenweg miteinander verbunden, von dem aus man einen schönen Blick auf den Creek hat. Wo sich heute ein Souvenirladen an den anderen reiht, war früher der Rotlichtbezirk. In der Zeit der Prohibition bestand hier die einzige Möglichkeit, sich mit Alkohol zu versorgen. Die Prostitution an der Creek Street endete 1954. Das berühmte Haus von **Dolly Arthur** wurde in ein Museum umgewandelt ($3). Es ist allerdings nur geöffnet, wenn Kreuzfahrtschiffe im Hafen liegen.

Ein **Cable Car** verbindet die Creek Street mit der luxuriösen Westmark Cape Fox Lodge, von wo aus sich ein beeindruckender Blick über Ketchikan und die Tongass Narrows bietet.

■ TOTEM HERITAGE CENTER

Eine der bedeutendsten Sehenswürdigkeiten dieser Region ist das Totem Heritage Center (Tel. +1(907)225-5900; Mitte Mai bis September täglich von 8 bis 17 Uhr, im Winter von Dienstag bis Freitag jeweils von 13 bis 17 Uhr; $3,50, Kinder bis fünf Jahre frei). Es liegt knapp einen halben Kilometer vom Stadtzentrum entfernt an der Deermount Street. Das Zentrum wurde 1976 gegründet, um eine Sammlung von 33 echten Totempfählen und Hauspfosten zu retten, die man in verlassenen Siedlungen gesammelt hatte.

Anders als die übrigen Totempfähle der Gegend sind diese nicht bunt angemalt. Es handelt sich auch nicht um Kopien oder restaurierte Stücke. Die Exemplare wurden vor einem Jahrhundert geschnitzt, um die alltäglichen Begebenheiten und Legenden der Tlingit- und Haida-Indianer festzuhalten. Führer beantworten bereitwillig alle Fragen. Sie zeigen auch ein kurzes Video, das die Konservierung der Totempfähle zeigt. Während der Wintermonate werden in dem Zentrum besondere Kurse im Schnitzen, Korbflechten sowie in anderen kunsthandwerklichen Arbeiten der Einheimischen angeboten. Um das Gebäude herum verläuft ein kurzer Wanderweg mit Hinweisen auf die heimischen Pflanzen.

■ KUNST UND HANDWERK

Unglaublich, aber wahr: Ketchikan beherbergt eine Vielzahl von echten Künstlern und hat es sogar in die Hitliste der »100 besten kleinen Kunststädten in Amerika« geschafft. Wegen der Touristen ist die Innenstadt vollgestopft mit Hunderten von Souvenirläden mit wertlosen Kunstgegenständen für Menschen, die es eigentlich besser wissen müßten.

Zu den besseren Plätzen gehören **Alaska Eagle Arts** im 5-Star-Gebäude in der Creek Street (Tel. +1(907)225-8365) sowie **Soho Coho** (Tel. +1(907)225-5964), nur die Treppenstufen hinauf. Letzteres gehört Ketchikans bekanntestem und verrücktestem Künstler, Ray Troll. T-Shirts mit seinen Designs findet man im ganzen Westen.

■ DEER-MOUNTAIN-FISCHZUCHT

Vom Totem Heritage Center erreicht man über eine Fußgängerbrücke die Fischzucht-

Südostalaska

anstalt Deer Mountain Hatchery am Ketchikan Creek. Hinweistafeln erklären und veranschaulichen den Prozeß des Laichens und der Aufzucht der Lachse. Die Königslachse kommen aus dem Pazifischen Ozean hierher, um im Spätsommer zu laichen. Über eine **Fischleiter**, die von der Brücke an der Park Avenue zu sehen ist, gelangen sie hinter die Wasserfälle. Im Spätsommer sieht man die Lachse, die sich im Creek tummeln. Eine weitere gute Stelle, um sich Lachse anzusehen, ist der Hoadly Creek, etwa 800 Meter südlich vom Fährterminal.

■ TOTEM BIGHT STATE HISTORICAL PARK

Der 13 Kilometer nordwestlich des Fähranlegers gelegene Park zeigt 15 Totempfähle der Haida und Tlingit sowie eine realistische Nachbildung eines Stammeshauses mit bunt bemalter Fassade und dem Geruch von Zedernholz im Inneren. Sämtliche Totempfähle wurden von 1938 bis 1941 geschnitzt und sind alten Stücken nachempfunden. Obwohl jeden Sommer Hunderte von Ausflugsbussen hierherfahren, besteht keine Verbindung mit öffentlichen Verkehrsmitteln.

■ SAXMAN

Dieses Indianerdorf, ironischerweise nach einem weißen Lehrer benannt, liegt knapp acht Kilometer südlich von Ketchikan und ist zu Fuß oder mit dem Auto zu erreichen. Saxman besitzt die weltgrößte Sammlung von Totempfählen – mehr als zwei Dutzend. Die meisten Pfähle wurden in den dreißiger Jahren von ihren ursprünglichen Standorten hierhergebracht und von Einheimischen restauriert. Weitere Pfähle kamen 1982 hinzu. Der ungewöhnlichste Totempfahl trägt an seiner Spitze eine Abbildung von Abraham Lincoln. Begehrtestes Fotomotiv ist der Rock-Oyster-Totempfahl. Er erzählt die Geschichte eines Mannes, der ertrank, nachdem seine Hand in einer Auster eingeklemmt war.

Saxman (400 Bewohner) hat sich den Bedürfnissen des Tourismus mit dem Bau eines neuen Stammeshauses aus Zedern (**Beaver Clan House**) und eines Schuppens, in dem Masken, Totempfähle und andere Holzarbeiten geschnitzt werden, angepaßt. Der Besuch der Werkstatt (von Montag bis Freitag von 9 bis 16 Uhr; Eintritt frei) ist ein absolutes Muß, besonders wenn die Meister ihres Fachs, Nathan Jackson oder Israel Shotridge, bei der Arbeit zu sehen sind.

■ INFORMATIONEN UND DIENSTLEISTUNGEN

Das **Ketchikan Visitors Bureau** (141 Front Street, Tel. +1(907)225-6166) ist im Sommer von Montag bis Freitag von 8 bis 17 Uhr geöffnet, sowie am Wochenende von 7 bis 16 Uhr (wenn Kreuzfahrtschiffe im Hafen liegen, auch länger). Im Winter sind die Öffnungszeiten montags bis freitags von 8 bis 17 Uhr. Man sollte unbedingt den kostenlosen Stadtplan als Wegweiser zu den Sehenswürdigkeiten mitnehmen.

Ketchikan

Das hervorragende **Southeast Alaska Visitors Information Center** (SEAVIC, 50 Main Street, Tel. +1(907)228-6214; April bis Oktober täglich von 8.30 bis 16.30 Uhr, im Winter Dienstag bis Samstag von 8.30 bis 16.30 Uhr; $3, Kinder bis fünf Jahre frei) liegt ebenfalls am Dock. Dort findet man interessante Ausstellungen, einschließlich eines Querschnitts durch einen Regenwald, die einen Eindruck von Alaska und den dort ansässigen Menschen vermitteln. Die 13minütige Multimedia-Show ist ein absolutes Muß. Man erhält hier auch eine Übersichtskarte des Tongass National Forest ($4) und kann außerdem Reservierungen für die Hütten des Forest Service in der Umgebung von Ketchikan und in anderen Teilen des Tongass National Forest vornehmen.

Das Büro des **Forest Service** (3031 Tongass Avenue, Tel. +1(907)225-2148) für die Ranger-Stationen Ketchikan und die Misty Fjorde befindet sich knapp einen Kilometer südlich des Fähranlegers. Vor einer Wanderung oder einer Kajakfahrt in die Umgebung ist es sinnvoll, sich mit den Mitarbeitern des Forest Service zu unterhalten. Hier kann man außerdem Reservierungen für Hütten machen.

Das **Post Office** von Ketchikan liegt neben dem Fährterminal am nördlichen Ende der Stadt. Eine Zweigstelle befindet sich in der Great Alaskan Clothing Company in der 422 Mission Street.

Eine Dusche kann man im **Highliner Laundromat** (2703 Tongass Avenue) oder im **The Mat** (989 Stedman Street) nehmen. Besser ist es jedoch, wenn man zum Schwimmbad der High School in der Madison Street geht, wo man Schwimmbad, Sauna und die Duschen benutzen kann ($3–5, Rabatte für Kinder und Senioren). Schwimmen kann man auch in der Valley Park Grade School in Bear Valley. Im Lachsfang kann man sich am Mountain Point, rund neun Kilometer südlich von Ketchikan, versuchen.

Die meisten Einheimischen kaufen in der **Plaza Portwest Mall** ein, die sich mit einigen Dutzend Geschäften um Carrs und McDonalds herum erstreckt.

■ ESSEN

Auch wenn Ketchikan nicht gerade berühmt für seine exquisite Küche ist, gibt es Lokale, die einen Besuch lohnen. Sonntags von 9 bis 14 Uhr bekommt man in der **VFW Hall** (311 Tongass Street) ein amerikanisches Frühstück, von dem man bestimmt satt wird.

Das **The Landing Restaurant** gegenüber dem Fähranleger ist ein besonders beliebter Frühstückstreffpunkt.

Wer sich ausruhen und dabei über die Tongass Narrows blicken will, sollte sich ins **Coffee Connections** (521 Water Street) zu einem Espresso oder einem Stück Gebäck begeben.

Im **5-Star Cafe** an der Creek Street kann man frische Sandwiches, Suppen und Kaffee in den Räumlichkeiten eines ehemaligen Tanzlokals und Bordells bestellen.

Papa's Ketchikan Cafe (314 Front Street) offeriert Pizza, Salate, Suppen und Burger. Es ist nur mittags und abends geöffnet.

Im **New York Hotel Cafe** (207 Stedman Street) mit einer eindrucksvollen Espresso-Bar wird ein Meeresfrüchte-Gourmetessen kredenzt.

Annabelle's (326 Front Street) gewinnt im Rennen um die beste Atmosphäre unter den Restaurants in Ketchikan und offeriert ein unwiderstehliches Menü mit Fisch, Nudeln und Steaks. Man sollte auch nach den »Daily specials« fragen.

Südostalaska

Die besten Hühnchen-Sandwiches, Lachsburger und Hamburger bekommt man im kleinen **Burger Queen**, nördlich des Front-Street-Tunnels.

Héen Kahidi Restaurant and Lounge in der Cape Fox Westmark Lodge bietet hervorragende Fischgerichte und Steakessen mit riesigen Portionen. Die Preise orientieren sich an der hohen Qualität. Und zum Sonnenuntergang bietet sich ein herrlicher Ausblick.

■ UNTERHALTUNG

Mit vielen spendablen Fischern und keinen Extra-Kosten für ein Gedeck ist Ketchikan geradezu als Partystadt bekannt. Die Livemusik-Szene ändert sich zwar jedes Jahr, aber irgendetwas ist in der Innenstadt immer los. In der **Pioneer Bar** (122 Front Street) spielt oft eine Countryband. Es kann hier allerdings richtig rauh zugehen.

Wenn David Rubin und seine rockige Potlach Band in der völlig überfüllten **Potlach Bar** nahe dem Thomas Basin spielen, sollte man einen Abstecher dorthin machen.

Live-Musik gibt es auch in **Raven's Roost** und im **First City Saloon**. Im First City Saloon treten auch bekanntere Bands auf.

■ TERMINE

Mit einer Parade, einem großen Feuerwerk und dem **Timber Karneval** begeht Ketchikan alljährlich die Feierlichkeiten zum amerikanischen Nationalfeiertag am 4. Juli. Zu diesem Karneval gehören das Werfen von Äxten, das Klettern auf Pfähle sowie eine ganze Reihe von Sägewettbewerben. Das Spektakel endet mit einem aufregenden Fällen von Holzpfählen.

Am zweiten Samstag im August findet das **Blueberry Arts Festival** statt. Auf dem Festprogramm stehen Schneckenrennen, Wettbewerbe im Kuchenessen sowie Ausstellungen einheimischer Kunst, Kunsthandwerk und Darbietungen von Folk Music.

Außerdem richtet Ketchikan in jedem Sommer zwei Angelwettbewerbe um Königslachse und einen Wettbewerb im Heilbuttfangen aus.

Die **Winter Arts Faire** am Wochenende nach Thanksgiving ist eine gute Möglichkeit, lokales Kunsthandwerk zu erstehen.

Das **Festival of the North** bietet Musikveranstaltungen, Kunstdarbietungen und verschiedene Workshops.

■ UNTERBRINGUNG

Das **Ketchikan Youth Hostel** befindet sich in Ketchikan im Untergeschoß der Methodistischen Kirche (Grant Street/Ecke Main Street, Tel. +1(907)225-3319). Mitglieder zahlen $8 für eine Übernachtung, Nichtmitglieder $11 (Matratzen auf dem Fußboden, maximal vier Nächte). Das Youth Hostel steht vom Memorial Day bis zum Labour Day von 18 bis 9 Uhr morgens zur Verfügung. Geschlossen wird um 23 Uhr. Kommt die Fähre nach 23 Uhr an, ruft man einfach an. Die Mitarbeiter sind äußerst freundlich und bieten kostenlos Kaffee an. Außerdem kann man die Küche mitbenutzen und duschen.

Eine andere preisbewußte Alternative ist das **Rain Forest Inn** (2311 Hemlock Street, Tel. +1(907)225-7246; $25 pro Nacht im Schlafsaal. Platz ist für 14 Männer, aber keine Frauen – typisch für die demographischen Gegebenheiten in Alaska. Frauen oder Paare können sich ein Zimmer teilen ($35) oder ein eigenes Zimmer ($47 pro Person) buchen. Auf jeden Fall muß rechtzeitig reserviert werden.

Ketchikan

Zu den schöneren Unterkünften zählen die rund zwanzig Bed-and-Breakfast-Pensionen wie z. B. das **Innside Passage B&B**, **Captain's Quarters B&B**, **House of Stewart B&B** und **Oyster Avenue B&B**. Gebucht wird über den Ketchikan Reservation Service (Tel. +1(907)247-5337).

In liebevoll restauriertem Zustand zeigt sich das historische **New York Hotel** mit seinen acht Zimmern (Tel. +1(907)225-0246).

Wer knapp bei Kasse ist und für eine Woche oder länger ein Quartier sucht, sollte es im **Union Rooms Hotel** (319 Mill Street, Tel. +1(907)225-3580) versuchen. Man sollte sich die Zimmer jedoch erst ansehen, bevor man bezahlt.

Am anderen Ende des Preisspektrums ist die exklusive **Westmark Cape Fox Lodge** (Tel. +1(907)225-8001).

In Ketchikan gibt es keine Campingplätze. Im Notfall kann man es jedoch im kleinen Stadtpark ein paar Blocks bergauf oder direkt gegenüber vom Fährbahnhof versuchen. Das Zelt darf aber auf keinen Fall tagsüber stehenbleiben.

In dem landschaftlich reizvollen Gebiet um den Ward Lake unterhält der Forest Service drei ausgezeichnete Campingplätze. Alle verfügen über fließendes Wasser, Toiletten und Picknicktische. Für Reservierungen werden zusätzlich $8,25 berechnet. Die maximale Aufenthaltsdauer beträgt eine Woche. Von der Stadt aus erreicht man diese Campingplätze relativ einfach. Vom Fähranleger sind es acht Kilometer in nördlicher Richtung. Kurz vor der Holzfabrik an der Ward Creek Road biegt man nach rechts ab. Eine ausgezeichnete Gelegenheit, Seeadler und Lachse zu beobachten, bietet sich bei Ward Cove. Der erste und auch beliebteste Campingplatz ist der **Signal Creek Campground**. Man erreicht ihn über einen etwa einen Kilometer langen Weg entlang des Seeufers ($8). Noch ein Stück weiter liegt der **CCC Campground** ($8). Dieser Campingplatz ist als einziger auch im Winter geöffnet. Noch zweieinhalb Kilometer weiter erreicht man den **Last Chance Campground** ($10).

■ AN- UND WEITERREISE

Der Fähranleger befindet sich rund drei Kilometer nordwestlich der Stadt, gleich neben der Post (Tel. +1(907)225-6182). Das Terminal ist jeweils Montag bis Freitag von 9 bis 16.30 Uhr und außerdem dann geöffnet, wenn Fähren im Hafen anlegen. Im Sommer besteht zwei- bis dreimal im Monat eine **Fährverbindung** nach Hyder/Stewart ($40) und fast täglich nach Prince Rupert ($38), Hollis ($20), Metlakatla ($14), Wrangell ($24) und anderen Orten im Norden. Einmal gibt es auch eine Fährverbindung nach Bellingham ($164).

Der **Stadtbus** fährt montags bis freitags von 5.30 bis 21.30 Uhr sowie samstags von 6.45 bis 19 Uhr halbstündlich vom Fähranleger in die Innenstadt ($1). Fahrpläne sind im Fremdenverkehrsbüro erhältlich. In der Stadt kann man den Bus an der Bücherei oder beim Tunnel an der Ecke Front und Grant Street besteigen. Die örtlichen Ausflugsbusse, die zweistündige Stadtrundfahrten anbieten, findet man in der Regel direkt am Fähranleger oder man bucht ein Ticket im Fremdenverkehrsbüro. Die Preise beginnen bei $15.

Die lokalen Taxiunternehmen sind **Alaska Cab Co.** (Tel. +1(907)225-2133), **Sourdough Cab** (Tel. +1(907)225-5544) und **Yellow Taxi** (Tel. +1(907)225-5555). Eine Fahrt vom Fähranleger in die Innenstadt kostet etwa $8, nach Saxman sind es ungefähr $9. Man

Südostalaska

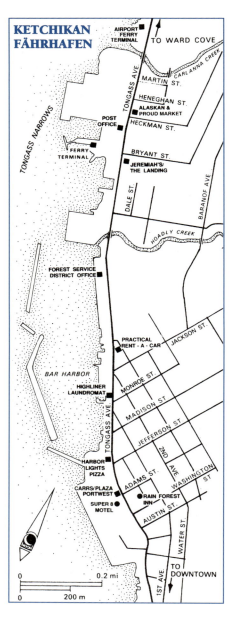

kann aber auch ein Taxi mieten (für maximal fünf Personen). Dafür zahlt man pro Stunde $44.

Da die Sehenswürdigkeiten in und um Ketchikan herum sehr verstreut liegen, ist es sicherlich praktisch, einen Wagen zu mieten. Besonders wenn man sich mit mehreren Personen zusammenschließt. Pro Tag werden dafür etwa $45 fällig. Am billigsten sind **Practical Rent-A-Car** (Tel. +1(907)225-8778) oder **Alaska Car Rental** (2828 Tongass Avenue, Tel. +1(907)225-5000). **Avis** am Flughafen ist teurer (Tel. +1(907)225-4515).

Der **Ketchikan Airport** liegt auf der Insel Gravina, von der Fähre aus gesehen direkt gegenüber den Tongass Narrows. Für eine Fahrt mit der Fähre zum Flughafen zahlt man hin und zurück $2,50. Sie verkehrt alle halbe Stunde, und zwar sonntags zwischen 6.45 und 21.45 Uhr und von Montag bis Samstag zwischen 6.15 und 21.30 Uhr.

Der **Airporter Bus** (Tel. +1(907)225-5429) bietet einen Shuttle-Service zwischen dem Flugplatz und der Stadt für $8-12 (einfache Strecke).

Alaska Airlines fliegt von Ketchikan nach Juneau, Petersburg, Sitka, Wrangell und zu anderen Orten in Alaska sowie in den unteren 48 Staaten.

Taquan Air Service (Tel. +1(907)225-8800) bedient mit Wasserflugzeugen täglich die Strecken nach Coffman Cove ($69), Craig ($76), Hollis ($49), Hydaburg ($80), Kasaan ($43), Klawock ($76), Metlakatla ($26) und Thorne Bay ($51). Jeden Montag geht es nach Hyder ($80).

Ketchikan Air Service (Tel. +1(907)225-6600) bietet tägliche Flugverbindungen nach Coffman Cove ($75), Craig/Klawock ($75), Hollis ($53), Juneau ($132), Kake ($175), Kasaan ($50), Petersburg ($117), Point Baker ($110), Point Protection

($110), Thorne Bay ($55), Whale Pass ($85) und Wrangell ($107) an. Beide Gesellschaften fliegen auch zu Holzfällerlagern, Fischerdörfern und Ferienanlagen auf Prince of Wales. Außerdem veranstalten beide Rundflüge zu den Misty-Fjorden und bieten Flugverbindungen zu Hütten des Forest Service in der Umgebung an.

Umgebung von Ketchikan

In der Umgebung von Ketchikan gibt es eine ganze Reihe von hervorragenden Wanderwegen und Hütten, die vom U.S. Forest Service verwaltet werden. Informationen darüber erhält man beim Alaska Wilderness Outfitting (Tel. +1(907)225-7335).

■ DEER MOUNTAIN

Die wohl schönste Wanderung von Ketchikan aus führt auf den Gipfel des über 900 Meter hohen Deer Mountain. Man muß aber für den Hin- und Rückweg mit mindestens vier Stunden rechnen. Los geht es an der Ecke Deermont und Fair Street entlang der Ketchikan Lakes Road hinauf zur städtischen Müllhalde. Bei der ersten Möglichkeit geht es nach links in die Straße zu den Ketchikan Lakes, der Quelle der städtischen Trinkwasserversorgung. Danach führt der Weg unmittelbar rechts weiter. Der eigentliche Wanderweg zum Gipfel beginnt bei einem Parkplatz und windet sich über gut drei Kilometer durch einen Wald mit Sitka-Fichten und Hemlock-Tannen. Vom Gipfel hat man einen unglaublich schönen Blick in alle Himmelsrichtungen. Bis in den Juli hinein muß man auf dem Weg zum Gipfel immer noch Schneefelder überqueren. Regenkleidung eignet sich bestens dazu, um auf dem Rückweg darauf hinunterzugleiten. Kurz bevor man den Gipfel erreicht, führt ein Weg links um den Nordhang zum **Blue Lake** und zum John Mountain (1000 Meter). Hier befindet man sich bereits oberhalb der Baumgrenze. Für ungeübte Wanderer kann dieser Streckenabschnitt sehr hart werden. Der Umgang mit Landkarte und Kompaß sollte möglich sein, denn wenn die Wolken tief hängen, kann man leicht die Orientierung verlieren. Am Deer Mountain, unterhalb des Nordhangs und etwa 0,75 Kilometer hinter der Weggabelung, gibt es eine Schutzhütte des Forest Service. Sie bietet Platz für acht Wanderer, aber Feuerholz ist leider rar. Reservierungen für die Hütte nimmt das Büro des Forest Service in Ketchikan entgegen. Wer ein Zelt mitbringt, findet in der Nähe des Deer-Mountain-Gipfels oder am Blue Lake Möglichkeiten zum Campen.

■ WARD LAKE UND UMGEBUNG

In der Umgebung des Forest-Service-Campingplatzes am Ward Lake beginnen zwei sehr gute Wanderwege. Der **Ward Lake Nature Trail** ist etwa drei Kilometer lang, einfach zu begehen, enthält erläuternde Hinweisschilder und bietet eine gute Gelegenheit zum Lachsangeln.
Der **Perseverance Lake Trail** beginnt auf der rechten Seite, und zwar unmittelbar vor dem CCC-Campingplatz. Parken kann man an der linken Straßenseite. Der Wanderweg führt entlang eines Bohlenweges mit der Bezeichnung »Stairway-to-Heaven«' (Himmelstreppe). Dabei kommt man auch an einigen Sümpfen vorbei. Leider endet der sonst so schöne Wanderweg in einem Morast am Perseverance Lake, so daß Campen hier nicht möglich ist.

Südostalaska

■ NAHA RIVER

Die Naha-River-Wasserscheide, 30 Kilometer nördlich von Ketchikan, ist das Gebiet mit den schönsten Wanderwegen und dem besten Hüttensystem in ganz Südostalaska. Im Fluß tummelten sich einst riesige Mengen von Lachsen, aber auch heute noch ist er ein beliebtes Angelrevier.

Früher stand in der Stadt **Loring** (gegründet 1888), die an der Flußmündung lag, die größte Fischverarbeitungsfabrik der Welt. Außerdem war Loring damals das Haupteingangstor für Reisende nach Alaska. Heute gibt es hier nur noch Siedlungen, in denen Pensionäre leben, und Ferienhäuser.

Am zehn Kilometer flußaufwärts gelegenen **Heckman Lake** wurde um die Jahrhundertwende die größte und teuerste Lachszuchtanstalt der Welt betrieben. Die Lachszucht wurde jedoch geschlossen, so daß heute nur noch die Ruinen zu sehen sind. An der Naha Bay beginnt der knapp neun Kilometer lange Naha River Trail. Er folgt zunächst dem Ufer der Roosevelt Lagoon und schlängelt sich hinauf zum Jordon Lake und zum Heckman Lake. An diesen beiden Seen stehen Hütten des Forest Service mit Ruderbooten ($25 pro Nacht). Etwa die Hälfte der Strecke führt über einen Bohlenweg. An der Mündung der Roosevelt Lagoon gibt es eine Salzstelle, an der sich die Fließrichtung des Wassers jeweils entsprechend der Tide verändert. Unweit dieser Salzstelle findet man überdachte Picknicktische. Weitere Tische gibt es gut drei Kilometer weiter an einem kleinen Wasserfall, einem sehr schönen Platz, um im Spätsommer Schwarzbären beim Lachsfang zu beobachten. Naha erreicht man entweder mit einem Kajak, einem gemieteten Boot oder einem Wasserflugzeug. Für weitere Informationen wendet man sich an die Knudsen Cove Marina (Tel. +1(907)225-8500). Taquan Air (Tel. +1(907)225-8800) bietet Tagesausflüge nach Naha. Dabei wird man in Napa Bay abgesetzt und sechs Stunden später am See wieder abgeholt ($129).

■ AKTIVITÄTEN

Was immer man vorhat, das »Mountain Lake Canoe Adventure«, das von einem örtlichen Unternehmen angeboten wird, sollte man nicht buchen. Es ist das Geld nicht wert.

Alternativ dazu gibt es eine ganze Reihe von interessanten Ausflügen. Geoff Gross von **Southeast Exposure** (Tel. +1(907)225-8829) bietet Einweisungen ins Kajakfahren ($40 für zwei Stunden) sowie Tagesausflüge (dreistündige Tour in die Tongass Narrows $50, Kinder $30) in die nahe gelegenen Gebiete. Kajaks aus Fiberglas können ab $30 pro Tag ausgeliehen werden. Faltbare Kajaks für diejenigen, die zu einer Hütte per Flugzeug anreisen, gibt es ebenfalls. Darüber hinaus bietet Southeast Exposure ausgedehnte Ausflüge in die Misty Fjords und zu den entlegenen Barrier-Inseln entlang des südlichen Endes von Prince of Wales an. Eine achttägige Expedition kostet inklusive Transport und Versorgung $1200 pro Person.

Southeast Sea Kayaks (Tel. +1(907)225-1258), ein kleines junges Unternehmen, offeriert auch begleitete Kajaktouren sowie längere Reisen zum George Inlet und in die Gegend des Naha River. Das Unternehmen verleiht zweisitzige Kajaks aus Fiberglas und bietet zudem Transportmöglichkeiten, wenn man sein eigenes Kajak mitbringt.

Umgebung von Ketchikan

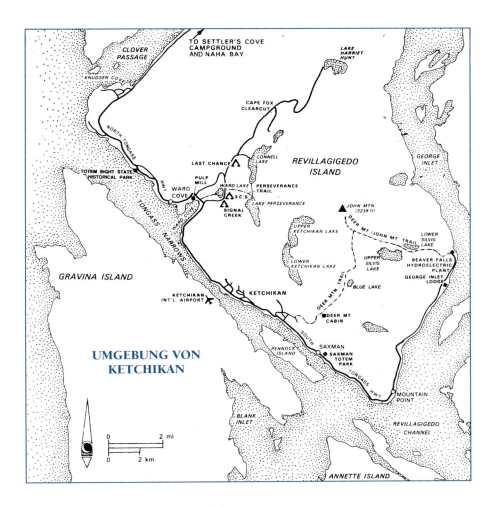

Vor Ort kann man sich an das Ketchikan Parks and Recreation Department (2721 Seventh Avenue, Tel. +1(907)225-9579; Montag bis Freitag von 8 bis 17 Uhr) wenden. Dort kann man voll ausgestattete Kanus und weitere Sportausrüstung sowie im Winter Skier und Schneeschuhe ausleihen.

■ **UNTERBRINGUNG**

Eine kostenlos nutzbare Schutzhütte unweit einer heißen Quelle liegt am **Lake Shelokum**, etwa 60 Kilometer nördlich von Ketchikan. Ein drei Kilometer langer Wanderweg führt von dieser Schutzhütte zur Bailey Bay, vorbei an einem landschaftlich sehr reiz-

Südostalaska

voll gelegenen See und einem beeindruckenden Wasserfall. Hier sollte man sich auf eine Flußdurchquerung einstellen und darauf, daß es viele Moskitos gibt. Der Zugang ist ziemlich teuer, etwa $600 hin und zurück mit einer Cessna 185. In diesem Flugzeug haben zwei Personen samt Ausrüstung Platz.

Im Ranger-Bezirk von Ketchikan gibt es noch eine ganze Reihe anderer Hütten, die einen Besuch wert sind. Zu den beliebtesten gehören jene am **Lake McDonald**, am **Reflection Lake**, am **Helm Creek** und am **Blind Pass**. Einzelheiten im Bezirksbüro.

Misty Fjords National Monument

Mit seinen 5800 Quadratkilometern ist das Misty Fjords National Monument das größte Waldschutzgebiet Amerikas. Es erstreckt sich über die Ostseite der Insel Revillagigedo und das angrenzende Festland bis hin zur kanadischen Grenze und zu dem langen und schmalen Behm-Kanal, der zwischen der Insel und dem Festland verläuft.

In diesem Schutzgebiet erwartet den Besucher eine abwechslungsreiche und atemberaubende Landschaft: Gletscher, Regenwälder, schmale Fjorde und zerklüftete Berge. Am bekanntesten aber sind die Misty Fjords mit ihren mächtigen Klippen, die fast 1000 Meter aus dem Meer ragen.

■ AKTIVITÄTEN

An schönen Sommertagen starten regelmäßig kleine Flugzeuge von den Tongass Narrows zu einem eineinhalbstündigen Rundflug über das Naturschutzgebiet Misty Fjords ($129).

Ausgezeichnet sehen kann man die Misty Fjords auch vom Schiff aus.
Outdoor Alaska (Tel. +1(907)225-6044) bietet von Juni bis bis zum Labor Day interessante Tageskreuzfahrten an. Die Preise für einen elfstündigen Ausflug beginnen bei $145 (Kinder $110). Es gibt Rabatte, wenn man als Standby-Passagier erst am Tag vorher bucht.

Die beste Möglichkeit, die Misty Fjords zu erkunden, besteht zweifelsohne in einem Kajak. Wer ein wenig Erfahrung mit Wassersport hat und entsprechend ausgerüstet ist, kann von Ketchikan aus bequem hierherpaddeln.

Outdoor Alaska setzt Passagiere für $180 auch in der Rudyerd Bay ab und holt sie dort wieder ab. Mit einem Faltboot kann man sich auch zum Ausgangspunkt einer Paddeltour fliegen lassen und dann auf eigene Faust zurückkehren.

Southeast Exposure (507 Stedman Street, Tel. +1(907)225-8829) veranstaltet zudem vier- bis achttägige Kajakfahrten in die Misty Fjords, die bei $655 pro Person beginnen. Diese Fahrten sind mit denen von Outdoor Alaska abgestimmt. Man muß allerdings bei seiner Planung bedenken, daß die Ruhe in der Rudyerd Bay häufig durch Rundflüge und Kreuzfahrtschiffe gestört wird. In anderen Gegenden ist es etwas ruhiger.

Es gibt zehn Wanderwege, die vom Meer bis hin zu sehr schönen Seen führen. In der Regel stehen an diesen Wegen kostenlose Hütten oder Unterstände. Zwei der schönsten Wege führen zu Schutzhütten am Punchbowl Lake und am Nooya Lake. Der gut eineinhalb Kilometer lange **Punchbowl Lake Trail** verläuft von der Rudyerd Bay zum Punchbowl Lake, vorbei am spektakulären Punchbowl-Creek-Wasserfall.

Metlakatla

Dieser Weg zählt zu den besten kürzeren Wanderwegen in Südostalaska. Da dieses Gebiet auch die Heimat von Braun- und Schwarzbären ist, muß man sich auf eine Begegnung mit den Tieren einstellen. Das bedeutet, daß man beim Wandern viel Lärm verursachen und das Essen nachts hoch in die Bäume hängen sollte.

■ UNTERBRINGUNG

Im Misty Fjords National Monument gibt es 14 Hütten ($25 pro Nacht). Besonderer Beliebtheit erfreuen sich die Hütten an der Rudyerd Bay, für die unbedingt eine frühzeitige Reservierung erforderlich ist.
Der Forest Service hat übrigens in der Nähe der Insel Winstanley eine schwimmende Unterkunft für seine Mitarbeiter eingerichtet, auf der normalerweise immer jemand anzutreffen ist, der Fragen beantworten kann.

Metlakatla

Etwa 20 Kilometer südwestlich von Ketchikan, am westlichen Ufer der Insel Annette, liegt die auf dem Reißbrett entworfene Stadt Metlakatla (1500 Einwohner). Der Ort, dessen Name in der Sprache der Tsimshian-Indianer »Salzwasserkanal« bedeutet, ist das einzige Indianerreservat in Alaska, dessen Status 1971 noch einmal bestätigt wurde, nachdem die Einwohner es abgelehnt hatten, sich mit anderen Gruppen der Ureinwohner unter dem Schutz des Alaska Native Claims Settlement Act zusammenzuschließen. Metlakatla ist der einzige Ort in Alaska mit einem überwiegenden Anteil von Tsimshian-Indianern und zugleich der einzige Ort in den ganzen USA, in dem Fischfallen noch legal benutzt werden dürfen. Die ruhige, konservative Ortschaft ist stark religiös geprägt und vermittelt noch immer den Eindruck einer Stadt aus der Zeit der Pioniere. Sehenswert sind die großen Häuser, die ganze Straßenblocks umfassen, während auf anderen, unbebauten Grundstücken Beeren wachsen. Insgesamt gibt es acht Kirchen, keine einzige davon ist katholisch.
Kinder sieht man hier in erstaunlich großer Zahl. Ein Drittel der Einwohner ist im Grundschulalter. Wie in anderen Teilen Südostalaskas lebt man auch hier von der einträglichen Konservenindustrie, von Tiefkühlhäusern, von der Fischzucht und von einem Sägewerk. Der überwiegende Teil der Insel Annette, auf der es viele Sumpfgebiete und Seen gibt, ist gebirgig und bewaldet. Die Berge erreichen eine Höhe von etwas mehr als 1100 Meter. Die Stadt selbst liegt auf einem weiten und relativ flachen Gebiet.

■ HISTORISCHES

1887 verließ eine Gruppe Tsimshian-Indianer Kanada auf der Suche nach einem Ort in Alaska, in dem sie ganz ohne Verfolgung ihrer Kultur leben konnten. Auf Annette Island fanden sie schließlich eine verlassene Tlingit-Siedlung. Hier bot sich ihnen eine geschützte Bucht, sanft abfallende Strände und ein naher und sehr schöner Wasserfall.

Südostalaska

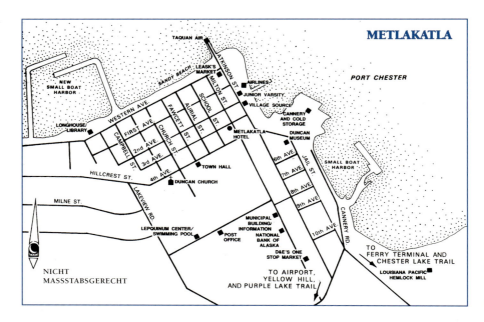

Unter Führung des Missionars William Duncan, der eine ähnliche Gemeinde bereits in Metlakatla (Kanada) gegründet hatte, begannen 823 Tsimshian-Indianer damit, zunächst Platz für den Bau einer Stadt zu schaffen. Sie nahmen christliche Namen an, kleideten sich modern und gaben viel von ihrem kulturellen Erbe auf. Um das notwendige Holz für den Bau ihrer Häuser und der ersten Konservenfabrik zu erhalten, bauten sie ein Sägewerk.

Das ehrgeizigste Bauvorhaben war jedoch die Kirche mit 1000 Plätzen, die »Westminster Abbey« von Alaska. 1948 fiel diese Kirche einem Feuer zum Opfer, wurde aber sechs Jahre später wiederaufgebaut. Bereits 1891 sprach der amerikanische Kongreß den Tsimshian-Indianern die gesamte Insel mit einer Größe von 350 Quadratkilometern als Reservat zu, ein Recht, das sie noch heute engagiert verteidigen. Bis man 1913 eine staatliche Schule eröffnete, hatte der Missionar Duncan in den meisten Dingen des täglichen Lebens das Sagen. Von der Beschneidung seines Einflusses war Duncan nicht begeistert, wollte er doch die Erziehung der Kinder lieber unter dem Dach der Kirche behalten. Der sich daraus ergebende Konflikt führte 1915 schließlich zum Einschreiten des US-Innenministeriums, das das Sägewerk, die Konservenfabrik und andere Einrichtungen beschlagnahmte. Die Institutionen hatten bis zu jenem Zeitpunkt der persönlichen Kontrolle Duncans unterstanden. Duncan verstarb drei Jahre später, und doch erinnert man sich noch heute an ihn. Sein Einfluß ist deutlich in der kleinen Indianersiedlung zu sehen, der es bis heute wirtschaftlich gutgeht.

Metlakatla

■ SEHENSWERTES

Father Duncan's Cottage, wo der Missionar von 1894 bis zu seinem Tod 1918 lebte, ist heute ein Museum ($ 1). Das Gebäude kann von Montag bis Freitag von 10 bis 12 Uhr sowie auf Anfrage an den Wochenenden besichtigt werden. Die alten Fotografien von Metlakatla sowie eine Sammlung persönlicher Dinge von Duncan sollte man unbedingt gesehen haben.

Die ziemlich heruntergekommene **William Duncan Memorial Church** (gebaut 1954) steht an der Ecke Fourth Avenue und Church Street. Links davon liegt das Grab von Duncan.

Im kleinen Bootshafen kann man ein ganz im traditionellen Stil erbautes **Langhaus** (Montag bis Freitag, jeweils nachmittags) besuchen. Es wurde errichtet, um die heimische Kunst und das Kunsthandwerk zu fördern und die unter Duncan unterdrückten Traditionen wiederaufleben zu lassen. Im Innern des Hauses ist eine kleine Bücherei untergebracht. In diesem Langhaus kann man das Modell einer schwimmenden Fischfalle sehen, wie sie auf der Insel benutzt werden. Eine echte Fischfalle kann man oft unweit vom Anleger für die Fähren sehen. Die Uferzone wird von der Konservenfabrik und den Kühlhäusern eingenommen. Nicht weit entfernt ist auch das Sägewerk zu sehen.

■ AKTIVITÄTEN

Anders als in den übrigen Landesteilen Alaskas gibt es auf der Insel Annette keine Bären. Ein kurzer Wanderweg beginnt am Südostende der Stadt an der Ecke Milton Street und Airport Road. Er verläuft entlang des **Skaters Lake**, einem großen Teich mit heimischen Pflanzen und Enten. Yellow Hill, ein gut 100 Meter hohes Überbleibsel eines 150 Millionen Jahre alten Sandsteins, ist einmalig für Südostalaska. Der Fels ist eisen- und magnesiumhaltig, wodurch eine sehr schöne wüstenähnliche Gelbfärbung entsteht. Über einen Bohlenweg erreicht man den Gipfel (einfacher Weg etwa 20 Minuten), von wo aus man einen herrlichen Rundumblick über die westliche Inselhälfte von Annette genießt. Von dort aus kann man auch die schneebedeckten Gipfel in der Nähe von Prince of Wales Island sehen. Der Wanderweg ist an der rechten Straßenseite ausgeschildert. Einige Menschen behaupten übrigens, daß sie von hier das Profil von George Washington am Yellow Hill erkennen können.

Gleich zwei Wanderwege führen zu alpinen Seen in den Bergen östlich von Metlakatla. Der **Chester Lake Trail** beginnt am Ende der Straße, die bis etwa einen halben Kilometer hinter den Fähranleger führt. Von diesem Weg aus hat man einen sehr schönen Blick auf die beeindruckenden **Chester Lake Falls**. Diese Wasserfälle zogen einst den Missionar Duncan und seine Gefolgschaft zur Insel Annette. Der Weg führt über Stufen sehr steil hinauf und geht zeitweise über in einen ziemlich rutschigen Pfad entlang eines Gewässers, das heute das Kraftwerk speist. Für den Weg bis zum Chester Lake kalkuliert man 45 Minuten ein. Wenn man den kleinen Damm erreicht, befindet man sich bereits oberhalb der Baumgrenze. Auf einigen Wegen kann man auch zu höher gelegenen Graten mit noch besserer Aussicht klettern. Hier gibt es gute Möglichkeiten zum Campen. Vorsicht ist jedoch auf den schlüpfrigen Wegen mit dem Gepäck geboten.

Weiter im Landesinneren verläuft der **Purple Lake Trail**. Ein anderes, lohnendes

Südostalaska

Ziel ist der treffend benannte **Sand Dollar Beach** am südwestlichen Ende der Insel.

■ ESSEN, UNTERBRINGUNG UND DIENSTLEISTUNGEN

Zimmer gibt es im **Metlakatla Hotel and Suites** (Tel. +1(907)886-3456). Man kann es auch mit einer Privatunterkunft bei **Bernita Brendible** (Tel. +1(907)886- 7563) versuchen, die auch traditionelle Körbe flechten. Viele Einheimische fertigen ebenfalls Kunstgegenstände an.

Essen – vorwiegend Hamburger und mexikanische Gerichte – kann man in der **JV Burger Bar** und zahlreichen kleineren Lokalen genießen. Viel besser ist es jedoch, wenn man auf dem Leask's Market selbst frische Lebensmittel einkauft. Metlakatla ist übrigens eine »trockene« Stadt, also weder der Kauf noch der Konsum von Alkohol sind erlaubt.

Nähere Informationen über die Insel erhält man beim Mayor's Office im **Municipal Building** (Tel. +1(907)886-4868) oder beim **Metlakatla Indian Community Council Chamber**.

Camping wird in Metlakatla ungern gesehen, und bei einem Aufenthalt von mehr als fünf Tagen benötigt man eine besondere Erlaubnis der Stadtverwaltung. Voraussetzung für diese Genehmigung ist die Empfehlung eines Einheimischen. Angeln ist grundsätzlich verboten.

Eine heiße Dusche, Sauna und ein Schwimmbad findet man im **Lepquinum Activity Center**, direkt neben der High School.

Vor dem Gebäude steht der **Raven and the Tide Woman Totem**, dessen Bedeutung auf einer nebenstehenden Tafel beschrieben ist.

Obwohl Metlakatla nur 20 Kilometer vom regenreichen Ketchikan entfernt liegt, werden hier jährlich nur 299 Zentimeter gemessen. Das sind immerhin 111 Zentimeter weniger als in Ketchikan.

An jedem 7. August eines Jahres wird in Metlakatla der **Founder's Day** zur Erinnerung an die Gründung des Ortes gefeiert. Wie in den meisten Orten der USA werden natürlich auch in Metlakatla am 4. Juli Feierlichkeiten begangen.

■ AN- UND WEITERREISE

Metlakatlas **Fähranleger** liegt eineinhalb Kilometer östlich der Stadt. Im allgemeinen legen die Fähren nur für etwa eine halbe Stunde an. In den Sommermonaten verbindet das Fährschiff *Aurora* viermal pro Woche Metlakatla und Ketchikan ($14). Bei der Ankunft werden die Passagiere oft nach geschmuggelten Alkoholika durchsucht. Am Samstag erlaubt der Fahrplan übrigens eine Fahrt von Ketchikan nach Metlakatla am Morgen und die Rückkehr am Abend. So kann man die kleine Stadt bequem während eines Tagesausflugs besichtigen. Für eine Taxifahrt in die Stadt ruft man bei Dee White (Tel. +1(907)886-1212) an.

Eine Maschine von **Taquan Air Services** (Tel. +1(907)225-8800) fliegt täglich von und nach Ketchikan (Hin- und Rückflug $36).

Hyder und Stewart

Die Partnerstädte Hyder (Alaska) und Stewart (British Columbia) liegen an der Spitze des langen, schmalen Portland-Kanals, der Kanada und die Vereinigten Staaten trennt. Diese Abgeschiedenheit ließ die Gegend ein

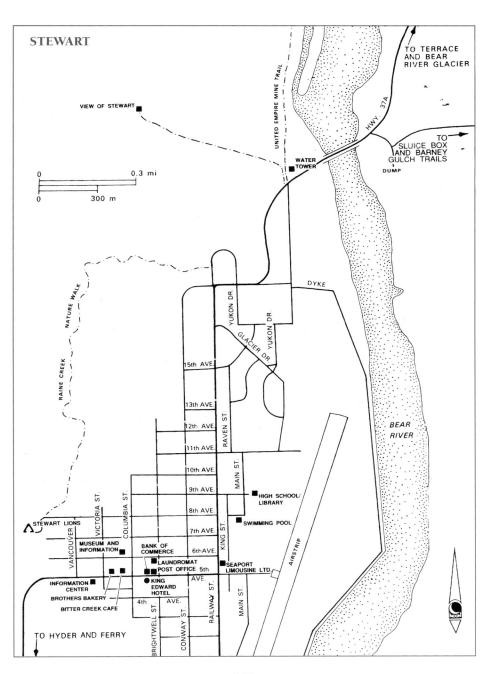

Südostalaska

relativ unberührtes Juwel an der nordwestlichen Pazifikküste bleiben. Die meisten Besucher kommen über den Highway 37A von Meziadin Junction nach Stewart, vorbei an wunderschönen Seen, majestätischen Gletschern, hohen Wasserfällen, dem engen Bear River Canyon und an den von Bergen und Wasser umgebenen Ortschaften. Die Fahrt mit der Fähre durch den Portland-Kanal gewährt Einblicke in eines der wildesten Gebiete an den Küsten von British Columbia und Alaska. Im Frühsommer tummeln sich am Ufer zahlreiche Schwarzbären. Im Fjord werden häufig auch Tümmler gesichtet.

Stewart (2200 Einwohner) liegt an der Mündung des Bear River, während das kleine Hyder (100 Einwohner) drei Kilometer weiter unweit des Salmon River liegt. Die beiden Städte sind so unterschiedlich, wie es zwei Städte nur sein können. Stewart ist die »richtige« Stadt mit einem Krankenhaus, Kirchen, Schulen, einem Museum, einer Apotheke, einer Bank und den anderen Annehmlichkeiten des täglichen Lebens. Außerdem rühmt sich die Stadt, Kanadas nördlichster eisfreier Hafen zu sein.

Ganz im Gegensatz dazu bezeichnet sich Hyder als die »freundlichste Geisterstadt in Alaska«. Zwischen den beiden Siedlungen liegt zwar eine internationale Grenze, sie wird aber im täglichen Leben völlig ignoriert. Es gibt nämlich keine Grenzstationen.

Die Bewohner kaufen sich ihren Alkohol in Alaska und schicken ihre Kinder in British Columbia zur Schule. Jedermann benutzt die kanadische Währung und das kanadische Telefonsystem (Vorwahl 604). Die Royal Canadian Mounted Police sorgt sowohl in Stewart als auch in Hyder für die öffentliche Ordnung.

■ **HISTORISCHES**

Auf der Suche nach der sagenumwobenen Nordwestpassage geriet Kapitän George Vancouver 1793 in den Portland-Kanal. Mühsam arbeiteten sich seine Männer tagelang durch den engen Fjord hindurch, und als sie schließlich das Ende erreicht und auf diese Weise viele Kilometer zurückgelegt hatten, waren sie mehr als enttäuscht.

Die Entwicklung dieses Gebietes begann erst mehr als ein Jahrhundert später. 1896 begann Kapitän David Gilliard (nach ihm wurde später der Gilliard Cut im Panama-Kanal benannt) vom Army Corps of Engineers mit der Erkundung der Region. Er hinterließ vier steinerne Lagerhäuser, Alaskas erste Steinbauten. Kurz danach kamen Prospektoren ins Land, die einen unglaublichen Reichtum an Gold, Silber und anderen Mineralien vorfanden. Stewart wurde nach den zwei ersten Siedlern benannt: Robert und John Stewart. Die angrenzende alaskanische Stadt hieß früher Portland City. Dagegen erhoben jedoch die Postbehörden Einspruch, da es noch eine andere Stadt mit dem Namen Portland gab. So benannte man die Stadt nach Frederick B. Hyder, einem kanadischen Bergwerksingenieur.

Das Goldfieber und die in Aussicht gestellte transkontinentale kanadische Eisenbahn, die hier enden sollte, zog mehr als hundert Neuankömmlinge in das Gebiet. Das sehr steile Gelände erschwerte allerdings den Hausbau. So wurde denn auch der größte Teil der Häuser in Hyder bei Ebbe auf Pfählen erbaut.

Während die Eisenbahnstrecke nur bis wenige Kilometer außerhalb der Stadt reichte, drangen die Prospektoren 1919 um so erfolgreicher vor. Bis zu ihrer Schließung im Jahr

Hyder und Stewart

1948 war die Premier Gold and Silver Mine die größte Goldmine Nordamerikas.

■ SEHENSWERTES

In einem alten Feuerwehrgebäude (1910) an der Ecke Columbia und Sixth Street ist heute das ausgezeichnete **Stewart Historical Society Museum** untergebracht. In der ersten Etage sind ausgestopfte Tiere der Gegend und auch eine große Anzahl historischer Gegenstände ausgestellt. Viele Ausstellungsstücke erzählen die Geschichte der Minenarbeit. Das Museum ist von Montag bis Freitag in der Zeit von 13 bis 16 Uhr geöffnet, am Wochenende von 12 bis 17 Uhr sowie auf Anfrage.

Etwa fünf Kilometer außerhalb von Hyder liegt der **Fish Creek**. Im Sommer, speziell im August, wimmelt das Wasser nur so vor Lachsen. Von der Plattform hat man eine wunderschöne Aussicht über einen künstlichen Kanal, an dem man Schwarzbären beim Lachsfangen beobachten kann. Leider gibt es hier keine Hütten des Forest Service, aber mit etwas Glück ist die wunderschön gelegene **Chickamin Cabin** am Texas Lake frei.

Die alten Premier- und Big-Missouri-Goldminen liegen 48 Kilometer von Hyder entfernt. Bevor man sich dorthin aufmacht, sollte man nach der Schneehöhe entlang der Straße fragen. Das Gebiet um den **Tide Lake** ist die Gegend mit der größten je in einem Jahr niedergegangenen Schneemenge: 1971 wurden 28 Meter gemessen.

Den prächtigen **Bear River Gletscher**, 37 Kilometer östlich von Stewart am Highway 37A, muß man unbedingt sehen. Wie bei seinem berühmten Pendant, dem Mendenhall-Gletscher in Juneau, kann man auf der Autobahn bis zum unteren Ende fahren.

■ AKTIVITÄTEN

Der einfachste Wanderweg, der **Raine Creek Nature Walk**, beginnt am Raine-Creek-Campingplatz und führt zweieinhalb Kilometer entlang des Creeks bis zum nördlichen Ende der Stadt. Da die Berge um Stewart und Hyder herum von alten Minenstraßen durchzogen sind, hat man ganz hervorragende Möglichkeiten für Tageswanderungen und natürlich auch zum Campen.

Relativ kurz und landschaftlich sehr schön gelegen ist der **Barney Gulch/Sluice Box Trail**, der an der städtischen Müllhalde direkt gegenüber vom Bear River beginnt.

Der **United Empire Mine Trail** startet an der Quarry Road nördlich von Stewart und führt zu einem Aussichtspunkt, von dem aus man das Bear River Valley überblicken kann.

Der **Ore Mountain Trail** beginnt 13 Kilometer östlich von Stewart beim Clements Lake, auf dem man auch Kanu fahren kann. Am Anfang des Wanderwegs gibt es einen schönen und zudem kostenlosen Campingplatz. Der vier Kilometer lange Weg überwindet eine Höhe von 1100 Metern und führt auf einer alten Minenstraße bis zu einem kleinen Bergsee. Man muß etwa zweieinhalb Stunden für die einfache Strecke einplanen. Karten und weitere Informationen über diese und andere Wanderwege erhält man im Büro des Forest Service in Stewart (Tel. +1(604)636-2663).

■ INFORMATIONEN UND DIENSTLEISTUNGEN

Das **Stewart Information Center** in der Fifth Avenue ist Montag bis Freitag von 10 bis 16 Uhr geöffnet.

Südostalaska

Wenn man in die Stadt kommt, liegt das kleinere **Hyder Information Center** auf der rechten Seite. Außer mittwochs ist es täglich von 9 bis 13 Uhr geöffnet.
Der **Forest Service** unterhält während des Sommers ein Informationszentrum in Hyder. Dort kann man sich nach Plätzen zur Bärenbeobachtung entlang der Straße erkundigen.
Zum Schwimmen und Duschen steuert man am besten das Schwimmbad der **Stewart High School** an.
Waschen kann man im **Shoreline Laundromat** in Stewart.
In der Gegend gibt es keine amerikanischen Banken, aber in Stewart gibt es eine Bank of Commerce.

■ ESSEN

Wen der Hunger überfällt, der kann sich in einem der Restaurants und Cafés in Stewart stärken. **Fing's Garden** an der Ecke Fifth Avenue und Conway Street offeriert chinesische Küche und ist bis in die späten Abendstunden geöffnet.
Im **King Eddy** erwartet den Besucher lokales kanadisches Essen.
Touristen bevorzugen das **Bitter Creek Cafe**, ein gehobener Schuppen in der ansonsten sehr bodenständigen und rauhen Stadt. Auf der Speisekarte stehen Nudelgerichte, mexikanische Gerichte, Pizza, Burger, Fisch und abendlich wechselnde Spezialitäten. Man muß etwas länger auf das Essen warten, dafür ist es aber frisch zubereitet.
Leckere Backwaren bekommt man gleich nebenan in **Brothers Bakery**.
Das **Border Cafe** in Hyder ist ein Familienrestaurant, das Frühstück, Burger sowie Fish and Chips serviert.
Burger, Steaks und Pizza bekommt man auch im **Sealaska Inn**.

■ TERMINE

Das **Stewart/Hyder International Rodeo** findet alljährlich Anfang Juni statt. Auf dem Programm stehen Tauziehen, Bullenreiten, Faßrennen und andere Wettbewerbe.
Der kanadische Unabhängigkeitstag fällt auf den 1. Juli, der amerikanische auf den 4. Juli. Kein Wunder, daß die Bewohner von Stewart und Hyder diese Gelegenheit nutzen und daraus ein viertägiges Fest machen. Diese sogenannten **International Days** bestehen aus einer ganzen Reihe von Veranstaltungen einschließlich Paraden, Schweinewettrennen und einem Feuerwerk.

■ UNTERBRINGUNG

Das beste Hotel ist das **Grandview Inn** in Hyder (Tel. +1(604)636-9174). Die Preise liegen bei C$ 60 für das Einzelzimmer und C$ 67 für das Doppelzimmer.
Etwas günstiger ist das **Sealaska Inn** in Hyder (Tel. +1(604)636-9003).
Weitere Zimmer findet man im **Stewart's King Edward Hotel/Motel** (Tel. +1(604)636-2244).
Der **Stewart Lions Campingplatz** in Stewart bietet Platz für Zelte (C$ 10) und Wohnwagen (C$ 15).

■ AN- UND WEITERREISE

Der Fährdienst von Alaska nach Hyder und Stewart ist eine ausgezeichnete Alternative zu den üblichen Routen nach Norden. Von Mitte Mai bis Mitte September verkehrt die *Aurora* alle zwei bis drei Wochen von Ketchikan bis zum Anleger in Stewart (einfache Fahrt $ 40). Abfahrt ist in Ketchikan jeweils am Dienstag morgen, Ankunft in Stewart am späten Nachmittag. Normalerweise liegt

Prince of Wales Island

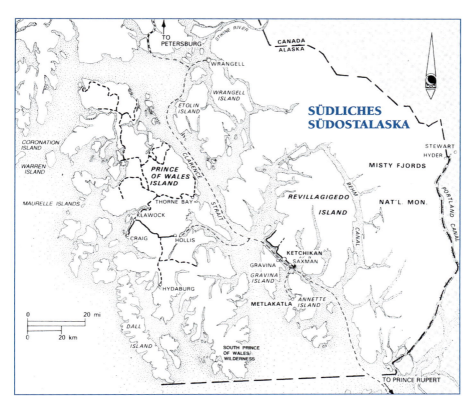

das Schiff für etwa drei Stunden am Anleger, bevor es die Rückreise nach Ketchikan antritt. Weil es in Stewart keinen Fähranleger gibt, werden die Fahrkarten an Bord verkauft. Die Grenze zwischen Hyder und Stewart wirkt sich so gut wie gar nicht aus, daher gibt es keine Kontrollen. Man muß jedoch damit rechnen, daß der amerikanische Zoll in Ketchikan alle Passagiere, die von Bord der Fähre aus Hyder und Stewart kommen, genau kontrolliert.

Taquan Air Service (Tel. +1(907)225-8800) fliegt jeden Montag und Donnerstag zwischen Ketchikan und Hyder ($80).

Fjording Ventures Cruises bietet Kreuzfahrten durch den Portland-Kanal an Bord eines 20 Meter langen schwedischen Motorseglers (ab $75).

Prince of Wales Island

Mit einem Straßennetz, größer als das von ganz Südostalaska, einer wunderschönen wilden Küstenlinie, tiefen U-förmigen Tälern, zerklüfteten Bergen und einem außergewöhnlichen Tierreichtum müßte man eigentlich erwarten, daß Ame-

Südostalaska

rikas drittgrößte Insel (nach Kodiak und Hawaii) zu den bedeutendsten Attraktionen des Landes zählt. Das Gegenteil aber ist der Fall, denn die Insel wird eher gemieden. Von Prince of Wales stammt über die Hälfte des Nutzholzes, das im National Forest abgeholzt wird. Das Eiland ist der Hauptzulieferer für einheimische Unternehmen wie Sealaska. Das Resultat dieses Raubbaus ist deutlich: Inzwischen wurde auf Prince of Wales so viel Holz gefällt, daß sich auf den Berghängen bereits Kahlschläge abzeichnen, besonders in den Gegenden, die vom Straßennetz berührt werden.

Trotzdem hat die Insel ihren ganz besonderen Reiz: Die Orte sind ursprünglich und lassen noch keine Einflüsse von Touristen erkennen. Die rund 6000 Einwohner sind sehr freundlich, und über die vielen Straßen kann man viele Freizeitziele erreichen, was anderswo in Südostalaska schlecht möglich ist. Mountainbiker werden ihre helle Freude haben, wenn sie die Holztransportstraßen außerhalb der Transportzeiten benutzen können.

Die Insel ist auch bei Jägern aus anderen Teilen von Südostalaska sehr beliebt und bietet mit ihrem Straßennetz Anglern einen leichten Zugang zu den vielen Buchten.

Schwarzbären und Wild sind hier häufig anzutreffen, und gelegentlich kann man sogar Wölfe beobachten.

Auf Prince of Wales Island gibt es einige kleine Orte und Holzfällerlager, die über dem Wasser errichtet wurden. Der Verkauf von staatlichem Land und die ausgeprägte Holzrodung haben dazu geführt, daß sich Prince of Wales in den letzten Jahren zu einem wirtschaftlich erfolgreichen Gebiet entwickelte. Die größte Siedlung ist Craig an der Westküste, aber auch Klawock, Thorne Bay und Hydaburg stehen wirtschaftlich immer besser da. Je nach den örtlichen topographischen Gegebenheiten fallen auf der Insel jährlich zwischen 152 und 508 Zentimeter Niederschlag.

■ HÖHLENFORSCHUNG

Auf Prince of Wales Island gibt es eines der bekanntesten und vielleicht sogar größten Höhlensysteme Alaskas. Und jeden Tag finden die Höhlenforscher weitere unterirdische Gänge. 1994 wurden die 350 Jahre alten Knochen eines Braunbären in einer der Höhlen entdeckt. Zwei von ihnen, die **El Capitan Cave** und **Cavern Lake Cave**, sind für die Öffentlichkeit zugänglich. Beide liegen am nördlichen Ende des Whale Pass. Zwischen Ende Mai und Mitte September bietet der Forest Service kostenlose Führungen in die El-Capitan-Höhle (Tel. +1(907)828-3304).

■ AKTIVITÄTEN

Auf Prince of Wales gibt es nur wenige Wanderwege. Einer der besten und leicht zugänglichen Wege ist der zwei Kilometer lange **One Duck Trail** südlich von Hollis. Der Ausgangspunkt liegt an der östlichen Seite von Hydaburg, drei Kilometer südlich der Kreuzung an der Straße von Craig nach Hollis. Er führt zu einer Schutzhütte, die am Rand einer alpinen Wiese steht, wo die Landschaft besonders malerisch und das Wandern einfach ist. Gummistiefel sollten auf jeden Fall dabeisein, da der Untergrund sehr matschig sein kann.

Der ausgeschilderte **Soda Lake Trail** beginnt etwa 22 Kilometer südlich der Kreuzung in Richtung Hydaburg. Der vier

Prince of Wales Island

Kilometer lange Wanderweg führt zu einer Reihe von faszinierenden blubbernden Sodaquellen in einem Gebiet von mehreren Quadratkilometern. Hier sieht man farbenfrohe Ablagerungen von Kalktuff (vorwiegend aus Kalziumkarbonat), ähnlich denen im Yellowstone National Park, aber kleiner. Eine schöne Hütte steht am **Control Lake**, an der Kreuzung von Thorne Bay und Big Salt Lake Road.
Weitere 20 Hütten des Forest Service liegen über die ganze Insel verstreut. Die meisten sind jedoch nur mit dem Wasserflugzeug erreichbar. Wer Lachs angeln möchte, sollte rechtzeitig eine der vier Hütten im Gebiet des Karta River nördlich von Hollis reservieren.
Der acht Kilometer lange **Karta River Trail** verbindet die Karta Bay mit der **Salmon Lake Cabin**. Unterwegs hat man Panaromaausblicke auf die umliegenden Berge.
Der **Sarkar Canoe Trail** ist eine einfache, 24 Kilometer lange Kanuroute mit Bohlenwegen, die die sieben Seen miteinander verbinden. Der Beginn ist am südlichen Ende des Sarkar Lake im Nordwesten der Insel (20 Forest Road).
Etwas anstrengender ist die 55 Kilometer lange **Honker Divide Canoe Route**. Diese Route beginnt nahe Coffman Cove an der Brücke oberhalb des Hatchery Creek in Richtung Lake Galea. Hier kann es durchaus vorkommen, daß man das Kanu an einigen flachen Stellen ziehen muß. Die Strecke führt über die Honker Divide und einen eineinhalb Kilometer langen **Portage** zum oberen Thorne River. Von hier aus geht es flußabwärts in die Thorne Bay. Dazwischen liegt ein über drei Kilometer langes Stück, wo man das Boot tragen muß, um gefährliche Stromschnellen und Wasserfälle zu umgehen. Da diese Strecke sehr anstrengend und gefährlich ist, sollte sie nur von erfahrenen Kanuten befahren werden. Weitere Informationen zu diesem Thema erhält man beim Thorne Bay Ranger District Office (Tel. +1(907)828-3304).
Mit Hunderten von Kilometern zerklüfteter Küste, zahlreichen kleinen Inseln und Buchten bietet Prince of Wales vielfältige Möglichkeiten für **Kajakfahrten** auf offener See. Eines der unberührtesten Gebiete ist das 400 Quadratkilometer große Naturschutzgebiet **South Prince of Wales Wilderness**. Der Zugang ist allerdings schwierig, und ein Großteil ist ungehindert den Ozeanstürmen ausgesetzt.
Die nahe Insel **Dall** bietet ebenfalls einige Erkundungsmöglichkeiten. Große Teile der Wälder werden allerdings auch abgeholzt. **Southeast Exposure** in Ketchikan (Tel. +1(907)225-8829) bietet Fahrten entlang der **Barrier-Inseln** am Südende von Prince of Wales an. Die einwöchigen Fahrten kosten einschließlich An- und Abreise sowie Ausrüstung pro Person $1200 und sind sehr zu empfehlen.
In Craig kann man Kajaks bei **Cheryl Fecko** (Tel. +1(907)826-3425) und in New Tokeen bei **Sylvia Geraghty** mieten.
Das winzige **New Tokeen** mit nur drei Einwohnern hat sogar einen kleinen Laden mit Waren für Fischer zu bieten und ist mit dem Boot von Naukati aus oder mit dem Wasserflugzeug zu erreichen. Der Ort eignet sich gut als Ausgangspunkt zur Erkundung des faszinierenden Sea Otter Sound.
Entlang der Küste von Prince of Wales gibt es noch drei weitere Wildnisgebiete: **Maurelle Islands, Warren Island** und **Coronation Island,** alles abgelegene und nur selten besuchte Stellen, wo man Wale, Seeotter und Kolonien von Seevögeln beobachten kann.

Südostalaska

■ UNTERBRINGUNG

Man kann eigentlich überall auf dem Gebiet des National Forest campen, sollte aber vermeiden, das Land der Einheimischen zu durchqueren. Östlich der Kreuzung der Klawock-Thorne Bay Road, Ecke Coffman Cove Road, liegt der **Eagles Nest Campground**. In der Umgebung gibt es schöne Seen, und ein kleiner Fußweg führt hinunter ans Wasser. Hier kann man auch gut Kanu fahren. Entlang der Wanderwege erreicht man mehrere Hütten (siehe Seite 148f.).

■ AN- UND WEITERREISE

In den Sommermonaten ist Prince of Wales durch die staatliche Fähre *Aurora* fast täglich mit Südostalaska verbunden. Die *Aurora* kommt in der Regel erst spät am Abend an. Wenn man mit dem Fahrzeug reist, ist eine Reservierung dringend zu empfehlen. Die Fähren nach Petersburg legen montags ab und sind nicht so überfüllt. Der **Fähranleger** in **Hollis** (Tel. +1(907)530-7115) ist eine halbe Stunde vor Ankunft und eine Stunde nach Abfahrt der Fähre geöffnet.

Andere Einrichtungen als einen Telefonanschluß und Toiletten gibt es in Hollis nicht. Der nächstgrößere Ort ist das 40 Kilometer entfernte Klawock. Reservierungen für die Fähren kann man im Büro in Craig vornehmen. Es liegt unten in der Thibodeau's Mall (Tel. +1(907)826-3432) und ist montags bis freitags von 9 bis 17 Uhr geöffnet.

Prince of Wales Island Transporter in Klawock (Tel. +1(907)755-2959) bietet Busfahrten zu den Ankunfts- und Abfahrtszeiten der Fähren an. Man sollte aber in jedem Fall von Ketchikan aus anrufen, damit man an der Fähre abholt wird.

Die Fluggesellschaften **Ketchikan Air Service** (Tel. +1(907)225-6608) und **Taquan Air Service** (Tel. +1(907)225-8800) fliegen täglich zwischen Ketchikan und den größeren Orten auf Prince of Wales. Außerdem steuern sie viele Holzfällerlager und Fischerorte an, die über die ganze Insel verstreut liegen. Besucher mit einem Faltboot können auf diese Weise relativ preiswert abgelegene Teile von Prince of Wales erreichen. Eine gute Straßenkarte enthält der *Prince of Wales Road Guide* ($3). Diesen Führer bekommt man in den Büros des Forest Service in Ketchikan, Craig und Thorne Bay. Wegen des ausgedehnten Straßennetzes auf der Insel (über 3600 Kilometer und jährlich um 130 Kilometer zunehmend) nehmen einige Besucher ein Mountainbike auf die Insel mit. Es gibt zwar einige ausgezeichnete Straßenabschnitte mit asphaltierten Straßen (beispielsweise die ganze Strecke von Hollis nach Craig) und sehr schönen Ausblicken, man sollte sich jedoch darauf vorbereiten, daß das Klima häufig sehr feucht ist und man auch auf unbefestigten Schotterstraßen fahren muß. Am besten fragt man beim Forest Service nach, wo gerade Holzrodungen im Gange sind, damit man diese Straßen möglichst weiträumig umfahren kann.

Craig

Craig liegt auf der Insel gleichen Namens, gegenüber der Westküste von Prince of Wales, und ist über eine kleine Brücke zu erreichen. Benannt wurde der Ort mit heute 1500 Einwohnern nach Craig Miller, dem Gründer der ersten Fischverarbeitungsfa-

Craig

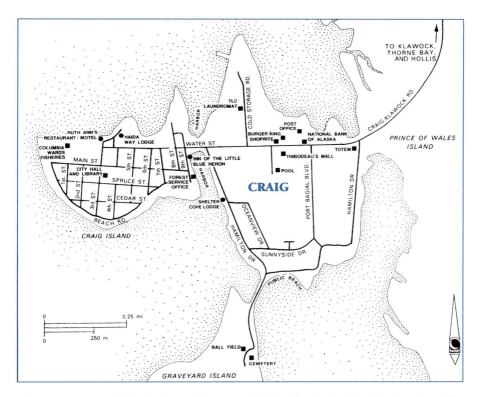

brik. Ursprünglich hieß der Ort Fish Egg (»Fischei«), weil in der Umgebung Heringseier gefunden wurden, die für die Tlingit eine Delikatesse waren.
Die Wirtschaft der Stadt beruht auf dem Fischfang und der Holzindustrie, was dem Ort einen eher rauhen Anstrich gibt. Sehenswürdigkeiten gibt es eigentlich keine, aber wenn man den Ort betritt, kommt man am kürzlich errichteten **Healing Heart Totem Pole** vorbei.
An der Mülldeponie, etwa eineinhalb Kilometer nördlich des Ortes, kann man häufig Schwarzbären und Weißkopfadler sehen. Man muß einfach Ausschau nach einem Schild mit der Aufschrift »Entering Klawock Henya Land« halten.

■ **INFORMATIONEN UND DIENSTLEISTUNGEN**

Das Büro des **Forest Service in Craig** (Tel. +1(907)826-3271) liegt mit Blick auf den südlichen Bootshafen. Hier kann man sich mit Landkarten der Gegend und Informationen über Freizeitmöglichkeiten versorgen.
Weitere Informationen über diese Region erhält man beim **Prince of Wales Chamber of Commerce**.

Südostalaska

In Craig findet man eine Filiale der **National Bank of Alaska**.
Ein paar Runden kann man im neuen **Hallenschwimmbad** drehen, in dem es eine Wasserrutsche, Jacuzzi und eine Sauna gibt.
Craig's Dive Center (Tel. +1(907)826-3870) organisiert Tauchgänge im nahezu unberührten klaren und eiskalten Wasser vor Prince of Wales.

■ ESSEN

Die Essenpreise sind sehr hoch auf Prince of Wales. Am besten füllt man seine Vorräte bereits in Ketchikan oder im Lebensmittelgeschäft in Craig auf. Delikatessen und Backwaren findet man im **Thompson House**.
Ruth Ann's Restaurant serviert gutes Essen mit Hafenblick. Sie werden bestimmt nicht enttäuscht, wenn Sie die Fish and Chips probieren.
Italienisches Essen und eine große Auswahl an Bieren und Weinen erwarten Sie im **Panhandle Bar & Grill**. Live Music gibt es in der **Hill Bar**.

■ UNTERBRINGUNG

Viele Besucher campen unter den Bäumen in der Nähe von Craigs Baseballfeld. Einfache Einzelzimmer werden im **TLC Laundromat** an der Cold Storage Road vermietet (Tel. +1(907)826-2966).
Schönere Zimmer gibt es in **Ruth Ann's Motel** (Tel. +1(907)826-3377) und in **der Haida Way Lodge** (Tel. +1(907)826-3268).
Die gemütlichste Unterkunft ist das **Inn of the Little Blue Heron** (Tel. +1(907)826-3606) mit Blick auf den südlichen Bootshafen.

Klawock

Zehn Kilometer von Craig entfernt liegt Klawock. In diesem Tlingit-Dorf (770 Bewohner) steht die älteste Konservenfabrik Alaskas. Außerdem gibt es hier ein Sägewerk sowie einen staatlichen Fischzuchtbetrieb, und der einzige Flughafen der Insel liegt hier.
Klawock ist bekannt für seinen Totempark (21 Totempfähle), der mitten im Stadtzentrum liegt. Die farbenprächtig bemalten

Totems in Klawock

Pfähle sind durchweg Originale. Sie wurden in den dreißiger Jahren aus der alten Stadt Tuxekan hierhergebracht und restauriert.

■ **ESSEN**

Die beste Pizza gibt es in **Papa's Pizza**. In der **Firewood Lodge** sowie bei **Dave's Diner** werden Frühstück und Abendessen serviert.
Ein ebenfalls guter Tip ist **Captains Table**.
Einkaufsmöglichkeiten gibt es im **Alaska & Proud (A&P) Market**.

■ **UNTERBRINGUNG**

Im **Log Cabin Resort** am Strand (Tel. +1(907)755-2205) kann man campieren oder in einer der rustikalen Hütten übernachten. Hier gibt es auch einen Kanu- und Ruderbootsverleih, wenn man den Big Salt Lake und die Inseln der näheren Umgebung erkunden will. Andere Ausrüstungsgegenstände, beispielsweise zum Angeln und Krabbenfischen, werden ebenfalls vermietet. Weitere Übernachtungsmöglichkeiten bestehen in der **Fireweed Lodge** (Tel. +1(907)755-2930), im **Klawock Bay Inn** (Tel. +1(907)755-2929), im **Forget Me Not Inn** (Tel. +1(907)755-2340) und in der **Prince of Wales Lodge** (Tel. +1(907)755-2227).

Thorne Bay, Hydaburg und andere Orte

Thorne Bay (580 Bewohner) nennt sich selbst »das größte Holzfällercamp von Amerika«. Die Stadt, auf dem Reißbrett entworfen, ist durch und durch geplant. Der Plan basiert wohl auf Chaos, Schlamm, verlassenen Fahrzeugen und einer Vielzahl von Wohnwagen und Hütten. Denn Thorne Bay gehört zu den häßlichsten Siedlungen in ganz Südostalaska. Das allein sollte schon ein Grund sein, die Stadt einmal zu besuchen.
Übernachten kann man in **McFarland's Floatel B&B** (Tel. +1(907)828-3335), in der **Boardwalk Wilderness Lodge** (Tel. +1(907)828-3918), in **Boulton's Landing** (Tel. +1(907)247-3458) und im **Deer Creek Cottage** (Tel. +1(907)828-3393). Bei McFarland's kann man Ruderboote mieten.
16 Kilometer nördlich von Thorne Bay findet man am Forest Highway 30 den Sandy Beach Picnic Area. Das ist ein sehr schöner Strand und ein ausgezeichneter Platz zum Campen.
Hydaburg liegt 67 Kilometer südlich von Craig und ist die größte Siedlung der Haida-Indianer in Alaska (420 Einwohner). Die Haida-Indianer sind in Alaska noch relativ neu, sie kamen erst 1700 in das Tlingit-Land. Ursprünglich stammen die Haida von den kanadischen Queen-Charlotte-Inseln. Da aber einst ein Häuptling der Haida versehentlich von den Tlingit getötet wurde, erhielten sie auf Prince of Wales ein Stück Land als Wiedergutmachung.
Hydaburg wurde 1911 gegründet, zusammengeschlossen aus drei damals bereits bestehenden Haida-Orten. Die an der malerischen Sukkawan-Straße gelegene Stadt gehört zu den schönsten der Insel. Die Mehrzahl der Häuser sind sehr flache Gebäude. Die Schotterstraße nach Hydaburg, die Verbindung zur Außenwelt, wurde erst 1983 fertiggestellt. In der Stadt selbst gibt es eine schöne Sammlung von Totempfählen, die in den dreißiger Jahren restauriert wurden. Erst 1991 kam ein neuer hinzu. Lebensmittel kauft man am besten bei **Do Drop Inn Groceries**.

Südostalaska

Fast Food gibt es bei **JJ's** oder im **Sweet Shop**.
Für Übernachtungsmöglichkeiten fragt man bei den Einheimischen nach.
Die winzigen Fischerorte **Whale Pass** (80 Bewohner) und **Coffman Cove** (190 Bewohner) verfügen jeweils über einen Lebensmittelladen und Tankstellen. Übernachten kann man in der **Coffman Cove Cabin** (Tel. +1(907)329-2251).
Am äußersten Nordende der Insel liegen die noch kleineren Orte **Port Protection** (60 Bewohner) und **Point Baker** (40 Bewohner), die jeweils aus kleinen Lebensmittelgeschäften und einer geringen Anzahl schwimmender Häuser bestehen. Sie sind jedoch nur mit dem Boot oder Wasserflugzeug erreichbar. Übernachtungsmöglichkeiten gibt es in der **Wooden Wheel Cove Lodge** in Port Protection (Tel. +1(907)489-2288) oder im **Land's End Fish Camp** in Point Baker (Tel. +1(907)559-2216), wo man auch essen, Walbeobachtungsausflüge buchen und Ruderboote mieten kann.
Kaum zu schlagen ist das **Waterfall Resort** am südlichen Ende von Prince of Wales. Das in einer ehemaligen Fischverarbeitungsanlage errichtete Hotel läßt kaum Wünsche offen und ist bei denen, die es sich leisten können, sehr beliebt.

Wrangell

Wrangell ist eine ruhige, freundliche und konservative Stadt (2600 Einwohner) nahe der Mündung des Stikine River. Sie ist ihrer Nachbarstadt Petersburg nicht besonders ähnlich. Im inneren Hafen von Wrangell stehen lachs- und krabbenverarbeitende Fabriken, schaukeln Fischerboote in den Wellen und landen Wasserflugzeuge. Umgeben ist der Hafen von alten Pfahlbauten, bewaldeten Hügeln, und im Hintergrund sieht man die schneebedeckten Berge. Wrangell ist klein genug, daß man in zwei Stunden alles gesehen und noch ein Bier getrunken hat und trotzdem wieder rechtzeitig auf der Fähre ist. Um die Region aber wirklich kennenzulernen, sollte man sich schon etwas mehr Zeit nehmen, besonders wenn man den mächtigen Stikine River erkunden möchte.

■ HISTORISCHES

Die drittälteste Stadt Alaskas ist die einzige, die im Lauf ihrer Geschichte zu vier Nationen gehört hat: den Tlingit, den Russen, den Briten und schließlich den Amerikanern. In den Legenden der Tlingit wird berichtet, daß die Indianer gezwungen waren, ihr Leben an der Küste aufzugeben, weil Gletscher sie bedrohten. Daher siedelten sie in das heutige British Columbia über. Als sich das Eis nach der letzten Eiszeit wieder zurückbildete, kamen sie über den Stikine River erneut in ihr angestammtes Land. Als die Tlingit entdeckten, daß der Fluß plötzlich unter dem Eis verschwand, sandten sie alte Frauen zur Erkundung aus. Sie erwarteten, die Frauen nie wiederzusehen. Ihr Erstaunen war daher groß, als die Frauen zurückkehrten, um Kanus voller Menschen wieder an die Küste zu führen.
Viele Jahrhunderte hindurch lebten die Tlingit im Gebiet des Stikine River. Dabei waren sie mit ihren Kanus flußaufwärts unterwegs, um Lachs zu fangen und mit den Einheimischen im Innern des Landes Handel zu treiben.
Ebenso großen Einfluß hatte der Fluß auf die Gründung Wrangells. 1811 begannen die Russen mit den Stikine-Indianern zu han-

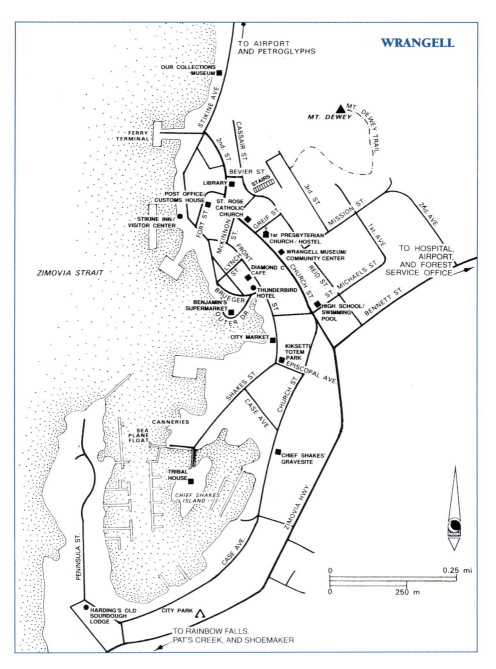

Südostalaska

deln, was aber 1834 mehr oder weniger dadurch beendet wurde, daß die Briten das Monopol des Pelzhandels an sich zu reißen versuchten. Um das zu verhindern, machte sich Leutnant Dionysius Zarembo mit einigen Männern von New Archangel (dem heutigen Sitka) auf den Weg, um in der Nähe der Mündung des Stikine River ein russisches Fort aufzubauen. Diese Siedlung, aus der sich später Wrangell entwickelte, hieß ursprünglich Redoubt Street Dionysius.

Als das britische Schiff *Dryad* unweit des Flußes vor Anker lag, gingen Russen an Bord und untersagten den Engländern den Zugang zum Stikine River. Die *Dryad* wurde gezwungen, wieder nach Süden abzudrehen. Dennoch war der erste Keil in das russische Empire in Alaska getrieben.

Nur fünf Jahre später gelang es der Hudson Bay Company, von der russischen Regierung mit einem Langzeit-Pachtvertrag ganze Gebiete an der Küste zu erwerben. Aus der Siedlung Redoubt St. Dionysius wurde nun das Fort Stikine, und der Union Jack flatterte fortan an den Fahnenmasten.

Als 1861 auf dem Grund des Stikine River Gold gefunden wurde, brach in Fort Stikine ein Boom aus. Hunderte von Goldsuchern kamen hierher, aber die Goldvorkommen erwiesen sich als relativ klein, und so wanderten die meisten Goldsucher sehr schnell in andere Gebiete ab.

Als Alaska 1867 in die Hände der Amerikaner überging, wurde aus Fort Stikine der Ort Wrangell. Namensgeber war Baron Ferdinand Petrovich von Wrangel, Gouverneur der Russisch-Amerikanischen Gesellschaft. Die Bevölkerung der Stadt schrumpfte immer weiter zusammen, bis schließlich 1872 weiter im Landesinneren, in der Region von Cassiar, erneut Gold gefunden wurde. Wiederum strömten Tausende von Goldsuchern in das Gebiet und fuhren mit Dampfschiffen auf dem Stikine River flußaufwärts. Schnell erwarb die Stadt Wrangell einen fragwürdigen Ruf als Stadt der Trinker, Spieler und Lebedamen.

Ende der achtziger Jahre ging aber auch der zweite Goldrausch zu Ende. Die Holz- und Fischindustrie trat immer mehr in den Vordergrund und entwickelte sich zum Wirtschaftsfaktor.

Aber auch der berühmte Goldrausch am Klondike (Ende 1890) hatte Einfluß auf Wrangell und brachte erneut einen kleinen kurzlebigen Boom nach Wrangell. Die bevorzugte Route war damals der berühmte Chilkoot Trail bei Skagway. Heute leben in Wrangell Holzfäller und Angestellte der Fischerei-Industrie. Nach verheerenden Feuern (1906 und 1952) ist heute ein Großteil der Gebäude in der Innenstadt auf Pfeilern oder Felsgestein gebaut. Seit den achtziger Jahren dient Wrangell wieder zur Versorgung der Bergwerke, die im nahe gelegenen British Columbia eingerichtet wurden.

■ CHIEF SHAKES ISLAND

Die bedeutendste Sehenswürdigkeit im malerischen Hafen von Wrangell ist Chief Shakes. Man erreicht die Insel über eine Fußgängerbrücke, die am unteren Ende der Front Street unweit der Konservenfabrik und des Kühlhauses beginnt.

Auf der Insel steht das **Tribal House of the Bear**, ein Langhaus im alten Stil, so wie es die Indianer früher einmal benutzt haben. Es wurde von 1939 bis 1940 durch den Civilian Conservation Corps (CCC) errichtet. Im Haus selbst kann man verschiedene Artefakte besichtigen – auch die ursprüngli-

Wrangell

Petroglyphen

Auf Wrangell wurden Hunderte von Petroglyphen (alte Felszeichnungen) gefunden. Doch wer sie anfertigte und wann sie entstanden sind, ist noch immer ungeklärt. Sie können mehr als 80 Jahre zurückdatiert werden. Die besten Felszeichnungen in der näheren Umgebung sind nur einen 20minütigen Fußmarsch entfernt. Um sie zu sehen, geht man zunächst nach links – vom Fährbahnhof aus in Richtung Norden – und dann etwa einen Kilometer bis zu dem kleinen Parkplatz auf der linken Seite, dann über den Bohlenweg weiter zum Strand, wo man im oberen Teil mindestens ein Dutzend Felsen mit Petroglyphen findet. Die meisten Felszeichnungen sind an der Seeseite zu finden und liegen etwa in der Höhe des Wasserstandes bei Flut. Besonders schön ist die Zeichnung eines Killerwals auf grasigem Untergrund, gleich rechts. Andere Felszeichnungen kann man im Museum von Wrangell und vor der Bücherei sehen.

chen Hauspfeiler, die vor mehr als 200 Jahren geschnitzt wurden. Das Gebäude ($1) wird nur für die Passagiere, die mit Fähren oder Kreuzfahrtschiffen nach Wrangell kommen, geöffnet sowie nach vorheriger Anmeldung (Tel. +1(907)874-3747).
Außerhalb des Hauses stehen sieben Totempfähle. Sie sind Nachbildungen älterer Totempfähle aus der Region. Besonders reizvoll ist Shakes Island am Abend.
Der Stammbaum der Shakes wurde vor mehr als 300 Jahren begründet, nachdem die Stikine-Tlingit die Niska-Invasoren besiegten. Im Austausch für Frieden zwangen die siegreichen Tlingit den Häuptling We-Shakes, seinen Namen herzugeben. Das **Grab von Häuptling Shakes VI** liegt an der Case Avenue, gegenüber vom Hansen Boat Shop. Friedliche Bewacher des Platzes sind zwei geschnitzte Killerwale.
Auch vor dem Museum und der städtischen Bücherei (Second Street) stehen einige sehr beeindruckende Totempfähle, die vom CCC geschnitzt wurden.
Wrangells **Kiksetti Totem Park**, nahe dem City Market an der Front Street, verfügt über vier Totempfähle.

■ WRANGELL MUSEUM

Gemessen an der Größe von Wrangell ist die Größe des Museums eine angenehme Überraschung ($2). Untergebracht ist es in der ersten Schule der Stadt. Das Museum ist von Mai bis August jeweils montags bis freitags von 10 bis 17 Uhr sowie am Samstag von 13 bis 17 Uhr geöffnet, aber natürlich auch, wenn ein Kreuzfahrtschiff oder eine Fähre im Hafen liegt. Im Winter sind die Öffnungszeiten Montag bis Freitag jeweils von 10 bis 12 Uhr und von 13 bis 16 Uhr. Das Museum ist vollgestopft mit Petroglyphen, alten Fotografien, Kunstgegenständen der Tlingit sowie heimischen Relikten.

■ MOUNT DEWEY

Über etwa einen Kilometer windet sich ein langer Wanderweg von der Third Street hinauf zum Mount Dewey. Es ist ein steiler, 15minütiger Aufstieg zum Aussichtspunkt oberhalb von Wrangell. In Notfällen findet man hier auch einen Platz zum Campen. Genau das tat auch 1879 in einer stürmischen Nacht John Muir. Er entschloß sich, auf der Spitze des Hügels ein riesiges Freudenfeuer zu entzünden, dessen Flammen bis in die Wolken reichten. Bei den Einheimischen unten löste das Feuer jedoch Furcht

Südostalaska

vor dem Teufel aus. In den zwanziger Jahren krönte ein Tanzpavillon die Spitze des Hügels. Davon ist jedoch nichts mehr zu sehen.

■ SEHENSWERTES

In Wrangell findet man die älteste protestantische Kirche Alaskas, die **First Presbyterian Church**, und die älteste römisch-katholische Kirche, die **St. Rose of Lima Catholic Church**. Beide Kirchen stehen an der Church Street und wurden 1879 erbaut. Das große rote Neonkreuz auf dem Dach der presbyterianischen Kirche ist eines von insgesamt zwei auf der Welt, die als Navigationshilfe benutzt werden (das andere steht in Rio, Brasilien).

Wenn man etwas vollkommen anderes sehen will, sollte man auf dem Weg zu den Petroglyphen bei **Our Collections** vorbeischauen. Das Geschäft ist eine Mischung aus Großmutters Dachboden und einem Flohmarkt und steht für die Sammelleidenschaft der Bigelow-Familie während der letzten 50 Jahre.

Beim Verlassen der Fähre wird man oft von einheimischen Kindern begrüßt, die Granatsteine verkaufen. Diese unvollkommenen, aber attraktiven Stücke werden am Stikine River gefunden. Das Schürfrecht verlieh ein früherer Bürgermeister 1962 den Pfadfindern. Die einheimischen Kinder dürfen die Steine kostenlos suchen, während Erwachsene $10 für eine Erlaubnis bezahlen müssen (im Museum). Früher gehörte die Mine der Alaska Garnet Mining and Manufacturing Company, der ersten Gesellschaft auf der Welt, die ausschließlich von Frauen betrieben wurde.

■ BÄRENBEOBACHTUNG AM ANAN CREEK

Am Anan Creek, etwa 44 Kilometer Luftlinie südlich von Wrangell auf dem Festland, wurde eine Aussichtsplattform errichtet. Dies ist ein guter Standort für die Beobachtung von Braun- und Schwarzbären beim Lachsfang. Der beste Platz liegt knapp einen Kilometer flußaufwärts, unterhalb eines weiteren Wasserfalls. Auf dem recht einfachen Weg dorthin sollte man auf jeden Fall Lärm vermeiden, um die Bären nicht zu überraschen. Außerdem darf man kein Essen mitgenehmen. Hunde sind ebenfalls verboten. Die beste Zeit für einen Besuch der Gegend ist von Mitte Juli bis Mitte August. Die unweit gelegene Anan Creek Cabin des Forest Service ist allerdings meist schon Monate im voraus ausgebucht. Man sollte seine Reservierung daher rechtzeitig vornehmen.

Viele Besucher kommen mit einem Wasserflugzeug von **Sunrise Aviation** (Tel. +1(709)874-2319) zum Anan Creek. Der Charterflug in einer Cessna 206 kostet $396 (Hin- und Rückflug). An Bord ist Platz für vier Personen einschließlich Ausrüstung.

Zwei Unternehmen bieten begleitete Tagesausflüge zum Anan Creek mit dem Boot: **TH Charters** (Tel. +1(907)874-2985) und **Breakaway Adventures** (Tel. +1(907)874-2488).

Wrangell

Kajakfahrer können entlang der Ostseite von Wrangell zur Anan Bay paddeln. Unterwegs sollte man aber unbedingt in der malerischen **Berg Bay** anhalten, einem Gebiet mit vielen Elchen, Bergziegen, Grizzlybären, Hirschen, Gänsen und anderen wild lebenden Tieren. Hier gibt es auch eine Hütte des Forest Service. Außerdem führt ein Wanderweg von der Hütte entlang des Berg Creek über etliche Kilometer bis zu einem Karsee, an dem die Ruinen eines alten Bergwerks zu sehen sind.

■ AKTIVITÄTEN

Acht Kilometer südlich der Stadt, gegenüber vom Shoemaker Bay Campground, beginnt der landschaftlich sehr reizvolle **Rainbow Falls Trail**. Er ist etwa einen Kilometer lang und enthält nur leichte Steigungen. Ambitioniertere Wanderer nehmen den fünf Kilometer langen Weg zum **Shoemaker Overlock** (500 Meter). Dieser Wanderweg führt in die Bergkämme und endet an einer Schutzhütte, von der aus man einen herrlichen Blick auf die Zimovia Strait hat. Dort kann man problemlos auch die Nacht verbringen und campen. Bei der Wanderung sollte man jedoch auf steile Etappen und einen morastigen Untergrund gefaßt sein. Allerdings wird der Pfad gerade durch einen Bohlenweg erneuert. Wer hier wandern will, fragt am besten beim Forest Service nach den derzeitigen Gegebenheiten.
Auch die Insel Wrangell ist von vielen Straßen, angelegt für die Fahrzeuge der Holzindustrie, durchzogen. Mountainbiker finden ein wahres Paradies vor – wenn sie sich an Gebieten mit Kahlschlag erfreuen können.

Wer einen fahrbaren Untersatz hat, kann auch den **Long Lake Trail** benutzen. Man erreicht ihn von Wrangell aus auf der Forest Road 6271 über eine 30 Kilometer lange Fahrt in südlicher Richtung.

■ INFORMATIONEN

Das kleine Wrangell Visitor Center (Tel. +1(907)874-3901) befindet sich im Stikine an der Front Street und ist geöffnet, wenn Kreuzfahrtschiffe im Hafen liegen. Wenn das Büro geschlossen ist, kann man im Museum weitere Informationen erhalten oder sich am Fährterminal ein kostenloses Exemplar des *Wrangell Guide* besorgen.
Eine sehr gute Buchauswahl, insbesondere über Alaska, hat die Bücherei von Wrangell. Im Stikine Inn findet man die **Eagle's Wing Art Gallery**, eine kleine Kunstgalerie mit Töpferwaren, Buntglas und anderen Arbeiten lokaler Künstler.
Golfer können ihrem Hobby auf dem **Muskeg Meadows Golf Course** frönen. Die Acht-Loch-Anlage liegt nahe dem Flughafen. Man sollte aber auf jeden Fall farbige Bälle mitbringen, da es dort nämlich sehr neblig ist.
Das Büro des Forest Service befindet sich in der Bennett Street. Dort erhält man Auskünfte über die Wanderwege der Umgebung, über den Stikine River und nähere Informationen über die 23 Hütten der Gegend.

■ ESSEN

Ein gutes Frühstück und das amerikanische Standardessen bekommt man im **Diamond C Cafe**, die Straße ein wenig weiter hinauf. Dort sollte man mittags unbedingt eine der hausgemachten Suppen kosten.

Südostalaska

Maggie's and Son Pizza in der Front Street offeriert hausgemachte Pizza auch am Stück.
Alternativ versucht man es im **J & W's** ein paar Türen weiter, das allerdings nur im Sommer geöffnet ist. Hier bekommt man das fettige Junk food.
Frische Garnelen und Lachs kann man direkt von den einheimischen Fischern im Hafen kaufen. Sie sind eine Spezialität von Wrangell.
Lebensmittel gibt es in **Benjamin's Supermarket** am Outer Drive.

■ UNTERBRINGUNG

Insgesamt gibt es in der Umgebung von Wrangell 21 Hütten des Forest Service. Die nächst gelegene Hütte liegt am **Virginia Lake** und ist mit dem Wasserflugzeug erreichbar.
Ein weiteres Quartier befindet sich am **Kunk Lake**, vom Südende der Insel Wrangell aus gesehen auf der anderen Seite der Zimovia Strait. Sie ist mit dem Kajak oder Ruderboot zu erreichen. Ein etwa zweieinhalb Kilometer langer Weg führt zu einer neuen Hütte am See. Von dort ist es ziemlich leicht, hinauf zu den Hochsümpfen und den alpinen Gebieten zu gelangen, die sich quer über die Insel Etolin ziehen.
Eine kostenlose Möglichkeit zum Campen (ohne Fahrzeug) gibt es im **City Park** unmittelbar hinter dem Sportplatz, drei Kilometer südlich des Fähranlegers. Der Campingplatz liegt am Zimovia Highway, an der Seite zum Wasser hin. Offiziell darf man hier nur 24 Stunden campen, diese Vorschrift wird aber nicht streng beachtet.
Weitere Campingmöglichkeiten bestehen am **Shoemaker Bay RV Park**, der acht Kilometer südlich der Stadt liegt ($8). Dort findet man sich allerdings unmittelbar neben der Hauptstraße wieder. Ein Vorteil des Campingplatzes ist die Nähe zu den Wanderwegen, die zu den Rainbow-Wasserfällen

Unterkünfte in Wrangell

Alle Preise der folgenden Hotels gelten pro Person und Nacht, zuzüglich einer örtlichen Steuer von sieben Prozent sowie $4 als Steuer für das Zimmer (ausgenommen ist die Jugendherberge).

Wrangell Youth Hostel (220 Church Street, Tel. +1(907)874-3534; $10), Übernachtung in Schlafsälen.
Rooney's Roost B&B (206 McKinnon Street, Tel. +1(907)874-3622, $45 bis $60), drei Gästezimmer mit Gemeinschaftsbad oder privatem Bad, Frühstück.
Stikine Inn (Front Street, Tel. +1(907)874-3388; $55 bis $65).
Thunderbird Hotel (223 Front Street, Tel. +1(907)874-3322; $55 bis $65).
Harbor House Lodge (645 Shakes Avenue, Tel. +1(907)874-3084; $55 bis $110), Appartement mit Küche.
Roadhouse Lodge (6,5 Kilometer südlich von Wrangell, Tel. +1(907)874-2335; $60 bis $67), es gibt einen Shuttlebus.
Grand View B&B (drei Kilometer südlich des Zimovia Highway, Tel. +1(907)874-3225; $60), Appartement mit privatem Bad und einfachem Frühstück.
Harding's Old Sourdough Lodge (1104 Peninsula Avenue, Tel. +1(907)874-3613; $65 bis $75), Sauna und Dampfbad vorhanden.

und zur Aussichtsplattform Shoemaker Overlook führen.

■ AN- UND WEITERREISE

Der **Fähranleger** von Wrangell liegt direkt im Stadtzentrum. In den Sommermonaten legen hier Fähren sowohl in nördlicher als auch in südlicher Richtung fast täglich ab. Unter der Telefonnummer +1(907)874-3711 erfährt man über ein Tonband die nächsten Abfahrten.
Für die Fahrt mit einem Taxi von **Star Cab** (Tel. +1(907)874-3622) oder **Porky's Cab** (Tel. +1(907)874-3603) zu den Campingplätzen im City Park muß man mit etwa $5 rechnen.
Der Flughafen liegt zwei Kilometer außerhalb der Stadt an der Bennett Street. Von hier fliegt **Alaska Airlines** täglich nach Juneau, Ketchikan, Petersburg und Sitka, aber auch in andere Städte in Alaska und in den unteren 48 Staaten der USA.
Ketchikan Air Service (Tel. +1(907)874-2369) bietet Flugverbindungen nach Juneau, Kake, Ketchikan, Klawock und Petersburg. Sowohl Ketchikan Air Service als auch **Sunrise Aviation** (Tel. +1(907)874-2319) haben zudem Charterflüge zu den Hütten des Forest Service in der näheren Umgebung im Programm. Die 45minütigen Rundflüge zum Le Conte-Gletscher und zum Stikine River kosten $95 pro Person.
Einen Mietwagen bekommt man bei **Practical Rent-A-Car** (Tel. +1(907)874-3975).

Stikine River

Elf Kilometer nördlich von Wrangell liegt der Stikine River, einer der zehn wildesten Flüsse Kanadas und der am schnellsten zu befahrende Nordamerikas. Der 520 Kilometer lange Fluß entspringt hoch oben im Spatsizi Wilderness Park in British Columbia. Eine besondere Sehenswürdigkeit ist der 88 Kilometer lange Grand Canyon des Stikine River. Er liegt direkt oberhalb des Telegraph Creek in British Columbia und hat 300 Meter hohe Felswände, die die gefährlichen Gewässer umschließen. Das Befahren des Flußes unterhalb des Telegraph Creek bis nach Wrangell ist einfacher, und der Weg führt zwischen hohen Berggipfeln hindurch, die zum Küstengebirge gehören. An einem ganz bestimmten Punkt des Flußes kann man 21 Gletscher sehen. Diese Gletscher leiten Tonnen von Schlamm in den Fluß, wodurch die milchig-graue Färbung des Wassers entsteht. An der Mündung des Stikine River trägt das Meer diese Farbe kilometerweit in alle Richtungen. Im Frühling fliegen Weißkopfadler zum Fluß hinauf, um den Hooligan, eine Fischart, die hier laicht, zu fangen. Bis zu zehn dieser majestätischen Vögel kommen hier zusammen.

■ AKTIVITÄTEN

Für Kajakfahrer, Kanuten und Floßfahrer ist der Stikine River ein besonders beliebtes Ziel. Sogar einheimische Motorbootfahrer haben diese Idylle entdeckt, so daß man in den unteren Gefilden Ruhe nicht unbedingt erwarten kann. Man kann entweder von Telegraph Creek in British Columbia flußabwärts fahren oder sich bis zur kanadischen Grenze hocharbeiten, etwa 50 Kilometer, um sich dann zurücktreiben zu lassen. Wenn man dabei die kanadische Grenze überschreitet, muß man auf dem Flugplatz von Wrangell die Zollabfertigung vornehmen lassen (montags bis freitags von 8 bis 17 Uhr). Ein Kontrolleur ist häufig an

Südostalaska

der Grenze direkt am Fluß stationiert. Der Weg flußaufwärts ist nicht so schwierig wie er zunächst scheinen mag, zumal für diese Route ausführliches und gutes Informationsmaterial zur Verfügung steht. Dennoch muß man sehr vorsichtig sein, wenn man die Mündung des Stikine mit einem Kanu überquert, insbesondere bei Flut und starkem Wind.

Der Forest Service hat übrigens einen ausgezeichneten Führer mit Karten für die Kanu- und Kajakrouten auf dem Stikine River veröffentlicht ($3). Man kann diese Broschüren beim Wrangell Ranger District (Tel. +1(907)874-2323) anfordern. In Wrangell kann man keine Kajaks mieten, aber sein eigenes Boot auf der Fähre mitbringen.

Roadhouse Lodge in Wrangell (Tel. +1(907)874-2335) und **Stikine Riversong Lodge** in Telegraph Creek (Tel. +1(604)235-3196) helfen bei der Planung von Raftingfahrten auf dem Stikine River. Telegraph Creek liegt von Wrangell 260 Kilometer flußaufwärts. Mehrere Bootsvermieter in Wrangell bieten Tagesausflüge oder längere Fahrten mit Motorbooten den Stikine River hinauf an. Daneben gibt es Fahrten in die Umgebung zum Anan Creek, Leconte-Gletscher und Shakes-Gletscher. Eine Liste der Anbieter erhält man im Wrangell Visitor Center.

■ UNTERBRINGUNG

Im unteren Teil ist der Stikine River ein Fluß mit vielen kleinen Kanälen, die stark versandet sind. An manchen Stellen ist er bis zu eineinhalb Kilometer breit. Die Route ist landschaftlich sehr schön. Außerdem stehen viele Campingplätze und 13 Hütten des Forest Service an der Strecke.

Eine der schönsten ist die **Mount Rynda Cabin** am kristallklaren Andrew Creek, in dem Lachse laichen.

Übernachten kann man aber auch in einer der beiden Hütten unweit der heißen Quellen von **Chief Shakes**. An den Quellen sind zwei hölzerne Rohre zu sehen, mit denen man in heißem Wasser einen Muskelkater behandeln kann. Allerdings kommen auch Einheimische aus Wrangell mit lauten Motorbooten hierher, so daß es an Wochenenden im Sommer ganz schön voll und schmutzig werden kann, insbesondere, wenn der Wasserstand hoch genug ist, um mit Booten die Seitenkanäle hinauffahren zu können. Das ist im allgemeinen Mitte Juli der Fall. Dann veranstalten viele Einwohner von Wrangell hier Parties.

Im oberen Teil zeigt sich der Stikine River mit einem ganz anderen Gesicht, und zwar mit weniger Lärm und ursprünglicher als auf der amerikanischen Seite. Hier ist es trockener und kälter. Das macht sich auch bei der Vegetation bemerkbar.

Die Siedlung **Telegraph Creek** erreicht man von British Columbia über eine Straße. Man kann sich aber auch von Wrangell aus mit einem kleinen Flugzeug hinbringen lassen. Hier gibt es eines der besten Wildwassergebiete überhaupt. Erfahrene Kanu- und Kajakfahrer lassen ihr Boot am besten bei Telegraph Creek zu Wasser.

Petersburg

Petersburg, die Postkarten-Stadt Südostalaskas (3300 Einwohner), liegt an der Nordspitze der Insel Mitkof und an den Wrangell Narrows. Weiße Wände aus Eis und Schnee bilden die spektakuläre Kulisse der Stadt. »Peter's Burg« wurde nach Peter

Petersburg

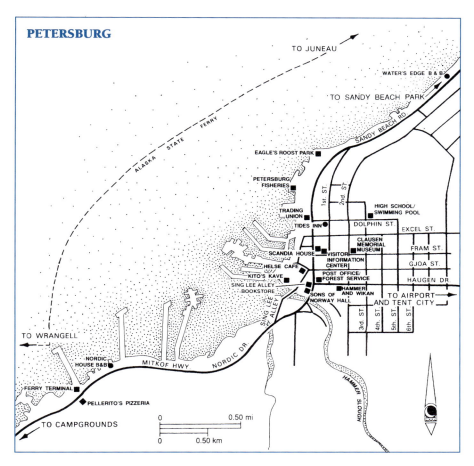

Buschmann benannt, der hier 1897 ein Sägewerk und drei Jahre später eine Konservenfabrik errichtete. Mit dem großen Reichtum an Fisch, Holz und Gletschereis wurde die Fabrik ein großer Erfolg: Bereits in der ersten Saison wurden 32 750 Kisten Lachs verschifft. Anders als Wrangell hat es die auf dem Reißbrett entworfene Stadt geschafft, mit der expandierenden Fischwirtschaft Schritt zu halten.

Viele der heutigen Einwohner sind Nachfahren der norwegischen Fischer, die dieser Ort einst an ihr Heimatland erinnerte. Und noch heute kann man die norwegische Sprache vereinzelt in den Straßen von Petersburg hören. Viele der Fensterläden in den älteren Häusern zieren die berühmten norwegischen Blumenmalereien.

Petersburg ist eine wohlhabende und saubere Stadt mit grünen Rasenflächen (eine

Südostalaska

Seltenheit in Alaska), schmucken Häuschen und einem ehrgeizigen Erbe, das für Besucher manchmal etwas eigenartig anmutet. Obwohl es in der Stadt eine Holzfabrik gibt, ist die Fischindustrie noch immer der Wirtschaftsfaktor Nummer eins. So ist es auch nicht verwunderlich, daß Petersburg über die größte Anzahl von Fischkonservenfabriken in Südostalaska verfügt (insgesamt vier) und zugleich der Heimathafen der größten Heilbutt-Fangflotte Alaskas ist.

Zwischen Wrangell und Petersburg durchquert die Fähre die sich dahinschlängelnden **Wrangell Narrows**. Die Fahrt durch diesen Schiffahrtsweg wirkt wie ein Flipperspiel, bei dem das Schiff der Ball ist. Besonders nachts ist es beeindruckend, die vielen beleuchteten Schiffe zu beobachten, deren Lichter durch den Zickzackkurs wie die Lichterkette an einem Christbaum wirken.

■ IM STADTZENTRUM

Die Höhepunkte von Petersburg sind der malerische Hafen und die einmalige Lage der Stadt. Die spitze Bergkuppe im Hintergrund ist **Devil's Thumb** (2743 Meter), nur 48 Kilometer von der amerikanisch-kanadischen Grenze entfernt.

Über dem reizvollen Hammer Slough wurde 1911 die **Sons-of-Norway-Halle** auf Pfählen erbaut. Das Gebäude ist ebenfalls mit dem typischen Blumenmuster bemalt. Im Inneren befindet sich der **Husfliden**-Kunstladen, der lokales Kunsthandwerk im norwegischen Stil verkauft.

Daneben liegt die *Valhalla*, eine Original-Nachbildung eines Wikingerschiffs. Das Schiff wurde 1976 gebaut und segelte mit bei der Regatta zur Zweihundertjahrfeier des Hafens von New York.

Wenn man der Straße aus Holz entlang **Hammer Slough** folgt, kann man die interessanten alten Häuser betrachten, die oberhalb der kleinen Bucht liegen. Dabei kann man durchaus ein paar Seelöwen begegnen, die in dieser Gegend zu Hause sind.

Das **Clausen Memorial Museum** (Tel. +1(907)772-3598; sonntags von 12.30 bis 16.30 Uhr, montags bis samstags von 9.30 bis 16.30 Uhr, im Winter nur samstags von 13 bis 16 Uhr; $2) liegt an der Ecke Second Avenue und Fram Street. Es enthält die größten je gefangenen Exemplare von Königslachsen (57 Kilogramm) und Hundelachsen (16 Kilogramm). Daneben kann man die Linse des Cape-Decision-Leuchtturms, ein altes Kanu der Tlingit sowie zahlreiche andere historische Ausstellungsstücke bestaunen. Vor dem Museum stehen eine Fischskulptur und ein Springbrunnen von Carson Boysen.

■ IN DER UMGEBUNG

Ein guter Platz, um Adler zu beobachten, ist **Eagle's Roost Park** nördlich der Fischkonservenfabriken von Petersburg. Mit etwas Glück kann man hier bei Ebbe mehr als 30 Adler beobachten. Wale, Robben und Seelöwen werden häufig im **Frederick Sound** nahe dem Sandy Beach Park nördlich der Stadt gesichtet. Im westlichen Teil des Parks entdeckt man alte Felszeichnungen. Beim genauen Hinsehen sieht man auch die Überreste einer alten Fischfalle der Tlingit. Im späten Sommer bevölkern rosafarbene Buckellachse den kleinen Flußlauf, der den Park durchquert, um hier zu laichen. Manchmal kann man im Frederick Sound auch Eisberge sehen, die sich vom Le-Conte-Gletscher gelöst haben und speziell im Winter teilweise sogar Petersburg erreichen.

Petersburg

LACHSFISCHEREI ENTLANG DER PAZIFIKKÜSTE

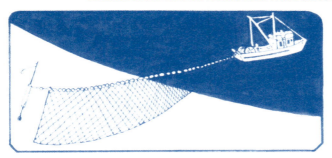

Eine große Trommel befindet sich am Heck. Die Fische bleiben in den Lamellen der langen Nylonnetze hängen und werden von Hand abgenommen, wenn die Netze aufgespult werden.

Lange Stangen ragen über dem Boot auf. Bis zu neun Stangen mit jeweils mehreren Haken werden über die Seiten des Bootes verlängert. Die Fische werden entweder hydraulisch oder von Hand an Bord geholt.

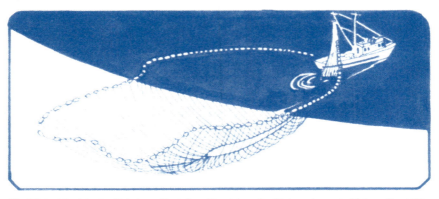

Ein Motorblock in der Takelage dient dem Einziehen des Netzes, dazu ein kleines Boot. Ein Netz mit Schwimmern und Gewichten wird von einem kleinen Boot aus um einen Fischschwarm herum positioniert. Der hintere Netzteil wird dann wie ein Beutel geschlossen, und mit Hilfe eines Motors in der Takelage des großen Kutters wird das Netz eingezogen.

Südostalaska

■ DIE STRASSE ENTLANG

Das Südostende der Insel Mitkof erreicht man über eine zunächst asphaltierte Straße (28 Kilometer), der dann sich eine 25 Kilometer lange Schotterstraße anschließt. Von dort hat man einen sehr schönen Blick auf die Mündung des nahen Stikine River und die schneebedeckten Spitzen der Küstengebirgszüge. Kanuten und Kajakfahrer (mit Transportmöglichkeiten) können statt von Wrangell aus auch von hier aus einen Ausflug den Stikine flußaufwärts starten.

13 Kilometer entfernt an der Abzweigung nach **Falls Creek** befindet sich ein malerischer Picknickplatz. Dort gibt es eine kleine Fischleiter von 1959, die von Silberlachsen und rosafarbenen Buckellachsen ebenso genutzt wird wie von Stahlkopffischen.

25 Kilometer südlich von Petersburg auf der **Blind Slough** gibt es eine Beobachtungsstation für Trompeterschwäne. Hier überwintern nahezu ein Dutzend der majestätischen Vögel. Hinzu kommen viele andere Wasservögel, die im Frühling und Herbst auf ihrem Zug in wärmere Gefilde Station machen.

In der **Crystal Lake Fish Hatchery**, etwa 28 Kilometer südlich von Petersburg, werden Königs-, Silber- und Hundelachse gezüchtet.

■ THREE LAKES RECREATION AREA

Bei Einheimischen besonders beliebt ist die Three Lakes Recreation Area, 53 Kilometer außerhalb der Stadt entlang der Forest Service Road 6235. Viele treffen sich hier zu einem Picknick, zum Angeln oder um Beeren zu pflücken. Jeder See verfügt über ein Ruderboot und Picknicktische. Campen kann man in einem nach einer Seite offenen Unterstand, der am kleinen **Shelter Lake** errichtet wurde. Die drei Seen sind durch einen einfachen, fünf Kilometer langen Wanderweg miteinander verbunden. Ein schlecht ausgeschilderter Weg führt vom Sand Lake weiter zur zwei Kilometer entfernten Ideal Cove. Für diesen Weg benutzt man besser Gummistiefel. Die drei größeren Seen (Sand, Hill und Crane) wurden nach den Kranichen benannt, die in jedem Jahr den Frühling ankündigen.

■ KUPREANOF ISLAND

Auf der nahen Insel Kupreanof kann man am Petersburg Mountain und Petersburg Lake ausgezeichnete Ausflüge unternehmen, bei denen Ausblicke über die schöne Landschaft locken. Beide Wege beginnen beim State Boat Dock am Bayou Point, direkt gegenüber von den Wrangell Narrows. Man kann im Hafen von Petersburg nachfragen, ob jemand gegen Bezahlung mit einem Boot dorthinrudert, oder sich bei **Alaskan Scenic Waterways** (Tel. +1(907)772-3777) erkundigen.

Der **Petersburg Mountain Trail** beginnt etwa zwei Kilometer außerhalb, ist jedoch sehr steil, morastig und buschig. Auf nur vier Kilometern Länge steigt der Weg bis zur Höhe von 915 Meter an. Von oben hat man einen traumhaften Blick auf die gesamte Umgebung.

Zehn Kilometer lang ist der ebenfalls sehr schöne **Petersburg Lake Trail**. Er ist relativ einfach zu bewältigen und führt zur Hütte des Forest Service am Petersburg Lake. Der See liegt in dem Schutzgebiet **Petersburg Creek-Duncan Salt Chuck Wilderness**, das 190 Quadratkilometer umfaßt.

Mit einem Diamanten als Symbol ist ein Weg markiert, der entlang der Küste führt. Im Creek kann man nach Lachsen, Stahlkopffischen und kalifornischen Flußforellen angeln.

Petersburg

Eine weitere Möglichkeit ist der Flug zum Petersburg Lake (etwa $100 für drei Personen und Ausrüstung) und die Wanderung zurück. Vom Petersburg Lake gelangt man über einen 17 Kilometer langen Weg zur Salt Chuck East Cabin. Dieser Abschnitt ist fast auf der gesamten Distanz eben und bietet sehr schöne Blicke auf den Portage Mountain.

■ THOMAS BAY

Einige der beliebtesten Hütten des Forest Service befinden sich in der Gegend um die Thomas Bay auf dem Festland, etwa 32 Kilometer von Petersburg entfernt. Die atemberaubenden Baird- und Patterson-Gletscher kalben in diese Bucht. Wenn man hier übernachten will, sollte man unbedingt rechtzeitig eine der Hütten reservieren. Die Cascade Creek Cabin liegt am Salzwasser und ist nur per Wasserflugzeug oder mit dem Boot erreichbar. Rucksacktouristen lieben den Cascade-Creek-Wanderweg, einen der besten und steilsten im Südosten, der von der Hütte zum 915 Meter höher gelegenen Falls Lake führt. Dabei geht es vorbei an tosenden Wasserfällen.

■ LE-CONTE-GLETSCHER

Der Le-Conte-Gletscher, der südlichste Gletscher Nordamerikas, dessen Eismassen ins Meer kalben, mündet am Festland in die Le Conte Bay, nur 40 Kilometer östlich von Petersburg. Er ist Teil des riesigen Stikine-Eisfeldes, dessen Eis die einheimischen Fischer früher nutzten, um ihren Fang auf dem Weg zum Markt in Seattle zu kühlen. Heute dient es den Einwohnern von Petersburg zur Kühlung von Getränken. In der Le Conte Bay leben heute etwa 2000 Hafenrob-

ben. Das gesamte Gebiet gehört zum 1800 Quadratkilometer großen Schutzgebiet **Stikine – Le Conte Wilderness**. In der Le Conte Bay gibt es zwar keine Hütten des Forest Service, man findet jedoch eine ausgezeichnete Hütte am Eingang der **Mallard Slough**. Im Fremdenverkehrsamt erhält man eine vollständige Aufstellung der Unternehmen, die Boote zum Angeln oder für Ausflüge vermieten. Zu den besten zählen **Kaleidoscope Charters** (Tel. +1(907)772-3736), **Alaskan Scenic Waterways** (Tel. +1(907)772-3777), **Real Alaska Adventures** (Tel. +1(907)772-4121) und **Sights Southeast** (Tel. +1(907)772-4503). Zahlreiche Unternehmen bieten auch von Wrangell aus Ausflüge zum Le-Conte-Gletscher (siehe Seite 154ff.). Einige lokale Anbieter vermieten Boote, mit denen man die Gegend auf eigene Faust erkunden kann. Dabei sollte man jedoch bedenken, daß sich die Wetterverhältnisse entlang dem Frederick Sound abrupt ändern können, weshalb man keine Ausflüge in kleinen Booten unternehmen sollte, wenn man nicht über große Erfahrung auf diesem Gebiet verfügt. Auf jeden Fall sollte man sich in gebührender Entfernung vom Kopf des Gletschers halten und sich auch vor Eisbergen in acht nehmen, die unter der Wasseroberfläche liegen und urplötzlich auftauchen können. Besser ist es daher, einen ortskundigen Führer mitzunehmen.

■ AKTIVITÄTEN

Im Büro des Forest Service (oberhalb des Postamts) erhält man detailliertes Kartenmaterial zu den vorhandenen Wanderwegen und den 25 Hütten der Umgebung.
Ein angenehmer, etwa zwei Kilometer langer Wanderweg zweigt unmittelbar hinter Sandy Beach vom Nordic Drive ab und

Südostalaska

führt über einen **Holzsteg nach Frederick Point**. Entlang dem Weg erhält man einen Eindruck von Sümpfen sowie einem Regenwald und kommt an einem Creek vorbei, in dem sich unzählige Lachse tummeln. Am Strand kehrt man in die Stadt zurück.

Ein schmaler Steg innerhalb der Stadt führt von der Excel Street zum Altenheim mit Bergblick in der 12th Street. Im Garten gibt es ein Meer von Blumen und eine Menagerie mit Enten, Hasen, Gänsen, Truthähnen und Hühnern. Genau gegenüber liegt das Büro des Forest Service.

Der Weg zur **Ravens Roost Cabin** führt zunächst durch eine sumpfige Gegend (die ersten eineinhalb Kilometer), wird dann sehr steil und schlammig, bevor man in ein weites offenes Moor gelangt. Hier ist er dann in einem besseren Zustand und bietet einen phantastischen Ausblick auf Devil's Thumb und die Umgebung. Wolfsspuren sind entlang dem Weg zu finden. Am Ende erreicht man die zweistöckige Hütte des Forest Service, die Platz für acht Personen bietet. Für diese Wanderung sollte man rund drei Stunden Zeit veranschlagen und nicht vergessen, die Hütte rechtzeitig im voraus zu reservieren.

■ INFORMATIONEN UND DIENSTLEISTUNGEN

Das **Petersburg Visitor Information Center** liegt an der Ecke First Avenue und Fram Street. Es ist von Montag bis Freitag jeweils von 8 bis 16 Uhr geöffnet, samstags von 9 bis 17 Uhr sowie sonntags von 12 bis 16 Uhr. Hier kann man Reservierungen für die umliegenden Hütten des Forest Service vornehmen.

Aktuelle lokale Informationen entnimmt man dem kostenlosen *Viking Visitor Guide*, der auch am Fährterminal erhältlich ist. Der Forest Service gibt eine Karte von Petersburg und Umgebung heraus *(Mitkof Island Road Guide)*, die für $3 im Büro des Forest Service im Obergeschoß des Postgebäudes an der Main Street erhältlich ist.

Eine sehr gute Auswahl an Büchern über Alaska findet man im **Sing Lee Alley Bookstore** neben der Sons-of-Norway-Halle. Die städtische Bibliothek befindet sich im Verwaltungsgebäude an der Main Street. Die **Post** befindet sich an der Ecke Nordic und Haugen Street.

Geld wechseln kann man bei der First Bank und bei der National Bank of Alaska am Nordic Drive.

Duschen stehen im Stadtzentrum neben dem Büro des Hafenkapitäns zur Verfügung. Weitere Duschmöglichkeiten gibt es in der Glacier Laundry am Nordic Drive. Besser noch ist das Schwimmbad der Petersburg High School.

■ ESSEN

Das übliche amerikanische Frühstück und das schwere Mittagessen bekommt man im **Homestead Cafe** im Stadtzentrum in der Main Street (durchgehend geöffnet). Für Nichtraucher dürfte die Luft dort jedoch sehr stickig sein.

Im **Helse Cafe** an der Ecke Sing Lee Alley und Ecke Gjoa Street gibt es preiswerte und herzhafte Mahlzeiten. Eine weitere Alternative zur Mittagszeit sind die Imbißbuden in der Innenstadt.

Das **AlasKafe Coffeehouse** an der Ecke Nordic Street und Excel Street offeriert belegte Sandwiches, Pasta, Salate, Desserts und Espresso (Dienstag bis Samstag).

Für viele die beste Pizza in Alaska gibt es in **Pellerito's Pizzeria** gegenüber dem Fähranleger. Nebenan liegt das **Joan Mei Chinese Restaurant**, wo amerikanisierte chinesische Küche, Frühstück und vieles andere serviert werden. Diese beiden Restaurants sind die einzigen, die in Petersburg auch am Sonntagabend geöffnet sind.

Aufgrund der wirtschaftlichen Bedeutung der Fischerei ist es nicht verwunderlich, daß man in Petersburg an zahlreichen Plätzen frischen Fisch kaufen kann. Im **Coastal Cold Storage Fish Market** an der Ecke der Excel Street und Main Street findet man täglich frisch zubereitete Köstlichkeiten aus dem Wasser. Natürlich kann man den Fisch dort auch unzubereitet kaufen. Und wenn man möchte, liefert das Unternehmen den Fisch direkt ins Haus.

Wer mit Blick auf die Reisekasse etwas sparsamer sein muß, kann auch an den Anlegern frisch gefangene Krabben, Heilbutt oder Shrimps kaufen.

Tonka Seafoods (Tel. +1(907)772-3662) ist ein fischverarbeitender Betrieb, der sich auf geräucherten Lachs von höchster Qualität spezialisiert hat. Es werden auch Betriebsführungen angeboten.

Die Preise für Lebensmittel und andere Dinge sind in Petersburg höher als in anderen Städten Südostalaskas. Besonders freundlich ist man bei **Hammer and Wikan** am Haugen Drive, etwas preiswerter ist jedoch die **Trading Union**. Naturkost kann man bei **Helse Foods** in der Sing Lee Alley erstehen.

■ TERMINE

Das größtes Ereignis der Stadt ist das Petersburg Little Norway Festival. Dieses Fest wird alljährlich an dem Wochenende gefeiert, das dem norwegischen Unabhängigkeitstag (17. Mai) am nächsten gelegen ist. Die Feierlichkeiten dauern drei Tage. Es gibt Tanzdarbietungen und natürlich eine Menge Fisch.

Der amerikanische Unabhängigkeitstag (4. Juli) wird ebenfalls mit viel Spaß und Spielen begangen.

Auch das jährliche Lachs-Derby Ende Mai ist bei den Einheimischen sehr beliebt.

■ UNTERBRINGUNG

Petersburg verfügt über eine der wenigen Hütten des Forest Service in Südostalaska, die man von der Stadt aus zu Fuß erreichen kann. Die **Ravens Roost Cabin** liegt in etwa 490 Meter Höhe am Ende eines sechs Kilometer langen Wanderwegs, der unweit des rotweiß angestrichenen Wasserturms in der Nähe des Flughafens beginnt.

Mit rund 1000 Saisonarbeitern aus den Konservenfabriken, die ein Dach über dem Kopf brauchen, ist die Suche nach einer Unterkunft für Touristen in Petersburg im Sommer kein leichtes Unterfangen. Leider gibt es keine Jugendherberge, und auch sonst hält man vergebens nach preiswerten Unterkünften Ausschau.

Water's Edge B&B (705 Sandy Beach Road, Tel. +1(907)772-3736; ab $80) bietet sich besonders an, wenn man ein ruhiges Quartier sucht. Die Eigentümer sind ein pensionierter Biologe und ein Lehrer im Ruhestand. Vom Zimmer genießt man den Blick über den Frederick Sound, wo Seelöwen, Enten und Wale häufig zu sehen sind.

Ebenfalls sehr schön liegt das **Nordic House B&B** (1106 Nordic Drive, Tel. +1(907)772-3620; ab $75 mit Frühstück). Die vier Gästezimmer verfügen über private oder Gemeinschaftsbäder.

Weitere Übernachtungsmöglichkeiten bestehen unter anderem im **Scandia House**

Südostalaska

(Tel. +1(907)772-4281), **Broom Hus B&B** (Tel. +1(907)772-3459), **Mountain Point B&B** (Tel. +1(907)772-4669), **Rainsong B&B** (Tel. +1(907)772-3178) und **Tides Inn** (Tel. +1(907)772-4288).

Die Suche nach einem geeigneten Campingplatz gestaltet sich in Petersburg besonders in den Sommermonaten sehr schwierig. Das einzige als Campingplatz ausgewiesene Gelände, das nahe der Stadt liegt, ist **Tent City**, etwa drei Kilometer außerhalb der Stadt zwischen dem Flughafen und Sandy Cove gelegen. Dieser Campingplatz (auch »Visqueen Acres« genannt) bietet 52 hölzerne Plattformen für Zelte, gebaut über feuchtem Moorboden. Da im Sommer dort viele Fabrikarbeiter unterkommen, ist der Platz ab Juni häufig voll belegt ist. Und laut geht es allemal zu. Die Übernachtung kostet pro Person und Tag $5 ($30 pro Woche).

Nicht ganz legal, aber wesentlich besser campiert man entlang dem Strand der Sandy Beach Recreation Area. Die Plätze liegen am Waldrand.

Sofern man ein Auto hat, sollte man es am 35 Kilometer außerhalb gelegenen **Ohmer Creek Campground** des Forest Service versuchen. Der Campingplatz liegt inmitten blühender Wiesen an der Blind Slough. Nicht weit davon entfernt beginnt der malerische **Ohmer Creek Trail**, der sich sogar für Rollstuhlfahrer eignet.

■ VERKEHRSMITTEL UND RUNDFAHRTEN

Petersburg liegt an den Wrangell Narrows, der **Fähranleger** eine Meile südlich des Stadtzentrums. In den Sommermonaten fahren nahezu täglich Fähren in Richtung Norden und Süden. In der Regel legen sie für eine oder zwei Stunden in Petersburg an.

Die Zeit reicht aus, um einen Spaziergang in die Stadt zu unternehmen oder sich den Hafen genauer anzusehen. Der Zahlmeister der Fähre weiß, wann man sich wieder an Bord einfinden muß. Der Fährterminal öffnet zwei Stunden vor Ankunft und ist in der Regel bis eine halbe Stunde nach Abfahrt der Schiffe geöffnet.

Für die Fahrt mit einem Taxi von **City Cab** (Tel. +1(907)772-3003) vom Fähranleger zum Campingplatz Tent City muß man mit $4 pro Person rechnen.

Einen Mietwagen erhält man bei **Allstar Rent-A-Car** am Scandia House (Tel. +1(907)772-4281) oder bei **Avis** im Tides Inn (Tel. +1(907)772-4288).

Fahrräder gibt es bei **Northern Bikes** (110 North Nordic Drive, Tel. +1(907)772-3978) zu mieten, die auch Radtouren organisieren. Der Flugplatz von Petersburg liegt eineinhalb Kilometer südöstlich der Stadt am Haugen Drive. Von hier fliegt **Alaska Airlines** (Tel. +1(907)772-4255) täglich nach Juneau, Ketchikan, Sitka, Wrangell sowie zu anderen Zielen in Alaska und den übrigen Staaten der USA.

Ketchikan Air Service (Tel. +1(907)772-3443) bietet tägliche Flugverbindungen nach Juneau, Kake, Ketchikan, Klawock und Wrangell.

Charterflüge zu den Hütten des Forest Service und zu nahe gelegenen Ausflugszielen gibt es bei **Pacific Wing** (Tel. +1(907)772-9258), **Kupreanof Flying Service** (Tel. +1(907)772-3396) und **Nash West Aviation** (Tel. +1(907)772-3344).

Kake

Das kleine Tlingit-Dorf Kake (700 Einwohner) erstreckt sich entlang der nordwestli-

Sitka

chen Küste der Insel Kupreanof, auf halber Strecke zwischen Petersburg und Sitka. Kakes einzige Berühmtheit ist der größte Totempfahl der Welt, der 1970 auf der Weltausstellung im japanischen Osaka ausgestellt wurde. Das Besondere an dem 40 Meter hohen Totempfahl ist, daß Figuren aller Tlingit-Clans auf einem einzigen Pfahl vereint sind. Kake ist außerdem Ausgangspunkt für Kajakfahrten in die zwei großen Wildnisgebiete auf der nahe gelegenen Insel Kuiu.

■ ESSEN UND UNTERBRINGUNG

Im Ort gibt es drei Lebensmittelläden, von denen der **SOS Value-Mart** der größte ist, sowie einen Waschsalon und einen Laden für alkoholische Getränke, jedoch keine Bank.
Nähere Informationen über die Stadt bekommt man von der **City of Kake** (Tel. +1(907)785-3804).
Übernachtungsmöglichkeiten bestehen in der **Waterfront Lodge** (Tel. +1(907)785-3472), im **Keex' Kwaan Lodge/Hotel** (Tel. +1(907)785-6471) und im **Rocky Pass Resort** (Tel. +1(907)785-3175).
Möglichkeit zum Campen im Ort gibt es nicht, und der größte Teil des Bodens in der Umgebung von Kake befindet sich in Privatbesitz. Campen ist jedoch auf dem Gelände des Forest Service, drei Kilometer südlich der Stadt, erlaubt.
Seitdem sich die Bewohner von Kake dem Tourismus geöffnet haben, eröffneten Bootsvermietungen und Ausflugsanbieter ihre Geschäfte.
Kake verfügt über eine Fischzucht und ein Gefrierhaus, jedoch gibt es kein Büro des Forest Service. Sinnvollerweise fragt man daher im Büro des Forest Service in Petersburg nach Informationen über die Cathedral Falls, den Goose Lake und den Hamilton River.
Die **Big John Cabin** an der Big John Bay ist von Kake auf dem Landweg erreichbar.

■ AN- UND WEITERREISE

Die Fähre *Le Conte* läuft Kake zweimal in der Woche an, mit Kurs in östlicher Richtung nach Petersburg ($22) und in westlicher Richtung nach Sitka ($24). Der Fähranleger liegt 2,5 Kilometer vom Stadtzentrum entfernt. Dabei handelt es sich jedoch nur um einen überdachten Unterstand ohne Telefon. Meist legt die *Le Conte* gerade lange genug an, um die Autos aus- und einzuladen (halbe Stunde).
Es bestehen auch Flugverbindungen nach Petersburg mit **Alaska Island Air** (Tel. +1(907772-3130), **L.A.B. Flying Service** (Tel. +1(907)785-6435) und **Wings of Alaska** (Tel. +1(907)772-3536. L.A.B. fliegt überdies nach Juneau, während Taquan Air tägliche Flüge nach Sitka und Angoon bietet. **Ketchikan Air Service** (Tel. +1(907)785-3139) bedient die Strecken nach Juneau, Ketchikan, Klawock, Wrangell und Petersburg.

Sitka

Sitka (9100 Einwohner) zählt zu den beliebtesten Städten in Südostalaska. Fischerboote fahren von vier Häfen aufs Meer hinaus, vorbei an Hunderten von Inseln, die im Sound verstreut sind, und auf den Decks der Kreuzfahrtschiffe wimmelt es nur so von Passagieren, wenn sie am schneebedeckten Vulkan vorbeifahren, der Sitkas entlegenere Gewässer schmückt.
In Sitka fallen jährlich 240 Zentimeter

Südostalaska

Regen. Übrigens ist Sitka die »größte Stadt Amerikas«, denn in ihren Grenzen liegt die gesamte Insel Baranof mit einer Fläche von 12 200 Quadratkilometern (New York City liegt dagegen auf nur 780 Quadratkilometern).

Sitka liegt an der Westküste der Insel Baranof. Sitka-by-the-Sea ist einer der abgelegensten Fährhäfen und die einzige größere Ansiedlung unmittelbar am Pazifischen Ozean. Um mit einer Fähre nach Sitka zu gelangen, muß man einen langen Umweg durch die malerische, aber tückische Peril Strait fahren, die die Inseln Baranof und Chichagof trennt. In dieser landschaftlich schönen, aber sehr schmalen Wasserstraße hat man eine ausgezeichnete Gelegenheit, in den Baumwipfeln an der Küste Adler zu beobachten. Je nachdem, wie die Gezeiten verlaufen, wird es wegen unberechenbarer Strömungen für die Fähren gefährlich, durch die Wasserstraße zu fahren. Die Schiffe müssen dann ihre Fahrzeiten auf den Wasserstand abstimmen.

■ HISTORISCHES

Sitka blickt auf eine lange und wechselvolle Geschichte zurück. Ursprünglich wurde die Stadt 1799 von Alexander Baranof, dem Leiter der Russian American Company, als Siedlung gegründet, in der Pelze von Seeottern gesammelt wurden. Ungefähr dort, wo sich heute der Fähranleger befindet, erbaute Baranof die Festung Redoubt Michael. Die Siedlung wurde jedoch 1802 während eines Angriffs von Tlingit-Indianern zerstört. Gerüchte besagen, daß dies mit Hilfe der Engländer geschah, die schon lange Feinde der Russen waren. Zwei Jahre später kehrte Baranof mit 120 Soldaten und 800 Aleuten in 300 Booten zurück und besiegte die Tlingit-Indianer in einem Kampf, der zugleich die letzte große Auseinandersetzung mit den Indianern der Nordwestküste Alaskas darstellte. Die Russen bauten die Stadt wieder auf und nannten sie New Archangel. Das Stadtgebiet entsprach in etwa dem, was heute das Zentrum von Sitka ausmacht. Die Stadt wurde bald zur Hauptstadt von Russisch-Amerika und ein lebendiges Zentrum für den Seeotter- und Pelzhandel mit China. Auch wenn man den Tlingit 1821 gestattete zurückzukehren, war es keine einfache Koexistenz. Die Tlingit erbauten ihre Häuser außerhalb des Staketenzauns, der das Stadtzentrum umgab, und sahen sich einer Batterie von acht Kanonen gegenüber.

Einmal als »Paris des Nordpazifik« bekannt, wurde New Archangel schnell die kosmopolitische Hafenstadt des Nordwestens. Bereits 1840 verfügte die Stadt über eine Bücherei mit einigen tausend Bänden, ein Museum, ein meteorologisches Observatorium, zwei Schulen, ein Krankenhaus, eine Waffenfabrik, zwei Waisenhäuser und Dutzende anderer Gebäude. Die wohlhabenden Bewohner lebten in architektonisch kunstvollen Häusern, gefüllt mit Kristall und feinster Spitze. Doch wie im zaristischen Rußland war dieser Überfluß nur einer geringen Minderheit vorbehalten. Die Seeotter-Jäger wurden durch sklavenartige Arbeits- und Wohnbedingungen ausgebeutet.

Eine bewegende Zeremonie in Sitka markierte 1867 die Übergabe Alaskas aus der russischen in die amerikanische Verantwortung. Danach kehrten die meisten Russen in ihre Heimat zurück, darunter viele, die bereits in dritter Generation in der Stadt gelebt hatten. Noch heute sprechen einige Einheimische Russisch. Auch wenn die Stadt drei Jahrzehnte als erste Hauptstadt

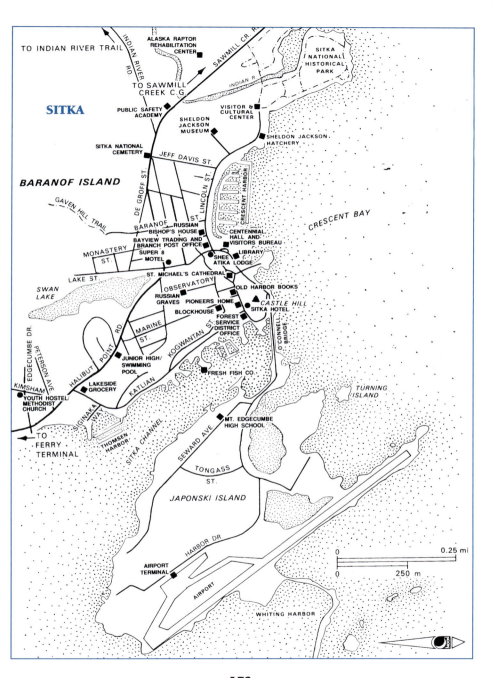

Südostalaska

Alaskas diente, ging ihre Bedeutung unter der Herrschaft der Amerikaner ständig zurück, so daß Sitka um die Jahrhundertwende fast bedeutungslos war. 1900 verlegte man den Regierungssitz in die aufstrebende Bergbaustadt Juneau.

Während des Zweiten Weltkriegs wurde Sitka zu einem wichtigen Stützpunkt in der Verteidigung Alaskas gegen die Japaner. Noch heute kann man die Hangars des großen Luftwaffenstützpunktes, der damals auf der anderen Seite der Brücke auf der Insel Japonski errichtet wurde (Fort Ray), sehen. Die Kasernen, in denen zeitweise 3500 Soldaten untergebracht waren, beherbergten später die Mount Edgecumbe High School, Alaskas einziges Oberschulinternat für Ureinwohner. Das Internat ist heute in die Stadt integriert.

Sitkas größter Arbeitgeber war eine holzverarbeitende Fabrik unter japanischer Leitung. 1993 wurde die acht Kilometer östlich der Stadt gelegene Fabrik jedoch wegen hoher Produktionskosten und starkem Wettbewerb geschlossen. Vor der Schließung erregte das Unternehmen jedoch durch die Ableitung großer Mengen von krebserregendem Dioxin in die nahe gelegene Silver Bay sowie die Kahlschlagpolitik im Tongass National Forest großes Aufsehen.

Heute lebt Sitka vorwiegend vom Tourismus und ist Altersruhesitz vieler Arbeiter, besonders aus Kanada.

■ SEHENSWERTES

Das sichtbarste Zeichen des russischen Einflusses in Sitka ist die **St. Michael's Cathedral**. Die 1848 erbaute Kirche brannte 1966 ab und wurde zehn Jahre später in ursprünglicher Form wiederaufgebaut. Glücklicherweise konnten die originalen russischen Kunstwerke und Ikonen, zu denen die Sitka-Madonna gehört, vor dem Feuer gerettet werden. Heute stehen sie wieder an ihrem ursprünglichen Platz in der Mutterkirche der über 20000 Mitglieder umfassenden russisch-orthodoxen Kirche Alaskas. Die Kathedrale ist täglich von 7.30 bis 17.30 Uhr geöffnet, im Sommer auch länger, wenn Kreuzfahrtschiffe im Hafen liegen. Für die Besichtigung wird um eine Spende von $1 gebeten.

Einen der eindrucksvollsten Ausblicke auf die Stadt Sitka hat man von der ungewöhnlichen Brücke, die sich vom Hafen in Sitka bis zum Flughafen auf Japonski spannt. An klaren Tagen weiß man nicht, in welche Richtung man zuerst schauen soll: auf die Berge von Baranof Island, die hinter der Stadt emporragen, oder in entgegengesetzter Richtung zum Vulkan Mount Edgecumbe (915 Meter) auf Kruzof Island.

Neben dem alten Postamt in der Lincoln Street führt eine Treppe zum **Castle Hill**, einem kleinen öffentlichen Park, der an die Übergabezeremonie vom 18. Oktober 1867 erinnert. Vor der Ankunft der Russen lebten hier über viele Generationen hinweg die Kiksadi-Indianer. Nachdem er die Indianer besiegt hatte, erbaute Baranof hier sein schloßähnliches Haus, das 1894 durch ein Feuer zerstört wurde. Schon wegen des hervorragenden Ausblicks ist ein Besuch von Castle Hill ein absolutes Muß.

Eines der bekanntesten Charakteristika der Innenstadt ist das große gelbe **Alaska Pioneers Home** (gebaut 1934), in dem ältere Bürger wohnen, die 15 Jahre oder länger in Alaska leben. Der Pioneer Home Craft Shop ist werktags von 8 bis 17 Uhr geöffnet. Die Statue vor dem Haus, die einen Prospektor darstellen soll, basiert auf William

Sitka

»Skagway Bill« Fonda, einem Pionier Alaskas.
Auf der gegenüberliegenden Straßenseite steht ein Totempfahl mit Abbildungen eines russischen Wappens, drei alten englischen Ankern und einigen indianischen Petroglyphen.
Auf einem Hügel westlich vom Pioneers Home trifft man auf ein nachgebautes **russisches Blockhaus** aus der Zeit, als die Stadt noch von einem Holzzaun umgeben war und man die Indianer in das Gebiet entlang der Katlian Street verwies. Es ist im Sommer jeweils an den Sonntagnachmittagen geöffnet.
Die Gegend um die **Kogwantan Street** und die **Katlian Street** ist eine pittoreske Mischung aus Docks, Fischfabriken, Geschäften und alten Häusern, von denen eines an der Außenfront komplett übersät ist mit Motiven der Tlingit. Der **russisch-orthodoxe Hauptfriedhof** (400 Gräber, die bis 1848 zurückreichen) liegt auf einem bewaldeten Hügel am Ende der Observatory Street.
Auch ein Besuch des kleinen Friedhofs **Sitka National Cemetery** ist lohnend. Er ist zugänglich über die Jeff Davis Street neben dem Sheldon Jackson College und der älteste Nationalfriedhof der USA westlich des Mississippi.
Das **Isabel Miller Museum** in der Centennial Hall ist im Sommer täglich von 8 bis 18 Uhr sowie im Winter jeweils dienstags bis samstags von 10 bis 16 Uhr geöffnet. Als Eintritt wird eine Spende erbeten. Im Museum ist eine kleine Sammlung von Kunstgegenständen der vergangenen 120 Jahre ausgestellt. Das nachgebaute Modell der Stadt Sitka, so wie sie 1867 aussah, erinnert an die russische Epoche dieser Stadt. Bemerkenswert ist ein Stuhl, der vollständig aus Walknochen besteht. Vor dem Museum steht die Nachbildung eines **Kriegskanus der Tlingit** (15 Meter).

■ DAS HAUS DES RUSSISCHEN BISCHOFS

Das älteste Gebäude in Sitka ist das Haus des russischen Bischofs (1842), das heute vom National Park Service verwaltet wird (Tel. +1(907)747-6281; im Sommer täglich von 9 bis 13 Uhr und von 14 bis 17 Uhr, im Winter nach Vereinbarung; Spende erbeten). Es ist eines von nur vier russischen Gebäuden, die in Nordamerika noch stehen. In der ersten Etage ist ein Museum untergebracht. In dem Haus, das für über 15 Millionen Dollar liebevoll restauriert wurde, lebte einst Iwan Veniaminov, der Bischof von Alaska und das spätere Oberhaupt der russisch-orthodoxen Kirche in Moskau. Die Ausstellungen beschäftigen sich sowohl mit der Geschichte des Gebäudes und der Menschen, die darin lebten, als auch mit der russischen Kolonialzeit in Alaska. Die zweite Etage ist original von 1853 mit echten Möbeln und Kunstgegenständen der damaligen Zeit.

■ SHELDON JACKSON MUSEUM

Etwas weiter entfernt an der Uferpromenade liegt das Sheldon Jackson College mit seinen charakteristischen braunen und weißen Gebäuden. Es wurde 1878 gegründet, um Alaskas Ureinwohner auszubilden, und ist die älteste Bildungseinrichtung des ganzen Staates. Hier wohnte auch der Schriftsteller James Michener, als er Material für seinen Bestseller *Alaska* sammelte. Das hervorragende Museum ist von Mitte Mai bis Mitte September täglich von 8 bis 17

175

Südostalaska

Uhr geöffnet sowie im Winter von Dienstag bis Samstag von 10 bis 16 Uhr. Der Eintritt kostet $3, mit Studentenausweis ist der Besuch kostenlos. Das Museum ist benannt nach Dr. Sheldon Jackson (1834-1909), der hier sowohl als Missionar tätig war, als auch das Bildungssystem Alaskas aufbaute. Während seiner Reisen in den Jahren 1880 bis 1895, die ihn in alle Teile des Territoriums führten, sammelte er Tausende von Kunstgegenständen der Inuit, Athabasken, Tlingit, Haida und Aleuten. Um diese unbezahlbare Sammlung zu schützen, baute man 1895 ein feuerfestes Museum, den ersten Betonbau des Landes. Das älteste Museum Alaskas enthält eine außergewöhnliche Sammlung von Kajaks, Jagdwerkzeugen, Hundeschlitten, Körben, Behältern, Inuit-Masken sowie anderen Kunstgegenständen. Hier befindet sich auch ein kleiner Souvenirladen, in dem Schmuck, Kunsthandwerk und Karten verkauft werden. Im Sommer kann man häufig einheimische Künstler bei der Arbeit beobachten. Gegenüber dem Museum liegt eine Lachszuchtanstalt.

■ SITKA NATIONAL HISTORICAL PARK

Der Höhepunkt eines Sitka-Besuches ist für viele ein Ausflug in den National Historical Park an der Mündung des Indian River. Dort kämpften 1804 die Tlingit und die russischen Einwanderer ihren letzten Kampf um die Vorherrschaft im Gebiet. Eine Woche konnten die Indianer die Invasoren in der Bucht aufhalten, dann aber ging ihnen die Munition aus, und Hilfe war nicht in Sicht. Daher gaben sie den Kampf auf und zogen sich friedlich in die Peril Strait zurück. Das Visitor and Cultural Center (im Sommer täglich von 8 bis 17 Uhr, im Winter montags bis freitags von 8 bis 17 Uhr) enthält ein Museum, das sich mit der Kultur der Tlingit beschäftigt, und eine Werkstatt, in der man im Sommer Indianer bei ihrem Kunsthandwerk beobachten kann. Vor dem Haus stehen einige Totempfähle, die ursprünglich für die Weltausstellung in St. Louis (1904) geschnitzt wurden. Hinter dem Besucherzentrum ist ein 1,6 Kilometer langer Rundweg angelegt, der an weiteren elf Totempfählen vorbeiführt. Unterwegs kann man einen herrlichen Blick auf den Sitka Sound genießen. Das alte indianische Fort, wo der Kampf damals stattgefunden hat, liegt am nahen Indian River. Es wurde jedoch noch nicht ausgegraben. Im Spätsommer kann man im Fluß auch Lachse auf dem Weg zum Laichen beobachten.

■ ALASKA RAPTOR REHABILITATION CENTER

An der 1101 Sawmill Creek Road liegt das Alaska Raptor Rehabilitation Center, in dem etwa ein Dutzend Weißkopfseeadler und andere bedrohte Vogelarten gepflegt werden, die durch Schüsse, Autounfälle und Fallen verletzt wurden. Von den Vögeln, die dorthin gebracht werden, kann nahezu die Hälfte nach Heilung wieder erfolgreich ausgesetzt werden.

■ MOUNT EDGECUMBE

Der 915 Meter hohe Mount Edgecumbe ähnelt dem Fuji und kann über einen etwa zehn Kilometer langen Wanderweg bestiegen werden. Der Weg beginnt am Südostufer der Insel Kruzof, die 16 Kilometer westlich von Sitka liegt. Die letzten eineinhalb Kilometer oberhalb der Baumgrenze führen

Sitka

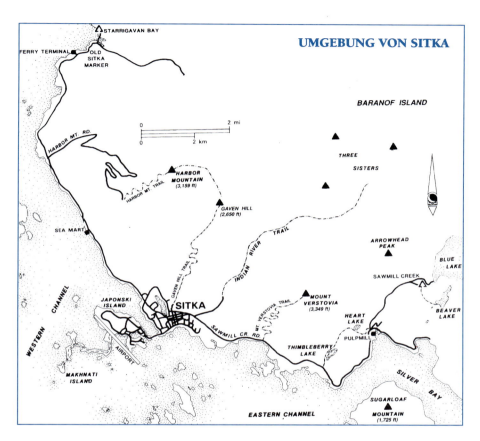

durch rote Vulkanasche. Die Insel ist mit einem Kajak zu erreichen. Wegen der Meeresströmungen muß man jedoch große Vorsicht walten lassen. Mit mehreren Gleichgesinnten kann man sich auch mit einem Boot übersetzen lassen (hin und zurück etwa $125). Am besten übernachtet man in der **Fred's Creek Cabin** am Beginn des Weges oder kostenlos in einem Unterstand auf halbem Weg zum Gipfel. Von der Spitze des schlafenden Vulkans aus hat man eine wundervolle Sicht.

■ **AKTIVITÄTEN**

Aktuelle Informationen über die über 65 Kilometer Wanderwege in der Umgebung gibt das Büro des **Forest Service** (201 Katlian Street, Tel. +1(907)747-4220). Die Auswahl reicht von sehr einfachen Spaziergängen bis hin zu anstrengenden Touren hoch auf die nahen Gipfel. Sinnvollerweise nimmt man sich auch ein Exemplar des *Sitka Trails Guide* ($4) mit.
Für begleitete Wandertouren wendet man

Südostalaska

sich an **Rain Forest Hiking Tours** (Tel. +1(907)747-8902).
Einer der schönsten Wanderwege in der Umgebung von Sitka, der **Indian River Trail**, beginnt nur wenige Minuten außerhalb der Stadt und führt durch ein Tal. Der einfache Weg (neun Kilometer) folgt zunächst einem kleinen Flußlauf, der auch den Lachsen als Laichplatz dient, und führt weiter durch einen typischen Regenwald, wo man durchaus die Chance hat, Bären und Wild zu sehen. Der Weg beginnt an der Indian River Road (sie ist nicht markiert) neben der Public Safety Academy und führt entlang der Sawmill Creek Road. Dieser Straße folgt man einen knappen Kilometer, bis der städtische Wasserturm erreicht ist. Der sanft ansteigende Weg führt flußaufwärts am Indian River vorbei und in ein Seitental bis zu einem 25 Meter hohen Wasserfall. Die letzten eineinhalb Kilometer sind zwar von Gestrüpp befreit, aber nicht gut gepflegt. Für den Hin- und Rückweg muß man sechs Stunden einkalkulieren.
Für besonders Abenteuerlustige eignet sich der **Gaven Hill Trail**, der in die alpinen Gebiete um Sitka führt und sagenhafte Ausblicke auf den Sitka Sound bietet. Erst kürzlich wiedererbaut, beginnt die »Himmelsleiter« am Ende der Baranof Street und führt über fünf Kilometer auf den 800 Meter hohen Gaven Hill. An der Kreuzung mit dem Cross Trail nach etwa eineinhalb Kilometern biegt man nach rechts ab. Der Gaven Hill Trail führt zurück entlang eines langen Grates, der in subalpine Wiesen ausläuft. Erst dann hat man die letzten Meter mit etwas mehr Steigung zu überwinden. Von dort ist es relativ einfach, den Steinhaufen bis zur Verbindung mit dem Harbor Mountain Trail zu folgen.

Einer der einfachsten, aber auch schönsten Wege in alpine Zonen ist der **Harbor Mountain Trail**. Der Weg wurde ursprünglich während des Zweiten Weltkriegs von der Armee angelegt und führte zu einem Punkt, von dem aus Ausschau nach japanischen Kriegsschiffen und U-Booten gehalten wurde. Es wurde allerdings keines gesichtet, wenn auch versehentlich ein Wal bombardiert wurde, den die Aufklärer für ein feindliches U-Boot hielten. Um zum Beginn des Wanderwegs zu gelangen, geht man zunächst von Sitka aus 6,5 Kilometer auf der Halibut Point Road in nordwestliche Richtung und biegt dann nach rechts in die Harbor Mountain Road ab. Anschließend steigt die unbefestigte Straße über die nächsten acht Kilometer bis auf eine Höhe von 610 Meter an. Wegen Schnee ist die Strecke bis Juni gesperrt. An sonnigen Tagen ist der Blick über den Sitka Sound atemberaubend. Wer ohne Auto oder Mountainbike in Sitka ist, sollte einen Einheimischen um eine Mitfahrgelegenheit bitten. Der Wanderweg beginnt beim Parkplatz auf dem Gipfel und führt auf einen Nachbarhügel, bevor er in ein subalpines Gebiet übergeht. Ein kleiner Weg verläuft zu einem Aussichtspunkt, der Hauptweg zweigt nach rechts ab und führt an den Ruinen vorüber. Dahinter läuft man entlang des Grates an Steinhaufen vorbei, bis sich der Weg schließlich mit dem Gaven Hill Trail vereinigt und in die Stadt zurückführt. Vom Parkplatz am Harbor Mountain über den Harbor Mountain Trail und den Gaven Hill Trail zurück benötigt man etwa sechs Stunden.

■ AUSFLÜGE

Das **St. Lazaria Islands National Wildlife Refuge** ist der ideale Ort, um Kolonien von

Sitka

Papageientauchern, Sturmvögel, Wale, Seehunde und Seelöwen zu sehen. **Raven's Fire** (Tel. +1(907)747-5777), **Steller Wildlife & Exploring** (Tel. +1(907)747-6157) und **Bare Island Charters** (Tel. +1(907)747-4900) bieten Tagestouren und Ausflüge mit Übernachtung in das Wildschutzgebiet an. Besonders empfehlenswert sind die Ausflüge von **Sitka's Secrets** (Tel. +1(907)747-5089), die von zwei erfahrenen Biologen geleitet werden.
Allen Marine Tours (Tel. +1(907)747-8100) veranstaltet Ausflüge mit dem Jetboot in den Salisbury Sound, 40 Kilometer nördlich von Sitka.
Erfahrene Bootsfahrer können Boote bei **Baranof Sportsmans Vacations** (Tel. +1(907)747-4937) oder **Sitka Sound Ocean Adventures** (Tel. +1(907)747-6375) ausleihen.
Ein beliebtes Erholungsziel der Einheimischen sind die **Goddard Hot Springs**, die man nur per Boot oder mit dem Wasserflugzeug erreicht.
Die *Raven's Fire* (Tel. +1(907)747-6157) bietet eintägige Ausflüge dorthin (ab $ 90). Auf dem Boot kann man auch Kajaks transportieren ($ 15). Diesen Service bieten auch viele andere lokale Bootsverleihe.
Im Winter, wenn das Wasser klarer ist, zieht das Wildschutzgebiet auch zahlreiche Tauchfans an. **Southeast Diving and Sports** (203 Lincoln Street, Tel. +1(907)747-8279) vermietet Tauchausrüstung und vermittelt örtliche Anbieter, die die Touristen hinausfahren. Dort kann man übrigens auch Mountainbikes mieten.

■ INFORMATIONEN UND DIENSTLEISTUNGEN

Die aktuellsten Informationen entnimmt man der kostenlosen Zeitungsbeilage *All About Sitka*. Einen kleinen Informationsstand gibt es auch im Centennial Building.
An der Ecke der Katlian Street und des Siginaka Way steht das hellrote Gebäude des **Forest Service** (Tel. +1(907)747-6671).
Ein besserer Ort für lokale Informationen ist jedoch das **Sitka District Office** (201 Katlian Street, Tel. +1(907)747-4220).
In der **Sitka Crafters Mall** (110 American Street) kann man Arbeiten von 30 verschiedenen Künstlern und Kunsthandwerkern erstehen.
Duschen gibt es in der **Homestead Laundry** in der Katlian Street sowie bei **Duds and Suds** in der Halibut Point Road, gegenüber von McDonalds. Besser ist aber das Duschen im **Schwimmbad**, das sich in der Blatchley Middle School in der Halibut Point Road befindet. Das Schwimmbad im Sheldon Jackson College ist für die Öffentlichkeit ebenfalls täglich zugänglich.
Das **Hauptpostamt** befindet sich in der Sawmill Creek Road, etwa drei Kilometer südlich der Stadt. Ein kleines Postamt gibt es bei der McDonalds Bayview Trading Co. an der Ecke Lincoln und Lake Street.
Geldautomaten gibt es in der Innenstadt bei der National Bank of Alaska und bei der First Bank an der U-Bahn-Station Lake und Seward Street.
Über eine sehr gute Sammlung von Büchern über Alaska verfügt **Old Harbour Books** in der Lincoln Street. Hier gibt es auch ein kleines Café. Der Inhaber ist ein lokaler Greenpeace-Aktivist, daher kann man sich hier gut über die Umweltschutzprobleme in Südostalaska informieren.
Die **öffentliche Bibliothek** neben dem Centennial Building in der Innenstadt bietet einen kostenlosen Tausch von Taschenbüchern. Die Auswahl der Titel ist enorm. Hier kann man auch kostenlose Ortsge-

Südostalaska

spräche führen und Ferngläser ausleihen, um von den Fenstern Wale, Seeotter und Delphine in der Bucht zu beobachten. Die geschwungenen Bänke an der Rückseite eignen sich gut als Platz zum Mittagessen, wenn es regnet. Die Bibliothek ist sonntags von 13 bis 17 Uhr, montags bis donnerstags von 10 bis 21 Uhr, freitags von 10 bis 18 Uhr und samstags von 13 bis 17 Uhr geöffnet.

■ ESSEN

Sitka verfügt über eine ganze Reihe von Möglichkeiten, wo man Fisch und andere Meeresfrüchte essen kann.
Van Winkle & Daigler Frontier Cuisine (Tel. +1(907)747-3396) am Fuß der Brücke nach Japonski Island offeriert Fisch, Nudeln, Steaks und vieles andere. Berühmt ist das Restaurant jedoch für seinen Heilbutt mit Pommes frites, eines der Nationalgerichte Alaskas.
Genauso guten Fisch ißt man im **Marina Restaurant**. Und darüber hinaus gibt es dort die beste Pizza der Stadt.
Der **Channel Club**, fünf Kilometer außerhalb in der Halibut Point Road, bietet hervorragenden gegrillten Fisch und Steaks. Als Beilage kann man von der besten Salatbar in Sitka wählen.
Das **Bayview Restaurant** in der Lincoln Street überrascht mit allen nur erdenklichen Burgervarianten (sogar mit Kaviar).
Gute Burger, Milchshakes und anderes Fast food gibt es in der **Lane 7 Snack Bar** (331 Lincoln Street).
Günstige und leckere Sandwiches, Suppen und Salate erhält man zur Mittagszeit im **MoJo Cafe** (256 Katlian Street). Zum Frühstück gibt es Gebäck, Hörnchen, Bagels und Espresso.

Chinesisch ißt man im **Twin Dragon** neben der Pioneer Bar an der Katlian Street.
Im **El Dorado** (714 Katlian Street) gegenüber vom Büro des Forest Service werden mexikanische Speisen und Pizza zu teuren alaskanischen Preisen angeboten.
Im **Backdoor Cafe** (Lincoln Street) kann man einen Espresso trinken. Es ist der Treffpunkt für junge Leute, und es gibt dieselben Leckereien wie im Schwesterbetrieb Mojo Cafe.
Sea Mart, drei Kilometer außerhalb der Stadt an der Halibut Road, bietet eine Salatbar, Delikatessen, Backwaren und die größte Auswahl an Lebensmitteln in Sitka. Näher zur Innenstadt liegen der **Lakeside Grocery** (705 Halibut Point Road) und der **Market Center Supermarket** (210 Biorka Street).
Die **Fresh Fish Company** in der Katlian Street verkauft frischen Fisch wie Lachs, Heilbutt, Garnelen und geräucherten Fisch. Hier kann man auch selbst gefangenen Fisch räuchern lassen.

■ UNTERHALTUNG

Der **Rookies Grill** in der Sawmill Creek Road, etwa drei Kilometer außerhalb der Innenstadt, bietet am Wochenende Live-Musik.
Die Fischer der Stadt (und solche, die es gerne sein möchten) treffen sich in der **Pioneer Bar** in der Katlian Street. Die Wände der Bar sind voll mit Fotos lokaler Fischerboote und am schwarzen Brett findet man häufig nützliche Anschläge zu Bootsfahrten.
Wenn die Kreuzfahrtschiffe im Hafen von Sitka liegen, werden von den **New Archangel Dancers** in der Centennial Hall traditionelle russische, ukrainische und moldavische

Tänze aufgeführt ($6 für eine halbstündige Aufführung). Bei den 40 Tänzern handelt es sich durchweg um Frauen, viele davon in Männerkostümen.
Etwas andere Tanzvorstellungen, nämlich Tlingit-Tänze, zeigen die **Noow Tlein and Gajaa Heen Dancers** ($5) in den Sommermonaten in der Centennial Hall.
Ein spezielles **Native Cultural Center**, in dem die Tanzaufführungen der Einheimischen stattfinden sollen sowie Kunstgegenstände aus der Geschichte der Stadt ausgestellt werden, entsteht nahe dem Pioneers Home.
Ein besonderer Höhepunkt ist das **Tlingit Dinner Theater** von Robert Sam, einem Geschichtenerzähler der Tlingit. Die Veranstaltungen finden mehrmals wöchentlich in der Westmark Shee Atika Lodge statt (Reservierung unter Tel. +1(907)747-8882; ab $40).

■ **TERMINE**

Jedes Jahr im Juni zieht das berühmte **Sitka Summer Music Festival** Musiker aus aller Welt an. Kammermusikkonzerte finden dann jeweils dienstags, freitags und samstags im Centennial Building statt. Den meisten Spaß gibt es jedoch beim Houseparty Concert. Hierfür noch Karten zu bekommen, ist relativ schwierig, die Konzertproben sind jedoch kostenlos. Kartenvorbestellungen nimmt das Sitka Summer Music Festival (P.O. Box 3333, Sitka, AK 99835, Tel. +1(907)747-6774) entgegen.
Ein weiteres kulturelles Ereignis ist das **Sitka Writers Symposium**, zu dem Mitte Juni bekannte Schriftsteller aus allen Teilen der USA zusammenkommen.
Ende Mai können Besucher den Einheimischen beim **Sitka Salmon Derby** zusehen,

bei dem der Siegerfisch schon mal ein 27 Kilogramm schwerer Lachs ist.
Den amerikanischen Unabhängigkeitstag am 4. Juli feiert man mit einer Parade und einem großen Feuerwerk.
Und da in Sitka die Übergabe Alaskas von Rußland an Amerika stattfand, begeht man jedes Jahr am 18. Oktober den **Alaska Day**. Zu den Feierlichkeiten zählen Tanzvorführungen in traditionellen russischen Kostümen, eine Parade und eine Darstellung der Übergabezeremonie.

■ **UNTERBRINGUNG**

Detaillierte Informationen über die 22 nahe gelegenen Hütten des Forest Service erhält man im **Sitka District Office** (201 Katlian Street, Tel. +1(907)747-4220). Dort kann man auch Reservierungen vornehmen. Das Büro ist montags bis freitags von 8 bis 17 Uhr geöffnet.
Eine der am einfachsten zugänglichen Hütten, die **Redoubt Lake Cabin,** liegt am Ende eines fast zehn Kilometer langen Wanderwegs, der an der Silver Bay beginnt, 16 Kilometer südöstlich von Sitka. Der Wanderweg führt am Ufer des Salmon Lake vorbei über einen 183 Meter hohen Sattel bis zur Hütte am Redoubt Lake. Wer ein Kajak besitzt (oder mieten kann), gelangt einfacher dorthin, indem er an den Hunderten von kleinen Inseln vorbei entlang der Küste südlich der Silver Bay und durch die Redoubt Bay paddelt.
Sogar für Rollstuhlfahrer geeignet ist die **Lake Eva Cabin**, 44 Kilometer nordöstlich von Sitka auf Baranof Island. Alles, die Hütte, der Anleger, die Toilette und die Plattform zum Angeln können von Rollstuhlfahrern genutzt werden. Gute Voraussetzungen also für Behinderte, aber auch

Südostalaska

für Familien mit kleinen Kindern. Hier kann man Rotlachse, kalifornische Flußforellen und Stahlkopffische fangen. An der Ostseite des Lake Eva (gegenüber der Hütte) beginnt ein Weg, der über knapp fünf Kilometer durch sehr schöne alte Wälder bis zur Hanus Bay führt. Mit einem Wasserflugzeug erreicht man den Lake Eva in einem halbstündigen Flug (Hin- und Rückflug etwa $440 für zwei Personen inklusive Ausrüstung).

Die malerische **Plotnikof Lake Cabin** liegt am Ende des gleichnamigen Sees, einem schmalen, 6,5 Kilometer langen Gewässer, das von steilen Bergen und Wasserfällen umgeben ist. Die Hütte ist mit einem sehr teuren 45minütigen Flug mit dem Wasserflugzeug von Sitka aus zu erreichen und liegt in der South Baranof Wilderness Area. Ein eineinhalb Kilometer langer Weg verbindet den Plotnikof Lake mit dem ebenfalls sehr eindrucksvollen Davidof Lake, an dem es ebenfalls eine Hütte des Forest Service gibt.

Die einfache **Baranof Lake Cabin** am oberen Ende des fünf Kilometer langen Baranof Lake steht für Ruhe und Abgeschiedenheit inmitten der Wildnis. Von der Hütte hat man einen Ausblick auf den blaugrünen See und einen Wasserfall. Wenn man einen Außenborder hat oder mit einem faltbaren Kajak einfliegt, kann man auf dem See bis zur Mündung fahren. Von dort führt ein ein Kilometer langer Weg zur kleinen Siedlung **Baranof Warm Springs** mit seinen in Privatbesitz befindlichen heißen Quellen, die allerdings in keinem guten Zustand sind.

Taquan Air (Tel. +1(907)747-8636) bietet Flugverbindungen zwischen Baranof Warm Springs und Sitka ($70).

Die geschützten Gewässer nahe Sitka bieten Zugang zu vielen Hütten des Forest Service und zu den Wanderwegen. Larry Edwards von **Baidarka Boats** (Tel. +1(907) 747-8996) verleiht Zweisitzer-Kajaks aus Fiberglas für $45 pro Tag sowie faltbare Zweisitzer-Kajaks für $55 pro Tag. Komplettraten für eine Woche sind etwas günstiger, und fachkundige Anleitung gibt es für alle Fähigkeitsstufen. Hinzu kommen begleitete Halbtages- und Ganztagesausflüge mit dem Kajak (ab $50).

Sitka's Secrets (Tel. +1(907)747-5089) und **Southeast Alaska Ocean Adventures** (Tel. +1(907)747-5011) setzt die Paddler gegen eine Gebühr an vielen Orten mit ihrem Kajak ab.

Sitka Sound Ocean Adventures (Tel. +1(907)747-6375) bietet ebenfalls organisierte Kajaktouren an ($50 für zwei Stunden).

Ein weiterer Kajakverleih in Sitka ist **Sitka Sea Kayaking Adventure** (Tel. +1(907)747-7425).

Im **Sitka Convention & Visitor Bureau** (303 Lincoln Street, Tel. +1(907)747-5940, e-mail: scvb@ptialaska.net; montags bis freitags von 8 bis 17 Uhr) erhält man eine komplette Liste aller privaten Appartements und Häuser. Bei der Reservierung ist unbedingt darauf zu achten, ob der genannte Preis die Überfahrt mit der Fähre oder den Shuttle-Bus zum Flughafen einschließt.

Die **Jugendherberge** von Sitka (303 Kimsham Road, Tel. +1(907)747-8356; 1. Juni bis 31. August; $7 pro Nacht für Mitglieder, $10 für Nichtmitglieder) ist von der Fähre aus mit dem Shuttle-Bus (hin und zurück $5) zu erreichen. Die Benutzung eines Schlafsacks ist vorgeschrieben. Die Anmeldung der Jugendherberge ist zwischen 18 und 21.30 Uhr geöffnet, die Jugendherberge selbst wird um 23 Uhr geschlossen. Es bestehen

Sitka

Kochmöglichkeiten, und das freundliche Personal bringt die Gäste normalerweise zu jeder Tages- und Nachtzeit unter, wenn man sich vorher ankündigt. Platz gibt es fast immer.
Das günstigste Hotel ist das komplett renovierte **Sitka Hotel** (Tel. +1(907)747-3288). Eine etwas gemütlichere Umgebung bieten die 14 Bed & Breakfast-Pensionen. Eine sehr charakteristische, aber auch teure Pension ist das **Rockwell Lighthouse** (Tel. +1(907)747-3056).
Weitere Übernachtungsmöglichkeiten bestehen unter anderem in der **Westmark Shee Atika Lodge** (Tel. +1(907)747-6241), im **Potlach Motel** (Tel. +1(907)747-8611), im **Cascade Inn** (Tel. +1(907)747-6804) und im **A Crescent Harbor Hideaway** (Tel. +1(907)747-6388).
Mit dem Boot erreicht man **Raven's Nest House** (Tel. +1(907)747-5165) auf Berry Island, fünf Kilometer von Sitka entfernt. Dort erwartet den Gast Ruhe und Abgeschiedenheit.
In der unmittelbaren Umgebung von Sitka gibt es keine Campingplätze. Der Forest Service genehmigt das Campen aber jeweils am Ende der Straße.
Ausgezeichnet ist der **Starrigavan Campground** ($8) im Nordwesten der Stadt, ungefähr elf Kilometer nordwestlich von Sitka und einen Kilometer hinter dem Fähranleger. Der Campingplatz ist ganzjährig geöffnet, von Oktober bis April wird er jedoch nicht bewirtschaftet. Die Plätze an der linken Seite der Straße liegen zu einem felsigen Strand hin, während die an der rechten Seite an den Starrigavan Creek grenzen, wo man im späten Sommer Lachse beim Laichen beobachten kann. Der Campingplatz füllt sich im Juli und August mit Wohnmobilen, aber es werden zur Meeresseite hin auch dann sechs Plätze für Zelte freigehalten. Trinkwasser gibt es auf dieser Seite der Straße allerdings nicht.
Starrigavan verfügt über einen artesischen Brunnen mit herrlichem frischen Wasser, das unter der Marke »Misty Fjords« abgefüllt in den USA zu kaufen ist.
Der **Estuary Life Trail** führt zum kilometerlangen **Forest and Muskeg Trail**. Hinweisschilder erläutern wichtige Punkte entlang des Weges. An der Straße zwischen dem Campingplatz und dem Fähranleger lag einst das alte Sitka, das 1802 von den Tlingit niedergebrannt wurde.
Der wenig genutzte und nicht betreute Campingplatz **Sawmill Creek** ist kostenlos, hat aber kein Wasser. Er wurde an der Blue Lake Road angelegt, 9,5 Kilometer östlich der Stadt. Er ist etwas abgelegen und zu Fuß nur schwer zu erreichen. Für Wohnmobile ist die Straße dorthin in einem zu schlechten Zustand.
Wohnmobile kann man auf dem Platz **Sealing Cove** auf der Insel Japonski und auf dem **Sportsman's RV Park**, einen Block südlich vom Fähranleger, abstellen.

■ AN- UND WEITERREISE

Der Flugplatz von Sitka liegt auf der Insel Japonski, etwas mehr als einen Kilometer von der Stadt entfernt. Von hier fliegt **Alaska Airlines** nach Juneau, Ketchikan, Petersburg, Wrangell und zu anderen Zielen in Alaska und den unteren 48 Staaten der USA.
Taquan Air (475 Katlian Street) bietet regelmäßige Flüge mit Wasserflugzeugen nach Angoon, Baranof Warm Springs, False Island, Hoonah, Kake, Pelican, Port Alexander, Port Walter, Rowan Bay und Tenakee Springs.

Südostalaska

Taquan Air und **Mountain Aviation** am Flughafen führen auch Charterflüge zu den Hütten des Forest Service sowie Rundflüge durch (pro Flugstunde ab $250 für zwei Personen mit Gepäck). Die staatlichen Fähren legen im Sommer bis zu fünfmal wöchentlich in Sitka an. Die größeren Fähren machen meist für drei Stunden im Hafen fest, die *Le Conte* samstags für sechs Stunden. Die Bewohner von Hoonah und Angoon nutzen diese Gelegenheit für Einkäufe in der Stadt. Das Fährgebäude ist zwei Stunden vor Ankunft einer Fähre geöffnet (Tel. +1(907)747-8737). Durch die diffizilen Gezeitenbedingungen in der Peril Strait kann es vorkommen, daß die Fähre bei einem kleinen mechanischen Defekt eine Verspätung von sechs Stunden hat.
Der Fähranleger liegt elf Kilometer nördlich von Sitka. Trotz der relativ großen Entfernung zur Stadt und des kurzen Aufenthaltes bleibt genügend Zeit für einen schnellen Rundgang durch Sitka.
Die meisten Passagiere fahren mit einem **Ausflugsbus** ($5) nach Sitka und wieder zurück. Eine Stadtrundfahrt, die zur Kathedrale und zum National Historical Park führt, kostet $10.
Taxifahrten mit **Arrowhead Taxi** (Tel. +1(907)747-8888) oder **Sitka Cab** (Tel. +1(907)747-5001) in die Stadt kosten rund $13, für eine einstündige Stadtrundfahrt werden $35 berechnet.
Mietwagen gibt es bei **Allstar Rent-A-Car** (Tel. +1(907)966-2552) und **Avis** (Tel. +1(907)966-2404).
Fahrräder kann man bei **Southeast Diving and Sports** (203 Lincoln Street, Tel. +1(907)747-8279) mieten.

Chichagof Island

Der vorwiegend von Tlingit-Indianern bewohnte Ort **Hoonah** (950 Einwohner) gehört zu Port Frederick auf der Insel Chichagof, 32 Kilometer südlich der Glacier Bay. Port Frederick ist bereits seit der letzten Eiszeit Heimat der Tlingit, als die Eismassen sie aus der Glacier Bay über die Icy Strait bis an die Nordküste von Chichagof vertrieben. Dort fanden sie eine geschützte Bucht, die sie Huna nannten, was übersetzt bedeutet: »Ort, an dem der Nordwind nicht weht.« Die Northwest Trading Company eröffnete dort 1880 einen Laden, und schon im Jahr darauf fügten die Missionare eine Kirche und eine Schule hinzu. 1912 nahm eine Konservenfabrik ihre Arbeit auf, die bis 1953 in Betrieb war. Die sehenswerte alte Fabrik befindet sich eineinhalb Kilometer nördlich der Stadt am Eingang zu Port Frederick, doch das alte Dorf und viele unersetzbare kulturelle Gegenstände der Tlingit wurden 1944 bei einem Feuer zerstört. Auf der Asche bauten die Menschen ihre Siedlung wieder auf.
Hoonah ist sicher nicht die schönste Stadt Alaskas. Die verwitterten Schindelhäuser wurden schon lange nicht mehr gestrichen, und in den Höfen stehen alte Autowracks. In jedem Haus gibt es Hunde, und Kinder spielen auf der Veranda. Hoonahs Wirtschaft wird von der Holzfällerei, dem Fischfang und traditionellen Tätigkeiten wie Jagd und Beerensammeln bestimmt.
Die eindrucksvolle Felswand des Mount Elephant (846 Meter) bewacht die südliche Seite des Ortes. Unglücklicherweise haben zwei einheimische Unternehmen, Huna Totem und Sealaska, auf einem großen Teil ihres Landes in der Nähe von Hoonah den Wald abgeholzt und damit ein jahrhunder-

tealtes Erbe verkauft, um die Kosten für den Landkauf zu begleichen.
Im **Hoonah Cultural Center** (Tel. +1(907)945-3600; wochentags von 10 bis 15 Uhr; Eintritt frei) sind einheimische Kunstgegenstände ausgestellt.
In Hoonah gibt es zwar keine Campingplätze, man kann aber ohne Probleme einen Platz am Stadtrand finden.
Auskünfte über die Stadt erhält man in der **City Hall** (Tel. +1(907)945-3664).
Das Büro des **Forest Service** am südlichen Ende der Stadt verfügt über limitierte Informationsbroschüren über die Wanderwege und die Möglichkeiten zum Kajakfahren in der Umgebung. Wer in Hoonah oder Tenakee verweilen will, sollte sich unbedingt ein Exemplar des *Hoonah Area Road Guide* besorgen ($3).
Mary's Inn Restaurant (Tel. +1(907)945-3228) ist eine ehrenamtlich geführte Ausbildungsstätte mit angeschlossenem Internat für einheimische Jugendliche und ein guter Ort, um einen Hamburger oder andere frisch zubereitete Mahlzeiten zu verdrücken. Damit unterstützt man außerdem die hervorragende Einrichtung.
Die **Huna Totem Lodge** (Tel. +1(907)945-3393) vermietet Zimmer und verfügt ebenfalls über ein Restaurant.
Übernachten kann man überdies bei **Tina's Room Rentals and Apartements** (Tel. +1(907)945-3442), **Hubbard's B&B** (Tel. +1(907)945-3414) und in der **Snug Harbor Lodge** (Tel. +1(907)945-3636).
Hoonah verfügt über zwei kleine Lebensmittelgeschäfte (einschließlich des L. Kane Store von 1893) und einen Waschsalon mit Münzduschen.
Duschmöglichkeiten bestehen auch im Hafengebäude und im **Schwimmbad** neben der High School.

In Hoonah gibt es eine Bank, eine Taverne, ein Spirituosengeschäft, ein Kühlhaus und ein Holzfällerlager.
Ein paar Kilometer südwestlich der Stadt liegt die einzige landwirtschaftliche Kommune in ganz Südostalaska, das **Mount Bether Bible Center**.

Pelican

Auf der Suche nach einem Ziel weit weg von allem anderen muß man unbedingt den kleinen malerischen Fischerort Pelican (230 Einwohner) am sehr engen Liasianski Inlet an der Westküste von Chichagof ansteuern. Während des Sommers verdoppelt sich die Einwohnerzahl von Pelican durch die Ankunft der Fischer und der Arbeiter im Kühlhaus. Und doch hat sich der stille Fischerort einen Ruf als Partystadt erworben, insbesondere wenn die Feierlichkeiten zum amerikanischen Nationalfeiertag ihren Höhepunkt erreichen.
Mittelpunkt ist dann **Rosie's Bar and Grill** (Tel. +1(907)735-2265). Dort werden auch Zimmer vermietet.
Außerdem gibt es in der Stadt einen Gemischtwarenladen, einen Waschsalon, ein Restaurant sowie ein großes Kühllager, das von Pelican Seafoods betrieben wird.
Duschen findet man im Waschsalon oder im Spirituosenladen (!).
Bei **Kyak Jack's** (Tel. +1(907)735-2260) kann man Kajaks mieten.
Einen kleinen Spaziergang am Ufer entfernt liegt das **Otter Cove B&B** (Tel. +1(907)735-2259). Dort kann man in der Zeit von Februar bis Oktober Einzel- und Doppelzimmer inklusive Frühstück ab $55 buchen. Die kleine Pension bietet auch Spezialarrangements, bei denen der Besuch

Südostalaska

der White Sulfur Springs eingeschlossen ist.
Drei Kilometer westlich von Pelican befindet sich die **Lisianski Inlet Wilderness Lodge** (Tel. +1(907)735-2266). Dort kann man zum fairen Preis inmitten einer idyllischen Landschaft übernachten. Die Zimmerpreise liegen zwischen $100 und $160 und enthalten ein Frühstück. Zur Lodge gelangt man per Boot, man kann sich dort auch eines ausleihen. Die Lodge ist von Mitte Mai bis Mitte September geöffnet und bietet auch viele Pauschalarrangements, die im Preis Übernachtung, Mahlzeiten, einen Führer, die Nutzung von Kajaks und Booten sowie den Hin- und Rückflug von Juneau nach Pelican enthalten.
Nur ein- oder zweimal im Monat wird Pelican von einer **Fähre** angelaufen. Die *Le Conte* macht für etwa zwei Stunden fest und kehrt nach Juneau zurück (einfache Strecke $32).
Tägliche Flugverbindungen zwischen Juneau und Pelican bieten **Glacier Bay Airways** (Tel. +1(907)789-0009), **Loken Aviation** (Tel. +1(907)735-2244) und **Wings of Alaska** (Tel. +1(907)735-2284). Die Preise liegen bei $80. **Taquan Air** (Tel. +1(907)735-2210) fliegt für $100 nach Sitka.

West Chichagof-Yakobi Wilderness

Dieses 1030 Quadratkilometer große Naturschutzgebiet liegt an der Nordwestküste der Insel Chichagof. Die zerklüftete Küste wird von Ozeanstürmen und starken Winden heimgesucht. An den landschaftlich eindrucksvollen Küstenabschnitten wurden Seeotter wiederangesiedelt, es gibt aber auch viele Seelöwen, Braunbären, Marder und Wild. Die Küste besteht aus zahlreichen kleinen Buchten, Lagunen und Meeresarmen. In der West Chichagof-Yakobi Wilderness stößt man auch auf weite Fichtenwälder mit grasbedeckten Schneisen. Wegen der häufig auftretenden und tückischen Stürme ist der Besuch des Schutzgebietes für kleine Boote und Kajaks gefährlich. Deshalb kommen auch nur wenige Besucher hierher. Der einzige bedeutende Anziehungspunkt sind die **White Sulfur Springs**.
Eine der beliebtesten Hütten des Forest Service in Südostalaska liegt bei den White Sulfur Springs. Dorthin gelangt man nur mit dem Boot oder dem Kajak. Man kann natürlich auch mit dem Hubschrauber oder einem Wasserflugzeug anreisen. Das Wachstum der Seerosen könnte allerdings in Zukunft die Landung auf dem See unmöglich machen. Mit dem Kajak sind es etwa 33 Kilometer von Pelican zu den heißen Quellen. Ein großer Teil der Fahrt führt durch die geschützten Gewässer des Lisianski Inlet und der Lisianski Strait, die letzten acht Kilometer ist man jedoch dem offenen Meer ausgesetzt. Daher sollte man das Kajak gut beherrschen. Zur Hütte gehört ein Badehaus an der heißen Quelle mit Blick über die Bertha Bay. Allerdings kann die heiße Quelle von jedermann kostenlos benutzt werden, so daß Fischer, Kajakfahrer und andere Besucher aus dem nahen Pelican möglicherweise die Einsamkeit stören.

Elfin Cove

Diese kleine Fischersiedlung (50 Einwohner) an der Nordspitze von Chichagof wird als einer der schönsten Orte in ganz Alaska gerühmt. Die Lage am Ende des unruhigen

Wassers vom Cross Sound, geschützt durch einen schmalen Hafen, ist auch wirklich kaum zu übertreffen.
Im Ort gibt es zwei Lebensmittelgeschäfte. Im Sommer bestehen Übernachtungsmöglichkeiten mit Duschen und Sauna. In der **Tanaku Lodge** (Tel. +1(800)482-6258) kann man nur einwöchige Aufenthalte buchen.
Übernachten kann man außerdem in der **Elfin Cove Fishing Lodge** (Tel. +1(907)239-2212), der **Inner Harbor Lodge** (Tel. +1(907)239-2245) und der **Shearwater Lodge** (Tel. +1(907)239-2223).
Loken Aviation (Tel. +1(907)789-3331) fliegt täglich zwischen Juneau und Elfin Cove (einfache Strecke $80). Der Cross Sound und die Icy Strait trennen Chichagof vom Glacier Bay National Park. Das ist eine der besten Gegenden in Südostalaska, um Wale zu beobachten, insbesondere in der Nähe von Point Adolphus. Charterboote unternehmen im Sommer Tagesausflüge von Elfin Cove in den Glacier Bay National Park. Nicht weit entfernt ist auch die 90 Quadratkilometer große Pleasant-Lemesurier-Inian Islands Wilderness, die erst 1990 eingerichtet wurde.

Tenakee Springs

Zu den Bewohnern dieses kleinen Ortes (110 Einwohner) zählen Pensionäre, Aussteiger und ein paar einheimische Fischer. Viele Bewohner von Juneau haben hier ihr Zweithaus. Die Häuser stehen auf Stelzen entlang der Küste, mit einem Plumpsklo über dem Wasser. Die Stadt hat nur eine Straße, einen schmutzigen Weg, der gerade breit genug für die drei Fahrzeuge der Stadt ist (Tankwagen, Feuerwehrauto und Müllwagen). Jeder andere geht zu Fuß oder bewegt sich mit dem Fahrrad. Die Einfachheit ist gewollt: Als Gerüchte von Plänen des Forest Service, eine Straße nach Hoonah zu bauen, aufkamen, waren die Bewohner von Tenakee Springs sofort alarmiert und schmetterten den Vorschlag erfolgreich ab.
Tenakee Springs ist bekannt für seine heißen **Mineralquellen**, die sich in einem Gebäude gleich neben dem Fähranleger befinden. Die Quellen speisen einen kleinen Pool mit einer angeschlossenen Umkleidekabine. Die Öffnungszeiten sind je nach Geschlecht unterschiedlich: für Männer von 14 bis 16 Uhr und von 22 bis 9 Uhr sowie für Frauen von 18 bis 22 Uhr und von 9 bis 14 Uhr. Nach Mitternacht scheinen die Regeln allerdings etwas gelockert zu sein. Wenn die Fähre einen Aufenthalt von mehr als einer halben Stunde hat, lohnt sich ein kurzes Bad in diesem Becken.
Campen kann man drei Kilometer östlich der Stadt am Indian River. Da Braunbären hier manchmal auftauchen, sollte man aber sein Essen an einen Baum hängen. Der Wanderweg südlich der Stadt führt zu einer 13 Kilometer entfernten Konservenfabrik und einer Ansiedlung bei Coffee Cove.
Neben dem Fähranleger sitzt die **Snyder Mercantile Company** (Tel. +1(907)736-2205), die Lebensmittel und Versorgungsgüter verkauft sowie Cottages vermietet.
In Tenakee Springs gibt es eine kleine Bibliothek, eine eindrucksvolle Schule und zwei Bars. Unglücklicherweise zerstörte 1993 ein verheerendes Feuer das größte Hotel der Stadt, das Tenakee Inn. Übernachtungsmöglichkeiten bestehen im **Patch B&B** (Tel. +1(907)736-2258) und in der **Tenakee Hot Springs Lodge** (Tel. +1(907)736-2400).

Südostalaska

Tenakee ist ein beliebtes Wochenendausflugsziel für die Bewohner von Juneau sowie für durchreisende Urlauber. Die Fähre *Le Conte* macht viermal wöchentlich in Tenakee Springs fest. Der Fahrplan ermöglicht es, hier am Freitagabend für eine Nacht zu bleiben, um am folgenden Abend wieder nach Juneau zurückzufahren (einfache Strecke $22). In Tenakee Springs gibt es kein Fährterminal, und Fahrzeuge können nicht entladen werden. Die Fähre legt ohnehin nur wenige Minuten an.
Tägliche Flüge nach Juneau und Angoon bietet **Wings of Alaska** (Tel. +1(907)736-2247).
Ebenfalls täglich verkehrt **Taquan Air** (Tel. +1(907)736-2210) zwischen Tenakee und Sitka ($80).
An sechs Tagen der Woche bestehen außerdem Flugverbindungen mit **Loken Aviation** (Tel. +1(907)789-3331) zwischen Pelican und Juneau.

Juneau

Viele Leute halten Juneau (30 000 Einwohner) für die schönste Hauptstadt in den USA. Die Stadt erstreckt sich auf einem schmalen Landstreifen an der Mündung des Gold Creek. Im Hintergrund erheben sich die Gipfel des Mount Juneau und des Mount Roberts. Der Gastineau Channel trennt Juneau von der Insel Douglas.
Juneau ist reich an kulturellen und künstlerischen Anziehungspunkten, und das angrenzende wilde Hinterland ist ein Querschnitt all dessen, was für Südostalaska typisch ist. 1992 rangierte Juneau im *Outside Magazine* als eine der fünf liebenswertesten Kleinstädte Amerikas.

Juneau ist eine Verwaltungsstadt, in der fast die Hälfte der Bevölkerung für die Bundesregierung, den Staat Alaska oder für die Stadt arbeitet. Es ist die einzige Hauptstadt, in die weder Straßen hinein- noch herausführen.
Eine weitere Säule für die Wirtschaft von Juneau ist der Tourismus, denn mehr als 470 000 Besucher kommen jährlich hierher, die meisten an Bord luxuriöser Kreuzfahrtschiffe. Im Sommer liegen schon mal bis zu fünf Kreuzfahrtschiffe zur gleichen Zeit vor Anker (der größte Ansturm ist im Juli und August). Bis zu 7500 Passagiere bevölkern dann die Straßen der Stadt.
Juneau verfügt über eine kleine Fischfangflotte und beschäftigt Arbeiter in einer Silbermine auf Admirality Island. Bemühungen, die lange verlassene Alaska-Juneau-Goldmine wieder in Betrieb zu nehmen, wurden 1997 zurückgestellt, da Untersuchungen eine geringere Goldmenge belegten, als man erwartet hatte.
Juneau mag zwar von der Einwohnerzahl her klein erscheinen, die Stadtgrenzen ziehen sich jedoch bis zur kanadischen Grenze. Mit mehr als 80 Quadratkilometern ist Juneau denn auch nach Sitka eine der größten Städte Alaskas. Weniger als die Hälfte der Bewohner lebt im Stadtzentrum. Der Rest verteilt sich auf Douglas, Mendenhall Valley und die übrige Umgebung. Bei dieser Weite ist es nicht erstaunlich, daß auch die Mentalität der Einwohner sehr unterschiedlich ist. Und sogar das Wetter variiert: Die jährliche Niederschlagsmenge reicht von 234 Zentimeter im Stadtzentrum bis zu 140 Zentimeter im 16 Kilometer entfernten Mendenhall Valley.
Die Innenstadt wird beherrscht von einer Mischung aus modernen Regierungsgebäuden und alten Holzbauten, von denen

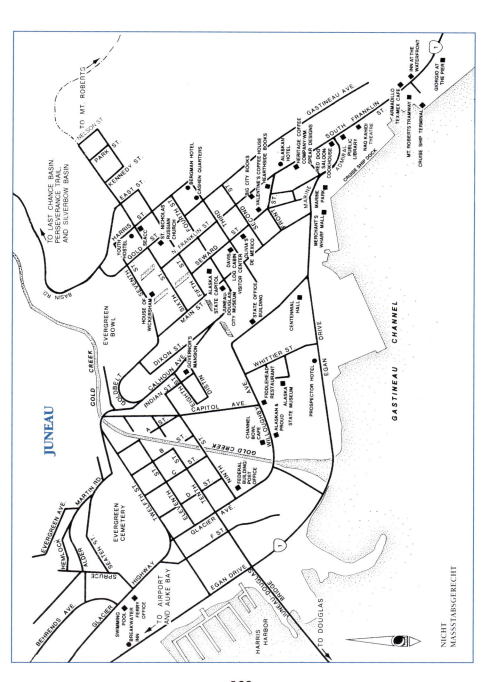

Südostalaska

viele um die Jahrhundertwende erbaut wurden.

Auf der anderen Seite der Brücke liegt Douglas Island mit der Schlafstadt Douglas. Heute verfügt die Stadt nur über wenige Geschäfte, doch zu ihren Glanzzeiten 1915, als die Treadwell-Goldmine in Betrieb war, lebten hier 150 Bergleute.

Von Juneau aus in nördlicher Richtung liegt Mendenhall Valley, ein Vorort Juneaus mit drei Einkaufszentren, einer Reihe von Schnellimbiß-Restaurants und Hunderten von Einfamilienhäusern und Appartements. Und dennoch sieht man in Mendenhall Valley etwas, was es in den meisten anderen Vororten nicht gibt: das riesige Juneau-Eisfeld mit einem Gletscher, der zudem noch befahren werden kann. Die Straße verläuft von Mendenhall Valley für weitere 50 Kilometer zum Auke Lake sowie zum Fährbahnhof und endet im malerischen Echo Cove.

■ HISTORISCHES

Im Oktober 1880 erreichten die zwei Prospektoren Joe Juneau und Richard Harris die Gegend, die später Gold Creek genannt wurde. An den Ufern gab es damals eine kleine Siedlung von Tlingit-Fischern. Der Stammeshäuptling Chief Kowee zeigte den Prospektoren Goldflitter im Fluß, was sich später als Entdeckung einer der größten Goldvorräte der Welt herausstellen sollte. Harris und Juneau steckten sofort ein hunderte Quadratmeter großes Areal für eine neue Stadt ab. Die ersten Boote mit Goldschürfern kamen schon einen Monat später an, und buchstäblich über Nacht wuchs eine Stadt an den Ufern des Gastineau Channel aus dem Boden. Drei riesige Goldminen wurden entdeckt, aus denen man sieben Millionen Unzen Gold mit einem heutigen Wert von über drei Milliarden Dollar förderte. Und das im Vergleich zu den 7,2 Millionen Dollar, die man Rußland nur 13 Jahre zuvor für den Kauf Alaskas gezahlt hatte.

Die **Alaska Juneau (AJ) Mine** war die erfolgreichste Mine, die insgesamt mehr als 50 Jahre in Betrieb war. Im Last Chance Basin gelegen, verbanden ihre drei Stollen die Goldader mit der weiterverarbeitenden Fabrik am Gastineau Channel. In der Mine selbst gab es ein großes Tunnelnetz von über 160 Kilometer Länge. Da das geförderte Erz zunächst nur einen geringen Goldgehalt besaß, mußten gewaltige Gesteinsmassen beseitigt werden.

Zu seiner Blütezeit waren in dem Werk, das noch heute von der Stadt aus zu sehen ist, über tausend Männer beschäftigt, die 12 000 Tonnen Erz pro Tag weiterverarbeiteten. Die abgebauten Gesteinsmassen wurden für den Bau der Stadt genutzt. So war die Franklin Street bis dahin auf Säulen am Ufer erbaut worden. Die Mine wurde 1944 während des Zweiten Weltkriegs geschlossen.

Die **Perseverance Mine** war von 1885 bis 1921 in Betrieb. Durch einen drei Kilometer langen Tunnel transportierte man damals das Erz vom Gold Creek zur sechs Kilometer entfernten Verarbeitungsstätte südlich von Juneau. Aufgrund eines zu geringen Goldgehalts wurde die Mine ebenfalls geschlossen.

Die bekannteste Goldmine in diesem Gebiet war die **Treadwell Mine** auf der Insel Douglas. Der Komplex bestand aus vier Minen und fünf Fabriken, in denen das Erz weiterverarbeitet wurde. 2000 Menschen waren in diesen Minen beschäftigt, die einen Monatslohn von $100 erhielten. Das war damals eine riesige Summe. Die Mitarbeiter

Juneau

der Mine konnten sich Annehmlichkeiten wie ein Schwimmbad, türkische Bäder, Tennisplätze, Bowlingbahnen, eine Turnhalle und eine Bibliothek mit 150 Bänden leisten. Die fünf riesigen Hüttenwerke verursachten bei der Verarbeitung des Erzes zu Pulverstaub einen solchen Lärm, daß die Menschen im Stadtzentrum von Douglas schreien mußten, um sich überhaupt zu verständigen. Das änderte sich schlagartig, als am 21. April 1917 das Erdreich über den Minen plötzlich zu rutschen begann und zunächst die Sporthalle und das Schwimmbad und später das Gebäude der Feuerwehr unter sich begrub. Meerwasser lief in die Minen und füllte die Tunnel, so daß die Minenarbeiter um ihr Leben rannten. Von den vier Minen wurde nur eine nicht beschädigt, die jedoch fünf Jahre später geschlossen wurde.

Aufgrund des schnellen Wachstums der Stadt und der schwindenden Bedeutung von Sitka wurde Juneau 1906 die neue Hauptstadt des Bundesstaates Alaska. In den vergangenen Jahren wurden viele Versuche unternommen, die Hauptstadt näher an das jetzige Wirtschaftszentrum Anchorage anzuschließen. Einen letzten Versuch gab es 1976, als erwogen wurde, die Hauptstadt nördlich von Anchorage anzusiedeln.

■ SEHENSWERTES

Juneau ist übervoll mit Freizeitmöglichkeiten, die man wahrnehmen muß, und Orten, die es zu besichtigen lohnt. Das reicht von Gletschern über Lachskuchen bis hin zur Fahrt mit der Straßenbahn. Es ist ein Ort, den Touristen einfach lieben müssen. Viele interessante Punkte sind direkt in der Stadtmitte: zwei Museen, zahlreiche historische Gebäude, ungewöhnliche Geschäfte und sogar eine Bibliothek mit Aussicht. In der Umgebung liegen Dutzende von Wanderwegen und einfach zugängliche Gletscher. Hinzu kommen eine neue Fischzuchtanstalt, eine Brauerei, alte Bergbauhütten, eine Steinkirche und vieles mehr. Sogar an einem Regentag kann man sich problemlos in Juneau die Zeit vertreiben.

■ ALASKA STATE MUSEUM

Wer zum ersten Mal in Juneau ist, sollte sich unbedingt das Alaska State Museum (395 Whittier Street, Tel. +1(907)465-2901; im Sommer montags bis freitags von 9 bis 18 Uhr, samstags und sonntags von 10 bis 18 Uhr, im Winter dienstags bis samstags von 10 bis 16 Uhr; $3, samstags frei) ansehen. Im Museum werden eine umfassende Sammlung von Kunsthandwerk der Einheimischen sowie Relikte der russisch-amerikanischen Geschichte Alaskas gezeigt. Besonders eindrucksvoll ist die Sammlung von Masken der Yupik-Inuit. Außerdem gibt es eine Galerie mit zeitgenössischer Kunst. Höhepunkt des Museums ist eine gewundene Treppe, auf der sich das originalgetreue Nest eines Weißkopfseeadlers befindet.

■ JUNEAU-DOUGLAS CITY MUSEUM

Das wunderschöne Juneau-Douglas City Museum an der Ecke Fourth Avenue und Main Street (im Sommer montags bis freitags von 9 bis 18 Uhr, samstags und sonntags von 10 bis 18 Uhr, im Winter donnerstags bis samstags von 12 bis 16.30 Uhr; $2) verfügt über eine interessante Sammlung von Karten, Kunstgegenständen und Fotos sowie Videofilmen über die Bergbaugeschichte von Juneau. Beeindruckend ist das Modell

Südostalaska

der Perseverance Mine, an dem das ausgeklügelte Tunnelsystem gut sichtbar ist.

■ STATE OFFICE BUILDING

Im modernistisch anmutenden State Office Building (SOB) in der Willoughby Avenue nimmt man den Fahrstuhl in die achte Etage. Dort stößt man auf eine Kimball-Orgel von 1928, einen liebevoll restaurierten Totempfahl von 1880 und die Alaska State Library. Von der Aussichtsplattform hat man einen schönen Panoramablick. Die riesige Lobby ist ein guter Aufenthaltsraum.

■ GOVERNOR'S MANSION

Vom State Office Building entlang der Calhoun Avenue erreicht man die große weiße Villa des Gouverneurs. Das Gebäude wurde 1912 im Neuengland-Kolonialstil gebaut und bietet durch seine erhöhte Lage auf dem Berg einen Blick auf den größten Teil der Stadt. Wenn man sich ein paar Wochen vorher anmeldet, kann man an kostenlosen Führungen durch die Villa teilnehmen (Tel. +1(907)465-3500).
Vor dem Haus steht ein Totempfahl, der 1939-40 geschnitzt wurde. Die Figuren der Mücke und des Riesen am unteren Ende des Totempfahls erinnern an eine Sage der Tlingit, die vom kannibalischen Riesen Guteel und seiner Ergreifung durch Jäger berichtet. Diese zündeten ein Feuer an, um ihn zu töten. Kurz bevor er starb, warnte er sie mit den Worten:»Auch wenn Ihr mich tötet, werde ich fortfahren, Euch zu beißen.« Seine Asche wurde vom Wind hoch in die Luft getragen, und aus den einzelnen Staubpartikeln bildeten sich Moskitos. So wurde die Drohung von Guteel erfüllt.

An anderen Stellen der Stadt stehen noch weitere 20 Totempfähle. Die meisten wurden in der jüngeren Vergangenheit geschnitzt, einige gehen aber auch auf das 19. Jahrhundert zurück. Im Juneau-Douglas City Museum erhält man die Broschüre *Totem Pole Walking Tour*, mit deren Hilfe man alle Totempfähle in der Stadt findet.

■ STATE CAPITOL

In der Fourth Avenue steht das Alaska State Capitol. Das Gebäude aus Marmor, das 1931 fertiggestellt wurde, war ursprünglich Sitz der Bundesverwaltungsbehörde und das Postamt. Von außen sieht es bei weitem nicht aus wie ein traditionelles Kapitol. Im Gegenteil könnte das Alaska State Capitol mit seinen weiten Treppenaufgängen und Säulen aus Marmor leicht mit einer protzigen Bank im amerikanischen Mittelwesten verwechselt werden. Hier finden von Montag bis Samstag zwischen 9 und 16.30 Uhr kostenlose Führungen statt.

■ DAS WICKERSHAM-HAUS

Das historische House of Wickersham (213 Seventh Street; von Mitte Mai bis September jeweils sonntags von 12 bis 16 Uhr, montags bis samstags von 9 bis 16 Uhr; $ 2,50) bietet einen sehr schönen Blick auf Juneau und die Umgebung. Das Haus war einst Wohnsitz des Richters James Wickersham (1857–1939), ein Mann, der großen Einfluß auf die Geschichte Alaskas hatte. Als Delegierter Alaskas im Kongreß legte er bereits 1916 die erste Verfassung vor, 43 Jahre bevor Alaska ein selbständiger Staat wurde. Wickersham war auch maßgeblich beteiligt an der Gründung des McKinley

National Park, der Universität von Alaska und der Alaska Railroad. Zu sehen sind auch die schönen Elfenbeinschnitzereien, die Wickersham im ganzen Staat Alaska sammelte.

■ MOUNT ROBERTS TRAMWAY

Die wiedereröffnete Mount Roberts Tramway ist die schnellste Möglichkeit, in die höher gelegenen Gebiete Juneaus zu gelangen. Die Straßenbahn startet im Süden der Stadt am Dock, wo die Kreuzfahrtschiffe anlegen und erklimmt den Berg bis auf 610 Meter Höhe. Dabei hat man eine hervorragende Aussicht auf die umgebende Landschaft und das Wasser. Die sechsminütige Fahrt endet an einem Aussichtspunkt, wo es auch ein Restaurant, Andenkengeschäfte und ein Theater gibt, in dem man einen Film über die Kultur der Tlingit sehen kann (kostenlos). Geführte Wanderungen werden angeboten, man kann aber auch auf eigene Faust durch die Gebirgslandschaft wandern. Die Straßenbahnfahrt kostet $17 für Erwachsene und $10 für Kinder. Kinder unter sieben Jahre sind frei. Die Betriebszeiten sind von Mai bis September täglich zwischen 8 und 22 Uhr.

■ MARINE PARK UND UMGEBUNG

Eines der begehrtesten Fotomotive in Juneau ist die russisch-orthodoxe Kirche **St. Nicholas** von 1894. Sie steht an der Ecke Fifth Avenue und Gold Street und ist im Sommer täglich von 9 bis 18 Uhr geöffnet ($1). Im Inneren der Kirche sieht man Ikonen und andere Kunstwerke, von denen einige aus dem 18. Jahrhundert stammen. Ein guter Ort, um sich von all den Besichtigungen zu erholen, ist der **Marine Park** am Shattuck Way. Hier trifft sich eine bunte Mischung von Menschen und genießt malerische Blicke. Unmittelbar gegenüber auf der anderen Straßenseite ist an einer Mauer die Schöpfungsgeschichte der Haida dargestellt.

Auf dem **Evergreen Cemetery** zwischen der 12th und der Seater Street am Nordende der Stadt sind die Gründer von Juneau beigesetzt: Joe Juneau, Richard Harris und Häuptling Kowee.

Hinter der Stadt steigt die Straße über 2,5 Kilometer zur alten AJ Gold Mine an der Basin Road an. Dort befindet sich heute ein Bergbaumuseum. Das **Last Chance Mining Museum** ist in den Sommermonaten täglich von 9.30 bis 12.30 Uhr sowie von 15.30 bis 18.30 Uhr geöffnet ($3).

■ GASTINEAU-LACHSZUCHTANSTALT

Am 2697 Channel Drive, fünf Kilometer nördlich der Stadt, liegt die ausgedehnte und eindrucksvolle Fischzuchtanstalt **Douglas Island Pink and Chum** (DIPAC, 2697 Channel Drive; von Mai bis September montags bis freitags von 10 bis 18 Uhr, samstags und sonntags von 12 bis 17 Uhr; Erwachsene $2,75, Kinder $1). Hier kann man sich über das Laichen der Lachse und den Lachsfang informieren und die Fische dabei beobachten, wie sie die größte Fischleiter Alaskas überwinden. Außerdem sind Meerwasseraquarien und Fenster zur Beobachtung der Unterwasserwelt vorhanden. In der Anlage gibt es auch mehrere Geschäfte und ein Informationszentrum.

Bei der nahe gelegenen Hütte **Catch-A-Bunch** kann man Angelruten und Köder ausleihen und selbst sein Glück beim Fischfang versuchen.

Südostalaska

■ MENDENHALL-GLETSCHER

Von allen Gletschern Südostalaskas ist der Mendenhall-Gletscher ohne Zweifel nicht nur der bekannteste, zu dem man hinausfahren kann, sondern auch der beeindruckendste. Dieser Fluß aus Eis, der sich langsam fortbewegt, beginnt im 31 Quadratkilometer großen Juneau Icefield, ist 19 Kilometer lang und bis zu 2,5 Kilometer breit. Seit 1750 geht der Gletscher jedoch immer mehr zurück. Sein Ende liegt nun einige Kilometer weiter oben in Mendenhall Valley. Derzeit zieht er sich jährlich um 30 Meter zurück, auch wenn Wissenschaftler glauben, daß er im nächsten Jahrzehnt wieder beginnen wird, sich auszudehnen.
Im **Mendenhall Visitor Center** (im Sommer täglich von 8.30 bis 17 Uhr, im Winter an den Wochenenden von 8.30 bis 17 Uhr) kann man kostenlos Filme und eine große Reliefkarte dieser Region sehen. Hier kann man mit Fernrohren auch die Hänge des nahe gelegenen Mount Bullard nach Bergziegen absuchen. Mitarbeiter des Forest Service bieten häufig auch Spaziergänge auf nahe gelegenen Wanderwegen an und stehen für Fragen zur Verfügung. Wer etwas mehr vom Mendenhall-Gletscher kennenlernen will, sollte zumindest auf einem der ausgezeichneten Wanderwege in dieser Gegend wandern.
Obwohl der Mendenhall-Gletscher 17,5 Kilometer nordwestlich der Stadt liegt, kann man ihn mit einem Stadtbus sehr einfach erreichen. Man sagt dem Fahrer, daß er an der Linkskurve, die an der Mendenhall Loop Road nach der Hälfte des Weges beginnt, halten soll. Von hier aus sind es weitere eineinhalb Kilometer auf der Straße bis zum Gletscher. Die Busse fahren auf der Mendenhall Loop Road in beide Richtungen. Das bedeutet, daß man auf dem Rückweg jeden Bus nehmen kann, da beide direkt in die Innenstadt fahren.
Der **Glacier Express** (Tel. +1(907)789-0052) bietet einen direkten Busservice von der Innenstadt Juneaus zum Mendenhall-Gletscher (hin und zurück $8). Auch alle Ausflugsfahrten mit Bussen führen zum Mendenhall-Gletscher.

■ UNIVERSITÄT

Das Gelände der University of Alaska Southeast (2600 Studenten) liegt etwa 20 Kilometer nordwestlich von Juneau am idyllischen Auke Lake. Da man vom Gelände aus über den See auf den Mendenhall-Gletscher blickt, ist dies wohl eines der schönsten Universitätsgelände der Welt. Die Stadtbusse fahren von Montag bis Samstag stündlich zur Universität.
Hier wurde auch die **Chapel by the Lake** errichtet, die mit dem dramatischen Hintergrund der Berge und dem Mendenhall-Gletscher für Hochzeiten beliebt ist.
Auf der anderen Seite der Schnellstraße gelangt man zum **Auke Bay Fisheries Lab** mit einem kleinen Meerwasseraquarium und etlichen Ausstellungsstücken über den Fischfang, die man sich montags bis freitags von 8 bis 16.30 Uhr ansehen kann.

■ ALASKA-BRAUEREI

Eine vollkommen andere Welt erwartet den Besucher der Alaska Brewery. Man erreicht sie mit dem Stadtbus zur Anka Street in Lemon Creek und geht zwei Blocks bis zum Shaune Drive. Einen Block weiter auf der linken Seite liegt die kleine Brauerei. Abgefüllt wird jeweils am Donnerstag. Kostenlose Führungen finden von Dienstag bis

Juneau

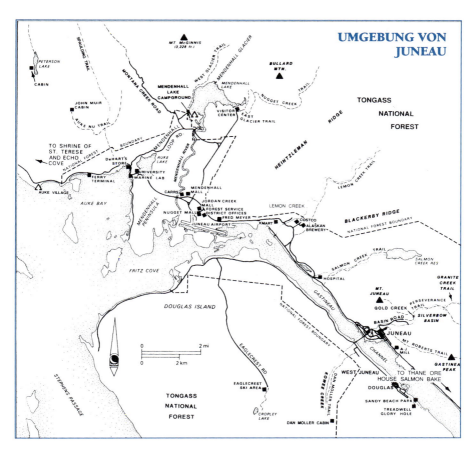

Samstag in der Zeit von 11 bis 16 Uhr statt. Es ist die einzige Brauerei in Alaska, die ein hervorragendes Bier braut und damit bereits Preise gewann. Besonders beliebt und mehrfach ausgezeichnet sind das Alaska Amber und Alaskan Pale Ale.

■ **DER SCHREIN VON ST. TERESE**

35 Kilometer nordwestlich von Juneau steht der Schrein von St. Terese (1939). Die katholische Kapelle ist aus Steinen errichtet und steht auf einer kleinen bewaldeten Insel. Diese ist mit dem Festland durch einen etwa 120 Meter langen Damm verbunden. Die Kapelle ist täglich geöffnet. Sonntags um 13 Uhr findet hier ein Gottesdienst statt. Es ist ein sehr schöner ruhiger Ort, um einmal so richtig die ganze Landschaft in sich aufzunehmen oder sich am Ufer im Lachsfang zu üben. In der Nähe beginnt außerdem der Wanderweg zum Peterson Lake.

Südostalaska

■ DOUGLAS

Der Besuch der Überreste der ehemaligen **Treadwell Mine**, die 1917 nach der Überflutung zerstört wurde, ist ein faszinierender Ausflug in die Vergangenheit. Man nimmt sich im Juneau-Douglas Museum am besten die Broschüre *Treadwell Historic Trail* mit, die eine Beschreibung der Gegend enthält. Ein Wanderweg beginnt am Südende der Street Ann's Avenue in Douglas und führt vorbei an den zerfallenen Ruinen alter Gebäude. Dorthin fährt man mit dem Bus nach Douglas ($1), der stündlich verkehrt, und steigt an der Endstation in Sand Beach aus. Um das **Treadwell Glory Hole** zu erreichen, muß man auf dem Hauptweg bleiben. Dies war früher einmal der Haupteingang zu einem ganzen Netzwerk von Tunneln unter dem Gastineau Channel.

■ MOUNT ROBERTS

Der bequemste Weg, um einen Panoramablick über Juneau und den Gastineau Channel zu erhaschen, ist die Besteigung des Mount Roberts unmittelbar hinter der Stadt. An Wochenenden im Sommer trifft man hier Dutzende von Wanderern, die das gleiche Ziel vor sich haben. Der vier Kilometer lange Weg (hin und zurück fünf Stunden) beginnt am Ostende der Sixth Avenue und führt über einen Aufstieg von 760 Metern durch Regenwald. Der Weg endet an einem großen Holzkreuz oberhalb der Baumgrenze. Nach der anstrengenden Wanderung wird man durch eine wirklich spektakuläre Sicht für die Strapazen belohnt. Es kann durchaus sein, daß man oberhalb dieses Punktes bis Ende Juli noch mit Schnee zu rechnen hat. Der Weg führt weiter hoch bis zum Gastineau Peak (1117 Meter). Der Weg ist insgesamt fast zehn Kilometer lang. Daran schließt sich dann ein Weg entlang dem Kamm bis zum Gipfel des Mount Roberts (1164 Meter) an. Bis dahin dauert es rund fünf Stunden.

■ GOLD CREEK

Zu den schönsten Wandergegenden in der Nähe von Juneau zählen die alten Goldschürfgebiete am Ende der Basin Road. Von der Stadt aus ist es ein angenehmer 30minütiger Fußmarsch. In der malerischen Gegend könnte man bequem mehrere Tage verbringen. Im Last Chance Basin, zweieinhalb Kilometer außerhalb der Stadt in der Basin Road, stößt man auf die faszinierenden Überreste der **AJ Mine**. Dort führt eine Vielzahl von Wanderwegen um das Kompressorenhaus (heute Last Chance Mining Museum) herum zu einer Reparaturwerkstatt für Lokomotiven und zu anderen Überbleibseln aus der Blütezeit des Goldbergbaus. Näheres über die Gegend kann man der Broschüre *Last Chance Basin Walking Tour* entnehmen, die im Juneau-Douglas City Museum erhältlich ist.

Der **Perseverance Trail** führt am Last Chance Basin vorbei bis zum Silverbow Basin auf dem Gelände der fünf Kilometer entfernten Perseverance Mine (etwa drei Stunden).

Der **Mount Juneau Trail** zweigt nach etwa einem Kilometer vom Perseverance Trail ab. Der Weg ist sehr steil, äußerst gefährlich und eignet sich daher nur für sehr erfahrene Wanderer. Er bietet aber unvergleichliche Blicke über den Gastineau Channel. Für den Hin- und Rückweg muß man mit etwa sieben Stunden rechnen. Direkt gegenüber dem Beginn des Mount Juneau Trail führt

ein kurzer Weg hinunter zu den Ebner-Wasserfällen.
Nach weiteren 2,5 Kilometern auf dem Perseverance Trail stößt man auf den **Granite Creek Trail** (zweieinhalb Kilometer einfache Strecke). Er führt den Fluß entlang, vorbei an einigen Wasserfällen, bis man schließlich in alpines Gebiet gelangt.
Kurz vor dem Silverbow Basin gibt es einen weiteren Nebenweg rechts zum Glory Hole, das durch einen Tunnel mit der AJ Mine verbunden ist. Am Ende dieses Weges findet man Ruinen aus der Goldgräberzeit. Auf Schildern wird jedoch vor möglichen Gefahren durch giftige Abfälle aus den alten Minen gewarnt.

■ POINT BRIDGET STATE PARK

Point Bridget ist ein reizender Park am Lynn Canal, 61 Kilometer nördlich von Juneau und nahe Echo Cove. Es ist ein herrliches Wandergebiet, wenn man motorisiert ist.
Den Park durchziehen mehrere Wanderwege. Dazu gehört auch der **Point Bridget Trail** (elf Kilometer), der zu einem schönen Aussichtspunkt mit Blick über den Lynn Canal auf die Chilkat Mountains führt. Häufig kann man dort auch Seelöwen, Robben und Wale sehen. Eine Karte des Parks gibt es beim Department of Natural Resources (400 Willoughby Avenue).

■ TONGASS NATIONAL FOREST

Im U.S. Forest Service Information Center in der Centennial Hall am Egan Drive (Tel. +1(907)586-8751; im Sommer täglich von 8 bis 17 Uhr, im Winter montags bis freitags von 8 bis 17 Uhr) findet man eine Vielzahl von Informationen zu Freizeit- und Erholungsangeboten in Südostalaska. Die kompetenten Mitarbeiter des Forest Service können nahezu jede Frage zu diesem Thema beantworten. Hier kann man auch Reservierungen für die Hütten des Forest Service in ganz Südostalaska vornehmen, Informationen zu Ausflügen in die Glacier Bay oder Tracy Arm erhalten und kostenlose Informationsbroschüren und Landkarten mitnehmen. An Regentagen werden Filme über Wale, Adler, Bären, Gletscher und zu anderen Themen gezeigt.
Die Bezirksbüros des Forest Service für den **Juneau Ranger District** und **Admiralty Island National Monument** sind in der 8465 Old Dairy Road (Tel. +1(907)586-8800) unweit dem Nugget-Einkaufszentrum untergebracht.

■ KUNST UND KUNSTHANDWERK

Wm. Spear Design in der South Franklin Street verfügt über eine umfassende Sammlung von farbenprächtigen Anstecknadeln aus Emaille. Der Künstler, ein ehemaliger

Südostalaska

Rechtsanwalt, ist auf der ganzen Welt für seine Motive vom UFO bis zum Dinosaurier bekannt.
In der nahe gelegenen **Rie Muñoz Gallery** sind einige Arbeiten von sehr guten alaskanischen Künstlern ausgestellt, darunter auch Drucke von Rie Muñoz und JoAnn George. Die **Mount Juneau Artists** in der Front Street sind eine Kooperative von Künstlern und Kunsthandwerkern der Stadt, mit einer großen Bandbreite kreativen Schaffens.
Ebenfalls zu empfehlen sind die **Gallery of the North** (406 South Franklin Street), **Portfolio Arts** (210 Ferry Way) und die **R.T. Wallen Gallery** (217 Seward Street).
Viele Kunstgeschäfte bieten Kunstgewerbe und Souvenirs hauptsächlich für die Passagiere der Kreuzfahrtschiffe. Die Qualität ist sehr unterschiedlich, aber insgesamt ist alles zu teuer, insbesondere die Werke einheimischer Künstler.

■ **AKTIVITÄTEN**

Die Zahl der hervorragenden Wanderwege rund um Juneau ist groß. Einen genauen Überblick über diese Wege kann man sich mit der Broschüre *Juneau Trails* verschaffen, die vom Forest Service im Informationszentrum in der Centennial Hall am Egan Drive für $4 verkauft wird. Gummistiefel empfehlen sich für alle diese Wanderungen.
Im Sommer veranstaltet das **City Parks and Recreation Department** jeden Mittwoch und Samstag in der Zeit von 9 bis 15 Uhr Wanderungen in die nähere Umgebung von Juneau. In den Wintermonaten wird Langlauf organisiert. Die Wanderungen am Mittwoch sind allerdings nur für Erwachsene bestimmt. Eine Broschüre mit genaueren Angaben bekommt man im Büro der Behörde (155 South Seward Street, Tel.

+1(907)586-5226), oder man kauft sich eine Donnerstags-Ausgabe der Tageszeitung *Juneau Empire*.
Juneau Hikes & Tours (Tel. +1(907)586-4323) veranstaltet Naturwanderungen rund um Juneau.
Die vorwiegend von Passagieren der Kreuzfahrtschiffe unternommenen Stadtrundgänge organisieren **Alaska Sightseeing/Cruise West** (Tel. +1(907)586-6300, **Alaska Travel Adventures** (Tel. +1(907)789-0052) und **Gray Line** (Tel. +1(907)586-3773).
Auf dem kurzen **Naturpfad** unweit des Mendenhall Visitor Center am Mendenhall-Gletscher kann man im Spätsommer Rotlachse beim Laichen sehen.
Noch kürzer ist der auch für Behinderte zugängliche **Photo Point Trail** unmittelbar vor dem Besucherzentrum.
Verhältnismäßig einfach zu bewältigen ist der **East Glacier Loop Trail** (fünf Kilometer), der ebenfalls nahe dem Besucherzentrum beginnt und einen guten Blick auf den Gletscher ermöglicht.
Wer eine längere Wanderung unternehmen will, folgt zunächst dem Fast Glacier Loop Trail für etwa zwei Kilometer bis zur Kreuzung mit dem **Nugget Creek Trail**. Dieser Weg führt über sechs Kilometer entlang dem Fluß bis zu einer alten Schutzhütte. Die Vegetation am East Glacier Trail besteht aus Sträuchern und Bäumen, die erst wachsen, seit sich der Gletscher in den letzten Jahren immer mehr zurückzog. Die Bäume entlang des Nugget Creek Trail dagegen sind wesentlich älter.
Ein besonders schöner Weg ist der **West Glacier Trail** (elf Kilometer), der am Ende der Montana Creek Road direkt hinter dem Campingplatz am Mendenhall Lake beginnt: Dabei hat man eine wunderschöne Aussicht auf den Gletscher und kommt vor-

Juneau

bei an Wasserfällen aus Eis. Erfahrene Eiskletterer benutzen diesen Weg auch für den Aufstieg auf den Gletscher. Ganz ehrgeizige Wanderer können dem Weg hoch auf den **Mount McGinnis** (984 Meter) folgen, der am Ende des West Glacier Trail beginnt.
Alaska Discovery (5449 Shaune Drive, Tel. +1(907)780-6226; www.gorp.com/akdisc.htm.) ist seit über 25 Jahren im Geschäft und gehört zu den ältesten und angesehensten Anbietern von Wildnisexpeditionen. Das Unternehmen steht für Reisen, die möglichst wenig Einfluß auf die Natur nehmen. Mit kleinen Gruppen von sechs bis zwölf Personen geht es durch Alaska. Angeboten werden unter anderem Drei-Tagestouren mit dem Kajak rund um Douglas Island ($495), Kajakfahrten am Hubbard-Gletscher (sechs Tage ab $1550), Wildwasserfahrten auf dem Tatshenshini River (ab $2100) und Ausflüge ins Arctic National Wildlife Refuge (zehn Tage ab $2900). Hinzu kommen viele Tagesausflüge von Juneau oder Glacier Bay aus, sowie Bärbeobachtungen und Kanufahrten auf dem **Pack Creek**.
Kajaks mietet man im **Juneau Outdoor Center** in Douglas (Tel. +1(907)586-8220). Dort kann man auch an Einsteigerkursen teilnehmen. Das Unternehmen transportiert die Kajaks an Stellen rund um Juneau, wie zum Beispiel in die Berner Bay.
Weitere Kajakanbieter sind **Adventure Sports** in der Old Dairy Road (Tel. +1(907) 789-5696) und **Out of Bounds/Adlersheim Lodge** (Tel. +1(907)789-7008), 54 Kilometer nördlich von Juneau.
Kayak Express (Tel. +1(907)780-4591) bietet einen hilfreichen Transportservice für Kajaks nach Gustavus, Hoonah, Oliver Inlet und zu anderen Zielen in diesem Gebiet.

Alaska Travel Adventures (Tel. +1(907)789-0052) veranstaltet drei- und vierstündige Wildwasserfahrten auf dem Mendenhall River. Dies ist eine beliebte Attraktion bei den Gästen der vielen Kreuzfahrtschiffe. Es gibt aber auch erfahrene Wildwasserfahrer und Kanuten, die den Fluß befahren.
Im **Davis Log Visitor Center** erhält man eine vollständige Auflistung aller Anbieter von Charterbooten in Juneau. Das Angebot reicht von halbtägigen Fischfangfahrten und Walbeobachtungen bis hin zu zweiwöchigen Kreuzfahrten durch den Südosten. Die Preise beginnen etwa bei $110 pro Person und Tag.
Wer es auf eigene Faust versuchen will, kann ein Boot und Angelausrüstung bei **Alaska Ship Chandlers** am Harbor Way mieten (Tel. +1(907)789-7301).
Alaska Research Voyages betreibt ein 16 Meter langes Segelschiff. Touristen können an ein- und zweitägigen Segeltörns und an wissenschaftlichen Forschungstouren teilnehmen.
In den Wintermonaten findet man in der **Eaglecrest Ski Area** auf Douglas Island hervorragende Möglichkeiten für Ski- und Snowboardfahrer vor. Insgesamt gibt es 30 Abfahrten. Ein Ticket für den Skilift kostet für einen Erwachsenen pro Tag $24. Das Skigebiet ist vom Erntedankfest bis Anfang April geöffnet. Unter Tel. +1(907)586-5330 erfährt man die aktuellen Schneehöhen. Im Sommer sind die Lifte stillgelegt.
Out of Bounds (Tel. +1(907)789-5952) bietet Heli-Skiing und Snowboardfahren von der Adlersheim Lodge aus an, 55 Kilometer nördlich von Juneau. Gäste zahlen $2500 pro Woche, um mit Skiern oder Snowboard das nahezu unberührte, 22860 Kilometer lange Juneau-Eisfeld hinunterzufahren. Übernachtet wird in Schlafräumen mit

Südostalaska

Kojen, das Essen ist bereits im Preis enthalten. Hauptsaison ist von Februar bis April.

■ INFORMATIONEN UND DIENSTLEISTUNGEN

Das Besucherzentrum von Juneau ist in der **Davis Log Cabin** (134 Third Street, Tel. +1(907)586-2201, **http://www.juneau.com**; im Sommer Montag bis Freitag von 8.30 bis 17 Uhr, Samstag und Sonntag von 9 bis 17 Uhr, im Winter montags bis freitags zwischen 8.30 und 17 Uhr) untergebracht. Die Hütte ist Juneaus erster Kirche nachempfunden und daher schon an sich eine beliebte Touristenattraktion.

Kleinere Informationsstände gibt es im Sommer im **Marine Park**, am **Anleger für Kreuzfahrtschiffe**, am **Flughafen** oder im **Good Sam RV Info Center** im Nugget-Einkaufszentrum (montags bis freitags von 10 bis 18 Uhr, am Wochenende von 12 bis 16 Uhr).

Aktuelle Informationen über Juneau kann man auch der kostenlosen Broschüre *Juneau Guide* entnehmen, die man in den Besucherzentren erhält.

Darüber hinaus gibt es unter dem Titel *Juneau Walking Tour* eine Karte mit Wanderwegen.

Geld wechseln kann man bei **Thomas Cook Foreign Exchange** (127 North Franklin Street).

Das **Hauptpostamt** befindet sich im Federal Building in der Innenstadt. Eine Zweigstelle liegt in der Seward Street.

Münzduschen gibt es bei **Harbor Wash Board** in der 1114 Glacier Avenue und im **Auke-Bay-Hafenbüro**. Eine bessere Alternative ist das **Schwimmbad** der High School in der Glacier Avenue.

Waschautomaten stehen beim oben genannten **Harbor Wash Board** sowie im Mendenhall Laundromat im Mendenhall-Einkaufszentrum.

Die meisten Einheimischen kaufen in den Einkaufszentren Nugget Mall und Mendenhall Mall sowie in den riesigen Ketten Fred Meyer (am Flughafen), Kmart (in Lemon Creek) und Costco (nahe der Alaskan-Brauerei) ein.

Im **Foggy Mountain Shop** in der North Franklin Street kann man Campingausrüstung, topographische Karten und Sportartikel kaufen. Dort wird auch Skiausrüstung vermietet.

Die beste Bezugsquelle für strapazierfähiges Regenzeug, Stiefel und andere Bekleidung für Aufenthalte im Freien ist der **Nugget Store** in der Nugget Mall.

Bei **Gearing Up** (369 South Franklin Avenue, Tel. +1(907)586-2549) kann man Schlafsäcke, Zelte, Öfen, Regenbekleidung und Schuhe ausleihen. Man muß sich lediglich vorher beim Eigentümer Renee Gayhart anmelden und etwas als Sicherheit hinterlassen. Man kann auch einen Transport für die Ausrüstung vereinbaren.

Mit Umweltfragen beschäftigt man sich beim **Southeast Alaska Conservation Council** (SEACC) in der Sixth Street. Es ist die bedeutendste Umweltschutzvereinigung in Südostalaska. SEACC hat einen ausgezeichneten Ruf und ist außerdem eine sehr wirkungsvoll arbeitende Organisation, und zwar sowohl für die örtlichen Belange als auch in der amerikanischen Hauptstadt Washington, D.C.

■ ESSEN

Ein großer Pluspunkt für Juneau ist die Vielfalt von Restaurants mit qualitativ gutem

Juneau

Essen zu nach alaskanischen Verhältnissen recht annehmbaren Preisen. Beamte trifft man im billigsten Restaurant der Stadt, der **Cafeteria** im Regierungsgebäude an der Ecke Ninth Street und Glacier Avenue (montags bis freitags von 7 bis 15.30 Uhr). Die beste Empfehlung für ein Frühstück oder Mittagessen in Juneau ist jedoch das **Channel Bowl Cafe** in der Willoughby Avenue. Abgesehen von der Lage und der Inneneinrichtung im Stil der fünfziger Jahre bekommt man hier hervorragendes amerikanisches Essen. Das Lokal ist ein beliebter Treffpunkt der Einheimischen, vom Fischer bis zum Polizisten.
Gleich die Straße hinauf liegt das **Fiddlehead Restaurant and Bakery**. Hier serviert man Nouvelle cuisine mit köstlichem Weißbrot, frischem Fisch, hausgemachten Suppen und vegetarischen Spezialitäten. In der unteren Etage des Restaurants sind die Preise nicht ganz so hoch, allerdings ist die Auswahl der Speisen auch stark eingeschränkt.
Das **Armadillo Tex-Mex Cafe** (431 South Franklin Street, Tel. +1(907)586-1880) ist bekannt für sein delikates mexikanisches Essen. Besonders empfehlenswert sind die Nachos mit feuriger Soße. Die Preise beginnen in der Regel ab $10, man bekommt aber auch schon für $6,50 ein hausgemachtes Chili mit Maisbrot.
Traditionelle mexikanische Küche zu angemessenen Preisen und in riesigen Portionen gibt es bei **Olivia's de Mexico** (222 Seward Street, Tel. +1(907)586-6870).
Die bekannteste Pizzeria in ganz Juneau ist **Bullwinkle's** (Tel. +1(907)586-2400) gegenüber dem State-Office-Gebäude in der Willoughby Avenue sowie in Mendenhall Valley unmittelbar neben dem Super Bear Market. Die Preise für Pizza-Spezialitäten beginnen ab $6. Und das Popcorn gibt es kostenlos.
Bessere und wirklich italienische Pizza bekommt man bei **Pizza Roma** im Merchant's-Wharf-Gebäude (Tel. +1(907)463-5020) sowie in der **Pizza Verona** (256 South Franklin Street, Tel. +1(907)586-2816).
Juneau hat zwei Lachsräuchereien, in denen man zu einem Festpreis so viel essen kann, wie man will. Dazu werden die Gäste aus der Stadt abgeholt und wieder dorthin zurückgebracht.
Im **Thane Ore House Salmon Bake**, sechs Kilometer südlich der Stadt (Tel. +1(907)586-3442), zahlt man für ein Abendessen mit Lachs, Heilbutt, Spare Ribs, Salaten, Bohnen und Maisbrot $19, ein Abendessen plus Teilnahme an der »Gold Nugget Revue«, einer musikalischen Komödie, kostet $27. Kinder unter zwölf Jahre zahlen die Hälfte.
Ähnliche Speisen bietet **Gold Creek Salmon Bake** im Last Chance Basin hinter der Stadt (Tel. +1(907)586-1424). Dort trifft man vor allem Einheimische an (Erwachsene $22, Kinder $12).
Giorgio at the Pier (544 South Franklin Street, Tel. +1(907)586-4700) ist Juneaus ausgefallenster Ort für Fischgerichte: Man nimmt sie direkt am Wasser und in einer Bar ein, die an eine spanische Galeone erinnert. Das Essen deckt das ganze Spektrum von Fischvariationen ab und reicht von der Fischsuppe bis zu den berühmten Alaska-Garnelen. Hier putzt man sich so richtig heraus, wenn man zum Essen kommt.
Ein ebenfalls sehr schöner Platz, um kreativ zubereiteten Fisch zu kosten, ist das weiter oben beschriebene **Fiddlehead Restaurant**.
Frisch geräucherten Fisch erhält man auch bei den **Taku Smokeries** (230 South Frank-

Südostalaska

lin Street) und bei der **Alaska Seafood Company** (5434 Shaune Drive).
Ein sehr beliebtes Pub am Merchant's Warf am Marine Way ist **The Hanger**.
In Juneau gibt es etliche Cafés, in denen Espresso und Backwaren angeboten werden. Am beliebtesten und deshalb auch häufig überfüllt ist die **Heritage Coffee Co.** (174 South Franklin Street). Hier trifft man Holzfäller, Yuppies, Oberschüler und Touristen in Regenkleidung.
Ebenfalls sehr gut besucht ist **Valentine's Coffee House & Bakery** (111 Seward Street).
Am günstigsten kauft man bei **Fred Meyer**, 14 Kilometer nordwestlich der Stadt am Glacier Highway, ein.
Weitere Supermärkte sind **Family Grocer** am Flughafen, **Carrs Quality Center** am Vintage Boulevard, **Super Bear Supermarket** im Mendenhall-Einkaufszentrum sowie **Alaskan & Proud Market** in der Willoughby Avenue.

■ UNTERHALTUNG

Juneau hat ein reges Nachtleben mit einem breit gefächerten Angebot an Live-Musik an fast jedem Abend in der Woche.
Im berühmten **Red Dog Saloon** in der South Franklin Street erwartet einen Sägemehl auf dem Fußboden und Rockmusik.
Einen Block die Straße hinauf liegt die **Alaskan Bar** im Alaskan Hotel. Hier geht es ruhiger zu. Wenn man es also den Einheimischen gleichtun und der Horde von Touristen im Red Dog Saloon entfliehen will, kann man dort bei Blues oder Folkmusic den Abend genießen.
Am Ufer, wo die großen Kreuzfahrtschiffe anlegen, befindet sich das **Naa Kahidi Theatre**. In dem Gebäude, das einem Stammeshaus nachempfunden ist, werden Geschichten, Lieder und Tänze der Einheimischen dargeboten. Die Aufführungen zeigen das Leben der Tlingit, Gwich'in und anderer Gruppen. Der Eintritt für die einstündigen Vorstellungen beträgt $16 für Erwachsene und $10 für Kinder.
Das **Perseverance-Theater** aus Douglas führt von September bis Mai Stücke auf. Im Sommer finden die Aufführungen jeweils am Freitagabend statt.
Kostenlose Musikaufführungen von Klassik bis zur Volksmusik kann man im **Marine Park** genießen. Was gerade gespielt wird und die Termine erfährt man unter Tel. +1(907)586-2787.

■ TERMINE

Unter Tel. +1(907)586-5866 kann man eine Bandansage mit den aktuellen Informationen über Veranstaltungen und Aktivitäten in Juneau abrufen.
Natürlich gibt es am amerikanischen Nationalfeiertag am 4. Juli eine große Parade und ein Feuerwerk, das man von der Insel Douglas aus besonders gut beobachten kann.
Im April findet das einwöchige **Alaska State Folk Festival** statt, das Musiker aus ganz Alaska und dem Nordwesten nach Juneau zieht. Die verschiedenen Auftritte sind kostenlos, und wenn man will, kann man sein Tanzbein bei einem der vielen Workshops schwingen.
Im Mai steht das zehntägige **Juneau-Jazz-and-Classics-Festival** auf dem Programm.
Anfang August wird das alljährliche **Salmon Derby** organisiert, bei dem der Gewinner eine Summe von $350 erhält. Einer der prominentesten Teilnehmer war übrigens Robert Redford.

Juneau

■ UNTERBRINGUNG

In der Umgebung von Juneau gibt es vier sehr beliebte Hütten des Forest Service, die auf Wanderwegen oder im Winter auf Skiern erreichbar sind. Man muß auf jeden Fall rechtzeitig reservieren, da einige Hütten bereits sechs Monate im voraus ausgebucht sind.

An einem malerischen Gebirgskamm liegt die **John Muir Cabin**, mit Blick auf die Auke Bay und die Inseln der Umgebung. Um dorthin zu gelangen, nimmt man den **Spaulding Trail** und biegt nach einem Kilometer in den **Auke Nu Trail** ein. Dann sind es noch etwa vier Kilometer bis zur Hütte. Der Wanderweg beginnt an einem Parkplatz etwa 19 Kilometer nordwestlich der Stadt, unmittelbar hinter dem Postamt von Auke Bay.

Die **Peterson Lake Cabin** befindet sich am Ende eines rund sieben Kilometer langen Wanderwegs, der meist über Bohlen führt. Gummistiefel sind daher sehr ratsam. Der Ausgangspunkt des Wanderwegs ist 38 Kilometer nordwestlich der Stadt, direkt hinter der Kapelle von St. Terese.

Die **Dan Moller Cabin** auf der Insel Douglas erreicht man über einen fünf Kilometer langen Wanderweg. Mit dem Bus in Richtung Douglas nach West Juneau steigt man an der Cordova Street (gegenüber vom Breeze Inn) aus. Weiter geht es drei Blocks die Straße hinauf, dann nach links in die Pioneer Avenue. An der 3185 Pioneer Avenue findet man rechts einen kleinen Parkplatz, an dem der Wanderweg beginnt. Diese besonders zur Winterzeit beliebte Loipe führt in eine sehr schöne Gebirgslandschaft im Inneren der Insel Douglas.

Mit herrlichem Blick auf den Eagle-Gletscher liegt die nach ihm benannte Hütte, die über den Amalga (Eagle Glacier) Trail erreichbar ist, der 45 Kilometer nördlich der Stadt beginnt.

Zusätzlich zu diesen Hütten, die über Wanderwege zugänglich sind, gibt es auf dem Festland rund um Juneau weitere fünf Hütten des Forest Service sowie 15 auf der nahe gelegenen Insel Admiralty. Die Hütten können nur mit dem Wasserflugzeug oder teilweise mit dem Kajak erreicht werden. Weitere Informationen zu diesen Hütten gibt es beim Forest Service Information Center in der Innenstadt von Juneau oder im Bezirksbüro nahe dem Nugget-Einkaufszentrum.

In Juneau gibt es eine Vielzahl von Übernachtungsmöglichkeiten. Eine vollständige Aufstellung kann man dem Kasten entnehmen. Reisetaschen und Rucksäcke kann man übrigens im Alaskan Hotel in der 167 South Franklin Street aufbewahren lassen ($1,50 pro Tag). In der Nebensaison werden im Davis Log Cabin Visitor Center Gepäckstücke zeitweise kostenlos aufbewahrt.

Die Jugendherberge in Juneau gehört zu den besten Jugendherbergen Alaskas. Das **Juneau Youth Hostel** befindet sich in einem schönen alten Gebäude in der Harris Street auf einem Hügel, nur wenige Blocks von der Innenstadt entfernt. Es ist ganzjährig geöffnet, leider darf man aber nur maximal drei Nächte dort verbringen. Die Jugendherberge bietet Platz für 48 Personen und ist mit einem Gemeinschaftsraum, einer Küchenzeile sowie Wasch- und Trockenmaschinen ausgestattet. Im Sommer ist es sehr voll, man sollte daher möglichst rechtzeitig reservieren.

Wer etwas mehr ausgeben möchte, dem bieten sich die vielen Privatunterkünfte in Juneau für eine Übernachtung an. Insgesamt gibt es über 35 Bed-&-Breakfast-Pensionen. Die Übernachtungspreise liegen in der Regel zwischen $75 und $85 für Dop-

Südostalaska

pelzimmer. Die Auswahl reicht von alten Hütten der Goldschürfer bis hin zu schönen Häusern am Hang mit Blick über Juneau. Reservierungen kann man bei Karla Hart von der **Alaska Bed & Breakfast Association** (369 Franklin Street, Suite 200, Juneau, AK 99801, Tel. +1(907)586-2959) tätigen. Sie kennt die Pensionen sehr gut und kann die Suchenden bestens beraten. Wegen der großen Nachfrage im Sommer empfiehlt sich eine frühzeitige Reservierung. Die B&B Association in Juneau nimmt auch Vormerkungen für Übernachtungen in anderen Orten in Alaska entgegen.

Beide Campingplätze des Forest Service in diesem Gebiet liegen weit entfernt von der Innenstadt von Juneau und sind nur von Mitte Mai bis Mitte September geöffnet. Weitere Einzelheiten erfährt man unter Tel. +1(907)586-8800. Die Campingplätze kosten $8 pro Stellplatz und verfügen über Feuerholz, Wasser und Toiletten.

Der **Auke Village Campground** liegt 25 Kilometer außerhalb am Glacier Highway auf der Höhe des Point Louisa. Die Umgebung des Campingplatzes ist sehr einsam, bietet aber einen schönen Strand und eine sehr schöne Sicht auf die nahen Inseln. Das einzige Problem ist die Transportmöglichkeit nach Juneau, denn die nächste Bushaltestelle ist mehr als sechs Kilometer entfernt.

Ein weitaus größeres Gebiet mit phantastischem Ausblick über den Mendenhall Lake und auf den Gletscher umfaßt der **Mendenhall Lake Campground**, etwa einen Kilometer abseits der Montana Creek Road. Von hier aus hat man Zugang zu den vielen Wanderwegen der Umgebung des Mendenhall-Gletschers. Der Campingplatz verfügt über sieben Zeltplätze und 54 Stellplätze für Campingwagen.

Auch wenn es keine offiziellen Campingplätze nahe Juneau gibt, lassen sich Rucksackreisende manchmal in der Basin Road nieder, wo unter den Bäumen einige ganz annehmbare Fleckchen zu finden sind. Weiter landeinwärts findet man auch am Mount Roberts Trail oder am Perseverance Trail geeignete Flächen zum Aufschlagen des Zeltes. Manche Urlauber verschlägt es auch ins über 60 Kilometer entfernte Echo Cove im Nordwesten am Glacier Highway. Ohne Fahrzeug ist diese Gegend aber nur schwer zu erreichen.

Wohnmobile kann man in Juneau auf den kostenlosen Parkplätzen der Einkaufszentren abstellen. Weitere, teilweise gebührenpflichtige Möglichkeiten bestehen im **Savikko Park** und am **Norway Point**. Komplett auf Wohnmobile eingerichtet ist man im Auke Bay RV Park (Tel. +1(907)789-9467).

Weitere Informationen gibt es im **Good Sam RV Information Center** im Nugget-Einkaufszentrum.

■ AN- UND WEITERREISE

Der Fähranleger liegt 22 Kilometer nordwestlich an der Auke Bay. In den Sommermonaten verkehren die Fähren täglich in Richtung Norden nach Haines ($20) und Skagway ($26), südwestlich nach Sitka ($26) und südlich zu anderen Orten. Die Ankunft ist häufig sehr spät am Abend. Im allgemeinen haben die Fähren eine oder zwei Stunden Aufenthalt in Juneau. Das Fährterminal ist drei Stunden vor Abfahrt der *Le Conte* oder der *Aurora* geöffnet sowie eine Stunde vor den Abfahrten anderer Fährschiffe. Unter Tel. +1(907)465-3940 kann man ein Ansageband mit den aktuellen Abfahrtszeiten abhören.

Unterkünfte in Juneau

Zu den genannten Übernachtungspreisen kommen elf Prozent Steuern. Die Auflistung reicht von der günstigsten Unterkunft bis zur teuersten Kategorie.

Juneau Youth Hostel (614 Harris Street, Tel. +1(907)586-9559; $7 für Mitglieder, $10 für Nichtmitglieder); Unterbringung in Schlafkojen; ab 23 Uhr geschlossen.

Alaskan Hotel (167 South Franklin Street, Tel. +1(907)586-1000; Doppelzimmer ab $65); eine sehr laute Bar im Erdgeschoß.

Bergman Hotel (434 Third Street, Tel. +1(907)586-1690; Doppelzimmer ab $65); älteres Hotel mit Bad unten in der Halle; sehr verraucht.

Adlersheim Lodge (Tel. +1(907)789-5952; ab $65), 54 Kilometer nördlich der Stadt am Lynn Canal, eine abgeschiedene Hütte in einer eindrucksvollen Szenerie; drei rustikale Hütten und ein Haupthaus; Essen ist möglich.

Driftwood Lodge (435 West Willoughby, Tel. +1(907)586-2280; Doppelzimmer ab $78); Transferbus.

Inn at the Waterfront (455 South Franklin Street, Tel. +1(907)586-2050; Doppelzimmer mit Gemeinschaftsbad ab $69, mit Bad ab $86); in einem historischen Gebäude; kontinentales Frühstück.

Super 8 Motel (2295 Trout Street, Tel. +1(907)789-4858; Doppelzimmer ab $97); Transferbus.

The Prospector Hotel (375 Whittier Street, Tel. +1(907)5863737; Doppelzimmer ab $90).

Silverbow Inn and Restaurant (120 Second Street, Tel. +1(907)586-4146; Doppelzimmer ab $109); kontinentales Frühstück; in einem historischen Gebäude.

Breakwater Inn (1711 Glacier Avenue, Tel. +1(907)586-6303; Doppelzimmer ab $99).

Best Western Country Lane Inn (9300 Glacier Highway, Tel. +1(907)789-5005; Doppelzimmer ab $115); kontinentales Frühstück, Transferbus.

Airport Travelodge (9200 Glacier Highway, Tel. +1(907)789-9700, Doppelzimmer ab $125); Innenschwimmbad, Whirlpool, Transferbus.

Best Western Grandma's Feather Bed (2358 Mendenhall Loop Road, Tel. +1(907)789-5566; Doppelzimmer ab $126); Whirlpools, Transferbus.

Baranof Hotel (127 North Franklin Street, Tel. +1(907)5862660; Doppelzimmer ab $142).

Westmark Juneau (127 West Egan Drive, Tel. +1(907)586-6900; Doppelzimmer ab $156).

Whale's Eye Lodge (Shelter Island, Tel. +1(907)789-9188; Doppelzimmer ab $280); ein ruhiges und abgelegenes Anwesen. Zu den Freizeitmöglichkeiten gehören Angeln, Kajakfahren und Walbeobachtungen.

Das lokale Busunternehmen **MGT** (Tel. +1(907)789-5460) ist zu den Ankunftszeiten der Fähren im Hafen und berechnet $5 vom Fähranleger in die Stadt oder zum Flughafen. Nach vorheriger Reservierung kann man auch eine Fahrt von der Stadt zur Fähre vereinbaren. Die Fahrt mit dem Taxi in die Stadt kostet rund $20.

Vom drei Kilometer entfernten De Hart's Store fahren auch die Stadtbusse in die Innenstadt von Juneau (montags bis samstags von 7 bis 23.30 Uhr).

Südostalaska

Der **Flughafen von Juneau** liegt rund 15 Kilometer nordwestlich vom Stadtzentrum. **Express-Stadtbusse** fahren vor dem Flughafengebäude zwischen 8 und 17 Uhr stündlich vor ($ 1,25). An Wochenenden oder abends (bis 23.15 Uhr) kann man einen normalen Bus in die Stadt an der nahe gelegenen Nugget Mall nehmen.
Wer es eilig hat, nutzt am besten den Direktservice von **Island Waterways** zu den in der Innenstadt gelegenen Hotels Westmark und Baranof ($ 7). Einen ähnlichen Service bietet auch **Gray Line**.
Das Flughafengebäude von Juneau ist zwischen 22 und 5 Uhr geschlossen. Im Flughafengebäude selbst sollte man einmal einen Blick auf die Glaskästen mit den ausgestopften Tieren werfen. Darunter ist auch ein riesiger Polarbär. Die Cafeteria im oberen Stockwerk bietet übrigens eine beeindruckende Aussicht auf den Mendenhall-Gletscher.
In den **Mendenhall Wetlands**, die den Flugplatz umgeben, sind zudem Wasserhühner und Adler zu sehen. Von einem Aussichtspunkt am Egan Highway auf dem Weg nach Juneau hat man ebenfalls einen herrlichen Blick.
Air North (Tel. +1(907)789-2007) fliegt in klassischen Flugzeugen vom Typ DC-4 und DC-3 von Juneau nach Whitehorse, Yukon, Dawson und Fairbanks.
Alaska Airlines bietet tägliche Flugverbindungen von Seattle nach Juneau und weiter nach Anchorage und Fairbanks. Die Maschinen von Alaska Airlines fliegen auch nach Cordova, Yakutat, Gustavus, Sitka, Petersburg, Wrangell und Ketchikan sowie zu weiteren Zielen in südlicher Richtung bis nach Mexiko. Auf dem Weg nach Anchorage legen die Flugzeuge von Alaska Airlines Zwischenstops in Yakutat und Cordova ein. Für einen einfachen Flug nach Cordova muß man zwar $ 186 berappen, trotzdem ist dies eine ausgezeichnete Verbindung ins südliche Zentralalaska. Man bekommt auf diese Art und Weise das sehr abgelegene Cordova und den spektakulären Copper River mit seinem großen Delta zu sehen und kann nicht zuletzt die Fähre nach Valdez und weiter nach Whittier am Columbia-Gletscher vorbei benutzen. Weiter nach Anchorage geht es mit der Alaska Railroad.
Um kleinere Orte in der Umgebung von Juneau zu erreichen, steht eine ganze Reihe kleiner Flugzeuggesellschaften zur Verfügung: **Wings of Alaska** (Tel. +1(907)789-0790) mit täglichen Flügen nach Angoon, Cube Cove, Elfin Cove, Gustavus, Haines, Hoonah, Pelican, Skagway und Tenakee Springs; **Loken Aviation** (Tel. +1(907)789-3331) nach Angoon, Elfin Cove, Hobart Bay, Pack Creek, Pelican und Tenakee; **Skagway Air** (Tel. +1(907)789-2006) nach Hoonah, Gustavus, Haines und Skagway; **L.A.B. Flying Service** (Tel. +1(907)789-9160) nach Gustavus, Haines, Hoonah, Kake, Petersburg, Skagway und in den Excursion Inlet.
Hinzu kommen Flugverbindungen mit **Haines Airways** (Tel. +1(907)789-2336), **Ketchi-

kan **Air Service** (Tel. +1(907)790-3377) und **Air Excursions** (Tel. +1(907)697-2375). Charterflüge zu den nahe gelegenen Hütten des Forest Service und Rundflüge kann man mit den oben genannten Fluggesellschaften ebenfalls buchen, aber auch mit zwei weiteren: **Alaska Coastal Airlines** (Tel. +1(907)789-7818) und **Ward Air** (Tel. +1(907)789-9150). Beide sind für ihre Sicherheit bekannt und fliegen schon seit vielen Jahren. Für solche Charter- oder Rundflüge muß man beim Einsatz einer Beaver (für sechs Personen oder vier Personen mit Gepäck) mit $340 pro Flugstunde rechnen. Billiger reist man mit dem Postflugzeug, das in die Nähe der Hütten fliegt.

Wings of Alaska (Tel. +1(907)789-0790) bietet 45minütige Rundflüge über das Juneau-Eisfeld für $100 pro Person. Rundflüge über die Glacier Bay kosten $140. Günstigere Flugtarife gibt es ab Haines oder Skagway.

Air Excursions (Tel. +1(907)789-9501) bietet ebenfalls Rundflüge von Juneau aus.

Temsco Helicopters (Tel. +1(907)789-9501) bietet 50minütige Flüge zum Mendenhall-Gletscher. Im Preis von $142 ist ein 25minütiger Stop auf dem Gletscher enthalten.

ERA Helicopters (Tel. +1(907)586-2030) veranstaltet einstündige Flüge zum Juneau-Eisfeld. Die Hubschrauber landen auf dem Norris-Gletscher und bieten daher längere Flugzeiten über dem spektakulären Eisfeld.

Coastal Helicopters (Tel. +1(907)789-5600) hat kürzere Flüge, die auf dem Herbert-Gletscher landen. Alle drei Unternehmen bieten Transfers von der Innenstadt zu den Abflugplätzen ihrer Hubschrauber.

Zweistündige Stadtrundfahrten durch Juneau sowie zum Mendenhall Gletscher kann man bei **MGT** (Tel. +1(907)789-5460) buchen.

Weitere Busreiseveranstalter sind **Alaska Native Tours** (Tel. +1(907)463-3231), **Island Waterways** (Tel. +1(907)780-4977), **Gray Line** (Tel. +1(907)586-3773) und **Juneau Custom Tours** (Tel. +1(907)789-8400).

Capital Transit Busses ($1,25) verbindet täglich Juneau, Douglas und Mendenhall Valley. Die Busse nach Mendenhall Valley verkehren alle halbe Stunde zwischen 7 und 23 Uhr (sonntags 9 bis 17 Uhr) sowie stündlich nach Douglas.

Mit einem Straßennetz von nahezu 160 Kilometern ist es keine schlechte Idee, in Juneau einen Mietwagen zu benutzen. Vor allem, wenn man sich mit mehreren Personen zusammenschließt.

Rent-A-Wreck (Tel. +1(907)789-4111) bietet die günstigsten Tarife (und die ältesten Autos).

Man sollte also auch bei **Avis** (Tel. +1(907)789-9450), **Hertz** (Tel. +1(907)789-9494) und **National** (Tel. +1(907)789-9814) nachfragen.

Tracy Arm-Fords Terror Wilderness

80 Kilometer südöstlich von Juneau liegt das 2600 Quadratkilometer große Wildnisgebiet Tracy Arm-Fords Terror Wilderness. Zu diesem Naturschutzgebiet gehören Landstriche, die durchaus mit dem Glacier Bay National Park konkurrieren können. Und man zahlt nur die Hälfte, um diese Regionen zu erreichen. Die Tracy Arm-Fords Terror Wilderness besteht aus einer weiten Bucht mit zwei langen, von Gletschern geschaffenen Armen: dem Tracy Arm und dem Endicott Arm. Fords Terror zweigt noch einmal vom Endicott Arm auf halbem Weg ab. Im Tracy Arm schneiden sich steile Canyons

Südostalaska

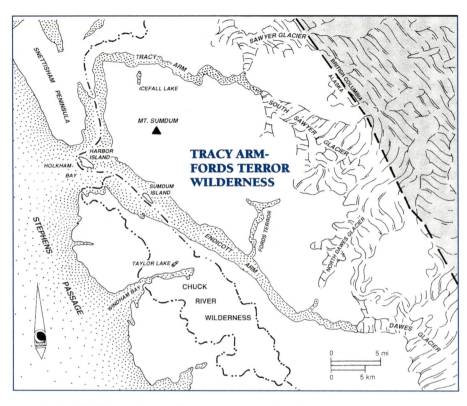

aus Granit 610 Meter tief in die engen Fjorde. Diese riesigen Felsformationen reichen bis zum Wasser. Sie winden sich vorbei an Wasserfällen und riesigen Gletschern, und die vorgelagerten Eisberge sind übersät mit Hunderten von Pelzrobben. Buckel- und Killerwale sind hier sehr häufig anzutreffen. Entlang der Bergkämme, besonders in der Nähe des North-Sawyer-Gletschers, kann man bei genauerem Hinsehen Bergziegen beobachten.

Der Sawyer-Gletscher und der South-Sawyer-Gletscher bilden das Ende des Tracy Arms. Interessanterweise kann man feststellen, daß sich der Sawyer-Gletscher jedes Jahr um 26 Meter zurückzieht, während der South-Sawyer-Gletscher jährlich um 91 Meter zunimmt. Nähere Informationen hierzu erhält man im **Forest Service Information Center** in Juneau (Tel. +1(907)586-8751) oder im **Juneau Outdoor Center** in Douglas (Tel. +1(907)586-8220), wo man auch Kajaks ausleihen kann.

■ **AKTIVITÄTEN**

In der Tracy Arm-Fords Terror Wilderness gibt es keine Wanderwege. Erfahrene

Chuck River Wilderness

Kajakfahrer erwartet jedoch ein herrliches Gebiet für Entdeckungsfahrten. Leider muß man im Tracy Arm auf Begegnungen mit großen Kreuzfahrtschiffen gefaßt sein, die hohe Wellen und laute Motorengeräusche verursachen. Diesem Lärm kann man entfliehen, wenn man die Hänge hinauf ins Hochland wandert oder den weniger überlaufenen Endicott Arm ansteuert.

Wer den Tracy Arm mit dem Kajak erkunden will, informiert sich am besten vorher beim Bezirksbüro des Forest Service in Juneau (Tel. +1(907)586-8800) nach guten Campingplätzen. In der Nähe der Gletscher am oberen Ende des Tracy Arms sind Campingplätze selten. Viele Bootsfahrer ankern in No Name Cove nahe dem Eingang zu Tracy Arm. Kajakfahrer steuern besser den mittleren Teil des Fjordes an.

Ehrgeizige Urlauber, die mit einer topographischen Karte ausgerüstet sind, können den steilen, etwa einen Kilometer langen Querfeldeinweg bis zum malerischen **Icefall Lake** nehmen, der 448 Meter über dem Meeresspiegel liegt.

Der mächtige Dawes-Gletscher versperrt mit seinen vielen Bergen aller Größen und Formen die Spitze des Endicott Arm. Das macht es besonders schwer, bis zum Gletscher selbst zu gelangen. Campingplätze sind im Endicott Arm jedoch zahlreicher als im Tracy Arm.

Fords Terror ist ein turbulenter und sehr eindrucksvoller Meeresarm, der vom Endicott Arm abzweigt. Der Wechsel der Gezeiten sorgt am Eingang in den Fjord für wildwasserähnliche Bedingungen. Man sollte die Meerengen nur durchqueren, wenn das Wasser relativ ruhig ist. Fords Terror wurde nach H.R. Ford benannt, der diesen Fjord 1889 bei ruhigem Wasser befuhr. Bei der Rückfahrt kam er jedoch gerade noch mit dem Leben davon, als er gegen Strömungen, Wasserstrudel und Eisberge ankämpfen mußte. Im Fords Terror gibt es keine gezeitenabhängigen Gletscher, allerdings sind zahlreiche hängende Gletscher und zerklüftete Bergspitzen zu sehen.

■ AUSFLÜGE

Besucher des Tracy Arm können zwischen ganz unterschiedlichen Schiffstypen wählen. Das größte, schnellste und leider auch unpersönlichste Schiff ist ein 24 Meter langer Katamaran von **Auk Nu Tours** (Tel. +1(907)586-8687). Ein Ganztagesausflug in den Tracy Arm kostet $99 inklusive einem kleinen Mittagessen und der Benutzung von Ferngläsern.

Ausflüge mit kleineren Booten unternimmt **Alaska Rainforest Tours** (Tel. +1(907)586-2959). Dort kann man auch Fahrten mit der *Seymour* von **Birds Eye Charters/Time-Line Cruises** (Tel. +1(907)790-2510) buchen. Das Boot, das Platz für maximal 16 Passagiere bietet, startet ebenfalls zu eintägigen Ausflügen mit Mittagessen in den Tracy Arm. (rund $125). Bei Alaska Rainforest Tours ist auch das Hinbringen und die Abholung mit dem Kajak möglich.

Kleinere Boote hat auch **Adventure Bound Alaska** (Tel. +1(907)463-2502) im Programm.

Chuck River Wilderness

19 Kilometer südlich von Tracy Arm liegt **Windham Bay**, der Eingang zur Chuck River Wilderness. Das relativ kleine Wildschutzgebiet wird zur Zeit nur selten besucht, bietet jedoch gute Möglichkeiten zum Angeln, da hier alle fünf Lachsarten

vorkommen. Außerdem kann man die Ruinen von Windham Bay, Südostalaskas ältester Bergbausiedlung, besichtigen. Ein schöner Wanderweg (eineinhalb Kilometer) führt von Windham Bay zum Taylor Lake.

Endicott River Wilderness

Trotz der Größe von 380 Quadratkilometern ist das Wildnisgebiet eines der am wenigsten besuchten in Amerika. Einige wenige Jäger machen den Hauptteil der Besucher aus. Endicott River Wilderness liegt 97 Kilometer nordwestlich von Juneau und grenzt an den Glacier Bay National Park an. Auf seinem Gebiet an den Ostausläufern der Chilkat Range befindet sich die Endicott-River-Wasserscheide. Die Vegetation setzt sich aus Fichten, Schierlingstannen und Erlen zusammen. Weitere Informationen erhält man im Bezirksbüro des Forest Service in Juneau.

Admiralty Island

Nur 32 Kilometer westlich von Juneau erstreckt sich das Nordende des Admiralty Island National Monument und die riesige Kootznahoo Wilderness. Mit einer Fläche von nahezu 40 Quadratkilometern macht das Wildnisgebiet 90 Prozent von Admiralty Island aus. Damit ist es die einzige Insel in Südostalaska, die nicht den starken Kahlschlägen zum Opfer fiel oder auf andere Art ausgebeutet wurde. Die Tlingit-Indianer bezeichnen Admiralty Island als Kootznahoo, was soviel bedeutet wie »Festung des Bären«. Und diese Bezeichnung ist durchaus zutreffend, denn hier leben rund 1500 Braunbären (die größte Dichte weltweit). Aber auch Adler sind sehr zahlreich entlang der Küste zu sehen.

Angoon

Die einzige Ansiedlung auf der ganzen Insel ist Angoon (650 Einwohner). Das Tlingit-Dorf liegt auf einer Halbinsel am Eingang zum Kootznahoo Inlet, einem unglaublichen Gewirr aus kleinen Inseln und Salzwasserstraßen. Tourismus wird in Angoon nicht forciert, aber die Einwohner sind sehr gastfreundlich. Auch wenn die Einheimischen inzwischen über Fernsehen und Mikrowellenherd verfügen, gibt es trotzdem noch vor vielen Häusern die traditionellen Räucherkammern. Und manche ältere Bewohner sprechen noch die Sprache der Tlingit.

■ SEHENSWERTES

Auch wer nicht in Angoon übernachten will, sollte die Fähre verlassen und hinunter zum Strand gehen. Von dort aus kann man auf einen **Friedhof** mit sehr alten Grabsteinen blicken.
Ein weiterer interessanter Friedhof befindet sich 2,5 Kilometer hinter der **Russian Orthodox Church** in der Stadt. Am Ufer sieht man rustikale alte Häuser, von denen eines auf der Vorderseite die Abbildung eines Killerwales zeigt.
Wenn man vom Postamt bergauf geht, erreicht man fünf **Totempfähle**, die an ihrer Spitze die Embleme verschiedener Indianergruppen tragen.
In der Nähe von Angoon Trading hat man einen schönen Ausblick auf die enge Passage, die in den **Kootznahoo Inlet** führt.

Kanufahrten quer durch Admiralty Island

■ ESSEN UND UNTERBRINGUNG

In Angoon gibt es verschiedene Übernachtungsmöglichkeiten. Nahe dem Bootshafen liegt das **Favorite Bay Inn** (Tel. +1(907)788-3123). Für ein Doppelzimmer mit Frühstück zahlt man $109.
Die **Kootznahoo Lodge** (Tel. +1(907)788-3501) liegt etwas näher an der Stadt, dort kostet das Doppelzimmer $85. Es gibt auch einen Bootsverleih.
Übernachten kann man auch in der Frühstückspension **Sophie's Place** (Tel. +1(907)788-3194) sowie in der **Whaler's Cove Sportfishing Lodge** (Tel. +1(907)788-3123), in der auch einwöchige Pauschalprogramme für Angler angeboten werden.
In Angoon gibt es keine offiziellen Campingplätze, manche Camper stellen ihr Zelt jedoch an der mit Abfall übersäten Picknick Area rechts vom Fähranleger auf.

■ AN- UND WEITERREISE

Die Fähre *Le Conte* läuft Angoon sechsmal in der Woche an (dreimal in jeder Richtung) und liegt gerade lange genug im Hafen, um die Fahrzeuge zu entladen. Der Fahrpreis von Juneau nach Angoon beträgt $24. Der Fähranleger befindet sich vier Kilometer außerhalb der Stadt.
Taxis findet man im Hafen. Man kann aber auch die dreckige Straße nach Angoon entlangwandern.
Wings of Alaska (Tel. +1(907)788-3530) und **Loken Aviation** (Tel. +1(907)789-3331) bieten tägliche Verbindungen mit Wasserflugzeugen zwischen Angoon und Juneau ($70). Wings of Alaska fliegt außerdem noch nach Tenakee ($65).
Taquan Air (Tel. +1(907)788-3641) startet täglich nach Sitka und Kake.

Kanufahrten quer durch Admiralty Island

Admiralty Island eignet sich hervorragend für Urlauber, die gerne mit dem Kanu oder dem Kajak fahren. Das Kootznahoo Inlet beginnt hinter Angoon und besteht aus einem Labyrinth von Inseln und engen Passagen, die sich bis zur weiten Mitchell Bay ausdehnen. Von dort aus kann man zum Salt Lake oder zur Kanalku Bay weiterpaddeln oder auf der Kanuroute weiterfahren, die quer über die Insel führt. Die Route besteht aus einer ganzen Reihe von Seen, die durch Portages miteinander verbunden sind. Vier bis sechs Tage sollte man schon für diese 68 Kilometer lange Kanutour einplanen, auch wenn der Rekord bei zwölf Stunden liegt. Auf dem Weg kommt man vorbei an sechs Hütten des Forest Service und an sechs Unterständen, so daß man während der ganzen Zeit nicht im Regen schlafen muß.

■ KOOTZNAHOO INLET

Zweimal am Tag drängt die Flut Wassermassen durch die engen Passagen des Kootznahoo Inlet in die Mitchell-Bucht und in den Salt Lake. Bei Ebbe oder Flut verwandelt sich das Wasser in einen reißenden Fluß, der zu den schnellsten Salzwasserströmen der Welt zählt. Diese starken gezeitenbedingten Strömungen schaffen Wirbel, Wellen und sogar Wasserfälle – je nachdem, wie hoch der Wasserstand gerade ist. Man muß sich also in jedem Fall nach einer Gezeitentabelle richten, wenn man in diesen Gewässern mit dem Kanu oder Kajak unterwegs ist. Zur in Juneau gültigen Zeit addiert man zwei Stunden dazu, um durch diese Passage, die ausgerechnet als Stillwater Narrows bezeichnet wird, zu fahren. In der Mitchell

Südostalaska

Bay und auf dem Salt Lake wechseln die Zeiten mit noch mehr Verzögerung, also müssen bis zu drei Stunden zur Juneau-Zeit hinzugerechnet werden. Wer nicht in der Lage ist, Gezeitentabellen richtig zu lesen, oder weitere Informationen zum Kootznahoo Inlet benötigt, wendet sich am besten an die Mitarbeiter im Monument Office in Juneau.

■ INFORMATIONEN

Die Reservierung für die Hütten sollte man rechtzeitig beim U.S. Forest Service Information Center (Tel. +1(907)586-8751) in der Centennial Hall in Juneau vornehmen. Dort kann man auch ein Exemplar der *Admiralty Island National Monument Canoe/Kayak Route* mitnehmen ($3). Darin enthalten sind wichtige Informationen für die Navigation durch die Kootznahoo Narrows und quer über die Insel. Begleitete Touren werden nicht mehr angeboten. Das bedeutet aber auch, daß die Gegend nicht überfüllt ist und man viele der atemberaubenden Plätze ganz für sich hat.
Die meisten Kajak- und Kanufahrer bringen ihr Sportgerät selbst mit, man kann Kajaks und Kanus jedoch auch in Angoon mieten, wenn man im **Favorite Bay Inn** (Tel. +1(907)788-3259) nachfragt.
Weitere Informationen erhält man im Büro des Admiralty Island National Monument in Juneau (8461 Old Dairy Road, Tel. +1(907)586-8790).
Die **Thayer Lake Lodge** ist ein idealer Zwischenstop auf der Hälfte der Kanustrecke. Die Unterkünfte sind rustikal und inklusive drei Mahlzeiten am Tag. Außerdem kann man die Boote und die Angelausrüstungen der Lodge nutzen. Reservierungen nimmt die Thayer Lake Lodge (P.O. Box 211614, Auke Bay, AK 99821, Tel. +1(907)225-3343 im Winter, Tel. +1(907)789-5646 im Sommer) entgegen.

Seymour Canal

Das Gebiet um den Seymour Canal ist sicherlich nicht ohne Grund eines der beliebtesten Reviere für Kajakfahrer. Schließlich gibt es dort eine wunderschöne Landschaft, verhältnismäßig geschützte Gewässer, und man hat die Möglichkeit, Adler, Braunbären und viele andere Wildtiere zu beobachten. Viele Kajakfahrer nehmen von Juneau aus Kurs nach Süden, kreuzen die häufig sehr rauhe Stephens Passage und fahren dann in den Oliver Inlet. Eine Bahn für den Transport von Kajaks bringt das Sportgerät bis zum höher gelegenen Seymour Canal. An der Nordspitze des Seymour Canals befindet sich die Oliver Inlet Cabin. Reservierungen kann man bei Alaska State Parks (400 Willoughby Center, Juneau AK 99801, Tel. +1(907)465-4563) vornehmen.
In Seymour gibt es viele Höhlen und Inseln zu entdecken, und mit etwas Glück sieht man sogar Bären, die hier geschützt sind.

■ PACK CREEK

An der westlichen Seite des Seymour Canal ist Pack Creek einer der besten Plätze in Alaska, um Braunbären zu beobachten. Die kleine Bucht füllt sich im Juli und August mit Lachsen, die wiederum hungrige Bären anziehen. Viele Besucher unternehmen eintägige Ausflüge von Juneau aus mit lokalen Taxiunternehmen hierher. Andere kommen mit Kajaks und Booten oder mit Pauschalreisegruppen.

Wegen seiner Popularität bei Touristen wie auch Bären gibt es in Pack Creek strikte Vorschriften. Nur 24 Personen pro Tag sind in der Bären-Hochsaison (10. Juli bis 25. August) zugelassen. Wer also hierher kommen möchte, muß sich lange vorher anmelden, und zwar beim Forest Service Information Center (Centennial Hall, 101 Egan Drive, Juneau AK 99801, Tel. +1(907)586-8751). Vier der täglichen 24 Genehmigungen werden für Spätankünfte freigehalten und sind drei Tage im voraus erhältlich. Sie sind allerdings hart umkämpft. Die Gebühr beträgt etwa $50 in der Hochsaison und $30 in der Nebensaison. Sinnvoll sind Regenkleidung und Gummistiefel, auch wenn man nur einen Tagesausflug unternimmt.

Loken Aviation (Tel. +1(907)789-3331) bietet in den Sommermonaten tägliche Flüge nach Pack Creek (Hin- und Rückflug $140). Auch alle anderen lokalen Charterfluganbieter haben Flugverbindungen in diese Gegend. Am günstigsten wird es, wenn man sich zu viert zusammenschließt.

Verschiedene Reiseunternehmen bieten Reisen nach Pack Creek an. Beim Forest Service erhält man eine vollständige Liste. Die nachfolgenden Unternehmen haben häufig auch im letzten Moment eine der begehrten Genehmigungen für den Besuch von Pack Creek: **Alaska Discovery** (Tel. +1(907)780-6226), **Wilderness Swift Charters** (Informationen über Alaska Rainforest Tours, Tel. +1(907)586-2959) und **Fish & Fly Charters** (Tel. +1(907)790-2120).

Glacier Bay National Park

Seit der Entdeckung durch John Muir (1879) haben die steinernen Felswände, die tiefen Fjorde und die gigantischen Flüsse aus Eis, die riesige Eisberge ins offene Meer kalben, nie aufgehört, ihre Besucher zu inspirieren und zu beeindrucken.

Der 1925 gegründete Glacier Bay National Park wurde 1980 durch den Alaska National Interest Lands Conservation Act (ANILCA) stark erweitert. Heute umfassen der Park und das Schutzgebiet mehr als 130 Quadratkilometer. Mit 18 Gletschern, die bis zum Ozean führen, ist es die größte Konzentration von Gletschern, die in die offene See kalben. Die Gletscher haben ihren Ursprung in der schneebedeckten Fairweather Range und schneiden auf ihrem Weg zum Ozean gigantische Täler in die Berglandschaften, die sich wiederum in Fjorde verwandeln, wenn sich die Gletscher zurückziehen.

Der schnelle Rückzug der Gletscher in den vergangenen 200 Jahren hat dazu geführt, daß sich das Land neu entwickeln mußte. Die Situation ist vergleichbar mit einem Schwamm, der zusammengedrückt war und sich nun wieder ausdehnt. Der Prozeß geht nach geologischen Maßstäben rasend schnell voran. So hebt sich das Land rund um Bartlett Cove jedes Jahr um fünf Zentimeter und in höher gelegenen Gebieten sogar noch etwas schneller. Die Park Ran-

Südostalaska

ger können dieses Phänomen vor Ort sehr deutlich zeigen.
Der Mount Fairweather (4670 Meter) ist Alaskas höchste Erhebung. An einem klaren Tag kann man ihn sogar vom 116 Kilometer entfernten Hauptquartier der Parkverwaltung sehen. Die Vegetation im Glacier Bay National Park reicht von 200 Jahre alten Fichten und Hemlock-Tannen in Bartlett Cove bis zu neu entstandenen Moränen, an denen ganz zaghaft neues Pflanzenleben beginnt. Vielfältig ist auch die Tierwelt im Nationalpark: Von den Ausflugsbooten und vom Kajak kann man Buckelwale, Hafendelphine, Hafenrobben und viele Vogelnester sehen. Auch Schwarzbären sind sehr verbreitet.
Die Mehrheit der über 300 000 Besucher, die jährlich in die Glacier Bay kommen, befindet sich an Bord eines luxuriösen Kreuzfahrtschiffes. Sie lauschen den Erklärungen eines Mitarbeiters des Forest Service, während das Schiff Kurs auf den westlichen Teil der Bucht nimmt und gehen nicht ein einziges Mal an Land. Der Großteil der anderen Besucher wohnt in der Glacier Bay Lodge und spaziert auch dort nur über die zwei kurzen Wanderwege in Bartlett Cove oder fährt mit Schnellbooten hinauf zu den Gletschern. Der kleine Prozentsatz derer, die hierherkommen würden, um den Nationalpark wirklich zu sehen und zu berühren, anstatt ihn in einer Diashow präsentiert zu bekommen, wird von den extrem hohen Kosten meist abgeschreckt. Ironischerweise ist die Glacier Bay nicht für die zugänglich, die die Gegend wirklich kennenlernen wollen, sondern für diejenigen, die den Anblick der Gletscherwelt am Fenster eines Kreuzfahrtschiffes genießen wollen.
Der dem Hauptquartier des Parks am nächsten gelegene Gletscher ist 64 Kilometer entfernt. Für den Besuch der Gletscher im Rahmen einer zweitägigen Rundreise inklusive einer Übernachtung in der Gla-

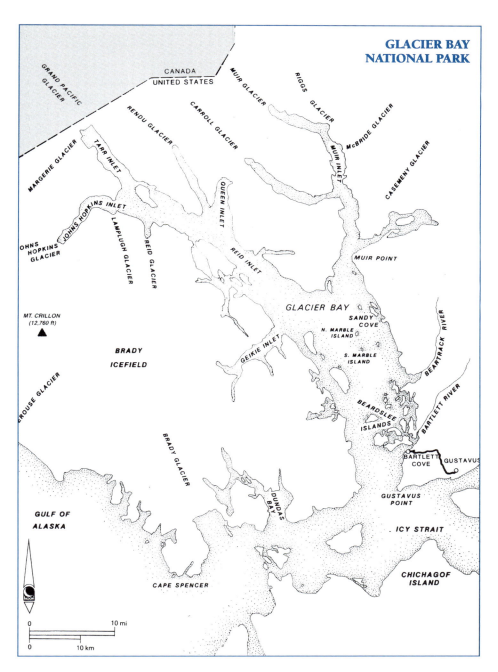

Südostalaska

cier Bay Lodge muß man mit $379 pro Person rechnen. Auch Campen ist nicht gerade billig. Ein Besuch der Glacier Bay ist eine wundervolle Erfahrung, doch für Urlauber mit knapper Reisekasse gibt es nur wenige Alternativen. Viele Einrichtungen sind überdies ab Mitte September geschlossen.

■ AKTIVITÄTEN

Im Gebiet rund um Bartlett Cove gibt es eine ganze Reihe angenehmer Wanderwege. Der 1,6 Kilometer lange **Forest Trail** verläuft zwischen der Lodge und dem Campingplatz.
Der **Bartlett River Trail** (fünf Kilometer) beginnt nahe dem Hauptquartier der Parkverwaltung und führt zur Flußmündung. Unterwegs kann man meist viele Tiere sehen.
Am Strand entlang führt ein Weg vom Campingplatz in südlicher Richtung.

■ UNTERBRINGUNG

Ein ausgezeichneter und zudem gebührenfreier **Campingplatz** befindet sich in Bartlett Cove. Hier gibt es Aufbewahrungsmöglichkeiten für Lebensmittel (wegen der Bären), einfache Toiletten und einen von drei Seiten geschützten Unterstand mit einem Holzofen. Der Campingplatz liegt etwa eineinhalb Kilometer von der Glacier Bay Lodge entfernt und verfügt nahezu immer über einen freien Platz. Fließendes Wasser gibt es bei der nahe gelegenen Station des Park Office. Um Probleme mit Bären aus dem Weg zu gehen, darf nur unterhalb der Hochwassermarke gekocht werden, wo die Abfälle alle sechs Stunden weggeschwemmt werden.

Gustavus Area

Es gibt zwei Hauptbesucherzentren für den Glacier Bay National Park: in Gustavus (außerhalb des Parks) und in Bartlett Cove (16 Kilometer im Parkinneren gelegen). Der Flugplatz, ein kleiner Bootsanleger, ein kleiner Laden und einige Blockhütten bilden die Gemeinde **Gustavus** (250 Einwohner). Die Bewohner bestehen zu gleichen Teilen aus Mitarbeitern des Nationalparks und Fischern sowie aus Leuten, die vom Tourismus leben. Es ist der einzige Platz in Südostalaska, wo es genügend flaches Land gibt, um Kühe zu halten.
In **Bartlett Cove** findet man das Hauptquartier des Parkservice, einen Campingplatz, die Glacier Bay Lodge (mit einer Bar und einem Restaurant), einen Bootsanleger und ein **Backcountry Office** (im Sommer täglich von 8 bis 19 Uhr). Bartlett Cove und Gustavus sind durch einen Shuttlebus miteinander verbunden.
Für viele Besucher ist Angeln die Hauptattraktion, und daher bietet ein Großteil der Hütten spezielle Pauschalarrangements für Angler an. Eine Auflistung von lokalen Bootsverleihen erhält man beim Park Service in Bartlett Cove oder in den Broschüren, die am Flughafen und in Juneau ausliegen.

■ AKTIVITÄTEN

Alaska Discovery (Tel. +1(907)697-2411) bietet im Sommer sechsstündige Kajaktouren vom Bootsanleger in Bartlett Cove. Im Preis von $119 sind Kajak und Ausrüstung, ein Führer, Essen und Gummistiefel enthalten. Es ist eine exzellente Möglichkeit, die Grundlagen des Kajakfahrens zu erlernen. Darüber hinaus werden zahlreiche längere Touren angeboten.

Kajaktouren mit Übernachtung auf dem nahe gelegenen Pleasant Island veranstaltet **Spirit Walker Expeditions** (Tel. +1(907)697-2266). Die Führungen schließen jedoch nicht die Glacier Bay ein. Hinzu kommen Touren bis zu einer Woche zu den abgeschiedenen Inseln vor Chichagof Island.
Bei **Sea Otter Kayak** kann man auch einfach nur Kajaks mieten (ab $40 pro Tag).
Steigender Beliebtheit erfreut sich das **Kajakfahren**. Einige Urlauber bringen bereits ihre eigenen faltbaren Kajaks mit dem Flugzeug oder mit der Fähre mit, doch der Großteil mietet ein Kajak vor Ort bei den freundlichen Eigentümern von **Glacier Bay Sea Kayaks** (Tel. +1(907)697-2257) in Bartlett Cove ($50 pro Tag). Reservierungen sind besonders im Sommer dringend erforderlich, da nur einige wenige Kajaks zur gleichen Zeit in die Glacier Bay transportiert werden können.
Eine weitere Möglichkeit besteht darin, bereits in Juneau ein Kajak beim **Juneau Outdoor Center** (Tel. +1(907)586-8220) zu mieten und es in die Glacier Bay mitzunehmen. Für den Transport von Juneau nach Gustavus oder Point Adolphus wendet man sich an **Kayak Express** (einfache Strecke $125).
Viele Kajakfahrer und Wanderer lassen sich von der schnellen *Spirit of Alaska* absetzen. Die Kosten für das Absetzen und die Abholung liegen bei ($174).
Bevor man sich auf den Weg macht, sollte man sich in jedem Fall mit den Mitarbeitern des Park Service in Bartlett Cove unterhalten. Zu berücksichtigen ist bei der Reiseplanung auch, daß man am Flughafen von Gustavus bereits gegen 15 Uhr am Vortag der Kajaktour ankommen sollte, da man noch einiges vor sich hat: die Fahrt nach Bartlett Cove, die Anmietung des Kajaks, die Sicherheitseinweisung durch den Park Service und die Einschiffung mitsamt dem Kajak auf der *Spirit of Adventure*.
Es gibt sicherlich mehrere Gegenden, die Kajakfahrer in der Glacier Bay anziehen. Die **Beardslee Islands** mit relativ geschützten Gewässern in der Nähe von Bartlett Cove eignen sich hervorragend für zwei- oder dreitägige Kajaktouren. Jenseits der Beardslee Islands ist die Glacier Bay weniger ruhig, man sollte daher mindestens eine Woche einplanen, wenn man dorthin paddeln möchte.
Anstatt den Versuch zu starten, die offenen Gewässer zu durchqueren, lassen sich viele Kajakfahrer am gewünschten Ziel absetzen. Nähere Einzelheiten hierzu erfährt man im Büro des Park Service.
Die Mehrzahl der Kajakfahrer zieht den **Muir Inlet**, den östlichen Seitenarm der Glacier Bay, vor, da dieser etwas geschützter ist und weniger häufig von Kreuzfahrtschiffen und anderen Ausflugsbooten frequentiert wird. Der westliche Arm ist zwar landschaftlich schöner, insbesondere der mit Eisbergen gefüllte Johns Hopkins Inlet, dafür muß man sich aber ständig mit großen und kleinen Kreuzfahrtschiffen auseinandersetzen. Wenn sich die Reiseveranstalter durchsetzen, wird man in Zukunft mit noch mehr Kreuzfahrtschiffen rechnen müssen.
Information über das Wandern in der Region entnimmt man der Broschüre *Hiking in Muir Inlet*, die im Büro des Park Service erhältlich ist. Dort werden auch topographisches Kartenmaterial des Parks und eine Auswahl lokaler Reiseführer verkauft.

■ ESSEN

Das **Strawberry Point Cafe** in Gustavus ist ein schöner Ort für eine Tasse Kaffee und frisches Gebäck am Morgen.

Südostalaska

Essen kann man auch in der **Glacier Bay Lodge** in Bartlett Cove. Ein hervorragendes Gourmet-Menü erwartet die Besucher im **Gustavus Inn**, wo man vorher reservieren sollte, da nur wenige Tische für Nicht-Hotelgäste freigehalten werden.
Im **Salmon River Smokehouse** (Tel. +1(907) 697-2330) kann man den Lachs und Heilbutt probieren, der dort auch verarbeitet wird.
Ein guter Tip ist das **Bear's Nest Restaurant** (Tel. +1(907)697-2440). Da das Restaurant sehr klein ist, muß man vorher reservieren.
Alles Notwendige für den täglichen Bedarf erhält man im Lebensmittelgeschäft **Beartrack Mercantile** in Gustavus. Da die Preise jedoch sehr hoch sind, sollte man sein Essen von Juneau mitbringen. Alkohol wird nicht verkauft. Für einen Drink kann man in der Glacier Bay Lodge einkehren.

■ UNTERBRINGUNG

Im Sommer ist die Glacier Bay so überfüllt von Touristen, daß man keine niedrigen Preise erwarten kann. Die günstigste Übernachtungsmöglichkeit ist die **Glacier Bay Lodge**, wo jeweils sechs Personen in einem Schlafraum nächtigen können ($28). Die Hütte befindet sich direkt in Bartlett Cove und verfügt über ein zu teures Restaurant, eine nette Bar und einen großen steinernen Kamin, der auch für Tagesgäste eine gemütliche Atmosphäre schafft, wenn es draußen regnet. Waschmöglichkeiten und Duschen gibt es dort ebenfalls.
Weitere Möglichkeiten bestehen im nahe gelegenen Gustavus. Eine komplette Auflistung der Pensionen und Hütten erhält man bei der **Gustavus Visitors Association** (P.O. Box 167, Gustavus AK 99826, Tel. +1(907) 697-2451).

Besonders empfehlenswert, aber auch sehr teuer sind das **Gustavus Inn** (Tel. +1(907) 697-2254) und das **Glacier Bay Country Inn** (Tel. +1(907)697-2288).
Nirgendwo im Hinterland der Glacier Bay existieren Wanderwege, doch beim Park Service kann man Informationen zu Wander- und Campingmöglichkeiten erfragen.
Camping ist fast überall auf dem Parkgelände erlaubt. Eine Ausnahme bilden die Marble Islands (wegen der Brutplätze der Seevögel) und einige andere Gebiete, um das Aufeinandertreffen mit Bären zu vermeiden. Ein Gasofen ist beim Campen unabdingbar, da Feuerholz sehr oft nicht vorrätig ist.
Bevor man sich auf den Weg macht, sollte man eine kostenlose Genehmigung einholen, die im Büro des Park Service erhältlich ist. Naturkundler der Parkverwaltung veranstalten jeden Abend Informationstreffen für Leute, die im Nationalpark campen wollen. Dabei geht es darum, wie und wohin man wandern kann, wie man sich vor Bären schützt und was grundsätzlich beim Campen zu beachten ist. Weil in den letzten zehn Jahren zwei Menschen von Bären getötet wurden und eine Wiederholung ausgeschlossen werden soll, erhalten Kajakfahrer und Wanderer kostenlos einen bärensicheren Behälter, bevor sie aufbrechen. Ein Lagerschuppen neben dem Büro des Park Service eignet sich übrigens bestens dazu, überflüssige Ausrüstung während einer Tour in der Glacier Bay aufzubewahren. Die Benutzung von Waffen ist im Nationalpark strikt verboten.

■ AN- UND WEITERREISE

Weder nach Glacier Bay noch nach Gustavus bestehen Verbindungen mit staatlichen

Gustavus Area

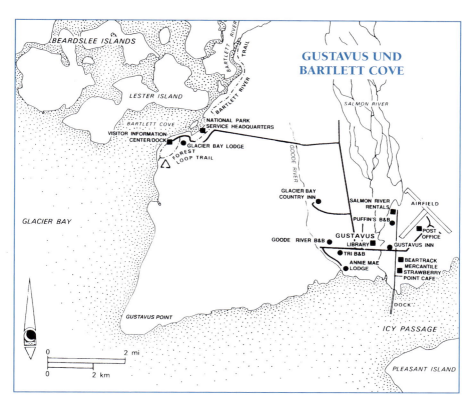

Fähren. Einheimische verhindern das aus Angst, die Region könnte von Urlaubern mit Wohnmobilen überschwemmt werden, und der Furcht vor weitreichenden Veränderungen. Die Bewohner erhalten den Großteil der Versorgungsgüter mit einem Schiffskahn, der alle zwei Wochen anlegt.
Auk Nu Tours (Tel. +1(907)586-8687) bietet zwischen Mitte Mai und Mitte September täglich Fährverbindungen zwischen Juneau und Gustavus. Die Überfahrt kostet $85 (Hin- und Rückfahrt) sowie $45 für die einfache Strecke. Außerdem werden auch Fahrräder ($10) und Kajaks ($25) transpor-

tiert. Man kann auch eine Kreuzfahrt rund um Pleasant Island anschließen, um die Tierwelt und dabei vor allem die Wale zu beobachten ($78).
Viele Besucher reisen mit dem Flugzeug von Juneau nach Gustavus an. Der Flug dauert nur 15 Minuten (Hin- und Rückflug etwa $130). Trotzdem sollte man unbedingt vorher reservieren.
Flugverbindungen bestehen mit **Alaska Airlines**, **Glacier Bay Airways** (Tel. +1(907)789-9009), **Wings of Alaska**, **L.A.B. Flying Service** (Tel. +1(907)789-9160) und **Haines Airways** (Tel. +1(907)789-2336). Die gün-

Südostalaska

stigsten Flugtarife bietet **Air Excursions** (Tel. +1(907)697-2375) mit $100. Haines Airways fliegt auch von Gustavus nach Haines und Hoonah; L.A.B. Flying Service bedient daneben die Strecken nach Skagway und Haines.
Verbindungen von Gustavus nach Skagway, Juneau und Haines bietet auch **Skagway Air** (Tel. +1(907)789-2006).
Es ist übrigens nicht erlaubt, Gas und andere explosive Brennstoffe an Bord zu transportieren. Gas kann man in Bartlett Cove unweit des Informationszentrums sowie in Gustavus bei Beartrack Mercantile kaufen.
Der Flughafen von Gustavus liegt 16 Kilometer von Bartlett Cove und dem Hauptbüro des Park Service entfernt. Ein Shuttlebus nach Bartlett Cove ($10) steht bei allen Ankünften und Abflügen von Alaska Airlines bereit.
Das Unternehmen **TLC Taxi** (Tel. +1(907)697-2239) fährt Passagiere und Kajaks überall hin im Gebiet rund um Gustavus ($15 für eine Person, $22 für zwei). Für Hartschalenkajaks wird ein Aufschlag von $10 pro Strecke berechnet.
B.W. Rent-A-Car (Tel. +1(907)697-2403) verleiht Autos für $50 am Tag.

■ RUNDFLÜGE

Air Excursions, **Alaska Seair Adventures** und **L.A.B. Flying Service** bieten Rundflüge über das Gebiet des Glacier Bay National Park an. Air Excursion fliegt mit einer besonderen Maschine, die bei Fotografen vor allem beliebt ist: Sie fliegt in einer niedrigen Höhe und mit langsamer Geschwindigkeit und ermöglicht so hervorragende Luftaufnahmen. Wer mit einem faltbaren Kajak unterwegs ist, kann es auf allen Flügen mitnehmen und sich oberhalb der

Bucht absetzen lassen. Hierzu muß man aber das Flugzeug chartern. Die meisten Besucher fahren jedoch mit einem Schiff bis zum Kopf der Bucht. Rundflüge über die Glacier Bay werden auch von Juneau, Haines und Skagway angeboten, sie sind jedoch um ein vielfaches teurer, da der Flug länger dauert.
Eine große Anzahl von Booten und viele Kreuzfahrtschiffe bieten in den Sommermonaten Ausflüge in die Glacier Bay an. Viele der zwei- bis viertägigen Reisen beginnen in Juneau. Ein Schiff, die *Sprirrit of Adventure*, startet zu Tagesausflügen von Bartlett Cove. Zudem besteht die Möglichkeit, sich mit dem Kajak entlang der Route absetzen zu lassen. Die eintägigen Reisen auf diesem Schiff für maximal 220 Passagiere kosten $151 für Erwachsene und $75 für Kinder unter 13 Jahre. An Bord halten Mitarbeiter des Park Service Vorträge über die Tierwelt und die Sehenswürdigkeiten der Umgebung. Ein leichtes Mittagessen ist ebenfalls im Fahrpreis enthalten. Reservierungen kann man in der Glacier Bay Lodge vornehmen (Tel. +1(907)463-5510).
Die Reise kann man mit dem Flug von Juneau nach Gustavus und zurück kombinieren (insgesamt $299 pro Person). Eine besonders beliebte Alternative ist der Flug von Juneau nach Gustavus, die eintägige Fahrt durch die Glacier Bay und eine anschließende Übernachtung in der Glacier Bay Lodge. Mit einer Fähre von Auk Nur Tours geht es zurück nach Juneau (insgesamt $379).
Glacier Bay Tours & Cruises fährt mit mehreren Schiffen in die Glacier Bay. Passagiere der *Wilderness Explorer* können sich an Bord Kajaks ausleihen, um die Gegend auf eigene Faust zu erkunden, während das Schiff vor Anker liegt. Informationen erhält

man bei Glacier Bay Tours & Cruises (Tel. +1(907)463-5510).
Viele Urlauber bevorzugen eine Fahrt mit der langsameren *Spirit of Glacier Bay*, die von Juneau aus im Sommer jeweils mittwochs und sonntags startet. Auch hier befindet sich ein Mitarbeiter des Parkservice an Bord. Die drei- oder viertägigen Reisen beinhalten ein hervorragendes Essen, die Übernachtung in Kabinen und eine gemütliche Fahrt den westlichen Arm der Glacier Bay hinauf. Beide Fahrten schließen Abstecher in die Glacier Bay und nach Sitka ein, während die längere Version zusätzlich die Umrundung von Admiralty Island enthält (drei Tage ab $1225, vier Tage ab $1635). Wer eine dieser beliebten Reisen buchen möchte, sollte rechtzeitig reservieren. Die *Spirit of Glacier Bay* verfügt über ein Vordeck, das ideal für die Beobachtung der Tierwelt sowie der Wale entlang der Route ist. Weitere Informationen erhält man bei Alaska Sightseeing/Cruise West (Tel. +1(907)586-6300).

Tatshenshini River und Alsek River

Am westlichen Ende des Glacier Bay National Park fließt der Tatshenshini, der als einer der weltweit besten Flüsse für Wildwasserrafting eingestuft wird. Entlang der Route sind Bären, Elche, Bergziegen und Dallschafe häufig zu sehen. Auf seinem Weg bis zum Zusammenfluß mit dem Alsek River fließt der Tatshenshini durch spektakuläre Schluchten und bietet Wildwasserfahrten der dritten Schwierigkeitsstufe.
Jeden Sommer veranstaltet **Alaska Discovery** (Tel. +1(907)780-6226) auf dem Tatshenshini verschiedene Floßfahrten sowohl auf der beschriebenen spektakulären Route als auch in den abgelegeneren und weniger frequentierten Gebieten des Alsek River. Eine zwölftägige Fahrt ist nicht gerade billig: $2500 pro Person. Der Preis enthält den Bustransfer von Haines zum Einstiegspunkt bei Dalton Post im Yukon und einen eindrucksvollen Rundflug mit dem Hubschrauber über die Stromschnellen der Kategorie vier am Turnback Canyon. Einer der Höhepunkte dieser Reise ist das Paddeln vorbei am elf Kilometer langen Alsek-Gletscher. Die Reise beginnt und endet in Juneau.
Ein weiterer Reiseanbieter ist **Chilkat Guides** (Tel. +1(907)766-2491).
Viele amerikanische und kanadische Unternehmen bieten ebenfalls Floßfahrten auf dem Tatshenshini und dem Alsek River an. Für eine Auflistung wendet man sich an die Glacier Bay National Park and Preserve (Gustavus AK 99826, Tel. +1(907)697-3341). Wer auf eigene Faust auf den beiden Flüssen sein Glück versuchen will, erhält dort eine Genehmigung dafür. Pro Tag kann jedoch nur eine Floßfahrt stattfinden, und die Hälfte der Genehmigungen ist kommerziellen Reiseanbietern vorbehalten. Transportmöglichkeiten von Haines zum Ausgangspunkt der Floßfahrt in Haines bestehen mit Alaskon Express.

Haines

Das angenehme und freundliche Haines (1400 Einwohner) bildet die Grenze des Übergangs zwischen dem üppigen Grün des Südostens und der rauheren Gegend des Yukons und dem Inneren von Alaska. Wenn die Fähre auf dem Lynn Canal, der mit 488 Meter zu den längsten und tiefsten Fjorden Nordamerikas zählt, in nördlicher Richtung

Südostalaska

nach Haines fährt, wird die Inside Passage enger. Man spürt förmlich, daß dieser einzigartige Wasserweg und damit auch die Überfahrt sich seinem Ende nähert. Im Osten stürzen tosende Wasserfälle von den Bergen herab, während sich im Westen die Gletscher von den Eisfeldern der Chilkat Range hinunterwälzen. Der große Strom der gewaltigen Eismassen, die man etwa 40 Minuten vor der Ankunft in Haines sieht, gehört zum Davidson-Gletscher. Dahinter, ebenfalls auf der linken Seite, befindet sich der Rainbow-Gletscher. Beide haben ihren Ursprung im gleichen Eisfeld, das Teil des Glacier Bay National Park ist.

Haines liegt 145 Kilometer nördlich von Juneau auf einer schmalen Halbinsel zwischen dem Chilkoot Inlet und dem Chilkat Inlet. Seine von Bergen umgebene Lage ist wirklich eindrucksvoll: Bereits von der Fähre aus kann man einen Blick auf die weißen viktorianischen Gebäude von Fort Seward vor dem Hintergrund der 1981 Meter hohen Cathedral Peaks erhaschen.

Haines bietet eine Vielzahl von Möglichkeiten, diese Natur hautnah zu erleben – vieles davon sogar kostenlos. Zahlreiche Wanderwege winden sich bis hinauf auf die Berge in der Umgebung, und campen kann man problemlos in der Nähe der Stadt. In Haines trifft man auf eine angenehme Mischung aus Arbeitern und Lebenskünstlern. Haines hat sich im Lauf der Jahre in einen traditionsbewußten Ort, in dem die Bewohner sich ihrer Verantwortung der Natur gegenüber bewußt sind, verwandelt. Tatsächlich sind die Naturschützer heute in der Mehrheit.

Anders als das nahe gelegene Skagway, das im Sommer täglich von einer großen Welle von Touristen heimgesucht wird, wird Haines in der Woche nur von einem großen Kreuzfahrtschiff angelaufen. Der Großteil der Touristen reist nach Haines mit der Fähre und nimmt dann den Highway (oder in umgekehrter Richtung). Inzwischen hat sich Haines jedoch auch zu einem beliebten Wochenendziel für die in Whitehorse lebenden Kanadier entwickelt.

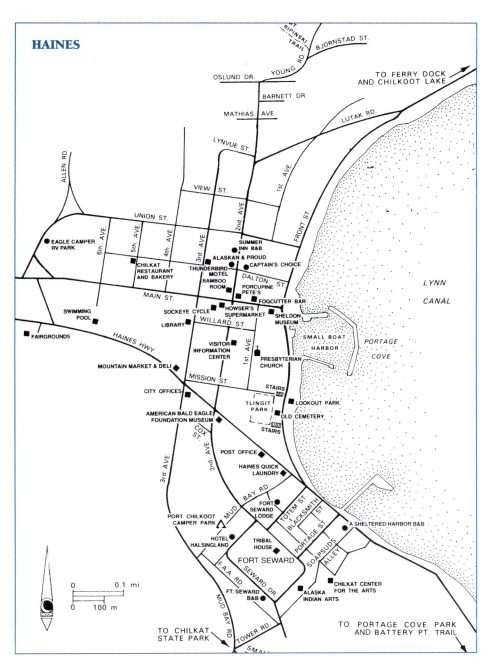

Südostalaska

■ HISTORISCHES

Lange vor der Ankunft der weißen Bevölkerung im Gebiet um Haines, hatten die Chilkoot und Chilkat dort bereits Siedlungen errichtet. Die Fischgründe waren reich, und auch Wild und Beeren sorgten für den Lebensunterhalt der Indianer. Die größte Ansiedlung der Gegend war Klukwan, 32 Kilometer flußaufwärts am Chilkat River. Eine zweite große Siedlung der Chilkoot-Indianer befand sich am Chilkoot Lake, und nordwestlich vom heutigen Haines gab es ein Sommercamp.

Die Chilkat waren bekannt für die wunderschönen Decken, die sie aus der Wolle der Bergziegen herstellten. Gefärbt wurden sie mit einer Mixtur aus Kupfer, Urin, Flechten und Fichtenwurzeln. Diese Decken wurden damals und heute noch bei Tanzzeremonien getragen und haben einen beträchtlichen Wert.

1879 erreichten der Geologe John Muir und der presbyterianische Reverend Dr. Samuel Hall Young das Ende des Lynn Canal. Young war auf der Suche nach einem geeigneten Ort für eine Mission, in der er Einheimische dem christlichen Glauben zuführen wollte. Die Indianer in der Chilkat-Siedlung Yendastakyeh waren jedoch mehr interessiert an Muirs Reden von Brüderlichkeit und Nächstenliebe. Zwei Jahre später wurde die Mission von zwei presbyterianischen Missionaren eröffnet (Muir hatte andere Pläne). Im Andenken an F.E.H. Haines vom Presbyterian Home Missions Board wurde die Indianersiedlung in Haines umbenannt.

Während des Klondike-Goldrauschs baute der verschlagene Geschäftsmann und Abenteurer Jack Dalton eine 491 Kilometer lange gebührenpflichtige Straße zwischen Haines und dem Yukon, die entlang einem alten Handelsweg der Indianer führte.

Um die staatliche Ordnung angesichts Tausender Goldschürfer aufrechtzuerhalten, richtete die US-Armee in Haines das Fort William H. Seward ein. Da man eine Verwechslung mit der Stadt Seward vermeiden wollte, wurde das Fort 1922 in Chilkoot Barracks umbenannt. Für die folgenden 20 Jahre war es die einzige Militärbasis in Alaska. Als Notfallroute für eine eventuelle Evakuierung im Falle einer japanischen Invasion baute die US-Armee von 1942 bis 1943 den 241 Kilometer langen Haines Highway. Heute ist das Fort ein nationales Wahrzeichen. Seit 1978 trägt es seinen ursprünglichen Namen.

Heute verfügt Haines über eine florierende Wirtschaft, die sich aus dem Fischfang, dem Tourismus und staatlichen Behörden

Chilkat-Decke

zusammensetzt. Seit kurzem ist Haines auch ein Kunstzentrum, das Künstler und Kunsthandwerker aller Richtungen anzieht. Auf halbem Weg zwischen Haines und Juneau liegt eine große Goldmine, die sich derzeit noch in der Planung befindet.

■ SEHENSWERTES

Das **Sheldon Museum** (Tel. +1(907)766-2366; im Sommer täglich von 13 bis 17 Uhr, im Winter sonntags, montags und mittwochs von 13 bis 16 Uhr; $3) in der Main Street verfügt über eine schöne Sammlung von Kunstgegenständen der Tlingit (einschließlich der Decken der Chilkat) und Sammelstücken aus der Zeit des Goldrauschs. In der oberen Etage finden Dia- und Videovorführungen über die lokale Geschichte und die Tiere der Chilkat White Eagle Preserve statt. Wenn in den Sommermonaten große Kreuzfahrtschiffe im Hafen liegen, ist das Museum auch zu anderen Zeiten geöffnet.

Das **American Bald Eagle Foundation Natural History Museum** an der Kreuzung Haines Highway und Second Avenue ist kostenlos. Dort sieht man eine Sammlung ausgestopfter Tiere und Weißkopfseeadler. Der **Lookout Park** (nahe dem Hafen) ist an sonnigen Sommertagen ein schöner Platz, um die Fischerboote und die Adler zu betrachten.

Hinter dem Park liegt ein kleiner Friedhof mit Gräbern der Tlingit, die bis 1880 zurückreichen.

Ein altes Gebäude – alles was von Vendestakyeh übrig ist – liegt jenseits des Flughafens, fünf Kilometer von der Stadt entfernt. Die Glocke der damaligen Mission ist heute vor der presbyterianischen Kirche in der First Avenue angebracht.

■ FORT SEWARD

Die gut erhaltenen Gebäude von Fort Seward bieten sich für einen Ausflug an. Auf dem Paradeplatz stehen die Nachbildungen eines **Stammeshauses** der Tlingit und einer **Trapperhütte** mit Pelzen und Aufbewahrungsbehältern für Lebensmittel.

Im ehemaligen Hospital im südlichen Teil des Forts ist heute das Non-Profit-Unternehmen **Alaska Indian Arts** untergebracht. Es ist montags bis samstags von 9 bis 12 Uhr und 13 bis 17 Uhr geöffnet und auch, wenn Kreuzfahrtschiffe im Hafen liegen. Dort werden ausgezeichnete Holzschnitzereien, Silberschmuck und anderes Kunsthandwerk zum Kauf angeboten.

Auf dem Hügel liegt die **Officers Row**, eine Ansiedlung von Häusern im viktorianischen Stil, in denen einst die Offiziere und ihre Familien wohnten. Im Touristenbüro von Haines erhält man eine kostenlose Broschüre zur Geschichte des Forts.

■ AKTIVITÄTEN

In der Umgebung von Haines gibt es eine Vielzahl hervorragender Wanderwege, von leichten (Battery Point) bis zu anstrengenden (Mount Ripinski). Einzelheiten kann man dem Reiseführer *Haines is for Hikers* entnehmen, das man im Touristenbüro erhält.

Drei Wanderwege führen zur Spitze des Mount Riley (536 Meter), von wo aus man einen herrlichen Panoramablick auf den Lynn-Kanal, die Davidson- und Rainbow-Gletscher, den Chilkat River, Taiya Inlet und die schneebedeckten Bergspitzen hat. Der kürzeste und steilste Weg (dreieinhalb Kilometer) beginnt fünf Kilometer südöstlich von Haines an der Mud Bay Road.

Südostalaska

Gegenüber dem ausgeschilderten Startpunkt liegt ein kleiner Parkplatz. Man kann aber auch der FAA Road zu einem anderen Wanderweg (sechs Kilometer) folgen, der hinter Fort Seward beginnt. Dieser zieht sich entlang der städtischen Wasserleitung, bis er sich teilt und in einem direkten Weg den Berg hinauf führt. Ein weiterer, jedoch nicht ausgeschilderter Wanderweg beginnt am Ende der Straße bei Portage Cove. Er führt über drei Kilometer entlang dem Battery Point Trail. Der Weg auf den Mount Riley zweigt dann nach rechts ab und steigt sehr steil bis zum Gipfel an. Für die insgesamt etwa neun Kilometer sollte man fünf Stunden einkalkulieren.

Der ganztägige Ausflug über den **Mount Ripinski Trail** auf den Mount Ripinski (1189 Meter) bietet zwar unvergleichliche Ausblicke auf die Berge und die Wasserwege der Umgebung, Auf- und Abstieg sind jedoch sehr anstrengend (16 Kilometer). Man kann aber auch auf den alpinen Wiesen campen und ist dann zwei Tage unterwegs. Den Wanderweg erreicht man von Haines aus über die Young Road in Richtung Norden. An der Kreuzung folgt man einer unbefestigten Straße, die an der unterirdisch verlegten Pipeline um den Berg herumführt. Der Wanderweg selbst beginnt nach etwa eineinhalb Kilometern und führt durch einen Wald bis in ein Moorgebiet und weiter bis zu einer Gebirgswiese in etwa 762 Meter Höhe. Entlang dem Berggrat kommt man hinauf zur Northern Summit. Dort oder am Hauptgipfel kann man sich ins Gipfelbuch eintragen lassen. Der Rückweg führt über die gleiche Strecke oder über einen sehr steilen Pfad hinab zu einem Sattel und dann hinunter zum Haines Highway, elf Kilometer nordwestlich von Haines.

Der Mount Ripinski ist bis in den Hochsommer hinein schneebedeckt. Auf keinen Fall sollte man seine Wanderung bei schlechtem Wetter starten oder die ausgeschilderten Wege verlassen.

■ AUSFLÜGE

Im Besucherzentrum erhält man eine komplette Aufstellung der lokalen Reiseveranstalter und Bootsverleiher.

Chilkat Guides (Tel. +1(907)766-2491) veranstaltet sehr gute Floßfahrten auf dem Chilkat River für $75 (Kinder von 7 bis 14 Jahren $35). Dieser Ausflug (keine Wildwasserfahrt) bietet gute Ausblicke auf die Chilkat Mountains und die Gletscher, und mit etwas Glück kann man auch einige Adler sehen. Das Unternehmen bietet auch zweitägige Touren an: Nach einem Flug zum Le-Blondeau-Gletscher fährt man auf dem ruhigen Tsirku River nach Klukwan, von wo aus es zurück nach Haines geht ($350).

Alaska Cross Country Guiding & Rafting (Tel. +1(907)767-5522) hat ähnliche Ausflüge im Programm. Dabei fliegen die Gäste zum Le-Blondeau-Gletscher, übernachten in einer Hütte und starten am nächsten Tag zu der Fahrt auf dem Tsirku River. Dabei geht es vorbei an der Chilkat Bald Eagle Preserve bis nach Haines ($450 zuzüglich Flugkosten).

Dan Egolf von **Alaska Nature Tours** leitet vogelkundliche Ausflüge zur Beobachtung der Adler entlang dem Chilkat River und zu anderen Plätzen (drei Stunden ab $45). Es gibt auch mehrtägige Reisen, Wanderausflüge und Skifahrten im Hochland.

Chilkoot Lake Tours (Tel. +1(907)766-2891) bietet zweistündige Bootstouren auf dem malerischen Chilkoot Lake. Begleitete Kajaktouren rund um Haines und Ausflüge mit einer Übernachtung zum Davidson-Gletscher bietet **Deishu Expeditions** (Tel. +1(907)766-2427). Dort kann man auch Kajaks mieten.

■ INFORMATIONEN

Das **Haines Visitor Information Center** in der Second Avenue (Tel. +1(907)766-2234, http://www.haines.ak.us) ist im Sommer jeweils montags bis freitags von 8 bis 20 Uhr, am Wochenende von 10 bis 13 Uhr und von 14 bis 19 Uhr sowie im Winter montags bis freitags von 8 bis 17 Uhr geöffnet. In dem Büro kann man Nachrichten für Mitreisende hinterlassen oder einfach nur eine Tasse Kaffee oder Tee trinken, während man sich mit den freundlichen Mitarbeitern unterhält. Es gibt auch kostenlose Stadtführungen und die Broschüre *Visitors Guide to Haines*, die auch am Fähranleger ausliegt.

■ ESSEN

Gemessen an Alaska-Standards bietet Haines eine gute Auswahl an Restaurants mit annehmbaren Preisen. Gutes Frühstück und Mittagessen serviert man im **Bamboo Room** in der Second Avenue. Dort hängt ein Brett mit den wechselnden Tagesspezialitäten.
Das **Lighthouse Restaurant** am Fuß der Third und Main Street ist für seine Buttermilchkuchen berühmt.
Geschmackvolle Pizza aus Sourdough-Teig gibt es bei **Porcupine Pete's** in der Main Street.
Im **Chilkat Restaurant & Bakery** in der Fifth Avenue gibt es freitagabends mexikanische Gerichte sowie frischen Lachs und Heilbutt an den anderen Abenden. Hinzu kommt ein köstlicher Nachtisch. Allerdings ißt man hier etwas teurer.

Ein sehr beliebtes Lokal ist das **Mountain Market & Deli** am Third und Haines Highway. Dort kann man frische Backwaren, Suppen, Sandwiches und Espresso genießen.
Lebensmittel bekommt man in **Howser's Supermarket** in der Main Street oder im **A&P Market** in der Third und Dalton Street.
Bei **Dejon Delights Smokery** in Fort Seward kann man frisch geräucherten Lachs kaufen oder den eigenen Fang räuchern lassen. Soviel Lachs, wie man vertragen kann, gibt es im Stammeshaus in Fort Seward.
Wer von Krabben nicht genug bekommen kann, ist in der **Fort Seward Lodge** bestens aufgehoben.

■ UNTERHALTUNG

Wer die Bar der **Fort Seward Lodge** betritt, sollte nicht versäumen, nach dem berühmten Hausdrink »Roadkill« zu fragen. An Wochenenden gibt es dort Live-Musik.
Die **Chilkat Dancers**, eine anerkannte Tanzgruppe der Tlingit-Indianer, bietet Vorführungen, wenn Kreuzfahrtschiffe im Hafen liegen (Tel. +1(907)766-2160). Der Eintritt kostet $10 für Erwachsene und $5 für Studenten. Die Kostüme und Tänze sind durchweg authentisch und ermöglichen einen Einblick in die wiedererweckte Kultur der Tlingit. Die Vorführungen finden im Chilkat Center for Arts in Fort Seward statt.

■ TERMINE

Ende April findet das **Actfest-Alaska Community Theater Festival** statt, an dem Theatergruppen aus ganz Amerika teilnehmen.
Am längsten Tag des Jahres (21. Juni) nehmen viele Radfahrer am **Kluane to Chilkat**

Südostalaska

Bike Relay, einem 257 Kilometer langen Radrennen teil, das in Haines endet. Zu den Feierlichkeiten am Wochenende um den 4. Juli gehört das Haines Rodeo. Jedes Jahr in der dritten Augustwoche kommen rund 150 Besucher aus ganz Alaska und dem Yukon in Haines zur **Southeast Alaska State Fair** zusammen. Interessant ist auch das **Alaska Bald Eagle Festival**, das Mitte November abgehalten wird.

■ UNTERBRINGUNG

Die Jugendherberge **Bear Creek Camp** liegt vier Kilometer südlich der Stadt an der Small Tract Road (Tel. +1(907)766-2259). Schlafplätze kosten $15 pro Person, private Hütten (für vier Personen) schlagen mit $37 zu Buche. Zelt-Stellplätze werden mit $10 berechnet. Die Jugendherberge verfügt über Kochgelegenheiten und ist ein sauberer und freundlicher Ort für die Übernachtung. Reservierungen sind besonders im Sommer empfehlenswert. Wenn alle Plätze belegt sind, kann man sein Zelt auch am Eingang davor aufstellen. Vom Fähranleger und vom Touristenbüro besteht ein kostenloser Zubringerdienst.

Das **Hotel Halsingland** (Tel. +1(907)766-2000) ist ein hübsches altes Hotel im viktorianischen Stil, das ursprünglich als Hauptquartier der führenden Offiziere in Fort Seward diente. Neben den Standard-Zimmern gibt es preiswerte Zimmer mit Gemeinschaftsbad.

Die Frühstückspension **Riverhouse B&B** (Tel. +1(907)766-2060) gehört zu den luxuriösesten Unterkünften in Haines. Das moderne Cottage ist hervorragend ausgestattet und bietet vom Balkon im dritten Stock Ausblick auf die eindrucksvolle Bergszenerie.

Ebenfalls empfehlenswert sind die Pensionen **Fort Seward B&B** (Tel. +1(907)766-2856) sowie **Chilkat Valley B&B** (Tel. +1(907)766-3331) auf einem Felsen über dem Chilkat River.

Die beste Möglichkeit zum Campen besteht rund einen Kilometer außerhalb von Haines im **Portage Cove State Wayside** ($6). Dort gibt es Wasser und Toiletten, jedoch können keine Fahrzeuge über Nacht abgestellt werden. Der Campingplatz eignet sich nur für Wanderer und Fahrradfahrer. Der Platz ist sehr ruhig und landschaftlich schön gelegen, und in der Umgebung kann man Adler beobachten.

Hinter dem Hotel Halsingland liegt der **Port Chilkoot Park** (Tel. +1(907)766-2000) mit Stellplätzen aus Holz, Duschen und Waschautomaten. Dort gibt es fast immer einen Platz.

Wer motorisiert ist, kann auf einem der beiden hervorragenden staatlichen Campingplätze übernachten, die über Trinkwasser, Toiletten und Unterstände zum Picknicken verfügen. Der **Chilkat State Park** ($6) liegt elf Kilometer südöstlich von Haines und ist Ausgangspunkt für einen schönen Wanderweg zum Seduction Point. In der Chilkoot Lake State Recreation Site ($10), acht Kilometer nordwestlich des Fähranlegers, kann man sehr gut angeln und einen herrlichen Blick auf den türkisblauen See genießen.

■ AN- UND WEITERREISE

Der Fähranleger von Haines (Tel. +1(907)766-2111) liegt fünf Kilometer nördlich der Stadt am Lutak Highway. Im Sommer legen fast jeden Tag Fähren an, die auf dem Weg nach Skagway im Norden ($14) oder nach Juneau in südlicher Richtung

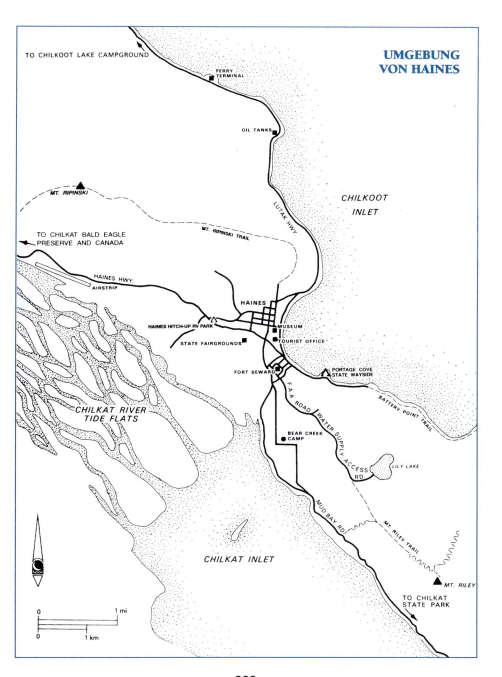

Südostalaska

($20) sind. In der Regel halten die Fährschiffe 90 Minuten in Haines.
Eine ausgezeichnete Alternative, wenn man nicht mit dem Auto reisen will und von Fähren die Nase voll hat, ist das **Haines-Skagway Water Taxi** (Tel. +1(907)766-3395). Die Schiffe verbinden Haines und Skagway zweimal täglich während der Sommermonate (Mitte Mai bis Mitte September). Die Überfahrt kostet $18 für die einfache Strecke und $29 für die Hin- und Rückreise (Fahrräder kosten $5). Kinder zahlen den halben Preis. Es ist eine gute Möglichkeit, bei einer Geschwindigkeit von neun Knoten unterwegs die Tierwelt zu beobachten und an Fjorden, Gletschern und Wasserfällen gemütlich vorbeizufahren.
Silver Eagle Loading (Tel. +1(907)766-2418) verkehrt mit einem 26 Meter langen Landungsboot zwischen Juneau und Haines und bietet tägliche Transportmöglichkeiten für Fahrzeuge und Passagiere.
Haines Taxi (Tel. +1(907)766-3138) und **The New Other Guys Taxi** (Tel. +1(907)766-3257) bringen Gäste für $6 vom Fähranleger in die Stadt.
Fahrräder kann man bei **Sockeye Cycle** (Tel. +1(907)766-2869) für $30 am Tag mieten.
Der Flughafen von Haines befindet sich fünf Kilometer westlich der Stadt am Haines Highway. Von dort aus fliegt **Wings of Alaska** (Tel. +1(907)766-2030) täglich nach Juneau und Skagway.
Skagway Air (Tel. +1(907)789-2006) startet ebenfalls täglich nach Gustavus.
Flugverbindungen nach Juneau, Gustavus, Hoonah und Skagway bietet **Haines Airways** (Tel. +1(907)766-2646). Auf diesen Strecken ist auch **L.A.B. Flying Service** (Tel. +1(907)766-2222) unterwegs. Besonders spektakulär ist der Flug von Juneau nach Haines: an einem klaren Tag kann man beide Seiten des Lynn Canal sehen. Beide Unternehmen bieten auch einstündige Rundflüge entlang der Glacier Bay an (ab $80).
Die asphaltierte Straße, die von Haines in nördlicher Richtung führt, ist die direkteste Verbindung nach Fairbanks (1064 Kilometer) und Anchorage (1240 Kilometer). Für Radfahrer ist sie wesentlich angenehmer als der Klondike Highway von Skagway aus. Wer vorhat, mit dem Auto von Haines nach Skagway zu fahren, sollte nochmal darüber nachdenken. Es sind schließlich nur 24 Kilometer mit dem Flugzeug oder auf dem Wasserweg, aber 578 Straßenkilometer.
Alaskon Express bietet einen Busservice zwischen Haines und Haines Junction ($73), Whitehorse ($85), Tok ($145), Glenallen ($175), Fairbanks ($180) und Anchorage ($185). Dabei kann man überall entlang der Route aussteigen. In Haines halten die Busse am Hotel Halsingland sowie am Captain's Choice Hotel. Reservierungen sind nicht nötig. Die Busse verlassen Haines jeweils am Sonntag-, Dienstag- und Donnerstagmorgen (von Mitte Mai bis Mitte September) und erreichen Anchorage am Abend des Folgetages. Dazwischen liegt eine Übernachtung in Beaver Creek, die nicht im Fahrpreis enthalten ist. Man kann jedoch auch campen. Reisende nach Fairbanks nehmen den gleichen Bus in Haines, nach der Übernachtung in Beaver Creek fahren sie jedoch weiter nach Tok. Urlauber, die nach Whitehorse fahren, steigen in Haines Junction um. Sie erreichen Whitehorse noch am Nachmittag.
Mietautos erhält man bei **Avis** (Tel. +1(907)766-2000), **Captains Choice Motel** (Tel. +1(907)766-3111) und **Eagle's Nest Motel** (Tel. +1(907)766-2891).
Freizeitfahrzeuge, Autos, Vans und Mopeds

kann man bei **ABC Motorhome and Car Rental** (Tel. +1(907)983-3222) mieten. Besser noch ist es, wenn man bereits in Juneau ein Auto mietet, es auf der Fähre transportiert und damit für eine oder zwei Wochen nach Norden fährt, bevor man es in Juneau wieder abgibt. Dort gibt es nämlich keine Kilometerbeschränkungen. Die Grenze zwischen Kanada und den USA verläuft 67 Kilometer nördlich von Haines. Die kanadischen und die amerikanischen Zollbehörden sind dort zwischen 7 und 23 Uhr geöffnet (Kanada nach der Pazifik-Standardzeit). Der kanadische Zoll verlangt bei einer Einreise für 48 Stunden, daß man mindestens $150 bar mit sich führt. Die Mitarbeiter sind bekannt dafür, daß sie Rucksacktouristen besonders genau unter die Lupe nehmen. Man muß sich also auf viele Fragen einstellen. Handfeuerwaffen dürfen nicht über die Grenze gebracht werden.

Chilkat Bald Eagle Preserve

Jedes Jahr im Herbst kommen die Weißkopfseeadler auf das Gebiet der Bald Eagle Council Grounds und bilden dort die weltweit größte Ansammlung von Adlern. Grund hierfür ist der Zustrom von Warmwassermassen vom nahen Tsirku River, der verhindert, daß der Chilkat River zufriert, sowie der Ansturm von bis zu 100000 Lachsen, die hierher zum Laichen kommen. Die sterbenden Lachse ziehen Bären, Wölfe, Möwen, Elstern und Raben sowie bis zu 3500 Weißkopfseeadler an, die sich entlang dem 6,5 Kilometer langen Teilstück des Flußes gleich unterhalb des Tlingit-Dorfes Klukwan (130 Einwohner) versammeln. Während der Lachshochsaison von November bis Januar sind die Bäume entlang der Flußufer voll mit hunderten Vögeln. Und noch mehr von ihnen bevölkern die Flußbänke. Da liegt es auf der Hand, daß diese Gegend bei Fotografen besonders beliebt ist. Man muß sich aber von den Niederungen fernhalten, um die majestätischen Vögel nicht zu stören. Im Sommer ist die Population wesentlich geringer, aber mit 80 bewohnten Nestern und 400 Adlern wird man bestimmt ein paar sehen können. Ein staatlicher Campingplatz steht am Mosquito Lake, acht Kilometer nördlich von Klukwan und fünf Kilometer vom Highway entfernt, zur Verfügung ($6).

Skagway

Auf einer engen Landzunge am oberen Ende des Lynn Canal unweit der Mündung des Skagway River liegt der Ort Skagway. Wie ein Keil scheint sich diese im Dreieck geformte Stadt in die umliegenden Berge zu schieben. Der nördliche Endpunkt der Inside Passage hat seinen Namen aus dem Indianischen und bedeutet soviel wie »Heimat des Nordwindes«. Während des Goldrauschs am Klondike war die Stadt das Tor zum Chilkoot und zum White Pass Trail, auf denen Tausende auf der Suche nach Wohlstand vorbeizogen. Heute verleihen die Bohlenwege, die Frontseiten der Häuser, das restaurierte Innere vieler Gebäude, die Andenkenläden mit Museumscharakter und die alten Autos und Kostüme der Stadt ein besonderes Flair. Es erinnert vor allem an das, was die nur sechs Häuserblocks umfassende Stadt für nahezu ein Jahrhundert berühmt machte. Noch heute lebt die Stadt mit Tausenden von Besuchern und Abenteurern, die jedes Jahr im Sommer nach Skagway strömen, um auf den Pfaden

Südostalaska

zu wandern, die einst zum Gold führten. Es ist der am meisten frequentierte Kreuzfahrthafen in Alaska. Die 1500 Bewohner, die im Sommer in der Stadt leben (im Winter sind es nur etwa 400), werden von den bis zu 5000 Passagieren der Kreuzfahrtschiffe, die täglich in Skagway festmachen, buchstäblich überschwemmt.

Das Wetter in Skagway unterscheidet sich von dem im übrigen Südostalaska. Hier fallen nur etwa 56 Zentimeter Niederschlag pro Jahr, was zur Folge hat, daß Erlen, Weiden und Pappeln die nahe gelegenen Berghänge bedecken. Besonders Mitte September, wenn die Bäume ihre Farbe wechseln, ist es ein farbenprächtiges Schauspiel.

■ HISTORISCHES

Ein bedeutender Teil der Geschichte Alaskas spielte sich Ende des 19. Jahrhunderts in Skagway ab. Im August 1896, als George Carmack im Bonanza Creek fündig wurde, gab es in Skagway nur eine Hütte, die acht Jahre zuvor von Kapitän William Moore gebaut, bis dahin aber nur sporadisch von Vorbeiziehenden genutzt worden war. Die Nachricht vom Goldfund am Klondike erreichte Seattle im Juli 1897, und innerhalb nur eines Monats hatten sich 4000 Menschen in einer eiligst errichteten Zeltstadt rund um Moore's Hütte zusammengefunden. Ebenso schnell begutachtete Frank Reid das Gelände, um es zu vermessen und einzuebnen. Die Glücksuchenden rissen sich mehr als 1000 Grundstücke unter den Nagel, von denen sich viele auf dem Besitz von Kapitän Moore befanden. Eine Handhabe gegen dieses Vorgehen gab es nicht, und wenn man den Berichten aus der damaligen Zeit glaubt, war Skagway die gesetzloseste Stadt auf dem ganzen Globus.

Skagway war der Ausgangspunkt zum White Pass, der die Gebirgszüge der Coastal Range zum Lake Bennet und zu den oberen Flußläufen im Yukon überquert. Dieser Weg, der als Pferderoute bekannt war, war den Wohlhabenden vorbehalten, die sich Packtiere zum Transport von Waren leisten konnten. Trotzdem war der White Pass nicht die beste Route, denn die Todesrate war hoch. Die Berge waren derartig steil, der Weg so schmal und rauh und das Wetter so schlecht, daß die Menschen unverrichteter Dinge zurückkehren mußten. Alle 30 Pferde und Mulis, die von 1897 bis 1898 diesen Weg erklommen, waren zu einem schlimmen Schicksal verdammt. Man berichtete sogar von nicht mehr zu bändigenden Pferden, die sich die Klippen herabstürzten.

Der berühmte Chilkoot Trail, der in Dyea, 24 Kilometer von Skagway entfernt, begann, war der Weg für arme Leute. Hier mußten die Glücksuchenden nämlich ihre Ausrüstung auf dem Rücken transportieren, und das auf einer Strecke von mindestens 53 Kilometern bis zum Lake Lindeman. Da sie aber nicht alles auf einmal tragen konnten, mußten sie bis zu 40mal die sogenannten »goldenen Stufen« – einen 45 Grad steilen Weg bis zum 1200 Meter hoch gelegenen White Pass – bewältigen. Diese Mißstände machte sich der irisch-kanadische Unternehmer Michael J. Heney zunutze und baute die 176 Kilometer lange White Pass and Yukon Railway, die Skagway am Pazifik mit Whitehorse am Yukon verband. Bei ihrem Bau waren die Arbeiter größten Strapazen ausgesetzt. Dennoch wurde sie nach zwei Jahren, am 29. Juli 1900, fertiggestellt. Heute ist die Strecke eine der beliebtesten Attraktionen von Skagway und eine der wenigen noch intakten Schmalspurbahnen in Nordamerika. Mehr als 110000 Besucher unter-

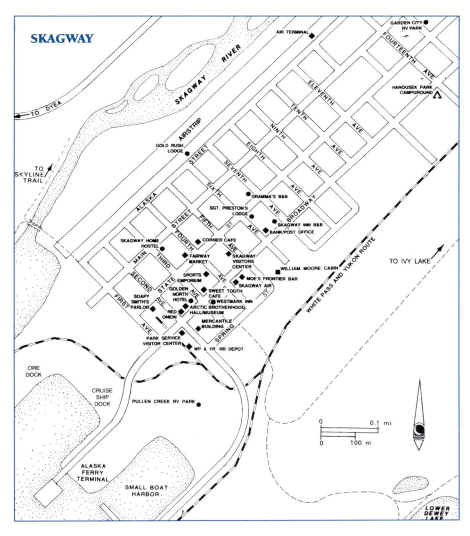

nehmen jedes Jahr im Sommer eine Fahrt auf der legendären Zugstrecke.

■ **SEHENSWERTES**

Die Innenstadt von Skagway besteht aus wenigen Häuserblocks, die auch den großen Teil der Sehenswürdigkeiten umfassen. Der Fähranleger befindet sich am unteren Ende des Broadways, und in einem dreiminütigen Spaziergang ist man bereits mitten im Herzen von Skagway. Viele der historischen Gebäude werden heute als **Klondike Gold Rush National Historic Park** vom National Park Service verwaltet. Die meisten restaurierten Häuser sind an Geschäftsleute vermietet.

Südostalaska

■ AM BROADWAY

Im White-Pass-&-Yukon-Verwaltungsgebäude ist das **National Park Service Visitor Center** untergebracht, das von Juni bis August täglich von 8 bis 19 Uhr, Ende Mai und im September täglich von 8 bis 18 Uhr sowie den Rest des Jahres über nur wochentags geöffnet ist. Es gibt eine hervorragende Diashow über die Geschichte des Goldrauschs. Von dort kann man an einem 45minütigen Stadtrundgang teilnehmen. Die Mitarbeiter des Park Service haben aktuelle Informationen zu den Wanderwegen, dem Wetter und den Fahrplänen und beantworten nahezu jede Frage.

Gar nicht verfehlen kann man die **Arctic Brotherhood (AB) Hall** zwischen der Second und der Third Street, das einzige Gebäude aus Treibholz aus der Jahrhundertwende. Das Haus zählt zu den am meisten fotografierten Gebäuden in Alaska.

Das **Trail of 98 Museum** außerhalb der AB Hall ist im Sommer täglich von 9 bis 17 Uhr geöffnet. Viele Ausstellungsstücke erinnern an die Geschichte Alaskas und der Indianer. Dazu gehören eine alte Spielerausrüstung, eine Decke aus Entenhaut, eine Karte von Skagway von 1908, eine weitere von ganz Alaska von 1916, eine Ausgabe des Dyea Trail vom 9. April 1898 sowie ein Parka aus Lachshaut und eine Eskimo-Maske vom Anaktuvuk Pass.

Das **Golden North Hotel** an der Ecke Third Street und Broadway behauptet von sich, das älteste Hotel Alaskas zu sein. Auf jeden Fall ist es voll mit antiken Möbeln aus der Zeit des Goldrauschs. Man sollte auch nach dem Geist fragen, der durch die Hallen geistern soll.

Etwas Zeit für einen Bummel durch die Souvenirläden in der Umgebung sollte man sich ruhig nehmen, denn viele Möbel, Ausstellungsvitrinen und sogar Andenken lohnen einen Blick.

Der restaurierte **Mascot Saloon** zeigt einen Saloon und das Leben in den Tagen von 1898.

Das Fotogeschäft **Dedman's** hat eine große Auswahl an Schwarz-Weiß-Postkarten.

In der **Eagle's Hall** in der Sixth Avenue kann man die »Days of 98 Show« sehen.

Corrington's Museum of Alaskan History an der Ecke Fifth Avenue und Broadway ist eine Kombination aus Andenkenladen und Museum ($1). Dort sieht man eine Sammlung aus 40 Walroßzähnen, auf denen sich hervorragende Schnitzereien befinden, die die Geschichte Alaskas erzählen. Das Museum ist wirklich einen Besuch wert.

Am östlichen Ende der Fourth Avenue liegt das **Alaskan Wildlife Adventure & Museum** mit einer Sammlung von über 70 Tieren aus ganz Alaska und dem Yukon.

■ ABSEITS VOM BROADWAY

Die im Original erhaltene **Hütte von Kapitän Moore**, die unter dem Druck der ersten Goldsucher an den heutigen Platz verlegt wurde, befindet sich an der Ecke Fifth Avenue und Spring Street. Sie wurde vom Park Service wieder komplett eingerichtet, und die Wände im Inneren sind mit Zeitungen aus den achtziger Jahren des letzten Jahrhunderts beklebt.

Der Friedhof **Gold Rush Cemetery** liegt direkt an den Eisenbahnschienen rund drei Kilometer nördlich der Stadt. Frank Reid wurde hier ein Monument errichtet, während an »Soapy« Smith, der einst die Stadt in Angst und Schrecken versetzte, nur eine Holztafel erinnert.

Von hier kann man einem kurzen Wanderweg zu den malerischen **Lower-Reid-Wasserfällen** folgen.

■ WHITE PASS & YUKON ROUTE RAILROAD

Die berühmte Schmalspurbahn fährt von Mitte Mai bis Ende September zweimal täglich von Skagway nach White Pass und zurück (einfache Strecke $28). Die Fahrt dauert insgesamt drei Stunden. Die Strecke verläuft am Ostufer des Skagway River und bietet atemberaubende Ausblicke, je weiter der Zug bergauf fährt. Während der Fahrt erläutern Reiseführer die Sehenswürdigkeiten entlang der Strecke. Dazu gehören auch Teilstücke des »Trail of 98«. Am besten sitzt man bei der Abfahrt in Skagway auf der linken Seite des Zuges (auf der Rückfahrt rechts). Die Schmalspurbahn verläßt Skagway jeweils um 8.45 und um 13.15 Uhr. Tickets erhält man im restaurierten Eisenbahnschuppen an der Second Street. Wenn die alte 73er-Dampflokomotive den Zug aus der Stadt zieht, sieht man Videokameras in alle Richtungen schwenken. Allerdings wird die Lokomotive am Stadtrand durch eine moderne Diesellokomotive ersetzt, um den sehr steilen Aufstieg zu bewältigen. Die White Pass & Yukon Railroad unternimmt auch sechsstündige Rundfahrten zum Lake Bennett. Dieser Zug startet täglich um 12.40 Uhr. Wanderer auf dem Chilkoot-Wanderweg können diesen Zug auch für nur eine Wegstrecke benutzen.

Eine Verbindung nach Whitehorse verläßt Skagway um 12.40 Uhr und erreicht Frasier in British Columbia am 14.40 Uhr, wo man in einen der Busse nach Whitehorse umsteigt. Ankunft in Whitehorse ist gegen

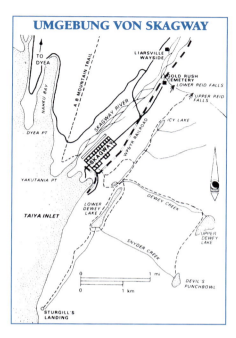

18 Uhr. Die Rückfahrt startet in Whitehorse um 8.15 Uhr mit dem Bus. In Frasier geht es mit dem Zug weiter nach Skagway, wo man gegen 12 Uhr ankommt.

■ AKTIVITÄTEN

Das Netz gut ausgeschilderter Wanderwege auf den Hügeln im Osten der Stadt ist eine gute Vorbereitung, wenn man den Chilkoot Trail bewältigen will. Hierzu folgt man dem Weg, der am Ende der Third und Fourth Avenue über eine kleine Eisenbahnbrücke sowie über die Eisenbahnschienen führt. Dann folgt man der Pipeline den Hügel hinauf. Bis zum **Lower Dewey Lake** sind es nur 20 Minuten. Am südlichen Ende des Sees zweigt ein Weg ab, der nach **Sturgill's Landing** am Taiya Inlet führt (fünf

Südostalaska

Kilometer). Der Aufstieg vom nördlichen Ende des Lower Lake zum **Upper Dewey Lake** und zu **Devil's Punchbowl** ist sehr steil und fast fünf Kilometer lang. Der Icy Lake ist ebenfalls vom Lower Lake aus zu erreichen und führt über einen relativ ebenen Weg, wohingegen der Wanderweg zu den **Upper-Reid-Wasserfällen** sehr steil und schwer zu begehen ist.
Begleitete Kajaktouren veranstaltet **Klondike Water Adventures** (Tel. +1(907)983-3769).
Skagway Float Tours (Tel. +1(907)983-3508) bietet einfache dreistündige Floßfahrten auf dem Taiya River für $60 (Kinder unter zwölf Jahre $25). Der Veranstalter unternimmt auch geführte Wanderungen und Touren mit dem Mountainbike entlang dem Chilkoot Trail.

■ INFORMATIONEN UND DIENSTLEISTUNGEN

Das **Skagway Visitor Information Center** (Tel. +1(907)983-2855, http://www.skagway.org) liegt am Broadway nahe dem Sockeye Cycle. Es ist von Mai bis September täglich von 8 bis 17 Uhr sowie im Winter von Montag bis Freitag von 8 bis 12 Uhr und von 13 bis 17 Uhr geöffnet. Dort erhält man sehr gute Wanderkarten und Informationsbroschüren.
Das **Sports Emporium** in der Fourth Avenue ist der beste Ausrüsterladen der Stadt. Hier wird auch gefriergetrocknetes Essen als Proviant für Wanderungen verkauft.
Bücher kann man im **Skagway News Depot** erstehen.
Duschen gibt es im Pullen Creek RV Park oder im kleinen Bootshafen.
Die **National Bank of Alaska** in der Sixth Avenue Ecke Broadway wechselt amerikanische in kanadische Dollar. Ein weiterer Geldautomat steht am Broadway zwischen der Second und der Third Avenue.
Die öffentliche **Bibliothek** befindet sich in der Eigth Avenue an der Ecke zur State Street.

■ ESSEN

Bei so vielen Besuchern, die an- und abreisen, sind die hohen Essenspreise in Skagway nicht weiter verwunderlich. Zumindest die Auswahl und die Qualität der Speisen ist beträchtlich besser als in Wrangell. Wer Appetit auf Lachsburger und ein preiswertes Frühstück hat, ist im **Corner Cafe** an der Ecke Fourth Avenue und State Street genau richtig. Der Service ist freundlich und schnell.
Ein gutes Frühstück bekommt man auch am Broadway im **Sweet Tooth Cafe**.
Die winzige Teestube **Mrs. Potts Tea Room** im Forget-Me-Not-Andenkenladen am Broadway ist ein guter Ort zum Mittagessen. Das Mittagsmenü wechselt täglich. Pizza scheint das Hauptgericht schlechthin zu sein. Leckere Pizza und Nachos gibt es im **Red Onion Northern Lights Cafe** an der Ecke Fourth Avenue und Broadway. Hinzu kommen griechische, italienische und mexikanische Gerichte.
Das **Broadway Bistro** bietet Pizza aus dem Holzofen.
Pizza und Focaccia-Sandwiches erhält man in der **Pizzeria Roma II** an der Ecke Third Avenue und Broadway.
Ein schöner Ort zum Abendessen ist das **Golden North Hotel** sowie der **Chilkoot Room** im Westmark Hotel.
Lorna's at the Skagway Inn hat sich auf innovative französische Küche und heimische Fischgerichte spezialisiert.

Skagway

■ UNTERHALTUNG

Das **Red Onion** ist Skagways bekanntestes Lokal an der Ecke Second Avenue und Broadway. Zeitweise spielen dort einheimische Bands, die Erfahrungen mit Auftritten in der Öffentlichkeit sammeln wollen. Im zweiten Stock sitzen die Animierdamen in den Fenstern.
In der schmuddeligen **Moe's Frontier Bar** trifft man auf viele Einheimische.
Pooltische und Live-Musik gibt es auch im **Bonanza Bar & Grill** im Westmark Hotel.
Am amüsantesten ist es aber sicherlich, wenn man den Abend im Saloon-Theater in der Sixth Avenue an der Ecke Broadway verbringt und sich eine Aufführung der »Days of 98« ansieht. Es ist das mit Abstand älteste Stück, das in Alaska gespielt wird – seit nunmehr über 65 Jahren. Die Anfangszeiten hängen überall in der Stadt aus. Die kürzeren Matineen finden häufig dann statt, wenn Kreuzfahrtschiffe im Hafen liegen. Weitere Informationen erhält man unter Tel. +1(907)983-3177.

■ UNTERBRINGUNG

Der Forest Service unterhält einen kostenfreien Campingplatz in **Dyea**, nordöstlich von Skagway. Er ist besonders bei Wanderern entlang des Chilkoot Trail sehr beliebt.

Unterkünfte in Skagway

Zu den unten genannten Preisen muß man acht Prozent Steuern pro Person dazurechnen.
Skagway Home Hostel (Ecke Third and Main Street, Tel. +1(907)983-2131; $13 pro Person).
Portland House (Ecke Fifth und State Street, Tel. +1(907)983-2493; Doppelzimmer mit Gemeinschaftsbad $48).
Miners' Cache Hotel Rooms (Ecke Sixth Avenue and Broadway, Tel. +1(907)983-3303; Doppelzimmer mit Gemeinschaftsbad ab $60.
Grammas B&B (Ecke Seventh und State Street, Tel. +1(907)983-2312; Doppelzimmer ab $65), mit kontinentalem Frühstück; nur im Sommer geöffnet.
Golden North Hotel (Ecke Third Street und Broadway, Tel. +1(907)983-2451; Doppelzimmer ab $75; ältestes Hotel in Alaska.
Skagway Inn B&B (Seventh Street und Broadway, Tel. +1(907)983-2289; Doppelzimmer mit Gemeinschaftsbad und Frühstück ab $75); in einem historischen Bordell.
Wind Valley Lodge (Ecke 22nd Street and State Street, Tel. +1(907)983-2236; Doppelzimmer ab $75).
Gold Rush Lodge (Ecke Sixth Avenue und Alaska Street, Tel. +1(907)983-2831; Doppelzimmer ab $65).
Mile Zero B&B (Ecke Ninth und Main Street, Tel. +1(907)983-3045; Doppelzimmer mit privatem Bad und kontinentalem Frühstück ab $90).
Sgt. Preston's Lodge (Ecke Sixth Avenue und State Street, Tel. +1(907)983-2521; Doppelzimmer ab $80); Transferbus.
Cindy's Place (dreieinhalb Kilometer entfernt in der Dyea Road, Tel. +1(907)983-2674; Doppelzimmer ab $79).
Westmark Inn (Ecke Third Avenue und Broadway, Tel. +1(907)983-2291; Doppelzimmer ab $99); Flughafentransfer.

Südostalaska

Wer nicht motorisiert ist, kann ein Taxi nehmen. Die schlechte Straße nach Dyea eignet sich nicht für Wohnwagen.
In der Stadtmitte an der Ecke 14th Street und Broadway liegt der **Hanousek Park** ($6). Der Campingplatz verfügt über Toiletten mit Spülung und Duschen.
Weitere Möglichkeiten sind der **Back Track Camper Park** (Tel. +1(907)983-3333), der **Pullen Creek RV Park** (Tel. +1(907)983-2768) sowie der **Garden City RV Park** (Tel. +1(907)983-2378).
Eine ruhige Umgebung findet man in Liarsville, vier Kilometer von der Stadt entfernt, am Klondike Highway. Dort gibt es aber kein Wasser.

■ AN- UND WEITERREISE

Skagway ist der nördlichste Punkt im Streckennetz der Fähren in Alaska. Täglich machen eine, manchmal auch zwei Fähren in Skagway fest. Der Fähranleger liegt unweit der Stadtmitte. Der Preis für die Überfahrt von Juneau nach Skagway beträgt $26, die Strecke von Skagway nach Haines kostet $14.
Haines-Skagway Water Taxis bieten eine angenehme Abwechslung zur Fährpassage. Die Schiffe verkehren im Sommer zweimal täglich zwischen Haines und Skagway (einfache Strecke $18). Das Unternehmen bietet auch eine Vielzahl von kombinierten Bus-/Schiffsrundreisen ab/bis Skagway.
Von Juneau aus kann man täglich nach Skagway mit den folgenden Fluggesellschaften fliegen: **Skagway Air** (Tel. +1(907)983-2218), **Wings of Alaska** (Tel. +1(907)983-2442), **Haines Airways** (Tel. +1(907)766-2646) und **L.A.B. Flying Service** (Tel. +1(907)789-9160). Weitere Verbindungen bestehen nach Haines und Gustavus.

Autos kann man bei **Avis** im Westmark Hotel (Tel. +1(907)983-2247) oder bei **Sourdough Shuttle** an der Ecke Sixth Avenue und Broadway (Tel. +1(907)983-2523) mieten.
Für Wohnmobile wendet man sich an **ABC Motorhome Rentals** (Tel. +1(907)983-3222).
Von Mitte Mai bis Mitte September verkehrt die **Alaskon Express** täglich zwischen Skagway und Whitehorse ($54), Anchorage und Fairbanks (jeweils $205). Auf dem Weg nach Anchorage halten die Busse über Nacht in Beaver Creek. Die Übernachtung dort kostet zusätzlich ab $80 im Doppelzimmer, wenn man nicht gerade campt.
Alaska Direct (Tel. +1(907)277-6652) bietet ebenfalls Busverbindungen nach Whitehorse, Anchorage und Fairbanks. Die Reisepreise sind etwas günstiger. Da die Busse die Nacht über durchfahren, muß man jedoch im Bus übernachten. Die Busse verkehren das ganze Jahr über.

■ RUNDFAHRTEN

Angesichts der Touristenzahlen in Skagway ist es keine Überraschung, daß es von lokalen Ausflugsanbietern nur so wimmelt. Die Unternehmen scheinen jedes Jahr zu wechseln, aber man findet bestimmt das Richtige.
Gray Line/Alaska Tours und alle anderen großen Veranstalter unternehmen zweistündige Stadtrundfahrten, die bei etwa $15 beginnen.
Lokale Anbieter sind **Frontier Excursions** (Tel. +1(907)983-2512), **Goldrush Tours** (Tel. +1(907)983-2718), **Klondike Tours** (Tel. +1(907)983-2075), **Southeast Tours** (Tel. +1(907)983-2990) und **Skagway White Pass Tours** (Tel. +1(907)983-2244).
Fahrräder kann man bei **JD & Pauls Bike** in der Fourth Avenue an der Ecke State Street

oder bei Sockeye Cycle in der Fifth Avenue nahe dem Broadway mieten.
Etwas ungewöhnlicher sind die Fahrten in einem kanariengelben Auto der **Skagway Street Car Company** im Stil der dreißiger Jahre (Tel. +1(907)983-2908). Die zweistündige Fahrt einschließlich der Teilnahme an einer Multimedia-Schau kostet $ 34. Normalerweise werden diese Ausflüge ausschließlich den Passagieren der großen Kreuzfahrtschiffe angeboten.
Skagway Air unternimmt eineinhalbstündige Rundflüge über die Glacier Bay ($ 110 pro Person) und 45minütige Goldrausch-Ausflüge zum Lake Bennett ($ 55).
Die 50minütigen Hubschrauberflüge mit **Temsco Helicopters** führen entlang des Chilkoot Trail und schließen die Landung auf einem Gletscher ein ($ 142).

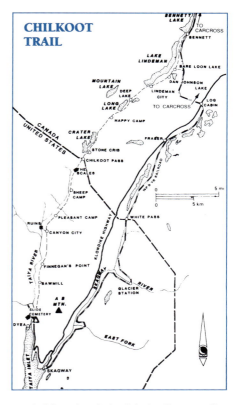

Chilkoot Trail

Einer der besten Gründe nach Skagway zu kommen, ist der Chilkoot Trail, eine alte Indianerroute von Dyea zum Yukon River. Für die 51 Kilometer über den 989 Meter hohen Chilkoot-Paß benötigt man mindestens drei Tage. Diese Wanderung ist kein Sonntagsspaziergang: Man muß fit und gut ausgerüstet sein. Die Wetterverhältnisse können sich schlagartig ändern, daher sollte man immer auf Kälte, Nebel, Regen, Schnee und Wind vorbereitet sein. Der erste Abschnitt kann sehr sumpfig sein, und zwischen Sheep Camp und Happy Camp kann man bis in den Sommer hinein auf Schneefelder treffen. Auf den 16 Kilometern von Sheep Camp zum Deep Lake (der schwerste Teil) befindet man sich oberhalb der Baumgrenze und ist dem Wetter schutzlos ausgesetzt. Trotz aller Strapazen wandern tausende Menschen jedes Jahr im Sommer diesen Weg entlang und schließen schnell Freundschaften. Die Landschaft und der historische Wert des Wanderwegs ist unübertroffen in Alaska und im Westen Kanadas.

Der Chilkoot Trail beginnt direkt an der Brücke über den Taiya River in Dyea, 14 Kilometer nordwestlich von Skagway. In Dyea selbst gibt es außer dem Slide Cemetery, wo 60 Männer und Frauen begraben sind, die 1898 von einer Lawine getötet wurden, nur wenig zu sehen. Während der ersten 19 Kilometer steigt der Weg durch

Südostalaska

den Regenwald allmählich an. Danach geht es steil hinauf zum Paß. In Canyon City, elf Kilometer vom Ende des Weges, geben ein kleiner Seitenpfad und eine stillgelegte Brücke über den Taiya River den Weg frei zu Überresten einer Siedlung aus der Zeit des Goldrauschs. Der härteste Teil des Wanderwegs ist die 30prozentige Steigung von »The Scales« zum Gipfel. Dieser Abschnitt war bekannt als die »goldenen Stufen«, in Anlehnung an die Stufen, die in Eis und Schnee gehauen wurden. In Sheep Camp gibt es einen amerikanischen Park Ranger und in Lindeman City einen kanadischen Kollegen. Man empfiehlt den Wanderern, besser von Dyea aus in nördlicher Richtung zu wandern als südlich von Bennett aus, da es sich dabei um eine historische Route handelt und der Abstieg von den »goldenen Stufen« sehr gefährlich sein kann. Von Bennett geht man am Klondike Highway entlang und nimmt den Alaskon Express Bus, der täglich dort hält. Schließlich kann man auch der Route der White-Pass-&-Yukon-Schmalspurbahn folgen (siehe Seite 235).

Die Vegetation verändert sich von den Regenwäldern der Küste im Taiya Valley bis hin zu alpiner Tundra, wenn man den Paß erreicht und sich auf einer Höhe von mehr als 820 Meter befindet. Auf der trockeneren kanadischen Seite trifft man auf offenen, borealen Wald aus alpinen Tannen und Kiefern. Auch wenn ab und zu Bären entlang dem Weg gesichtet wurden, gab es noch nie Angriffe auf Wanderer.

■ **UNTERBRINGUNG**

Campen ist entlang der Strecke nur in entsprechend gekennzeichneten Gebieten erlaubt, wo Toiletten vorhanden sind. Einen kostenlosen Campingplatz findet man am Anfang des Weges. In der dortigen Ranger-Station erhält man Kartenmaterial und Broschüren. Zum Betreten des Hinterlandes sind Genehmigungen erforderlich. Diese sind jedoch kostenfrei. Man sollte sich also unbedingt eine Genehmigung holen, bevor man sich auf den Weg macht. Wanderer in südlicher Richtung erhalten diese in der Lindeman Warden Station. Lagerfeuer sind nur in Canyon City und im Sheep Camp erlaubt. In Canyon City, Sheep Camp und Lindeman gibt es Unterstände, in denen jedoch nicht übernachtet werden darf. Viele Campingplätze sind ziemlich voll. So übernachten in manchen Nächten bis zu 60 Camper in Sheep Creek. Das Trinkwasser sollte abgekocht werden, und man sollte Filter oder Reinigungstabletten benutzen. Alles, was man entlang dem Weg sieht und aus der Zeit des Goldrauschs stammt, ist durch entsprechende Gesetze geschützt (das kann auch eine rostige alte Blechkanne sein). Zuwiderhandlungen werden mit hohen Strafen geahndet. Jeder, der nach Kanada einreist, muß den kanadischen Zoll passieren. Wenn man auf dem Chilkoot Trail wandert und sich bei keinem Beamten in Whitehorse oder Fraser gemeldet hat, sollte man das unbedingt als erstes in Carcross oder bei der Einwanderungsbehörde im Regierungsgebäude in Whitehorse nachholen (nur wochentags geöffnet).

Klondike Highway

Die 157 Kilometer lange Straße von Skagway zum Alaska Highway, 34 Kilometer südlich von Whitehorse, folgt der Strecke der White-Pass-&-Yukon-Route-Schmalspurbahn. Der Streckenteil nördlich von Carcross (105 Kilometer) wurde 1981 eröff-

Klondike Highway

net. Damit wurde die Route, die 1942 vom Alaska Highway nach Carcross in südlicher Richtung von der US-Armee begonnen wurde, komplettiert. Der Highway setzte die Schmalspurbahn außer Betrieb, da der Transport der Erze, die in den großen Minen des Yukon abgebaut wurden, jetzt über den Highway nach Skagway erfolgte und weniger teuer war als der Weg auf der Schiene. Auf der 22 Kilometer langen Strecke von Skagway (auf Meeresspiegelhöhe) zum White Pass steigt die Straße sehr schnell auf 1000 Meter an. Viele Haltebuchten geben den Blick frei über den Canyon mit dem schmalen Wanderweg, den Wasserfällen und Schluchten – allerdings nur, wenn das Wetter mitspielt. Auf dem Gipfel heißen die kanadischen Behörden in British Columbia die Reisenden willkommen (7 bis 23 Uhr). Die Uhr ist auf der kanadischen Seite um eine Stunde auf die Pazifikzeit vorzustellen.

Yukon Territory

Das Yukon Territory umfaßt eine Fläche von 483 450 Quadratkilometer im Nordwesten Kanadas. Damit macht es nur weniger als fünf Prozent der Gesamtfläche des Landes aus. Unter den zehn Provinzen und Staatsgebieten liegt der Yukon gemessen an seiner Größe an achter Stelle. Dennoch ist das Yukon Territory 25 Prozent größer als Kalifornien. Hier leben jedoch nur 32 600 Menschen, denen im Durchschnitt 15 Quadratkilometer Fläche zur Verfügung stehen. Nahezu 75 Prozent der Bewohner lebt in der Hauptstadt Whitehorse. Der Rang für die zweitgrößte Stadt wechselt ständig hin und her und geht nun an Dawson mit mehr als 2000 Einwohnern, gefolgt von Watson Lake (1800). Etwa 5000 Yukon-Einwohner sind einheimische Indianer, vorwiegend Athabasken.

Der Name Yukon leitet sich von dem Indianerwort *Yuchoo* ab, das so viel bedeutet wie »großer Fluß«. Der Yukon River, mit 3690 Kilometern einer der längsten Flüsse Nordamerikas, erhielt seinen Namen 1846 von John Bell, einem Mitarbeiter der Hudson's Bay Company.

Im Yukon Territory befindet sich die mächtigste Gebirgskette Kanadas, in der große Karibuherden leben. Und im Sommer tauchen die blühenden Wildblumen die Landschaft in ein rosafarbenes Blumenmeer.

■ **DAS LAND**

Das Yukon Territory hat die Form eines umgekehrten Keils, der von Alaska, British Columbia, den Northwest Territories und dem Arktischen Ozean umgeben ist. Die massiven St. Elias Mountains ziehen sich durch die Südwestecke des Gebietes. Zum Gebirgsmassiv gehören auch Kanadas höchste Erhebung, der Mount Logan (5950 Meter), die größte nichtpolare Eiskappe der Welt sowie 20 Berge, die höher als 3000 Meter sind. Der restliche Teil des Yukon besteht aus einer großen Fläche von sanft ansteigenden Hügeln, langen, schmalen Seen und dichten Wäldern (ausgenommen der Tundra oberhalb des Polarkreises). Der Südwesten wird vom mächtigen Yukon bewässert, der Nordosten durch den Peel und den Mackenzie River.

Der Dempster Highway führt von Dawson City aus über 726 Kilometer in nördlicher Richtung nach Inuvik (Northwest Territories) am Arktischen Ozean. Damit verfügt Kanada über die einzige zusammenhängende Landfläche der Welt, die Straßenverbindungen zu drei Ozeanen hat.

■ **FAUNA**

Die Tierwelt des Yukon ist ähnlich der in Alaska. Karibus zählt man zu Hunderttau-

Yukon Territory

senden (insgesamt 300 000), und auch Elche sind sehr zahlreich (50 000). Im Yukon gibt es 10 000 Schwarzbären und mehr als 7000 Grizzlies, 22 000 Schafe und 2000 Ziegen sowie 4500 Wölfe. Es gibt keinen speziellen Ort, wo man die heimische Tierwelt am besten beobachten kann, auch wenn im Kluane National Park wohl der einfachste Zugang ins Hinterland besteht. 1996 wurde ein Wanderer durch einen Bären getötet, doch es war der erste Vorfall dieser Art in der Geschichte des Parks.

■ HISTORISCHES

Die ältesten archäologischen Funde (50 000 Jahre alt), die man in Amerika machte, stammen aus Old Crow. Damit steht fest, daß die Indianer aus dem Yukon Territory die ersten Bewohner des nordamerikanischen Kontinents waren. Die Spuren der Einheimischen können bis 10 000 Jahre zurückverfolgt werden. Heute gehören sie zu den Athabasken- und Tlingit-Indianern.

Die Zivilisation erreichte diese Region jedoch erst 1842, als Robert Campbell von der Hudson's Bay Company einen Handelsposten für Felle in der unerforschten Wildnis errichtete. Sechs Jahre später eröffnete er einen zweiten in Fort Selkirk am Zusammenfluß des Yukon und des Pelly River nahe dem heutigen Pelly Crossing. 1870 kaufte Kanada Rupert's Land, das Teil des Yukon war. Die Regierung zeigte jedoch keinerlei Interesse an dem Gebiet bis 1887, als man George Dawson als Leiter der Canadian-Yukon-Exploration-Expedition nach Norden schickte. Zu dieser Zeit hatte der Bergbau aber schon längst den Pelzhandel als bedeutendsten Wirtschaftsfaktor der Region abgelöst. Die ersten Prospektoren stießen immer weiter nach Norden vor, noch bevor der Goldrausch in British Columbia und Südostalaska seinen Höhepunkt erreichte. Dabei erklommen sie auch den Chilkoot Pass und drangen ins Klondike Valley vor.

Am 17. August 1896 stießen George Car-

Yukon Territory

mack und seine beiden indianischen Halbbrüder Jim Skookum und Charlie Tagish nach einem Hinweis des befreundeten Prospektors Robert Henderson im Klondike Valley auf Gold. Dies löste Nordamerikas letzten großen Goldrausch aus, im Zuge dessen mehr als 40 000 Glücksuchende aus allen Teilen der Erde nach Dawson kamen. Dabei hatten sie auf einer beschwerlichen Reise die weite Wildnis durchquert. Seit dem Goldfund wurde bisher Gold im Wert von mehr als 900 Millionen Dollar abgebaut.

1898 trennte man den Yukon geographisch von den kanadischen Northwest Territories ab und machte Dawson City zur Hauptstadt der Provinz.

Nach 1900 ging es mit dem Bergbau langsam bergab, und niemand schenkte dem Gebiet bis 1942 Beachtung, als Präsident Roosevelt angesichts einer möglichen japanischen Invasion auf den westlichen Aleuten den Bau einer Militärstraße in nordwestlicher Richtung durch Kanada und Alaska anordnete. Bereits im November, nur acht Monate später, wurde die Eröffnungszeremonie in Soldiers Summit am Kluane Lake abgehalten. Die weiterführenden Arbeiten wurden im Folgejahr abgeschlossen, und so waren die 2437 Kilometer lange Strecke von Dawson Creek (British Columbia) nach Fairbanks mit Schotter bedeckt und 130 Brücken fertiggestellt. Für den Bau der Straße benötigten die 25 000 Arbeiter insgesamt 20 Monate. Die Kosten betrugen 140 Millionen Dollar.

Der Alaska Highway hatte genauso Einfluß auf den Yukon wie der Goldrausch das Gebiet um den Klondike veränderte. 1953 ersetzte Whitehorse Dawson City als Provinzhauptstadt. Heute ist der Alaska Highway fast vollständig asphaltiert. Doch wenn der Highway auch tatsächlich zu einer lebenswichtigen Verbindung wurde, wie Präsident Roosevelt vorausgesehen hatte, so muß man doch die Berge und Flußläufe abseits der Straße erkunden, um den Yukon in all seiner Schönheit und mit seinen Naturwundern wirklich kennenzulernen.

■ INFORMATIONEN

Über den Yukon informiert der Kanada-Reiseführer, der jedes Jahr vom kanadischen Fremdenverkehrsbüro herausgegeben wird (siehe Seite 71). Im Yukon herrscht die Pazifikzeit, wenn man also aus Alaska anreist, muß man die Uhren um eine Stunde zurückstellen. Genügend kanadisches Bargeld mit sich führen, um die ersten Stunden zu überbrücken, ist sinnvoll. An den Grenzübergängen selbst bestehen keine Möglichkeiten, Geld umzutauschen, und die Wechselkurse bei den Geschäftsleuten in der Umgebung sind niederschmetternd. Große Banken in den USA und in Europa verkaufen kanadische Dollar zum normalen Wechselkurs. Die Einwanderungsbehörden in Kanada fragen Einreisende möglicherweise nach den Geldmitteln, um sicherzustellen, daß den Einwohnern nicht die sowieso schon wenigen Arbeitsplätze weggenommen werden.
Die Telefonvorwahl ist die +1(403).

Watson Lake

Für diejenigen, die mit dem Auto ins Yukon Territory reisen, ist Watson Lake die erste Stadt im Yukon, da der Alaska und der Cassiar Highway hier aufeinandertreffen. Watson Lake ist die drittgrößte Stadt der Provinz und bekannt für seinen Schilderwald aus mehr als 250 Wegweisern. Watson

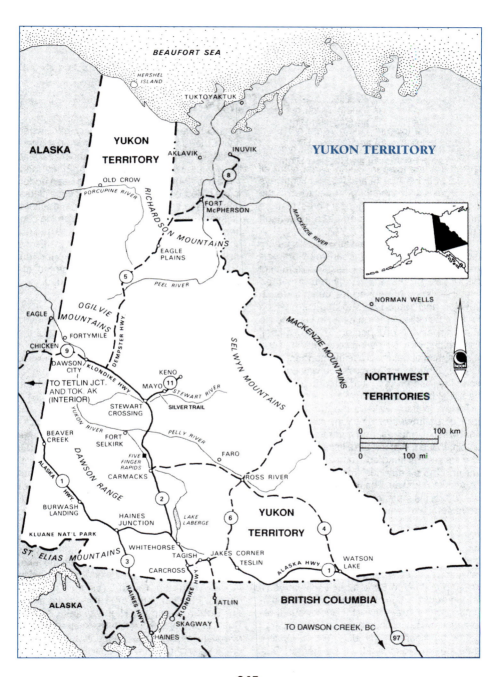

Yukon Territory

Lake bezeichnet sich auch als das Tor zum Yukon. Ursprünglich war Watson Lake eine Siedlung der Kaska-Indianer, deren Leben aber in den siebziger Jahren des 19. Jahrhunderts durch den Goldrausch bei Cassiar empfindlich gestört wurde. Die heutige Stadt entstand 1940 während des Baus einer Reihe von Flugfeldern im Norden Kanadas. Die Existenz von Watson Lake war gesichert, als der Alaska Highway durch den Ort geführt wurde, um einen Zugang zum Flughafen zu haben.
Heute ist Watson Lake Drehscheibe für Reisen in den südwestlichen Yukon, in die südöstlichen Gebiete und in den Norden von British Columbia. Und tatsächlich ist es auch ein willkommener Stop nach Hunderten von Kilometern auf dem Cassiar Highway und der Ganztagesfahrt auf dem Alaska Highway von Fort Nelson. Die Statistiken sprechen davon, daß 75 Prozent der jährlich mehr als 175 000 Besucher in Watson Lake hier mindestens eine Nacht verbringen.

■ SEHENSWERTES

Als erstes sollte man zunächst beim **Alaska Highway Interpretive Centre** an der Ecke Alaska und Campbell Highway (Tel. +1(403)536-7469) vorbeischauen, das im Sommer täglich von 9 bis 21 Uhr geöffnet ist. Hier erhält man eine komplette Einführung per Video, Dias und Fotos in das monumentale Meisterwerk des Alaska Highway.
Draußen findet man den berühmten **Signpost Forest** (»Schilderwald«), den ein G. I. begründete, der am Highway arbeitete. Als man ihn damit beauftragte, ein Richtungshinweisschild neu zu malen, fügte er dem Schild einen Hinweis auf die Richtung und die Entfernung zu seiner Heimatstadt Danville in Illinois hinzu. Seither entstanden mehr als 24 000 weitere Schilder. Hier weisen nun Stadtschilder, Nummernschilder, Poster, Kuchenbleche, Goldsucherpfannen, Treibholz, Auspufftöpfe und sogar Schwungräder darauf hin, woher die Geber stammen und um wen es sich handelt. Auch die Besucher können ein Schild aufstellen oder im Besucherzentrum abgeben, damit man es stellvertretend erledigt.

■ UNTERHALTUNG

Die **Canteen Show** ist eine musikalische Comedy Revue, die in den vierziger Jahren zur Zeit der Arbeit am Alaska Highway spielt. Die Vorführungen finden von Juni bis September täglich im Watson Lake Hotel statt. Der Beginn ist um 20 Uhr. Der Eintritt kostet C$ 17 für Erwachsene und C$ 8,50 für Kinder unter zwölf Jahre.
Einen Block östlich des Signpost Forest, gegenüber dem Watson Lake Hotel, ist das **Heritage House Wildlife and History Museum** (Tel. +1(403)536-2400), das von Juni bis September täglich geöffnet ist. In dem ältesten Haus von Watson Lake – einer wunderschönen Blockhütte von 1948 – befindet sich eine Sammlung ausgestopfter Tiere sowie ein Souvenirgeschäft.
Anschließend folgt man der Eigth Street in Richtung Norden vom Alaska Highway zum **Wye Lake**, der von einem Park und einem Spielplatz umgeben ist. Naturlehrpfade führen rund um den See und zu einem Steg, von dem aus man viele ankommende Küstenvögel und heimische Seetaucher beobachten kann.
Fünf Kilometer südlich des Watson Lake am Robert Campbell Highway liegt der **Lucky Lake**, ein Erholungsgebiet für Tagesausflüg-

ler mit einer großen S-förmigen Wasserrutschbahn, die direkt in den seichten und überraschend warmen See reicht (Juni bis August). Außerdem gibt es dort einen Picknickbereich, einen Sandstrand, ein Baseballfeld und einen fünf Kilometer langen Wanderweg zum Liard River Canyon.
Nördlich der Stadt findet man einen **Neun-Loch-Golfplatz** (Par 35) und ein **Ski-Resort** (Dezember bis März).

■ UNTERBRINGUNG

Wer auf der Straße nach Watson Lake kommt, ist unter Garantie sehr hungrig. Ein halbes Dutzend Motels, einige Campingplätze und eine Handvoll Restaurants stehen zur Auswahl.
Das **Cedar Lodge Motel** (Tel. +1(403)536-7406) berechnet C$ 70 für eines der insgesamt 14 Zimmer.
Dasselbe kostet die Übernachtung im Doppelzimmer auch im **Gateway Motor Inn** (Tel. +1(403)536-7744).
Das **Watson Lake Hotel** (Tel. +1(403)536-7781) verfügt über eine Sauna sowie einige Kochnischen und berechnet für die Übernachtung bis zu C$ 95.
Das **Belvedere Motor Hotel** (Tel. +1(403) 536-7712) hat 48 Zimmer, von denen einige mit Jacuzzi oder mit Wasserbetten ausgestattet sind.
Im **Downtown RV Park** (Tel. +1(403)536-2646) werden Stellplätze mit Wasser- und Stromanschlüssen vermietet (C$ 11 bis C$ 18). Ein Waschsalon und Duschen sind ebenfalls vorhanden. Die Abzweigung zum Erholungspark liegt bei Kilometer 1025.
Von dort sind es nur noch drei Kilometer zum öffentlichen Campingplatz. Zur Verfügung stehen 50 Stellplätze auf Schotter, mit Wasser und Plumpsklos (C$ 9).

Im Belvedere Hotel und im Watson Lake Hotel gibt es Cafés und Restaurants.
Pizza Palace im Gateway Motor Inn Hotel serviert italienische Gerichte und Pizza.
Im **Nugget Restaurant** gibt es chinesische Küche zu annehmbaren Preisen.
Bei **Country Kitchen** kann man zu einem Frühstück, Mittag- oder Abendessen hereinschauen.
Watson Lake Food hat eine eigene Bäckerei und verkauft Lebensmittel (montags bis samstags von 8 bis 21 Uhr, sonntags von 10 bis 17 Uhr).

Entlang der Cassiar Mountains

Von Watson Lake nach Whitehorse sind es 454 Kilometer. Die Strecke führt vorbei an den Cassiar Mountains. Bei Kilometer 1043 kommt man an die Kreuzung mit dem **Cassiar Highway**, der 434 Kilometer durch den westlichen Teil von British Columbia bis zum Yellowhead Highway führt.
Junction 37 (Tel. +1(403)536-2794) ist eine Kreuzung, an der es eine Werkstatt, ein Motel, einen Platz für Wohnmobile, ein Café und einen Markt gibt.
Das **Rancheria Motel** (Tel. +1(403)851-6456) mit einer Tankstelle, einem Restaurant, einer Lounge, Lebensmittelgeschäften und Möglichkeiten zum Campen liegt bei Kilometer 1144.
Eine Ausfahrt am Kilometerstein 1163 markiert die **Kontinentale Wasserscheide** zwischen den Flüssen, die in den Arktischen Ozean fließen, und denen, die sich im Pazifik entleeren.
Bei Kilometer 1282, elf Kilometer südöstlich von Teslin, liegt das **Dawson Peaks Northern Resort** (Tel. +1(403)390-2310), das von David Hett und Carolyn Allen geführt

Yukon Territory

wird. Das Resorthotel, direkt am Teslin Lake erbaut, besteht aus 22 Campingplätzen, fünf Hütten, einer Sauna und einem der besten Restaurants entlang des Alaska Highway. Man kann dort auch Kanus und Boote für eine Fahrt auf dem See mieten.

Teslin

Bei Kilometer 1292 überquert der Highway die Nitsutlin Bay Bridge, mit 584 Metern die längste Brücke auf der gesamten Strecke. Die kleine Service-Station Teslin auf etwas mehr als der Hälfte des Weges von Watson Lake nach Whitehorse ist die sechstgrößte Stadt im Yukon. Die Bewohner sind vorwiegend einheimische Indianer, die ein traditionelles Leben führen. Sie leben von der Jagd, dem Fischfang und Fallenstellen sowie Schnitzereien und Nähereien.
Im **George Johnston Museum** (Tel. +1(403) 390-2550), das im Sommer täglich von 9 bis 19 Uhr geöffnet ist, kann man Darstellungen der Tlingit-Kultur, Kunstgegenstände aus dem Grenzgebiet des Yukon und Fotografien bewundern, die von 1910 bis 1940 von einem Tlingit-Indianer namens Johnston gemacht wurden.
Übernachten kann man in Teslin im **Yukon Motel** (Tel. +1(403)390-2443), im **Northlake Hotel** (Tel. +1(403)390-2571) und im **Halstead's Teslin Lake Resort** (Tel. +1(403)390-2608).
Möglichkeiten zum Campen bestehen im **Teslin Lake Campground**.

Nach Whitehorse

Auf dem letzten Teilstück des Alaska Highway gibt es weitere Hotels und Campingplätze, die eine Rast oder eine Übernachtung möglich machen. Dazu gehören **Johnson's Crossing** bei Kilometer 1346 (Tel. +1(403)390-2607), **Jake's Corner** bei Kilometer 1392 (Tel. +1(403)668-2727), **Lakeview Resort and Marina** am Marsh Lake (Tel. +1(403)399-4567) sowie mehrere **Campingplätze** bei Kilometer 1366, 1432 und 1459.

Whitehorse

Die windige Stadt Whitehorse erscheint wie eine freundliche Oase inmitten eines unwirtlichen Landes. Mit 23 000 Einwohnern ist Whitehorse die größte Stadt im Norden Kanadas. Sie liegt am Westufer des Yukon, umgeben von 60 Meter hohen Klippen, die eine Art Windtunnel entlang dem Fluß bilden. Im Osten füllt die abgerundete Silhouette des Grey Mountain (1494 Meter) den Horizont.
Whitehorse hat seinen Anteil an der Geschichte des Goldrauschs und der damit verbundenen Nostalgie, jedoch spielt das hier keine beherrschende Rolle. Als Hauptstadt des Yukon Territorys während der letzten 44 Jahre hat die wachsende Stadt ihren eigenen Flair entwickelt. Auch als Besucher wird man von der Geschäftigkeit der Bewohner in Bann gezogen. Es hat fast den Anschein, als wolle man Schritt halten mit dem mächtigen Yukon River. Und doch strahlt die Stadt eine Wärme und Gemütlichkeit aus, die an ein brennendes Lagerfeuer in einer der kalten Winternächte im Yukon erinnert.

■ **HISTORISCHES**

Die 25 000 Glücksuchenden, die den Chilkoot oder den White Pass Trail überwunden

Whitehorse

hatten, verbrachten den Winter 1897 an den Ufern des Lindeman und des Bennett Lake. Dort bauten sie Boote und warteten den Zeitpunkt des Aufbruchs ab. Ende Mai 1898 machte sich eine beachtliche Armada mit selbstgebauten Booten auf den Weg. Sie sah sich aber schnell den Stromschnellen im Miles Canyon gegenüber, der zu den rauhesten Gewässern im ganzen Yukon Territory zählt. Die Goldsucher gaben den Stromschnellen den Namen White Horse, weil diese sie an die wehenden Mähnen weißer Pferde erinnerten. Einige Männer ertranken im Miles Canyon, andere kamen zwar mit dem Leben davon, verloren aber ihre Boote und Habe. Schnell wurden Gesetze verabschiedet, die es nur kundigen Bootsführern erlaubten, diese Gewässer zu befahren. Ganz ohne Zweifel rettete diese Verordnung vielen Menschen das Leben, die nach der Eisschmelze im Sommer 1898 aufbra-

chen. Kurze Zeit später begann man mit dem Bau einer acht Kilometer langen Bahnstrecke. Die Strecke führte um die Stromschnellen von Canyon City herum an die Stelle, wo sich heute Whitehorse befindet. Die Straßenbahn aus Holz wurde von Pferden gezogen. In Whitehorse wurden die transportierten Güter wieder in die Boote geladen, und die Reise nach Dawson City konnte fortgesetzt werden. Am unteren Ende der Straßenbahnstrecke entstand eine Zeltstadt. Das war die Geburtsstunde der Stadt Whitehorse.

■ **SEHENSWERTES**

Einen Aufenthalt in Whitehorse sollte man unbedingt mit einer 25minütigen Besichtigung des großen Raddampfers *Klondike* beginnen, der am Ende der Second Avenue liegt. Die Führungen starten von 9.30 bis

Yukon Territory

19 Uhr alle halbe Stunde und werden von sehr kundigen und unterhaltsamen Führern begleitet. Die *Klondike* wurde 1937 in Dienst gestellt und unternahm pro Saison bis zu 15 Rundfahrten. Nach Dawson benötigte das Schiff eineinhalb Tage flußabwärts. Die Fahrt zurück nach Whitehorse dauerte viereinhalb Tage. Heute ist die *Klondike* liebevoll restauriert und liegt noch immer an der Stelle, wo sie 1960 gestrandet war (C$ 3,25).

■ IM STADTZENTRUM

Im **Chamber of Commerce** (302 Steele Street, Tel. +1(403)667-7545; täglich von 8 bis 20 Uhr) gibt es ausreichend Broschüren und Informationsmaterial über Whitehorse, Dawson und den Rest des Landes. Die freundlichen Angestellten beantworten gerne alle Fragen. Ein neues Besucherzentrum wurde im Frühjahr 1997 gegenüber der Stadtbibliothek eröffnet.

Wer der Steele Street hinunter zu Fluß folgt, kommt am **MacBride Museum** in der First Avenue vorbei (vom 15. Mai bis 30. September täglich von 10 bis 18 Uhr). Die mit einer Grassode bedeckte Blockhütte enthält eine umfangreiche Sammlung. Dazu gehören das alte Telegrafenamt der Regierung, die Maschine Nr. 51 der WP&YR, Sam McGee's Hütte, eine Ausstellung ausgestopfter Tiere des Yukon Territorys sowie Hunderte alter Fotografien, die den Goldrausch zeigen.

Die **Old Log Church** und das Pfarrhaus von 1900 an der Ecke Third Avenue und Elliot Street wurden restauriert und der Öffentlichkeit als Museum wieder zugänglich gemacht. Seitdem finden dort Ausstellungen zum Leben der Einheimischen, dem Zeitalter der Erforschung dieser Region, dem Goldrausch, der Missionarsarbeit und der Geschichte der Kirche statt. Der Eintritt kostet C$ 2.

Nur ein paar Blocks weiter steht das große moderne Gebäude der Provinzregierung, das **Yukon Government Building** von 1976, das ebenfalls einen Besuch wert ist (am Wochenende von 10 bis 18 Uhr). Farbenprächtige Tapeten und Wandgemälde stellen das Land, die Geschichte und die Menschen der Provinz Yukon dar. Das Wandgemälde im Erdgeschoß ist 37 Meter lang und besteht aus 24 langen Paneelen. Im Untergeschoß des Gebäudes gibt es eine gute Cafeteria. In der Bücherei nebenan steht eine ganze Anzahl von Büchern über Whitehorse und Umgebung zur Auswahl. Die Bibliothek ist montags bis freitags von 10 bis 21 Uhr, samstags von 10 bis 18 Uhr und sonntags von 13 bis 21 Uhr zugänglich.

■ MILES CANYON

Ein sehr schöner Tagesausflug führt von Whitehorse um den Schwatka Lake. Unterwegs kommt man an einer ganzen Reihe sehenswerter Dinge vorbei, die von historischer Bedeutung, aber auch landschaftlich schön sind. Am besten nimmt man das Mittagessen gleich mit. Der Weg beginnt hinter der Brücke neben der *Klondike*. Ein Naturpfad führt durch die Wälder am Ostufer des Yukon River weiter zum Staudamm von 1959, der den Schwatka Lake entstehen ließ, durch den die einst so gefürchteten White-Horse-Stromschnellen gezähmt wurden. Beim Damm hat man die längste hölzerne Fischleiter der Welt eingerichtet, um den Lachsen den Weg zum Laichen weiter flußaufwärts zu ermöglichen. Durch drei Unterwasserfenster kann man die Fische hervorragend beobachten.

Whitehorse

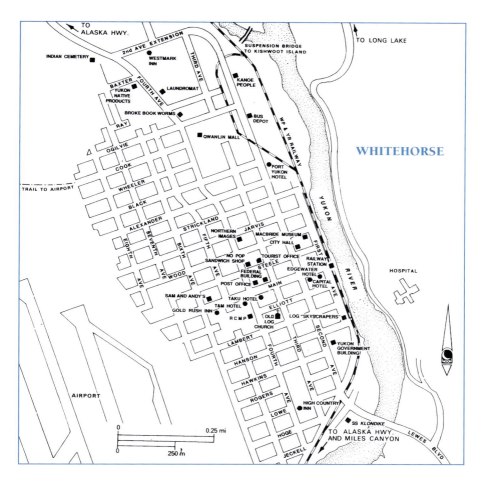

Oberhalb des Damms lädt ein etwas höherer Hügel Kletterer ein, vom Gipfel die schöne Aussicht zu genießen. Man kann auf der anderen Seite des Hügels wieder hinabsteigen oder den Hügel am Seeufer entlang umwandern. Schließlich erreicht man die Chadburn Lake Road. Dieser Straße folgt man so lange in südlicher Richtung, bis man einige Wege am Fluß oder am See entdeckt.

Hier kann man sich einen der Wege aussuchen.
Oberhalb des Sees fließt der Yukon River durch den einmaligen Miles Canyon. Am Canyon entlang führt ein Weg zur Lowe Suspension (1923), der ersten Brücke, die sich über den Yukon spannte. Über sie gelangt man an die Westseite des Flußes. Die Sicht von hier ist geradezu einmalig.

Yukon Territory

Wer von der Brücke noch eineinhalb Kilometer weitergeht und sich dabei an der Ostseite hält, gelangt an den Ort, an dem einst Canyon City lag. Als 1900 die Bahnlinie eröffnet wurde, bedeutete das das Ende des Verkehrs auf dem Fluß – jedenfalls auf dem Abschnitt, der hinter Whitehorse lag. Canyon City verschwand von der Landkarte. Heute erinnert nichts mehr an die Stadt, es sei denn, einige alte Blechbüchsen und einige Überreste der alten Bahn. Die Trasse dient heute als Loipe für Skiangläufer. Der Weg führt zurück zur Suspension Bridge am Westufer, und auf der Miles Canyon Road geht es noch fünf Kilometer zurück nach Whitehorse.

Einen Kilometer vor der Stadt sieht man ein Hinweisschild auf die *Schwatka*, ein Ausflugsboot, das von einem Anleger am See jeweils um 14 und 19 Uhr zu einer zweistündigen Rundfahrt ablegt (C$ 17).

Die lokalen Busse (C$ 1,25) verkehren bis 18.20 Uhr stündlich entlang der South Access Road. Die Busfahrer halten auch unterwegs auf Handzeichen.

■ YUKON GARDENS

Dieser botanische Garten, der einzige nördlich von Vancouver, erstreckt sich über eine Fläche von 1800 Quadratmetern. Dort findet man über 1000 verschiedene Pflanzenarten und 250 000 Blüten einjähriger Pflanzen. 17 000 Gallonen Wasser werden in die Anlage gepumpt, um die Bewässerung der Pflanzen sicherzustellen. Wenn man berücksichtigt, daß in Whitehorse im Jahr nur 72 Tage ohne Frost verzeichnet werden, ist es nicht verwunderlich, daß man sieben Jahre benötigte, um diesen botanischen Garten fertigzustellen (Vancouver hat 216 frostfreie Tage).

Die Yukon Gardens (Tel. +1(403)668-7972) liegen an der Kreuzung der Alaska Highway und der South Access Road und sind täglich von 9 bis 21 Uhr geöffnet (C$ 10). Hier kann man übrigens auch frisches Gemüse kaufen.

■ YUKON VISITOR RECEPTION CENTER

Das außergewöhnliche Besucherzentrum am Alaska Highway gegenüber vom Flughafen wurde im Juni 1992 im Zuge der Feierlichkeiten zum 50jährigen Bestehen des Alaska Highway eröffnet. Der Eingang erinnert an ein Segelschiff mit großen wogenden Segeln. Der erste Raum, den man betritt, ist der Waschpavillon, wo man mindestens ein Dutzend luxuriöse, blitzend saubere private Washräume (mit Toiletten und Waschbecken) entdeckt. An der Decke findet man die Simulation eines Nachthimmels. In der großen Halle gibt es einen Informationsstand, Ausstellungsflächen, eine Laser-Disc-Videopräsentation und das Skelett eines 12 000 Jahre alten, vier Meter hohen Mammuts. Außerdem gibt es ein Theater mit 200 Plätzen, in dem man sich bei einer 20minütigen Diaschau entspannen kann.

■ YUKON TRANSPORT MUSEUM

Hier entdeckt man eines der besten Museen des Nordens (täglich von 11 bis 20 Uhr), wo man ganz leicht einen ganzen Morgen oder den Nachmittag verbringen kann. Zu bestaunen gibt es z. B. die *Queen of the Yukon*, das erste kommerzielle Flugzeug der Provinz, an der Decke baumelnd, und Wandgemälde und Kunstgegenstände, die den Goldrausch von Skagway nach Dawson nacherzählen. Hinzu kommen viele weitere

Attraktionen. Das Museum (C$ 3,50) ist einer der Höhepunkte in Whitehorse, im Yukon und im ganzen Land.

■ **TAKHINI HOT SPRINGS**

Aus diesen Quellen entspringt exzellentes Mineralwasser, das mit einer Temperatur von 36 Grad Celsius aus der Erde kommt und keinen Schwefel enthält. Der große Pool ist von 8 bis 10 Uhr gefüllt und wird um 22 Uhr geleert. Der Eintritt zum Pool für einen ganzen Tag kostet C$ 9. Hier kann man für C$ 7 auch sehr schön campen. Von Whitehorse erreicht man Takhini Hot Springs, indem man zunächst auf dem Klondike Loop Highway 16 Kilometer zurücklegt, dann nach rechts abbiegt, weitere fünf Kilometer fährt und bei dem entsprechenden Hinweisschild einer Linkskurve folgt. Von hier sind es noch zehn Kilometer bis Takhini. Öffentliche Verkehrsmittel fahren nicht dorthin.

■ **KUNST UND KUNSTHANDWERK**

Eine reichhaltige Auswahl handgefertigter Gegenstände von Indianern und Inuit aus den kanadischen Northwest Territories findet man bei **Northern Images** an der Ecke Fourth Avenue und Jarvis Street. In dem großen Geschäft, das einer einheimischen Kooperative angeschlossen ist, sind alle angebotenen Gegenstände wirklich Handarbeit. Auch wer nicht die Absicht hat, etwas zu kaufen, sollte vorbeischauen, denn der Laden ist interessanter als manches Museum. Man muß aber bedenken, daß die Felle gefährdeter Tierarten oder Kleidungsstücke nicht nach Deutschland, Österreich und in die Schweiz eingeführt werden dürfen. Dazu zählen unter anderem Fuchs, Wolf, Grizzlybär, Polarbär, Seeotter und Meeressäugetiere (Wale, Tümmler, Robben, Seelöwen und Walrosse).

Kunsthandwerksgegenstände der Yukon-Indianer führt **Yukon Native Products** in der 4330 Fourth Avenue.

■ **AKTIVITÄTEN**

Freiwillige Mitarbeiter der **Yukon Historical Museums Association** (Tel. +1(403)667-4704) veranstalten Stadtführungen zu den historischen Gebäuden in der Innenstadt von Whitehorse. Die Führungen starten beim Donnenworth House in der 3126 Third Avenue und finden täglich von 9 bis 16 Uhr statt (C$ 2). Wenn die Anfangszeiten nicht in den Zeitplan passen, geht man beim Donnenworth House vorbei, nimmt sich das *Walking Tourbook* mit und macht seinen eigenen Stadtrundgang. Die **Yukon Conservation Society** (302 Hawkins Street, Tel. +1(403)668-5678) bietet im Juli und August Wanderungen mit unterschiedlicher Länge (von zwei bis sechs Stunden Dauer) mehrmals am Tag an. Die Teilnahme ist kostenlos. Eine Mückensalbe, festes Schuhwerk und etwas zu Essen für längere Wanderungen bringt man sinnvollerweise mit. Man kann natürlich auch auf eigene Faust losziehen mit den Broschüren der Wanderwege.

■ **ESSEN**

Sehr gutes Frühstück in einer Atmosphäre mit viel Lokalkolorit serviert man montags bis freitags von 7 bis 20 Uhr und samstags von 7 bis 15 Uhr in **Mom's Kitchen** in der Second Avenue beim Hotel Fort Yukon. Das **Blues Moose** ist ein Coffee Shop im Yukon Inn in der Fourth Avenue. Dort gibt

Yukon Territory

es Frühstück mit Eiern und Steak, Omelette mit Krabben und Shrimps, Burger mit Fleisch oder Gemüse, Pizza und Burritos.
Der **No Pop Sandwich Shop** in der Fourth Avenue hat ein sehr unscheinbares Äußeres im Vergleich zu seiner Kaffeehaus-Gemütlichkeit im Inneren. Dort bekommt man Frühstück, Sandwiches, frische Backwaren und einen Kaffee.
Das **Talisman Cafe** in der Second Avenue ist einer der kulturellen Treffpunkte in der Hauptstadt. Die Atmosphäre ist berauschend, der Service hervorragend, und das Essen spricht für sich.
Nebenan liegt das **Klondike Rib and Salmon Barbeque**. Auf der Speisekarte stehen Burger, geräucherter Lachs auf Roggentoast, Filet und Chicken Fingers. Zum Abendessen gibt es Lachssteak, Heilbutt, Spare Ribs, marinierte Hühnerbrust und vieles mehr.
Wie das Talisman Café ist auch **Sam and Andy's** in der Main Street ein kulturelles Phänomen. Wer gerne mexikanisch ißt, ist hier genau richtig.
Im **Panthenon** gegenüber vom Capitol kann man unter amerikanischen, griechischen und italienischen Gerichten wählen. Lecker sind griechische Pizza, Souvlaki, Moussaka, Lasagne, Steak oder Lachs.
Fast food gibt es hauptsächlich in der Second Street rund um den Greyhound Busbahnhof: **Subway**, **Taco Time** und **Pizza Hut**.

■ **UNTERHALTUNG**

Fast an jedem Abend kann man im **Kopper King**, fünf Kilometer westlich der Stadt, Country-Musik hören.
Frantic Follies ist eine von vielen Varieté-Revuen, die mit Liedern, Sketchen, Cancan-Tänzen und Rezitationen an die Tage von 1898 erinnern. Follies wird im Westmark Whitehorse Hotel (Tel. +1(403)668-2042) aufgeführt. Die Vorführungen finden im Sommer um 19 Uhr und um 21.30 Uhr statt. Der Eintritt beträgt C$ 17,50 für Erwachsene und C$ 8,75 für Kinder unter zwölf.
Die **Canteen Show** zeigt den Bau des Alaska Highway mit der Nostalgie, Musik und dem Komödienstil der vierziger Jahre. Gespielt wird im Gold Rush Inn (C$ 16,50 für Erwachsene und C$ 7,50 für Kinder).
In der Nähe des Einkaufszentrums gibt es die **Twin Cinemas**, und das **Yukon Theatre** liegt an der Ecke der Third Avenue und der Wood Street.

■ **UNTERBRINGUNG**

Für seine Größe verfügt Whitehorse über eine überraschende Anzahl von Motels und Hotels. Insgesamt sind es 22 mit knapp 900 Zimmern. Diese Konkurrenz bringt für die Reisenden den Vorteil, daß einige Unterkünfte wirklich bezahlbar sind.
Im **Fort Yukon Hotel** an der Ecke Second Avenue und Ecke Black Street (Tel. +1(403)667- 2594) werden recht einfach eingerichtete Zimmer vermietet. Ein Doppelzimmer kostet ab C$ 45.
Fünf Kilometer westlich am Alaska Highway liegt das **Kopper King Motel** (Tel. +1(403)668-2347). Dort kostet ein Doppelzimmer C$ 55.
Sehr schöne Zimmer mit Kochgelegenheit werden im **Chilkoot Trail Inn** (Tel. +1(403)668-4190; Doppelzimmer ab C$ 65) in der Fourth Avenue vermietet.
Im **High Country Inn** (4051 Fourth Avenue, Tel. +1(403)667-4471) bekommt man ein Einzelzimmer ab C$ 45.
Sechs Hotels liegen entlang der Main Street

Whitehorse

zwischen der Fifth und der First Avenue. Alle verfügen über interessante Lobbies, große Eßzimmer, komfortable Lounges und haben einen individuellen Charakter. Dazu gehören das **Gold Rush Inn** (Tel. +1(403)668-4500), das **Town and Mountain Hotel** (Tel. +1(403)668-7644), das **Taku Hotel** (Tel. +1(403)668-4545), das **Capital Hotel** (Tel. +1(403)667-2565) und das **Edgewater Hotel** (Tel. +1(403)667-2572).

Der **Robert Service Campground** liegt zwei Kilometer südlich der Stadt am Fluß und ist über eine Nebenstraße der South Access Road zu erreichen. Er ist ausschließlich für Camper gedacht und im Sommer häufig überfüllt (C$ 11). Anmelden kann man sich bei der Ankunft im Büro. Dort gibt es ein sehr nützliches Informationsbrett und ein Münztelefon.

Wenn der Robert Service Campground überfüllt ist oder man den Preis nicht zahlen will, geht man ein wenig weiter in südlicher Richtung vorbei am Damm und am Ufer entlang. Viele gute Campingplätze befinden sich in den Waldstücken oberhalb des Sees. In Whitehorse gibt es auch **Frühstückspensionen**. Die jeweiligen Telefonnummern kann man beim Chamber of Commerce (siehe Seite 250) erfragen. Die Preise beginnen bei rund C$ 60 für ein Doppelzimmer.

■ AN- UND WEITERREISE

Der Flugplatz liegt auf einer Klippe oberhalb von Whitehorse. Zu Fuß erreicht man den Flugplatz, indem man in der Fourth Avenue in Richtung Westen bis zum Alaska Highway geht und dann nach links abbiegt oder von der Second Avenue in östlicher Richtung geht, um dann nach rechts abzubiegen. Dann folgt man dem Weg, der um das Nordwestende der Start- und Landebahn herumführt und schließlich bis zur Klippe führt. Für die Fahrt mit einem Taxi zahlt man C$ 8. Wenn man das Unternehmen Yellow Cab anruft und den Limousinen-Service anfordert, zahlt man C$ 5. Die Limousinen sind zu allen ankommenden und abgehenden Flügen im Einsatz. Auf jeden Fall muß man sich auch die »größte Wetterfahne der Welt«, eine restaurierte DC-3 ansehen, die auf einem beweglichen Sockel befestigt ist und ihre Nase in den Wind hält.

Canadian Airlines (Tel. +1(403)668-4466) hat Flüge zwischen Whitehorse, Vancouver und Edmonton.

Air North (Tel. +1(403)668-2228) fliegt viermal wöchentlich nach Dawson, Fairbanks und Juneau. Hinzu kommen zahlreiche Charterflüge.

Alcan Air (Tel. +1(403)668-2107) ist eine von mehreren Fluglinien für Pendler mit Linienflügen nach Inuvik, Old Crow, Mayo, Faro, Ross River, Dawson City und Watson Lake.

Die Bushaltestelle liegt an der Second Avenue hinter dem Qwanlin-Einkaufszentrum. Whitehorse ist das nördlichste Ziel im Streckennetz von **Greyhound**. Keiner der Busse fährt von hier aus weiter in Richtung Norden oder Westen. Ein Bus verläßt täglich um 12 Uhr (außer sonntags) Whitehorse, um Orte weiter im Osten und Süden anzusteuern.

Alaskon Express (Tel. +1(403)668-3225), auch bekannt als Gray Line des Yukon, fährt von Whitehorse aus dreimal wöchentlich nach Fairbanks und Anchorage mit einer Übernachtung in Beaver Creek (nicht im Fahrpreis enthalten). Man kann auch nach Tok weiterreisen. Tägliche Busverbindungen bestehen nach Skagway. Die Busse fahren vom Busbahnhof und am Westmark

Yukon Territory

Whitehorse Hotel ab. Die Abfahrtstage und Fahrpreise ändern sich jährlich, weshalb man sich also rechtzeitig nach den aktuellen Fahrplänen erkundigen sollte. **Alaska Direct** (Tel. +1(403)668-3355) verläßt Dawson um 9 Uhr vom Busbahnhof aus jeweils montags, mittwochs und freitags und kommt in Whitehorse um 15.30 Uhr an. Um nach Alaska zu kommen, nimmt man am besten die nördliche Route durch den Yukon – sie ist landschaftlich und historisch interessanter. Auf dem Weg liegen Dawson, der »Top of the World Highway«, der Ort Eagle und der Taylor Highway. Alle Verbindungen enden jedoch in Dawson. Jenseits der Stadt kann man nur trampen oder fliegen.

Glücklicherweise verkehren die Züge der **White Pass and Yukon Route** heute wieder (zumindest auf einem Teilstück). Zunächst fährt man um 8.30 Uhr von Whitehorse mit einem Bus nach Frasier und steigt dort in die Schmalspurbahn um, die um 10.20 Uhr abfährt und in Skagway um 12 Uhr ankommt. Das kostet insgesamt C$ 95. Der Bahnhof liegt mitten in der Innenstadt an der Ecke der First Avenue und Main Street. Das authentischste Verkehrsmittel für die Fahrt von Whitehorse nach Dawson ist ein Kanu. Dann ist man 10 bis 15 Tage unterwegs und legt mit dem Boot genau den Weg zurück, den die Goldsucher vor dem Aufkommen der Raddampfer zu nehmen hatten. Kanufahrten sind durchaus erschwinglich und leicht zu arrangieren. Es gibt einige Ausrüsterfirmen in Whitehorse, die alles zu einem einigermaßen akzeptablen Preis verleihen.

Kanoe People (P.O. Box 5152, Whitehorse, Yukon Y1A 4S3, Kanada, Tel. +1(403)668-4899) eines der günstigsten und freundlichsten Unternehmen, vermietet Zweier-Kanus mit Rettungswesten und drei Paddeln. Das Boot kann man bei einer Agentur dieses Unternehmens in Dawson wieder abgeben. Kanoe People bietet auch kürzere Kanufahrten, zum Beispiel nach Carmacks und zum Teslin River sowie zum Big Salmon River an. Außerdem werden Wanderungen in die Wildnis mit einem Führer veranstaltet.

Man kann es auch bei **Tatshenshini Expediting** (1602 Alder Street, Tel. +1(403)633-2742) versuchen. Wer sich bei diesen Unternehmen nach den Preisen erkundigt, fragt auch gleich, was es kostet, wenn man sich irgendwo absetzen läßt und informiert sich über die Sicherheitsbestimmungen.

Für C$ 600 kann man bei der **Hudson's Bay Company** ein Kanu samt Paddel kaufen, um damit auf eigene Faust nach Alaska zu fahren. Ziele der Reise wären dann Eagle, Circle oder der Dalton Highway.

■ RUNDFAHRTEN

Die Busse von **Whitehorse Transit** (C$ 1,25) fahren von Montag bis Samstag in der Zeit von 6.15 bis 19 Uhr (am Freitag bis 22 Uhr). Einen Fahrplan erhält man im Fremdenverkehrsamt oder vom Busfahrer. Ebenfalls beim Fahrer kann man für C$ 3 eine Tageskarte kaufen und nach Umsteigekarten fragen. Alle Buslinien beginnen und enden neben der Hudson's Bay Company gegenüber dem Qwanlin-Einkaufszentrum. Die Bushaltestellen sind sehr gut gekennzeichnet und an den blau und weiß markierten Schildern zu erkennen.

Bei **Avis** (Tel. +1(403)667-2847), **Budget** (Tel. +1(403)667-6200), **Rent-A-Wreck** (Tel. +1(403)668-7554) und **Norcan** (Tel. +1(403)668-2137) kann man Autos mieten. Alle Unternehmen haben einen Schalter

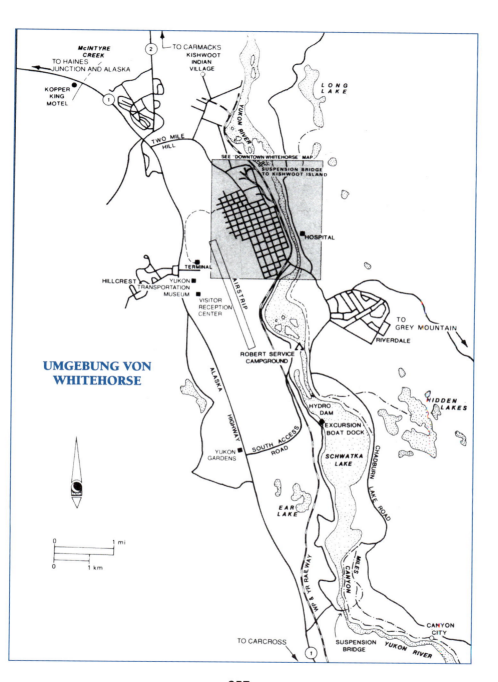

Yukon Territory

oder zumindest ein kostenlos zu benutzendes Telefon am Flughafen.

Alaska Highway nach Beaver Creek

Wer nicht gerade in Eile ist, das Festland Alaskas zu erreichen, auf dem Weg in den Kluane National Park oder mit öffentlichen Verkehrsmitteln nach Anchorage unterwegs ist, sollte den Klondike Highway nach Dawson nehmen. Dann kann man über den »Top of the World Highway« nach Alaska weiter bis zum historischen Ort Eagle und wieder nach Süden in Richtung Tok am Taylor Highway fahren. Für den Streckenabschnitt zwischen Whitehorse und Fairbanks oder Anchorage sind es nur 400 Kilometer zusätzlich – jedenfalls wenn man sonst auf dem Alaska Highway fahren würde. Wer Eagle ausläßt, hat sogar nur 192 Kilometer vor sich. Dann bewegt man sich auf dem »Trail of '98«, dem Weg, den die Goldsucher im Jahr 1898 nahmen, und lernt Dawson City kennen. Darauf sollte man als Alaska-Reisender auf der Fahrt in die nördlichen Teile der Provinz nicht verzichten. Wenn man die untere Strecke nimmt, sind es 180 Kilometer bis nach Haines Junction, von dort aus 300 Kilometer nach Beaver Creek und bis Tok weitere 224 Kilometer.

Staatliche Campingplätze gibt es bei Kilometer 1543, 1602 und 1628. 13 Kilometer westlich von Whitehorse beginnt rechts die Abzweigung über den Klondike Loop nach Dawson (siehe Seite 263f.).

Beim Kilometerstein 1568 kommt man nach **Champagne**, das in der Zeit des Goldrauschs aufblühte und heute die Heimat der Champagne Indian Band ist. Der Friedhof an der einen Seite des Alaska Highway darf zur Besichtigung nicht betreten werden. Ein paar Dutzend Kilometer östlich von Haines Junction bestimmen die Bergkette des Kluane Icefields und die Ausläufer der St. Elias Mountains das Blickfeld. An einem klaren Tag zeichnen sich der Mount Kennedy und der Mount Hubbard am Horizont ab.

Bei Kilometer 1604, nur 21 Kilometer östlich von Haines Junction, führt eine Brücke über den Aishihik River bei Canyon Creek. Die ursprüngliche Holzbrücke aus dem frühen 20. Jahrhundert wurde 1987 wieder erbaut. Wer die Brücke einmal zu Fuß überquert, wird den Unterschied zu einer Highway-Brücke, die auf Stahlträgern ruht, spüren.

Haines Junction

Haines Junction entstand 1942 als Basislager für die Ingenieure des U.S. Army Corps, die damals mit dem Bau der Straße beschäftigt waren, mit der man den Alaska Highway und Haines verbinden wollte. Heute ist die Stadt mit 800 Bewohnern die größte Ansiedlung zwischen Whitehorse und Tok, und sie wächst stetig. Haines ist das Tor zum Kluane National Park, dem einzigen Nationalpark im Yukon. Am Dorfplatz nahe der Kreuzung des Alaska Highway und Haines Highway sieht man eine Skulptur, die Berge, Säugetiere und Menschen zeigen soll. Die zum Teil ironisch gemeinte Darstellung ist Teil eines Verschönerungsprogramms. Es wirkt jedoch mehr wie ein verunglückter Kuchen mit einer häßlichen Verzierung. Wenn man schon einmal dort ist, liest man auch die Beschilderung, die die Geschichte und die Attraktionen von Haines Junction und der Umgebung beschreiben, und trägt sich in das gigantische Gästebuch ein.

Kluane National Park

Die Straße nach Whitehorse hinauf liegt **Our Lady of the Wake Church**, die 1954 von einem katholischen Priester aus einer alten Hütte gebaut wurde.
Sehr fotogen ist auch die unweit gelegene Holzkirche **St. Christopher's**.

■ ESSEN UND UNTERBRINGUNG

Haines Junction ist ein angenehmer Zwischenstop, 160 Kilometer von Whitehorse entfernt. Nach Fairbanks sind es 800 Kilometer.
Die **Village Bakery** gegenüber vom Besucherzentrum ist ein beliebter Treffpunkt (täglich von 7.30 bis 21 Uhr geöffnet). Dort verkauft man leckere Backwaren wie Muffins, Strudel, Donuts und Käsestangen. Hinzu kommen Croissant-Sandwiches, Brot, Suppen, Quiche, Lasagne, Fleischpasteten und vieles mehr.
The Frostee Freez serviert Burger, Hot Dog, Fisch and Chips, Milchshakes und weiteres Fast food.
Haines Junction verfügt über vier Motels: **Mountain View Motor Inn** (Tel. +1(403)634-2646), **Gateway Motel** (Tel. +1(403)634-2371), **Kluane Park Inn** (Tel. +1(403)634-2261) und **Cozy Corner** (Tel. +1(403) 634-2511).
Hinzu kommt das **The Raven** (Tel. +1(403) 634-2500), eine der neuesten Errungenschaften direkt in der Stadtmitte. Das Hotel hat zwölf Zimmer (Nichtraucher), Room-Service, ein gehobenes Restaurant und eine Kunstgalerie mit einem Souvenirgeschäft.
Der **Kluane RV Campground** (Tel. +1(403) 634-2709) ist ein privater Campingplatz mit Stellflächen aus Holz, sehr guten Duschen, Gas und Diesel sowie Lebensmittelgeschäften.

Die nächst gelegene Möglichkeit für öffentliches Campen besteht am **Pine Lake**, sieben Kilometer östlich der Stadt am Alaska Highway. Es gibt 33 Stellplätze mit fließendem Wasser, Feuerholz, Picknicktische und einen Kinderspielplatz. Natürlich kann man auch ein Bad im kalten See nehmen. Inoffiziell ist es aber auch möglich, ein Zelt hinter der Autowaage oder kurz vor der Brücke an der Straße in Richtung Haines aufschlagen. Das öffentliche **Schwimmbad** ist in der Kluane Street, gegenüber dem Besucherzentrum.

Kluane National Park

Die erhabenen, eisbedeckten Berge im Südwesten des Yukon mit ihren vielen Gletschern – eingerahmt von niedrigeren Gebirgszügen, in denen viele Tiere heimisch sind – wurden zum Kluane National Park erklärt. Auch wenn der Alaska Highway und der Haines Highway am Park vorbeiführen und das Gebiet damit erst erreichbar machen, ist der Kluane National Park noch immer eine fast unberührte Wildnis. Wenn man den Highway erst einmal verlassen hat, wird man kaum noch auf andere Menschen treffen. In den Park selbst führen keine Straßen, so daß man die wahre Schönheit der Wildnis während einer Wanderung und einer notwendigen Übernachtung kennenlernt. Die Wege sind gut ausgeschildert und bieten eine herrliche Aussicht auf die Berge. Zudem besteht eine gute Chance, die hier lebenden Tiere zu beobachten. Angeln ist ebenfalls möglich. Eine entsprechende Lizenz erhält man in Kluane. Man kann aber auch mit einer in irgendeinem anderen Nationalpark in Kanada erworbenen Lizenz dort angeln.

Yukon Territory

■ DAS LAND

Die St. Elias Range, die sich von Alaska quer durch den Yukon bis nach British Columbia zieht, ist der höchste Gebirgszug in Nordamerika und das zweithöchste Küstengebirge der Welt. Höher sind nur noch die Anden. Kanadas höchster Berg, der Mount Logan (5950 Meter), liegt vollständig auf dem Gebiet des Kluane National Park. Selbst die 2500 Meter hohen Vorberge, die man von der Straße aus sehen kann, sind schon sehr beeindruckend, denn durch Gebirgslücken sind immer mal wieder die direkt hinter ihnen liegenden Icefield Ranges zu entdecken. Die vielen 5000 Meter hohen Berge sind umgeben von einem riesigen Eisfeld, das auch schon 2500 bis 3000 Meter mißt. Es ist außerhalb der Arktis und der Antarktis das größte Eisfeld der Welt und bedeckt wenig mehr als die Hälfte des Nationalparks. Von diesem Eisfeld breiten sich sternförmig viele Gletscher aus, die bis zu sechs Kilometer breit und 60 Kilometer lang sind. Einige davon sind in ständiger Bewegung. So schob sich beispielsweise der Steele Glacier Ende der sechziger Jahre in nur vier Monaten um elf Kilometer weiter nach vorn. Ungewöhnlich ist der Kaskawulsh-Gletscher: Er übergibt seine Eismassen nicht nur dem Yukon River, sondern kalbt auch in den Pazifik. Wie wichtig dieses Gebiet für die Zukunft der Erde ist, wird aus der Tatsache ersichtlich, daß die UNESCO den Kluane National Park und den Wrangell-Saint Elias National Park in Alaska zu einem Weltkulturerbe erklärt hat.

■ FLORA UND FAUNA

Über die Hälfte des Parks besteht aus Eis, Felsen und Schnee. Aber auch der Rest bietet noch eine Fülle klimatisch unterschiedlicher Landschaften und Lebensräume. Der Norden ist etwas trockener, während es im Süden feuchter wird. Allgemein kann man sagen: je feuchter das Klima, desto dichter die Vegetation. Auf den höher gelegenen offenen Gebirgszügen im Nordwesten des Kaskawulsh-Gletschers und in anderen Gebieten des Parks lebt eine der größten Herden von Dallschafen (4000 Tiere). Viele kann man in der Umgebung des Sheep Mountain schon von der Straße aus sehen. Im Kluane National Park gibt es daneben Elche, Karibus, Bergziegen und Grizzlybären. Außerdem kommt hier eine besondere Lachsart, der Kokanee, vor. Im Sockeye Lake ist das Angeln verboten. Im Kathleen Lake, wo der Kokanee ebenfalls lebt, ist das Angeln jedoch erlaubt.

■ RUNDFLÜGE

Rundflüge über den Nationalpark werden mit kleinen Flugzeugen vom Flughafen in Haines Junction aus angeboten. Die einstündigen Flüge (pro Person ab C$ 90) bieten einen herrlichen Blick auf den Mount Logan sowie mehrere Gletscher und sind, wenn man an einem klaren Tag dort ist, sehr zu empfehlen. Am besten wendet man sich an **Sifton Air** (Tel. +1(403)634-2916). Hubschrauberrundflüge veranstaltet **Trans North Helicopters** (Tel. +1(403)634-2242).

■ AKTIVITÄTEN

Wer über Nacht im Park bleiben möchte, muß sich unbedingt vorher anmelden – entweder in den Besucherzentren in Haines Junction und bei Sheep Mountain oder telefonisch (Tel. +1(403)634-2345). Wanderungen sind kostenlos, die Parkwächter möch-

Kluane National Park

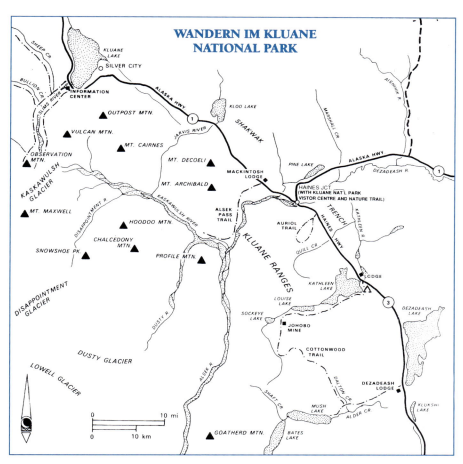

ten lediglich wissen, wer sich wo im Park aufhält. Beim Verlassen des Parks muß man sich wieder abmelden. Ein Telefon findet man in der Regel am Beginn eines Wanderwegs. Dieses An- und Abmeldesystem ist zum Schutz der Besucher da. Meldet sich ein Besucher nicht ab, löst er im Zweifelsfalle unnötigerweise eine Suchaktion aus. Eine kostenlose Erlaubnis muß man auch einholen, wenn man ein Lagerfeuer anzünden will. Informationen über die Wanderwege und andere Attraktionen in der jeweiligen Gegend sowie über die Genehmigungen zum Campen im Hinterland und zum Entzünden von Lagerfeuern erhält man an den Ausgangspunkten der Wanderwege von Parks Canada.

Für die Wanderung entlang dem **Cottonwood Trail** benötigt man mindestens vier Tage. Der Wanderweg führt über 85 Kilo-

Yukon Territory

meter vom Kathleen Lake zur Dezadeash Lodge am Haines Highway. Wer hier wandert, muß wissen, daß einige Kletterpartien dazugehören, Bäche durchwatet werden müssen und ein paar Wegstrecken schwierig zu finden sind. Belohnt wird man durch die vielfältige Pflanzen- und Tierwelt unterwegs. In den Hochgebirgsgegenden trifft man auf Schneehühner sowie auf Dallschafe an den steilen Gebirgshängen. Die Gegend ist auch die Heimat von Grizzlybären. Und neben vielen Tieren und Pflanzen wird man auch aufgegebene Kupferminen sowie verlassene Goldfelder entdecken. Recht einfache Campingplätze gibt es beim Goat Creek und dort, wo der Dalton Creek die Mush Lake Road kreuzt.

Der nur 19 Kilometer lange **Auriol Trail** beginnt sechs Kilometer südlich von Haines Junction und ist leicht an einem Tag zu bewältigen. Man kann unterwegs immer wieder die herrliche Aussicht genießen und eine große Vielfalt an Pflanzen und Tieren bestaunen. Ungefähr einen Kilometer nach dem Anfang des Rundweges hält man sich an der Weggabelung rechts – es ist der steilere Weg hoch bis zur Baumgrenze. Der linke steigt weniger steil an und ist angenehmer für den Abstieg. Der Creek, der zwischen beiden Wegen entlangfließt, ist sehr schmal und daher leicht zu durchqueren. Ein einfacher Campingplatz befindet sich am oberen Ende des Rundweges auf der linken Seite.

Der 24 Kilometer lange **Alsek Pass Trail (Dezadeash-Alsek River Valley)** beginnt in der Nähe der Mackintosh Lodge (zehn Kilometer westlich von Haines Junction), ist relativ flach und leicht begehbar. Die ersten 21 Kilometer führen über eine verlassene Straße zu den Minen, die letzten drei Kilometer zum Sugden Creek. Noch vor 125

Jahren war das Gebiet unter einem See begraben, der entstanden war, als der Lowell-Gletscher gegen die Westseite des Goatherd Mountain drückte und den Alsek River blockierte. Der See, der einst bis zum Dezadeash River ein ganzes Stück hinter Haines Junction reichte, stieg bis auf 81 Meter über den heutigen Wasserstand des Flußes an. Er trocknete jedoch wieder aus, als der Gletscher sich nach und nach zurückzog. In den Flußtälern des Dezadeash, des Alsek und des Kaskawulsh ist der einstige Wasserstand noch immer gut zu erkennen.

■ INFORMATIONEN

Das **Kluane National Park Visitor Centre** in Haines Junction ist in den Sommermonaten täglich von 9 bis 21 Uhr geöffnet. Dort ist Interessantes ausgestellt, unter anderem eine Reliefkarte des Parks. Außerdem kann man sich eine einstündige Diaschau ansehen (kostenlos). Die Mitarbeiter sind mehrsprachig. Wer im Park wandern möchte, kauft sich im Besucherzentrum topographische Karten.

Auf dem **Kathleen Lake Campground** stehen 41 Plätze mit Feuerholz, Wasser und Toiletten zur Verfügung (C$ 3). Das Wasser im tiefen See ist sehr klar und bietet gute Angelmöglichkeiten.

Nach Beaver Creek

250 der nächsten 300 Kilometer nach Beaver Creek führen entlang dem Kluane National Park und dem Kluane Game Sanctuary, einem vergleichsweise gut besiedelten, zivilisierten und landschaftlich schönen Teilstück des Alaska Highway. Hier gibt es drei Provinz-Campingplätze (bei Kilometer

1725, 1853 und 1913), drei kleine Siedlungen und etwa ein Dutzend Lodges.
Auf dem **Soldier's Summit** (bei Kilometer 1707) erinnert ein Schild an die offizielle Eröffnung des Alaska Highway am 20. November 1942, nur acht Monate nach Beginn der Bauarbeiten.
Destruction Bay ist ein winziger Ort bei Kilometer 1743. Dort gibt es eine Tankstelle, ein Motel, eine Cafeteria, ein Lokal, einen Platz für Wohnmobile sowie einen Gemischtwarenhändler und einen Andenkenladen. Hinzu kommen eine Schule, ein Spielplatz, ein Straßenbauamt und Regierungsbüros.
Nur 16 Kilometer weiter westlich liegt **Burwash Landing**. Das Kluane Museum enthält eine umfangreiche Tierausstellung, ein großes Modell der Gegend, Zähne eines Mammuts, Fossilien und Mineralien. Die Preise für Hotelzimmer liegen zwischen C$ 60 und C$ 80. Man kann ein Boot mieten und im See angeln. Führer gibt es ebenfalls. Die Cafeteria ist groß, und in der Bar geht es in den meisten Nächten rauh zu.

Beaver Creek

Als der letzte Ort vor der Grenze ist Beaver Creek eine kleine Stadt (145 Einwohner) mit Einrichtungen für Touristen und großer wirtschaftlicher Bedeutung. Hier wohnen die Mitarbeiter des kanadischen Zolls, aber auch die Mannschaft, die den Alaska Highway in Ordnung hält.
In Beaver Creek gibt es das **Westmark Hotel** und einen Campingplatz, wo alle Gäste von Westours, die zwischen Fairbanks und Whitehorse unterwegs sind, übernachten. Das gilt auch für die Fahrgäste von Alaskon Express auf dem Weg zwischen Anchorage oder Fairbanks und Whitehorse oder Skagway. Ganz gleich ob man im Westmark Hotel übernachtet oder nicht, man sollte sich unbedingt das große Tierwelt-Display hinter dem Souvenirladen anschauen. Dort gibt es Mahlzeiten im Cafeteria-Stil mit Frühstück von 6 bis 9.30 Uhr und Abendessen von 18 bis 21 Uhr.
Ida's (Tel. +1(403)862-7223) liegt gegenüber in einem rosa- und beigefarbenen Gebäude. Im hellen Restaurant kann man Eier, Burger und Sandwiches essen. Die Hotelzimmer kosten zwischen C$ 70 und C$ 80.
Die Straße hinauf liegt das **Beaver Creek Motor Inn** (Tel. +1(403)862-7600) mit einem rustikalen und dunkel gehaltenen Eßzimmer im Holzhaus und einem Polarbär auf dem Dach. Das Motel liegt gleich nebenan. Das Besucherzentrum (Tel. +1(403)862-7321) ist im Sommer täglich von 9 bis 21 Uhr geöffnet.
Wer Richtung Osten nach Kanada unterwegs ist, findet die kanadische Zollstation drei Kilometer vor der Stadt, während sich die amerikanischen Zollbehörden 35 Kilometer hinter der Stadt niedergelassen haben.

Klondike Loop

Der Klondike Loop ist 521 Kilometer lang. Diese »Schleife« erstreckt sich von der 30 Kilometer nordwestlich von Whitehorse gelegenen Kreuzung des Alaska Highway mit dem Klondike Highway bis nach Dawson City und dann weitere 105 Kilometer über den »Top of the World Highway« zur Grenze mit Alaska. Die Strecke führt danach über 109 Kilometer auf dem Taylor Highway wieder zurück auf den Alaska Highway, außerhalb von Tok. Die erste Teilstrecke folgt dem ursprünglichen Überland-

weg nach Dawson. Die Straße ist fast komplett asphaltiert mit nur wenigen Schotterstellen. Die Fahrbahn wurde 1950 von Whitehorse nach Stewart Crossing verlegt und fünf Jahre später bis nach Dawson verlängert. Damit war die Ära der Schiffahrt auf dem Yukon beendet.
62 Kilometer von Whitehorse entfernt liegt Lake Laberge. Bekannt ist der See schon seit den Tagen der Goldsucher für seine Forellen, die tonnenweise nach Dawson gebracht wurden.
Ungefähr 15 Kilometer nördlich kommt man zum **Fox Lake Campground** (19 Stellplätze, fließendes Wasser).
Der malerische **Little Fox Lake** liegt 15 Minuten entfernt an der Straße. Seine kleinen Inseln sind dicht mit Fichten bewachsen und ein ideales Fotomotiv. Auf den Campingplätzen zwischen Whitehorse und Carmacks kann man übrigens überall gut campen.

Carmacks

Rund 190 Kilometer sind es von Whitehorse nach Carmacks. Der Ort (470 Einwohner) ist die erste zivilisierte Ansiedlung, auf die man trifft, nachdem man die Hauptstadt verlassen hat. Die kleine Stadt im Yukon ist benannt nach George Washington Carmack, der den Goldrausch am Bonanza Creek 1898 ausgelöst haben soll. Einst eine Zwischenstation für Flußschiffe, die zwischen Whitehorse und Dawson pendelten, übernachten in Carmacks auch heute noch viele, die auf der Überlandstraße unterwegs sind. Der Schauplatz am Fluß markiert gleichzeitig die Grenze zwischen den Gebieten der Northern und Southern Tutchone First Nations.
Carmacks hat zwei Tankstellen, das **Sunset Motel** (Tel. +1(403)863-5266), den **Tatchun-Gemischtwarenladen** in der Stadtmitte und die **Tutchone Trading Post** am anderen Ufer des Yukon.
Im **Carmacks Hotel** (Tel. +1(403)863-5221) kann man für C$ 99 im Doppelzimmer übernachten. Zum Hotel gehört das **Goldpanner Cafe** von 1903, das einzige von 16 Rasthäusern, die einst auf der Strecke zwischen Whitehorse und Dawson lagen.
25 Kilometer nördlich von Carmacks gibt es einen Aussichtsplatz, von dem aus man die **Five Finger Rapids** überblicken kann. Die Stromschnellen liegen auf der Hälfte des Wasserweges von Whitehorse nach Dawson. Vier riesige Felsen blockieren hier den Fluß und teilen ihn in fünf Kanäle, durch die sich die Wassermassen drängen. Glaubt man Milepost, dann ist nur die östliche Passage ganz rechts sicher mit dem Boot befahrbar. **Five Finger Rapids Recreation Site** ist eine Plattform aus Holz, von der aus man den Fluß gut überblicken kann. Dort gibt es Stufen hinunter zu einem Wanderweg, der sich am Flußufer entlangschlängelt. Der Weg führt über offene Wiesen und kleine Wäldchen – mit Stufen auf den schwierigeren Teilstücken. Der Rundgang dauert etwa eine Stunde und ist ideal, um sich nach einer langen Autofahrt die Beine zu vertreten.

Zum Silver Trail

Nach weiteren 108 Kilometern erreicht man Pelly Crossing. Die kleine Indianersiedlung (290 Einwohner) liegt etwa auf halber Wegstrecke zwischen Whitehorse und Dawson. In der Stadt gibt es eine Tankstelle, ein Lebensmittelgeschäft mit Drogerie, eine RCMP-Station und ein Ärztezentrum. Eine Tafel am Nordende des Parkplatzes erzählt die Geschichte der Selkirk-Indianer von

Pelly Crossing, die hierher zogen, als die Straße 1950 fertiggestellt wurde.
Die Brücke im Norden der Stadt überquert den Pelly River, der von Robert Campbell entdeckt und benannt wurde. Der Mitarbeiter der Hudson's Bay Company errichtete 1848 das Fort Selkirk am Zusammenfluß des Pelly mit dem Yukon River.

Stewart Crossing

72 Kilometer nördlich liegt Stewart Crossing, eine kleine Ortschaft, die aus einem Camp für Straßenarbeiter, einer Tankstelle und einem Café sowie einem Visitor Information Center besteht.
Der Stewart River wurde 1849 von James Stewart, einem Mitarbeiter von Robert Campbell, entdeckt. 1883 fand man entlang des Stewart River das erste Gold am Yukon, und drei der ersten Landvermesser in diesem Gebiet, Arthur Harper, Jack McQuesten und Alfred Mayo, errichteten 1886 hier den ersten Handelsposten. In Stewart Crossing verbrachte auch Jack London seinen einzigen Winter im Yukon. Er tat es allerdings nicht freiwillig, sondern war dazu gezwungen, weil er wegen starken Schneefalls nicht zu den Goldminen gelangen konnte. Die Brücke über den Fluß stammt aus den späten fünfziger Jahren, als die Mayo Road gebaut wurde. Von hier aus sind es 181 Kilometer nach Dawson. Man sollte also am besten noch einmal tanken, um nicht unterwegs mit dem Auto liegenzubleiben.

■ **AKTIVITÄTEN**

Um den **Silver Trail** zu finden, überquert man den Yukon und geht am Stoppschild nach rechts in Richtung **Mayo**. Es sind 51 Kilometer auf einer asphaltierten Straße von der Kreuzung des Klondike Highway und dem Silver Trail (Yukon Highway 11) nach Mayo, einer mittelgroßen Stadt (475 Bewohner) am Stewart River.
Auf jeden Fall sollte man beim **Binet House Interpretive Center** hereinschauen. Dort erfährt man alles Wichtige über Mayo und die Umgebung der Stadt.
Das müde Haupt kann man im **Bedrock Motel** zur Ruhe betten (Tel. +1(403)996-2290). Dort bezahlt man für ein Zimmer ab C$ 70.
Das **North Star Motel** (Tel. +1(403)996-2231; Doppelzimmer ab C$ 65) verfügt über neun Zimmer mit Küchenzeile.
Das **Country Charm Bed and Breakfast** (Tel. +1(403)996-2918; ab C$ 55) befindet sich auf einer mehrere hundert Quadratmeter großen historischen Farm. Dort kann man wandern, angeln und Ausflüge mit dem Boot unternehmen.
Von Mayo sind es weitere 45 Kilometer auf einer Schotterstraße nach **Elsa**, dem Sitz der United Keno Hill Mines, die hier über 70 Jahre Silber förderten. Die Minen wurden 1989 nach dem Preisverfall für Silber geschlossen.
14 Kilometer entfernt liegt **Keno City** (55 Einwohner). Die Stadt entstand bei einer Silberader, die 1919 freigelegt wurde. In Keno findet man das **Keno City Mining Museum** (Tel. +1(403)995-2792), das von Juni bis August jeweils von 10 bis 18 Uhr geöffnet ist. Unbedingt fragen sollte man nach den Wanderwegen in der Umgebung, die zu den besten im Yukon zählen. Bis zur Spitze des Keno Hill sind es zehn Kilometer.
Übernachten kann man im **Keno City Hotel** (Tel. +1(403)995-2312) oder auf dem **Keno City Campground** (Tel. +1(403)995-2792). Und wer hungrig ist, schaut am besten in der

Yukon Territory

Keno Snack Bar vorbei. Dort gibt es Pizza, Sandwiches und Snacks.

Dawson City und Umgebung

Von allen Orten im Norden hat Dawson den größten Ruhm und die wildeste Vergangenheit: Bereits einen Tag nachdem die *Portland* im August 1897 San Francisco erreichte, brachte die ganze Welt den Namen Dawson mit einer Tonne Gold in Verbindung. Innerhalb eines Jahres erreichten 35 000 Goldsucher – von geschätzten 100 000 Menschen, die sich auf den Weg machten – die Stadt Dawson und machten sie zur größten kanadischen Stadt westlich von Winnipeg. Und dies, obwohl 25 000 Einwohner Dawsons Amerikaner waren. So schlecht der Ruf dieser Stadt war, so kurz war auch ihre Glanzzeit. Und so wurde Dawson zu einer Stadt unter vielen am Ufer des Yukon. Heute ist die Bevölkerung auf 2000 angewachsen und hat sich damit im letzten Jahrzehnt mehr als verdoppelt. Somit ist Dawson wieder vor Watson Lake die zweitgrößte Stadt im Yukon Territory. Seit geraumer Zeit erlebt Dawson City einen zweiten Aufschwung, der auf den wiederaufgenommenen Abbau wertvoller Metalle, den steigenden Tourismus und den kleinen Goldrausch der neunziger Jahre zurückzuführen ist: dem Glücksspiel in den Kasinos. Die Erlöse in Höhe von hunderttausenden kanadischen Dollar aus dem Spielsalon Diamond-Tooth Gertie's werden zur Restaurierung der Innenstadt verwendet. Tatsächlich hat man in den vergangenen acht Jahren mehr für die Erhaltung der Stadt getan als in den 88 Jahren davor. Zum hundertjährigen Jubiläum des Goldrauschs hat sich die Stadt im wahrsten Sinne des Wortes herausgeputzt.

Trotzdem ist Dawson City auch heute noch ein reizender Ort mit verschiedenen Gesichtern. Da sind zum einen die restaurierten historischen Häuser, zum anderen aufgegebene Gebäude, kleine alte Hütten und riesige Neubauten. Hier waschen Touristen Gold, und nur wenig entfernt werden Bulldozer in den Minen eingesetzt. Als Besucher gewinnt man den Eindruck, daß Dawson immer noch gut für Abenteurer und Glückssuchende ist. Und so kommen alljährlich Tausende von Menschen auf der Suche nach dem großen Glück aus allen Teilen der Welt hierher, um schon bei der Ankunft jenen Kitzel zu erleben, den die Goldsucher einst empfanden, und knüpfen eine lebende Verbindung mit der Vergangenheit.

■ HISTORISCHES

Die Goldfelder am Klondike liegen im Südosten der Stadt auf einem Gebiet von 2000 Quadratkilometern. 1895 wurde Robert Henderson, ein Entdecker aus Neuschottland ausgerüstet mit einem Riecher für Gold, von Joe Ladue, einem Händler aus der kleinen Siedlung Ogilvie (100 Kilometer flußaufwärts), mit der nötigen Ausrüstung zum Goldschürfen ausgestattet. Ladue schickte Henderson in die Gegend, die später den Namen Klondike erhielt. Dort suchte Henderson zwei Jahre lang nach Gold, jedoch erfolglos. Erst als er im Frühling 1896 einen Berg erklomm, der später King Dome heißen sollte, entdeckte er sechs Creeks, die sich wie Speichen an einem Rad ausbreiteten. Es waren sechs der goldreichsten Creeks der Welt.

Wenn er seine Goldschürfpfanne in einen der Creeks hielt, erhielt er in einem Waschgang Gold im Wert von 20 bis 30 Cents. Das war viermal soviel als bis dahin üblich war,

Dawson City und Umgebung

und so informierte er die Goldschürfer in der Umgebung von seinem Fund im Gold-Bottom Creek. Vor der Zeit des Goldrauschs galt ein strenger Kodex zwischen den Goldschürfern im Norden, demzufolge man seine Informationen mit den anderen teilte.

Henderson und seine Begleiter arbeiteten den ganzen Sommer über am Gold-Bottom Creek. Im August 1896 kehrte Henderson von Ogilvie mit Versorgungsgütern zurück, als sich ein Schicksalstreffen mit »Siwash« George Washington Carmack, der wiederum mit seinen indianischen Halbbrüdern an der Mündung des Thron-diuck River nach Lachs angelte, ereignete. Auch mit ihm teilte Henderson die Nachricht über seinen Fund und riet Carmack, seinerseits am Thron-diuck River nach Gold zu suchen, und ihm – wenn er fündig werden sollte – eine Nachricht zukommen zu lassen.

Am 17. August 1896 fand Carmack im Rabbit Creek, der dann sehr schnell in Bonanza Creek umbenannt wurde, ebenfalls Gold. Es war die Stelle, an der der Rabbit Creek in den Klondike mündet. Die Ausbeute war grandios: Pro Goldschürfpfanne ergab sich ein Wert von drei bis vier Dollar. Noch völlig überwältigt steckten Carmack und seine beiden Partner Charlie Tagish und Jim Skookum drei Claims ab und machten sich auf den Weg nach Fortymile. Das war der damals größte Ort in der Umgebung und etwa eine halbe Tagesreise flußabwärts. Carmack zeigte seine Beute aus großen Goldnuggets jedem, der ihm in Fortymile begegnete. Und so war Fortymile am nächsten Tag wie ausgestorben. Die Neuigkeit erreichte den Ort Ogilvie, der sich ebenfalls umgehend leerte. Auch Joe Ladue machte sich auf den Weg zum Klondike und steckte einen Claim ab. Weitsichtig, wie er war, baute er an der Stelle, wo der Klondike in den Yukon mündet, auch ein Sägewerk. Das war die Gründung von Dawson City. Bis zum Herbst hatte sich die Neuigkeit schon bis nach Circle City und Juneau herumgesprochen. Zu diesem Zeitpunkt war der größte Teil der Landfläche jedoch bereits in Claims aufgeteilt. Unglücklicherweise erfuhr Robert Henderson, der auf der anderen Seite des Berges ein paar Stunden entfernt arbeitete, nichts von diesem Fund. Und als er schließlich vom Gold am Klondike hörte, war es zu spät, um an den Reichtümern teilzuhaben.

Die Nachricht von diesem Goldfund erreichte den Rest der Welt erst ein Jahr später, als einige der Goldsucher in San Francisco und Seattle ausschifften. Sie waren derart mit Gold beladen, daß sie es gar nicht allein tragen konnten. Dieses Spektakel hatte Einfluß auf das Verhalten der Amerikaner auf dem gesamten Kontinent. Die Folge war ein wahnsinniger Rausch. Vom einfachen Angestellten über Händler, Straßenbahnfahrer, Ärzte, Prediger und Generäle bis zum Bürgermeister von Seattle ließen Tausende buchstäblich alles fallen, was sie gerade in der Hand hatten und machten sich auf den Weg zum Klondike. Bergbaufirmen, die in den Zeitungen New Yorks Anzeigen aufgaben, um das nötige Kapital für Investitionen zusammenzubekommen, wurden mit Geld überschwemmt. Aber auch aus Europa, Australien und anderen Erdteilen kamen die Abenteurer auf der Suche nach Gold an den Klondike.

Ganze Schiffsladungen von willigen Bräuten segelten um Kap Hoorn. Stadtbewohner und Fabrikarbeiter, Männer, die niemals auf einen Berg gestiegen waren oder im Umgang mit einem Boot kundig waren geschweige denn einen Rucksack getragen

Yukon Territory

hatten, wurden ohne jegliche Vorbereitung in eine damals noch nicht vermessene Wildnis gebracht. Dabei war Dawson, 1600 Kilometer entfernt von jeglicher Zivilisation, das angestrebte Ziel.

Inzwischen hatten die ersten glücklichen Goldsucher tatsächlich Dawson erreicht, und zwar bevor der Fluß im Winter 1897 zufror. Sie fanden sich aber in einer Stadt wieder, in der die panische Suche nach Lebensmitteln die Menschen außer Kontrolle geraten ließ, so daß man um sein eigenes Leben bangen mußte.

Zur gleichen Zeit waren weitere Zehntausende von Glückssuchenden auf dem Weg nach Dawson. Sie nahmen die Route über den Chilkoot und den White Pass, dann flußaufwärts auf dem Yukon River und weiter von Edmonton über den Mackenzie River, den Peace River und den Pelly River zum Valdez-Gletscher am Prince William Sound. Über den Malaspina-Gletscher bei Yakutat, den Skeena River und den Stikine River ging es dann in das Innere von British Columbia. Dabei kamen ihnen andere Goldsucher entgegen, die von einer Hungersnot berichteten. Viele von ihnen wurden völlig unvorbereitet von der bitteren Kälte des sieben Monate andauernden arktischen Winters überrascht. Sie erfroren oder starben an Skorbut, Hunger, Erschöpfung und Herzschwäche, wurden ermordet oder begingen Selbstmord. Als im Frühjahr 1898 schließlich das Eis auf dem Yukon aufbrach und die noch übriggebliebenen Menschenmassen nach Dawson eilten, waren alle erfolgversprechenden Claims auf einer Länge von 150 Kilometern bereits abgesteckt und vermessen.

Das folgende Jahr – vom Sommer 1898 bis zum Sommer 1899 – war einzigartig in der Geschichte. Dawson City wurde von Menschen und Versorgungsgütern buchstäblich überschwemmt, und so wurde Gold im Wert von hunderttausenden Dollar in einem fieberhaften Rausch einfach blindlings ausgegeben.

Die reichsten Goldsucher eröffneten Saloons, Tanzhallen, Spielkasinos, Handelsgesellschaften, Dampfschifflinien und Banken. Es war übrigens ein wesentlich einfacherer Weg, zu Geld zu kommen, als nach Gold zu graben. Die Kasinos und Hotels der Stadt waren genauso üppig und gut ausgestattet wie in Paris. Und wer in den Tanzhallen mit einem Mädchen tanzen wollte, mußte für jede Minute mit Gold im Wert von fünf Dollar zahlen (bei langsamen Tänzen war eine zusätzliche Gebühr fällig). Die Barkeeper hatten an ihren Fingern Klebstoff, um ein wenig von dem Goldstaub beiseite zu schaffen, der beim Bezahlen fällig wurde. Und den Menschen, die mit der Reinigung des Fußbodens aus Sägemehl beschäftigt waren, sagt man nach, daß sie pro Nacht Gold im Wert von 50 Dollar fanden. Hier wurden auch die Ärmsten der Armen durch einen Wurf in Sekunden zu Millionären und natürlich auch umgekehrt. Dawson loderte mit einer Intensität, angefacht vom puren Rausch.

1899 aber wurde Dawson von zwei Bränden heimgesucht. Beim zweiten brannte die Stadt bis auf die Grundmauern nieder. Das war der Anfang vom Ende. Nur wenige Einwohner faßten erneut den Mut, die Stadt wiederaufzubauen. Hinzu kam, daß sich das Gerücht verbreitete, am Ufer bei Nome habe man ebenfalls Gold gefunden. Und ähnlich, wie der Goldfund am Klondike die Orte Ogilvie, Fortymile und Circle in Geisterstädte verwandelt hatte, leerte sich nun Dawson aufgrund des Goldfundes in Nome. Im Sommer 1899 kamen die letzten Glücks-

Dawson City und Umgebung

suchenden nach Dawson, zwei Jahre nach dem Aufbruch aus der Heimat. Die meisten von ihnen hatten sich auf der Überlandroute von Edmonton aus auf den Weg gemacht. Das nur zwölf Monate dauernde goldene Zeitalter von Dawson aber war vorbei.

■ SEHENSWERTES

Das große Angebot an kostenlosen oder sehr preiswerten Sehenswürdigkeiten in Dawson beschäftigt die Besucher leicht einige Tage. Aber das, was man tagsüber spart, kann man leicht im sehr teuren Nachtleben ausgeben. Auch das Campen ist nicht mehr kostenlos, und wer sich irgendwo in einem Hotel oder einer Pension ein Quartier sucht, ist seine kanadischen Dollar angesichts der oft sehr teuren Mahlzeiten schnell los. Immer noch steht die Stadt für Vergnügen – das muß man einfach akzeptieren und genießen.

Auf der dem Visitor Centre gegenüber liegenden Straßenseite befindet sich eine Plattform aus Holz mit erklärenden Hinweisen auf das, was sich früher in dieser erstklassigen Lage am Fluß befand.

Daneben liegt das **Dempster Highway and Northwest Territories Information Centre** (Tel. +1(403)993-6167), das von Juni bis September täglich von 9 bis 21 Uhr geöffnet ist. Das Zentrum, das im restaurierten British-Navigation-Gebäude untergebracht ist, zeigt zahlreiche Ausstellungen und Vorführungen. Hier erhält man auch Informationen über Wanderungen in das ruhige und abgeschiedene Hinterland. Bevor man den Dempster Highway hinaufgeht, sollte man sich hier nach den aktuellen Straßenbedingungen und der Fährsituation erkundigen.

Das restaurierte Flußschiff *Keno*, das 1922 in Whitehorse gebaut wurde, liegt an der Front Street. Es werden jedoch keine Schiffsführungen mehr angeboten. Man wird die *Klondike* von Whitehorse bestimmt als angenehm angesichts der Größe der *Keno* empfinden, die einst auf dem Stewart River verkehrte. An Bord beförderte das Schiff konzentriertes Erz vom Abbaugebiet rund um Mayo den Flußlauf hinunter bis zum Zusammenfluß mit dem Yukon, wo größere Schiffe die Ladung übernahmen und diese flußaufwärts bis nach Whitehorse und zum Beginn der Bahnstrecke transportierten. 1960 fuhr die *Keno* aus eigener Kraft zu ihrem heutigen Altersruhesitz. Zur Zeit wird sie in ein Museum umgewandelt.

Die Fassade der **Bank of Commerce** nahe der *Keno* hat sich, seit Robert Service hier 1908 gearbeitet hat, kaum verändert.

Am oberen Ende des Deichs gibt es einen **Steg**, der vom südlichen Teil des Bankgebäudes am Flußufer entlang bis zur Mündung des Klondike führt.

■ IM STADTZENTRUM

Parks Canada und die Klondike Visitors Association haben hervorragende Arbeit geleistet, indem sie der Stadt wieder einen farbenfrohen Anstrich gegeben haben. Eine Zahl klappriger Gebäude wurde mit hellen Fassaden und informativen Ausstellungsfenstern herausgeputzt. Und inzwischen sind viele Hotels, Souvenirgeschäfte, Restaurants, Schönheitssalons, Pensionen und andere Unternehmen diesem Trend gefolgt. Man findet sogar bemalte Bretter, durch die man den Kopf stecken und sich als Spieler, Kapitän, Schlittenführer oder Goldwäscher fotografieren lassen kann.

In der King Street liegt das **Palace Grand Theatre**, das 1899 von »Arizona Charlie«

Yukon Territory

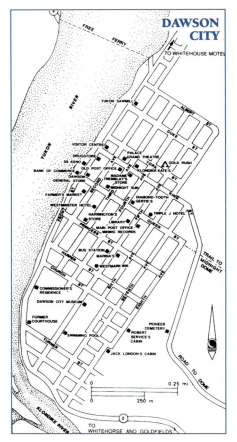

Meadows, dem berühmtesten Barkeeper am »Trail of 98«, geleitet wurde. Zu jener Zeit war das Grand eines der luxuriösesten Theater im Westen, in dem Ereignisse von der Wild West Show bis zur Oper stattfanden. Die ursprüngliche Struktur des Gebäudes, aus zwei gestrandeten Flußschiffen erbaut, wurde 1962 von Parks Canada restauriert. Führungen gibt es tagsüber, abends findet im Sommer die Varieté-Show **Gaslight Follies** statt ($13 bis $16).

An der Ecke King und Third Street, gegenüber dem Palace Grand Theatre, ist das alte **Postgebäude** von 1900. Ein Mitarbeiter im original erhaltenen Fenster verkauft Briefmarken, Postkarten und Gedenkstempel. Eine Broschüre über das historische Gebäude ist im Visitor Reception Centre erhältlich. Auf der anderen Seite betritt man **Madame Tremblay's Store** (1899).
Ebenfalls interessante Schaufenster haben die *Dawson Daily News* an der Ecke Third und Queen Street, **Billy Bigg's Blacksmith Shop** an der Ecke Third und Princess Street sowie **William Horkin's Library, Restaurant and Natatorium** (1902) an der Ecke King und Second Street.
Das **Firefighters Museum** befindet sich an der Ecke der Fifth und King Street direkt neben der Feuerwehrhalle von Dawson City. Das Museum ist montags bis samstags von 11 bis 17 Uhr geöffnet. Ein einheimischer Führer (meistens ein College-Student aus British Columbia) begleitet die Besucher vorbei an alten Feuerwehrautos, Wasserpumpen, Dampfmaschinen und Spritzenwagen.

■ DAWSON CITY MUSEUM

Wenn es zeitlich möglich ist, sollte man sich dieses hervorragende und umfangreiche Museum zuerst ansehen und an einer Führung durch den Rest des früheren Territorial Administration Buildings (1901) an der Ecke Fifth Avenue und Church Street teilnehmen (Tel. +1(403)993-5291). Die Öffnungszeiten sind jeweils von 10 bis 18 Uhr (vom Memorial Day bis zum Labor Day). Die südlichen und nördlichen Galerien zeigen eine große Bandbreite der Geschichte: von Fossilien, Flora und Fauna bis hin zum Lebensstil der Athabasken-Indianer, dem

Dawson City und Umgebung

Goldrausch und der folgenden weißen Zivilisation. Das Museum hat eine ganze Fülle von Material, aus dem es schöpfen kann, und alles ist sehr anschaulich dargestellt und gut beschrieben. Allein die Geschichte des Bergbaus mit Darstellungen der Arbeitsabläufe vom Goldschürfen per Hand bis zur Arbeit mit Baggern ist schon das Eintrittsgeld wert. Interessant sind auch die Ausführungen zum Thema Gesetz und Ordnung während der Zeit des Goldrauschs. Führungen durch das Museum finden um 11, 13 und 17 Uhr statt. Die Führung beginnt im Obergeschoß. Dort sieht man die alten Räume des Bezirksgerichts mit einigen originalen Möbeln, das auch heute noch manchmal als Kreisgerichtssaal genutzt wird. Weiter geht es durch die Bibliothek mit einer speziellen Sammlung zum Yukon und über Dawson. Die Bibliothek ist für die Öffentlichkeit täglich zugänglich. Einer der Höhepunkte der Führung ist der Visible-Storage-Bereich, in dem eine Kollektion von 300 Kunstgegenständen untergebracht ist. Außerdem befinden sich in dem Gebäude, das vom Stararchitekten Thomas Fuller entworfen wurde, einige Regierungsbüros.

Neben dem Museum und dem zweistöckigen Gebäude aus Ziegelsteinen, dem einzigen seiner Art in der Stadt (unpraktisch wegen des Permafrostes), schließen sich die **Victory Gardens** an.

Im Park nebenan kann man noch einige **Lokomotiven** sehen, die einst von der Stadt zu den Goldfeldern fuhren (1906 bis 1914). Hier liegt auch das städtische **Freibad** (C$ 3,50).

■ MIDNIGHT DOME

Wer mit dem Auto unterwegs ist, fährt entweder zwei Kilometer stadtauswärts auf der Front Street und biegt dann links auf die Dome Road ab oder nimmt die Abkürzung am oberen Ende der King Street an der Ecke Ninth Street. Über einen Kilometer geht es vorbei an alten Friedhöfen, dann biegt man an der Weggabelung nach rechts ab und folgt der Straße zur Dome Street. Bis zur Spitze sind es fünf Kilometer.

Eine schöne Morgenwanderung führt entlang der Wasserleitung am östlichen Ende der Queen Street steil bergauf bis zu dem Punkt, an dem das Gelände flacher wird. Durch die Bäume sieht man links zwei große, weiße Fernmeldetürme. Der Abzweigung zu den Türmen folgt man bis zum höchsten Punkt. Direkt dahinter beginnt der Weg zum Midnight Dome. Dieser führt weiter durch den Wald vorbei am verlassenen Yukon Ditch, einem Aquädukt, das die Goldfelder bewässerte, und weiter bis hinter einen unbenutzten Teil der alten Straße hinauf zum Gipfel. Der Weg wird langsam ausgebaut und ist teilweise ausgeschildert.

Vom Gipfel aus (885 Meter) hat man einen herrlichen Rundblick auf die ganze Umgebung. Der Yukon River erstreckt sich rechts und links bis weit in die Landschaft, und Dawson City liegt direkt unter dem Gipfel. Nordöstlich am Horizont sieht man die Ogilvie Mountains, im Westen schlängelt sich der World Highway durch Alaska. In Richtung Süden liegt der Bonanza Creek, wo Abraum eine neue, wellenförmige Landschaft geformt hat und riesige Maschinen noch heute Gestein zum Auswaschen fördern. Ein Schild informiert über die topographischen Daten. Den Abstieg zum Yukon River beginnt man in westlicher Richtung. Von diesem Weg aus hat man einen noch besseren Blick auf die Stadt. Wenn man die freie Fläche passiert hat, windet sich der Pfad mehrere Stunden durch

Yukon Territory

enges Gebüsch bis zum Moosehide Trail. Besser ist es jedoch, wenn man zur Ecke King und Eigth Street zurückkehrt und den Ausflug nach Moosehide ausgeruht beginnt. In dem Indianerdorf, das 1957 aufgegeben wurde, leben heute wieder ein paar Menschen. Dort kann man noch die Holzhütten, das Vorratshaus, die Schule, die anglikanische St.-Barnabas-Kirche von 1908 und den Indianerfriedhof sehen.

■ DIE GOLDFELDER

Wer sich einen genauen Überblick über eine der abgerissensten Gegenden des Nordens verschaffen und ein Gefühl für das Fieber nach Gold bekommen will, sollte der Bonanza Road stadtauswärts folgen. Mit dem Abraum der Schürfarbeiten, der sich hier überall auftürmt, könnte man den ganzen Yukon mit Schotter bedecken. Und das Material, das herumliegt, reicht aus, um diesen Schotter dorthin zu transportieren und abzuladen. Am Discovery Claim, genau an der Stelle, wo George Carmack 1896 in einer Pfanne sein erstes Gold fand, steht heute eine Gedenktafel. Einen Kilometer weiter ist der Zusammenfluß des Bonanza Creek und des Eldorado Creek. Dort befand sich zu Zeiten des Goldrauschs die Stadt Grand Forks. Nichts ist davon übriggeblieben, denn die gesamte Umgebung wurde umgegraben. Der Klondike Visitors Association gehört hier ein kleiner Claim, in dem man als Besucher kostenlos Gold schürfen kann.

Auf dem Weg hierher kommt man an einem kommerziellen Goldschürfunternehmen vorbei. Im **Claim 33** kann man ebenfalls nach Gold suchen. Man bezahlt zwar C$ 5 für das Vergnügen, dafür wird man aber garantiert fündig. Man kann die Technik des Goldschürfens erlernen oder bereits vorhandene Kenntnisse verbessern.

Der Höhepunkt des Ausflugs ist sicherlich der Besuch der Dredge Nr. 4, dem größten hölzernen Goldbagger Nordamerikas. Gebaut 1912, schaufelte diese riesige Maschine bis 1966 ständig goldhaltige Erde von den Ufern des Creeks. In einem Infomobil erhält man Details zur Arbeitsweise der Dredge Nr. 4. Man kann bis oben in den Kontrollraum an der Spitze des Baggers gehen.

■ DER WEG NACH ALASKA

Der »Top of the World Highway« von Dawson zum Taylor Highway in Alaska ist eine der besten nicht asphaltierten Straßen des Nordens. Er ist sehr breit angelegt, gut ausgebaut und vor allem schnell. Im vierten Gang kann man bis zu 90 Kilometer pro Stunde fahren. Es ist eine hoch gelegene Straße, die von Dawson steil bergauf in die obere Taiga und die alpine Tundra der unteren White Mountains führt. Dabei hat man einen guten Ausblick und kann in der Ferne den Verlauf der Straße entlang der Bergrücken sehen.

Von Zivilisation ist entlang der Straße nicht viel zu spüren. Schließlich erreicht man jedoch **Poker Creek (Alaska)** in einer Höhe von 1258 Metern. Der Ort, der übrigens nur zwei Einwohner hat, ist der nördlichste Grenzpunkt des amerikanischen Zolls. Hier überquert man die Grenze und wendet sich in Richtung **Boundary**. In der kleinen Bergsiedlung gibt es eine Reihe von Hütten, Wohnwagen, eine Tankstelle, Flugzeuge und die Boundary Lodge, wo man etwas essen und die Toiletten benutzen kann.

Boundary liegt 111 Kilometer entfernt von Dawson. Bis zur Einmündung in den Taylor

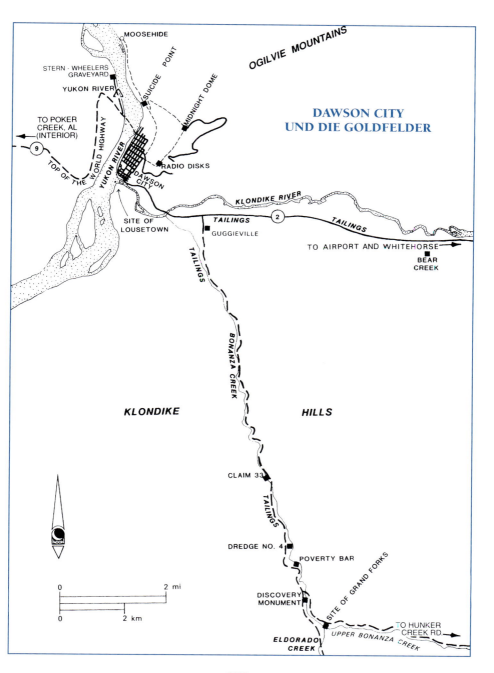

Yukon Territory

Highway und auch noch darüber hinaus ist der Ort die einzige menschliche Ansiedlung in der Gegend. Daher sollte man seine Tankanzeige genau im Auge behalten, denn nach Boundary ist die nächste Tankstelle erst bei der O'Brien Creek Lodge, 64 Kilometer weiter am Eagle Cutoff, oder im ebenfalls 64 Kilometer entfernten Chicken am Taylor Highway. Zu bedenken bei der Reiseplanung ist auch, daß die amerikanischen und kanadischen Grenzbeamten nur von Mitte Mai bis Mitte September und auch dann nur von 9 bis 21 Uhr arbeiten. Wer auch nur eine Minute später ankommt, muß dort übernachten.

■ AUSFLÜGE

Die **Yukon Lou** startet zu 90minütigen Fahrten nach Pleasure Island, wo ein großes Barbecue stattfindet. Die Reise startet vom Fähranleger hinter dem Birch Cabin Ticket Office nördlich der *Keno* (Tel. +1(403)993-5482).
Ein lokaler Reiseveranstalter unternimmt Ausflüge durch die Stadt, zum Midnight Dome und zu den Goldfeldern.
Gold City Tours in der Front Street wird von jedermann empfohlen.
Es gibt auch Busverbindungen nach Inuvik am Dempster Highway.
Charterrundflüge bietet **Bonanza Aviation** (Tel. +1(403)993-6904).
Oder man nimmt einen Hubschrauber von **Trans North Air** (Tel. +1(403)993-5494) für einen 20minütigen Flug über die Umgebung.

■ KUNST UND KUNSTHANDWERK

Geschenkboutiquen und Souvenirgeschäfte sind sehr zahlreich im touristischen Dawson. Der größte Laden ist **Flora Dora's** an der Ecke Second und King Street in der letzten Tanzhalle von Dawson, die 1908 geschlossen wurde.
Art Gallery, einen Block weiter an der Ecke Third und King Street, verkauft Bilder, Töpferwaren, Schmuck und Bücher.
Bei **Klondike Nugget and Ivory** gleich gegenüber findet man Schmuck aus Goldnuggets und Elfenbein (aus Mammutzähnen) sowie aus Porzellan und Jade.

■ INFORMATIONEN UND DIENSTLEISTUNGEN

Wie immer beginnt man seinen Aufenthalt am besten im **Visitor Reception Centre** (Tel. +1(403)993-5566) an der Ecke Front Street und King Street. Das Büro ist von Mitte Mai bis Mitte September täglich von 9 bis 21 Uhr geöffnet. Die Mitarbeiter sind sehr kompetent und auf fast alle Fragen vorbereitet. Dort gibt es auch Speisekarten, Hotelpreise und Listen über Souvenirläden, Öffnungszeiten von Sehenswürdigkeiten, Termine der Veranstaltungen in den Kinos, Preise der Duschen und vieles mehr. Außerdem bekommt man umfangreiche Informationsbroschüren. Man kann sich eine Videovorführung ansehen, in der man etwas über die lokalen Themen und über die Goldproduktion erfahren kann.
Einstündige Stadtbesichtigungen beginnen mehrmals täglich hier, die genauen Anfangszeiten entnimmt man dem »Schedule of Events«. Eine weitere begleitete Tour findet einmal täglich statt und führt zum Fort Herchmer.
Öffentliche Duschen gibt es vielerorts. Die am nächsten gelegenen Duschmöglichkeiten sind an der Rückseite des Chief-Isaac-Gebäudes, neben dem Besucherzentrum. Für fünf Minuten zahlt man C$ 5. Geräumi-

ger sind die Duschen bei Guggieville (an der Kreuzung von Bonanza Road und Klondike Highway). Gutscheine dafür gibt es im Laden auf dem Campingplatz. Guggieville war einst das Zentrum für die große Goldförderung des Morgan-Guggenheim-Syndikats, das die meisten Claims am Klondike aufgekauft hatte.

Geld wechselt man am besten bei der **CIBC Bank** in der Queen Street.

Topographisches Kartenmaterial erhält man beim Registrierungsbüro der Bergbaubehörde neben dem Hauptpostamt in der Fifth Avenue.

Die **Bibliothek** befindet sich an der Ecke Fifth und Queen Street im gleichen Gebäude wie die öffentliche Schule. Sie ist dienstags, mittwochs und freitags von 12 bis 19 Uhr, donnerstags bis 20 Uhr sowie samstags von 11 bis 17 Uhr geöffnet. Man muß seine Schuhe ausziehen, bevor man eintritt.

Maximilian's Gold Rush Emporium an der Front Street (montags bis samstags von 9 bis 20 Uhr und sonntags ab 10 Uhr) hat eine große Auswahl an Taschenbüchern und Büchern über den Norden. Außerdem kann man Kassetten und T-Shirts sowie Zeitungen und Zeitschriften erstehen.

Golden City Travel (Tel. +1(403)993-5175) in der Front Street gegenüber der *Keno* bietet Stadtrundfahrten durch Dawson sowie Ausflüge zum Midnight Dome und zu den Goldfeldern. Dort kann man auch Reservierungen für Flüge, Fährtickets und Hotels vornehmen.

■ ESSEN

Dawson ist bekannt für seine gute Küche. Es gibt eine große Auswahl verschiedener Speisen und Preiskategorien. Wenn man die Speisekarte im Visitor Center durchsieht, kann man sich ein Essen zu dem Preis aussuchen, der in das Budget paßt.

Legendär sind die Frühstücksspezialitäten in **Klondike Kate's**. Ein Frühstück mit Eiern und Speck kostet C$ 4 (von 7 bis 11 Uhr). Dort bekommt man auch die besten Pommes frites und die beste Soße der Stadt (C$ 3). Zum Mittagessen sollte man etwas vom Tzaziki probieren. Hervorragend schmeckt auch die Fischsuppe.

Hoch gelobt wird die Küche im **Marina's** an der Ecke Fifth und Princess Street. Italienische und griechische Gerichte stehen dabei ebenso auf der Speisekarte wie die berühmten Alaska King Crabs und hervorragendes Filet.

Auch alle Hotels verfügen über große Restaurants mit umfangreichen Speisekarten, und die Preise sind einigermaßen erträglich.

So offeriert man im **Belinda's** im Westmark Inn Waffeln, Eier mit Speck, Omelettes, Sandwiches und Burger. Die Preise liegen zwischen C$ 5 und C$ 8. Für Hühnchen, Spareribs, Heilbutt oder Lachs muß man mit C$ 17 bis C$ 20 rechnen. Man kann draußen auf der Terrasse mit Blick ins Grüne sitzen.

Den Nachtisch sollte man in **Madame Zoom's** Eisdiele an der Second und King Street bestellen. Dort findet man alle möglichen Sorten von Eiscreme und gefrorenem Joghurt für etwa C$ 2 bis C$ 3.

■ UNTERHALTUNG

Auch wenn Kasinos in Dawson genauso verbreitet waren wie Saloons, war das Spielen im Yukon (und in ganz Kanada) erst 1971 formell erlaubt. Im selben Jahr wurde **Diamond-Tooth Gertie's**, Kanadas erstes lega-

Yukon Territory

les Kasino, eröffnet, und seitdem ist Dawson City nicht mehr das, was es war. Gerti's ist die nördlichste Spielbank auf dem Globus und möglicherweise das einzige nicht profitorientierte Unternehmen seiner Art, das sich nicht in Händen von karitativen Organisationen befindet. An der Ecke Fourth Avenue und Queen Street ist Gerti's jeden Abend von 19 bis 2 Uhr geöffnet. Der Eintritt kostet C$ 4,75. Das Lokal wird von der Klondike Visitors Association geführt, das die Erlöse aus dem Geschäft nutzt, um Dawson City zu restaurieren und für die Stadt Werbung zu machen. 1995 wurden an den Spieltischen C$ 540 000 und an den Slot-Maschinen C$ 736 000 eingenommen. Nach Abzug der Ausgaben erwirtschaftete das Kasino C$ 350 000 Gewinn.

■ UNTERBRINGUNG

Der **Yukon River Campground** auf der anderen Seite des Yukon ist groß (100 Stellplätze), komfortabel für Autos und verfügt über fließendes Wasser, Toiletten und Feuerholz (pro Nacht C$ 8). Eine kostenlose Fähre, die *George Black* mit Platz für sechs bis acht Autos, verkehrt regelmäßig rund um die Uhr (außer mittwochs zwischen 5 und 7 Uhr) zwischen beiden Ufern des Flußes. Die Überfahrt ist lustig, auch wenn man nicht vorhat, dort zu campen. Von der Fähre bis zum Campingplatz ist es etwa ein halber Kilometer.
Wenn man vorbei am Campingplatz wandert, kommt man zum Friedhof der Raddampfer, wo drei große Flußschiffe liegen, die hier vor vielen Jahren gestrandet sind. Oberhalb des kleinen Fähranlegers befindet sich auch eine Jugendherberge. Dort kann man in einer Art Zeltstadt übernachten oder sein eigenes Zelt aufstellen.

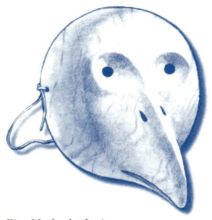

Eine Maske der Inuit, aus einem Stück Treibholz geschnitzt

Besucher mit Wohnmobilen können den **Gold Rush Campground** an der Ecke Fifth Avenue und York Street nutzen (Tel. +1(403)993-5247). Die Preise sind unterschiedlich und richten sich danach, welche Leistungen man in Anspruch nimmt. Auf dem Campingplatz gibt es einen kleinen Einkaufsladen, einen Waschautomaten und Duschen.
Wer in Dawson ohne eine Reservierung ankommt, sollte das Informationsbrett im Visitor Reception Centre studieren, bevor man sich für ein Hotel entscheidet. Viele Hotels, Motels und Frühstückspensionen bieten dort für die kommende Nacht Spezialpreise an.
Das **Westminster Hotel** (Tel. +1(403)993-5463) ist die günstigste Übernachtungsmöglichkeit in Dawson. Die Preise für Zimmer mit Gemeinschaftsbad beginnen bei C$ 55 im Doppelzimmer. Die Zimmer sind sauber, und das Hotel ist ein beliebter Treffpunkt für Einheimische und internationale Urlauber (es kann sehr laut werden).

Dawson City und Umgebung

In der Nähe, an der Ecke Princess Street und Second Street, liegt das **Dawson City Bunkhouse** (Tel. +1(403)993-6164). Das Hotel aus den neunziger Jahren berechnet C$ 90 für ein Zimmer mit Bad.
Im **Gold Nugget Motel** (Tel. +1(403)993-5445) an der Ecke Fifth und Dugas Street kostet eine Übernachtung im Doppelzimmer C$ 50.
Klondike Kate's (Tel. +1(403)993-6527; Doppelzimmer C$ 65) ist das beliebteste Restaurant in der Stadt und serviert die leckeren Frühstücksspezialitäten des Nordens. Außerdem gibt es neun Hütten, die jeweils über ein privates Bad verfügen.
Weitere Übernachtungsmöglichkeiten bestehen im **Whitehorse Motel** (Tel. +1(403)993-5576), im **Midnight Sun Hotel** (Tel. +1(403)993-5495) und im **Triple J Hotel** (Tel. +1(403)993-5323).
Hinzu kommen einige Frühstückspensionen: **Fifth Avenue B&B** (Tel. +1(403)993-5941), **Dawson City B&B** (Tel. +1(403)993-5649) sowie **White Ram Manor** (Tel. +1(403)993-5772). Alle berechnen zwischen C$ 65 und C$ 79.

■ AN- UND WEITERREISE

Die Busse von **Norline** fahren von der Chevron-Tankstelle an der Ecke Princess Street und Fifth Avenue dreimal in der Woche in den Nachmittagsstunden von Dawson nach Whitehorse. Dawson City ist die Endstation für Busse, daher kann man nur zurück nach Whitehorse fahren und von dort aus einen Bus nach Tok, Fairbanks oder Anchorage nehmen.
Eine andere Alternative ist der Flug. **Air North** bietet viermal in der Woche direkte Flugverbindungen von Dawson nach Fairbanks sowie nach Whitehorse und Old Crow. Tickets bekommt man bei Gold Rush Travel. Der Flughafen von Dawson liegt 17 Kilometer östlich der Stadt.
Natürlich kann man auch mit der *Yukon Queen* von Gray Line nach Eagle fahren. Das Flußschiff verkehrt täglich zwischen Dawson und Eagle (einfache Strecke $ 77). Viele Urlauber sagen, daß die Crew an Bord hervorragend, die Fahrt sehr schön und das Schiff einfach wundervoll ist. Tickets erhält man bei Yukon Queen Cruises in der Front Street (Tel. +1(403)993-5599).

Im Landesinneren

Das Landesinnere Alaskas ist ein großartig geneigtes Plateau zwischen den Bergketten der Alaska und der Brooks Range. Die mächtigen Flüsse des Yukon und des Tanana sind die charakteristischen Merkmale der Region, wenngleich der Blick fortwährend auf der unendlichen Weite der Hügellandschaft ruht.

Die einzige mittelgroße Stadt in dieser Region ist Fairbanks, gefolgt von mehreren Kleinstädten und vielen Dörfern. Die interessantesten darunter finden sich entlang den Flußufern, einige davon liegen am Highway. Den Großteil der Region zu erkunden, ist finanziell aufwendig und oftmals ohne eigenes Fahrzeug unmöglich. Dafür warten allerdings aufregende Abenteuer entlang der vielen wilden und malerischen Flüsse, in den Naturschutzgebieten wie auch im spektakulären Denali National Park.

Eagle

Wenn man aus Richtung Dawson kommt, biegt man rechts an der **Jack Wade Junction** ab, ein paar Kilometer hinter der Grenze. Von hier aus sind es etwa 105 Kilometer bis nach Eagle am Eagle Cutoff. Die Strecke ist mehr ein Pfad als eine Straße, sehr eng und kurvenreich mit steilen Anstiegen, unebener Fahrbahn, endlosen Spitzkehren, wenig Verkehr und einer Durchschnittsgeschwindigkeit von 30 bis 50 Kilometern pro Stunde. Gleichzeitig ist sie eine der vergnüglichsten Routen im Staat. Viele Kurven und Biegungen, auf und ab, kaum Gegenverkehr, um den man sich sorgen muß – mit dieser Strecke kann man wirklich seinen Spaß haben. Die Szenerie mit ihren Hügeln und Fichten ist die, an die man sich seit Verlassen von Whitehorse gewöhnt hat, so daß man sich völlig auf die Straße konzentrieren kann, was man ohnehin sollte, da hier nur ein Moment Unachtsamkeit mit einem Ausflug in den Straßengraben bestraft wird. Man muß für die 105 Kilometer mit gut zwei Stunden rechnen, zwei Stunden voller Schweiß, Konzentration, die Hände ans Lenkrad geklammert, mit all der Aufregung und Spannung und hoffentlich ohne Blechschaden.

Von Tetlin Junction aus sind es 260 Kilometer, von Dawson immerhin noch 235 Kilometer rauhe und unebene Strecke bis nach Eagle. Man muß es schon sehr ernst meinen, wenn man diese Strapaze auf sich nehmen will. Selbst wenn man sich aus Richtung Dawson kommend Alaska nähert, sind es noch 210 Kilometer, mindestens fünf Stunden Fahrt, vom Top of the World Highway und dem Taylor Highway nach Eagle und zurück. Benzin, wenn man welches findet, kostet $1,75 pro Gallone.

Eagle

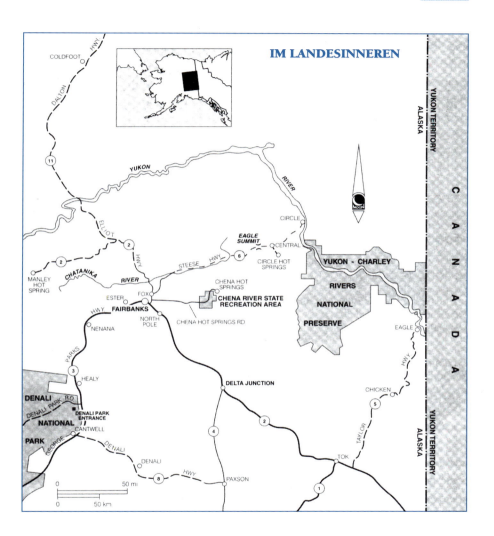

IM LANDESINNEREN

Eagle ist eine komplette Geschichtsstunde. Das kleine pittoreske Dorf mit seinen 150 Einwohnern hat mehr Quadratmeterfläche an Museen als irgendein anderer Ort im Staat. Die kürzeste Tour dauert immerhin drei Stunden. Zusätzlich findet man einen wunderschönen und kostenfreien Campingplatz, großartige Duschen, nette und freundliche Leute, sowie die malerische Landschaft des Yukon River – und plötzlich ist es jede Anstrengung, Mühe und Zeit wert, Eagle zu besuchen.

Im Landesinneren

■ **HISTORISCHES**

Um 1881 etablierte Francis Mercier, ein frankokanadischer Händler, in Eagle einen Handelsposten, um mit Fort Yukon und Fort Reliance, den beiden Handelsposten der Hudson Bay Co. entlang dem Yukon River, in Wettbewerb zu treten. Die Wahl des Ortes schien befremdlich. Kurz hinter der amerikanischen Grenze legten Flüchtlinge, die von den strikten kanadischen Handelsgesetzen und Steuern die Nase voll hatten, an dieser Stelle im Frühling 1898 eine Proviantstation an und benannten sie nach den vielen majestätischen Vögeln dieser Gegend.
Durch die Lage am südlichsten Zipfel des Yukons in Ostalaska war Eagle insbesondere während der Hochwasserzeit ein strategischer Transport- und Kommunikationspunkt für die Nachschubrouten ins Innere Alaskas von Valdez aus. Innerhalb von sechs Monaten verwandelten drei große Handelsgesellschaften Eagle in einen der wichtigsten Yukonhäfen.
1899 begann die Army in Dorfnähe mit dem Aufbau von Fort Egbert. 1900 erschien Richter James Wickersham und gründete den ersten ordentlichen Gerichtshof, der fortan für mehr als die Hälfte des Staates zuständig war. 1902 wurde die WAMCATS-Telegraphenverbindung zwischen Eagle und Valdez fertiggestellt, die das erste rein amerikanische Kommunikationssystem zu den Kontinentalstaaten Amerikas darstellte.
Der größte Moment in der Geschichte Eagles trug sich im Jahr 1905 zu, als ein norwegischer Forscher aus dem eisigen Nebel auftauchte und, ohne der englischen Sprache mächtig zu sein, den Dorfbewohnern klarmachte, wer er war und was er getan hatte. Der Mann war niemand anderes als Roald Amundsen, der gerade die Nordwestpas-

sage durchfahren (zum ersten Mal nach mehr als 350 Jahren fehlgeschlagener Versuche) und darüber hinaus im arktischen Winter mehr als 800 Kilometer unerkundetes Land mit dem Hundeschlitten durchquert hatte, nachdem er sein vom Eis eingeschlossenes Schiff hatte aufgeben müssen. Die Nachricht von seiner Tat, die von hier aus über den Telegraphen geschickt wurde, war das Ereignis des Jahrzehnts.

Um diese Zeit herum war der Stern Eagles allerdings bereits gesunken. Die Glückssuchenden waren nach Fairbanks und Nome gezogen, und Judge Wickersham war ihnen mit seinem Gerichtshof gefolgt. Fort Egbert verlor an Bedeutung und wurde 1911 aufgegeben. WAMCATS wurde sieben Jahre nach seiner Installation durch drahtlose Kommunikationssysteme ersetzt. Die Bevölkerung Eagles schwand kontinuierlich und erreichte 1959 mit 13 Bewohnern ihren Tiefstand.

In der weiteren Folge erholte sich Eagle, bedingt durch Goldfunde in der Nähe von Chicken und Fortymile, dem Aufbau des Yukon-Charley Rivers National Preserve und der Anwesenheit unabhängiger Pioniere, von dieser Entwicklung und ist heute eine wiederaufstrebende Gemeinde, stolz auf die Vergangenheit und optimistisch in die Zukunft blickend.

■ SEHENSWERTES

Nahezu jeder Bewohner Eagles ist Historiker und leidenschaftlicher Anhänger der Stadt. Die Eagle Historical Society ist eine der am besten organisierten Gruppierungen dieser Art im gesamten Staat. Sie wurde 1961 gegründet, nachdem jemand mit einem LKW an der alten Maulesel-Scheune vorfuhr und die Stadt mit der gesamten Sammlung an Sätteln verließ. Alle Mitglieder sind Freiwillige bis auf den Museumsdirektor Cassy Richter, der 1996 angestellt wurde. Die Sorgfalt und Liebe, mit der die Eagles unerschöpflicher Reichtum an Artefakten dargestellt ist, ist unbedingt sehenswert. Die angebotene Führung ($5), die zwischen Memorial Day und Labor Day täglich um 9 Uhr am Gerichtsgebäude des Richter Wickersham beginnt, ist die einzige Möglichkeit, diesen Reichtum zu erkunden. Die Tour macht sehr viel Spaß. Man wird unter anderem angehalten, eine alte Erdnußwärmemaschine zu bedienen und in die Tasten einer antiken Blasorgel zu hauen.

Während man am Morgen auf den Beginn der Führung wartet, hat man Gelegenheit, seine Wasserflaschen im neben dem Gerichtsgebäude gelegenen **Quellenhaus** zu füllen. Die Quelle, die 1910 18 Meter tief von Hand gegraben wurde, liefert noch immer frisches Wasser, und drei von vier Einwohnern beziehen noch heute ihren Wasservorrat von hier. Man kann entweder seine Flasche direkt vom Hahn füllen oder sich der tankstutzenförmigen Vorrichtung bedienen.

Die Führung beginnt standesgemäß im **Gerichtsgebäude**, welches 1905 von Richter Wickersham für $5000 erbaut wurde. Alle vier Räume, die Halle eingeschlossen, sind mit Ausstellungsgegenständen versehen, darunter Displays in Verbindung mit der Geschichte der Han-Indianer, der Geologie und Architektur, die der frühen Pioniere, die Geschichte des Telegraphen usw. Zu sehen ist auch die Titelseite der *New York Times* vom 7. Dezember 1905, die neben der Amundsen-Story auch die Landkarte der Nordwestpassage enthält. Übrigens legt die wagemutige Suzan Amundson, Roalds Ururenkelin, noch heute einer Familientradition gemäß bei jedem Yukon-Hunde-

Im Landesinneren

schlittenrennen eine Rast am Eagle Checkpoint ein. Keinesfalls versäumen darf man die falschen Zähne des sagenhaften Nimrod (aus Karibu- und Bärenzähnen bestehend) und die erstaunlich genaue Reliefkarte der Umgebung mit Elchblut auf Pappmaché gedruckt.

Im Gerichtssaal im ersten Stock findet man einen kleinen Andenkenladen der historischen Gesellschaft, der interessante Gegenstände für einen guten Zweck anbietet.

Man bewegt sich anschließend gemächlich zum **Zollhaus** am Ufer des Yukon, ein weiteres zweistöckiges Museum voller Geschichte. Man kann die sechs datierten Fotografien des zugefrorenen Yukon River zwischen dem 13. Oktober 1899 und dem 12. Januar 1900 studieren und die Bilder der »wilden« Tiere im ersten Stock bestaunen, die Wolfsjungen von Fred Ferwilliger, der schwarze Hausbär von Mae Collins und einige seltsam dreinschauende Elche, die an Wagen festgebunden sind. Ein Muß ist ein Eintrag in das original US-Einwanderungsbuch.

Nächste Station nach einem kurzen Fußmarsch ist **Fort Egbert**. Die Restaurierung der wenigen verbliebenen Gebäude wurde in den Jahren 1975 bis 1979 von Senator Ted Stevens und der BLM finanziert. Anhand eines Schaudiagramms kann man die einzelnen Schritte der Restaurierung nachvollziehen. Die alte Eselsscheune, 45 Meter lang und 9 Meter breit, ist eines der größten restaurierten Gebäude in Alaska und beherbergt eine große Anzahl von Relikten aus der Vergangenheit Eagles: Werkzeuge, Waffen, Uniformen, Wagen, Hundeschlitten, Boote, einen Prototyp der Sears-Kettensäge, einen alten Außenbordmotor und vieles mehr. Im ersten Stock befindet sich eine Ausstellung zur Goldgräberzeit mit einer Sammlung von Rube Goldbergs Ausrüstung.

Die neueste Errungenschaft ist das restaurierte **Improved Order of Redmen Building**, Sitz einer Wohltätigkeitsgesellschaft, die sich dem Erhalt der Sitten und Gebräuche der Ureinwohner verschrieben hatte. Natürlich wurden nur Weiße in diese Gesellschaft aufgenommen, was noch heute für Schmunzeln sorgt. Heute wird das Gebäude auch für öffentliche Versammlungen genutzt. Es wird eine Führung angeboten, die man nicht versäumen sollte.

In der First Avenue (rechts halten, wenn man in die Stadt kommt) findet man nach etwa vier Kilometern das **Eagle Village**, eine pittoreske Indianersiedlung, die bereits vor der Erschließung des Gebietes durch Weiße existierte. Sie fischen direkt vor der Küste, und der Lachs liegt überall zum Trocknen aus. Die Bewohner sind sehr freundlich, wenn man ihre Privatsphäre respektiert. Im Dorf sollte man das Informationsbrett am Postamt studieren, das über Aktuelles im Dorf auf dem laufenden hält.

■ ESSEN UND DIENSTLEISTUNGEN

Direkt neben der Eagle Trading Co. findet man das **Riverside Café**, täglich von 6.30 bis 20 Uhr geöffnet. Zu empfehlen sind die Burger mit Pommes frites zu $5,50 sowie die 5 Dollar Specials. Eine weitere Spezialität sind die herrlichen Duschen, 15 Minuten für $4, wobei hier niemand die Zeit nimmt. Das Motel ist von Mitte April bis Mitte Oktober geöffnet, das Café öffnet Mitte Mai. Hier findet man auch jemanden, der einen nach Dawson, Tok oder Fairbanks mitnimmt, sollte man eine Fahrgelegenheit benötigen.

Die **Eagle Trading Co.** verkauft Benzin für $1,75 pro Gallone. Den gleichen Preis be-

Eagle

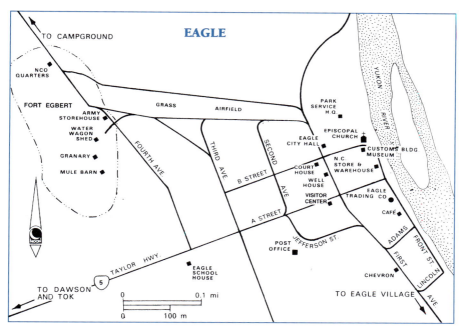

zahlt man bei **Telegraph Hill Service**, etwa 3,5 Kilometer außerhalb der Stadt gelegen, wie auch im **Village Store** (Tel. +1(907)547-2270). Der Village Store führt darüber hinaus Werkzeug, Propangas und Geschenke im Angebot.
Etwa eineinhalb Kilometer vom Eagle Cutoff entfernt findet man **Yukon Ron's** (Tel. +1(907)547-2305), ein kleiner sehr erlesener Geschenkeladen, in dem die Schnitzereien des Ladeninhabers Ron West zum Verkauf ausgestellt sind. Es lohnt sich, hier vorbeizuschauen.

■ UNTERBRINGUNG

Aus dem Dorf kommend folgt man den Schildern zum kostenlosen **Campingplatz**, der direkt neben dem alten Friedhof liegt (hier liegt unter anderem auch Nimrod begraben). Es gibt herrliche Stellplätze, von Wald umgeben, und kostenloses Feuerholz. Hier kann man sein Wohnmobil parken. Ebenfalls sein Nachtlager aufschlagen kann man in der **Eagle Trading Company** (Tel. +1(907)547-2220) am Ufer, Zimmer mit zwei Betten und Bad kosten hier ab $50 pro Nacht, $10 für jede weitere Person. Alle Zimmer haben Ausblick auf den Fluß.
Ein wunderschönes Bed & Breakfast ist das **Falcon Inn** (Tel. +1(907)547-2254) in einem zweistöckigen Gebäude mit Dachfenstern und einem Aussichtsturm direkt am Yukon. Charley und Marlys House errichteten das Gebäude auf dem Gelände der Alaska Exploration Co. direkt neben dem historischen Zollhaus. Marlys ist die örtliche Wissenschaftslehrerin und Naturkundlerin,

Im Landesinneren

Charley der Kapitän des Flußbootes *Kathleen*. Gäste des Hauses erhalten Ermäßigungen auf Ausflüge, die Zimmer kosten ab $65 pro Nacht, sind alle mit Bad ausgestattet, und die Übernachtung beinhaltet Frühstück. Das **Yukon Adventure** (Tel. +1(907)547-2221), ein weiteres erstklassiges Bed & Breakfast, liegt nahe dem Bootsanlegeplatz. Kay und Darrel Christensen bieten Zimmer zwischen $50 und $80 pro Nacht an, reichhaltiges Frühstück eingeschlossen. Der große Garten mit Picknickmöglichkeit und Holzgrill lädt zum Verweilen ein, und bis ins Zentrum von Eagle ist es lediglich ein kurzer Fußmarsch.

■ AN- UND WEITERREISE

Öffentliche Verkehrsmittel gibt es in Eagle nicht. Von Dawson aus sind es gut vier Stunden mit dem Auto und weitere fünf Stunden bis nach Tetlin Junction. Die genaue Fahrzeit hängt allerdings davon ab, wie lange man sich im Goldgräbergebiet aufhalten will.

Warbelow's Air Ventures (Tel. +1(907)474-0518) fliegt täglich nach Fairbanks und zurück ($88 für die einfache Strecke) und versorgt Eagle gleichzeitig mit der täglichen Post und anderen Gütern.

Sinnvollerweise kommt man auf dem Luftweg nach Eagle und segelt von dort aus mit der *Yukon Queen* von Westours nach Dawson. Das Schiff verläßt Eagle täglich um 14 Uhr und läuft um 19 Uhr in Dawson an. Die einfache Fahrt kostet $79, Hin- und Rückfahrt $130. Die Tour ist sehr zu empfehlen.

Warbelow bietet auch Flüge mit dem Postflugzeug in abgelegene Dörfer an, die über Straßen nicht zu erreichen sind. Sollten Sie in die Vereinigten Staaten auf dem Wasserwege über den Yukon einreisen, so versäumen Sie es nicht, den Zoll im Postamt zu besuchen.

Yukon-Charley Rivers National Preserve

Eagle ist, wie bereits beschrieben, ein sehr abgelegenes Nest. Wer allerdings für ein paar Tage vollkommen abtauchen will, besucht das Yukon Charley Rivers National Preserve (P.O. Box 64, Eagle, AK 99738, USA). Dieser eine Million Hektar große Park ist einfach, ohne irgendwelche Einrichtungen oder Transportmöglichkeiten, mit einer spärlich besetzten Mannschaft, die ihr Hauptquartier in Fort Egbert hat. Das Visitor Center an der Ecke der First und Fort Egbert Avenue hält eine Auswahl an Lektüre und Videos bereit und kann bei der Zusammenstellung einer Tour behilflich sein. Das Hauptquartier ist von Montag bis Freitag von 8 bis 17 Uhr geöffnet.

Der populäre Wildwasser- oder Kanutrip führt von Eagle aus nach Circle und sollte mit fünf bis zehn Tagen eingeplant werden. Man kann auch ein Flugzeug chartern, das einen irgendwo im Quellgebiet des Charley River mit einem Boot aussetzt, von wo aus man den Yukon hinabfahren kann. Um eine solche Tour zu meistern, muß man in der Lage sein, völlig autark zu operieren. Dazu sollte man eine hohe Toleranz, wenn nicht gar Vorliebe für Moskitos mitbringen. Die Tour startet man am besten damit, sich im Hauptquartier des Parks anzumelden, den Wetterbericht geben zu lassen und die Reiseroute zu hinterlegen.

Um sich in Eagle für die bevorstehende Tour auszurüsten, kontaktiert man Theresa und Bill Elmore in ihrem **Eagle Commercial** (Tel.

+1(907)547-2355). Beide verfügen über große Outdoor-Erfahrung und vermieten neben Kanus auch vier bis fünf Meter lange Boote mit allem Drum und Dran. Sie bieten Touren mit oder ohne Führung an und arrangieren auf Wunsch einen Flug. Theresa ist die örtliche Repräsentantin für Warbelows, und Bill ist Händler für Landkarten des United States Geological Surveys.

Taylor Highway

Auf der Fahrt von Eagle, südlich der Jack Wade Junction, genießt man den einfachen, aber eindrucksvollen Highway, der herrliche Ausblicke auf entfernt liegende Punkte erlaubt. Die Straße selbst ist rauh, insbesondere auf den Gefällen etwa neun Kilometer nach der Kreuzung, kurz bevor man das Fortymile Country mit dem alten Jack-Wade-Goldgräbercamp erreicht. Hier findet man neben zahlreichen, verlassenen alten Gebäuden neues Minen- und Bohrgerät. Fünf Kilometer weiter stößt man auf das alte Baggerschiff Nr.1. Obgleich es lediglich halb so groß ist wie Nr. 4 in Bonanza Creek und Nr. 8 in der Nähe von Fairbanks, ist es das Paradies für jeden Kletterer und Entdecker. Seit 1942 außer Dienst liegt es noch immer festgetäut da und lädt zur Erkundung ein.

Die nächsten sechs Kilometer auf der rauhen Straße mit den Schutthalden und Bohrgeräten erinnern an eine schmalere Ausgabe der Bonanza Creek Road nahe Dawson. Für eine Weile fühlt man sich wie am Ende der Welt. Dann erreicht man das Walker-Fork-Gelände, eine willkommene Gelegenheit zum Ausstrecken oder zum Abkühlen im Fluß bei Hitze. An diesem schönen Fleck Erde, wo die South Fork und die Walker Fork aufeinandertreffen, führt eine kleine Brücke über den Fluß zum Gipfel eines Kalksteinhügels, von wo aus man einen herrlichen Blick über das Tal hat.

■ AKTIVITÄTEN

Kanuten bevorzugen diese Gegend, um in den Fortymile River und seine Seitenarme zu stechen. Mile 49 (West-Fork-Brücke), Mile 66 (Mosquito-Fork-Brücke), Mile 69 (Chicken) und Mile 75 (South-Fork-Brücke) sind gute Startpunkte mit ausreichenden Wasserständen für die Tour. Die Endpunkte der Tour bestimmt man selbst. Die O'Brien-Creek-Brücke (Mile 112) ist der am nächsten gelegene. Man kann auch bis nach Clinton Creek im Yukon Territory weiterfahren und von dort aus 40 Kilometer auf der unbefestigten Straße zurück zum Top of the world Highway fahren. Alternativ paddelt man einfach weiter bis in den Yukon River hinein und hinunter nach Eagle oder Circle, zu der Brücke bei Mile 56 am Dalton Highway oder den ganzen Weg bis hinunter zur Beringsee. Wie in Yukon Charley ist man hier völlig auf sich allein gestellt und Hilfe ist Tage entfernt. Die Hauptroute (Chicken nach Eagle) ist klassifiziert: Klasse I und II mit einigen Stromschnellen der Klasse III und einer der Klasse IV.

■ NACH TOK

18 Kilometer südlich von Fort Walker liegt Chicken (14 Einwohner). Der Name entstand, weil die Goldgräber den richtigen Namen des einheimischen Vogels »Ptarmigan« nicht buchstabieren Konnten und nach einer einfacheren Lösung gesucht hatten. Das ursprüngliche Chicken, ein verlassenes Goldgräberlager, ist heute in privatem

Im Landesinneren

Besitz. Besichtigungen gibt es täglich um 13 Uhr. Die Tour beginnt »downtown« und wird von Sue Wiren geführt, die mit ihrem Ehemann Greg, das Kaufhaus, den Saloon und das Café unterhält.

Der **Goldpanner**-Andenkenladen, ein Lebensmittelgeschäft und die Tankstelle sind auf der rechten Seite des Highway. **Chicken Mercantile** ist etwas weiter entlang der Airport Road im Zentrum. Hier bekommt man alles, Benzin, Burger, Alkohol, berühmte T-Shirts, am Ort gefundenes Gold und weitere Andenken aus Chicken. Eine Bar, ein Café wie auch eine Lachsräucherei schließen sich an.

Bevor man Chicken verläßt, sollte man sich vergewissern, daß die Wasser- und Benzinvorräte aufgefüllt sind. Von hier aus nach Tetlin Junction kommt man durch ein paar Täler und findet fast keine Zivilisation vor. Etwa 15 Kilometer nördlich von Tetlin Junction fährt man durch das Gebiet, das während des großen Waldbrandes 1990 zerstört wurde. Das bislang größte Wildfeuer Alaskas, das durch einen Blitzschlag entfacht wurde, vernichtete etwa 1,3 Millionen Hektar Wald und richtete einen Schaden in Höhe von 36 Millionen Dollar an. Eine Schautafel über die Rettung Toks befindet sich im Public Lands Information Center in Tok.

Je näher man dem Alaska Highway kommt, desto ruhiger und ebener wird die Straße. Dann fährt man einen Hügel hinunter, biegt um eine Ecke und – da ist sie, die erste geschlossene Straßendecke seit mehr als 450 Kilometern.

Tok

18 Kilometer westlich von Tetlin Junction und 150 Kilometer von der Grenze entfernt liegt Tok mit seinen 1300 Einwohnern. Es bezeichnet sich selbst als »Tor Alaskas« und dient als Versorgungsstützpunkt für viele rundum gelegene Dörfer. Dort wo der Tok River in den Tanana mündet, versammelten sich die Athabascan-Indianer einst und verkündeten Frieden untereinander. Daher wird Tok auch des öfteren mit »Friedenskreuzung« übersetzt.

Die Stadt selbst entstand aus einem Arbeiterlager beim Bau des Highway um 1940 herum und ist noch immer ohne formelle Stadtrechte. Im Stadtzentrum findet man die Abzweigung nach Anchorage (500 Kilometer). Von dort fährt man auf dem Alaska Highway etwa 150 Kilometer bis nach Delta Junction.

Die Hauptattraktion in Tok ist ein Besuch des **Alaska Public Lands Information Center** (Tel. +1(907)883-5667; Mai bis September täglich von 8 bis 20 Uhr). Wenngleich kleiner, gleicht es den gleichnamigen Zentren in Fairbanks und Anchorage und ist hervorragend geeignet, Informationen, Landkarten und Broschüren zu sammeln, Diashows, Filme oder Ausstellungen anzuschauen oder sich in den hell erleuchteten Badezimmern zu erfrischen.

Man findet dort ebenfalls eine Landkarte, auf der die Sehenswürdigkeiten illuminiert sind, daneben eine Sammlung ausgestopfter Säugetiere, eine Moskitoausstellung und eine ausführliche Darstellung des Feuers von 1990 und des Wunders, als die Flammen sich nach fünf Tagen der Stadt näherten und dann stoppten.

Einen Block weiter steht das **Main Street Visitor Center** (Tel. +1(907)883-5887; von 7 bis 19 Uhr). Hier gibt es eine Seevogelausstellung. Die hilfsbereiten Mitarbeiter beantworten gerne alle Fragen. Direkt daneben liegt die öffentliche Bibliothek von Tok.

Tok

Mukluk Land (von Juni bis August täglich von 13 bis 21 Uhr; $5 für Erwachsene, $2 für Kinder) ist ein kleiner Jahrmarkt mit einem Iglu für Kinder, Eisstockschießen, Minigolf, Hundeschlittenrennen, Alaskas größtem Moskito, Gelegenheiten zum Goldschürfen, Gärten, Videos und ab und an einer Aufführung von Donna Bernhardt, Autorin von *Tent in Tok*, einer Serie von Gedichtbänden über das Leben in einem Zelt während des Winters in Alaska.

Kostenlos sind die Hundeteam-Demonstrationen am Burnt-Paw-Andenkenladen, die außer sonntags jeden Abend gegen 19.30 Uhr stattfinden. Man kann sich für eine Runde auf dem Hundeschlitten eintragen.

■ ESSEN

Das Hauptrestaurant in Tok ist **Fast Eddy's**, geöffnet von 6 Uhr bis Mitternacht, mit seinem breiten und reichhaltigen Angebot zu vernünftigen Preisen. (Pizza ab $9,75, Burger ab $4,85, Sandwiches ab $5,50, Spaghetti, Lasagne, Steak und Meeresfrüchte). Dazu gibt es eine sehr gute Salatbar und leckeren Kuchen zum Nachtisch.

Eine gute Alternative ist das **Gateway Salmon Bake**, das man nicht verpassen darf, geöffnet von Montag bis Samstag von 11 bis 21 Uhr und Sonntag von 16 bis 19 Uhr. Cleta Aller nimmt die Bestellungen entgegen, und man bezahlt an der Kasse am Eingang. Ehemann Dave grillt die Buffalo oder Lachs Burger ($7,50), das Filet vom Lachs oder Heilbutt ($17,95) oder die Elchwurst ($12,95) und ruft die Gäste mit Namen, wenn die Leckereien fertig sind. Im Abendessen inbegriffen ist die Salatbar, gebackene Bohnen, Sauerteig-Brötchen und Limonade. Essen kann man im Freien oder in der Scheune.

Young's Café serviert den ganzen Tag lang Frühstück.
Man kann sich auch etwas Kleines bei **Tastee Frees** holen.

■ UNTERBRINGUNG

Auf dem **Tok River State Recreation Site** ($10), einem Campingplatz sieben Kilometer außerhalb Stadt, der das Feuer von 1990 überlebt hat, kann man sein Zelt aufschlagen. An gleicher Stelle am Alaska Highway finden sich einige Campingplätze und Wohnanlagen für Wohnmobile.

Northstar (Tel. +1(907)883-4631) ist der zentrale Platz für Wohnmobile und Zelte, mit Tankstelle und Waschanlage, Wäscherei und Duschen, einem Restaurant, einem Geschenkeladen und einer Filiale von Western Union. Mit der Liegeplatzgebühr erhält man einen Gutschein für zweimal Duschen. Man kann auch Gutscheine kaufen, je für $3,25, zwei für $5.

Sourdough Campground (Tel. +1(907)883-5543) befindet sich auf der gegenüber liegenden Straßenseite mit ähnlicher Anlage, zusätzlich einer nächtlichen Diashow und dem regional berühmten Sauerteig-Frühstück (Beginn 7 Uhr).

Weitere Abstellmöglichkeiten sind **Golden Baer** (Tel. +1(907)883-2561), **Tundra** (Tel. +1(907)883-7875), **Rita's** (Tel. +1(907)883-4342), gleichzeitig der farbenfrohste Wohnmobilpark in Alaska, **Tok RV Center** (Tel. +1(907)883-5750), eine neue Anlage mit Wohnmobilwerkstatt und nicht zu verwechseln mit **Tok RV Village** (Tel. +1(907)883-5877), mit angeschlossener Wäscherei und einem großen Andenkenladen.

Motels finden sich in der Stadt, und die Zimmerpreise beginnen bei $60 pro Übernachtung.

Im Landesinneren

■ AN- UND WEITERREISE

Tok ist seit Jahren schon der Alptraum für Anhalter. Geschichten von Männern, denen an der Straße wartend Bärte wuchsen, oder Frauen, die während des Wartens ihre Wechseljahre durchlebten, gibt es zahlreiche. Wer nur zwölf Anhalter vor sich hat und lediglich eine Nacht am Straßenrand verbringt, hat großes Glück.

Gleichzeitig ist Tok Passierpunkt für den **Alaska Express Bus**, der zwischen Skagway, Whitehorse, Beaver Creek, Fairbanks und Anchorage verkehrt und hier viermal täglich vorbeikommt. Die genauen Abfahrtszeiten erfährt man im Touristenbüro.

Delta Junction

Die nächste Stadt 150 Kilometer nordwestlich, dort wo der Richardson mit dem Alaska Highway zusammenläuft, ist Delta. Fairbanks erhebt den Anspruch, das Ende des berühmten Alaska Highway innerhalb seiner Stadtgrenzen zu besitzen, aber das Anrecht darauf hat ohne Zweifel Delta. Sämtliche Literatur führt den Highway mit einer Länge von 2189 Kilometer an , und die Grenzposten enden ohne Zweifel am Touristenbüro von Delta. Die Grenzposten nach Fairbanks beginnen bei Mile 266.

Der Richardson Highway war die erste Straße Alaskas. Ursprünglich verband er die Goldfelder entlang des Yukon vor der Jahrhundertwende, und ein Pfad wurde im Zuge des Baus der WAMCATS-Telegraphenleitung nach Eagle angelegt. Als im frühen 20. Jahrhundert das Interesse sich langsam auf Fairbanks konzentrierte, wurde 1907 der Pfad unter der Leitung von Wilds P. Richardson zu einer Wagenstrecke ausgebaut. Richardson war gleichzeitig der erste Vorsitzende der Alaska-Straßenkommission.

Delta begann, wie so viele andere Städte, sein Dasein als eine der zahlreichen Versorgungsstationen entlang des Pfades. Diese Stationen lagen eine Tagesreise (etwa 45 Kilometer) voneinander entfernt. 1906 wurde Bates Landing an der Mündung von Delta und Tanana eröffnet. Hier überquerten die Reisenden den Tanana River an Bord der regierungseigenen Fähre, die die Gezeiten genauso zur Fortbewegung nutzte, wie es die Ureinwohner schon seit 5000 Jahren taten. Mit der Errichtung des Alcan und später dem Aufbau der Allan Army Airbase (heute Fort Greely) wuchs Delta. Einen weiteren Vorschub erhielt die Stadt, als ein Lager zum Bau der Pipeline angesiedelt wurde. Die Leitung überquert hier den Tanana River direkt neben dem Highway, ein spektakulärer Anblick für den Überlandreisenden.

Delta stellt heute mit mehr als 40 000 Hektar an Ackerland das größte landwirtschaftlich genutzte Gebiet des Staates dar. Und schließlich ist Delta auch Heimat einer Bisonherde mit 500 Tieren, die einst sogar den Karibus zahlenmäßig überlegen waren. 1920 wurden hier 23 Bisons aus Montana ausgesetzt, und 1980 wurde die 28 000 Hektar große Delta Bison Range eingerichtet.

■ SEHENSWERTES

Wie stets beginnt man seine Tour im **Visitor Center** (Tel. +1(907)895-4632; täglich von 8.30 bis 19.30 Uhr). Hier findet man Broschüren und Antworten auf die meisten Fragen.

Wer auf dem Alaska Highway etwa zwölf Kilometer weiterfährt, bekommt einen Eindruck von der vorherrschenden Landwirt-

Delta Junction

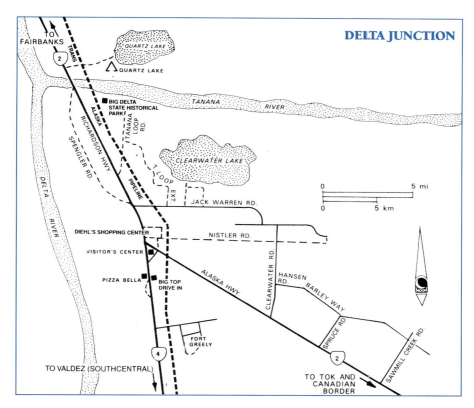

schaft. Wenn man links auf die Sawmill Creek Road abbiegt, ein weiteres Mal links auf Bailey Way, links auf Hansen Road, nochmals links auf Clearwater, ist man wieder auf dem Highway.
Bei klarem Wetter hat man einen guten Ausblick auf die östlichen Gipfel der Alaska Range.
Um einen Rundumblick zu erhalten, fährt man 35 Kilometer in südlicher Richtung auf dem Richardson Highway zum **Donnelly Dome**. Ab Mile 248 hält man sich rechts auf der unbefestigten Straße und fährt noch etwa 300 Meter nach der zweiten scharfen Abbiegung. Hier findet man den unmarkierten Beginn eines Wanderwegs. Etwa ein halber Tag zum Dome hin und zurück muß eingeplant werden.
Man sollte keinesfalls versäumen, in Delta den **Big Delta State Historical Park** zu besuchen, etwa zwölf Kilometer stadtauswärts in Richtung Fairbanks gelegen und täglich von 8 bis 20 Uhr geöffnet.
Inmitten malerischer Landschaft an den Ufern des Tanana gelegen, befand sich für Jahrzehnte im Zentrum des vier Hektar großen Gebietes **Rika's Roadhouse**, eine Raststätte für Reisende zwischen Fairbanks

Im Landesinneren

und Valdez. In den achtziger Jahren wurde der Park renoviert und erweitert und bietet heute Touren in historischen Kostümen, ein Museum, Scheunen-Ausstellungen, Goldgräber, Fallensteller und vieles andere.
Das Roadhouse selbst ist heute ein Andenkenladen, und direkt daneben findet man das Packhouse Restaurant, in dem man täglich von 9 bis 17 Uhr etwas zu essen bekommt. Bekannt ist das Packhouse für seine köstlichen Kuchen und die Bedienungen, die in historischen Kostümen servieren.
Der Park ist einer der beiden historischen Parks im Staat (der andere ist die Independence Mine in Wasilla) und sehr zu empfehlen.

■ ESSEN UND ÜBERNACHTUNG

Gegenüber dem Touristenbüro liegt **Pizza Bella** (Tel. +1(907)895-4841; täglich von 10 Uhr bis Mitternacht).
Auf der anderen Straßenseite befindet sich **Big Top Drive** mit köstlichen Burgern und Milchshakes.
In der **Delta State Recreation Site**, etwa 700 Meter westlich der Stadt, kann man für $6 pro Person und Nacht campen. Auch von hier hat man einen guten Ausblick auf die Alaska Range.
Duschen kann man am Morgen in der **Delta Laundry**, weitere 700 Meter westlich gelegen.
Fielding Lake State Recreation Site, ein rustikaler Campingplatz direkt am See, befindet sich drei Kilometer westlich des Richardson Highway auf einer Höhe von 900 Metern.
Alternativ dazu bietet sich ein Aufenthalt im **Alaska 7 Motel** (Tel. +1(907)895-4848), 6 Kilometer auf dem Richardson Highway in Richtung Fairbanks, an. In dem langgezogenen Gebäude mit roten Türrahmen kostet die Übernachtung ab $55 pro Nacht.
Kellys Country Inn Motel (Tel. +1(907)895-4667; $55 bis $60) hat Zimmer mit Einzel- und Doppelbetten.

Fairbanks

Keine andere Stadt dürfte näher an der Grenze liegen als Fairbanks. Einige hundert Meilen subarktischen Busches, der Fairbanks von allen Seiten umgibt, verstärkt das Gefühl der Grenznähe: willkürliche Planung, ständige Verbesserung der Infrastruktur, zwei Militärstandorte, viele Kirchen, die sich am Sonntag mit Großfamilien füllen und ein bunter Kern von hartgesottenen »Pionieren; zweitgrößte Stadt des Staates, und dennoch nicht größer als ein Viertel von Anchorage mit einer kompakten und freundlichen Gemütlichkeit, die Anchorage seit langem verloren hat. Trotzdem ist Fairbanks eines der größten Bevölkerungszentren in diesem extrem nördlichen gelegenen Teil der Erde.
Die Stadt selbst ist nicht schön – kaum malerisch zu nennen –, aber für einen so abgelegenen einfachen Ort ist Fairbanks wie der Rest von Alaska sichtlich stolz auf sich selbst. Es bietet den Besuchern, die in die Stadt wanken und sich Ruhe gönnen, viel. Man sollte wenigsten ein paar Tage hier einplanen, um sich den Straßenstaub abzuwischen und mit Komfort zu entspannen. Fairbanks ist einer der besten Plätze in Alaska, um vieles miteinander zu verbinden.

■ KLIMA

Die Temperaturen in Fairbanks schwanken extrem. Die Quecksilbersäule kann bis auf

−54° Celsius fallen und im Juli auf 37° Celsius hinaufschnellen. Damit wird ein enormer Temperaturunterschied von 91° Celsius erreicht. Darüber hinaus kann die Temperatur an einem Tag im Juli 32° Celsius betragen und der Himmel wolkenlos sein und am nächsten Tag um die 4° Celsius bei Regen schwanken.

Besucher sind oft über Fairbanks gelegentlich heiße Sommertage erstaunt und reißen sich dann um die wenigen Hotelzimmer mit Klimaanlage. Während der milden Tage der Sonnenwende sind die 21 Stunden und 47 Minuten direkten Sonnenlichts ein Novum für die meisten Reisenden, aber die heiße Sonne, die auf die Bewohner während des ganzen Sommers nahezu ohne Pause gnadenlos niederbrennt, kann genauso verrückt machen wie die 18 Stunden Dunkelheit im Dezember. Die Jahreszeiten sind sehr ausgeprägt. Der Frühling beginnt ungefähr um das Memorial-Day-Wochenende (Ende Mai).

Der Wetterbericht von 1986 nannte den 22. Mai den Tag, »an dem die Blätter in Fairbanks endlich sprossen«. Während des 90tägigen Sommers verändert sich das Laub von Grün zu Gelb, Orange und Rot. Normalerweise färbt es sich im frühen September braun, manchmal während des Labor-Day-Wochenendes. Es kann zu jeder Zeit im September schneien, und die Temperaturen fallen unter den Gefrierpunkt, obwohl der erste Wintertag noch Monate weit weg ist. Die Sonnenwende im Winter sieht ein paar Stunden Tageslicht, und dann dauert es fünf Monate bis zum Frühlingsanfang.

■ HISTORISCHES

Im August 1901 reiste E.T. Barnette auf der *Lavelle Young* den Tanana River hinauf, versehen mit einer Bootsladung Versorgungsmittel, mit dem Ziel Tanacross, um dort ein Handelszentrum an einem gut besuchten Weg aufzubauen. Unfähig, einige Stromschnellen zu umgehen, wandte sich der Kapitän Charles Adams dem Chena River zu und blieb auf den mit Schwemmsand beladenen Sandbänken des Chena River stecken. Adams weigerte sich weiterzufahren, Barnette umzukehren, und so blieben die beiden Männer auf dem Boot.

Während Felice Pedroni (auch Felix Pedro) durch sein Fernglas starrte, beobachtete er die Bewegung des Bootes – oder besser gesagt, das Fehlen einer solchen. Als Bergmann und möglicher Sonderbeauftragter hatte Pedro in der weiten Wildnis nördlich des Tanana und des Chena River seit einigen Jahren nach Gold gesucht und Färbungen in einigen Bächen in der Nähe, von wo aus er den Dampfer beobachtete, gefunden. Da sein Proviant zu Ende ging, stand ihm eine lange Rundreise nach Circle bevor, um sich neu zu versorgen.

In der Zwischenzeit hatte Kapitän Adams Barnette, seine Frau und ihre Sachen ohne viel Federlesen am Ufer abgesetzt. »Wir fällten einige Lärchen und halfen ihm, seine Fracht abzuladen«, erinnerte sich Adams 30 Jahre später. »Wir hinterließen Barnette rasend vor Wut. Seine Frau weinte am Ufer. Sie standen direkt vor der Stelle, die heute den Kern des Zentrums von Fairbanks bildet. Das war der Zeitpunkt, als Pedro auftauchte, Barnette ruhig über sein Vorhaben informierte und genug Vorrat für einen Winter kaufte. Zurück an seinem vielversprechenden Bach fand Pedro schließlich Gold. Die Nachricht über den Fund verbreitete sich schnell weiter. Minenarbeiter verließen das ausgebeutete Gebiet des Klondike und des Nome und machten sich zu dem winzi-

Im Landesinneren

gen Außenposten am Chena River auf, der nach dem Senator von Illinois, Charles Fairbanks, benannt wurde. Unglücklicherweise war Barnette nicht zufrieden, einen Großteil des Stadtgeländes des kleinen reichen Fairbanks zu besitzen. 1911 wurde er angeklagt, Gelder seiner eigenen Washington-Alaska Bank unterschlagen zu haben. Obwohl er freigesprochen wurde, verließ er die Stadt mit seiner Familie, um nie wieder zurückzukehren. Seine Frau ließ sich 1920 in San Francisco von ihm scheiden. Wohin er von dort ging, wann oder wie er starb, sind ungelöste Rätsel geblieben. Nur eine Fotografie, die sein Gesicht deutlich zeigt, hat bis heute überlebt: Barnette in einer Reihe stehend mit anderen Bankiers aus dem frühen Fairbanks. Tatsächlich gibt es sogar Uneinigkeit über seinen Vornamen. In *E.T. Barnette* nennt Terrence Cole ihn Elbridge, während *The $200 Million Gold Rush Town* von Jo Anne Wold ihn mit Eldridge betitelt. Die Stadtväter erinnerten an ihn, indem sie eine Grundschule Ebenezer T. Barnette tauften.

Das Gelände von Fairbanks unterschied sich merklich von den glänzenden Ufern des Klondike und dem goldenen Sand des Nome – das Gold hier war unter gefrorenem Schmutz vergraben und wurde in einer Tiefe von 2 bis zu 60 Meter gefunden. Glücksjäger wurden bald entmutigt und verließen den Ort, und Fairbanks erlebte einen weit weniger explosiven Boom als Dawson oder Nome. 1913 nach dem Ausbruch von Feuern und Fluten, als die Straße von Valdez nach Fairbanks schließlich fertiggestellt war, befand sich die Stadt mitten in einer ernsthaften finanziellen Krise. Aber 1923 verband die Alaska Railroad Fairbanks mit Seward und Anchorage, wodurch der Aufschwung gesichert war. Große Minengesellschaften verfrachteten und installierten mechanische Riesen, die das Gold freilegen sollten. Mit der Zeit wurde in den umliegenden Gebieten Gold im Wert von 200 Millionen Dollar ausgegraben. Als 1942 schließlich der Alcan von Kanada nach Delta durchgestoßen wurde und somit den Richardson Highway mit der Außenwelt verband, war die Zukunft der Stadt gesichert.

Im Sommer 1967 fiel die Stadt beinahe einer Flut zum Opfer, und die Zukunft war für eine Weile nicht vielversprechend. Aber Ende der sechziger Jahre versprach das Gelände um den Prudhoe Bay die Stadt in Öl zu ertränken. Viele der Ansässigen investierten in Spekulationen auf den Boom der beabsichtigten Pipeline. Die meisten gingen in den sechs Jahren bis zum Start des Projekts pleite. Der Bau der Pipeline begann schließlich 1974. Von den insgesamt 220 Pipelinearbeitern waren 160 von den Gewerkschaftshallen geschickt worden. Plötzlich überstieg die Nachfrage bei weitem das Angebot, wodurch in Fairbanks ein allumfassender Markt entstand, der von Dosengerichten über Kokain, von Haushaltswaren bis zu Prostituierten alles anbot. Tatsächlich gab es so viele Prostituierte, und die Gewerkschaften wurden so stark, daß die Prostituierten selbst nach einer Gewerkschaftsrepräsentation verlangten, um sich den Stadtrat und die Polizisten vom Hals zu schaffen.

So viele strömten mit Träumen vom großen Gewinn in die Stadt, daß in 48 Zeitungen Anzeigen aufgegeben wurden, die dazu aufriefen, von Fairbanks wegzubleiben. Nur die Hälfte der Arbeitsuchenden wurden angestellt, und die Schlangen in der Bank wurden nur von denen im Arbeitslosenbüro übertroffen. Während drei Jahren konnte man in Fairbanks kaum einen Satz sagen oder hören, der nicht das Wort »Pipeline«

Fairbanks

enthielt. Es erreichte nahezu mythischen Status und wurde zum Schimpfwort der Ansässigen für die Bevölkerungsexplosion, die wuchernde Kriminalität, die sich verschlechternden Sozialleistungen, die langen Trennungen von Heim und Familie und allen anderen örtlichen Probleme. Man baute diese Ader innerhalb von drei Jahren ab, und die Klügeren bereiteten sich auf die Pleite vor, die zwangsweise folgen mußte.

In neuerer Zeit blüht Fairbanks (mit umliegenden Gebieten 850 Einwohnern) mit Hilfe von Militärbeschäftigten und der Sommertouristensaison. Außerdem wird die Goldmine in Fort Knox die Gegend in den kommenden Jahren weiterhin mit Gold versorgen.

■ SEHENSWERTES

Die schönste Sehenswürdigkeit im kantigen Fairbanks sind wahrscheinlich die runden Hügel, die das Becken, in dem Fairbanks flach wie eine Makrele liegt, umgeben. Es ist keine besonders eindrucksvolle Stadt.

Die Bewohner tragen ihren Teil zur Verschönerung der Stadt bei, und die Überfülle an gepflanzten und gemalten Blumen bringt den Ort wirklich voran.

Durch die Innenstadt sollte man einmal spazierengehen, um die Grenzstimmung zu erleben, und vor allem durch die nahe gelegenen Wohngebiete bummeln, um die Blumen, Blockhäuser und riesigen Salatköpfe zu bewundern.

■ IN DER INNENSTADT

Die ersten Informationen holt man sich beim **Fairbanks Convention and Visitors Bureau** (Tel. +1(907)456-5774 oder +1(800)327-5774; täglich von 8 bis 20 Uhr), einem Blockhaus in der First Avenue in der Nähe von Cushman Street beim Chena River. Dort liegt vor allem der jährlich erscheinende und ehrwürdige *Interior and Arctic Alaska Visitor Guide*, eine Zeitschrift, die von den Daily News-Miner in Fairbanks verlegt wird, aus. Außerdem erhält man hier den jährlichen *Fairbanks Visitor's Guide* mit einer umfassenden Auflistung von örtlichen Veranstaltungen sowie die beiden ausgezeichneten Flugblätter *Fairbanks Walking Tour*, das knapp 50 historische Sehenswürdigkeiten in der Innenstadt beschreibt, sowie *Fairbanks Driving Tour*. Über die sogenannte »InfoLine« (Tel. +1(907)456-4636) kann man aufgezeichnete Informationen über tägliche Veranstaltungen abfragen. Ein Heer von Freiwilligen, mehrere Fremdsprachen beherrschend, steht zum Übersetzen bereit, wo es nötig ist.

Außerhalb des Blockhauses ganz in der Nähe liegt der **Golden Heart Park**, der 1987 eröffnet wurde. Den Mittelpunkt bildet eine große heroische Skulptur: *The First Unknown Family* von Malcolm Alexander, der auch *Builders of the Pipeline* in Valdez kreierte. Das Fundament des dazugehörenden Brunnens ist mit 36 Bronzeplaketten belegt, von denen einige das Wachstum der großen Sponsorenschaft des Parks beschreiben, während andere Namen einzelner Sponsoren aufzählen.

Einige Straßen weiter gelangt man zur Cushman Street und zur Second Avenue und dem dort befindlichen Geschäft **Yukon Quest** (Tel. +1(907)451-8985; von 10 bis 17 Uhr). Das Yukon-Quest-Rennen wurde 1983 als Alternative zum Iditarod-Hundeschlittenrennen von Anchorage nach Nome ausgerufen. 1984 bewältigten 26 Hundeschlitten das erste 1000-Meilen-Rennen von Fairbanks nach Whitehorse über Circle,

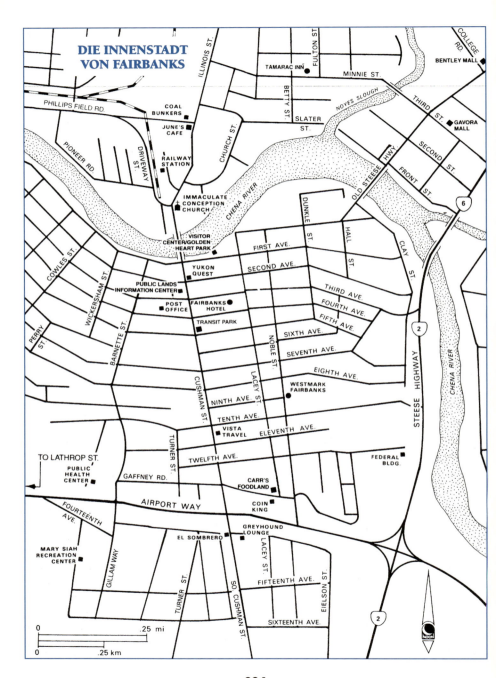

Fairbanks

Eagle und Dawson City. Das Geschäft verkauft Yukon-Quest-T-Shirts, Sweatshirts und andere Souvenirs, die mit dem Rennen zu tun haben, sowie eine Handvoll Bücher und anderen Krimskram.

Das **Dog Mushers Museum** (Tel. +1(907) 456-6874) enthält Ausstellungen zur Geschichte, zu Überlieferungen, Schlitten sowie Vorrichtungen für das Hundeschlittenrennen und Videos auf Großleinwänden, die dem Zuschauer den Eindruck vermitteln, er wäre wirklich bei den landesweiten Wettbewerben anwesend. Außerdem sind individuelle Schlitten ausgestellt.

An der Ecke von Second Avenue und Lacey Street im historischen Lacey Street Theater liegt das **Fairbanks Ice Museum** (Tel. +1(907)451-8222; von 9 bis 21 Uhr; $6 für Erwachsene). Hier wird die »coolste Show« der Stadt geboten. In etwa 25 bis 30 Minuten werden auf verschiedenen Leinwänden Dias von großen Eisskulpturen, die bei Ice Art kreiert wurden, gezeigt. Ice Art ist ein internationaler Eisskulpturenwettbewerb, der jedes Jahr im März in Fairbanks stattfindet.

Auf dem Rückweg zu Cushman kommt man zum **Alaska Public Lands Information Center** in der Third Avenue am Courthouse Square (Tel. +1(907)456-0527; im Sommer täglich von 9 bis 18 Uhr, im Winter dienstags und sonntags von 10 bis 18 Uhr). Als eine Kombination aus Museum und Informationsbüro repräsentiert diese exzellente Einrichtung acht Staats- und Bundesagenturen, von der Alaska Division of Tourism bis zum U.S. Geological Survey. Man kann hier spielend ein paar Stunden verbringen. An den Wänden hängen interessante Luft- und Reliefkarten. Vierminütige Videos liefern einen schnellen Überblick über die verschiedenen Aspekte der sechs geographischen Regionen Alaskas. Längst überholte Stereoskope zeigen dreidimensionale Ansichten des historischen Alaskas. Ein Computer, der Reisen plant und durch Berührung aktiviert wird, hat mehr als 200 öffentliche Sehenswürdigkeiten in Alaska gespeichert. Geschmackvolle Darstellungen umfassen Fotografien, ausgestopfte Tiere, Artefakte von Einheimischen und einiges mehr. Um 10, 12 und 16 Uhr kann man Filme im gemütlichen Theater sehen. Das Büro verkauft schöne Drucke, Dias, Bücher und Kassetten.

■ AUF DER ANDEREN SEITE DES FLUSSES

Gegenüber dem Touristenbüro liegt auf der anderen Seite des Flußes die **Immaculate Conception Church** (1904) mit ihren schönen Buntglasfenster.

Weiter nördlich, die Illinois Street entlang, liegen die alten hölzernen **Coal Bunker**, die in den dreißiger Jahren errichtet wurden, um Dampflokomotiven mit Brennstoff zu versorgen.

Wenn man etwa 1,5 Kilometer weiter Richtung Norden auf der Illinois Street fährt und links in die College Road biegt, erreicht man nach weiteren 1,5 Kilometern das **Creamer's Field Migratory Waterfowl Refuge**, wo man Zugvögel beobachten und den Großteil der Vegetation des Innenlandes finden kann. Anfang April sind die Gersten-Felder gepflügt. Kanadische Gänse unterbrechen ihre Zugroute und machen Mitte April auf den Feldern halt. Auf dem drei Kilometer langen Naturpfad findet man alle acht Baumarten, die aus dieser Gegend stammen. Der wortwörtliche Höhepunkt des Pfades ist ein sechs Meter hoher Aussichtspunkt, von dem aus man Wildtiere beobachten

Im Landesinneren

Yukon Quest

Das Yukon Quest International Sled Dog Race, ein internationales Hunderennen, begann im Februar 1984 mit 26 teilnehmenden Wettbewerbteams. Das Rennen steht in enger Verbindung mit der Vergangenheit des Yukon und dem Landesinneren Alaskas. Es findet auf den Wegen statt, die einstmals von Fellhändlern und Missionaren, goldhungrigen Pilgern und entschlossenen Kurieren benutzt wurden. In den Tagen, als es noch keine Autos und Flugzeuge gab, war das Hundeteam oft die einzige Transportmöglichkeit im weiten Norden. Das Yukon Quest wird als das »härteste Rennen der Erde« bezeichnet – aus gutem Grund.

Das Rennen, das immer Anfang Februar stattfindet, verläuft in geraden Jahren von Fairbanks nach Whitehorse, in ungeraden Jahren von Whitehorse nach Fairbanks. Es ist nach dem mächtigen Yukon River, »dem Highway des Nordens«, benannt und führt durch wilde und kaum bevölkerte Teile des Landes. Terrain, Wegbedingungen und Temperaturen wechseln extrem.

Obwohl die Medien in der Hauptsache ihre Aufmerksamkeit auf die »Musher«, die Schlittenführer, richten, sind die wirklichen Stars dieses oder irgendeines anderen Hundeschlittenrennens die vierbeinigen Athleten. Die Teams sind auf 14 Hunde beschränkt, ein kleineres Team garantiert eine bessere Versorgung der einzelnen Hunde.

Das Yukon Quest wurde im Gegensatz zum Iditarod niemals von Tierschutzgruppen angegriffen. Obwohl einige gerne glauben möchten, daß der Grund in der vorbildlichen Versorgung der Hunde liegt, argumentieren viele, daß Iditarod, weil es mehr Medienbeachtung erhält, eine bessere Möglichkeit für Tierschutzgruppen bietet, vor Ort und in den Medien Aufmerksamkeit zu erregen und Spenden zu sammeln.

Den Wetter- und Wegbedingungen entsprechend, dauert das Rennen zwischen 10 und 14 Tagen. Es gibt einen 36stündigen Pflichtaufenthalt in Dawson City. Es ist der einzige Aufenthalt, bei dem Hundeführer die Teams füttern und sich um sie kümmern können und während dem die Mushers sich etwas Ruhe gönnen können. In dem Hundelager, das auf der anderen Seite des gefrorenen Yukon River liegt, ist ein großes Tierarztzelt aufgebaut.

Wenn ein Hund Zeichen von Müdigkeit oder Krankheit zeigt, wird er aus dem Rennen genommen und den Hundeführern übergeben. Sollte er an einer verlassenen Stelle ausfallen, wird der Hund von einem der vielen freiwilligen Piloten an einen Ort gebracht, an dem er von den Hundeführern in Empfang genommen werden kann.

Im Gegensatz zu anderen Langstreckenrennen ist das Quest leicht zugänglich für Zuschauer. Rennfans können den Verlauf verfolgen, indem sie zu den zahlreichen Kontrollpunkten, die entlang der Strecke liegen, fahren. Es gibt unendliche Fotomöglichkeiten zwischen Start und Ende des Rennens.

1997 betrug das Preisgeld $30 000, und Preise werden bis zum 15. Platz vergeben. Für weitere Informationen ruft man das Quest Headquarter (Tel. +1(907)452-7954) an oder besucht das Quest-Geschäft in der Second Avenue und Cushman Street.

kann – sofern man irgendetwas durch die Massen von blutrünstigen Mücken, die um den Kopf herumsummen, erkennen kann. Der Pfad besteht hauptsächlich aus Holzstegen, die über Sumpf führen. Also trägt man am besten viel Kleidung und eine Kopfbedeckung. Es gibt ziemlich gute Joggingwege mit Steigungen, die Spaß machen. Der Naturpfad beginnt neben dem Alaska Department of Fish and Game in der 1300 College Road. Wenn man die lange Schotterauffahrt zwischen Fish and Game und dem Creamer's-Field-Parkplatz entlang zu dem Tor der Molkerei geht, kann man sich hier einen kostenlosen Führer zu den Wanderwegen holen. Die Molkerei ist die älteste in Alaska (1904) und die nördlichste in der westlichen Hemisphäre. Charles Creamer war von 1928 bis 1966 der Besitzer. Er verkaufte sie dann an Fish and Game als einen Zufluchtsort für Wasserzugvögel.

■ ZUR UNIVERSITÄT

Zur **University of Alaska**, der Hauptausbildungsstätte des Staates, kommt man über die College Road. Als sie 1917 als Alaska Agricultural College eröffnet wurde, gab es sechs Studenten und einen ebenso großen Lehrkörper. Heute besuchen 8000 Studenten den großen Campus. Die Einrichtung wird wegen ihrer arktischen Forschungen sowie Studien zu Alaskas Ureinwohnern hoch geschätzt. Der Bus fährt zum Campus Commuter Terminal. Der Fahrer oder irgendein Student kann den Weg zum nahe gelegenen **Wood Campus Center** beschreiben, wo man sich einen kostenlosen Plan der Umgebung holen kann. Ein kostenloser Pendelbus startet alle 15 Minuten von dem Commuter Terminal und fährt auf dem Campus herum.

Damit erreicht man das ausgezeichnete **University Museum** (Tel. +1(907)474-7505; im Juni, Juli und August von 9 bis 19 Uhr; $5 für Erwachsene, $4,50 für Erwachsene über sechzig und unter zwölf Jahre). Die Sammlung des Museums ist den sechs geographischen Gebieten des Staates entsprechend eingeteilt. Die Tierwelt- und Goldausstellungen sind anregend, die russischen Artefakte und die Dauerfrostausstellung außergewöhnlich gut, ebenso die Ausstellung, die die Einkerkerung von Japan-Amerikanern während des Zweiten Weltkriegs darstellt. Es gibt emotionale Briefe der Familien zu lesen, die um Mitgefühl bitten. Andere Höhepunkte umfassen einen drei Tonnen schweren Kupferklumpen, einen 400 Pfund schweren Quarzkristall, einen Sheldon-Wagen von 1905, einen 36 000 Jahre alten Bison, Knochen von Polardinosauriern und das Nordlichtvideo aus dem Forschungszentrum der Universität in Poker Flats. Der Souvenirladen verkauft ausgefallene Bücher, Drucke und Karten und einige ungewöhnliche Dinge wie Krawatten mit Fischmuster. An einem klaren Tag kann man vom Museumshügel aus den Mount McKinley, der in seiner atemberaubenden Größe auf der anderen Seite des breiten Tanana Valley liegt, sehen. Andere Möglichkeiten auf dem Campus umfassen auch tägliche Filme über Mining und Dauerfrost (um 11 Uhr in Raum 204 im Brooks Building). Führungen der Large Animal Research Station (Mochusochsen, Karibus und Rentiere) in der Yankovich Road, 1,5 Kilometer von der Ballaine Road, werden dienstags und samstags um 11 und 13.30 Uhr, donnerstags um 13.30 Uhr durchgeführt und kosten $5. Man kann auch zu jeder Zeit den Aussichtsstand besuchen. Die Agricultural and Forestry Experimental Station (Tel.

Im Landesinneren

+1(907)474-7627) liegt unterhalb vom Museum am westlichen Ende des Campus. Eine große Auswahl an Blumen, Getreide und Gemüse, die den rauhen Bedingungen des Nordens standhalten können, wird hier gezüchtet.

■ ALASKALAND

Dieser unterhaltsame Themenpark, der einzige seiner Art im Staat, liegt auf dem Gelände, auf dem 1967 die Jahrhundertfeier des Staates stattfand. Viele der originalen Gebäude aus Fairbanks sowie aus vielen anderen Gebieten Alaskas sind hier hergebracht worden und zu einer Stadt aus der Zeit des Goldrauschs rekonstruiert worden. Park HQ ist eines dieser restaurierten Gebäude, gleich am Eingang in der Nähe vom Airport Way zwischen Nome und Peger Roads. Es gibt eine Karte für den Park, und man kann ein paar Stunden durch die Nachbildung von Mining Valley und Native Village bummelnd verbringen. Ausstellungen zeigen den Lebensstil und authentische Vorführungen von Tänzen und Gesängen. Man kann auch auf einem Karussell von 1915 fahren ($1,50), Minigolf spielen, eine Zugfahrt machen ($2 für Erwachsene, $1 für Kinder) und mit den neuen Einspännern oder Postkutschen fahren, die von der Heavy Horse Farm in Fairbanks zur Verfügung gestellt werden. Gezogen von zwei riesigen Percheron-Pferden (Walter und Wade), ist eine Fahrt hinter diesen sanften Riesen eine großartige Möglichkeit, die Sehenswürdigkeiten zu sehen ($4 für Erwachsene, $2 für Kinder).

Auf jeden Fall sehen sollte man das historische Heim des ersten Territorialgouverneurs James Wickersham, den Wagen von Präsident Hardings Alaska Railroad und das Pioneer Museum (alles kostenlos). Das Pioneer Air Museum zeigt eine bemerkenswerte Ausstellung über die Fluggeschichte Alaskas.

Der Parkplatz ist für Campingwagen für $9 pro Nacht geöffnet (es gibt keinen Elektroanschluß, aber Trinkwasser, 24 Stunden lang geöffnete Toiletten und einen Müllplatz). Alaskaland erwartet seine Gäste das ganze Jahr über zwischen 11 und 21 Uhr, aber die meisten Geschäfte sind nur von Ende Mai bis Ende September geöffnet. Ebenso werden die meisten Fahrten nur während dieser Zeit angeboten. Der Eintritt ist frei. Salmon Bake, ein traditionelles Fischgericht, kostet $8,50 als Mittagessen (12 bis 14 Uhr) und $18,95 als Abendessen (17 bis 21 Uhr). Ein kostenloser Salmon-Bake-Pendelbus fährt zwischen 16 und 22 Uhr und hält an den großen Hotels, am Northern Lights Hotel in der Innenstadt, Sophies Plaza an der Universität und Airport Way sowie am Norlite Campground. Die Blue Line (Airport Way) fährt auch an den Toren von Alaskaland vorbei (an Wochenenden stündlich).

■ SOLAR BOREALIS

Wie *Nimbus* in Juneau wurde *Solar Borealis* mit den Mitteln aus Alaskas »Percent-for-Art«-Programm, das ein Prozent aus dem staatlichen Baubudget für öffentliche Kunst vorsieht, errichtet. Diese 107 000 Dollar teure Skulptur wurde aus mehr als 71 Objekten, die für dieses Gelände geschaffen wurden, ausgewählt. Sie wurde vom Kalifornier Robert Behrens kreiert und im Juni 1985 eingeweiht. Der geschweißte Stahlbogen erhebt sich 15 Meter über dem Ausgang des Fairbanks International Airport. Speziell geneigte Fliesen sind an der Vorderseite der Skulptur befestigt und spiegeln alle Schatte-

Fairbanks

rungen des Farbspektrums, je nach Perspektive, wider – solange die Sonne scheint. Ansonsten erscheint das metallische Gitterwerk eintönig und silbrig weiß. Es wurde extra für die wenigen Stunden möglichen Sonnenlichts während der tiefen Finsternis der langen Nächte in Fairbanks geschaffen, und die beste Zeit, es anzusehen, ist zwischen 10 und 13 Uhr an einem klaren, hellen Tag.

■ AKTIVITÄTEN

Fairbanks hat ein ausgezeichnetes Netz von Radfahrwegen: von der Innenstadt den Fluß entlang nach Alaskaland, von der Universität und dem Flugplatz in die Außenbezirke auf der Chena Pump Road und eine tolle Auf- und Abfahrt auf der Farmer's Loop Road vom Steese Highway zur Universität. Drei Hallenbäder sind für die Öffentlichkeit zugänglich. Man kann im **Hamme Pool** (Tel. +1(907)456-2969; dienstags bis freitags 14 bis 16 und 19 bis 21 Uhr) in der Lathrop High School, Airport und Cowles schwimmen und sich dort auch täglich zwischen 6 und 21 Uhr duschen.
Das **Mary Siah Recreation Center** (1025 14th Avenue; Tel. +1(907)456-6119) hat andere Öffnungszeiten, die man telefonisch erfragen sollte.
Patty Gym Pool (Tel. +1(907)474-7205; montags bis samstags von 7.30 bis 21 Uhr; $ 3 liegt an der Universität.
Man braucht in dieser Stadt nicht auf den Winterfrost zu warten. **Big Dipper Ice Arena** (Tel. +1(907)456-6683) in der 19th und Lathrop Street ist montags bis samstags von 11.45 bis 13.15 Uhr sowie während einiger zusätzlicher Stunden geöffnet. Der Eintritt von $ 2,50 schließt das Entleihen von Schlittschuhen mit ein.
Das Äschen-Angeln im Chena River ist mittelmäßig. Um die Fische behalten zu dürfen, müssen sie 30 Zentimeter oder länger sein. Es ist besser, im Chatanika Äschen zu fischen und zwar zwischen Meile 30 und 40 auf dem Steese Highway Richtung Circle. Chum-, Silber- und Königslachse kann man hier ab Mitte Juli angeln.
In der Chena Lake Recreation Area gibt es gute Regenbogenforellen zu angeln. Über Fish and Game (Tel. +1(907)452-1525) besteht eine Hotline mit aufgezeichneten Angeltips, die ein- bis zweimal pro Woche auf den neuesten Stand gebracht werden.
Der *Fairbanks Daily News-Miner* bringt jeden Freitag in seinem »Outdoor«-Teil aktuelle Angelinformationen. Man kann auch in den Telefonbüchern unter »Guide Service« nach Angelführungen im Inneren Alaskas nachschlagen.

■ INFORMATIONEN UND DIENSTLEISTUNGEN

Die **Noel Wien Library** (Tel. +1(907)452-5177) liegt an der Ecke von Airport Way und Cowles Street. Es handelt sich um eine sehr komfortable und gut ausgestattete Einrichtung. Ein Blick in das Innere sagt viel über die neun Monate langen Winter in Fairbanks. Über 60 Prozent der Anwohner des Bezirks besitzen einen Büchereiausweis. Noel Wien war ein Pionierbuschpilot, der mit seinen beiden Brüdern Wien Airlines gegründet hat. Die Bücherei wurde 1977 an der Stelle von Weeks Field, dem ersten Flugplatz von Fairbanks, errichtet.
Die **Post** liegt in der Innenstadt zwischen Third und Fourth Avenue.
Der am besten zu erreichende Waschsalon ist **Coin King** gegenüber von Foodland. Man braucht genügend Kleingeld – $ 3 pro Wasch- und Trocknerladung.

Im Landesinneren

Um sich selbst zu waschen, kann man die öffentlichen Duschen von **B&C Laundromat** (Campus Corner Mall in der College Road) für $2,50 pro 15 Minuten benutzen oder im **Mary Siah Recreation Center** (während der Woche von 8 bis 21 Uhr, Samstag von 8 bis 16 Uhr; $2) duschen und schwimmen.
Vista Travel (1211 Cushman Street, Tel. +1(907)456-7888) ist die Agentur für das staatliche Fährsystem und verkauft hilfreich Karten für jedes andere Transportmittel.
Wer einen Film schnell entwickelt haben möchte, geht zu **Photo Express** im Bentley Mall Annex.
Waldenbrooks (College Road und Steese Highway, Tel. +1(907)456-8088) befindet sich in der Bentley Mall.
Baker and Baker liegt im University Center beim Airport Way und der University Avenue und ist geöffnet während der Woche von 10 bis 20 Uhr und am Wochenende von 10 bis 18 Uhr.
Gulliver's Books, bei Campus Corner in der College Road und University Avenue, ist ein Buchladen für gebrauchte Bücher und gehört zu einer Kette in Alaska. Man kann hier gute Schnäppchen machen.

■ **ESSEN**

Bakery (69 College Road; montags bis samstags von 6.30 bis 21 Uhr, sonntags von 7 bis 16 Uhr) in der Nähe von Illinois ist für jede Mahlzeit hochgelobt und empfohlen, aber besonders gut sind das große Frühstück und die Backwaren. Eier mit Speck kosten $6, Steak und Eier $9,25, Burger zwischen $5,25 und $7, Sandwiches $6, billige Abendessen wie Steak, Huhn und Fisch zwischen $7 und $14 von 15 bis 21 Uhr.

Maria's Place Café in der Innenstadt an der Ecke von Fourth und Lacey bietet ein gutes Frühstück mit Eiern, Würstchen und Pfannkuchen für $4 und ist den ganzen Tag geöffnet.
June's Café in der Illinois Street an der Ecke von Phillips Field Road hat gutes Essen, und die Bedienung ist freundlich und schnell. Frühstück, Mittag- und Abendessen werden montags bis samstags von 6 bis 19.30 Uhr den ganzen Tag serviert. Man sollte hier frühstücken, bevor man den Zug nach Denali nimmt.
Es gibt eine gute Salatbar in der Gourmet- bzw. Delikatessenabteilung des **Carr's Foodland Supermarket** an der Ecke von Gaffney und Lacey, etwas südlich von der Innenstadt, mit exzellenter Auswahl an Früchten, Gemüsen, Salaten, Suppen, Tacobar – $3,29 das Pfund. Man bezahlt an der Kasse und ißt dann in der Delikatessenabteilung oder auf der Terrasse draußen.
Campus Corner (Kreuzung University und College Road) empfiehlt sich als guter Platz, um mittags zu essen.
Whole Earth Grocery ist ein Lebensmittelladen für den Großeinkauf und täglich von 10 bis 19 Uhr geöffnet mit guten Burger, Sandwiches, Falafel, täglichen Spezialitäten und einer sehr guten Salatbar, alles um $6.
Ein Stockwerk höher findet man von montags bis samstags von 11 bis 21 Uhr im **Wok'n'Roll** chinesisches Fast-food-Essen wie Frühlingsrollen ($1,50), süß-saure Suppe ($4,50), gebratener Reis und Chop Suey ($5,50 bis $8) und Fleischgerichte ($7,50 bis $9,50).
Nebenan bei **Hot Licks** gibt es selbstgemachtes Eis, Eisjoghurt und leckeres Fruchteis sowie Brot, Suppen, Backwaren und Espresso.
Souvlaki gegenüber der Cushman-Street-

Brücke in der Illinois Street nahe dem *News-Miner* serviert Gyros und Salate.

In der Innenstadt gibt zwei Institutionen von Fairbanks: **Sunshine Diner** in der Second Avenue ist seit den dreißiger Jahren an derselben Adresse (obwohl es jetzt in einem anderen Teil des Gebäudes liegt) zu finden. Es offeriert klassisch-amerikanisches wie Speck und Eier für $5,25, Burger für $6 bis $8, Chili für $4 sowie Root Beer Float (amerikanischer Nachtisch) für $4, Hot Fudge Sundae für $4,25, Banana Split für $6,25 und dreifachen Milchshake für $5 bis $6.

Woolworths, um die Ecke in der Cushman Street, hat eine ähnliche Auswahl wie Sunshine, nur etwas billiger, also $6 bis $7 für Speck und Eier, Burger, heiße Truthahn- und Roastbeefsandwiches, Leber und Zwiebeln und ähnliches.

Golden Shanghai (Airport Way, Tel. +1(907)451-1100) ist ein großes, auffälliges chinesisches Restaurant. Zwischen 11.30 und 15 Uhr wird montags bis samstags Mittagessen zu Sonderpreisen ($5,50) angeboten: Schweinefleisch-, Rindfleisch-, Geflügel-, Enten-, Seafoodgerichte. Moo Shu und Nudelgerichte gibt es für $7 bis $13 bis 22 Uhr.

Die beiden **Food Factories** in der Bentley Mall und in der South Cushman Street auf der Höhe der 17th Street genießen einen guten Ruf in der Stadt, obwohl die Preise ziemlich hoch sind und das Essen durchschnittlich ist.

Pasta Bella (706 Second Avenue) sollte man für frische Nudeln, selbstgemachtes Brot, Gourmetpizza und Subwaysandwiches versuchen.

Peking Garden (1101 Noble Street) ist das beste chinesische Restaurant der Stadt. Es gibt Mandarin- und Szechuanküche zwischen $8 und $10 und ein tägliches Mittagsbüfett für $6,95.

Ortsansässige loben das **Thai House** (526 Fifth Avenue) in der Innenstadt.

In Richtung Süden auf der South Cushman Street fährt man an zwei mexikanischen Restaurants vorbei: **El Sombrero** (an der Ecke Airport Way) und **Los Amigos** (28th Avenue), welches besser ist. Wer aus der Sonne herauskommen möchte, findet in Los Amigos den besten Schatten.

Wem noch nicht schlecht von Lachs ist, sollte den im Alaskaland (siehe Seite 298) probieren. Der Lachs ist sehr gut – Königlachse, die um Sitka herum gefangen und täglich frisch eingeflogen werden. Der Besitzer ist in Juneau aufwachsen, wo sein Vater professionell geangelt hat. Er kennt sich also mit Fisch aus.

Das große Büfett für $13,95 beim **Ester Gold Camp** (siehe Seite 310) schließt für $18,50 Königskrebse mit ein.

Für ein Abendessen im Freien am Fluß geht man zu **Pike's Landing** (Airport Road, Tel. +1(907)479-6500; täglich von 11.30 bis 23 Uhr). Lloyd Pike hat seine Blockhausbar hier 1969 eröffnet. Seit dieser Zeit hat sich das Restaurant auf 130 Plätze vergrößert, und es gibt allein 100 Sitze an der Sportbar. 30 bis 70 Zentimeter große Fernseher stehen verstreut herum. Außerdem können bis zu 500 Gäste auf der riesigen massiven Holzterrasse und am Kai Platz nehmen.

Die tollsten Räume der Stadt gibt es im **Bear and Seal** im Westmark Fairbanks (eines der wenigen Restaurants in Alaska, die ihre Preise nicht auf der Speisekarte aufführen), außerdem im **Turtle Club** (10 Mile Old Stees, Fox).

Für Lebensmittel geht man zu **Carr's Foodland** an der Ecke Lacey Street und Gaffney Road.

Im Landesinneren

Die beiden **Super-Value**-Geschäfte bei Gavora und den Shoppers Forum Malls führen teilweise bessere (aber auch teurere) Lebensmittel.

■ UNTERHALTUNG

Im **Ravens Nest** über dem Nothern Lights Hotel an der Ecke von Lacey und First Avenue kann man etwas trinken (aber lieber nichts essen) und die Aussicht genießen.
Für ein Getränk am Fluß und Vorspeisen geht man zu **Pumphouse** (1,3 Mile Chena Pump Road, Tel. +1(907)479-8452), einem historischen Nationalmonument von 1933, welches Wasser aus dem Chena River pumpte und die hydraulischen »Giganten«, die für die Goldbohrungen genutzt wurden, mit Druck versorgte. Es wurde 1978 renoviert, im Inneren des Restaurants und der Bar gibt es eine faszinierende Sammlung von Minen- und Pumpartefakten. Das Essen ist gut. Mittagessen gibt es für $7 (Steak, Huhn, Fisch, Burger) und Abendessen für $15 bis $28 (Lachs, Pfeffersteak, Königskrebs).
Von dem merkwürdigen Interieur der **Greyhound Lounge** (Tel. +1(907)452-7977) an der Ecke von Airport Road und Cushman Street läßt man sich nicht abschrecken. Man kann es zu Fuß von der Innenstadt aus erreichen, die Räume sind groß und bequem, die Tanzfläche riesig, und wenn die Band einigermaßen gut ist, fehlt nichts mehr.
Aber wer abrocken will, geht direkt zum **Howling Dog Saloon** (11 Mile Old Steese Highway, Fox). Die Hausband ist normalerweise die heißeste der Gegend. Zu beachten ist der eisengeschweißte Pipelinering über der Bar. Wenn ein oder zwei Einheimische, die ungenannt bleiben sollen, zu ausgelassen werden, wird mit einem Hammer an den Ring geschlagen und die Vibrationen des Geräuschs, das mit Leichtigkeit die Band übertönt, werden vom Seismographen der Universität aufgenommen.
Goldstream Cinema (Tel. +1(907)456-5113) mit neun Leinwänden liegt am Airport Way bei Lathrop.
Filme werden montags bis freitags um 20 Uhr auch im **Alaskaland Civic Center** für $4 gezeigt.
Der **Palace Saloon** im Alaskaland (Tel. +1(907)456-5960) bietet während des Sommers jeden Abend Musical-Komödien-Revues, von Jim Bell geschrieben und vorgeführt. Sie laufen seit dreißig Jahren. Die Vorstellung »Golden Heart Revue« ändert sich jedes Jahr ein bißchen. Sie beginnt um 20 Uhr, der Eintritt beträgt $11.
Der **Malemute Saloon** (Tel. +1(907)479-2500) in Ester, zwölf Kilometer südlich von Fairbanks, ist seit 1958 eine örtliche Institution. Es werden jeden Abend um 21 Uhr Musical-Revues und Robert-Service-Rezitationen geboten, der Eintritt kostet $11 für Erwachsene und $5 für Kinder unter zwölf Jahren. Man sitzt an Sperrholz- und Bierfaßtischen. Gefüllte Krüge werden ständig gebracht, und die Erdnußschalen mischen sich mit den fünf Zentimeter langen Sägespänen.
Die Alaska Goldspanners, eine ansässige Baseball-Amateurmannschaft spielt gegen Mannschaften aus ganz Alaska, Hawaii und der Westküste. Die Spiele werden auf dem Growden Field hinter Alaskaland ausgetragen. Sie beginnen um 19.30 Uhr. Das berühmte Mittsommernachtsspiel wird um die Sommersonnenwende herum ausgetragen und beginnt um 22.15 Uhr. Es dauert neun Abende und wird ohne Flutlicht veranstaltet.

Fairbanks

■ TERMINE

Die erste große Veranstaltung der Saison ist **Midnight Madness** während der Sommersonnenwende (20.–21. Juni). Als nächstes kommt **Golden Days** um die zweite bzw. dritte Woche im Juli – eine einwöchige Party, die in der Grand Parade gipfelt. Die ganze Stadt feiert. Selbst wenn man ohne Kamera dort ist, wird man es nicht vergessen.
Danach folgen die **World Escimo Indian Olympics**, die seit 30 Jahren athletische Spiele, Tänze und Kunst der Ureinwohner Alaskas zeigt. Diese dreitägige Veranstaltung, die in der Big Dipper Recreation Arena (Tel. +1(907)456-6683) stattfindet, zeigt solch ungewöhnliche Wettbewerbe wie »Ohrenziehen«, »Fettpaulaufen«, »Kniehüpfen«, »Seehundshaut«, »Zehstoßen« und »Handtuchwerfen«. Es handelt sich um eines der exotischsten und unvergeßlichsten Erlebnisse in Alaska.
Schließlich findet die **Tanana Valley State Fair** in den Fairgrounds an der College Road während der zweiten und dritten Woche im August statt.

■ UNTERBRINGUNG

Backpackers Hostel (2895 Mack Road, Tel. +1(907)479-2034) liegt in Richtung Norden von der College Road rechts in die Westwood Road und dann nach einem Haus mit internationalen Fahnen Ausschau halten. Man kann hier für $15 übernachten oder einfach $10 für einen Campingplatz bezahlen. Die Herberge hat eine Küche, Duschen und versorgt die Gäste mit Reiseinformationen und einem einfachen Frühstück mit Sauerteigbrot ($5). Außerdem gibt es zusätzlich eine Sonnenterrasse, einen Grill, Volleyball- und Basketballmöglichkeiten.
Grandma Shirley's Hostel (510 Dunbar Street, zwischen E Street und F Street, Tel. +1(907)451-9816; $15 pro Person) ist eine saubere und gemütliche Herberge mit einem schönen Gesellschaftsraum (Kabelfernsehen), Küche, Picknickgelände im Freien, einem Garten und Gewächshaus, in dem man seinen eigenen Salat ernten kann (solange man genug für alle Anwesenden zubereitet). Alle Altersgruppen sind willkommen.
Tanana Valley Campground bei den Fairgrounds in der College Road, bei Aurora Drive, nimmt $6 für einen Radfahrplatz oder einen Platz für Wanderer (bis zu vier Personen bzw. zwei Zelte) und $15 für einen Caravan mit vollem Anschluß. Duschen sind kostenlos, und Lagerfeuer sind in dieser natürlichen Umgebung erlaubt.
Norlite Campground (Tel. +1(907)474-0206) in der Peger Road in der Nähe von Alaskaland liegt dort seit 30 Jahren. Die Stadt hat sich um den Campingplatz herum entwickelt. Es werden $8,50 für Zelte und $15 für vollen Anschluß genommen. Der Campingplatz hat seine eigene Waschmaschine; Duschen kosten 25 Cents für fünf Minuten, außerdem gibt es ein Geschäft und ein Restaurant. Lagerfeuer sind nicht erlaubt, dafür aber Grillen. Alaskaland und der Salmon-Bake-Bus sind leicht von Norlite aus zu erreichen. Ansonsten nimmt man die Blue Line. Der letzte Bus fährt montags bis freitags um 18.45 Uhr.
River's Edge RV Park (Boat Street, bei Airport Way, in der Nähe von University Avenue, Tel. +1(907)474-0286; $15,10 für Zelte, $24 für vollen Anschluß) ist ein großer praktischer Campingplatz am Ufer des Chena River. Die Duschen sind umsonst. Seit 1997 gibt es 50 Kabineneinheiten mit privaten

Im Landesinneren

Badezimmern, Doppelbetten und Terrassen zum Fluß hin gelegen. Der Campingplatz liegt direkt am Fahrradweg, der den Fluß entlang führt, und hat eine Slipstelle für Boote. Auf den Campingplätzen in der Nähe des Flußes kann man herrlich relaxen, während die am Waldrand gelegenen am ungestörtesten sind.

Chena River State Recreation Site (vom 15. Mai bis 10. August; 5 Nächte Höchstaufenthalt; $10 ohne Auto, $15 mit Auto), bei den Einheimischen auch bekannt unter Chena Wayside, ist ein staatlicher Campingplatz an der University Avenue, etwas nördlich vom Airport Way (mit der Red oder Blue Line erreichbar). Es gibt 59 Plätze, fließendes Wasser (keine Duschen), Feuerstellen, einen Ort, an dem Boote zu Wasser gelassen werden können, und Angelmöglichkeiten – ein bißchen eng, aber nicht schlecht als Stadtcampingplatz, und wenn man früh genug ankommt, bekommt man einen Platz.

Einige Häuser in der Nähe der Innenstadt vermieten Zimmer (etwa $25 pro Nacht, $150 pro Woche). Küche und Bad werden mit anderen Gästen geteilt. Die Unterkünfte sind nicht schlecht, wenn einem die Gemeinschaftsatmosphäre nichts ausmacht. Man findet diese Angebote in den Kleinanzeigen im *Daily News-Miner* unter »Furnished Rooms«.

Golden North Motel (4888 Airport Way, Tel. +1(907)479-6201; $69 im Einzelzimmer, $99 in einer Minisuite mit Wohnzimmer, $10 Schlüsselpfand) liegt etwas außerhalb der Stadt. Der nächste Bus (Blue Line) hält ungefähr einen halben Kilometer entfernt, aber wenn man freundlich fragt, wird man vom gebührenfreien Bus des Motels abgeholt. Die Motelzimmer könnten größer und frischer sein, aber sie haben Kabelfernsehen.

In der Innenstadt nimmt **Alaskan Motor Lodge** (419 Fourth Avenue, Tel. +1(970)452-4800) $70 im Einzelzimmer und $81 im Doppelzimmer.

Das **Fairbanks Hotel** (517 Third Avenue, Tel. +1(907)456-6440 oder +1(800)329-4685) ist das älteste Hotel in der Stadt (1914). Es ist vollkommen renoviert und steht unter neuem Management. Man bezahlt zwischen $69 und $83. Wer eine Reservierung hat, wird vom gebührenfreien Pendelbus vom Flughafen oder Bahnhof abgeholt.

Ungefähr eineinhalb Kilometer von der Innenstadt entfernt, in der Nähe des Bahnhofs, liegt das **Tamarac Inn** (252 Minnie Street, Tel. +1(907)456-6404; $64 im Einzelzimmer, $74 im Doppelzimmer mit Gemeinschaftsbad, $74 im Einzelzimmer und $80 im Doppelzimmer mit eigenem Bad). Einige Räume haben Kochnischen, die besonders vorteilhaft und kostensparend sind, da es große Einkaufszentren in der Nähe gibt.

Das **Westmark Fairbanks** (813 Noble Street, Tel. +1(907)456-7722) besitzt 238 Räume, die bei $180 anfangen. Es gibt ein Steakhouse, ein Café und einen Aufenthaltsraum.

Das **Fairbanks Princess Hotel** (4477 Pikes Landing, Tel. +1(907)455-4477) in der Nähe des Flughafens hat 200 Räume und eine Terrasse, die direkt am Fluß liegt. Die Preise und Ermäßigungen sind ähnlich wie die im Westmark Hotel. Es gibt drei Restaurants, Unterhaltungsveranstaltungen und ein Heilbad.

Sophie Station Hotel (1717 University Avenue, Tel. +1(907)479-8888) hat Suiten, die um $160 beginnen. Alle Räume haben Doppelbetten, eine Kochnische, Schlaf- und Wohnzimmer mit Kabelfernsehen. Da es hauptsächlich auf Geschäftsleute ausgerichtet ist (nicht auf Touristen), gibt es gute Firmenermäßigungen. Sophies ist wahrscheinlich das luxuriöseste Hotel der Stadt. Man könnte annehmen, daß es in Alaska kein Privathaus gibt, das nicht Bed-and-Breakfast-Möglichkeiten anbietet. Allein das Telefonbuch von Fairbanks enthält ein dreiseitiges Verzeichnis. Die meisten nehmen zwischen $60 und $100 mit Frühstück und Transportmöglichkeiten. Die seriösesten unter ihnen sind: **Joan's** (Tel. +1(907) 479-6918); **Fairbank's B&B** (Tel. +1(907) 452-4967) und **Chena River B&B** (Tel. +1(907)479-2532).

7 Gables Inn ist eines der größten und spektakulärsten B&B in Alaska. Ursprünglich war es ein Bruderschaftshaus der Universität. Es ist ein 630 Quadratmeter großes, spezialgefertigtes Tudorhaus, direkt am Fluß liegend, ausgestattet mit zwei Meter hohen Buntglasfenstern, einem zwei Meter hohen Wasserfall im Hotel und einem zweistöckigen Gewächshaus. Besonders gesundheitsbewußte Feinschmecker lieben das Frühstück: Gefüllter französischer Toast, Lachsquiche, Pfirsich-Pecan-Pie, Kirsch-Käse-Blintzes, hausgemachtes Brot, Muffins, Früchte, Kräutertee und vor allem Kaffee werden serviert. Die Preise fangen bei $90 für ein reguläres Zimmer an und reichen bis $130 für Suiten. Alle Räume sind mit privatem Bad, Kabelfernsehen, Videorecorder und Telefon mit Faxmodem ausgestattet. Raucher und Nichtraucher werden getrennt untergebracht. Es bestehen Koch- sowie Waschmöglichkeiten. Die Gastgeber Paul und Leicha Welton wurden vom Visitors Bureau mit dem Golden Heart Award für ihre außergewöhnliche Gastfreundschaft ausgezeichnet.

Wer finanziell am Ende ist, sollte in die **Fairbank's Rescue Mission** (Tel. +1(907)452-6608) neben Foodland gehen und sich dort für $3 pro Nacht einquartieren. Man kann das Geld auch abarbeiten. Mahlzeiten gibt es nach dem Gottesdienst. Es ist sinnvoll, vor 18.30 Uhr dort hinzukommen und um 6 Uhr zum Frühstück aufzustehen. Da diese Einrichtung für notleidende Ortsansässige gedacht ist, sollte man sie nur im Notfall in Anspruch nehmen. Schmarotzer könnten Platz wegnehmen, der wirklich gebraucht wird.

■ NAHVERKEHR

Fairbanks öffentliches Bussystem, Metropolitan Area **Commuter Service** (MACS) ist ein Pendelverkehr, der während der Woche etwa zwischen 6.30 und 19 Uhr zeitplanmäßig verläuft. Danach ist der Verkehr bis 21.30 Uhr unregelmäßig. Samstags gibt es nur einige unregelmäßig operierende Busse, sonntags keine. Die Strecken sind durch Farben markiert, und man kann an allen Informationsständen, Reiseständen und am zentralen Transit Park, Cushman Street und Fifth Avenue, gefaltete Fahrpläne für die einzelnen Strecken bekommen. Der Fahrpreis beträgt $1,50 für Erwachsene oder 75 Cents für Senioren. Man spart, wenn man entweder den Tagespaß für $3 oder ein Heft mit fünf Gutscheinen für $5 kauft. Die Busfahrer sind sehr freundlich und hilfsbereit.

Wer sich seine Zeit selber einteilen will, sollte mit **G.O. Shuttle** die Stadt besuchen. Für $25 kann man die meisten Attraktionen in Fairbanks besuchen, wenn man vorher Zeit und Ziel abklärt. Es müssen mindestens zwei oder mehr Personen an der Fahrt beteiligt sein, aber es ist eine sehr gute Möglichkeit, eine eigene Tagestour zu gestalten.

Taxis nehmen $1,50 Grundgebühr und $1,60 für je zwei Kilometer.

Im Landesinneren

■ AN- UND WEITERREISE

Der Fairbanks International Airport (FAI) liegt 8 Kilometer südwestlich der Innenstadt. Im dritten Stock findet man einen Geschenkladen, einen Imbiß und einen Aufenthaltsraum. Im zweiten Stock gibt es einen Informationsstand, in dem man viele Broschüren, ausgestopfte Tiere und den Curtiss-JN-4D-»Jenny«-Doppeldecker, der von Carl Ben Eielson, einem der frühesten und berühmtesten Buschpiloten, benutzt wurde, finden kann.
Alaska Airlines (Tel. +1(907)452-1661) fliegt neunmal täglich zwischen Fairbanks und Anchorage.
Delta Airlines (Tel. +1(800)221-1212) fliegt einmal täglich dieselbe Strecke.
Air North Canada (Tel. +1(800)764-0407 oder +1(800)661-0407) fliegt dienstags, freitags und sonntags nach Dawson.
Warbelows (Tel. +1(907)474-0518) fliegt von Fairbanks zu verschiedenen Orten.
Es gibt keinen Stadtbus zum Flughafen. Transportmöglichkeiten werden von Prestige Limo (Tel. +1(907)479-2036) für $5 oder vom King-Cab-Limousinenservice (Tel. +1 (907)456-5464) für ebenfalls $5 angeboten. G.O.Shuttle (Tel. +1(907)474-3847) nimmt $5 für den Transport von Fairbanks und bietet auch Transportmöglichkeiten von North Pole ($25) und Eielson AFB ($40) an.
Alaska Railroad verläßt Fairbanks zwischen Mitte Mai und Mitte September täglich um 8.30 Uhr. Ankunft in Denali ist um 12.30 Uhr ($50), in Anchorage um 20.30 Uhr ($135). Der Zug in Richtung Norden verläßt Anchorage täglich um 8.30 Uhr und kommt in Denali Park 15.50 Uhr und in Fairbanks um 20.30 Uhr an. Der Zug verläßt Denali in Richtung Fairbanks um 16 Uhr ($50 für eine einfache Fahrt, Fahrräder kosten $2 extra). Die Preise für Tourenbusse nach Denali und Anchorage sind den Zugpreisen ähnlich. Minibuspreise sind wesentlich billiger, aber die Fahrt mit dem Zug ist bequemer, macht mehr Spaß und ist eine Möglichkeit, diesen Teil von Alaska auf historische Art und Weise zu erleben.
Wer es besonders luxuriös möchte, sollte sich eine Fahrkarte für den *Superdome Vistacruiser*, der ans Ende des normalen Zuges gehängt ist und von Tour Alaska und Testours betrieben wird, kaufen. Der Bahnhof liegt in der 280 North Cushman Street (Tel. +1(907)456-4155), nur fünf Minuten zu Fuß von der Innenstadt entfernt, zehn Minuten bis zum örtlichen Endbahnhof.
In Richtung Osten fährt der **Alaskon Express** der Gray Line von Fairbanks nach Whitehorse. Übernachtet wird im Westmark Inn in Beaver Creek im Yukon in der Nähe der Grenze (einfache Fahrt $165). Die Busse verlassen das Westmark Fairbanks und das Westmark Inn sonntags, dienstags und freitags um 8 Uhr. Man muß eine Stunde früher dort sein und sich bei den Veranstaltern in den roten Westen melden. Man kann ein Zimmer für zwei Personen in Beaver Creek für $40 unter Tel. +1(907)452-2843 reservieren. Es gibt auch einen 10- und 14tägigen **Alaskon Pass**.
Rent-A-Wreck (2105 Cushman Street, Tel. +1(907)452-1606 oder +1(907)456-8459) hat eine Zweigstelle in Fairbanks und die besten Preise der Stadt für nicht allzu demolierte Autos, Kleinbusse und Lieferwagen.
Arctic Rent-A-Car am Flughafen (Tel. +1(907)479-8044) hat auch gute Preise, aber man muß vorher klären, ob man den Wagen mit nach Kanada nehmen darf.
Um einen Wagen mit Vierradantrieb zu mieten, ruft man **Affordable Car Rental** (Tel. +1(907)452-7341) an.

Fairbanks

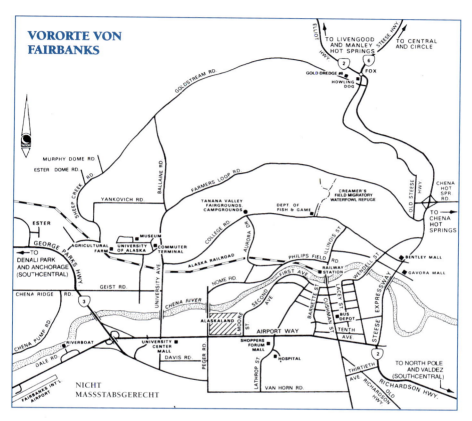

Und wer in einem Caravan herumreisen möchte, tritt mit **Fireweed RV Rentals** (Tel. +1(907)474-3742) in Kontakt. Für $125 pro Tag vermietet man dort sechs und acht Meter lange Caravans. Geschirr, Bettwäsche, Grill und Sonnenstühle sind im Preis inbegriffen.

■ RUNDFAHRTEN

Gray Line (Noble Street/Eight Street, Tel. +1(907)452-2843) hat einen Reisestand in der Halle des Westmark Fairbanks. Empfehlenswert zu buchen sind eine Stadttour, eine Goldbagger-Tour oder eine Bootstour auf dem Fluß.

Die Binkley-Familie, in ihrer dritten (bald vierten) Generation von Flußbootlotsen, führt **Discovery Riverboat Cruises** (Tel. +1(907)479-6673). Die vierstündige, 25 Kilometer lange Tour auf dem Chena und dem Tanana River wird zu einem sehr guten Preis von $37 angeboten. Es ist die einzige Schaufelraddampferanlage in Alaska. Die Flotte besteht aus drei Booten. 1987 lief die *Discovery III*, von den Binkleys entworfen

Im Landesinneren

und in Seattle gebaut, nach einer 1600 Kilometer langen Reise in Fairbanks ein – der erste Schaufelraddampfer, der die Reise nach mehr als 30 Jahren von St. Mary's aus den Yukon River hinauf machte. Die Fahrten starten vom Pier am Ende der Dale Road beim Flughafen um 8.45 Uhr und um 14 Uhr. Es gibt auch einige Fahrten am Abend, aber die Zeiten müssen telefonisch erfragt werden.

North Pole

1949 räumte Con Miller den Handelsposten von Fairbanks, den er gerade gekauft hatte, auf und fand ein Weihnachtsmannkostüm. Es gefiel ihm so gut, daß er es während seiner Reisen ins Landesinnere, wo er Felle kaufte und Versorgungsmaterial verkaufte, trug. Das Kostüm machte einen großen Eindruck auf die einheimischen Kinder. Als er ein paar Jahre später weiter Richtung Süden in die Nähe der Eielson Air Force Base zog, errichtete er einen neuen Handelsposten und nannte ihn Santa Claus House. Miller und seine Nachbarn wählten als Namen für die Stadt »North Pole« angeblich, um Spielzeughersteller in die Gegend zu bringen (was aber nicht geschah). Heute ist Santa Claus House, direkt am Richardson Highway gelegen, der größte und kitschigste Geschenkladen des Staates.

North Pole ist eine große Vorstadt von Fairbanks (1550 Einwohner) mit Straßennamen wie St. Nicholas Drive, Kris Kringle Drive, Santa Claus Lane und Mistletoe Lane, Geschäftsnamen wie Santaland RV Park und Elf's Den Diner und einer 50 000-Watt-Radiostation KJNP (King Jesus of North Pole), die von Christen geleitet wird. Es gibt 23 Kirchen in der Gegend, und vor dem

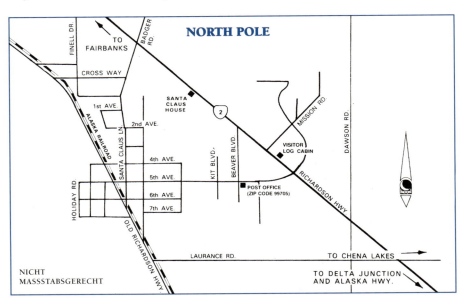

Santa Claus House ragt eine 12 Meter hohe Santa-Claus-Statue empor.
Visitor Log Cabin (Tel. +1(907)488-2242; im Juni, Juli und August täglich von 8–19 Uhr), das Touristenbüro von North Pole, ist ganz in der Nähe des Richardson Highway (an der Ecke der Mission Road).
Es gibt einen **Campingplatz** in der Fifth Avenue, und die **Chena Lakes Recreation Area** liegt in der Nähe.
Aber die große Attraktion hier ist die Möglichkeit, Briefe mit dem Stempel »North Pole, Alaska« stempeln lassen zu können. Man kann sie von dem Santa Claus House oder der Post in der Fifth Avenue abschicken. Während des ganzen Dezembers wird die Post mit Briefen und Karten förmlich überschwemmt – die Stapel können bis zu drei Meter hoch sein. Und das ohne die ungefähr 10000 Briefe, die, an Santa Claus persönlich abgeschickt, alle von Schülern aus North Pole beantwortet werden.
Im **Santa Claus House** (Tel. +1(907)488-2200; 8 bis 20 Uhr) kann man einen niedlichen Snowy-River-Kinderzug oder einen Urlaubsgruß von Santa erstehen, der im Dezember von North Pole an jede Adresse der Welt verschickt wird ($ 2,50, $ 3 weltweit).

Chena Lake Recreation Area

Mitte August 1967 regnete es an sieben Tagen hintereinander so heftig, daß der Chena River über seine Ufer trat und das tief liegende Fairbanks überschwemmte. Die Hälfte der Einwohner wurde evakuiert, der Schaden betrug fast 200 Millionen Dollar. Die Aufgabe, eine ähnliche Katastrophe in der Zukunft zu vermeiden, fiel dem Army Corps of Engineers zu. Nach längerem Hin und Her über 15 Jahre wurde schließlich ein Damm bei Moose Creek sowie ein Deich und eine Überlaufrinne in den Tanana River gebaut. Es entstand ein großer Park mit künstlichen Seen und einem Erholungsgebiet. Im Erholungsgebiet liegt der am nächsten zu Fairbanks gelegene Strand, der an heißen Wochenenden völlig überlaufen ist. Die meiste Zeit der Saison allerdings ist Chena Lake ein angenehmer Platz für ein Picknick, um herumzuwandern, radzufahren (etwa acht Kilometer langer Fahrradweg), Volleyball und Hufeisenwerfen zu spielen, Beeren zu sammeln, zu campen, zu angeln und ein Kanu, Paddelboot oder Segelboot zu mieten. Man kann entweder auf dem Campingplatz oder im Park campen. Die Gebühren betragen $ 3 pro Tag für ein Auto, $ 6 für's Campen, $ 1 pro Fahrradfahrer. Von Fairbanks fährt man sechs Kilometer auf dem Richardson Highway über North Pole hinaus, biegt nach links in Laurence Road und folgt den Schildern. Oder nehmen Sie die Grüne Linie aus der Stadt heraus und lassen Sie sich von dem Fahrer in Laurence Road absetzen. Oder rufen Sie +1(907)452-3279 an und fragen Sie nach, ob das Fairbanks-Transportsystem einen Sonderbus zum Erholungsgebiet eingesetzt hat.

Fox

1901 fand Felice Pedroni eine Färbung im heutigen Pedro Creek. Ihm wurde somit die Entdeckung der Cleary- und Goldstreamadern, die den Goldrausch von Klondike und Nome nach Fairbanks verlagerte, zugesprochen. Aber das Gold war alles andere als leicht zu erreichen. Das goldgeladene Grundgestein lag 250 bis 350 Meter tief

Im Landesinneren

unter Schotter, Dreck und Dauerfrost begraben. Innerhalb von 20 Jahren waren die reichen Bäche ausgebeutet, der flachere und minderwertigere Grund erschöpft, und die meisten Minenarbeiter konnten es sich nicht leisten, die tieferen Goldminen zu bearbeiten. 1923 allerdings wurde die Eisenbahnstrecke von Seward nach Fairbanks fertig, und in der Folge wurde Gold im großen Stil gegraben.

Das Gold wird dann weiterbearbeitet und auf seinen Wert geprüft. In den alten Zeiten während des Höhepunkts der Produktion wurde das Gold anschließend zur Münzanstalt transportiert, wo es $35 pro Unze einbrachte (der Preis bewegt sich heute um $400).

Einer von Alaskas ersten Stahlrumpfbaggern, 750 Meter lang, fünf Stockwerke hoch und über 1000 Tonnen wiegend, wurde 1928 installiert. Eine halbstündige Tour ($10) beginnt alle 45 Minuten zwischen 9 und 18 Uhr. Danach kann man unbegrenzt Gold waschen – und, was man findet, behalten. Es gibt auch ein Restaurant, eine Bar, ein kleines Hotel und einen Geschenkladen (Tel. +1(907)457-6058) auf dem Gelände. Um dorthin zu gelangen, fährt man zehn Kilometer auf dem Steese Highway in Richtung Fox, biegt links in die Goldstream Road und wieder links in die Old Steese Street. Es gibt keine öffentlichen Verkehrsmittel in der Nähe, aber Gray Line fährt hierher von den größeren Hotels um 18.30 Uhr und 19.30 Uhr ab.

Ester

Wie in Fox gab es auch in Ester einen zweifachen Goldrausch im frühen 20. Jahrhundert. Während der Mitte der zwanziger bis in die späten fünfziger Jahre baggerte die Fairbanks Exploration Co. nach Gold. Heute gibt es in Ester, das etwa zwölf Kilometer südlich von Fairbanks am Parks Highway liegt, ein paar Häuser, die aus der Zeit des Goldrauschs übriggeblieben sind: einen Geschenkladen, eine Galerie und den berühmten Malemute Saloon.

Das Hotel Cripple Creek, heute unter dem Namen **Ester Gold Camp** (Tel. +1(907)479-2500), steht seit 1958 hier in einer renovierten ehemaligen Schlafbaracke. Die Räume sind einfach, aber zweckmäßig, und der Preis ist sehr gut: $48 für ein Einzelzimmer mit Gemeinschaftsbad – wenn man ein Auto hat, ist Ester also eine gute Alternative zum teuren Fairbanks. Es wird ein kleines, im Preis enthaltenes Frühstück im Speisesaal serviert. Zwischen 17 und 21 Uhr gibt es ein All-you-can-eat-Büfett für $14,95 mit gegrilltem Huhn, Rentiereintopf und Heilbutt. Für $7 extra kann man auch Königskrebs zu sich nehmen.

Gekrönt wird der Abend mit dem Robert Service, einer musikalischen Extravaganz im **Malemute Saloon** oder mit der »Crown-of-Lights«-Fotosinfonie im **Firehouse Theater** ($5; täglich 19 und 20 Uhr), etwas weiter die Straße hinauf. Die 45minütige musikalische Diashow über die Nordlichter auf einer gerundeten neun Meter hohen Leinwand ist eine der wenigen technischen Attraktionen in Alaska.

Eine andere Attraktion bietet sich, wenn man etwa 16 Kilometer mit dem Auto auf dem George Parks Highway Richtung Denali fährt und dann den Schildern nach Ester und Ester Gold Camp folgt. Alle Reisegesellschaften bieten Touren an, die eine Rundreise und eine Saloon Show enthalten, aber die Resort Company (Tel. +1(907)479-2500; $4) hat ihren eigenen Pendelbus, der

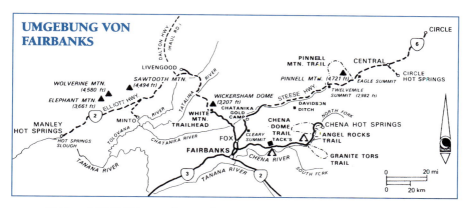

Die Umgebung von Fairbanks

Die Umgebung von Fairbanks bietet drei herausragende Möglichkeiten, das Land und die Wasserwege zu erforschen. Danach kann man sich in den Heilquellen, in denen seit einem Jahrhundert Reisende sich entspannt und erfrischt haben, verwöhnen lassen. Das beständig gute Wetter des Gebietes, die langen Tage und das wenig kräftige Licht sowie die Kraft der menschenlosen Wildnis läßt Besucher von dieser Reise mit mehr Erkenntnissen über sich selbst und über Alaska zurückkehren.

Chena Hot Springs Road rühmt sich dreier aufregender Wanderwege, zweier toller Campingplätze, einer Auswahl von Kanurouten und Angelplätzen und einer Menge an Schwimmöglichkeiten, alles innerhalb einer Fahrstunde von der Stadt auf einer gut geteerten Straße zu erreichen.

Steese Highway bietet fünf Campingplätze, unzählige Kanu- und Angelmöglichkeiten, Hochlandwanderwege, die mit denen in

gegen 18.15 und 19.30 Uhr von den größeren Hotels der Stadt abfährt.

Denali konkurrieren, sowie faszinierende Überbleibsel des Goldfiebers der Vergangenheit. Der Pool, der einen bei den Arctic Circle Hot Springs erwartet, lädt die Reisenden zur Entspannung ein, inmitten der schönen Landschaft Zentralalaskas.

Der **Elliott Highway** ist die längste, unebenste und primitivste der drei Straßen. In der Nähe von Fairbanks gibt es einen langen Wanderweg, aber keinen erwähnenswerten Campingplatz und auch keine sonstigen Einrichtungen, was den kleinen Pool und die Heilquellen am Ende der Straße in Manley um so lohnender machen.

Wer ein wirkliches Straßenabenteuer, das nur vom Dempster Highway in Yukon und den Northwest Territories übertroffen wird, erleben will, sollte den **Dalton Highway** entlangfahren. Er beginnt bei Meile 73 auf dem Elliott Highway und verläuft 660 Kilometer weiter bis nach Deadhorse, ein paar Meilen südlich von Prudhoe Bay.

■ CHENA HOT SPRINGS ROAD

Je nachdem, wem man glaubt, hat entweder Felice Pedroni (1903) oder der U.S. Geological Survey (1907) die Heilquellen an der

Im Landesinneren

nördlichen Gabel des Chena River entdeckt. Kurz danach wurde das Land von George Wilson besiedelt, der Hütten errichtete und ein Bad aus den Heilquellen schuf. Die 90 Kilometer lange Straße von Fairbanks wurde 1967 fertiggestellt und nur ein paar Wochen später von der großen Flut wieder zerstört. 1983 wurde sie schließlich wiederaufgebaut und vollkommen geteert. Zwischen Meile 26 und 51 liegt die Chena River State Recreation Area, ein gut erschlossenes und schönes Erholungsgebiet ganz in der Nähe von Fairbanks. Es gibt dort zahlreiche Wanderwege, Zugänge zum Fluß, Picknickmöglichkeiten und zwei Campingplätze, die leicht in einer Stunde Fahrt von der Stadt erreicht werden können. Man kann dort ohne Probleme drei oder vier Tage mit Campen, Wandern und Kanufahren (alles kostenlos) verbringen und danach dem Wunsch nach Komfort nachgeben und im Hinterland im Bad liegen. Wer mit dem Auto fährt, nimmt den Steese Highway gleich nördlich der Stadt zur Ausfahrt Hot Springs Road. Die Fahrt auf der Straße ist anfangs wegen Frosterhebungen ein bißchen wie eine Achterbahnfahrt, aber die Landschaft ist schön – sanfte grüne Hügel mit kleinen grünen Farmhäusern darauf verstreut.

■ TACK'S GENERAL STORE

Das riesige Gewächshaus ist warm und schön, und überall wird das Verlangen nach Farben, das man in dieser eintönigen Gegend aufgebaut hat, befriedigt. Es gibt Frühstück während des ganzen Tages im Café, akzeptable Preise für Sandwiches, aus selbstgebackenem Brot zubereitet, und wenigstens zwei Dutzend Pies stehen zur Auswahl. Der zweistöckige Gemischtwarenladen beherbergt alles unter seinem Dach, von einer Rohrpost bis hin zu den neuesten Videos, und ist täglich von 8 bis 20 Uhr geöffnet.

■ CHENA RIVER RECREATION AREA

Chena River SRA umfaßt luxuriöse Campingplätze, sehr gute Erholungsmöglichkeiten im Freien, hochragende Bäume (für das Innere von Alaska), sanfte Hügel, den gewundenen Chena River, und vor allem bietet sie viel Einsamkeit. Wer der städtischen Besichtigungen überdrüssig ist, macht sich nach Osten auf und erreicht in einer halben Stunde die Area – das beste, was die Gegend zu bieten hat. Weitere Informationen erhält man beim **Alaska Department of Natural Resources** (Tel. +1(907)451-2700) in Fairbanks. Der **Angel Rocks Trail** beginnt an der Meile 49, etwas weiter als die Ausfahrt vor der vierten Brücke über den Chena. Es sind nur ungefähr fünf Kilometer, aber mit den ersten steigt man bergauf. Die Felsnasen des Hochlandes sind den anstrengenden Aufstieg wert. Man muß mit etwa drei bis vier Stunden rechnen.
Für den **Chena Dome Trail** nimmt man den nördlichen Beginn des Wanderwegs, der an Meile 50,5 beginnt, ungefähr einen halben Kilometer nach dem Angel Creek, auf der linken Straßenseite. Die Wanderung ist etwa 40 Kilometer lang, dauert drei Tage und führt überwiegend den Bergkamm entlang, der großartige Ausblicke bietet. Ungefähr nach einem halben Kilometer steht ein Schild zum Chena Dome (etwa 15 Kilometer). Nach einem kurzen Stück über Holzstege beginnt man mit dem Aufstieg und läßt die Mücken und die Hitze hinter sich. Nach rund zwei Kilometern gibt es einen guten Aussichtspunkt. Die Straße verläuft

Die Umgebung von Fairbanks

die ganze Zeit parallel zum Fluß und überquert ihn viermal, an den Meilen 37, 40, 44 und 49. Zahlreiche gut markierte Ausweichstellen erleichtern den Zugang zum Fluß, und man kann sich so die Länge einer Kanufahrt aussuchen. Ein guter Ort dafür ist an der Brücke bei Meile 44 – hier ist es ein bißchen schneller und macht mehr Spaß als weiter unten. Vor allem vor den Stellen undurchdringlichen Morasts – stehend, stinkend und voll von Moskitos –, den Stromschnellen und Untiefen muß man sich allerdings vorsehen.

Besonders im Juli und August ist das Angeln nach Äschen sehr gut in diesem Fluß. Die meisten wird man wieder zurückwerfen müssen, aber normalerweise kann man etwa ein halbes Dutzend (die größer als 25 bis 30 Zentimeter sind) behalten. Man kann auch Lachse beobachten, die den Fluß hinaufwandern, hier aber nicht gefangen werden dürfen. In vier anderen Seen (Meile 30, 43, 46 und 48) wimmelt es von Äschen und Forellen.

Der **Rosehip Campground** ($8 pro Person) bei Meile 27, genau am Eingang des Erholungsgebiets, ist ein riesiger Campingplatz. Er ist nur eine halbe Stunde von der Stadt entfernt. Die ebenen Schotterplätze sind groß genug für einen Caravan, und man kann ein Zelt aufbauen außer Sichtweite des nächsten Nachbarzeltes. Der Fluß ist niemals weiter als einen zweiminütigen Fußmarsch entfernt. Es gibt 25 Plätze, Toiletten, Wasserpumpen und unzählige Schilder mit Informationen über Wanderwege, die Tierwelt und Kanustrecken.

Der weniger bevölkerte **Tors Trail Campground** ($8 pro Person) bei Meile 39 ist mit seinen 18 Plätzen etwas weniger einladend als Rosehip, aber er besitzt dieselbe ausgezeichnete Platzfreiheit, dieselben Einrichtungen, und der Fluß und der Granite Tors Trail liegen gleich gegenüber auf der anderen Straßenseite.

■ CHENA HOT SPRINGS

Bei Meile 57 endet die Straße in einem wild bewachsenen Resort (Box 73440, Fairbanks, AK 99707, Tel. +1(907)452-7867 oder 1(800)478-4681). Es gibt Schwimmbäder, die von den Thermalquellen versorgt werden, Hotelräume und Hochzeitssuiten ($70 bis $115, je nach Raum und Jahreszeit), Hütten in vier Größen ($40 bis $110), Caravan-Stellplätze (ohne Anschluß $10, mit $12), Müllplatz, Duschen ($2), Campmöglichkeiten (abgeschieden und ruhig, ein bißchen schmuddelig, $10 pro Nacht pro Platz) und viele Aktivitäten: Volleyball, Krockett, Badminton, Billard, Kochmöglichkeiten, Wandern, Mountainbikefahren, Goldwaschen, Reiten ($15 bis $60) und Massage. Im Winter kann man skilaufen, Schneemobil fahren, Schlitten fahren, eisfischen und Schneeschuh laufen.

Es lohnt sich, das Resort wegen seiner Eßräume, der schönen Holzarbeit, den Möbeln und bequemen Sofas und der Bücherei auszukundschaften. Die Restaurantpreise sind gut. Die geothermalen Einrichtungen sind relativ modern. Neben dem Solarium gibt es einen Pool, einen Whirlpool und eine riesige Rotholzterrasse. Wenn das Wasser aus den Thermalquellen kommt, ist es fast 71° Celsius heiß, im Pool hat es noch 43°.

■ STEESE HIGHWAY UND CIRCLE HOT SPRINGS

Gold ist die Landesfarbe, das wertvolle Metall, ohne Rücksicht der widerstreben-

Im Landesinneren

den Erde entrungen, das goldgrüne Panorama der Gebirgstundra, das goldene Licht, das durch die Staubnebel der Straße dringt, und der goldene Topf der Thermalquellen. Neben der Fahrt selbst und den unendlichen Angel- und Kanumöglichkeiten am Chatanika River und Birch Creek kann man weitere interessante Reisemöglichkeiten entlang dem Steese Highway am **Davidson Ditch**, auf dem anspruchsvollen Pinnell Mountain Trail und am **Circel Hot Spring Resort** finden. Der Davidson Ditch war eine der ersten Pipelines in diesem Land, ein Meisterwerk der Ingenieurskunst.

Der **Pinnell Mountain Trail** ist ein dreitägiger Wanderweg entlang der windgepeitschten Bergkämme der White Mountains. Hier gibt es nur 32 Kilometer bergauf den größten, tiefsten und heißesten Pool in Alaska, nicht nur mit all den Bequemlichkeiten und der Gesellschaft, die man auf dem Weg vermißt hat, sondern auch mit preiswerten Unterkünften.

Der Steese Highway, nach dem Armeegeneral James G. Steese, Präsident der Alaska Road Commission von 1920-27, benannt, läuft parallel zu dem ursprünglichen Fairbanks Circle Trail. Tausende, die ihr Glück suchten, kamen den Yukon herauf bis nach Circle, stießen, nachdem sich die Nachricht von Felix Pedros Fund verbreitet hatte, auf den Weg und halfen, das Landesinnere in den frühen Jahren des 20. Jahrhunderts zu erschließen. Die Straße wurde 1928 fertiggestellt, und in den frühen fünfziger Jahren wurden die ersten 70 Kilometer geteert.

Von Fairbanks ausgehend klettert der Highway gleich in die goldtragenden Berge. Ein schöner Aussichtspunkt überblickt das Tanana Valley auf der linken Seite der Hagalbarger Road. An klaren Tagen kann man sich nach der Alaska Range umsehen,

dem atemberaubenden Panorama des Mount McKinley, den östlichen Gipfeln von Deborah, Hess und Hayes. Etwas weiter die Straße hinauf gibt es eine Ausweichstelle, von der aus man die Pipeline sehen kann, die hier oberirdisch verläuft. Nach ein paar Kilometern kommt man zu dem Goldstream-Graben und nach Fox (siehe Seite 309f.).

An der Kreuzung mit dem Elliott Highway (Route 2) biegt man nach links in Steese Highway (Route 6). Bei Meile 16 gibt es eine Plakette, die an einem Steinmonument befestigt ist und an Felix Pedro erinnert. Gegenüber liegt Pedro Creek, dessen goldener Sand die Massen mit dem Fairbanks-Fieber infiziert hat.

■ FAIRBANKS EXPLORATION COMPANY/POKER FLAT

Von Pedro Creek steigt die vom Frost gehobene Straße schnell zum Skiberg Cleary Summit (700 Meter hoch) auf. Die Straße windet sich danach nach **Chatanika** herunter.

Bei Meile 28 biegt man nach rechts und klettert zu der Stelle des Fairbanks Exploration Company Gold Camp hinauf. 1923, nach der Vollendung der Alaska Railroad, begann die U.S. Smelting, Refining and Mining Co., viele der Goldminen um Fairbanks herum zu erwerben und zusammenzuschließen. 1938 hatte die Tochterfirma F.E. Co. drei Bagger, die zwischen Chatanika und Ester arbeiteten, und den Davidson Ditch (siehe Seite 315) eingerichtet. Sie versorgten das ganze Unternehmen mit ihrer eigenen Energieanlage in Fairbanks. Während der dreißigjährigen Produktionszeit brachte F.E. Co. Gold im Wert von fast 100 Millionen Dollar zu Tage – zu einem Preis, der nicht

Die Umgebung von Fairbanks

mehr als 35 Dollar pro Unze brachte, etwas weniger als zehn Prozent von dem, was es heute wert wäre. Die Gegend ist mit museumswürdiger Ausrüstung übersät, und 15 renovierte Gebäude werden mit Maschinen unterhalten, die während der vierziger Jahre benutzt wurden.

Das **Chatanika Old F.E. Gold Camp Resort** (Tel. +1(907)389-2414) ist während des ganzen Jahres geöffnet. Es ist voll von frühen Erinnerungsstücken aus Alaska sowie Minenartefakten. Die Zimmer fangen bei $50 an und gehen bis $150. Das Restaurant offeriert Mahlzeiten, ein All-you-can-eat-Büfett und Sonntagsbrunch. Der Geschenkladen ist spezialisiert auf Fotos und Poster der nördlichen Polarlichter.

Zwei Kilometer weiter die Straße entlang liegt die **Chatanika Lodge** (Tel. +1(907)389-2164). Räume werden zwischen $45 und $50 vermietet. Ein gutes Angebot ist eine Übernachtung im Doppelzimmer mit Abendessen und Frühstück für $90. Das Restaurant ist während des ganzen Jahres täglich von 9 bis 22 Uhr geöffnet. Man kann sich die Videos über die Nordlichter und das Goldbaggern auf den großen Fernsehschirmen ansehen. Die große Bar und die Tanzfläche können mehrere hundert Personen fassen. Die Chatanika Lodge führt jeden März auch das Chatanika-Days-Outhouse(Klohäuschen)-Rennen durch. Teams mit jeweils fünf Personen rennen eine eineinhalb Kilometer lange Strecke, wobei vier Personen schieben und eine das eigenartige Gefährt jeweils steuert. Die Gewinner des zweitägigen Ereignisses erhalten Geld, andere Preise und spezielle Trophäen. Unnötig zu erwähnen, daß die Konkurrenz groß ist!

Bei Poker Flat, drei Kilometer weiter, befaßt sich das **Geophysical Institute** der University of Alaska mit Studien zu den Polarlichtern und der Atmosphäre. Poker Flat wurde nach der Kurzgeschichte *The Outcasts of Poker Flat* von Bret Hardy benannt. Die Geschichte handelt von einem Spieler und einer Prostituierten, die von einer mythischen kalifornischen Stadt, die im Goldrausch lag, hinaus in den Winter verbannt wurden und schließlich den Erfrierungstod starben. Die Bauarbeiter, die die Raketenbasis für das geophysikalische Institut errichteten, fühlten sich ähnlich verbannt. Dies ist die einzige Raketenbasis der Welt, die einer Universität gehört. Seit 1969 wurden beinahe 250 große und 1500 kleine Raketen abgeschossen. Die Alaska Aerospace Development Corporation, die in den frühen neunziger Jahren gegründet wurde, ist bemüht, die Weltraum-Industrie nach Alaska zu locken, da man von hier aus Satelliten für Telekommunikation und Forschung gut in den Weltraum schießen kann. Poker Flat ist nicht öffentlich zugänglich, aber Führungen können unter Tel. +1(907)474-7634 organisiert werden.

■ OBERER CHATANIKA RIVER

Dieses weitere, sehr gute staatliche Erholungsgebiet liegt bei Meile 39. Der Campingplatz hat 28 Plätze, Plumpsklos, eine Wasserpumpe am Eingang und viele Zugänge zum Fluß, um dort zu angeln (Äschen) und Boot zu fahren. An der hinteren Seite des Campingplatzes kann man einen Platz am Fluß ergattern.

■ DAVIDSON DITCH

Die geteerte Straße endet bei Meile 44, und die nächsten 24 Kilometer sind hart – Schotter, der bei Trockenheit rutschig ist. Aber es wird mit der Zeit besser. Bei Meile 57 gibt es

Im Landesinneren

eine Seitenstraße und eine Ausfahrt. Die Seitenstraße ist acht Kilometer lang und führt nach Nome Creek, einem historischen Minengebiet mit Goldwaschmöglichkeiten. An einem Damm am oberen Chatanika River beginnend, durchzogen der drei Meter breite, ein Meter tiefe und 130 Kilometer lange Graben, die fast zwölf Kilometer lange Pipeline und ein eineinhalb Kilometer langes Tunnelsystem 140 Kilometer von hügeliger Wildnis, wobei 2500 Liter Wasser pro Minute zu den Goldfeldern gebracht wurden. Die Pipeline wurde im Winter drainiert, aber die Kälte zeigte dennoch ihre Auswirkungen: Man sieht die Wölbung in der Pipeline an der Stelle, an der sie bergauf führt und die Reparaturarbeit an dieser Verbindung.

Dies ist einer der vielen Anblicke vom Graben während der nächsten zwölf Kilometer. Man kann den Kampf der Minenarbeiter gegen das unwirtliche Gebiet und die rauhen Naturelemente auf ihrer Suche nach Gold nachempfinden und kommt nicht umhin, dieses Projekt zu bewundern, besonders wenn man bedenkt, daß die Straße kaum ausgebaut, die Maschinen primitiv und das Land schwer zu bearbeiten waren. Der F.E.Co.-Vertrag verlangte nicht den Abbau der Pipeline, als der Goldabbau verebbte, nur deshalb ist sie immer noch hier – je nach Standpunkt als Schandfleck in der Landschaft oder als Beweis der vielfältigen Geschichte dieses Landes.

■ CRIPPLE CREEK CAMPGROUND UND DARÜBER HINAUS

Diese BLM-Einrichtung besteht aus einem inneren Rundweg für Lieferwagen und Wohnmobile und einem Teil, den man zu Fuß passieren kann. Man sucht sich entweder einen Platz bei den Wohnmobilen oder parkt im Fußgängergebiet bei den Toiletten, nimmt dann sein Zelt und macht sich zum hinteren Ende des Campingplatzes auf, wo man sein Zelt direkt am Fluß aufbauen kann. Die Wasserpumpe steht am Anfang des inneren Rundwegs. Ein Informationsschild, ein Naturwanderweg und die Toiletten sind am anderen Ende. Die Mücken sind während des Sommers blutrünstig.

Die Straße wird hier draußen ebener, weiter, weniger rutschig. Von der Ausfahrt bei Meile 62 sieht man die Pipeline, wie sie im Tunnel verschwindet. Bei Meile 81 schießen 20 Liter natürlichen Quellwassers pro Minute kalt und köstlich aus einem Hahn. Während man an den Davidson Ditch denkt, sollte man den Wasserdruck mit 100 multiplizieren, um eine Vorstellung davon zu bekommen, mit welcher Kraft der Graben sein Wasser bewegte.

■ PINNELL MOUNTAIN TRAIL UND EAGLE SUMMIT

Der erste Wanderweg beginnt am Steese Highway bei Meile 85 beim Twelve-Mile Summit (auf 900 Meter Höhe). Der zweite Weg trifft beim Eagle Summit (Meile 107) auf den Highway. Eine kurze Zufahrtsstraße rechts am Beginn des ersten Weges führt an einem mit Schildern ausgewiesenen Gebiet des Fairbanks-Circle Trail zu einem kleinen Bergteich – ein schöner Platz für ein Picknick. Der Weg geht den ersten Kilometer über Holzstege und dann beständig bergauf. Die meisten Wanderer ziehen es vor, mit dem zweiten Weg, der 200 Meter höher liegt, zu beginnen. Es gibt eine Tafel mit umfassenden Informationen. Diese 44 Kilometer lange, etwa drei Tage dauernde Wanderung durch Bergtundra und entlang der Berg-

Die Umgebung von Fairbanks

kämme der White Mountains ist für ihre faszinierende Aussicht auf die Alaska und Brooks Ranges bekannt. Die Sommersonnenwende läßt sich von hier besonders gut beobachten. Zusätzlich findet man unvergleichlich schöne Wildblumen wie Vergißmeinnicht, deren Blüte ihren Höhepunkt Mitte Juni erreicht. Dieses sanfte, baumlose Hochland, das weit in die Ferne reichende Blicke in alle Richtungen gewährt, verlockt dazu, anzuhalten und aus dem Auto zu steigen. Beim Public Lands Info Center in Fairbanks kann man sich eine Karte für die Gegend holen.

Eagle Summit ist mit 1100 Meter der höchste Punkt der Straße, ein beliebtes Ziel der Einheimischen und der Reisenden zur Zeit der Sonnenwende, um die Sonne, die am Himmel steht, ohne unterzugehen, zu beobachten. Allerdings ist die Gegend hier bekannt für den Schnee und den Nebel zur Sonnenwende. Die kilometerlange Zufahrtsstraße, die zum Gipfel führt, ist besonders steil und felsig. Als Alternative kann man ein paar Kilometer bis zur Abzweigung laufen oder fahren, etwas weiter als bis zur Meile 109 und dann die Rückseite heraufwandern, um dem Auto diesen Weg zu ersparen. Wer die Zufahrtsstraße hinauf- und dann wieder hinunterfährt, wird den Steese Highway als entspannend empfinden.

■ NACH CENTRAL

Bei Meile 94 führt eine Straße zu unerschlossenen Campmöglichkeiten und dem Anfangspunkt des populären Birchcreek Canoe Trail. Wer vom Gipfel kommt, hat eine phantastische Aussicht auf die laufenden Goldabbauaktivitäten in der Talsohle sowie entlang den Mammoth und Mastodon Creeks, die nach den gefrorenen Resten der Säugetiere, die hier gefunden wurden, benannt wurden. Die Stoßzähne, die im UAF-Museum zur Schau gestellt werden, stammen von hier. Bei Meile 101 kann man eine alte Gaspumpe betrachten, und wenn man bei Meile 119 nach links abbiegt erreicht man den Bedrock Creek Campground (BML). Obwohl der Platz geschlossen ist, kann man hier campen, wenn man will.

■ CENTRAL

Zwölf Kilometer weiter liegt Central, dessen Bevölkerung sich von 150 Einwohnern im Sommer aufgrund des Zustroms der Minenarbeiter verdreifacht. Die Kampfeslust ist entfacht, wenn es um die Rechte der Arbeiter geht, ihre eigenen Adern abzubauen. Es gibt eine Tankstelle bei **Witt's End** (Tel. +1(907)520-5115), außerdem einen Gemischtwaren aden, saubere Räume (im Doppelzimmer $45), Duschen ($3) und kostenlose Campmöglichkeiten.

Das **Circle District Museum** ($1; täglich von 12 bis 17 Uhr) in einer Blockhütte in der Stadt hat Artefakte zur Geschichte der Minen, zu den Hundeschlitten aus früheren Zeiten und eine gute Wildblumenfotoausstellung.

Central Motor Inn and Campground (Tel. +1(907)520-5228) vermietet Wohnwagen ab $40 für eine Person, $45 für zwei Personen. Mahlzeiten werden in einem kleinen Café serviert.

■ CIRCLE HOT SPRINGS RESORT

Man biegt im Zentrum von Central nach rechts in die Hot Springs Road. 14 Kilometer entfernt liegt das Circle Hot Springs Resort (Tel. +1(907)520-5113; $8 pro Tag).

Im Landesinneren

Das Wasser ist sehr heiß und blubbert 1750 Liter pro Minute aus dem Grund herauf bei einer Temperatur von 60° Celsius. Ein Teil des Wassers füllt einen Pool von der Größe eines Olympiaschwimmbeckens. Das Wasser wird alle 18 Stunden komplett ausgewechselt. Es läuft durch Rohre, um die Temperatur der Hütte auf tropischen 22° Celsius zu halten, wenn es draußen eiskalt ist, und versorgt seit 1905 die üppigen Gemüsegärten der Gegend. Selbst wenn man seit Fairbanks nicht aus dem Auto gestiegen ist, diese Quellen sind es wert. Das Wasser ist viel heißer als in dem Pool in Manley, und der Schwefelgehalt ist bei weitem nicht so hoch wie in den Quellen in Chena. Das große familienbetriebene Resort hat auch einen gut ausgestatteten Gemischtwarenladen sowie einen Geschenkladen, eine Bar, ein Restaurant und eine Hütte. Die Räume in der Hütte sind romantisch mit Messingbetten ausgestattet und nach bestimmten Farben ausgerichtet. Man zahlt $45 für ein Einzelzimmer, $65 für ein Doppelzimmer und $90 für eine Luxussuite mit Whirlpool. Möblierte Appartements mit Kochnischen, Bettwäsche und Toiletten beginnen bei $60 und kosten $15 mehr für jede zusätzliche Person. Eine kostengünstige Alternative sind die Räume, die im dritten Stock liegen. Für $20 kriecht man durch eine enge Tür und kann unter dem Dachvorsprung im eigenen Bett schlafen. Das Badezimmer ist im Flur. Alle Preise schließen die Benutzung des Pools mit ein.

Man kann aber auch kostenlos auf dem **Ketchum Creek Campground** (BLM), fünf Kilometer vor den Thermalquellen campen. Der Campingplatz ist offiziell geschlossen und wird nicht bewirtschaftet, aber man kann hier trotzdem sein Zelt aufschlagen.

■ CIRCLE

Circle, irrtümlicherweise so von den Minenarbeitern benannt, weil sie annahmen, daß es sich in der Nähe des nördlichen Polarkreises (der allerdings 60 Kilometer weiter nördlich liegt) befinde, liegt 55 Kilometer von Central entfernt. Die Straße ist gut, nur ziemlich eng gewunden. Die letzten 17 Kilometer sind gar der Traum eines jeden Ralleyfahrers.

1893 wurde in dem nahe gelegenen Birch Creek Gold gefunden, und Circle verwandelte sich in eine blühende Stadt mit zwei Dutzend Saloons, einer Bücherei, einem Krankenhaus und sogar einem Opernhaus. Das war lange, bevor man von Klondike gehört hatte. Als die Minenarbeiter von dem Fund in Klondike hörten, verlor Circle auf einen Schlag fast die Hälfte seiner Bevölkerung. Die Stadt wurde später zu einem Versorgungszentrum für den großen Circle Mining District, dem größten in Alaska, nachdem der Steese Highway mit Fairbanks verbunden worden war.

Heute ist Circle mit nicht einmal 100 Einwohnern ein typisches Beispiel für das abgelegene Alaska: Es gibt ein paar Straßen und viele Schrottautos. Die Hauptattraktion ist der Yukon River. In der Nähe des Flußes kann man sein Zelt auf dem baumlosen Campingplatz (kostenlos) aufstellen. Die **Yukon Trading Post**, ein ehemaliger Handelsposten, beherbergt ein Café, eine Bar, eine Tankstelle, Motelräume (im Doppelzimmer $60), eine Post und einen kostenlosen Campingplatz.

H.C. Store verkauft Benzin, repariert Reifen und bietet Lebensmittel, Siebe zum Goldwaschen und Geschenke feil.

Warbelow's Air Ventures (Tel. +1(907)474-0518) in Fairbanks fliegt nach Central und Circle.

Elliott Highway und Manley Hot Springs

Der Elliott Highway wurde nach Major Malcom Elliott, dem Präsidenten der Alaska Railroad Commission von 1927-32 (Nachfolger von George Steese), benannt. Der Highway beginnt an der Abzweigung vom Steese Highway in Fox, 17 Kilometer nördlich von Fairbanks. Die Straße ist bis Meile 28 geteert (aber es gibt tückische Frostschäden), danach verwandelt sie sich in eine breite, zweispurige Schotterstraße, bis sie an die Abzweigung mit dem Dalton Highway stößt, wo sie sich auf einen eineinhalb Spur breiten, rauhen und harten Schmutzstreifen verengt. Sie führt durch totale Wildnis.

Außer dem BML White Mountain Trail bei Meile 28 und den wunderschönen Aussichten an einigen Stellen der Straße (besonders an den Meilen 95 und 96) gibt es bis zur Ankunft bei den Thermalquellen in Manley wenig zu sehen. Manley ist eine kleine Stadt am Ende des Highway, 240 Kilometer von Fox entfernt. Es gibt tatsächlich nur eine Einrichtung zwischen dem Hilltop Truck Stop (Tel. +1(907)389-7600), der bei Fox liegt, und Manley. Es ist der Wildwood General Store bei Meile 49,5. Die Gesamtfahrzeit von Fairbanks beträgt vier bis fünf Stunden.

Zwischen Fox und der Abzweigung zum Dalton Highway brausen riesige Versorgungslaster von und nach Prudhoe vorbei. Wenn man schließlich aus Manley zurück in Fairbanks ankommt, hat sich ein feiner Staubfilm in die Atemwege und auf alles, was man besitzt, gesetzt. Es ist unbedingt notwendig, viel Wasser auf diese Fahrt mitzunehmen. Man sollte sich auch ausreichend mit Essen versorgen.

■ ZUM WHITE MOUNTAIN TRAIL

Die Straße steigt nach Fox schnell an. Es werden gute Aussichten auf die sanften Hügel des Innenlandes geboten. Zwei Kilometer nördlich der verlassenen Eisenbahn- und Minenstadt **Olnes**, etwas vor der Brücke über den Chatanika River bei Meile 11, verläuft eine breite Schotterstraße auf der linken Seite zum Chatanika Pond, einem Teil der **Chatanika River State Recreation Site**. Es gibt keine Einrichtungen, aber man kann angeln und campen. Auf der anderen Seite der Brücke liegt der Rest des Erholungsgebietes. Hier gibt es Campmöglichkeiten für $8, Picknickstellen, Plumpsklos und Angelmöglichkeiten.

Bei Meile 28 befinden sich ein Parkplatz und unzählige Wege, die in die White Mountains führen. Die meisten Wege sind nur für den Winter gedacht und werden während des Sommers nicht zum Wandern freigehalten. Der Summit Trail beginnt auf der linken Seite und ist für den Sommer geeignet. Dieser 34 Kilometer lange Weg, der in der Hauptsache an Bergkämmen durch die Gebirgsausläufer der White Mountains entlangführt, endet in Beaver Creek. Auf der anderen Seite des Baches liegt die Borealis-LeFavre Cabin, die bei BLM (1150 University Avenue, Fairbanks, AK 99709, Tel. +1(907)474-2350) reserviert werden kann. Beim Wandern, das schon auf einer relativen Höhe beginnt, führt die erste Kilometer des Wickersham Creek Trail aus der Taiga hoch zum Bergkamm mit einem schönen, sehr weiten Blick auf das Tanana Valley, die Alaska Range und den gigantischen Himmel. Selbst wer nicht den ganzen Weg entlangwandern will, sollte diese ersten zwei Kilometer wegen der Aussicht als kleinen Spaziergang einplanen.

Im Landesinneren

Der geteerte Teil der Straße endet einen Kilometer vom Wegbeginn entfernt. Von hier hat man eine gute Aussicht auf die Pipeline – sich durch die Tundra windend, plötzlich in den Boden verschwindend und wiederauftauchend. Bei Meile 49,5 liegt der **Wildwood General Store** (Tel. +1(907)322-2602). Man kann hier Lebensmittel, Benzin und Geschenke kaufen. Außerdem erhält man hier Angel- und Jagdlizenzen. Eineinhalb Kilometer hinter dem Geschäft liegt die Northern Lights School, ein Schulhaus, bestehend aus zwei Zimmern mit Platz für 23 Kinder.

Bei Meile 57 liegt der einzige offizielle Campingplatz am Elliott Highway. Er hat den Spitznamen **Mosquito Creek Campground**. Wenn man den hier heimischen blutsaugenden Moskitos nicht ein paar Liter (pro Minute) seines lebenswichtigen Saftes spenden will, campt man hier nicht, steigt nicht aus dem Auto und hält am besten nicht einmal an.

Die dreieinhalb Kilometer lange Zugangsstraße nach **Livengood**, einem kleinen Minenzentrum, das während des Baus der Alaska Pipeline einen kurzen Höhepunkt erlebte, liegt bei Meile 71. Im Moment leben sieben Menschen hier (obwohl es etwa hundert in der Umgebung gibt). Zweieinhalb Meilen weiter beginnt der Dalton Highway bei Meile 0 (siehe Seite 321ff.). Links bleibt man auf dem Elliott Highway.

■ NACH MANLEY

Etwas weiter hinter der Kreuzung, gleich nach der Brücke über den Tolovana River, gibt es eine kleine Ausweichstelle, ein schöner Platz für ein Picknick, zum Campen und Angeln oder sogar zum Schwimmen (keine Anlagen). Hier verengt sich die Straße merklich, und man folgt den beiden Radspuren in der Mitte und hofft, daß niemand aus der anderen Richtung kommt. Bei Meile 95-96 hat man einen traumhaften Blick auf die Minto Flats, den Tanana River und die Bergausläufer der Alaska Range. Wer sehr viel Glück hat, erhält einen atemberaubenden Blick auf den Mount McKinley und die schneebedeckten Gipfel zu seiner Rechten und Linken.

Die Berg- und Talfahrt von hier nach Manley macht Spaß. Man sollte dabei aber auf Wildschweine, Füchse, Schneehasen, Baumeichhörnchen und entgegenkommende Autos achten.

■ MANLEY HOT SPRINGS

Die erholsame und friedliche Stadt (90 Einwohner) liegt ein paar Kilometer auf dem Endteil des Elliott Highway am Tanana River. Wie viele Städte im Binnenland erlebte Manley seine Blütezeit in den frühen Jahren des 20. Jahrhunderts während der Glanzzeit der nahe gelegenen Minen. Das U.S. Army Signal Corps errichtete hier 1903 eine Telegrafenstation, und Frank Manley baute 1907 das erste Resort der Stadt. Wegen der geothermalen Aktivitäten besitzt Manley landwirtschaftliche Merkmale, die für das Binnenland ungewöhnlich sind – es gibt reiche, warme Erde, eine lange Wachstumszeit und sogar Regenwürmer. Manley ist auch für seine guten landwirtschaftlichen Produkte bekannt.

Es gibt ein Resort in Manley, ein Rasthaus, Wildnisführungen und mehr Schneemobile als Autos. Das beste sind die schwefellosen Quellen – so kann man ein heißes Bad ohne unangenehme Dämpfe genießen.

Zum **Manley Hot Spring Resort** (Tel. +1(907)672-3611) biegt man bei der Einfahrt in die Stadt sofort nach rechts. Für $5 kann man dort den ganzen Tag im Pool schwimmen. Man kann sich Handtücher und Badekleidung für $1 pro Person ausleihen. In der Hütte gibt es eine Bar ($2,50 für ein Bier), ein Restaurant ($5,75 für Burger), einen gigantischen Billardtisch und einen schönen Jadekamin. Der Jadestein wurde in einem Stück gebracht und wog mehr als eine Tonne. Zimmer in einem langen und sehr breiten Wohnwagen kosten $60 für zwei Personen mit Toilette, $75 mit Dusche und $90 mit Whirlpool. Wer an einer Angeltour interessiert ist, fragt nach Frank Gurtler, der $30 pro Stunde nimmt.

Weiter in Richtung Stadt biegt man an der nächsten Straße nach rechts in Richtung des großen Gewächshauses und sucht Chuck und Gladys Dart. Diese Langzeitbewohner von Manley (die Schule ist nach Gladys benannt) sind freundliche Farmer, die die heißen Quellen, die auf ihrem Grundstück hochblubbern, zur Tomatenzucht und zum Anbau von Gurken und anderem Gemüse benutzen. Sie verkaufen ihre Produkte an die Ortsansässigen und an Durchreisende. Im ersten Gewächshaus gibt es vier quadratische heiße Becken, mit 42° Celsius heißem Quellwasser. Nachdem man eine Stunde in dem Becken gelegen hat ($5), kauft man etwas von dem angebauten Gemüse, fügt ihm seine Lieblingssoße zu und erlebt eine wahrhaftige Manley-Erfahrung.

Wenn man weiter Richtung Stadt fährt, kann man bei der Brücke am Hot Springs Slough parken. Von dort geht man zu Fuß weiter, biegt vor der Brücke nach rechts und spaziert etwa einen Kilometer bis zum ersten Weg auf der rechten Seite. Der erste Teil des Weges hinter der Hütte ist Privatgelände. Danach sind es fünf Kilometer bis zum Turm und drei weitere bis zum Great Bean Ridge. Hier gibt es gute Aussichtspunkte und Campmöglichkeiten.

Der öffentliche **Campingplatz** ($5 pro Nacht) unterhalb der Brücke auf der anderen Seite von Hot Springs Slough in der Stadtmitte hat Toiletten, Picknicktische und Grillvorrichtungen und ist zentral gelegen. Der Campingplatz wird von der Manley Hot Springs Park Association unterhalten. Man bezahlt am Rasthaus.

Das **Roadhouse** (Tel. +1(907)672-3161) wurde 1906 erbaut und ist ein beliebter Treffpunkt für ansässige Minenarbeiter und Trapper. Viele prähistorische und historische Artefakte, die in der Umgebung gefunden wurden, sind ausgestellt. Außerdem gibt es wie gewöhnlich eine Bar, ein Restaurant, freundliche Atmosphäre und Zimmer (im Einzelzimmer $45, im Doppelzimmer $60, eine Hütte $70).

Der Elliott Highway führt nach der Landebahn noch fünf Kilometer weiter, bis er am mächtigen Yukon River endet. Es ist landschaftlich schön und ein bißchen windig.

Dalton Highway

Vor der Zeit der Pipeline verlief der Elliott Highway von Fairbanks nach Livengood, wo eine 90 Kilometer lange Nebenstraße nach Norden zum Yukon River führte. 1974 wurde er parallel zur Pipeline vom Yukon River nach Deadhorse, einer kleinen Ansiedlung an der Prudhoe Bay, gebaut. Der Dalton Highway, der besser unter dem Namen Haul Road bekannt ist, und auf dem Mitte der siebziger Jahre Baumaterial für die North-Slope-Ölfelder transportiert wurde, wurde jenseits des Elliott gebaut. 1981 wurden die Seitenstraße und die Haul Road auf den Namen Dalton Highway nach James

Im Landesinneren

Dalton, der die frühen Vorarbeiten für den Ölabbau an der North Slope geleistet hatte, umgetauft.
Die lange Straße führt durch Gebiete, die kaum anderswo in Alaska so spektakulär und abgelegen und noch per Straße zu erreichen sind. Sie führt durch Taiga und Tundra, über den nördlichen Polarkreis, an hochragenden, schneebedeckten Hügeln vorbei, durch die Brooks Range und in der Nähe der Tore zum Arctic National Park vorbei. Mit viel Glück kann man Karibus, Wölfe und andere Wildtiere sehen. Die Straße ist immer noch hauptsächlich eine Versorgungsstraße, die von Lastwagen befahren wird. Sie ist ziemlich breit, kann aber, je nach Wetterbedingungen, sehr staubig und rutschig werden. Bis 1994 war eine Erlaubnis nötig, um weiter als bis zur Meile 211 zu fahren, aber heute kann man ohne gesetzliche Beschränkungen direkt bis nach Deadhorse fahren. Der Highway ist allerdings eine sieben bis elf Stunden dauernde, reifenfressende und knochenstauchende Strecke. Eine Fahrt auf dem Dalton sollte nicht unterschätzt werden.
Es gibt nur zwei Reparaturdienste auf der ganzen Strecke. Sie nehmen $35, nur um in den Abschleppwagen zu springen, weitere $35, um ihn aus der Garage zu fahren, und $5 für jeden zweiten Kilometer. Man sollte also immer mit genug Wasser und zwei Ersatzreifen reisen und das Licht angeschaltet lassen. Besonders auf die Lastwagen muß man aufpassen. In den meisten Fällen kann man sie aufgrund der Staubwolke, die sie aufwirbeln, schon von weitem sehen.
Nicht alle Autoverleiher erlauben, daß ihre Wagen auf dem Dalton Highway gefahren werden.
Northern Alaska Tour Company (Tel. +1(907)474-8600) bietet einige Touren zum nördlichen Polarkreis und nach Prudhoe Bay an. Sie fahren zu verschiedenen Tageszeiten und an verschiedenen Tagen am Alaskaland in Fairbanks ab. Eine Tour führt über den Highway, übernachtet wird in Coldfoot, eine Besichtigung der Ölfelder ist inbegriffen. Mit Rückflug kostet die Tour $159.

■ NACH COLDFOOT

Meile 0 des Dalton Highway liegt 115 Kilometer nördlich von Fairbanks beim Elliott Highway. Von hier sind es 90 Kilometer bis zum Yukon River. Man hat weitreichende Ausblicke auf die hügelige Landschaft und gute Sicht auf die Pipeline. Es gibt am Dalton Highway keine bewirtschafteten Campingplätze. Das erste der vielen unbewirtschafteten Gebiete ist **Hess Creek** bei Meile 24.
Es gibt eine 700 Meter lange Holzbrücke über den mächtigen Yukon bei Meile 56. An der Nordseite liegt **Yukon Venture Alaska** (Tel. +1(907)655-9001). Es ist die einzige Einrichtung vor Coldfoot, in der man seine Reifen reparieren lassen kann und Benzin bekommt. Es gibt auch ein Restaurant, das von 7 bis 21 Uhr geöffnet ist, und 40 Motelräume ($50 pro Person). An der Straße steht ein interessanter Schaukasten mit Erklärungen zur Pipeline.
Die **Yukon Crossing Visitor Station** ist von Juni bis August sieben Tage in der Woche geöffnet. Wenn man die Straße überquert und unter der Pipeline durchfährt, kann man einen Platz zum Campen finden. Bei Meile 86 sind isolierte Granitberge im Nordosten sichtbar, und bei Meile 98 hat man eine ausgezeichnete Aussicht auf die Berge auf der anderen Seite der Tundra, bevor die Straße wieder bergab durch das Tal führt.

Dalton Highway

Bei Meile 115 liegt der nördliche Polarkreis: 66. Breitengrad, 33 Minuten. Ein riesiges Schild weist auf den Ort hin. Eine Straße hinter dem Schild führt zu Campmöglichkeiten, die eineinhalb Kilometer entfernt liegen.

Gobbler's Knob liegt bei Meile 132, von wo aus man die ersten Blicke auf die Brooks Range am fernen nördlichen Horizont werfen kann. Die Straße windet sich an der Pump Station 5 vorbei über zahllose Bäche und Flüsse mit guten Angelmöglichkeiten. Bei Meile 175 liegt Coldfoot.

■ COLDFOOT UND DARÜBER HINAUS

1893 wurde bei Tramway in den oberen Gebieten des Koyukuk River Gold gefunden. Genügend Goldsucher und Minenarbeiter wurden angezogen, um die Stadt Coldfoot zu gründen. Anscheinend erhielt die Stadt ihren Namen, als die meisten Zugezogenen zu Beginn des ersten Winters kalte Füße bekamen und das Land wieder verließen. Zwei der ursprünglichen Minenhütten stehen noch am nördlichen Ende der Start- und Landebahn.

Im **Visitor Center** kann man täglich Vorführungen über Gates of the Arctic und die Brooks Range sehen.

Coldfoot Services (Tel. +1(907)678-5201) nennt sich selbst den »nördlichste Truckstop der Welt«. Benzin kostet $1,80 für viereinhalb Liter, und die Zimmerpreise beginnen bei $95 für ein Einzelzimmer mit gemeinsamer Badbenutzung und steigen auf $125 für ein Doppelzimmer mit privatem Bad.

Die Post und der Geschenkladen sind auch hier. Man kann Touren mit vierradangetriebenen Wagen, Hundeschlitten und Schneekatzen im Winter sowie Miniausflüge im Sommer organisieren. Hier sollte man seinen Tank vollfüllen. Die nächste Tankstelle liegt 380 Kilometer entfernt in Deadhorse.

Der Besitzer von Coldfoot Services erwarb vor kurzem die **Wiseman Trading Company**, die bei Meile 185 fünf Kilometer entfernt in einer Seitenstraße liegt. Es ist ein ehemaliger Goldminenladen, der in einen Geschenkladen umgewandelt wurde, aber eigentlich ist er eher ein Museum. Zwei Dutzend Leute leben in und um Wiseman, einem Minendorf, das 1910 gegründet wurde.

Am Marion Creek bei Meile 180 kann man wild campen, mit Aussicht auf den Koyukuk River. Wiseman, die historische Minenstadt, sollte man in seine Tour mit einbeziehen wegen der phantastischen bergigen Landschaft.

Während der nächsten 32 Kilometer verläuft die Straße parallel zum Koyukuk River. Die Tore des Arctic National Park liegen hoch oben am Westhang, und bei Meile 194 kann man die ersten Blicke auf den Sukakpak Mountain werfen. Die Straße verläuft am Fuß des zerklüfteten Berges, und ein Weg führt ab Meile 203 nach eineinhalb Kilometern direkt dorthin. Die merkwürdig aussehenden Hügel zwischen der Straße und dem Berg wurden durch Eis, das unterhalb der Erde liegt und sie hochdrückt, geformt.

Bei Meile 211, Disaster Creek, war der Punkt, an dem bis zum Dezember 1994 alle Autos ohne Reiseerlaubnis umkehren mußten. Von hier aus steigt die Straße schnell zum Chandalar Shelf an, einem riesigen Becken, in dem eine große Population von Grizzlies lebt. Dann geht es weiter über den Atigun Pass bei Meile 244, dem höchsten Highwaypaß in Alaska (1500 Meter). Die Straße fällt schnell in das Atigun Valley

Im Landesinneren

ab und führt zum Nordhang. Bei Meile 414 liegt **Deadhorse**, die Stadt, die zur Versorgung der Ölfelder von Prudhoe Bay gebaut wurde. Es gibt drei Häuser mit Übernachtungsmöglichkeiten. Sie besitzen alle Speiseräume, und es gibt auch zwei Tankstellen. **Alaska Airlines**, **40-Mile-Air** und **ERA**-Hubschrauber fliegen nach Deadhorse. Die Bevölkerung von Deadhorse besteht aus 8000 Arbeitern.

Man kann den Arktischen Ozean nur mit einer organisierten Tour besuchen. Die örtliche Organisation **NANA** (Tel. +1(907)659-2360) veranstaltet eine Tour Arctic im Arctic Caribou Inn in Deadhorse. Sie bietet eine einstündige Arctic Ocean Tour an und eine vierstündige Tour zu den Ölfeldern (das Oilfield Visitor Center und der Arktische Ozean sind mit eingeschlossen).

George Parks Highway

Der Highway wurde 1971 fertiggestellt und nach George Parks, einem frühen Territorialgouverneur, benannt. Er führt über 630 Kilometer von Fairbanks nach Anchorage, und der Teil zwischen Ester und Nenana ist eine der wenigen Strecken in Alaska, auf denen man offiziell 90 Kilometer pro Stunde fahren darf. Der Highway windet sich durch die Tanana Hills südlich von Fairbanks mit guter Aussicht auf die Alaska Range im Osten. Die Strecke führt am **Skinny Dick's Halfway Inn** (Tel. +1(907)452-0304) auf halber Strecke zwischen Fairbanks und Nenana vorbei. Außerdem gibt es zahlreiche Feuerwerksstände und **Monderosa**, etwas nördlich von Nenana, deren »beste Burger in Alaska« in der Tatsache ein gutes Angebot sind – einer ist ausreichend für zwei Personen. Eine große Stahlbrücke führt über den Tanana River, nach rechts fließt der Nenana River.

Nenana

Nenana (542 Einwohner) war ein Dorf der Athabasken-Indianer. Es liegt am Zusammenfluß von zwei Flüssen. Später schoß die Stadt als Basis für den Bau des nördlichen Ausläufers der Alaska Railroad wie ein Pilz aus dem Boden, und 1916 wuchs die Bevölkerung auf 5000 Einwohner. Am nördlichen Ende der 200 Meter langen Eisenbahnbrücke, die den Tanana River überspannt, schlug Warren G. Harding einen goldenen Nagel ein und markierte so am 15. Juli 1923 die Fertigstellung der Strecke.

Der Besuch Hardings war der Höhepunkt einer langen Zugreise durch das Land, während der er versuchte, Unterstützung für seine untergehende Regierung, die unter dem Verdacht der Korruption stand, zu gewinnen. Vor seiner Reise hatte Harding die Ausbeutung von Alaskas Bodenschätzen gefördert. Aber nach den Berichten, die er aus erster Hand erfuhr, änderte er seine Meinung. Als er nach Seattle zurückkehrte, hielt er eine Rede, in der er nach mehr Straßen, landwirtschaftlicher Arbeit, der Erhaltung von Bauholz-, Fisch- und Mineralschätzen verlangte. Unglücklicherweise starb Harding eine Woche später unter mysteriösen Umständen, und seine Vision wurde mit ihm begraben.

Nenana ist für das jährliche **Ice Classic** bekannt. 1917 schloßen die Alaska-Railroad-Arbeiter eine Wette ab: Wer den Zeitpunkt, an dem das Eis des Tanana River aufbrach, am genauesten bestimmen konnte, erhielt $800. Inzwischen ist das Preisgeld auf $3300 gewachsen, das sind 50 Prozent der

Nenana

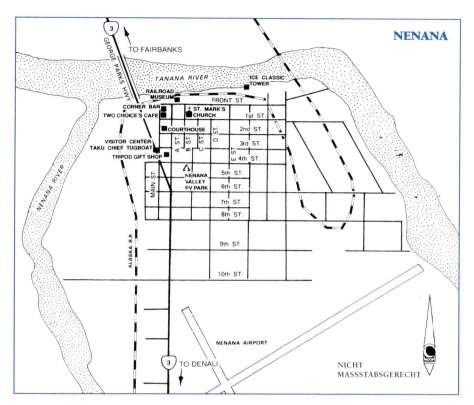

Einnahmen. Der Rest sind Steuern und Gehälter, und ein Teil geht in die Stadtkasse. Tausende von Leuten wetten $2 auf den Tag, die Stunde und die Minute, wann das Eis aufbrechen wird. Ein Stativ wird im Februar auf dem Eis des Flußes aufgebaut, von dem ein Kabel zu einem Uhrenturm am Ufer läuft. Wenn sich das Eis bewegt, hält das Kabel die Uhr an und zeichnet die offizielle Zeit auf. Der früheste Aufbruch war am 20. April 1940, der späteste am 20. Mai 1964. Für $2 gibt es im Visitor Center oder im Tripod Gift Shop Anmeldeformulare. Letzter Abgabetermin ist der 1. April.

Das belebte Hafenviertel, in dem Versorgungsgüter für die Städte entlang dem Tanana- und Nenana River auf Frachtkähne verladen werden, machen Nenana zu einem blühenden und freundlichen kleinen Ort – wie geschaffen für einen gemütlichen Bummel.

Nenana liegt 105 Kilometer vom Denali National Park und 86 Kilometer südlich von Fairbanks. Die Alaska Railroad fährt durch Nenana, hält hier aber nicht offiziell. Man kann aussteigen, darf aber kein Gepäck mitnehmen.

Es besteht außerdem die Möglichkeit, eine

Im Landesinneren

harte zweitägige Tour von Fairbanks nach Nenana mit dem Kanu auf dem breiten Tanana River zu unternehmen. Allerdings erlaubt die Eisenbahn keine Kanus mehr in den Zügen.

■ SEHENSWERTES

Das **Visitor Center** (Tel. +1(907)832-9953; täglich von 8 bis 18 Uhr) liegt am Fuß der Brücke an der Ecke von Parks Highway und A Street.
Hinter der Hütte liegt das *Taku chie*, das letzte kommerzielle Zugboot, das den Yukon River und Tanana River befuhr, bis es 1978 nach Nenana verbannt wurde, wo es bis heute liegt. Leider kann man nicht darauf herumklettern.
Das **Alaska State Railroad Museum** (Tel. +1(907)832-5500; täglich von 9 bis 18 Uhr; Eintritt frei) findet man, wenn man die A Street entlang in Richtung Fluß geht, dann nach rechts in die Front Street biegt und in den alten Bahnhof geht. Es ist ein wunderbares kleines Museum, voll mit Informationen, Fotografien und Artefakten zur Planung, Konstruktion und Erhaltung der Alaska Railroad. Interessant ist auf jeden Fall die Geschichte zum Bau der Eisenbahnbrücke und das Logbuch, das auf dem Tisch des Bahnhofsvorstehers liegt.
Der große Geschenkladen nebenan, **Tripod II**, ist ebenfalls einen Besuch wert. Man kann hier das schöne historische Video über die Eisenbahn kaufen. Draußen steht ein Monument mit einer Erinnerungsplakette und dem einstmals goldenen Nagel.
Eine Straße weiter, an der Ecke von Front Street und B Street, liegt **Mark's Mission Church**, die 1904 gegründet wurde, um die Kinder der Ureinwohner aus dem Binnenland zu unterrichten.

Wenn man weiter zu dem großen Brückenbogen spaziert und dann nach links in den Parkplatz für die Schwerausrüstung biegt, befindet man sich im Hafenviertel. Hier steht der **Ice Classic Tower**. Neben dem Turm liegt das Gebäude mit der Uhr und einem riesigen Buch voller Eintragungen, das auf der Seite der Gewinner aufgeschlagen ist. Informationsschilder über Flußboote und die Eisenbahn befinden sich in der Mitte des Parkplatzes.
Die weißen Steine auf der anderen Seite des Flußes am Hügel sind Grabsteine, die aus der Gegend stammen. Wenn man die Stadt verläßt, darf man die oft fotografierte Bank auf der linken Seite nicht verpassen, die in einem Blockhaus untergebracht ist.

■ ESSEN UND UNTERBRINGUNG

Ein klassisches Buschabendessen kann man sich im **Two Choice's Café** in der A Street gönnen.
In der **Corner Bar**, an der westlichen Ecke der A und Front Street, hebt man das Glas gemeinsam mit den Einheimischen.
Wer ein Zimmer in Nenana braucht, versucht es im **Tripod Motel** (Tel. +1(907)832-5590) am Highway oder im **Nenana Inn** (Tel. +1(907)832-5238) an der Ecke von Second und A Street.
Man kann seinen Caravan zum **Nenana Valley RV Park** (Tel. +1(907)832-5431; $17 für vollen Anschluß, $10 für Camping, $1 für jede weitere Person) zwischen Fourth, Fifth und B und C Street fahren und ihn dort anschließen.
Das **Bed and Maybe Breakfast** (Tel. +1(907)832-5272) liegt über dem Railroad Museum. Es ist womöglich das älteste B&B im ganzen Staat.
Es gibt einige Geschenkläden in der A

Street. Der **Tripod Gift Shop** (Tel. +1(907)832-5271) liegt gegenüber dem Besucherzentrum und ist täglich von 8 bis 19 Uhr geöffnet. Dies ist sicherlich eines der größten Souvenirgeschäfte in ganz Alaska. Die Haupthütte ist bis zu den Dachsparren mit verschiedenen Souvenirs vollgestopft (zum Beispiel mit der Spielkartensammlung aus Alaska). Dann reihen sich vier Hütten auf dem Holzsteg aneinander. In einer der Hütten kann man T-Shirts in Größe XXXL erstehen. In einer anderen ist eine Kunstgalerie untergebracht, eine weitere hat besonders preisgünstige Angebote, und die letzte schließlich ist ein Imbiß. Man kann hier Gold waschen und Lachs an einem traditionellen Gestell trocknen sehen. Der Souvenirladen im Eisenbahndepot wird von den Tripod-Inhabern geführt, die sich auch um das Bed and Maybe Breakfast kümmern. Seit 1916 offeriert **Coghill's General Merchandise** (Tel. +1(907)832-5422; montags bis samstags von 9 bis 18 Uhr) in der A Street Lebensmittel, frisches Fleisch, landwirtschaftliche Erzeugnisse, Eisenwaren und Angel- und Jagdlizenzen an Einheimische und Reisende. Die Coghills arbeiten in der sechsten Generation und sind in einem weiten Umkreis bekannt.

Es gibt auch mehrere Tankstellen und einen Minimarkt, der 24 Stunden am Tag geöffnet ist.

Von Clear nach Healy

Bei Meile 283, 34 Kilometer südlich von Nenana, liegt die Abzweigung nach Clear und Anderson. Clear ist eine militärische Frühwarnanlage für Raketengeschosse, und daher ist es nicht erstaunlich, daß der Zugang verboten ist.

Neun Kilometer die Clear Road entlang liegt die kleine Ansiedlung Anderson am Tanana River.

Bei Meile 280 liegt die **Clear Sky Lodge** (Tel. +1(907)582-2251). Man bekommt dort Benzin, und es gibt ein Steakhouse (täglich von 11 bis 23 Uhr), einen Aufenthaltsraum und einen Spirituosenladen.

Sieben Kilometer südlich davon bei Meile 276 liegt die beliebte **Tatlanika Trading Company** (Tel. +1(907)582-2341). Die Princess-Busse und die Busse der Gray Line machen hier Rast auf ihrer Fahrt von Denali nach Fairbanks. Das große Geschäft hat eine gute Auswahl an Kunst und Kunsthandwerk aus Alaska, und es lohnt sich, anzuhalten und ein bißchen herumzustöbern.

Bei Meile 249 kommt man in die Stadt Healy (600 Einwohner). Healy hat sich aufgrund der Kohlenminenarbeit während der letzten 70 Jahre entwickelt. Usibelli Coal Mine ist die größte in Alaska, was nicht viel heißt, da es auch die einzige kommerzielle Kohlenmine Alaskas ist. Fast 765 Kubikmeter werden pro Stunde ausgegraben. Ein Teil der Kohle wird nach Korea verschifft, ein Teil nach Fairbanks und ein Teil zu dem Golden-Valley-Electric-Association-Kraftwerk, dem größten Kraftwerk Alaskas, das mit Kohle betrieben wird. Die Energie versorgt das Tanana Valley und Fairbanks. Dank der Minenarbeit und des Kraftwerks hat das kleine Healy das höchste Prokopfeinkom-

Im Landesinneren

men in Alaska, und es ist einer der reichsten Orte der Vereinigten Staaten.
Die historische **Stampede Lodge** (Tel. +1(907)683-2242 oder +1(800)478-2370) bei Meile 248 wurde 1946 errichtet, um die Arbeiter der Alaska Railroad sowie die Kohlenminenarbeiter zu beherbergen. Es diente zu der Zeit auch als Gemeindezentrum. 1985 verkaufte die Eisenbahngesellschaft das Haus, und es wurde restauriert und in ein Hotel umgewandelt. 1995 wurde es erneut renoviert. Die Eingangshalle ist besonders gemütlich, es gibt 29 Räume, die pro Doppelzimmer für $ 70 vermietet werden. Das Bushmaster Grill Restaurant ist täglich von 6 bis 22 Uhr geöffnet.
Das **Totem Inn** (Tel. +1(907)683-2420) auf der anderen Seite der Healy Spur Road vermietet 36 Räume ebenfalls für $ 70 (Einzel- oder Doppelzimmer).
Auf der anderen Seite des Parks Highway liegt das **Denali North Star Inn** (Tel. +1(800)684-4026).
McKinley KOA (Tel. +1(907)683-2379) liegt ein paar Straßen südlich der Kreuzung.

Denali

Der Denali National Park ist heutzutage Alaskas zweitgrößte Attraktion (die größte ist der Portage-Gletscher). Denali zieht während der 114tägigen Saison mehr Besucher an, als der Staat Einwohner hat. Die meisten Reisenden kommen, um den Mount McKinley, den höchsten Gipfel in Nordamerika (6193 Meter), zu sehen. Er erhebt sich über das Flachland der Umgebung und die 4300 bis 5200 Meter hohen Gipfel. Obwohl er nur an einem von drei Tagen sichtbar ist und oft während einer ganzen Woche oder länger verhüllt bleibt, erleben diejenigen, die ihn sehen, eine Aufregung, die seiner Größe und Würde angemessen ist. Diejenigen, die ihn nicht zu sehen bekommen, werden durch die niedriger liegenden Gipfel und die sie begleitenden Gletscher, hohen Pässe, die Aussicht auf die Tundra und die unglaubliche Fülle der Tierwelt getröstet. Aber selbst wenn sich der Berg nicht zeigt, die Grizzlies sich verstecken, die Busfenster mit Nebel verhangen sind, befindet man sich immer noch in einem der spektakulärsten zugänglichen Wildnisgebiete der Welt.

■ LAND UND KLIMA

Die Alaska Range ist eine U-förmige Bergkette, die sich auf etwa 950 Kilometer von der Alaska Peninsula (dem Ursprung der Aleuten) durch den Park und weiter südlich nach Tok hinzieht. Es ist nur ein kleiner Teil, der die Berge der Küste, die Sierra Nevada Kaliforniens, die Northwest Cascades, die Coast Mountains von British Columbia, Yukons St. Elias Range und die östliche Wrangell Range in Alaska miteinbezieht. Die Parkstraße beginnt etwas nördlich der Alaska Range und folgt ihr über 140 Kilometer südwestlich bis zu ihrem Herzen – dem Mount McKinley. Die Tatsache, daß der Berg von Flachland umgeben ist, läßt ihn so spektakulär erscheinen: Das Park Hotel liegt auf einer Höhe von 520 Meter, und der höchste Punkt der Straße, Thouroughfare Pass, liegt etwas unterhalb von 1220 Meter. Der Fuß des Mount McKinley liegt auf 610 Meter, und die Nordseite erhebt sich in einem 60-Grad-Winkel direkt bis auf 6096 Meter – die höchste zusammenhängend vertikale Erhebung der Welt. Die Wetterbedingungen ändern sich, je nachdem, ob man sich auf der Nord- oder Südseite der Bergkette befindet. Während des Sommers kommen die vorherrschenden Winde aus dem Süden und bringen warme, feuchte Luft vom Pazifik mit sich. Wenn sie auf die gefrorene Felswand der Alaska Range treffen, regnet oder schneit es heftig, je nach Höhe und Menge der Feuchtigkeit. Oberhalb dieses Systems thront der mächtige Mount McKinley. Die Kombination von Wind, Feuchtigkeit, Kälte und Höhe schafft Wetterbedingungen, die sich auf das Gebiet um Mount McKinley herum begrenzen – und das Wetter kann bösartig werden. Stürme können binnen einer Stunde aufkommen, wochenlang andauern und während dieser Zeit drei Meter Schnee abladen. Stürme peitschen mit bis zu 130 Kilometer pro Stunde. Die Quecksilbersäule fällt mitten im Juli unter 18° Celsius. Einige der schlimmsten Wetterbedingungen der Welt werden hier beobachtet. Aber wenn der Berg schneeweiß vor einem strahlend blauen Himmel auftaucht und man den Hals reckt, um den Gipfel zu sehen, dann hat man einen unvergeßlichen Blick, auf den es sich zu warten lohnt – selbst im Regen.

■ FLORA UND FAUNA

Vom Meeresspiegel bis auf etwa 700 Meter liegt das Gebiet des Polarkreiswaldes, in dem die schwarze Fichte mit ihren dunklen Nadeln und ihren unzähligen Zapfen wächst. Jüngere Bäume, Weißfichten sowie

Im Landesinneren

Espen, Birken und Pyramidenpappeln, wachsen an den Flüssen, an der Straße und in frisch abgebrannten Gebieten. Wer aus dem Waldgebiet herausklettert und über 700 Meter hinauskommt, erreicht das Gebiet der Taiga, was auf russisch: »Land der Zweige« bedeutet. In der Übergangszone (zwischen dem unterhalb liegenden Wald und der oberhalb liegenden Tundra) wachsen keine Laubbäume. Die Fichten sind nicht mehr so voll (obwohl sie bis zu 60 Jahre alt werden können), und ein grüner Teppich von Busch und Zwergweiden bedeckt den Boden. Die Sitkafichte ist wegen ihrer Größe, Erhabenheit und ihres wirtschaftlichen Nutzens der landestypische Baum. Wegen ihrer vielseitigen Verwendbarkeit wurde aber die in Alaska weitverbreitete Weide besonders geschätzt. Bevor es Kunststoffe wie Nylon gab, wurde die Rinde der Weide abgestreift, in Streifen geteilt, geflochten und so in Seile, Körbe, Schneeschuhe, Fischernetze und kleine Tierfallen verwandelt. Die innere Borke ist süß, der Saft sehr süß. Junge Knospen und Sprößlinge sind eßbar. In der Taiga kann man auch eine große Auswahl von Beeren finden: Blaubeeren, Preiselbeeren, Krähenbeeren, Himbeeren und viele mehr.

Oberhalb von 760 Meter liegt die Tundra, was in der Sprache der Lappen »weites, sanft hügliges, baumloses Gebiet« bedeutet. Es gibt zwei Arten von Tundra: Die feuchte oder Alaskatundra ist durch Zwergsträucher, hohe Gräser und Beeren gekennzeichnet, außerdem gibt es keine Bäume. In der Alpentundra, der höchsten Zone, wachsen Gräser, Moos, Flechten und kleine, zähe Wildblumen.

Das Tierleben ändert sich mit der Vegetation. Im Wald sollte man sich nach Elchen, Wildschweinen, Hasen, Mardern, Luchsen, Wieseln, Baumeichhörnchen und verschiedenen kleinen Nagetieren umsehen. In der Taiga – oder im Wald und in der Tundra – kann man Wölfe, Kojoten, Füchse, Grizzlies und Bodeneichhörnchen sehen. In der Tundra muß man die Augen nach Karibu, Schafen, Murmeltieren, Wühlmäusen, Lemmingen und Spitzmäusen offenhalten.

■ **HISTORISCHES**

1896 reiste der Goldsucher William Dickey durch das Innere von Alaska. Wie andere vor ihm war auch Dickey von der Größe und Erhabenheit des Mount McKinley, der damals unter den Namen Tenada, Denali, Densmore's Mountain, Traleika und Bulshaia bekannt war, fasziniert. Dickey kam aus Ohio, dem Heimatstaat von William McKinley, der seinen Universitätsabschluß in Princeton erhalten hatte. Als Dickey das Gebiet verließ und hörte, daß McKinley als Präsident nominiert worden war, taufte er den Berg »McKinley«, schrieb zahlreiche Artikel für staatliche Zeitschriften und versuchte, die Abgeordneten in Washington D.C. von dem Namen zu überzeugen. Der Name wurde schließlich akzeptiert, als Präsident McKinley 1901 ermordet wurde.

Denali

Mit den Bären leben

Bären scheinen in den meisten Menschen zwiespältige Gefühle auszulösen. Die erste instinktive Reaktion ist Angst und Beklommenheit: Was tun, wenn der Bär angreift? Aber oft zeigt sich ein weiterer Drang: das Abenteuerfoto fürs Album daheim schießen. Beide Reaktionen können im Bärenland Alaska zu einer Menge von Problemen führen. Obwohl Panik verständlich ist, kann die Angst zu solch extremen Reaktionen führen, daß eine Person sich gar nicht mehr nach draußen wagt. Auf der anderen Seite kann die sture Touristenaufdringlichkeit zu einem Bärenangriff führen. Der Mittelweg ist, sich Wissen über und Respekt vor den Bären anzueignen und einen Sinn für Vorsicht zu entwickeln, der einen wachsam sein läßt, ohne daß die Angst dabei die Reisen in die Wildnis regiert. Nichts ist in dieser Welt jemals ganz sicher, aber mit etwas Vorsicht kann man vieles, was zu ungewollten Begegnungen mit Bären führen kann, vermeiden. Bären sind wunderbare, ausgesprochen faszinierende und überraschend intelligente Tiere. Sie können lustig, spielerisch und neugierig, bösartig und beschützend und unberechenbar sein. Je mehr Bären man in der Wildnis beobachtet, um so komplexer erscheint ihr Leben. Eine Sache, die man nicht vergessen sollte, ist die Vielfalt im Verhalten der Bären. Genausowenig wie man erwartet, daß sich alle Hunde gleich verhalten, sollte man es von Bären erwarten. Sie haben manchmal einen schlechten Tag, und wenn sie zum Beispiel im Herbst keinen Lachs mehr finden, können sie sehr reizbar werden.

Bärenland

Man sollte Bärengebiete mit Respekt, aber nicht mit Angst betreten und sich bewußt machen, daß Bären sehr selten Menschen angreifen. Es ist tausendmal wahrscheinlicher, bei einem Autounfall verletzt zu werden als von einem Bären. Tatsächlich werden sogar mehr Menschen pro Jahr von Elchen verletzt. Im Gegensatz zur weit verbreiteten Meinung können Bären sehr gut sehen, dennoch verlassen sie sich mehr auf ihren ausgezeichneten Geruchs- und Gehörsinn. Ein Bär weiß aufgrund eines kurzen Schnüffelns, wer ein Gebiet betreten hat und wie lange es her ist. Überraschende Zusammenkünfte mit Bären vermeidet man, indem man sie wissen läßt, daß man anwesend ist. Wenn man sich mit Wind im Rücken bewegt, wird jeder Bär es wissen. Wer in einem Umkreis von 50 Metern nichts sehen kann, warnt versteckte Tiere durch lautes Reden, Singen oder Händeklatschen. Man sollte besonders wachsam sein, wenn man sich durch dichten Busch oder hohes Gras, in den Wind, an Flüssen entlang oder während der Dämmerung bewegt. Wer glaubt, daß die Bären einen nicht hören, sollte nicht schüchtern sein und schreien. Es mag ein bißchen merkwürdig erscheinen, kann aber eine ungewollte Begeg-

Im Landesinneren

nung verhindern. Auch die Anzahl der Leute in einer Gruppe kann entscheidend sein: Je mehr in einer Gruppe wandern, desto wahrscheinlicher ist es, daß der Bär sie bemerkt und sich fernhält.

Auf dem Campingplatz

Wer einen Campingplatz aussucht, vermeidet Stellen wie Flüsse, in denen Lachse schwimmen, Hügel der Bodeneichhörnchen, Beerenbüsche oder Wege, auf denen sich Wild bewegt. Man kann sich nach frischen Zeichen von Bären umsehen (Kot, Spuren, Grabspuren). Wenn es möglich ist, campiert man in der Nähe eines Baumes, auf den man steigen kann. Wichtig ist, den Campingplatz sauberzuhalten. Stark riechendes Essen wie Fisch, frisches Fleisch, Käse, Würste und Speck sollten unbedingt vermieden werden. Gefriergetrocknetes Essen ist relativ geruchlos und leicht. Das Essen bewahrt man in Vakuumbehältern auf oder wickelt es in mehrere Plastiktüten ein. Das Gebiet, in dem man kocht, ißt und die Lebensmittel aufbewahrt, sollte wenigstens 50 Meter vom Campingplatz entfernt sein. Das Geschirr sollte gleich nach dem Essen gespült werden. Es macht nicht viel Sinn, Abfälle zu vergraben, da die Tiere sie sofort wieder ausgraben würden. Statt dessen sollte man den Abfall verbrennen, Dosen auswaschen und flachdrücken. Den Abfall, den man nicht verbrennen kann, verstaut man zusammen mit der Kleidung, die man während des Kochens getragen hat, an derselben Stelle.

Zahnpasta und Seife sollten ebenfalls in eine Plastiktüte verpackt werden, diese wiederum in ein Stofftasche und dann mindestens drei Meter über dem Boden an einen Ast oder zwischen zwei Bäumen aufgehängt werden. Man bindet zwei Tassen oder Becher daran, so daß man hört, wenn die Tasche bewegt wird. Wenn es keine Bäume gibt, verstaut man die Tasche so, daß der Wind den Geruch vom Zelt wegträgt. Einige Campingplätze bieten praktische bärensichere Metallkisten an, in denen man sein Essen aufbewahren kann. Es wird außerdem angenommen, daß Parfums, Deodorants und intimer Körpergeruch Bären anziehen. Frauen müssen besonders während ihrer Menstruation vorsichtig sein. Gebrauchte Tampons sollten in luftdichte Behälter verpackt und mit dem anderen Müll aufbewahrt werden.

Eine Bärenumarmung vermeiden

Jäger und Fotografen sind die Hauptempfänger von Bärenumarmungen. Man sollte sich unter keinen Umständen einem Bären nähern, selbst wenn es scheint, als ob er schliefe. Besondere Eile ist geboten, wenn man Junge sieht, besonders, wenn eines entgegenkommt – die Mutter ist immer in der Nähe. Hunde können gefährliche Situationen durch Bellen heraufbeschwören – also läßt man sie am besten zu Hause. Und vor allem darf man niemals Essen für Bären herumliegen lassen. Es ist nicht nur verboten, es trainiert die Bären auch, Menschen mit kostenlosem Essen zu assoziieren. Bären, die gefüttert werden, werden zu Abfallbären und müssen irgendwann vom Wildaufseher getötet werden. Bären sind gefährliche, wilde Tiere, die man überall im Norden antreffen kann. Es ist ihr Land und kein Zoo. Indem man es betritt, akzeptiert man das Risiko – und die Aufregung –, einen Bären zu treffen.

Begegnungen mit Bären

Wer einen Bären treffen sollte, versucht, möglichst ruhig zu bleiben und keine abrupten Bewegungen zu machen. Weglaufen macht keinen Sinn. Man kann einem Bären, der für eine kurze Zeit schneller als 65 Stundenkilometer laufen kann, nicht davonlaufen. Wenn es einen Baum gibt, der groß genug ist, so daß man auf ihn hinaufklettern kann, sollte man es tun und dort bleiben, bis man sicher ist, daß der Bär die Gegend verlassen hat. Wenn es keinen Baum in der Nähe gibt, ist es das beste, sich langsam rückwärts zu entfernen. Manchmal hilft es, einen Hut oder eine Jacke auf den Boden fallen zu lassen und den Bären so abzulenken. Es scheint auch, daß Sprechen dem Bär signalisiert, daß man ein Mensch ist. Wenn der Bär schnüffelt oder auf seinen Hinterbeinen steht, versucht er wahrscheinlich, den Eindringling zu identifizieren. Man sollte sich weiter zurückziehen. Oft trottet der Bär nach kurzer Zeit davon. Wenn ein Grizzlybär angreift, rollt man sich auf dem Boden in einer Fötusposition zusammen, verschränkt die Hände hinter dem Nacken und bedeckt sein Gesicht mit den Ellenbogen. Ein Rucksack mag als Schutz etwas helfen. Man darf sich nicht bewegen, selbst wenn man angegriffen wird, da plötzliche Bewegungen weitere Angriffe hervorrufen können. Man braucht dafür viel Mut, aber oft schnuppert ein Bär nur und macht sich dann davon. Dabei erlittene Verletzungen sind in der Regel wesentlich geringer als beim Versuch der Gegenwehr.

Heutzutage wird empfohlen, sich nicht auf den Boden zu legen, wenn man von einem Schwarzbären angegriffen wird, da sie in solchen Situationen aggressiver erscheinen. Wer vor einem Schwarzbären angegriffen wird, sollte mit jeder erreichbaren Waffe kämpfen (das gilt natürlich nur, wenn man einen Schwarzbären von einem Braunbären unterscheiden kann. Wenn nicht, läßt man sich vorher von einem Experten, wie dem Parkaufseher, den Unterschied erklären.)

Selbstschutz

Viele Führer in Alaska und andere Personen, die für längere Zeit im Bärenland leben, tragen irgendeine Art von Waffe mit sich. Alaskabesucher tragen solche Waffen in der Regel nicht mit sich, und es ist unwahrscheinlich, daß sie sie zu benutzen wüßten. Wer als Gelegenheitswanderer oder selbst als erfahrener Wanderer die Notwendigkeit spürt, eine Waffe bei sich zu tragen, sollte sich besser von der Wildnis fernhalten. Man hat viele Ausweichmöglichkeiten, die Bären haben das nicht.

In der letzten Zeit haben sich Cayennepfeffersprühdosen, z. B. erhältlich bei Bushwacker (Backpack & Supply Co., P.O.Box 4721, Missoula, MT 59806) als hilfreiche Verteidigungsmöglichkeiten bei Bärenangriffen erwiesen. Doch diese Sprays sind nur erfolgreich, wenn sie auf kurze Entfernung angewandt werden. Sie sind kein Ersatz für vorsichtiges Verhalten im Land der Bären. Das gilt besonders in der Tundra, wo der Wind das Spray schnell davon- oder möglicherweise in das eigene Gesicht blasen kann. Außerdem kann man diese Sprays nicht mit an Bord eines Flugzeugs nehmen, da Explosionsgefahr besteht. Die meisten Wasserpiloten transportieren das Spray allerdings im Gepäckteil des Flugzeugs. Aber man muß den Piloten auf jeden Fall wissen lassen, wenn man eines mit sich führt.

Jeder, der im Norden lebt, kennt eine Bärengeschichte. Sinnvollerweise hört man sie sich an, drückt dabei aber ein Auge zu. Wer einen Bären sieht, erlebt wahrscheinlich das unvergeßlichste Abenteuer seiner ganzen Reise, von dem man zu Hause am meisten erzählen kann. Man muß hoffen, daß die Bären immer ein faszinierender Teil der nördlichen Wildnis bleiben werden.

Im Landesinneren

Von Wölfen und Worten

Wenn Gemeinschaften nach ihrer Disziplin, ihrem Rechtssystem und ihrem Familiensystem beurteilt werden würden, dann wäre das Königreich der Wölfe eines der niveauvollsten. Nur wenige Kreaturen, Zwei- oder Vierbeiner, zollen einem hierarchischen System solch einen Respekt, unterrichten und versorgen ihre Jungen mit einem so großen Eifer, verteidigen ihr Gebiet mit einer vergleichbaren Leidenschaft und jagen und kämpfen ums Überleben mit einer ähnlichen zähen Heftigkeit wie die Wölfe.

Alaska Magazine, 1991

■ HISTORISCHES

Karstens, ein Pionier, erreichte Klondike 1898 im Alter von 19 Jahren, gelangweilt von Chicago und angezogen von Abenteuer und Gold. Innerhalb eines Jahres landete er im amerikanischen Seventymile, 32 Kilometer südlich von Eagle. Als der ansässige Postbote eines Abends sein ganzes Hab und Gut in einem Kartenspiel verlor und sich umbrachte, nahm Karstens seinen Platz ein. Mit der Zeit beherrschte er das Hundeschlittenfahren, und innerhalb weniger Jahre teilte er die Post auf einem primitiven Weg zwischen Eagle und Valdez aus und bewältigte damit monatlich etwa 1400 Kilometer (der Richardson Highway folgt der gleichen Strecke). Später ging er nach Fairbanks und teilte die Post in Kantishna, einer Minenstadt am heute westlichen Ende des Parks, aus. Als 1906 der Naturforscher Charles Sheldon von der Ostküste in das Gebiet kam, um Dallschafe zu studieren, führte Karstens ihn um die nördlichen Ausläufer des Mount McKinley herum. Karstens war auch einer der Führer der Vierer-Expedition, die 1913 als erste den Südgipfel des Mount McKinley bestieg.

In der Zwischenzeit war Charles Sheldon nach Washington zurückgekehrt und versuchte, das Dallschafgebiet auf den Status eines Nationalparks zu erheben. Und als 1917 der Mount McKinley National Park geschaffen wurde, kam nur Karstens als erster Parkwächter in Frage. Er hielt die Stellung von 1921 bis 1928 und patrouillierte die Grenzen des Parks auf einem Hundeschlitten. Er starb 1955 in Fairbanks im Alter von 76 Jahren.

Viele Pioniere und Goldsucher hatten den Mount McKinley gesehen und sich ihm genähert, aber Alfred Brooks, ein Mitglied der ersten U.S.-Geological-Survey-Expedition in Alaska (1902) setzte als erster seinen Fuß auf den Berg. Er näherte sich ihm von der Südseite und erreichte eine Höhe von 2300 Meter, bevor ihm die Zeit davonlief. 1903 veröffentlichte er einen Artikel in der Januarausgabe des *National Geographics*, in dem er empfahl, sich dem Berg von der Nordseite her zu nähern.

Die nächste Expedition, von James Wickersham, einem für Alaska zuständigen Richter, geleitet, folgte dieser Empfehlung. Richter Wickersham wurde 1900 aus Seattle nach Eagle geschickt, um in dem Gebiet für Recht und Ordnung zu sorgen. 1903 zog er nach Fairbanks. In dem Sommer hatte er ein paar freie Monate, in denen er loszog, den Mount McKinley zu besteigen. Er legte mehr als 160 Kilometer auf dem Landweg zurück und erreichte eine Höhe von 2150 Meter auf der Nordseite. Diese Stelle wurde später Wickersham Wall genannt.

In demselben Sommer machte sich Frederick Cook, der mit Pearys erster Gruppe versucht hatte, den Nordpol zu erreichen

Denali

(1891), und Amundsens Antarktisexpedition (1897) mitgemacht hatte, ebenfalls daran, den Berg von der Nordseite zu erklimmen und kam bis auf 3450 Meter.
1906 begann Cook die Besteigung von der Südseite, es gelang ihm aber nicht, sich dem Berg zu nähern. Seine Gruppe teilte sich und ging in verschiedene Richtungen weiter, und einen Monat später schickte Cook ein Telegramm nach New York, in dem er behauptete, den Gipfel erreicht zu haben. Und obwohl es von den Mitgliedern seiner Gruppe bezweifelt wurde, die seine fotografischen und kartografischen »Beweise« in Frage stellten, wuchs Cooks Ansehen aufgrund von öffentlichen Reden und Artikeln über die erste Gipfelbesteigung. Zwei Monate später behauptete er, den Nordpol einige Monate früher als eine weitere Peary-Expedition erreicht zu haben. Cook begann seinen Kultstatus in der Öffentlichkeit zu genießen. Unter seinen Forscherkollegen sank seine Glaubwürdigkeit gleichzeitig schnell, und Cook verschwand von der Bildfläche, was die Auseinandersetzung weiter anheizte und 1910 zu der Sourdough-Expedition führte.

Vier Mitglieder der Sourdough-Expedition entschieden sich, den Berg einfach zu besteigen, um Cooks veröffentliche Beschreibung der Route zu verifizieren und zu beurteilen. Sie verließen die Stadt im Dezember und bestiegen den Nordgipfel im April. Die drei Mitglieder, die den Gipfel tatsächlich erreichten, blieben danach in Kantishna, um sich um geschäftliche Angelegenheiten zu kümmern, während das vierte Mitglied, Tom Lloyd, der den Gipfel nicht erreicht hatte, nach Fairbanks zurückkehrte und log, daß er den Gipfel tatsächlich bestiegen hätte. Als die anderen drei Mitglieder schließlich in die Stadt zurückkehrten, war die Geschichte

Tanz am Terrorsee

Kodiak hat eine höhere Bevölkerungsdichte an Braunbären als irgendein anderer Ort auf der Erde. Etwa 3000 Bären leben hier, und entsprechend kommt ein Bär auf fünf Einwohner. Dieser eine Bär dürfte gut fünf Personen ausmachen, da er in der Regel aufgerichtet größer als drei Meter ist und bis zu 1300 Pfund wiegt. Als von 1982 bis 1985 rund 85 500 Bauarbeiter einen Damm und ein Kraftwerk am Terror Lake im Kodiak National Wildlife Refuge bauten, bot dieses Projekt eine ausgezeichnete Möglichkeit, die Beziehungen zwischen Bären und Menschen zu beobachten. Arbeitern wurde beigebracht, wie sie sich in der Gegenwart von Bären zu verhalten hätten, es gab keine Müllplätze in der Nähe, und nur Aufseher trugen Waffen. Es wurden ständig große Bären angetroffen, aber während der gesamten Studie wurde weder ein Bär noch ein Mensch getötet oder verletzt. Nur ein kleiner Teil der Bären wurde von den Abfalleimern angezogen. Und die Bärenaktivitäten wurden durch die Explosionen, den Bau und das allgemeine Durcheinander nur sehr geringfügig gestört. Es wurde berichtet, daß sich die Bären sogar »auf eine gewisse Weise an die Hubschrauber gewöhnt hatten«. Bären scheuerten sich ihre Rücken an Strommasten, während Arbeiter in der Nähe ihren Beschäftigungen nachgingen. Die größte Veränderung war natürlich die Verkleinerung des Braunbärengebiets. Aber es ist deutlich geworden, daß Braunbären und Menschen lernen können, nebeneinander zu existieren.

Im Landesinneren

EINGANG ZUM DENALI PARK

Lloyds schon veröffentlicht und in weiten Kreisen bezweifelt worden. Niemand glaubte also den anderen drei – besonders nicht als sie behaupteten, innerhalb von 18 Stunden den Nordgipfel bestiegen zu haben und wieder zu ihrem Lagerplatz auf 3350 Meter zurückgekehrt zu sein – das Ganze nur mit einer Thermosflasche heißer Schokolade, vier Doughnuts und einen Fichtenstamm hinter sich herziehend, den sie auf dem Gipfel gelassen hätten und der immer noch dort stünde.
1913 schließlich erreichte die Stuck-/Harry-/Karstens-Expedition den Südgipfel, und sie konnten diese Behauptung ohne Zweifel beweisen. Erst jetzt wurde der Sourdough-Expedition Glauben geschenkt: Alle vier Mitglieder der Stuckgruppe sahen den Fichtenstamm auf dem Nordgipfel, der dort immer noch stand. Seit dieser Zeit haben etwa 3000 Leute den Südgipfel erreicht. Die jüngste Person war 16, die älteste 70 Jahre alt. Es gibt einige spannende Bücher über die Besteigungen.

Woodrow Wilson unterzeichnete den Vertrag, der 1917 den Mount McKinley National Park, Alaskas ersten Park, zum Gegenstand hatte. Der Bau der Parkstraße wurde ein Jahr später begonnen, und 1940, als man Kantishna erreichte, beendet. 1980 wurde der Mount McKinley National Park aufgrund einer Passage im Alaska National Interest Lands Conservation Act (ANILCA) auf den Namen Denali National Park and Preserve umbenannt. Der Park vergrößerte sich ungefähr auf die Größe von Vermont.
1978 war die einzige Einrichtung im Park das Park Hotel. Es hatte 200 Zimmer, einen Speisesaal, eine Bar und einen Geschenkladen. McKinley Village am Eingang des Parks fing mit seinen Hütten den Besucheransturm auf. Etwas mehr als 120 Angestellte kümmerten sich um die Durchreisenden. Im selben Jahr entstand McKinley Chalet. Es liegt sechs Kilometer vom nördlichen Eingang entfernt. 1983 hatte es 160 Zimmer, einen Speisesaal, eine Bar und einen Souvenirladen. Das Chalet leitete den Beginn der kommerziellen Entwicklung entlang des Highway ein. Heute gibt es dort sieben Hotels und Motels, zehn Restaurants, vier Floßgesellschaften, fünf Souvenirläden, einige Lebensmittelgeschäfte und eine Tankstelle. Kein anderer Ort hat eine ähnliche Entwicklungsexplosion in den letzten Jahren erlebt wie das Gebiet um den Nordeingang des Parks.

■ **HUNDESCHLITTENVORFÜHRUNGEN**

Einer der Höhepunkte ist die Hundeschlittenvorführung am Hundeheim hinter dem Headquarter. Die Hunde sind bildschön und können gestreichelt werden. Es ist ein Erlebnis, das aufgeregte Heulen der Hunde zu hören, wenn die glücklichen sechs für das Rennen ausgewählt werden. Es gibt infor-

Denali

mative Vorträge über den gegenwärtigen und historischen Einsatz der Hunde im Park, die Hundezucht und ihr Training und die Kommandos, mit denen sie trainiert werden. Dann werden bestimmte Hunde aus ihren Zwingern geholt und an einen Radschlitten gebunden. Danach dürfen sie auf einer Schotterspur in die Runde laufen. Den Eifer, den die Hunde zeigen, wenn sie von der Kette gelassen werden, um eirgeschirrt zu werden, läßt einen erstaunen. Sie leben tatsächlich, um zu rennen. Vorführungen werden täglich um 10, 14 und 16 Uhr gegeben. Ein kostenloser Pendelbus verläßt das Visitor Access Center, das Park Hotel und die Riley-Creek-Bushaltestelle 30 Minuten, bevor die tollen Vorführungen beginnen.

■ ENTLANG DER STRASSE

Ein paar Meilen hinter dem Headquarter steigt die Straße aus dem Wald an, wird eben und führt dann direkt in Richtung Westen durch eine Taigalandschaft. Der Bergkamm auf der nördlichen, rechten Seite der Straße ist unter dem Namen **Outer Range** bekannt. Auf der südlichen, linken Seite der Straße sieht man die Bergausläufer der Alaska Range.
Die Outer Range ist wesentlich älter, von anderem geologischen Ursprung und viel gerundeter und ausgewaschener als die gezackte Alaska Range. Bei Meile 9 bekommt man im Südwesten den Mount McKinley mit viel Glück das erste Mal zu sehen. Es muß allerdings ein beinahe kristallklarer Tag sein, um den meist wolkenverhangenen Mount McKinley sehen zu können. Man befindet sich auf etwa 730 Meter Höhe, der Berg ist über 6000 Meter hoch. Als nächstes kommt man am Checkpoint Charlie und am **Savage River Campground**

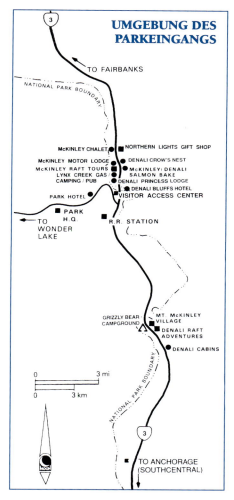

vorbei, danach fährt man bergab in das Flußtal und über eine Brücke. Von der Brücke sieht man nach links den Fluß hinauf. Während das breite, u-förmige Tal mit Mengen von Schotterablagen, die Kanäle bilden, von Gletschern geformt wurde, liegt zur rechten Seite ein v-förmiges Tal, das offen-

337

Im Landesinneren

sichtlich durch Wasser geformt wurde. Der Savage-Gletscher lief an der Stelle, an der heute die Brücke steht, vor 150 Jahren langsam aus. Hier endet auch die geteerte Straße, und man steigt Primrose Ridge hinauf, wo sich besonders im Juni und Juli, wenn die Wildblumen blühen, ausgezeichnete Wandermöglichkeiten bieten. Wenn man sich umdreht und die Savage Bridge erneut betrachtet, sieht man, daß der nackte Felsen, der in ihrer Nähe herausragt, Ähnlichkeit mit den Gesichtszügen eines Indianers hat, wodurch die Brücke ihren Namen bekam.

Oben an der Straße gibt es eine Ausfahrt, an der man anhalten und den Mount McKinley (bei Sicht) fotografieren sollte. Die Straße führt weiter bergab in das breite Gletschertal Sanctuary River Valley. Auf der anderen Seite des Schutzgebietes hat man einen guten Blick auf einen bizarren Wald, dessen Formen der Dauerfrost verursacht hat. Einige der Bäume befinden sich ganz am Boden. Als Anpassung an den Dauerfrost haben diese Fichten ein Wurzelsystem entwickelt, das sich horizontal an der Erdoberfläche ausbreitet. Es gibt keine nennenswerten tieferen Wurzeln. Je höher ein Baum also

wächst, desto weniger Stabilität behält er und desto anfälliger ist er, sein Gleichgewicht zu verlieren und umzufallen. Wenn die Erdoberfläche durchnäßt ist (da sie aufgrund des Dauerfrosts nichts aufsaugen kann), bewegt sie sich manchmal spontan oder aufgrund eines leichten Erdbebens (es befindet sich direkt hier eine größere Verwerfung), wobei sie die Bäume mit sich reißt.

Als nächstes fährt man in das breite **Teklanika River Valley**. Man erhält einen guten Blick über den Fluß auf die drei Vegetationszonen an den Berghängen: Wald, Taiga, Tundra. Man fährt in dieser Gegend an ein paar kleinen Teichen vorbei, die den Namen »Kettle« tragen. Sie wurden durch sich zurückziehende Gletscher geformt, die einen Eisblock zurückließen, der schmolz und eine Mulde bildete, die sich mit Regenwasser füllte. Das stehende Wasser ist sehr nährstoffreich und leider auch ein beliebter Platz für Alaskas berühmte Mücken. Daher sind die Teiche auch Nahrungsort für Enten und Ufervögel.

Wenn man den Fluß überquert, kommt man in den **Igloo Canyon**, wo man sich fast direkt Richtung Süden bewegt. Auf der rechten

Denali

Seite sieht man den Igloo Mountain (1460 Meter), auf der linken Seite den Cathedral Mountain (1500 Meter). Igloo ist ein Teil der Outer Range, Cathedral ein Teil der Alaska Range. Sie befinden sich an der Stelle mit der geringsten Entfernung zwischen den beiden Bergketten, und die Wanderroute der Dallschafe liegt direkt im Canyon. Es ist ein guter Platz, um die weißen Tiere an den Abhängen zu beobachten. Man kann auch einen der Berge besteigen, um sich den Schafen zu nähern.

Sable Pass ist mit 1200 Meter die zweitgrößte Erhebung der Straße. Wegen der großen Anzahl Grizzlybären ist das Gebiet für Wanderer und Fotografen gesperrt. Hier hat man also gute Chancen auf eine Bärenbegegnung. Außerdem ist der Ausblick auf den Mount McKinley schön.

Sobald man den **East Fork River** überquert hat (gute Wandermöglichkeiten), beginnt man den Aufstieg zum Polychrome Pass, einem der spektakulärsten Abschnitte der Straße. Wer Höhenangst bekommt oder sich vor den 300 Meter tiefen Abhängen fürchtet, macht es dem Fahrer nach – man schließt die Augen. Diese Felsen haben einen hohen Anteil an Eisen. Die Oxidationsrate sowie die Kombination von Eisen mit anderen Mineralien bestimmen die verschiedenen Schattierungen von Rost, Orange, Rot und Lila. Hier entdeckt man uralte Murmeltiere zwischen den nahe gelegenen Felsen. Außerdem gibt es, bis man das Eielson Visitor Center erreicht, Karibus und Wölfe zu sehen. Man befindet sich auf der Murie-Ebene, auf der der Tierforscher und Biologe Adolph Murie das Verhalten der Wölfe studiert hat.

Der **Toklat River** ist der letzte und größte Fluß, den man vor Eielson überquert. Das ist das Ende der Tour, die in die Welt der Tiere führt, aber die Busse fahren weiter bis Eielson und Wonder Lake. Der Ursprung des Toklat River ist der Sunrise-Gletscher, der etwas oberhalb der oberen Flußbiegung (links) liegt. Man kann an der Größe des Flußes erkennen, wie groß der Gletscher vor 200 Jahren gewesen ist. Es gibt gute Wandermöglichkeiten von hier in die Alaska Range. Als nächstes erklettert man den **Stony Hill** und wenn das Wetter mitspielt, erlebt man die Sensation seines Lebens, sobald man den Bergkamm erreicht: Denali in all seiner immensen und majestätischen Herrlichkeit. Man kann es kaum glauben, daß der Mount McKinley immer noch 65 Kilometer entfernt ist. Aber man darf gespannt bleiben, bis man sich ihm am **Thorofare Pass**, der höchsten Erhebung der Straße (1200 Meter), um weitere acht Kilometer genähert hat. Schließlich erreicht man das Eielson Visitor Center.

■ EIELSON VISITOR CENTER

Das Visitor Center ist täglich von 9 bis 19 Uhr geöffnet und vier Stunden vom Visitor Access Center entfernt. Sofern das Wetter mitspielt, ist der Blick von hier unvergeßlich. Selbst wenn man nur die unteren 3000 bis 4000 Meter sehen kann, sollte man sich von einem Naturforscher oder dem Fahrer die Stelle zeigen lassen, an der der Gipfel des Mount McKinley liegt. Das Wetter ändert sich hier schnell, also kann man mit der Möglichkeit rechnen, daß sich die Spitze des Berges plötzlich zeigt. Das Visitor Center bietet fließendes Wasser und Toiletten. Außerdem werden Filme, Landkarten und Bücher verkauft. Es gibt auch eine schöne wolkenlose Darstellung der Gipfel und anderer Merkmale der Umgebung. Naturforscher führen täglich um 13.30 Uhr eine

Im Landesinneren

halbstündige Tundrawanderung durch. Die schönsten Gebiete für Rucksackwanderer sind schnell übervölkert.

■ NACH WONDER LAKE

Die Hälfte der Busse kehrt bei Eielson um und fährt dieselbe Strecke zurück. Die andere Hälfte fährt 40 Kilometer weiter bis zum Wonder Lake. Die Straße nähert sich dem Mount McKinley bis auf 40 Kilometer und führt am **Muldrow Glacier**, der mit einer dicken Schicht von Moränenschutt und Vegetation bedeckt ist, vorbei. Nach dem Wonder Lake erhebt sich die **Wickersham Wall** prachtvoll über die dazwischen liegenden Ebenen, wobei sich an beiden Seiten die Alaska Range entlangzieht. Außerdem verdoppelt die Spiegelung im See die Freude und den Spaß, von denen selbst die Mücken, die wildesten, blutrünstigsten, unersättlichsten Biester der Gegend, nicht ablenken können.

■ AM WESTLICHEN ENDE

Kantishna ist das letzte der explosionsartig entstandenen Wohngebiete, die sich in der Nähe von Denali befinden. Es liegt 135 Kilometer westlich der Parkstraße, und es gibt dort heute vier Rasthäuser und viele andere, die sich noch in der Planung befinden. Das Kantishnagebiet ist seit 1905 besiedelt. Tausende von Minenarbeitern eilten zu den nördlichen Bergausläufern des Mount McKinley, um bis 1978 rund 55 000 Unzen Gold, 265 000 Unzen Silber sowie Millionen Kilogramm von Blei und Zink auszugraben. Nach 1980 und dem Alaska National Interest Lands Conversation Act, der die Grenzen des Denali National Park erweiterte, fand sich Kantishna innerhalb des Parks wieder, und 1985 wurde Minenarbeit per Gesetz verboten. Ohne ihren traditionellen Verdienst gingen einige der Landbesitzer in das Touristengeschäft.

Es gibt private Busse, um zu den folgenden Einrichtungen zu gelangen: **Kantishna Roadhouse** (Tel. +1(907)733-2535 oder +1(907)683-2710). Es ist wegen seines Komforts, seines Service und der freundlichen Bedienung sowie wegen des Restaurants, einer Bar und der Möglichkeit, Gold zu waschen, empfohlen. Die Preise liegen bei $123 für ein Einzelzimmer, $155 pro Person mit Mahlzeiten.

Bei **Camp Denali** und der **North Face Lodge** (P.O. Box 67, Denali, AK 99755, Tel. +1(907) 683-2290) starten die Preise bei $120 für ein Einzelzimmer und steigen auf $220 pro Person, Mahlzeiten und Transport eingeschlossen.

Ähnliche Preise gelten für die **Denali Backcountry Lodge** (Tel. +1(907)683-2594 oder +1(800)841-0692).

■ VORBEREITUNGEN

Wegen der geringen Anzahl an Unterkünften in Häusern oder Hütten, der regnerischen Sommer im Park, der vielen Besucher im Hinterland und der geringen Menge an Lebensmittelvorräten ist es außerordentlich wichtig, sich gut vorzubereiten, wenn man sich in dieser Gegend länger aufhält. Erfahrene Rucksackreisende haben keine Probleme, sich für eine oder mehrere Wochen in Denali einzurichten. Doch selbst unerfahrene Camper können sich die Zeit dort mit der richtigen Ausstattung selbst während des schlimmsten Wetters angenehm gestalten. Auch wer bis jetzt ohne Zelt ausgekommen ist, leiht oder kauft jetzt eines. Es ist das einzige, das vor den kalten, feuchten Nächten (und möglicher Unterkühlung) schützt,

Denali

außer man zahlt rund $100 für eine Übernachtung in einem der Hotels. Der Wettbewerb hat die Preise für kleine Mahlzeiten in den letzten Jahren gedrückt, so daß fleischlose Burger nicht mehr zum finanziellen Ruin führen. Dennoch sollte man soviel Essen wie möglich mitbringen – es gibt nur drei kleine Lebensmittelgeschäfte in der Gegend. Ungekochtes sowie die unvermeidlichen Nüsse, Körner und getrockneten Früchte werden dabei helfen, ein spartanisches Parkerlebnis zu überstehen. Aber mit einem kleinen tragbaren Ofen, gefriergetrocknetem Essen und Fertiggerichten sowie Getreide und Bohnen schafft man sich leicht zu transportierende, sättigende und manchmal sogar leckere Alternativen. Ein bißchen Mehl, Milch und Käse kann die Grundlage für zahlreiche Soßen und Eintöpfe sein. Um sicherzugehen, sollte man zusätzlichen Brennstoff mitbringen und Streichhölzer nicht vergessen. Wanderschuhe sind ein Muß. Ein Schwamm kann nützlich sein, genauso wie zusätzliche Plastiktüten.

Man braucht eine kostenlose Genehmigung, um die Nacht im Hinterland zu verbringen. Genehmigungen werden einen Tag im voraus vergeben. Reservierungen sind nicht möglich. Auf den großen Landkarten am Informationsstand im Hinterland sieht man 43 unterteilte Einheiten, in denen eine begrenzte Zahl von Rucksackreisenden erlaubt ist. Man kann nach den Einheiten, die noch frei sind, suchen und sich vergewissern, daß die Einheiten geöffnet sind (einige sind immer, andere nur zeitweilig wegen Überfüllung oder zum Schutz der Tiere geschlossen) und es genügend Platz für die ganze Gruppe gibt. Danach holt man sich die Erlaubnis vom Parkaufseher. Es mag sein, daß man ein paar Tage auf die Möglichkeit, in das gewählte Gebiet wandern zu dürfen, warten muß. Alternativen sollten also bereits vorher ausgewählt sein. Einen Platz in einem der Campingbusse ($15) muß man reservieren, um sich und das Gepäck in den Park zu befördern, oder zum Wrangell-St. Elias National Park fahren, wo man das ganze Gebiet für sich hat.

■ AKTIVITÄTEN

Der **Horseshoe Lake Trail** beginnt hinter dem McKinley Mercantile und läuft bis zum Bahnübergang parallel zur Straße (hier wird man von den Pendelbussen abgesetzt). Dann führt der Weg weiter bis zum See, auf dem man mit Glück Wasservögel und Biber beobachten kann. Der Hin- und Rückweg ist etwa drei Kilometer lang und mäßig anstrengend. Der **Morina Loop Trail** führt durch den Wald zwischen dem Park Hotel und dem Campingplatz hindurch, eine leichte, zwei Kilometer lange Wanderung.

Die sechs Kilometer lange Rundwanderung auf dem **Mount Healy Overlook Trail** ist eine großartige Möglichkeit, einen Überblick über das Land zu erhalten und den Mount McKinley zu sehen, wenn er sich zeigt. Der Weg beginnt oben am Parkplatz hinter dem Park Hotel. Sobald man den Aussichtspunkt erreicht hat, wandert man weiter den Bergkamm entlang bis zum Gipfel von Mount Healy (1580 Meter).

Um durch den Park wandern zu können, schnappt man sich erstmal einen Sitz auf der linken Seite des Pendelbusses und fährt, bis man steif, wund oder inspiriert ist. Am Hinterlandstand im Access Center oder von irgendeinen Hotelangestellten oder Ortsansässigen kann man erfahren, wo die besten Wanderwege beginnen. Beliebte Gebiete findet man den Savage River in

Im Landesinneren

Richtung Fang Mountain hinunter an der Rückseite des Cathedral Mountain in Richtung Calico Creek (etwas vor der Sperrung des Sable Passes aus dem Bus steigen), etwas hinter dem Igloo Mountain den Tatler Creek hinauf, überall auf der East-Fork-Ebene, unterhalb von Polychrome und in Richtung Alaska Range, überall in der Gegend von Stony Hill und um den Mount Eielson herum. Es gibt Beschreibungen des Hinterlandes am Informationsstand.

Es ist auch möglich, aus dem Bus auszusteigen, die Gegend nach Herzenslust zu erforschen und dann mit einem anderen Bus, sofern Platz vorhanden ist, zurückzufahren. Die Fahrer können Ratschläge geben. Die Campingbusse haben normalerweise Platz, wenn sie auf dem Rückweg sind. So groß der Park auch ist, es ist fast unmöglich, sich zu verlaufen – man befindet sich entweder nördlich oder südlich der Straße. Und da die Straße hauptsächlich durch alpine Tundra verläuft, gibt es keine vom Menschen geschaffenen Wege – also sucht man sich eine Richtung aus und läuft los.

In der Regel versucht man, sich in höher gelegene Gebiete zu begeben, um aus dem knie- oder hüfthohen Zwerggebüsch der feuchten Tundra herauszukommen und leichter begehbares alpines Gebiet zu erreichen oder dorthin zu gelangen, wo eine leichte Brise die Mücken in Schach hält. Wanderschuhe sind unbedingt erforderlich. Sinnvoll ist auch genügend Wasser, etwas zu essen, ein Kompaß, ein Fernglas, Landkarten, Regenzeug und eine Abfalltüte. Und man muß immer Augen und Ohren nach Tieren aufhalten, denen man sich nicht unbedingt nähern, an die man sich nicht anschleichen oder von denen man nicht überrascht werden will.

Es gibt vier **Floßgesellschaften**, die zweistündige Canyontouren (18 Kilometer, $40) oder vierstündige Touren (35 Kilometer, $60) anbieten. Alle stellen Regenzeug, Stiefel und Schwimmwesten zur Verfügung und bieten Transportmöglichkeiten von und zu den Hotels an. Die verschiedenen Broschüren liegen überall aus, gebucht wird an einem der Reisestände.
Alaska Raft Adventures (Tel. +1(907)683-2215) wird vom Park Hotel geführt.
Denali Outdoor Center (Tel. +1(907)683-1925), **McKinley Raft Tour** (Tel. +1(907)683-2392) und **Denali Raft Adventures** (Tel. +1(907)683-2234) sind die Konkurrenten.

■ INFORMATIONEN

Der Park ist während des ganzen Jahres geöffnet, obwohl die meisten Einrichtungen nur von Mitte Mai bis Mitte September bewirtschaftet sind. Im Winter patrouilliert eine kleine Gruppe von Parkangestellten auf Hundeschlitten durch den Park und transportiert den anfallenden Müll ab. Nach dem ersten schweren Schneefall wird die Parkstraße nur bis zum Hauptquartier vom Schnee freigepflügt, aber es gibt viele Ansässige, die sich auf Hundeschlitten und mit Schneeschuhen fortbewegen.

Die Wildblumenblüte erreicht ihren Höhepunkt um die Sommersonnenwende. Beeren, Hagebutten und Pilze sind Mitte August reif. Die Herbstfarben in der Tundra sind um Wochenende des Labor Day am schönsten, die Menschenmengen werden weniger, und die Nordlichter beginnen zu leuchten, aber es kann schon sehr kalt werden.

Die meisten Fragen können im Visitor Center am Parkeingang beantwortet werden, aber wer eine besonders esoterische, akademische, theoretische oder thermo-dynamische Angelegenheit zu klären hat, geht zu den Angestellten der kleinen Bücherei im

Denali

Park Headquarters. Broschüren und allgemeine Informationen organisiert man sich am besten schon vorab vom Denali National Park (P.O.Box 9, Denali Park, AK 99701, Tel. +1(907)683-2295).
Der erste Halt sollte auf jeden Fall am **Visitor Access Center** am Anfang des Parks sein. Das Zentrum öffnet am 27. April und ist bis zum 24. Mai von 10 bis 16 Uhr geöffnet. Dann verlängert sich die tägliche Öffnungszeit von 7 bis 20 Uhr. Diese 3,2 Millionen Dollar teure Einrichtung wurde im Mai 1990 eröffnet. Seit 1991 nimmt man Eintritt: $5 für Besucher im Alter von 16 bis 62, $10 pro Familie. Man kann den Paß für sieben Tage benutzen oder einen Jahrespaß für $20 kaufen. Man wird den Paß brauchen, wenn man plant, mit dem Bus oder dem Mountainbike weiter als bis zum Checkpoint Charlie an der Savage River Bridge zu fahren. Wer sich aber nur in der Gegend am Eingang umsehen will, braucht den Paß nicht.
Das Visitor Access Center verfügt über einen allgemeinen Informationsstand, einen Stand mit Genehmigungen für das Hinterland, einen Stand mit Campingzulassungen und einen Stand mit Coupons für den Pendelbus. Interaktive Videos über Begegnungen mit Bären, Flußüberquerungen, die Zubereitung von Essen usw. werden gezeigt. Einmal pro Stunde findet eine zwölfminütige Diashow statt (von 7.30 bis 17.30 Uhr), und während des ganzen Tages werden Informationsprogramme präsentiert.
Die Alaska Natural History Association besitzt eine gute Sammlung an Büchern, Landkarten, Postern, Postkarten und Führern über den Park. Ein Exemplar der Parkzeitung *Denali Alpenglow* ist sinnvoll, und tägliche Veranstaltungen wie geführte Touren, Diapräsentationen, Kinderprogrammen usw. stehen an der Informationstafel.

■ **ESSEN**

Für Imbiss gibt es den **Whistle Stop Snack Shop** in der Eingangshalle des Hauptparkhotels, bei dem man Sandwiches für $6 bis $7 und Burger für $7,50 bekommen kann. Das **Chalet Center Café** in einem der Gebäude des McKinley Chalet öffnet um 5 Uhr und serviert Rühreier für $2,25 und ein »Expreßfrühstück« für $9, Sandwiches mit Auswahl von Truthahn, Schinken, Roastbeef oder Thunfisch und einer Auswahl von Brot und Käse für $6,50. Ein halbes Sandwich und Suppe kosten auch $6,50, ebenso Burger, ein viertel Grillhähnchen für $3,75, ein halbes für $6,75, ein ganzes für $11,50.
Die **Snack Bar** neben der Cruiser Bar in der Princess Lodge hat gute Tagesangebote (z. B. ein halbes Pastramisandwich für $4,95, Sandwiches für $4,50 bis $6,50, Chili für $3,25, Heilbutt und Pommes frites für $7,95, Hähnchenburger für $7,50).
Auf dem Highway etwas nördlich des Eingangs liegt der **Denali Smoke Shack**, der Grillspezialitäten aus Alaska offeriert. Ein vegetarisches Abendessen kostet $10, Fajitas $13, Hähnchen $13, Teriyaki $13, gegrillter Lachs $15, Burger $6,50 und Hot Dog $3,50.
Lynx Creek bei Meile 238, zwei Kilometer nördlich des Parkeingangs, serviert mexikanisches Essen: Nachos $4 bzw. $8,50, Burritos $8,25, Tostadas $8,25, Quesadillas $7, ein Stück Pizza $3,25, ein kleine Pizza $10, eine große $22, eine Kugel Häagen-Dasz-Eis $2,75, eine doppelte Kugel $3,75.
Auf der anderen Seite der Straße liegt Denali Salmon Bake. Zum Frühstück (ab 5 Uhr geöffnet) gibt es ein Ei, Fleisch und Fruchtsaft für $7,45, ansonsten genießt man den Königslachs für $15 bis $18, Heilbutt für $16 bis $18,50, gegrillte Rippchen für $15 bis $17,50, eine gemischte Platte für $17,45 bis

Im Landesinneren

$20, Burger für $8 und Sandwiches für $7. Die Speisekarte hängt draußen vor dem Restaurant. Man bezahlt, wenn man hereinkommt und ißt so viel man schafft.

Eine andere Art von Salmon Bake gibt es bei **Alaska Cabin Night** beim McKinley Chalet. Es werden nur All-you-can-eat-Speisen serviert, zusammen mit einer halbstündigen musikalischen Komödie, die ein bißchen kitschig, aber lustig ist. Plätze werden um 17.30, 19 und 20.30 Uhr für $35 pro Person vergeben.

Für ein feineres Abendessen geht man zur **Princess Lodge**. Es gibt drei gute Angebote für $17,95: gegrillter Truthahn, Schmorbraten und eine Platte mit Rippchen. Auch gut sind der Lachs aus Alaska ($21), Königskrebs ($28,50), Fettucine mit geräuchertem Lachs ($19,50), Heilbutt und Garnelen ($22), Steak und Hummer ($42) und die verschiedenen Steaks zwischen $18 und $24.

Der **Denali Dining Room**, am Park Hotel gelegen, war ursprünglich das einzige Restaurant in der Gegend und gilt als nostalgisch. Mit der Eröffnung anderer Hotels und Restaurants wird dieses Restaurant oft vergessen, so daß man fast immer sofort einen Sitzplatz bekommt. Das Essen ist gut und etwas billiger als in den anderen, moderneren Restaurants: Speck und Eier $6, Meeresfrüchteomelett $8, Lachs-Zwiebelbagel $8,50, Burger $7, Sandwiches $7 bis $8, Rentierwurst $6, gegrillter Truthahn $13,50.

Crow's Nest hat eine Bar, ein teures Steakhouse ($15 für einen Burger) und einen großartigen Ausblick von der Terrasse.

Der **Denali Fruit Express** ist ein mobiler Lebensmittelwagen, der an der Post des Parks jeden Donnerstag zwischen 19.30 und 20.30 Uhr anhält.

Man kann das Notwendigste in einem der drei Lebensmittelgeschäfte kaufen: bei **McKinley Mercantile** neben dem Park Hotel, **Lynx Creek** bei Meile 238 oder beim **Denali General Store**, an derselben Stelle, nur auf der anderen Seite des Highway gelegen. Lynx Creek verkauft auch Benzin und führt eine umfangreiche Auswahl an Bier und Alkohol.

■ UNTERHALTUNG

Der Parkservice veranstaltet Vorträge, Wanderungen, Diashows, Filme, Kinderprogramme usw. Die Informationstafeln im Visitor Access Center und im Hotel Auditorium sind gut gemacht. Man hat mehrmals pro Tag die Möglichkeit, Aurorama, die Fotosinfonie über die Nordlichter, anzusehen. Sie wird im Northern Lights Auditorium hinten im Northern Light Gift Shop gegenüber des McKinley Chalet gezeigt ($6,50). Es werden hier auch Lesungen durchgeführt.

Ein guter Ort, um Einheimische zu treffen, ist die **Burgermeister Bar** in der McKinley Village Lodge am Südeingang des Parks, zwölf Kilometer südlich der Parkstraße. Die Atmosphäre ist entspannt und ansprechend. Es gibt zwei Billardtische und Bier aus Alaska vom Faß.

Es gibt auch Bars im Park Hotel, im Chalet, Crow's Nest, in der Princess Lodge und im Lynx Creek.

■ DIENSTLEISTUNGEN

Der Souvenirladen im **Chalet** ist einer der besten in der Umgebung. Man findet hier ungewöhnliche Dinge zum Verkauf: Glasplatten und -skulpturen, Kerzenständer, sibirische Yup'ikmasken, Puppen, Tonwaren, Dörfer aus Kristall, einen ganzen Schrank voll mit McKinley-Bechern sowie Weihnachtsschmuck und typische T-Shirts, Postkarten,

Poster und Schmuck. Es ist der einzige Ort in der Gegend, an dem man die *Anchorage Daily News, New York Times,* das *Wall Street Journal* und *USA Today* kaufen kann.

Die große Blockhütte auf der anderen Seite des Chalet ist das **Northern Light Gift Shop**. Die Besitzer sind Karen und Ford Reeves, die beide seit langem hier ansässig sind. Sie verkaufen Kleidung, von patagonischer bis zu einheimischer traditioneller Strandkleidung, von Sweatshirts bis zu Totemseidentaschentüchern. Die wärmere Kleidung ist hier nicht teurer als bei Beaver Sports in Fairbanks. Sie verkaufen auch Poster, Postkarten, Kinderartikel und Schmuck. Es gibt eine praktische »Ehemannwartebank« vor der Eingangstür.

Münzduschen ($2 ohne Zeitbegrenzung) gibt es in dem kleinen Badehaus hinter dem McKinley Mercantile, welches von 7 bis 22 Uhr geöffnet ist. Bezahlt wird im McKinley Mercantile. Die Duschen und der Waschsalon hinter dem Hotel am Ende der Straße, die von den tiefer gelegenen Chalets hinaufführt, sind nur für die Angestellten gedacht. Die am nächsten gelegene Stelle, an der man offiziell medizinische Hilfe erhalten kann, ist in Healy (Tel. +1(907)683-2211), 18 Kilometer nördlich des Parks. Die Hotelgesellschaft hat auch einen Doktor oder eine Krankenschwester angestellt. Jeder Notfall sollte sofort dem Park Service (Tel. –1(907) 683-9100) gemeldet werden.

■ UNTERBRINGUNG

Das ursprüngliche **Denali Park Hotel** hatte 84 Zimmer, Tennisplätze, ein Badmintonfeld und einen Zigarrentresen. Laut *McKay's Guide to Alaska,* der 1959 veröffentlicht wurde, kostete ein Doppelzimmer mit Bad $17. Am Labor Day 1972, am selben Tag als der George Parks Highway eröffnete, das Bussystem in Gang gesetzt wurde und sich die Besucher verdoppelten, brannte das Hotel ab. Den ganzen Winter hindurch wurde an einem neuen Hotel gebaut, das im folgenden Mai wiedereröffnet werden sollte. Es entstand eine Notunterkunft aus beweglichen Bauelementen, Wohnwagen und Speisewaggons, die auf den Schienen der Alaska Railroad heranrollten. Dieser Notbehelf steht heute nach 27 Jahren immer noch, wobei die Waggons, die vom Parkservice als unbewohnbar erklärt worden sind, die Touristen, die vom Bahnhof kommen, immer wieder aufs Neue verwirren.

Die Eingangshalle des Hotels ist dunkel und ansprechend, ein guter Ort, um das Geschehen drumherum zu beobachten, andere Reisende zu treffen oder seinem Verlangen nach einem kalten Bier im Golden Spike Saloon zu erliegen.

Das Park Service Auditorium liegt im hinteren Teil des Hotels und zeigt täglich um 13.30 und um 20 Uhr eine Auswahl von Programmen zu Themen über den Denali National Park.

Das **Denali Hostel** (Tel. +1(907)683-1295; $22) bietet in einer Blockhütte Schlafmöglichkeiten in Kojen an, Männer und Frauen gemischt. Es liegt 16 Kilometer nördlich, aber die Besitzer holen die Gäste vom Visitor Access Center ab und bringen sie auch dorthin zurück (um 17 und 21 Uhr). Die Herberge bietet Koch- und Waschmöglichkeiten an, außerdem gibt es Duschen. Anmeldung ist zwischen 17.30 und 22 Uhr.

Etwas teurer wird die Unterkunft in den Zeltkabinen des **Denali Salmon Bake** (Tel. +1 (907)683-2733) mit Preisen ab $65. Es liegt mitten im Geschehen in der Nähe des Parkeingangs. Die Zeltkabinen haben Holzwände und Fliegenfenster. Das Bad wird geteilt.

Im Landesinneren

In den letzten Jahren wurden mehrere motelartige Unterkünfte hochgezogen. **Sourdough Cabin** (Tel. +1(907)683-2773) unterhalb des Lynx Creek Store nimmt $124, **River View Inn** (Tel. +1(907)683-2663) die Straße entlang und etwas südlich der Princess Lodge nimmt genauso wie die in der Nähe gelegene **Mount McKinley Motor Lodge** (Tel. +1(907)683-1240) $129.

Am Südeingang, zwölf Kilometer südlich der Abzweigung in den Park, findet man die großartigen **Denali River Cabins** (Tel. +1(907)683-2500; $140 für flußabgewandte Kabinen, $150 für Fluß-Kabinen) direkt am Nenana gelegen. Es gibt große Sonnendecks, einen Whirlpool und eine Sauna. Auf der anderen Seite der Straße liegt **Grizzly Bear Campground and Cabins** (Tel. +1(907)683-2696). Es wird eine Auswahl an Kabinen, von Zeltkabinen für $21,50 bis zu Blockhütten für bis zu sechs Personen für $99 vermietet. Campingplätze kosten $16. Etwas südlich davon bei Meile 229 liegen die **Denali Cabins** (Tel. +1(907)683-2643). Die Preise liegen zwischen $93 und $149.

Ansonsten kann man im **Denali Park Hotel**, in der **Denali Princess Lodge**, im **Denali Bluffs Hotel** oder **McKinley Chalet**, das $155 bis $180 nimmt, unterkommen.

Das beste Angebot während des ganzen Jahres bietet das **McKinley Chalet** (Tel. +1(907)276-7234). Man muß anrufen und seine Reservierungen unglaublich früh machen. Die meisten Plätze sind automatisch durch Reisegesellschaften gebucht. Die zweiräumigen Suiten kosten nach dem 5. Juni $180. Es ist genug Platz für vier, eventuell fünf Personen; außerdem kann man die Freizeitmöglichkeiten nutzen: Pool, Sauna, Whirlpool und den Fitneßraum. Der Pool ist der einzige Innenpool im Umkreis von 200 Kilometern. Während des Sommers lernen die 350 ortsansässigen Kinder hier schwimmen. Das Chalet ist also keine schlechte Möglichkeit, wenn man eine Reservierung bekommen kann und den Raum dann mit mehreren Personen belegt.

Innerhalb des Parks bieten sieben **Campingplätze** insgesamt 228 Stellplätze an. Um einen Platz zu bekommen, meldet man sich direkt nach der Ankunft am Visitor Access Center an. Während der Hochsaison sind alle Plätze einen Tag vorher belegt. Das beste ist, so früh wie möglich zum VAC zu gehen und einen Platz für den nächsten Tag oder später zu buchen. Man kann 14 Tage campen. Plätze am Riley Creek, Savage River, Teklanika River und Wonder Lake (alle mit Wasserversorgung) kosten $12 pro Nacht (keine Rückerstattung). Plätze auf den Campingplätzen ohne Wasserversorgung, Igloo und Sanctuary, kosten $6 pro Nacht. Mehr als 100 der 228 Plätze liegen am Riley Creek am Parkeingang. Es gibt Spültoiletten und einen Müllplatz. Dieser Platz ist in der Hauptsache für Wohnmobile und Autocamper geeignet.

Morino Campground ist nur für Zelte gedacht. Er liegt neben dem Bahnhof und ist einen kurzen Fußweg vom Hotel entfernt. Offiziell sind nur zehn Zelte zugelassen, aber in der Regel kann man einen kleinen Flecken für sein Zelt finden ($6). Parkaufseher durchstreifen die nahe gelegenen Wälder regelmäßig, um nach illegalen Campern Ausschau zu halten.

Man kann zum **Savage River Campground**, der 34 Plätze hat, fahren. Die Plätze füllen sich schnell.

Der **Wonder Lake Campground** ist wegen seiner Wandermöglichkeiten beliebt und weil die Chancen, den Mount McKinley besonders während des Sonnenauf- und unterganges zu sehen, sehr gut sind.

Denali

Lynx Creek (Tel. +1(907)683-2215) liegt von allen anderen außerhalb des Parks gelegenen Campingmöglichkeiten dem Parkeingang am nächsten. Es gibt 42 Plätze für je $20 ($25 mit Stromanschluß). Wer früh genug (vor 12 Uhr mittags) kommt, kann hier normalerweise einen Platz bekommen. Mit dem Stellplatz erwirbt man auch Duschmünzen. Die Duschen sind nicht für die Öffentlichkeit zugänglich.

KOA Kampground (Tel. +1(907)683 –2379; $21) ist zehn Minuten nördlich vom Park bei Healy gelegen. Er ist einem etwas waldigen Gebiet, das aber direkt an der Straße liegt.

Grizzly Bear Campground (Tel. +1(907)683-2696) findet man zwölf Kilometer südlich der Abzweigung nach Denali am Südeingang. Er hat 59 Plätze für jeweils $16.

■ AN- UND WEITERREISE

Alaska Railroad verläßt Fairbanks um 8.30 Uhr und erreicht Denali um 12.30 Uhr, $50 für eine einfache Fahrt. Die Abfahrt von Anchorage ist um 8.30 Uhr, die Ankunft in Denali um 15.45 Uhr, der Preis beträgt $95. Im Bahnhof des Parks gibt es einen Souvenirladen, Schließfächer und ein Regal mit vielen Broschüren. Der Zug verläßt den Park Richtung Norden um 15.55 Uhr, Richtung Süden um 12.45 Uhr.

Kleinbusse fahren zwischen Anchorage und Fairbanks und halten in Denali. Am billigsten ist der **Denali Express** (Tel. +1(907)274-8539; $35 nach Fairbanks, $85 nach Anchorage) in Anchorage.

■ RUNDFLÜGE

Wenn der Mount McKinley sich zeigt und es Platz im Flugzeug gibt, dann ist es an der Zeit, die Kreditkarte aus der Tasche zu ziehen. Diese einstündigen Flüge um den Berg herum bescheren für Tage einen Höhenflug. Gebucht wird am Reisestand oder im Büro von Denali Air (Tel. +1(907)683-2261) auf der anderen Seite der Schienen am Bahnhof. Man kann auch mit **Fly Denali** (Tel. +1(907)683-2889) in Kontakt treten, von den Langzeitparkbewohnern Jim Trumbull und Tom Klein unterhalten, die beide jahrzehntelange Erfahrung haben. Preise starten bei etwa $65.

Alternativ gibt es noch **Denali Wings** (Tel. +1(907)683-2245).

Man kann einen Hubschrauberflug bei der allgegenwärtigen **ERA** (Tel. +1(907)683-2574) buchen. Die Flüge dauern 55 Minuten und kosten $175.

■ RUNDFAHRTEN UND TOUREN

1971, bevor der George Parks Highway den McKinley Park mit Fairbanks (200 Kilometer) und Anchorage (390 Kilometer) verband, mußte man den Zug nehmen oder von Fairbanks zur Delta Junction, dann den Richardson Highway Richtung Paxson, den Denali Highway Richtung Cantwell, den Park Highway bis zum Parkeingang fahren und insgesamt 545 Kilometer zurücklegen. Von Anchorage mußte man nach Glennallen, dann nach Richardson, von dort aus nach Paxson und von dort hinüber nach Cantwell und insgesamt 705 Kilometer fahren. Im Jahr fuhren ungefähr 45 000 Besucher durch den Park. Als der George Parks Highway 1972 die Fahrzeit von beiden Großstädten erheblich reduzierte, kamen beinahe 90 000 Besucher. Vorhersehend, daß der Tourismus sich stark entwickeln würde, richtete der Parkservice schon früh einen Pendelverkehr von Schulbussen mit

Im Landesinneren

einem regelmäßigen Fahrplan an der Parkstraße entlang ein.
Es ist keine Frage, daß der Pendelbusverkehr zu einem positiven Parkerlebnis beiträgt: Die Straße ist unberechenbar und gefährlich, Menschenmengen können viel leichter unter Kontrolle gehalten werden, es gibt weniger negative Auswirkungen auf die Tierwelt (der die Busse nichts auszumachen scheinen), und es ist leichter, die Tiere zu beobachten. Man kann Tickets (Tel. +1(800)622-7275 oder +1(907)272-7275) im voraus bestellen. Der früheste Termin ist der letzte Montag im Februar, der späteste fünf Tage vor der Tour. 40 Prozent der vorhandenen Tickets werden im voraus verkauft. Die anderen 60 Prozent sind nur im Visitor Access Center erhältlich. Die Fahrpreise schwanken, von kostenlos (für Rucksackwanderer bis zwölf Jahre) bis zu $40 (für einen Paß für sechs Fahrten). Wer 17 Jahre oder älter ist, zahlt $12 nach Polychrome/Toklat, $20 nach Eielson, $26 nach Wonder Lake und $30 nach Kantishna. Rucksackreisende zahlen $15 für den Campingbus, der sie zu jedem Ziel im Park bringt. Die Fahrpreise schließen die Preise für den Parkeintritt nicht mit ein. Einer von drei Pendelbussen ist für Behinderte zugänglich.
Busse nach Eielson verlassen das Visitor Access Center um 5 Uhr morgens und fahren dann alle 30 Minuten bis 15.30 Uhr. Andere Busse fahren während des Tages nach Polychrome/Toklat und Wonder Lake. Der Riley-Creek-Bus fährt jede halbe Stunde zwischen 5.30 Uhr und 21.30 Uhr. Er hält am Anfang des Horseshoe Lake Trails, am Park Hotel und am Bahnhof, bevor er zurück zum Visitor Center fährt. Pendelbusse fahren auch zwischen dem Visitor Center/Park Hotel und dem Denali Bluffs Hotel, der Princess Lodge, dem McKinley Village und dem Denali Hostel.
Es ist ratsam, einen Bus am frühen Morgen in den Park zu nehmen: Die Chancen, Wildtiere und den Mount McKinley bei Tagesanbruch zu sehen, sind besser, und außerdem bleibt mehr Zeit, auszusteigen und im Hinterland herumzuwandern.
Man kann beliebig aus dem Bus aussteigen und einen anderen an irgendeiner Stelle der Straße anhalten, um wieder einzusteigen (wenn es Platz gibt). Die Busse fahren mit ein paar leeren Plätzen ab, um Tageswanderer im Park mitzunehmen. Viele Reisende steigen überhaupt nicht aus und bleiben während der ganzen Rundfahrt im Bus. Fahrpläne sind im Visitor Center sowie in den Hotels erhältlich.
Ridge Riders (Tel. +1(907)683-2580) nimmt die Besucher in einem achträdrigen ARGO-Vehikel in das Hinterland. Man zahlt dafür $60 bis $175 für eine drei- bis sechsstündige geführte Tour.
McKinley Llamas (Tel. +1(907)683-2864) führt zweieinhalbstündige ($45) und Übernachtungstouren ($150) in die Bergausläufer der Alaska Range auf sanften Lamas in Südostalaska durch.
Jeden Tag starten von den Hotels Touren, die in die Tierwelt führen. Man kann eine dreistündige Natural History Tour ($30) nach Primrose Ridge (26 Kilometer einfache Fahrt) machen. Am Ziel wandert man mit dem Busfahrer bzw. Naturforscher herum. Oder man macht die siebenstündige Wildlife Tour ($54) nach Toklat (85 Kilometer einfache Fahrt). Mehr als 150000 Leute unternehmen diese Touren pro Jahr, und die Plätze füllen sich schnell mit Pauschalreisenden. Man sollte seine Reservierungen deshalb so früh wie möglich unter Tel. +1(907)276-7234 oder +1(800)276-7234 machen.

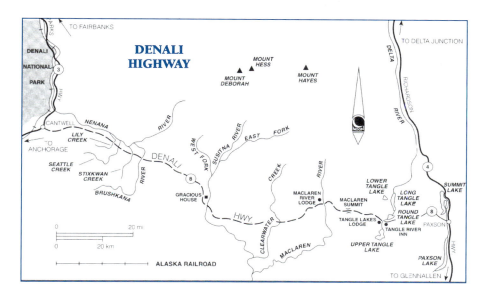

Denali Highway

Der Denali Highway, der sich 218 Kilometer in ostwestlicher Richtung durch den mittleren Teil des Festlandes von Cantwell, 48 Kilometer südlich des Denali National Park, nach Paxson bei Meile 122 des Richardson Highway entlangzieht, ist vielleicht das bestgehütete Geheimnis Alaskas. Ehemals die einzige Straße, die in den Denali National Park führte, wurde die abgelegene Strecke seit der Eröffnung des George Parks Highway 1971 weitgehend von den Touristenströmen ignoriert.

Der Denali Highway ist am östlichen Ende von Paxson nach Tangle Lakes auf etwa 35 Kilometern geteert. Der Schotter auf der restlichen Strecke ist gut zu befahren und genießt einen ungerechtfertigt schlechten Ruf – offensichtlich von Besuchern in die Welt gesetzt, die Geschwindigkeitsweltrekorde während ihres Alaskaurlaubs aufzustellen hoffen.

Es geht das Gerücht um, daß der restliche Teil des Highway auch geteert werden soll. Dieses Gerücht hält sich seit der Teerung der ersten 35 Kilometer, als die Straßenarbeiter vor dem ersten Schneefall den Park verließen und versprachen, jeden Frühling zurückzukommen und jeweils 35 Kilometer zu teeren, bis die Arbeit beendet wäre. Aber seitdem wurden sie weder gesehen, noch hörte man jemals wieder von ihnen. Aber alle paar Jahre bezahlt der Staat eine andere Gruppe von Arbeitern, dieselbe Strecke zu messen und zu fotografieren.

Der Denali Highway war ursprünglich eine schmale Spur in den frühen fünfziger Jahren, als Earl Butcher einen Jagdlagerplatz am Tangle Lake baute. Die hinteren Räume der heutigen Hütte sind ein originaler Teil von Butchers Camp.

Ungefähr zur selben Zeit gründete auch Chalmer Johnson ein Camp am Round Tangle Lake. Heute ist es unter dem Namen Tangle River Inn bekannt, und die Hütte wird noch immer von der Johnson-Familie, dem Sohn Jack und seiner Frau Naidine, betrieben.

Das älteste bekannte Gebäude der Gegend

Im Landesinneren

ist wahrscheinlich Whitey's Cabin an der Maclaren River Lodge. Sie wurde Mitte der vierziger Jahre als Privathaus gebaut und wird heute vermietet.

Der Denali Highway bietet vielfältige Möglichkeiten, Wildtiere zu beobachten, und verläuft durch wunderschöne Landschaften. Ein großer Teil der Straße erstreckt sich entlang der Bergausläufer der Alaska Range. Dieses Gebiet ist die Heimat einer Nelchina-Karibu-Herde mit 50 000 Tieren. Im Herbst tun sie sich zu großen Gruppen zusammen – ein Zusammenschluß von mehreren hundert Karibus ist keine Seltenheit. Der Denali Highway ist zwischen Oktober und Mitte Mai geschlossen, aber im Winter ist er bei Hundeschlittenfahrern und Skilangläufern beliebt. Hartgesottene Einwohner nutzen die Straße in den Wintermonaten auch zum Eisangeln und Jagen von Karibus. Wie auch sonst im relativ einsamen Alaska sollten Reisende auf dem Denali Highway für Notfälle vorbereitet sein, also stets einen Ersatzreifen und Werkzeug für den Reifenwechsel, Wasser, Essen und warme Kleidung dabeihaben. Teure Abschleppdienste gibt es in Paxson, Gracious House und Cantwell.

■ CANTWELL

Cantwell (240 Einwohner), ungefähr 40 Kilometer südlich des Denali National Park gelegen, ist eine alte Eisenbahnstadt am westlichen Ende des Denali Highway. Die Eisenbahnschienen laufen direkt durch das Zentrum.

Cantwell Lodge (Tel. +1(907)768-2300 oder +1(800)768-5522) ist die Hauptattraktion mit Zimmern, einem Café, einer Bar, einem Spirituosenladen, Wohnmobilstellplätzen, Campingmöglichkeiten, Wasch- und Duschgelegenheiten.

Cantwell RV Park (+1(907)768-2210 oder +1(800)940-2210) liegt etwa einen halben Kilometer westlich der Kreuzung mit dem Parks Highway.

■ RICHTUNG OSTEN

Ungefähr sechs Kilometer von der Kreuzung Denali Highway/Parks Highway gibt es eine Ausfahrt mit Blick auf Cantwell und den Mount McKinley. Auch bei Meile 13 ist es möglich, den Berg zu sehen. Acht Kilometer weiter verläuft der Highway parallel zum Nenana River. Die Quellflüsse des Nenana stammen aus dem westlichen Teil der Eisfelder oberhalb des Bergtrios der Alaska Range: Deborah (auf der linken Seite, 3760 Meter), Hess (in der Mitte, 3640 Meter) und Hayes (auf der rechten Seite, 4215 Meter). Während der nächsten 16 Kilometer überquert die Straße den Lily Creek, den Seattle Creek und den Stixkwan Creek. Man kann hier gut angeln. Bei Meile 30 erreicht man den Brushkana River, an dem ein guter Campingplatz mit zwölf Plätzen direkt am Fluß unterhalten wird. Es gibt Picknicktische, Feuerstellen, Wasserpumpen und Toiletten. Während der nächsten 16 Kilometer bieten sich gute Aussichten auf die drei herausragenden Gipfel sowie auf den West-Fork-Gletscher. Die südlichen Gletscher von Deborah, Hess und Hayes laufen in den Susitna River aus, der Richtung Westen fließt (zum Parks Highway), dann Richtung Süden und schließlich in den Cook Inlet gegenüber von Anchorage.

■ GRACIOUS HOUSE LODGE UND DARÜBER HINAUS

82 Kilometer von der Kreuzung Parks Highway/Denali Highway liegt **Gracious House**

Lodge (Tel. +1(907)333-3148 oder +1(907) 822-7307). Die Lodge hat 16 Kabinen bzw. Motelräume, die meisten mit privatem Bad. Preise starten bei $45 für ein Einzelzimmer. Außerdem gibt es Plätze zum Campen und für Wohnmobile. Es werden kleinere Reparaturarbeiten auf dem Grundstück ausgeführt, und außerdem gibt es einen Abschleppdienst. Man kann auch ein Flugtaxi sowie Führungen arrangieren.

Nach acht Kilometern kommt man zu der einspurigen 350 Meter langen Susitna River Bridge. Etwas weiter südlich gibt es eine gute Stelle zum Schwimmen, aber wegen des unpassierbaren Devil's Canyon etwas flußabwärts der Brücke ist es unmöglich, bei der Brücke loszuschwimmen.

Bei Meile 79 überquert der Highway den Clearwater Creek. Neun Kilometer weiter existiert eine Ausweichstelle mit Blick auf zahlreiche Seen, die einen wichtigen Lebensraum für Wasservögel wie Gänse, Schwäne, Kraniche und andere darstellen.

■ MACLAREN

148 Kilometer von Cantwell entfernt überquert die Straße den Maclaren River, einen Nebenfluß des Susitna, von den Eisfeldern des mächtigen Mount Hayes kommend. Von hier bis zum anderen Ende des Denali Highway kann man manchmal die drei Gipfel der Alaska Range erblicken. Zwei Kilometer vor der Brücke liegt die Maclaren River Road. Hier biegt man nach links und folgt ihr 19 Kilometer nördlich zum Maclaren-Gletscher. Auf dieser Seite der Brücke liegt die **Maclaren River Lodge** (Tel. +1(907)822-7105). Sie ist ganzjährig für Wanderer, Jäger, Angler und Sommertouristen geöffnet sowie im Winter für Hundeschlittenfahrer. Man kann in Motelräumen, kleinen Holzhäusern oder im Kojenhaus ($35) übernachten. Das Rasthaus hat ein Restaurant und eine Bar mit einer ziemlich guten Auswahl an Bier. Es gibt einen Billardtisch und Satellitenfernsehen. Wer Spaß haben will, fragt Mike, den Gastgeber, was sein indianischer Name bedeutet.

Weitere zehn Kilometer entfernt liegt der Maclaren Summit, mit 1244 Meter der zweithöchste Straßenpaß in Alaska. Von hier hat man atemberaubende Aussichten auf den Mount Hayes und den Maclaren-Gletscher.

■ DAS ÖSTLICHE ENDE

Bei Meile 113 liegt die **Tangle Lakes Lodge** (Tel. +1(907)688-9173 oder +1(907)822-7302). Es gibt Kanus, eine Blockhütte ($45), die Möglichkeit, ein elegantes Abendessen zu genießen, eine Bar, Duschen und eine Sauna. Außerdem kann man Angelausrüstungen ausleihen. Es ist daneben auch ein guter Ort, die Nelchina-Karibu-Herde und verschiedene Vögel zu beobachten. Die Gastgeber, Rich und Linda Holmstrom, sind ausgesprochene Vogelliebhaber und können jede Frage zum Thema beantworten. Wenn man die Tangle Lakes Lodge erreicht, ist man nur eineinhalb Kilometer von der geteerten Straße entfernt.

Der **Tangle Lakes BML Campground** liegt ein kleines Stück die Straße weiter. Es gibt Wasserpumpen, Plumpsklos, Blaubeeren und einen Platz, an dem man ein Boot ins Wasser lassen kann, um ausgedehnte Touren in den Seen, Teichen und kleinen Flüsse der Umgebung zu unternehmen. Zwei Kilometer entfernt liegt die Kanalisation des Gulkana River. Außerdem kann man bis nach Sourdough fahren. Die Fahrt dauert ungefähr eine Woche, und man muß Stromschnel-

Im Landesinneren

len der Klasse IV bewältigen. Dort, wo man das Boot zu Wasser lassen kann, befindet sich auch der Startplatz für eine beliebte Floßfahrt den Delta National Wild River und den Scenic River entlang. Die Fahrt dauert dreieinhalb Tage und führt an einigen Wasserfällen vorbei. Die Tour endet bei Meile 212 des Richardson Highway, nördlich von Summit Lake. Obwohl der größte Teil der Tour durch ruhige Gebiete führt, gibt es ein paar felsige Gebiete mit bewegteren Gewässern, in denen sich Aluminiumkanus kunstvoll um Felsblöcke winden. Informationen und Karten gibt es bei dem BML Büro (Tel. +1(907)822-3217) in Glennallen.

Drei Kilometer östlich des Campingplatzes liegt das **Tangle River Inn** (Tel. +1(907)822-7304). Dort gibt es Benzin, Alkohol und Souvenirs, und außerdem gutes selbstgemachtes Essen und Unterkünfte (ab $45), Anschlüsse für Wohnmobile, Campingplätze, Kanus und Angelausrüstungen. Das Nachtleben der Umgebung findet in der dazugehörigen Bar statt: Es wird gesungen und Geschichten werden erzählt.

In der Nähe liegt **Denali Highland Adventures** (Tel. +1(907)479-0765 oder +1(800)895-4281). Die Yates-Familie vermietet Wagen mit Vierradantrieb, Kanus, und sie bieten selbstgemachte Mahlzeiten und Pauschalwandertouren an, die zwischen einem und fünf Tagen dauern, sowie die Möglichkeit, Boot zu fahren, zu campen und zu angeln.

Bei Meile 120 beginnt der Tangle Lake Archaeological District. Er dehnt sich bis Meile 90 bei Crazy Notch aus. Es gibt hier eine Menge von Anhaltspunkten, daß prähistorisches Leben in dieser Gegend stattgefunden hat. Damit das Land vor weiteren Ausgrabungen geschützt wird, sind Fahrten nur auf gekennzeichneten Wegen erlaubt. Eine kurze Wanderung vom Highway entfernt kann zu einem athabaskanischen Jagdlager führen, das kein Mensch während Tausenden von Jahren betreten hat.

Bei Meile 122 gibt es einen Aussichtspunkt, von dem aus man südlich über die weite Tundraebene blicken kann. Die drei Gipfel der Wrangell Mountains, die am höchsten herausragen, sind von hier sichtbar: Mount Sanford auf der linken Seite, Mount Drum auf der rechten und Mount Wrangell in der Mitte. Bei Meile 125 befindet sich eine geteerte Ausweichstelle mit Blick über den Ten Mile Lake. Ein kurzer Weg führt zum See, in dem man Äschen und Forellen angeln kann. Eine Ausweichstelle bei Meile 129 präsentiert einen wunderbaren Ausblick auf die Alaska Range im Norden. Außerdem kann man die Gulkana- und Gakona-Gletscher von hier sehen.

■ PAXSON

Paxson ist eine kleine Ansiedlung bei Meile 185,5 des Richardson und bei Meile 136 des Denali Highway. Es gibt eine Landebahn, ein modernes Rasthaus und eine Wanderführerorganisation, die Touren ins Hinterland anbietet.

Paxson Lodge (Tel. +1(907)822-3330) verkauft Benzin, Souvenirs und Lebensmittel. Außerdem kann man hier übernachten. Sommeröffnungszeiten sind von 8 bis 23 Uhr. Mahlzeiten werden bis 22 Uhr serviert, die Cocktailbar ist bis Mitternacht geöffnet. Das Gasthaus dient auch als Post und Versammlungsort der Gemeinde (33 Einwohner), die sich hier dienstags und donnerstags trifft, wenn die Post kommt.

Paxson Alpine Tours (Tel. +1(907)479-0765) bietet Touren in die Wildnis, Floßtouren auf dem Gulkana und dem Delta River sowie Angel- und Wandertouren an.

Südliches Zentralalaska

Das südliche Zentralalaska ist ein Land mit kurzen Flüssen, langen Bergketten und weiten Tälern. Es reicht im Norden vom Golf von Alaska bis zum Kamm der Alaska Range. Die Kenai und Chugach Mountains sind ein rauher, 95 Kilometer breiter Bergstreifen, der sich nach Nordosten den Golf entlang von Cook Inlet bis zur Grenze des Yukon windet. Nach Norden hin liegen die Matanuska- und Susitna-Täler, und der Mount McKinley ist im Hintergrund sichtbar. Ein großes Gebiet um den Prince William Sound und die Kenai Peninsula gehört zum Chugach National Forest. Das südliche Zentralalaska könnte als das Herzstück Alaskas bezeichnet werden. Es gibt eine große Metropole (Anchorage) und viele schöne kleine Städte. Es ist das wichtigste Landwirtschaftsgebiet des Staates, und man findet hier einige der besten Panoramablicke sowie Wander- und Campingmöglichkeiten. Es ist einfach, sich mit dem Auto fortzubewegen, außerdem gibt es eine Anzahl von öffentlichen Verkehrsmitteln, ein gutes Fährsystem eingeschlossen. Das südliche Zentralalaska bietet für jeden etwas.

Denali State Park

Der Park ist eine gute staatliche Einrichtung und in Wirklichkeit eine Verlängerung des Denali National Park. Sie teilen sich die südöstliche Grenze bei Meile 169 des George Parks Highway. Der Park ist halb so groß wie Rhode Island. Er bietet ein exzellentes alternatives Wildniserlebnis, ganz im Gegensatz zu den Menschenmengen und dem Chaos seines berühmten Nachbarn. Der Mount McKinley kann überall vom Park aus gesehen werden. Es gibt Bären in rauhen Mengen, und man braucht für eine Wander- oder Campingerlaubnis nicht anzustehen. Viele Wanderwege bieten phantastische Aussichten. Der Park kann nur mit dem Auto erreicht werden, und man muß wirklich gut vorbereitet sein.

■ **SEHENSWERTES**

Der beste Aussichtspunkt des Parks am Highway ist die große Ausweichstelle bei Meile 135, einen Kilometer nördlich der Mary's McKinley View Lodge. Eine Informationstafel beschreibt die Gletscher und Gipfel. Andere unvergeßliche Aussichtspunkte liegen bei Meile 147, 158 und 162.

Das **Alaska Veterans Memorial** ist ein Gedenkstein, der aus fünf monumentalen Zementklötzen besteht, in die Sterne hineingemeißelt sind. Er soll an die enormen Leistungen erinnern, die die Armee seit dem Kauf durch die Vereinigten Staaten 1867 in Alaska gebracht hat. Wie stets haben die Pla-

Südliches Zentralalaska

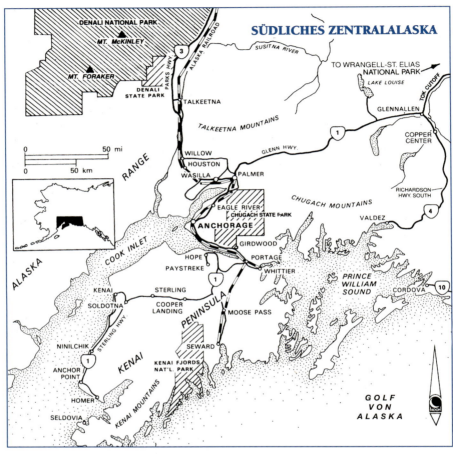

ner den Ort mit Respekt und Sorgfalt ausgewählt. Wer dem Monument den Rücken kehrt und Glück hat, kann den blau-weißen Mount McKinley von hohen Fichten umrahmt vor sich sehen.

■ AKTIVITÄTEN

Der Beginn des **Little Coal Creek Trail** liegt bei Meile 164, acht Kilometer südlich der Nordgrenze des Parks. Es ist der sanfteste Aufstieg im Park, der zur Tundra führt. Man wandert acht Kilometer südlich den Weg bei Little Coal Creek hinauf, dann wendet man sich Richtung Südwesten, den Kesugi Ridge entlang und wird mit wunderbaren Ausblicken auf die Bergkette und die Gletscher belohnt. Der Weg ist markiert, aber man muß mit Bären rechnen. Der Weg ist 45 Kilometer lang und endet am **Troublesome Creek Trail**, in der Nähe des Byers Lake Campground. Auf ungefähr der Hälfte der Strecke führt der **Ermine Lake Trail** zurück zum Highway, ein Fluchtweg, falls das Wetter zu schlecht sein sollte. Der Weg ist gut markiert.

Der Troublesome Creek Trail hat seinen Namen wegen der häufigen Begegnungen mit Bären erhalten. Tatsächlich ist der Weg im Sommer und im Frühherbst oft wegen der Bären gesperrt. Es gibt zwei Wanderwege, einer beginnt an der nordöstlichen Spitze von Byers Lake (Meile 147) und der andere bei Meile 138. Die Parkbroschüre beschreibt die rund 20 Kilometer lange Wanderung entlang dem Troublesome Creek als mäßig schwer. Der Weg schließt sich unmittelbar an den Kesugi Ridge Trail oberhalb des Byers Lake an oder führt hinab zum einfachen, fünf Meilen langen **Byers Lake Loop Trail**, der zu beiden Campingplätzen führt. Auf der anderen Straßenseite, ein Stück von der Abbiegung zum Byers Lake entfernt, kann man einen Familienspaziergang entlang dem Lower Troublesome Creek unternehmen – er ist nur eineinhalb Kilometer lang.

■ **UNTERBRINGUNG**

Der **Byers Lake Campground** (73 Plätze, $12) bietet die gewohnten staatlichen Einrichtungen – großzügig, wunderbar und nicht überlaufen. Der Campingplatz verfügt über eine Reihe von Nebengebäuden, Wasseranschluß, große, gepflegte Stellplätze und eine gute Beschilderung. Der schöne Byers Lake liegt nur einen Steinwurf entfernt.

Weniger als drei Kilometer entfernt liegt am Loop Trail der **Lakeshore Campground** (den man auch per Boot über den See erreichen kann) mit sechs Stellplätzen, Nebengebäuden, ohne Wasseranschluß, aber mit unverbautem Blick auf den Mount McKinley vom Zelt aus.

Auf der anderen Straßenseite befindet sich einen knappen Kilometer weiter südlich der

Südliches Zentralalaska

Lower Troublesome Creek Campground mit 20 Stellplätzen und den gleichen Einrichtungen wie in Byers Lake für $6 pro Nacht.
Innerhalb des Parks gibt es nur zwei kommerzielle Einrichtungen. **Mary's McKinley View Lodge** (Tel. +1(907)733-1555) am südlichen Eingang (Meile 134) mit einem Restaurant, einer Lodge und wunderbarer Aussicht auf den Mount McKinley. Man hat die Möglichkeit, Mary Carey, eine der produktivsten und bekanntesten Autorinnen Alaskas, und ihre unglaubliche Lebensgeschichte kennenzulernen. Hier gibt es signierte Exemplare ihrer Bücher zu kaufen, darunter ihr berühmtestes: *Alaska, Not For A Woman*. Marys Tochter, Jean´Richardson, ist ebenfalls Autorin, allerdings schreibt sie Kinderbücher.
Das **Chulitna River Lodge and Café** (Tel. +1(907)733-2521) bei Meile 156 liegt 23 Kilometer vom nördlichen Eingang entfernt mit Hütten, einer Tankstelle und einem Souvenirladen und ist das ganze Jahr über geöffnet. Zivilisation gibt es erst wieder 110 Kilometer nördlich der Nordgrenze des State Park am Eingang zum Denali National Park und 77 Kilometer unterhalb der südlichen Grenze bei Talkeetna. Es gibt keine offiziellen Haltestellen des Denali Express oder Gray-Line-Busses, aber man kann individuell Vereinbarungen treffen, um dort abgeliefert und später wieder abgeholt zu werden. Bei Meile 98 befindet sich die Kreuzung des Parks Highway mit der Straße nach Talkeetna.

Talkeetna

Zwei eng miteinander verwandte Phänomene bestimmen diese kleine Siedlung:

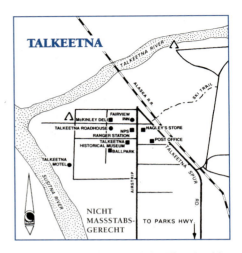

der Mount McKinley und der Flug dorthin. An einem klaren Tag hat man von dem Aussichtspunkt, etwa eineinhalb Kilometer die Straße hinunter, einen Blick auf den Berg und die Alaska Range, die wie eine gezackte weiße Wand in den Himmel ragt. Da er mehr als 90 Kilometer in nordöstlicher Richtung entfernt ist, muß man sich den Hals ein wenig verdrehen, um den Gipfel des höchsten Berges in Nordamerika sehen zu können.
An denselben klaren Tagen starten die ansässigen Fluggesellschaften und Flugtaxis ununterbrochen zu Rundflügen um den Mount McKinley. Man fliegt über Gletscher oder landet gar auf ihnen, um ein Champagnerfrühstück einzunehmen. Zur Hochsaison, Mai und Juni, fliegen die Flugzeuge nicht selten amerikanische, japanische, europäische oder afrikanische Bergsteigergruppen zum Kahiltna-Gletscher (2100 Meter), von wo aus sich die Gruppen entlang der beliebten West-Buttress-Strecke in Richtung des 3900 Meter hohen Gipfels aufmachen. Wer sich an einem klaren Tag in der

Talkeetna

Nähe des Berges aufhält, sollte sich auf dem direktesten Wege dorthin begeben, um einen der unglaublichsten und atemberaubendsten Anblicke zu erleben.

■ SEHENSWERTES UND AKTIVITÄTEN

Talkeetna liegt am Zusammenfluß dreier Flüsse, dem Talkeetna, dem Chulitna und dem Susitna, und wurde ursprünglich von Trappern und Glückssuchern besiedelt, die den Susitna hochruderten, um die reichen Silber- und Kohlevorkommen in den Talkeetna Mountains auszubeuten. Die Siedlung erhielt einen weiteren Aufschwung mit dem Ausbau der Eisenbahnlinie in den frühen zwanziger Jahren des 20. Jahrhunderts und ist noch immer ein beliebter Rastort für Touristen. 1965 wurde die Abfahrt vom Parks Highway nach Talkeetna ausgebaut und erleichtert seitdem die Anreise hierher.

An der Abfahrt des Park Highways findet man das privat unterhaltene **Talkeetna/Denali Visitor Center** (Tel. +1(907)733-2688, außerhalb der Saison +1(907)733-2599; Mai bis September). Man kann dort Flüge, Angelausflüge, Wandertouren und Zimmer in den örtlichen Hotels buchen oder sich einfach mit Broschüren über die Gegend versorgen. Eineinhalb Kilometer vom Parks Highway entfernt findet man **Marys Fiddlehead Fern Farm Gift Shop** (Tel. +1(907)733-2428) Hier erhält man von der einzigen Fiddlehead-Farnfarm der Welt frischen, tiefgefrorenen sowie eingelegten Gourmetfarn mit einem Farnkochbuch. Daneben gibt es verschiedene Steine, Kunstgegenstände, Souvenirs sowie signierte Exemplare der von Mary und ihrer Tochter Jean Richardson geschriebenen Bücher.

Bei Meile 3 bzw. 12 findet man jeweils Abfahrten zu Seen und Campingplätzen, die abseits der Touristenroute liegen. Bei Meile 13 befindet sich eine große Abfahrt mit einem atemberaubenden Blick und einer Informationstafel zur Alaska Range. Von dort aus fährt man direkt nach Talkeetna (450 Einwohner).

Im **Talkeetna Historical Museum** erhält man viel Informationen über die Geschichte des Dorfes und seine Verbindung zum Berg. Hinter Nagley's Store, über das man alles im Museum nachlesen kann, biegt man nach links und folgt der Straße. Das Museum befindet sich in einem alten Schulhaus, ist täglich von 10 bis 17 Uhr geöffnet und kostet $1. Mit Hunderten von Kunstartikeln, einer gemischten Bücherei im Hinterhaus, die unter anderem uralte Zeitungen, Hefte voller Zeitungsausschnitte und historische Magazine enthält, ist das Museum dem Andenken an Don Sheldon und Ray Genet gewidmet. Diese beiden Männer stammen aus dem Ort und waren zwei heroische Figuren in Alaska. Sheldon war Vorsitzender der Gewerkschaft der hiesigen Piloten, und Genet ist der unbestrittene Rekordhalter für Aufstiege zum Mount McKinley und anderen Gipfeln. Er starb 1979 im Alter von 49 Jahren beim Aufstieg zum Gipfel des Mount Everest in 8100 Meter Höhe. Gemeinsam, aber auch alleine wagten beide einige der riskantesten Rettungsaktionen, die die Welt je gesehen hat. Das alte Eisenbahndepot mit dem renovierten Verkaufsstand sollte man sich wie die alte Hütte von Trapper Ole Dahl ebenfalls ansehen.

Direkt neben dem Museum steht eine alte Hütte, die dem National Park Service Rangers als Quartier dient. Man kann eintreten, Platz nehmen und dem Funkverkehr lauschen, nach den Wetterverhältnissen oder der Lage am Berg fragen. Einige Bücher

Südliches Zentralalaska

übers Bergsteigen werden zu reduzierten Preisen angeboten.
Noch bessere Informationen erhält man am Flughafen. Man beobachtet den Flugverkehr, beginnt ein Gespräch mit einem Piloten oder Mechaniker und erkundigt sich nach den Flugverhältnissen um den Berg herum.
Das **Museum of Northern Adventure (Main Street**, Tel. +1(907)733-3999; täglich von 10 bis 18 Uhr; $2,50 für Erwachsene, $1,50 für Kinder) bietet 24 Dioramen, die das Leben und die Geschichte des Gebietes mit lebensgroßen Wachsfiguren erzählen. Es geht dabei unter anderem auch um das Angeln, und sogar die Beerdigung Sam McGees wird dargestellt.
Der markierte Skitrail am Ausgang des kleinen Parks ist im Sommer als Wanderweg nutzbar, wenngleich er sehr schlammig ist.
Talkeetna ist ein Dorado für Angler. Von Mai bis September kann man hier Regenbogenforellen, Äschen und fünf verschiedene Arten Lachs fangen. Örtliche Bootsverleihe bringen Angler an jede Stelle des Flußes, mit oder ohne Übernachtung, bieten Angeltouren mit Führer an oder arrangieren eine herrliche Floßfahrt den Fluß entlang, falls man keine Lust zum Angeln hat. Für nähere Informationen kontaktiert man **Mahays** (Tel. +1(907)733-2323), **Talkeetna Riverboat Service** (Tel. +1(907)733-2281), **Talkeetna River Guides** (Tel. +1(907)733-2677) oder **Tri River Charters** (Tel. +1(907)733-2400).

■ RUNDFLÜGE

Die beste Aussicht hat man wie so oft vom Flugzeug aus. Die ortsansässigen Flugunternehmer bieten eine große Auswahl von Touren an, von kurzen Besichtigungsflügen, Gletscherlandungen, Ausflügen in die Wildnis bis hin zu Angel- und Skitouren, auch mit Übernachtung. Die Kosten hängen natürlich von der Art, Länge und Anzahl der beteiligten Personen ab. Viele Unternehmen versuchen, die Auslastung ihrer Maschinen zu maximieren, und bringen verschiedene Flugwillige zusammen, was letztendlich Geld spart. In der Planung muß man sehr flexibel sein, da der Hauptfaktor, das Wetter, unbestimmbar ist. Preise beginnen bei $37 pro Person für einen halbstündigen Flug ohne Gletscherlandung mit drei Personen. Reservierungen sind zu empfehlen, aber nicht notwendig. Die Hauptsaison für Bergsteiger beginnt im frühen Frühling und reicht bis in den Juni. Zu dieser Zeit sind die Flüge stark ausgelastet.
Es gibt fünf Gesellschaften, die Flüge zum Mount McKinley anbieten: **Hudson Air Service** (Tel. +1(907)733-2321 oder +1(800)478-2321), **Doug Geeting Aviation** (Tel. +1(907)733-2366 oder (800)770-2366), **K2 Aviation** (Tel. +1(907)733-2291 oder +1(800)764-2291), **Talkeetna Air Taxi** (Tel. +1(907)733-2218) und **McKinley Air Service** (Tel. +1(907)733-1765 oder +1(800)564-1765).

Talkeetna

■ ESSEN

Talkeetna ist mittlerweile für sein Angebot an lecker zubereiteten und sehr erschwinglichen Gerichten in Alaska bekannt. Das **McKinsley Deli** bietet eine Minipizza für $7, die große Pizza für $20,50, und darüber hinaus verfügt das Deli über ein ausgezeichnetes Sandwichangebot. Vom Grill bekommt man Steaks, Burger, Lachs und Heilbutt zu Preisen von $3,95 bis $13,95. Ein Abendessen beinhaltet Lasagne, Spaghetti, Barbecue-Rippchen und Salat.

Das **Talkeetna Roadhouse** serviert täglich von 17.30 bis 21 Uhr gute Hausmannskost. Frühstück wird ab 6.30 Uhr serviert. Es gibt eine Bäckerei, und Alkohol darf ausgeschenkt werden.

Das **Talkeetna Motel** (täglich von 7 bis 21 Uhr) ist für seine großen Portionen leckeren Essens in entspannter Umgebung bekannt. Empfehlenswert sind das Frühstück oder das Abendessen.

Im **Fairview** kann man den Biergarten und die leckeren und preiswerten Gerichte genießen.

Bei **Sparky's** gibt es Fast food, und das öffentliche Telefon im Ort befindet sich am Campingplatz des Talkeetna Roadhouse.

■ UNTERBRINGUNG

Wildes Campen im River Park wird offiziell nicht geduldet, zahlreiche Schilder weisen daraufhin. Viele kümmern sich allerdings nicht darum und zerstören sogar die Schilder. Wer ohne Komplikationen campen will, besucht am besten den relativ neuen **Talkeetna River Adventures, Boat Landing & Campground** in der Nähe des Flughafens. Rund 60 Stellplätze stehen zur Verfügung, davon 20 mit Stromversorgung, daneben gibt es Duschen und eine Wäscherei. Vom Campingplatz geht man etwa 300 Meter durch den Wald und gelangt nach Talkeetna. Das historische **Fairview Inn** (P.O. Box 645, Talkeetna, AK 99676, Tel. +1(907)733-2423) von 1923 bietet die besten Zimmerpreise der fünf ansässigen Lodges. Hier zahlt man $40 für ein Einzel- und $50 für ein Doppelzimmer. Die sechs Zimmer sind allerdings sehr schnell vermietet, weswegen es sehr ratsam ist, im voraus eine Reservierung vorzunehmen.

Das **Talkeetna Roadhouse** (Tel. +1(907)733-2341) bietet Einzelzimmer für $45 und Doppelzimmer für $60 an. Ebenfalls zu mieten sind eine Hütte für $75 pro Nacht oder Betten im Gemeinschaftsschlafraum für jeweils $21.

Im **Talkeetna Motel** (Tel. +1(907)733-2323) beginnen die Preise der Zimmer bei $65 für Einzelzimmer und $100 für Doppelzimmer. Alle Zimmer sind renoviert und haben ein eigenes Bad und Farbfernsehen.

Das **Classy Shack B&B** (Tel. +1(907)733-1234) verfügt über wunderschöne Holzarbeiten von Einheimischen. Im Zimmerpreis von $140 ist ein Jacuzzi, ein Videorecorder mit Filmverleih, frische Blumen sowie eine reichhaltige Auswahl frischer Backwaren zum Frühstück enthalten. Details erfährt man von Dave in McKinleys Delikatessenladen.

Das **Swiss Alaska Inn** (Tel. +1(907)733-2424) bietet Zimmer mit Bad ($70 im Einzelzimmer, $80 im Doppelzimmer) und ein Restaurant. Darüber hinaus kann man hier regionale Touren buchen, und als besonderen Service bekommt man Eßpakete für die Ausflüge zur Verfügung gestellt. Sollte ein Angelausflug erfolgreich gewesen sein, bereitet der Koch gerne den Fang zu.

Talkeetna Camp & Canoe (Tel. +1(907)733-2267) vermietet Hütten für $64 und $74 pro

Südliches Zentralalaska

Nacht mit jeweils vier Schlafstellen in Etagenbetten. Die Hütten sind direkt am See gelegen und verfügen über Propangaslicht und -ofen. Für $35 pro Tag kann man ein Kanu mieten.

■ **AN- UND WEITERREISE**

Die Abfahrt nach Talkeetna liegt auf dem George Parks Highway etwa 160 Kilometer nördlich von Anchorage. Auf der Straße sind es dann noch 20 Kilometer. Zwischen Talkeetna und Anchorage bieten mehrere Unternehmen Transportmöglichkeiten an, die meist von Bergsteigern genutzt werden. Zwei dieser Unternehmen haben ihren Sitz in Talkeetna, eines in Anchorage. **Denali Overland Transportation** (Tel. +1(907)733-2384) berechnet für eine Gruppe von vier Personen $45 pro Person für eine einfache Fahrt nach oder von Anchorage.
Talkeetna Shuttle Service (Tel. +1(907)733-2222) stellt für eine Gruppe von vier Personen $40 pro Person in Rechnung. Sollte eine Reisegruppe nicht groß genug sein, versucht das Unternehmen in der Regel, andere Reisegruppen mit dem gleichen Ziel zu finden.
Der **Alaska Backpacker Shuttle** (Tel. +1(907)344-8774 oder +1(800)266-8625) berechnet $30 für den einfachen Weg und $55 für Hin- und Rückfahrt. Für die Ausrüstung werden $5 extra berechnet, für ein Fahrrad $10. Alle Unternehmen verlangen eine Anzahlung, und man benötigt jeweils eine Reservierung.
Die **Alaska Railroad** (Tel. +1(907)544-0552) bietet für $90 eine besondere Tour nach Talkeetna und zurück an, die fünf Stunden zur Erkundung der Stadt läßt. Der Zug fährt jeden Tag um 8.30 Uhr von Anchorage ab, Ankunft in Talkeetna ist um 11.20 Uhr, und fährt um 16.30 Uhr zurück. Wer länger in Talkeetna bleiben will, kann das ohne Zuzahlung tun.

Nach Süden

Auf dem Weg von Talkeetna nach Wilson (70 Kilometer) kommt man an einer Reihe von Restaurants, Tankstellen und zwei Campingplätzen vorbei. Der erste, **Montana Creek Campground** bei Meile 97, wird privat geleitet. Die Nacht kostet hier $10, der Tagesaufenthalt $5. Der Campingplatz ist mit 89 Stellplätzen sehr groß, verfügt über chemische Toiletten, Wasser, ein paar Wanderwege und während der Saison über eine gute Stelle zum Lachsangeln.
Drei Kilometer östlich auf dem Parks Highway findet man in der Hatcher Pass Road (Meile 71) den **Deception Creek**. Hier gibt es sieben Campingplätze, allerdings keine Wasserversorgung.
Die **Wilson Creek State Recreation Area**, etwa sechs Kilometer weiter südlich gelegen, bietet 145 Campingplätze für jeweils $10 pro Nacht. Während der Lachssaison ist dieser Platz allerdings sehr unruhig. Die nahe gelegene Bootsanlegestelle ist ununterbrochen in Betrieb, und die Wohnmobile tragen mit dem obligatorischen Generatorengeräusch zum Lärm bei. Nichtsdestotrotz ist es ein guter Campingplatz auf dem Weg zum Independence Mine State Historical State Park sowie nach Wasilla oder Palmer.
Bei Meile 69 liegt **Willow** (500 Einwohner), eine kleine Durchfahrtsgemeinde mit Tankstellen, Lebensmittelläden, Cafés und einem Luftfahrtunternehmen, das man sehr leicht übersehen kann. Vor 15 Jahren hatten die Bewohner Alaskas noch dafür plädiert, Willow zur Hauptstadt zu machen. Wäre der Plan in Erfüllung gegangen, es wäre der

Traum eines jeden Anlegers inmitten der Tundra geworden. Eine enorm teure Stadt wurde geplant, und die Immobilienpreise schossen in die Höhe. Als man 1982 jedoch eine zweite Abstimmung abhielt, in der es darum ging, ob all die Millionen von Dollar tatsächlich wie geplant ausgegeben werden sollten, wurde der Plan einhellig abgelehnt.

■ NANCY LAKE RECREATION AREA

Der sechstgrößte Park bietet eine völlig andersartige Landschaft als das restliche Binnengebiet Alaskas. Das Gelände ist flach, mit dichtem Waldbewuchs und mehr als hundert Seen, die teilweise durch Flüsse miteinander verbunden sind. Wie man sich sicherlich vorstellen kann, sind die Hauptaktivitäten Angeln, Boot- und Kanufahren. Es gibt einen komfortablen Campingplatz und eine Reihe von Wanderwegen.

Weiter auf dem Parks Highway kommt man bei Meile 67 an eine unbefestigte Straße. Nach etwa eineinhalb Kilometern auf der Straße trifft man auf eine Zahlstelle in mitten der Landschaft, wo man $3 für Parken und $10 für eine Übernachtung auf dem Campingplatz kassiert. Weitere 800 Meter dahinter liegt der Beginn eines Wanderwegs, der zu Hütten führt, die man im Büro des Mat-Su State Park (Tel. +1(907)745-3975) bei Meile 0,7 in Wasilla für $35 pro Nacht mieten kann. Reservierungen können auch im Departement of Natural Resources (Tel. +1(907)269-8400) in Anchorage gemacht werden. Diese Hütten sind sehr beliebt, und es empfiehlt sich daher, rechtzeitig zu reservieren.

Nach etwa eineinhalb Kilometern auf dem Wanderweg trifft man auf den **Tulik Nature Trail**, eine einfache Strecke, die etwa eine Stunde in Anspruch nimmt. Eine sehr schön aufgemachte und illustrierte Broschüre erklärt die Farne, Büsche, Gräser und Bäume, man kann einige interessante Legenden nachlesen und findet jede Menge Tips. Es gibt Biber und Kreischmöwen zu beobachten, aber man muß sich vor der Devils-Club-Pflanze hüten, deren Dornen schmerzhafte Infektionen hervorrufen können.

Die **Lynx Lake Canoe Route** beginnt bei Meile 4,5 des Nancy Lakes Parkway. Die gemütliche 20 Kilometer lange Strecke erfordert etwa zwei Tage und führt an 14 Seen vorbei, zwischen denen gut markierte Überwege liegen. Man findet auch zehn sehr einfache Campingplätze, um die Nacht zu verbringen.

Alternativ dazu kann man auch am Little Susitna River in den Fluß stechen. Dies erfordert allerdings einen langen Transport der Ausrüstung von der 57. Meile des Parks Highway zum Skeetna Lake, wo Sie den südlichen Ausläufer des Wanderwegs erreichen.

Tippecanoe (Tel. +1(907)495-6688) verleiht Kanus für den Nancy Lake Trail. Ebenfalls im Angebot sind Touren mit Führer um die Seen herum. Die Cry of the Loon Tour, eine sechs- bis achtstündige Wanderung, kostet $35. Ein Mietkanu schlägt mit $22 pro Tag zu Buche. Für längere Ausflüge erhält man einen Rabatt. Gleiches gilt, wenn man drei oder mehr Kanus mietet.

Nancy Lake Resort (Tel. +1(907)495-6284) bietet ähnliche Leistungen, Motorboote, Tretboote, Angelausrüstungen und Hütten eingeschlossen. Hier bekommt man sogar Flugbenzin. Ein- bis zweistündige Ausflüge auf dem restaurierten Schaufelraddampfer kosten etwa $10.

Am Ende der Straße liegt der **South Rolly Lake Campground** mit 98 Zeltplätzen und den gewohnten Annehmlichkeiten. Ein 4,5 Kilometer langer Wanderweg führt zu einem Aussichtspunkt über den Red Shirt Lake.

Südliches Zentralalaska

Hatcher Pass Road

Die 40 Kilometer lange Fahrt von der Nancy Lake State Recreation Area nach Wasilla auf dem Parks Highway ist langweilig. Was allerdings sehr zu empfehlen ist, ist ein Umweg von 50 Kilometer, der von Meile 71 über den Hatcher Pass führt (1168 Meter). Die ersten 15 Kilometer sind geteert, die weiteren 23 Kilometer noch immer gut befahrbar durch einen herrlichen Wald, den Willow Creek, auf dem Pfad, der ursprünglich dazu angelegt wurde, die Goldminen entlang dem Creek zu versorgen. Dann beginnt der Aufstieg zum Summit Lake und Hather Pass, etwa sechs Kilometer lang auf grober Straße zu herrlichen Aussichtspunkten, der hohen Tundra, exzellenten Wanderwegen (und Langlaufloipen) sowie Campinggelegenheiten. Drei Kilometer weiter kommt man zur Independence Mine.

■ INDEPENDENCE MINE STATE HISTORICAL PARK

Man kann sich kaum einen besseren Platz vorstellen, der die Elemente Alaskas so ideal miteinander verbindet: das Panorama, die Geschichte und das Gold. Diese Mine unterscheidet sich maßgeblich von den Goldwäscherstellen, die man in Yukon und im Landesinnern gesehen hat. Hier wurde sehr hart gearbeitet: Die Zeche wurde in den Berg getrieben und zu einem insgesamt 32 Kilometer langen Netzwerk im Granite Mountain ausgebaut. Die Minenarbeiter bohrten Löcher in den Fels, plazierten das Dynamit und sortierten dann das Gestein aus, um es weiter zu bearbeiten.
Dieser Art von Goldabbau geht oft die Goldwäscherei voraus. Goldsucher, die 1897 Gold im Grubstake Gulch, einem Seitenarm des Willow Creek, fanden, fiel die rohe Natur des gefundenen Edelmetalls auf. Das bedeutet in der Regel, daß eine größere Menge Gold in der Nähe liegt. 1906 steckte Robert Hatcher seinen ersten Claim ab, und seine Alaska Free Gold Mine war bis 1924 in Betrieb. 1908 nahm die Independence Mine auf der Ostseite des Berges ihre Arbeit auf und förderte in den folgenden 25 Jahren Gold im Wert von mehreren Millionen Dollar zutage. 1937 schlossen sich beide Minen zur Alaska Pacific Consolidate Mining Company zusammen, die die Independence Mine bis 1942, als im Zweiten Weltkrieg das Bergwerk stillgelegt wurde, auf Hochtouren laufen ließ.
Nach einer Reihe von Verhandlungen mit der Alaska Division of Parks wurden dem Staat 108 Hektar überlassen, darunter das komplette Minengelände. Im Gegenzug erhielt die Coronado Mining Corporation 400 Hektar Land, auf denen heute noch nach Gold gegraben wird.
Einige der ehemaligen Camps sind noch vorhanden, wenn auch vielfach verfallen. Man beginnt eine Tour am Visitor Center im restaurierten Haus des Camp Manager Walter Stoll. Um die ausgestellten Stücke genau zu studieren, sollte man sich Zeit nehmen. Mehrmals täglich finden Führungen statt ($3). Darüber hinaus ist es möglich, das Gebiet auf eigene Faust zu erkunden. Der Besuch des Independence Mine State Historical Park darf auf dem Reiseplan nicht fehlen.

Wasilla

1977 bestand Wasilla aus einer Landebahn und einem Lebensmittelgeschäft, das damit warb, Gemüse aus dem Matanuska Valley, also aus dem Busch, einfliegen zu lassen,

Wasilla

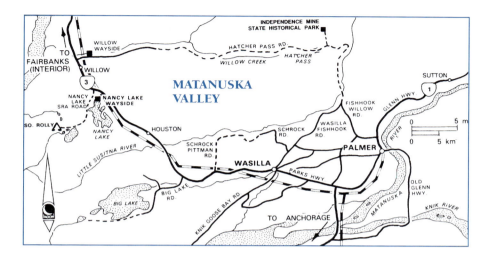

statt sich die Fahrt nach Anchorage anzutun. Als es danach aussah, daß Willow Hauptstadt werden sollte, zog es die Bewohner von Anchorage nach Wasilla, wo sie unberührte Natur und niedrige Immobilienpreise entdeckten. Die Baugesellschaften nutzten den Vorteil, daß keine Baugesetzgebung existierte, und bauten ununterbrochen. Die Bevölkerungszahl von 1200 Einwohnern verdoppelte sich zwischen 1980 und 1982 und nochmals zwischen 1982 und 1984. Geschäfte, Fast-food-Läden und Kaufhäuser schossen aus dem Boden. Teeland's General Store wurde komplett von der Ecke, an der das Geschäft 60 Jahre lang stand, auf einen Parkplatz um die Ecke versetzt, um Platz für ein anderes Geschäft zu schaffen. Die Landebahn, die jahrzehntelang die einzige Markierung Wasillas auf den Landkarten war, wurde ebenfalls verlegt. Heute säumen zahlreiche Hochhäuser den Highway und wer von Süden nach Wasilla kommt, fühlt sich, als hätte er gerade eine Zeitreise hinter sich und wäre in einer kalifornischen Vorstadt gelandet. Sogar der Parkplatz ist geteert.

Man kann dieses Phänomen allerdings von zwei Seiten betrachten: Entweder bewundert man Wasillas exotisches Stadtbild, oder man schätzt den Rest Alaskas um so mehr.

■ SEHENSWERTES

Man sollte das **Dorothy G. Page Museum** (Tel. +1(907)373-9071; im Sommer täglich von 9 bis 15 Uhr, im Winter von 10 bis 17 Uhr; $3) auf keinen Fall verpassen. Die Museumsangestellten erzählen gerne die Geschichten, die hinter jedem Ausstellungsstück stecken, darunter Hunderte alter Linsen. Im Keller, durch den Minentunnel, findet man weitere Ausstellungen, darunter eine komplette alte Zahnarztpraxis. Im Garten steht eine kleine Siedlung mit einem Schulhaus, einer Räucherei, einem Dampfhaus und einem Zwinger.

Die **Wasilla Public Library** (391 North Main Street, Tel. +1(907)376-5913) ist dienstags

Südliches Zentralalaska

und donnerstags von 10 bis 20 Uhr, mittwochs und freitags von 10 bis 18 Uhr geöffnet.
Teelands Store (Tel. +1(907)373-9071) ist in einem der ältesten Gebäude Alaskas untergebracht und liegt heute an der Ecke von Boundary und Heiring Street. Im Rahmen des Umbaus wurde der erste Stock zu einem Café und einer Bücherei umgebaut, in der auch Live-Veranstaltungen stattfinden, während das Erdgeschoß an lokale Künstler vermietet wurde.

Lakeshore Park, zur Rechten des Highway gelegen, lädt zum Schwimmen ein (der See ist nicht zu kalt) und hat Picknicktische sowie einen herrlichen Blick auf den Chugach.

Die **Kepler Bradley Lakes** hinter der Kreuzung von Parks und Glenn Highway sind um einiges ruhiger.

Etwa 300 Meter vor der Kreuzung führt eine Straße den Berg hinauf zur **Agricultural Experimental Station** der landwirtschaftlichen Fakultät der University of Alaska. Diese 384 Hektar große Farm wurde 1917 vom Landwirtschaftsministerium gegründet und 1961 der Universität übergeben. Die Erkenntnisse, die hier gewonnen wurden, trugen wesentlich dazu bei, das Tal 1935 zu kolonialisieren. Die großen Kohlköpfe und die Begonien sowie weite Blumenfelder bilden einen herrlichen Farbtupfer in der Landschaft. Es gibt täglich zwischen 8.30 und 16 Uhr kostenlose Führungen durch die Fakultät. Sie dauern etwa eineinhalb Stunden und schließen einen Besuch der Milchfarm und des Laboratoriums ein. Das Besucherbüro (Tel. +1(907)745-3245) der Universität befindet sich im Erdgeschoß des Gebäudes, der Eingang ist gegenüber dem Garten.

Wasilla ist das Hauptquartier (Tel. +1(907)376-5115; täglich von 9 bis 17 Uhr; Eintritt frei) des **Iditarod Sled Dog Race**, dem 1615 Kilometer langen Hundeschlittenrennen von Anchorage nach Nome. Man findet im Hauptquartier auch ein Museum mit zahlreichen Memorabilien des Rennens. Artefakte der Ureinwohner, Videos und Ausrüstungen aus den Pioniertagen vervollständigen die Sammlung.

Etwa sechs Kilometer nördlich der Stadt bei Meile 46,5 befindet sich die Abfahrt zum **Museum of Alaska Transportation and Industry** (Tel. +1(907)376-1211; täglich von 9 bis 18 Uhr). Das Museum zeigt eine Sammlung von Stücken, die mit der Luftfahrt, der Fischerei, der Eisenbahn, dem Tagebau und dem Straßenverkehr des Landes zu tun haben.

■ ESSEN

Wasilla verfügt neben den gängigen Einkaufsmöglichkeiten, Reformhäusern und einem Roadhouse über genügend Essensauswahl. An den Straßenrändern stehen Gemüsestände, die einige der feinsten Produkte, die die Gegend zu bieten hat, verkaufen.

Das **Mat Su Resort** hat ein angenehmes Restaurant mit den üblichen Preisen für Burger und Huhngerichte.

Das **Lake Lucille Inn** (West Lake Lucille Drive) bei Meile 43,5 auf dem Parks Highway steht heute dort, wo früher die altehrwürdige Hallea Bar war. Das Abendessen ist sehr teuer, aber man kann sich Suppe und Pommes frites für $3 bestellen und die Aussicht aus den Panoramafenstern über den See genießen.

Das **Windbreak Café** serviert preiswerte Gerichte zum Frühstück und Mittagessen.

Evangelo's Trattoria (Tel. +1(907)376-1212) liegt wie die meisten Geschäfte Wasillas in einem Kaufhauskomplex. Man findet es auf

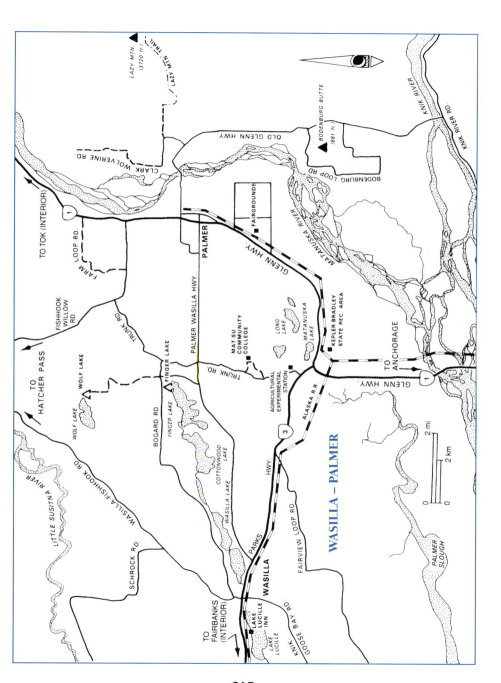

Südliches Zentralalaska

dem Weg südlich auf der linken Seite neben Kashims Inn. Hier kann man eine gute Auswahl an italienischen Gerichten, inklusive Spaghetti, Calzones, Scampi und Pizza genießen. Die Preise liegen zwischen $9,50 und $26. Besonders lecker ist das exzellente Sandwich mit italienischer Wurst.

■ UNTERBRINGUNG

Entlang dem Highway gibt es einige Motels. Wer in südlicher Richtung unterwegs ist, kommt zuerst zum **Windbreak** (Tel. +1(907)376-4484; im Einzelzimmer $65, im Doppelzimmer $70). Eine Anzahlung von $10 ist fällig, wenn man eincheckt. Weiter südlich biegt man links am McDonalds ab und hält sich dann in der Bogard Road links. Nach 700 Meter trifft man auf das Resort. Das **Mat-Su Resort** (Bogard Road, Tel. +1(907)376-3228) bei Meile 1,3 bietet Deluxe-Zimmer für $85 und Suiten für $95 an.
Bei **Dee's Mat Su Reservations** (Tel. +1(907)745-7373 oder +1(800)731-7374) kann man sämtliche Unterkünfte der Gegend wie auch Aktivitäten reservieren.
Der nächste offizielle Campingplatz ist am **Finger Lake** gelegen. Man fährt in südlicher Richtung auf dem Park Highway, biegt links in die Main Street ein und hält sich dann rechts in Richtung Bogard Road. Nach einigen Kilometern biegt man ab und erreicht Finger Lake mit seinen 42 Stellplätzen, die oftmals ausgebucht sind.
Sollte der Platz belegt sein, führt ein Schild zu einem Ausweichplatz am **Wolf Lake**.
Ein inoffizieller Campingplatz ist am **Lake Lucille**. Man folgt der Straße nach rechts über die Eisenbahnschwellen bei Snyder gegenüber der Chevron-Tankstelle am Parks Highway, biegt scharf links ab und folgt der Straße bis zum Snyder Park. Man parkt am Tor und spaziert zum See, wo man sein Zelt irgendwo außer Sichtweite der Straße und der Häuser auf der Wiese aufschlagen kann.

Anchorage und Umgebung

In Anchorage (240 000 Einwohner) ohne große Erwartungen anzukommen, ist nicht ganz einfach, insbesondere dann, wenn man bereits durch den Staat gereist ist. Ganz generell teilt Anchorage die Bewohner Alaskas in zwei Lager, die einen lieben es, die anderen hassen es, wobei der Grad der Ab- bzw. Zuneigung sich darin ausdrückt, wie nahe man bei Anchorage wohnt.
Die Reiseroute führt mindestens einmal nach Anchorage, und man wird trotz einiger Nachteile von der Stadt sehr angenehm überrascht sein. In Anchorage kann man eine tolle und erschwingliche Zeit erleben, und die meisten Besucher sind über die blumengeschmückte Innenstadt immer wieder überrascht, die besonders im Spätsommer üppig erblüht. Es kann sehr leicht passieren, daß man einen ganzen Tag im Zentrum verbringt, einen weiteren damit, die etwas außerhalb gelegenen Stadtteile per Bus oder Fahrrad zu erkunden, einen dritten damit, einfach herauszufinden, wohin man von hier aus reisen kann und wie man am besten dort hinkommt, wiederum einen weiteren beim Sonnenbad in einem Park im Zentrum.
Die Hauptattraktionen Anchorages sind das Museum of History and Art, das Alaska Heritage Library Museum, das Aviation Heritage Museum und mehr als 150 Kilometer erstklassige Rad- und Wanderwege. Dazu gibt es eine große Anzahl guter Restaurants, eleganter Cafés, schräger Bars,

Anchorage und Umgebung

zwei Baseball-Teams, die in der zweiten Liga spielen, und viele Gelegenheiten, sich für die weitere Erkundung Alaskas auszurüsten. Der sparsame Reisende findet hier zum Beispiel günstige Flüge in die anderen US-Staaten, eine Jugendherberge zwei Blocks vom Transitzentrum entfernt und das weitläufige öffentliche Verkehrsnetz des People-Mover-Bussystems.

Sollte man sich allerdings nicht überwinden können und die Vorstellung haben, daß ein urbanes Alaska sich selbst widerspricht, so stattet man der Stadt nur eine Stippvisite ab, um dann flugs wieder in das »wirkliche« Alaska zurückzukehren. Wer den 49. Staat aber in seiner Gesamtheit erleben will, beginnt damit, das urbane Alaska zu erkunden und bildet sich seine eigene Meinung.

■ DAS KLIMA

Zwei der entscheidenden Faktoren für die Wahl von Anchorage zum Hauptstützpunkt der Alaska Railroad waren die für das Gebiet milden Winter und die relativ geringen Niederschläge.

Die hohe Alaska Range schützt den südlichen Teil und insbesondere das Cook Inlet Basin vor dem kalten Atem des arktischen Winters. Die Kenai und Chugach Mountains bilden eine Art Regenschirm über dem Basin und erlauben lediglich 15–20 Prozent der normalen jährlichen Niederschlagsmenge. Anchorage erfährt maximal 50 Zentimeter Niederschlag (25–30 cm Regen, 150–175 cm Schnee), während im 60 Kilometer entfernten Whittier bis zu 440 cm fallen.

Die Temperaturen im Winter rutschen selten unter -17° Celsius, verglichen mit den häufig auftretenden –40° Celsius in Fairbanks geradezu sommerlich. Die Temperaturen im Sommer klettern allerdings selten über 18° Celsius, dazu im Vergleich Fairbanks mit Temperaturen zwischen 26° und 32° Celsius.

Südliches Zentralalaska

■ HISTORISCHES

Im Juni 1778 segelte James Cook auf der Suche nach der Nordwestpassage in den heutigen Turnagain Arm des Cook Inlet, einer weiteren Sackgasse seiner abenteuerlichen Reise. Nichtsdestotrotz wies er William Bligh (von der *Bounty*) an, die Gegend zu erforschen, mit dem Ergebnis, daß er auf Tanaina-Indianer in Otterfellen stieß. George Vancouver, der ebenfalls auf Cooks Schiff war, kehrte 1794 zurück und fand russische Siedler vor. Hundert Jahre später kamen Glücksjäger auf ihrem Weg ins nördliche Goldgebiet hier vorbei, und 1902 begann Alfred Brooks, den Cook Inlet im Auftrag des US Geological Survey kartographisch zu erfassen. 1913 nahmen fünf Siedler Ship Creek, das heutige Anchorage, in Besitz. Ein Jahr später verabschiedete der Kongreß das Alaska Railroad Act, und im April 1915 wurde die von staatlichen Geldern finanzierte Route von Seward nach Fairbanks vorgestellt. Sie sollte Ship Creek durchqueren, wo eine Hauptversorgungsstelle für die Arbeiter geplant war. Die Nachricht verbreitete sich wie ein Lauffeuer, und innerhalb eines Monats entstand eine Zeltstadt mit mehr als 2000 Arbeitssuchenden. Die Entwicklung ging so schnell, daß im Juli 650 Parzellen versteigert wurden. Die Siedlung, mittlerweile in Anchorage umbenannt, wuchs rasant. Innerhalb eines Jahres entstanden Wasser-, Telefon- und Stromversorgung, Bürgersteige und Schulen.
Ein Streik der Eisenbahnarbeiter im Jahr 1916 hatte eine Erhöhung des Gehalts von 37 Cents auf 45 Cents pro Stunde zur Folge. Die Bevölkerung stieg weiterhin an und erreichte 1917 mit 7000 Einwohnern den Höchststand. Der Ausbruch des Ersten Weltkriegs wie auch die Fertigstellung des südlichen Teil der Eisenbahnstrecke bewirkte 1920 einen Rückgang der Bevölkerung auf 2000 Menschen. In diesem Jahr wurde die Stadt offiziell gegründet, der erste Bürgermeister gewählt und der erste Stadtrat bestellt. Während der dreißiger Jahre hielt Anchorage stets eine Bevölkerungszahl von 3000 bis 4000 Einwohnern, was sich mit Ausbruch des Zweiten Weltkriegs allerdings drastisch änderte. Die strategische Lage der Stadt zog das Militär an, das außerhalb der Stadt Fort Richardson und Elmendorf Field aufbaute.
1950 war Anchorage eine aufsteigende Stadt mit 11 000 Einwohnern, und in den Folgejahren erlebte die Stadt einen Nachkriegsboom mit der üblichen Knappheit an Wohnungen und Versorgungsleistungen. Nachdem 1957 Richfield Oil auf der Halbinsel Kenai auf schwarzes Gold stieß, zogen Ölgesellschaften in die Stadt und eröffneten Büros. Die Wirtschaft stabilisierte sich in den weiteren Jahren.
Ein Großteil von Anchorage wurde beim Karfreitagsbeben am 27. März 1964 während der fünfminütigen Erdstöße in Schutt und Asche gelegt. Das Beben erreichte die Stärke 8,6 auf der Richter-Skala. Die nördliche Seite der Fourth Street senkte sich um 2,40 bis 3 Meter im Verhältnis zur Südseite der Straße. Die sehr wohlhabende Wohngegend, die den Knik Arm überschaute, wurde völlig zerstört. Neun Personen kamen ums Leben, und der Gesamtschaden belief sich auf etwa 300 Millionen Dollar. Anchorage wurde wieder aufgebaut und ähnelt den meisten Städten im südlichen Zentralalaska, die vor rund 30 Jahren entstanden. Lediglich ein paar Hochhäuser überstanden das Beben.
Wenngleich die Pipeline etwa 450 Kilometer entfernt liegt, bestimmten die Gebäude von

Anchorage und Umgebung

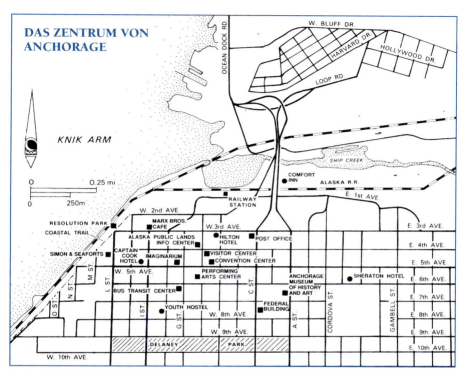

Arco, Enserch, Chevron, Alysea und das Gebäude der Gewerkschaften die Stadt – sozusagen auf Öl gebaut.
Ein weiterer wichtiger Bestandteil der lokalen Wirtschaft ist der Tourismus mit 1,2 Millionen Besuchern jährlich, die mehr als 700 Millionen Dollar in die Kassen bringen. Anchorage sieht sich gerne als weltoffene Stadt mit mehr als 75 Kunststiftungen und -organisationen, einem Zentrum für bildende Künste, Luxushotels, Restaurants, Cafés und Bars für die Tausenden von Geschäftsleuten, die in den Hochhäusern arbeiten. Anchorage kann mit Fug und Recht als die kommerzielle Hauptstadt Alaskas betrachtet werden. Wer in Anchorage etwas nicht findet, hat schlechte Chancen, es anderswo in Alaska zu finden.

■ **SEHENSWERTES**

In Anchorage findet man sich schnell zurecht. Die Blocks sind quadratisch. Die mit Buchstaben gekennzeichneten Straßen (A bis L) verlaufen von Nord nach Süd, die numerierten Straßen laufen, mit der Second Street beginnend, von Ost nach West. Wenn man östlich der Buchstabenstraßen ankommt, beginnt die Bezeichnung der Straßen erneut alphabetisch, dieses Mal mit Namen (Barrow, Cordova, Denali, Eagle, Fairbanks).

Südliches Zentralalaska

Ein guter Ausgangspunkt einer Tour ist das **Anchorage Convention and Visitors Bureau** (Tel. +1(907)274-3531; im Juni, Juli und August täglich von 7.30 bis 19 Uhr, im Mai und September von 8.30 bis 18 Uhr, in den übrigen Monaten von 9 bis 16 Uhr) an der Ecke von Fourth Avenue und F Street. Hier gibt es neben nützlichen Broschüren den ausführlichen *Anchorage Visitors Guide*. In diesem findet man Vorschläge für Wandertouren und Ausflüge sowie eine zweiseitige Karte von Anchorage.

Schräg gegenüber liegt das alte Federal Building, das heute das **Alaska Public Lands Information Center** beherbergt. Dort fahren auch die kostenlosen Stadtbusse (Tel. +1(907)343-6543) ab, die eine Runde durch die Innenstadt drehen und genau vor dem ACVB halten.

Auf der gegenüber liegenden Straßenseite befindet sich das restaurierte **Fourth Avenue Theatre**, das, 1947 erbaut, eines der wenigen Gebäude ist, welche das Erdbeben schadlos überstanden haben. Im Innern kann man Kunstausstellungen und Artefakte von ansässigen Künstlern sehen, sowie ein Café besuchen. Auf der großen Leinwand werden Naturfilme und klassische Filme über Alaska gezeigt.

■ DIE PARKS IM ZENTRUM

Wenn man der Fourth Avenue in westlicher Richtung folgt, trifft man auf die Skulptur **Last Blue Whale**.

Um die Ecke in der L Street liegt der **Resolution Park**, der nach Kapitän Cooks Schiff benannt ist. In diesem vielzitierten und oft überlaufenen Park steht auch eine Statue von Cook.

Einen Block weiter in Richtung Fifth Avenue liegt der größere und schönere **Elderberry Park**, in dem viele Bewohner Anchorages ihre Freizeit verbringen. Am Ende des Parks steht eines der historischen Denkmale, die zu Dutzenden über die Stadt verteilt zu finden sind. Dieses hier stellt die ersten Tage der Luftfahrt im frühen Anchorage dar. Das **Oscar Anderson Haus** (Tel. +1(907)274-2336; Montag bis Freitag von 11 bis 16 Uhr, Samstag und Sonntag von 13 bis 16 Uhr; $3 für Erwachsene, $2 für Senioren, $1 für Kinder unter 12 Jahren).

Der **Tony Knowless Coastal Trail** beginnt ebenfalls gleich um die Ecke, ein asphaltierter, 15 Kilometer langer Wanderweg, der seinen Weg entlang dem Knik Arm zum Kincaid Park bei Point Campbell macht, wo die Seitenarme des Knik und des Turnagain zusammenfließen. Man sollte zumindest durch den Tunnel des Weges wandern, mit dem man das Zentrum hinter sich läßt und eine neue Welt betritt: das Gebiet des Seitenarmes mit Felsen, die bis an den Weg reichen, Eisenbahnschwellen und einer kleinen Gemeinde auf dem Hügel. Insbesondere um die Westchester Lagoon herum, etwa eineinhalb Kilometer von der Innenstadt entfernt, wird es am Wochenende allerdings sehr voll. Die Aussicht auf die Berge ist traumhaft. Der **Mount McKinley** befindet sich im Norden, und der Berg gegenüber vom Cook Inlet wird **Sleeping Lady** genannt, sein offizieller Name ist Mt. Susitna. Dahinter, ein wenig südlich, liegen mehrere aktive Vulkane, darunter **Mount Spurr** der 1992 dreimal Asche auf Anchorage regnen ließ, und der **Mount Redoubt**, der 1989 zum letzten Mal ausbrach. Bei klarer Sicht kann man in der Ferne den dritten Vulkan, **Mount Illiamna**, ausmachen, der 1996 zuletzt seismische Aktivitäten zeigte. Der vierte, **Mount Augustine**, der das letzte Mal 1986 ausbrach, ist von hier aus nicht zu sehen.

Anchorage und Umgebung

Der liebenswerte **Delaney Park** liegt zwischen der Ninth und Tenth Avenue von der L Street bis zum Barrow. Dieser sogenannte »Park Strip« markierte in der Vergangenheit die Grenze der Stadt und den Beginn der Wildnis. 1923 wurde der Strip an der Stelle, an der sich heute der Park befindet, gerodet und zur Feuerschneise umgestaltet. Seit dieser Zeit war der Strip ein Golfplatz, ein Flugplatz und ist heute Austragungsort zahlreicher Softballspiele, die hier täglich stattfinden. Darüber hinaus gibt es Tennisplätze, Basketballplätze und eine große Wiese.

Zehn Blocks weiter findet man einen weiteren Park entlang dem **Chester Creek** mit seinen vielgenutzten Rad- und Wanderwegen. Chester Creek mündet in die beliebte **Westchester Lagoon**.

■ ALASKA EXPERIENCE

Gegenüber dem People Mover Transit Center an der Ecke von Sixth und G befindet sich Alaska Experience. Wer anfällig für Schwindel und Seekrankheit ist, sollte auf den 40minütigen Film verzichten, der hier täglich zur vollen Stunde zwischen 10 und 21 Uhr ($ 7 für Erwachsene, $ 4 für Kinder) läuft.

■ ARCHITEKTONISCHE BESONDERHEITEN

Der zentrale Anlaufpunkt in Anchorage ist das **Performance Arts Center** (PAC, Fifth Avenue und G Straße), ein ungewöhnliches Backstein- und Glasgebäude mit farbenfrohen Lichtern auf dem Dach, die an die olympischen Ringe erinnern. Innen findet man drei Auditorien mit wundervoller Akustik. Besichtigungen (Tel. +1(907)263-2900) gibt es montags, mittwochs, freitags und samstags jeweils um 13 Uhr. Der Vorgarten des PAC grenzt an den **Town Square**, ein blumengeschmückter Platz. Das **Egan Civic & Convention Center** liegt direkt gegenüber der Fifth Avenue.

Das **Arco Building** steht zwischen der Sixth und Seventh Avenue in der G Street. Es ist das höchste Gebäude der Stadt, und ARCO führt jeden Tag einen kostenlosen, zwölfminütigen Film über die Geschichte der Ölförderung oder der Ureinwohner im Auditorium der Lobby vor (zwischen 14 und 15 Uhr). Die Innenwände des Gebäudes sind mit weiteren Kunstwerken geschmückt.

■ ANCHORAGE MUSEUM OF HISTORY AND ART

Zwischen C und A Street in der Seventh Avenue steht dieses Museum (Tel. +1(907) 343-6173; im Sommer täglich von 9 bis 18 Uhr, im Winter Dienstag bis Samstag von 10 bis 18 Uhr, Sonntag von 13 bis 17 Uhr; $ 5 für Erwachsene, $ 4,50 für Senioren), das als Höhepunkt von Anchorage gilt. Die Cook-Inlet-Sammlung ist atemberaubend. Hervorragend ist auch die Sammlung historischer Kunst, insbesondere die Gemälde von Sydney Laurence, einem der bekanntesten Künstler Alaskas. Sein großes Ölgemälde vom Mount McKinley ist das Hauptwerk. Im ersten Stock befindet sich die außergewöhnliche Alaska Gallery, eine Ansammlung verschiedener Dioramen, die auf eine spektakuläre Zeitreise mit archäologischen Funden bis hin zur heutigen Pipeline führt. Die Bücherei mit über 150 000 Fotografien ist Dienstag bis Freitag von 10 bis 12 Uhr geöffnet. Im komfortablen Auditorium sieht man kostenlose Dokumentarfilme (täglich um 15 Uhr), und im Sommer finden täglich um 10, 11, 13, und 14 Uhr Touren statt. Im Café werden leichte Mahlzeiten serviert.

Südliches Zentralalaska

■ WEITERE MUSEEN

Das **Imaginarium** (Fifth Avenue/G Street (Tel. +1(907)276-3179; von Montag bis Freitag von 11 bis 17 Uhr; $ 5 für Erwachsene, $ 4 für Kinder und Senioren) ist ein herrlicher Ort, um mit Kindern einen Nachmittag zu verbringen. Hier kann man sich mit Elchen, Lachs und Polarbären messen, etwas über die arktische Ökologie, Regenwälder und vieles andere lernen.

Das **Reeve Aviation Picture Museum** (Reeves Offices, 343 West Sixth Avenue; von Montag bis Freitag 9 bis 17 Uhr) besitzt mehr als tausend historische Fotografien über die frühen Tage der Luftfahrt in Alaska.

Das **Alaska Heritage Library Museum** befindet sich in der Lobby der National Bank of Alaska an der Ecke Northern Lights Boulevard und C Street und ist im Sommer montags bis freitags von 12 bis 17 Uhr geöffnet. Hierbei handelt es sich um eine der größten Privatsammlungen im Land mit zahlreichen Artefakten und Büchern aus Alaska. Man kann hier ohne weiteres einige Stunden verbringen. Einige der Hauptattraktionen sind Parkas aus Vogelfedern und Walroßinnereien, atemberaubende Gemälde von Sydney Laurence, Zeitungen aus der Zeit um 1900 aus Fairbanks und Nome, Fotos von originalen Glasplatten aus der Goldgräberzeit und antiquarische Bücher.

Das Alaska Aviation Heritage Museum (4721 Aircraft Drive (Tel. +1(907)248-5325; $ 5,75 für Erwachsene, $ 4,50 für Senioren, $ 2,75 für Kinder zwischen 6 und 12 Jahren) ist von Mai bis September täglich von 9 bis 18 Uhr geöffnet und im restlichen Jahr von Montag bis Freitag von 10 bis 16 Uhr. Dieses ungewöhnliche Museum hat 21 historische Flugzeuge ausgestellt, darunter eine Stinson A Trimotor von 1936. Ebenfalls zu bestaunen sind japanische Überbleibsel aus der Schlacht um die Aleuten im Zweiten Weltkrieg, Fliegeruniformen und -jacken sowie historische Fotos. Das Theater zeigt 30minütige Filme über die Ursprünge der Fliegerei in Alaska sowie über Rettungsaktionen und die Entstehungsgeschichte von Alaska Airlines.

Das Museum grenzt an Lake Hood, wo im Sommer nahezu pausenlos Flugzeuge landen und starten. Es ist der größte Wasserflughafen der Welt.

Ein weiterer sehr geschäftiger Flughafen ist Merrill Field, auf der östlichen Seite der Stadt am Glenn Highway gelegen. Hier starten und landen jährlich mehr als 230 000 Flugzeuge.

■ WEITERE SEHENSWÜRDIGKEITEN

Die **St. Innocent Russian Orthodox Church** (6724 East Fourth Avenue) ist eine der spektakulärsten Kirchen in Alaska. Man besichtigt die zwölf Zwiebeltürme oder besucht eine Sonntagsmesse, um das Innere der Kirche zu bestaunen.

Im **Earthquake Park** am Northern Lights Boulevard steht eine Statue, die an das große Beben vom Karfreitag 1964 erinnert. Einen besseren Blick auf die Skyline und den Cook Inlet hat man von **Point Woronzof**, weitere eineinhalb Kilometer außerhalb.

■ ALASKA ZOO

Der Zoo (4731 O'Malley Road, Tel. +1(907)346-3242; $ 6 für Erwachsene), drei Kilometer südlich des New Seward Highway ist in den Sommermonaten täglich von

9 bis 18 Uhr geöffnet, im restlichen Jahr von 10 bis 17 Uhr. Im Zoo findet man kleine Brücken über kleine Bäche, schattige Wege und alle Tiere Alaskas, daneben Elefanten und Pumas. Kinder werden den Besuch sicher genießen, insbesondere die Malkünste der Elefantendame **Annabelle**, die für $225 pro Bild zu erwerben sind.

■ MILITÄRBASEN

Seit dem Zweiten Weltkrieg hat Anchorage gut von den Ausgaben der Militärangestellten gelebt. Dies wird besonders bei einem Besuch der **Elmendorf Air Base** (Tel. +1(907)552-8151) deutlich, der größten Militäranlage Alaskas.

Im Sommer findet jeden Mittwoch eine kostenlose Führung in der Basis statt (14.30 bis 17 Uhr), die sehr zu empfehlen ist. Es ist allerdings notwendig, mindestens eine Woche vorher Reservierungen vorzunehmen. Höhepunkt der Tour ist sicherlich die Besichtigung der F-15 und die Gelegenheit zu einem Gespräch mit dem Piloten. Die Größe und technische Komplexität der gesamten Anlage ist überwältigend. Noch verwirrender für ausländische Besucher ist allerdings die Tatsache, daß man sich so frei in dieser militärischen Anlage bewegen kann.

Selbst wer die Tour nicht mitmachen kann, sollte es nicht versäumen, das auf der Base ansässige **Wildlife Museum** (Tel. +1(907) 552-2282; Montag bis Samstag von 10 bis 14 Uhr; Eintritt frei) zu besuchen. Zugang erhält man durch den Eingang am Boniface Parkway Gate.

Die **Fort Richardson Army Base** mit Fischzucht, Friedhof und einem kleinen Naturmuseum am Glenn Highway kann man sich selbst erschließen.

■ MIDTOWN

Anchorages Haupteinkaufsstraße ist als Midtown bekannt und vom Northern Lights und dem Benson Boulevard eingerahmt. Hier findet man Einkaufspassagen, Supermärkte, Fast-food-Restaurants und andere Geschäfte. Lediglich 20 Gehminuten von der Innenstadt entfernt, fährt jeder Southbound Bus in zehn Minuten hierher. Wenngleich keine echte Touristenattraktion, ist es doch der Platz, wo die Bewohner Anchorages ihr Geld ausgeben.

■ KUNST UND KUNSTHANDWERK

Im Stadtzentrum, in der Third und Fourth Avenue, reihen sich die Geschenkboutiquen mit einer enormen Auswahl an Kunstgegenständen und Handarbeiten aneinander. Die Palette reicht vom Tand für $2 bis zur Jadeskulptur für $20000.

Drei der besten Läden für originale Kunstwerke in Anchorage sind **Artique, Ltd.** (314 G Street, Tel. +1(907)277-1663), **Stonington Gallery** (428 G Street, Tel. +1(907)272-1498) und **Aurora Fine Arts Gallery** (713 West Fifth Avenue, Tel. +1(907)274-0234).

Einige von Anchorages Kunsthändlern, die sich auf indianische Handarbeiten und Kunstwerke spezialisiert haben, sind nicht besonders vertrauenswürdig, aber die folgenden Läden bieten authentische Arbeiten. Ein ungewöhnliches und sehr teures Mitbringsel, ist Qiviut: Mützen, Tücher, Schals, Pullover, Strampler handgestrickt von den Ureinwohnern aus der Wolle des Moschusochsen (die Moschusochsenfarm befindet sich außerhalb von Palmer). Angeblich wesentlich wärmer und leichter als Daunen, können diese feinen Strickwaren bei **Oomingmak Coop** (609 H Street,

Südliches Zentralalaska

Tel. +1(907)272-9225) bewundert werden.
Zwei der besten Geschäfte mit indianischer Kunst sind **Tahita Arts** (605 A Street, Tel. +1(907)272-9225) und **Alaska Medical Center Gift Shop** (4315 Diplomacy Drive, Tel. +1(907)257-1150).
Exzellente Graskörbe, Puppen, Masken, Yo-Yos und mehr werden im **Medical Center** auf Kommissionsbasis verkauft.
Ein anderer Laden mit fairen Preisen ist **Alaska Native Arts and Crafts** (Tel. +1(907)274-2932) in der Nähe der Fourth und C Street in der Post Office Mall.
Wer einen traditionellen Alaska-Parka sucht, sollte unbedingt bei **Laura Wright Alaskan Parkyrs** (343 West Fifth Avenue, Tel. +1(907)274-4215) vorbeischauen.

■ AKTIVITÄTEN

Die Universität von Alaska bietet hervorragende Kurse zu Rucksackreisen, Campen, Naturgeschichte, Bergsteigen, Skifahren und anderen naturverbundenen Themen an. Viele dieser Kurse beinhalten bezahlbare Ausflüge zu nahen und fernen Zielen. Unter Tel. +1(907)786-1468 erhält man weitere Informationen, oder man besucht die Fakultät der **Alaska Wilderness Studies** direkt auf dem Campus.
Eagle River Raft Trips (Tel. +1(907)333-3001) bietet genau wie Alaska Whitwater (Tel. +1(907)337-7238) bis zu sechsstündige Rafting Touren auf dem Eagle River an.
Der **Alaska Mountaineering Club** (Tel. +1(907)272-1811) hält jeden dritten Mittwoch im Monat um 19.30 Uhr Treffen im Pioneer Schoolhouse an der Ecke Third Avenue und Eagle Street ab. Besucher sind willkommen, und für einen Mitgliedsbeitrag von $10 kann man sowohl zahlreiche Diashows genießen, als auch an den Ausflügen teilnehmen.
Kletterwände findet man im **Alaska Rock Gym** (Tel. +1(907)562-7265) und in der **Alaska Pacific University** (Tel. +1(907)564-8308). Der Rock Gym bietet Kurse an, verfügt über Umkleidekabinen, einen Shop und einen Gewichtheberaum.
Es gibt sehr viele Unternehmen in Anchorage, die **Angeltouren** und Flußfahrten etc. anbieten. Auskunft über Fischstände, Schonzeiten usw. erhält man von der Fish-and-Game-Behörde (Tel. +1(907)344-0541) oder bei einem Besuch des Public Lands Information Center.
Flugreisen zum Fischen erfreuen sich immer größerer Beliebtheit und kosten um die $125. Alle lokalen Lufttaxi-Unternehmen bieten solche Reisen an.
Wer das außerordentliche Glück hat, Anchorage während einer Hitzewelle zu besuchen, und sich unter dem blauen Himmel abkühlen will, sollte zum **Lake Spenard** oder **Lake Hood** fahren. Der **Jewel Lake**, im Südwesten der Stadt gelegen, bietet ebenfalls Schwimmgelegenheit. Der beliebteste See ist der **Goose Lake** zwischen Lake Otis und Bragaw in der Nähe der Universität mit Möglichkeiten zum Basketball, öffentlichen Toiletten und einer Snackbar.
Zu jeder anderen Zeit kann man sein Verlangen nach einer Schwimmrunde in einem der sieben Hallenbäder stillen. Fünf dieser Bäder, die alle olympische Ausmaße haben, befinden sich jeweils in High Schools (Tel. +1(907)343-4474; $4,25 für Erwachsene, $2,75 für Kinder) sowie jeweils eines an der Universität von Alaska Anchorage (UAA) (Tel. +1(907)786-1231; $4 für Erwachsene, $2,50 für Kinder) und der Alaska Pacific University. Der Pool der UAA ist sicherlich der attraktivste, nicht zuletzt wegen der

Anchorage und Umgebung

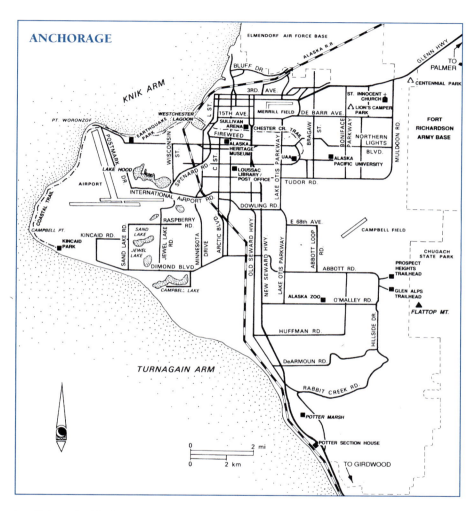

herrlichen Architektur, dem Sprungturm und den durchtrainierten Menschen. Im Preis inbegriffen ist die Benutzung des Gewichteraums, der Eislaufbahn und der Sauna.
Es gibt in Anchorage vier Golfplätze: **O'Malley** (Tel. +1(907)522-3322), **Russian Jack Springs** (Tel. +1(907)333-8338), **Eagleglen** (Tel. +1(907)522-2773) und **Moose Run** (Tel (907)428-0056). Die letzen beiden befinden sich auf Militärbasen, sind aber für die Öffentlichkeit zugänglich.
Die Einheimischen lieben das **Fahrradfahren**. Die Stadt besitzt mehr als 320 Kilome-

ter Rad- und Joggingwege. Beim ACVB gibt es eine Fahrradwegekarte. Die beste Fahrt führt etwa 16 Kilometer lang vom westlichen Ende der Third Avenue entlang des **Coastal Trail**, vorbei an Westchester Lagoon, Earthquake Park und Point Woronzof weiter zum Kincaid Park am Point Campbell bis zum westlichen Ende der Stadt.

Der Chester Creek Trail trifft auf den Coastal Trail an der Westchester Lagoon und führt etwa acht Kilometer zum Goose Lake, wo man sich im Wasser abkühlen kann.

Ein anderer beliebter Radausflug startet von der C Street Richtung Süden am Dimond Boulevard, dann in westlicher Richtung entlang Campbell Creek und Campbell Lake.

Wer Fahrräder mieten möchte, kann das unter anderem tun bei **Anchorage Coastal Bicycle Rentals** (Tel. +1(907)279-1999), **Bicycle Shop** (1035 West Northern Lights Boulevard, Tel. +1(907)272-5219), **Downtown Bicycle Rentals** (145 West Sixth Avenue, Tel. +1(907)279-5293) und **Midtown Bicycle Rentals** (1317 West Northern Lights Boulevard, Tel. +1(907)258-6100).

Radtouren in die Umgebung bieten **Birch Bark Mountain Biking Adventures** (Tel. +1(907)345-9055) und **Alaska Two-Wheel Tours** (Tel. +1(907)522-1430).

■ WINTERLICHE AKTIVITÄTEN

Im Gegensatz zur allgemeinen Ansicht verfallen die Bewohner Alaskas und insbesondere die von Anchorage während der langen Wintermonate nicht in einen Winterschlaf. Ganz im Gegenteil freuen sich die Einwohner auf die Wintermonate und die damit verbundenen Aktivitäten.

Anchorage ist das Zentrum für Skilanglauf, Hundeschlittenrennen, Eishockey und andere Aktivitäten. Der Besucher entdeckt sehr schnell, was die Einheimischen ohnehin schon wissen, daß nämlich Anchorage ein Dorado für Wintersportler ist.

Hier findet man Strecken für Hundeschlittenrennen, kilometerlange Loipen zur kostenlosen Benutzung, drei Abfahrtshänge, exzellente Eislaufgelegenheiten und das wohl beste Skigebiet des Staates: Alyeska. Bei Ereignissen wie dem Iditarod-Rennen und dem Fur Rendezvous, dazu College- und nationale Meisterschaften im Eishockey und den Weltmeisterschaften im Langlauf ist es leicht zu verstehen, warum immer mehr Menschen in den Wintermonaten zu Besuch kommen.

Die **UAA Seawolves** (Tel. +1(907)786-1293) und die **Anchorage Aces** (Tel. +1(907)258-2237) füllen die Stadien das ganze Jahr über. Die fünf Halleneislaufbahnen sind das gesamte Jahr über geöffnet und bieten neben Schlittschuhverleih auch Unterricht an: **Ben Boeke Ice Arena** (334 East 16 Street (Tel. +1(907)274-2767), **Dempsey Anderson Ice Arena** (1741 West Northern Lights Boulevard (Tel. +1(907)277-7571), **Fire Lake Recreation Center** (Eagle River (Tel. +1(907)688-4641), **UAA Sports Center** (2801 Providence Drive (Tel. +1(907)786-1233) und **Dimond Ice Chalet** (Dimond Center, 800 East Diamond (Tel. +1(907)344-1212). Von diesen Bahnen haben Ben Boeke und Fire Lake Olympiaformat.

Alpin-Skifahrer und Snowboarder reisen gerne in eines der feinsten Resorts in Nordamerika nach Alyeska. Näher ist allerdings **Hilltop Ski Area** (Tel. +1(907)346-1407 oder +1(907)346-1446; täglich bis 22 Uhr) am Ortsausgang von Anchorage in der Nähe des Hillside Drive mit einem kleinen Sessel- sowie einem Zuglift. Hier kann man nachts

Anchorage und Umgebung

Ski fahren. Darüber hinaus handelt es sich um einen hervorragenden Platz zum Üben, ohne die anstrengende 45minütige Fahrt nach Alyeska auf sich zu nehmen. Tickets kosten $16 bis $18 für Erwachsene, $14 bis $16 für Studenten und $10 für Kinder unter fünf Jahre.

Ein wenig weiter befindet sich **Alpenglow at Arctic Valley** (Tel. +1(907)428-1208 oder +1(907)563-2524). Die Tickets kosten $22 für Erwachsene, $15 für Kinder und Senioren. Nachtskifahrten kostet $12 für Erwachsene, $10 für Kinder und Senioren. Es gibt dort drei Sessellifte, und das Gebiet bietet eine große Auswahl an Abfahrten aller Schwierigkeitsgrade. Der sogenannte »Militar Lift« liegt genau genommen auf militärischem Gebiet, befindet sich ein wenig talabwärts und ist für die Öffentlichkeit zugänglich. Abenteuerlustige Skifahrer biegen am höchsten Lift nach links ab und befahren den Tiefschnee in den oberen Gebieten. Arctic Valley ist Mittwoch bis Sonntag auch nachts geöffnet. Die steile Powerline-Piste, die entlang der Straße führt, ist ein Tummelplatz für Schlittenfahrer.

Abfahrtskier kann man bei REI (Tel. +1(907)272-4565) oder dem Rental Room (Tel. +1(907)562-2866) und vielen anderen Firmen mieten.

Jeder Einheimische scheint auf die eine oder andere Art mit dem **Skilanglauf** verbunden zu sein. Die Stadt ist mit einem Netz von Loipen überzogen, die im Sommer als Rad- und Joggingwege genutzt werden. Die Loipen werden alle gespurt, mit zwei verschiedenen Spurweiten, eine für die »normalen« Langläufer und eine weitere für die Skate-Langläufer.

Das beste Langlaufgebiet ist der **Kincaid Park**, der mit einem großen Netz an Loipen überzogen ist. Die olympischen Skilanglaufwettbewerbe fanden 1994 hier statt. Das Chalet lädt zum Aufwärmen ein, und man kann von hier einen Blick auf die Sleeping Lady und den Mount McKinley erhaschen. Direkt neben dem Chalet befindet sich ein sehr beliebter Hügel zum Schlittenfahren. Ein weiterer Schlittenhügel (mit einer Länge von 180 Metern) befindet sich im Centennial Park.

Der **Russian Jack Springs Park** bietet ebenfalls viele Loipen, einen kleinen Skilift ($3) und eine Hütte zum Aufwärmen. Weitere Loipen findet man im Hillside Park, direkt neben der Hilltop Ski Area. Hier sollte man allerdings auf frei herumlaufende Elche aufpassen.

Langlaufski kann man bei folgenden Händlern leihen: REI (Tel. +1(907)272-4565), Rental Room (Tel. +1(907)562-2866), AMH (Tel. +1(907)272-1811) und Adventures & Delight (Tel. +1(907)276-8282 oder +1(800) 288-3134).

Wer etwas Besonderes erleben will, fährt ins Hinterland von Anchorage. Die Chugach Mountains bieten eine schier unerschöpfliche Auswahl an Skipisten ab Mitte Oktober an, die an manchen Orten bis Ende Juni befahren werden können. Diese Gebiete sind nicht für Anfänger. Man sollte sich vorher unbedingt über die Gefahren und Verhaltensregeln bei Lawinen und Unterkühlung informieren. In den Lawinen in den Bergen um Anchorage herum sind in den vergangenen Jahren eine ganze Reihe von Alpinisten tödlich verunglückt, darunter nicht wenige mit großer Bergsteigererfahrung. Auch so bevorzugte Orte wie der Gipfel des nahe gelegenen Flattop Mountain sind nicht zu unterschätzen.

Die bekanntesten Skigebiete im Hinterland von Anchorage liegen im **Chugach State Park** am Turnagain Pass und Hatcher Pass.

377

Südliches Zentralalaska

Sicherheit im Lawinengebiet

In den endlosen Weiten Alaskas wird das Skifahren im Hinterland immer populärer. Unglücklicherweise lassen viele Skifahrer dabei die einfachsten Sicherheitsregeln außer acht. Nimmt man die Bedingungen einmal näher unter die Lupe, wundert man sich nicht, daß mit den enormen Schneefällen, den steilen Pisten und den hohen Windgeschwindigkeiten Lawinen eine ernsthafte Gefahr darstellen. Nahezu alle Lawinen wurden durch die Opfer selbst ausgelöst. Wer Lawinen aus dem Weg gehen will, bleibt auf den markierten Pisten oder befährt lediglich solche, die aufgrund ihrer Lage, Form oder ihrem Neigungswinkel nicht gefährlich sind.

Nachfolgende Regeln sollen helfen, sich richtig vorzubereiten:

- Man stellt sicher, daß man folgende Utensilien bei sich führt: extra warme Kleidung, energiereiche Müsliriegel, ein Zweiwellenradio, eine leichte Schneeschaufel (zum Ausheben von Schneegräben oder -unterständen wie auch zur Rettung von Verschütteten), ein Erste-Hilfe-Set, ein Taschenmesser, eine topographische Karte, extra Plastikskispitzen, eine Taschenlampe, Streichhölzer und einen Kompaß. Viele Skifahrer führen darüber hinaus noch elastisches Klebeband, um den Skistock gewickelt, mit sich. Man hinterläßt genaue Daten darüber, wohin man geht und wann man zurückzukommen beabsichtigt. Eine weitere Hilfe stellen spezielle Skistöcke dar, die im Falle einer Lawine ausziehbar sind.
- Man trägt ein Lawinenwarngerät mit sich (und stellt sicher, daß es angeschaltet ist).
- Man prüft die Neigung der Piste, die man abzufahren gedenkt. Ein Winkel von mehr als 30 bis 45 Grad stellt eine Gefahr dar.
- Man prüft die Wetterverhältnisse. Winde mit Geschwindigkeiten über 15 mph können gefährliche Schneewehen erzeugen.
- Pisten auf der windzugewandten Seite sollte man meiden.
- Auf Brüche in der Schneedecke und auf Hohlstellen sollte man achten.
- Man erkundigt sich, wieviel Neuschnee gefallen ist. Schwerer Neuschnee auf altem Schnee ist eine Gefahrenquelle.
- Junge Bäume können ein Zeichen dafür sein, daß Lawinen öfters in einem bestimmten Gebiet abgehen.

Der Zugang zum Chugach State Park ist das ganze Jahr geöffnet, eine Landkarte mit Winterrouten erhält man im Frontier Gebäude zwischen 36th und C Street. Der **Turnagain Pass** liegt etwa 90 Kilometer außerhalb von Anchorage auf dem Weg nach Seward. Die westliche Seite der Straße ist für Schneemobile zugänglich. Vom großen Parkplatz aus kann man in die offenen Gebiete oder in die Berge zum Tiefschnee vorstoßen.

Der **Hatcher Pass** ist ein bevorzugtes Skigebiet und dient im Winter der Langlaufnationalmannschaft der USA als Trainingsgebiet. Die lange Fahrt von Anchorage (110 Kilometer) führt nördlich von Palmer durch einen herrlichen Canyon. Die Straßenverhältnisse können bisweilen etwas rauh sein, insbesondere wenn man keine Winterreifen hat. Die Straße ist lediglich bis zum historischen Gebäude im Independence Mine State Park geräumt. Dort gibt es allerdings

Anchorage und Umgebung

einen Parkplatz, von dem aus man zu den nahen, gespurten Loipen (10 Kilometer) gelangen kann. Zum Après-Ski findet man sich für Pizza, Bier und einen unvergeßlichen Sonnenuntergang in der Hatcher Pass Loge ein. Eine Hüttenübernachtung kostet etwa $110, Frühstück und Sauna inklusive. Dazu gibt es phantastische Fondues, Pasta und Kuchen. Im Winter ist die Lodge lediglich von Freitag bis Sonntag geöffnet.
Ein beliebter Wochenendspaß für Skifahrer ist die **Sheep Mountain Lodge** (Tel. +1(907)745-5121) bei Meile 114 am Glenn Highway. Neben einer Unterkunft bietet die Lodge gespurte Loipen, eine Sauna und einen Jacuzzi. Neben dem traumhaften Ausblick kann man von hier auch die umliegenden Gebiete des Natanuska-Gletscher und der Chugach Mountains erkunden.
In Anchorage finden jeden Winter alle Arten von Hunderennen statt, das bekannteste ist das Iditarod. Wer es gerne einmal selbst versuchen will, sucht einen der vielen lokalen Tourenveranstalter auf. Mehr Informationen erhält man von **Mush-A-Dog-Team** (Tel. +1(907)688-1391), **Birch Rail Sled Dog Tours** (Tel. +1(907)688-5713), **Hatcher Pass Sled Dog Tours** (Tel. +1(907)373-5617), **Happy Huskies Kennels** (Tel. +1(907)373-5399), **Racing Kennel** (Tel. +1(907)495-6471) und **Snow Trek Mushing Adventures** (Tel. +1(907)495-6743).

■ **INFORMATIONEN**

Einer der Vorzüge von Anchorage ist die Tatsache, daß man sich die Informationen über die Stadt und über ganz Alaska leicht besorgen kann. Zwei Informationsstände an der Ecke von Fourth Avenue und F Street in Downtown verfügt über zahllose Flugblätter, Broschüren, Bücher, Führer, Fahrpläne und Karten. Ein extrem eifriges und beschlagenes Personal berät die Suchenden. Alles, was man über die Stadt von Anchorage wissen möchte, erfährt man beim Anchorage Convention and Visitors Bureau. Für alle Fragen zum Staat Alaska, den Nationalparks und Naturschutzgebieten geht man zum Alaska Public Lands Information Center.
In einer kleinen Holzhütte mit Reetdach ist **Anchorage Convention and Visitors Bureau** (Fourth Avenue/F Street, Tel. +1(907)274-3531, http://www.ci.anchorage.ak.us) untergebracht. Das Center ist von Juni bis August von 7.30 bis 19 Uhr, von Mai bis September von 8.30 bis 18 Uhr und im restlichen Jahr von 9 bis 16 Uhr geöffnet. Ein Exemplar des *Anchorage Visitors Guide*, der einen Spaziergang durch Downtown und eine Rundfahrt durch Anchorage vorschlägt sowie viele praktische Tips liefert, sollte man sich unbedingt holen. Die Info-Line informiert unter Tel. +1(907)276-3200 über besondere Ereignisse. Wer Tel. +1(907)276-4118 wählt, erhält Auskunft in mehr als 20 Sprachen. Das ACVB unterhält auch Informationsstände am Flughafen: Einer befindet sich im nationalen Terminal, der andere im internationalen. Auf der Webseite findet man Busfahrpläne, Veranstaltungskalender und Tips, wenn man plant, nach Anchorage auszuwandern.
Das exzellente **Alaska Public Lands Information Center** (Fourth Avenue/F Street, Tel. +1(907)271-2737) ist täglich von 9 bis 19 Uhr geöffnet und führt die Ressourcen von acht öffentlichen und staatlichen Land- und Wassermanagementbüros zusammen. Das Center verfügt über Videos, Computer und zeigt Ausstellungen, darunter ausgestopfte Tiere und Reliefkarten. Der Buchladen der Alaska Natural History Association verkauft hier topographische Karten des Gebietes

Südliches Zentralalaska

Das Iditarod-Rennen

Das klassische Ereignis in Alaska ist das Iditarod-Trail-Hundeschlittenrennen von Anchorage nach Nome. Dieses »letzte große Rennen« findet jedes Jahr im März unter der Teilnahme von 60 der weltbesten Hundeschlittenführer statt, jeder mit einem Team von bis zu 20 Hunden. Mit einer Siegesprämie von 50 000 Dollar und Preisgeldern von 400 000 Dollar für die ersten 20 Teams hat sich das Rennen mittlerweile zu einem international anerkannten Wettbewerb gemausert.

Historisches
Die Strecke des heutigen Iditarod geht ins Jahr 1908 zur Zeit der Goldfunde zurück. Den ersten Goldfunden folgend, strömten tausende Goldsucher in das Gebiet. Zwischen Seward und der neu entstandenen Niederlassung von Iditarod wurden daher Pfade angelegt, die dazu dienten, die Siedler mit Waren und Post zu versorgen und gleichzeitig das gefundene Gold abzutransportieren. Nachdem die Goldvorräte erschöpft waren und die Siedler die Gegend verlassen hatten, kehrte das Dorf zu alter Ruhe zurück.

Im Winter 1925 brach in Nome eine Diphterie-Epidemie aus, und der Gouverneur wies eine Eilsendung von etwa zehn Kilogramm Antibiotika an, um der Verbreitung der Krankheit Einhalt zu gebieten. Das Medikament per Boot zu verschiffen, hätte etwa 25 Tage gedauert, und die einzigen zwei verfügbaren Flugzeuge waren offene. Mit Temperaturen weit unter 0° Celsius und lediglich wenigen Stunden Licht pro Tag schied auch diese Möglichkeit aus. Statt dessen wurden die Medikamente mit der Eisenbahn nach Seward gebracht, wo sie von Hundeschlitten übernommen und nach Nome gebracht wurden. Die 20 Hundeschlittenführer schafften etwas schier Unmögliches: Sie erfanden ein Staffelsystem, mit dem es gelang, den Impfstoff in nur sechs Tagen nach Nome zu bringen. Irgendwie gelang es ihnen, die Strecke über 1040 Kilometer mit Blizzards und Temperaturen von −53° Celsius zu überwinden. Die Leistung wurde national bekannt, und Präsident Coolidge dankte den Führern persönlich mit einer Medaille und 50 Cents pro zurückgelegter Meile.

Dorothy Page und der Vater des Iditarod, Joe Reddington Sr., organisierten 1967 ein Jubiläumsrennen über einen Teil der ursprünglichen Strecke. Sechs Jahre später organisierten sie ein komplettes Hundeschlittenrennen von Anchorage nach Nome, eine Distanz von mehr als 1500 Kilometer. Der Gewinner, Dick Wilmarth, benötigte 20 Tage, 49 Minuten und 41 Sekunden für die Strecke. Auf der Zielgeraden verlor er seinen Leithund Hot Foot, der 14 Tage später in Red Devil, 770 Kilometer von Nome entfernt im Garten seines Herrchens auftauchte.

Mit den Jahren wurde das Rennen immer professioneller und schneller. Der Rekord von 9 Tagen, 2 Stunden 42 Minuten und 19 Sekunden wurde 1995 von Doug Swingley aufgestellt (der Gewinner von 1996 kam drei Stunden langsamer ins Ziel).

Das Iditarod-Rennen ist sicherlich eines der schwersten Unterfangen dieser Tage. Ein Artikel im Outsider Magazine wertete es vor kurzem als den drittschwersten Wettbewerb der Welt. Temperaturen weit unter 0° Celsius, stürmische Winde und all die Gefahren, die zu

Anchorage und Umgebung

einer Durchquerung des abgelegensten Teiles von Alaska gehören, machen dieses Rennen so besonders. Nichtsdestotrotz ist das Iditarod gerade dafür bekannt geworden, daß Frauen die gleichen Chancen haben wie Männer. Zwischen 1985 und 1993 gewannen Frauen fünf der neun Rennen, Susan Butcher allein vier. (Nachdem sie das Rennen zum dritten Mal gewonnen hatte, tauchten in örtlichen Geschäften T-Shirts mit folgender Aufschrift auf: »Alaska: wo die Männer noch Männer sind und die Frauen das Iditarod gewinnen.«)

In jüngerer Zeit haben Tierschutzvereine gegen das Rennen protestiert und darauf verwiesen, wie anstrengend diese Strapazen sind, nicht zuletzt, weil Hunde vor Erschöpfung verendet sind. In der weiteren Folge haben sich große Sponsoren von der Veranstaltung zurückgezogen, was der Unterstützung innerhalb Alaskas aber keinen Abbruch getan hat. Man geht in Alaska davon aus, daß die Tierschützer keine Ahnung haben und nicht verstehen, wie sehr sich die Halter um das Wohl ihrer Tiere sorgen. Und jeder, der ein solches Gespann einmal in voller Fahrt gesehen hat, weiß, wie sehr die Hunde zu laufen lieben.

Das Rennen

Der Iditarod hat zwei Startpunkte. Der offizielle Start ist in der Fourth Avenue in Anchorage, wo zahlreiche Zuschauer jedes startende Team lautstark feiern. Die Gespanne fahren bis zum Eagle River, wo sie in Trucks geladen und zum eigentlichen Start nach Wasilla gebracht werden. Damit soll vermieden werden, daß die Gespanne über eine zu dünne Schneeschicht um Palmer herum fahren müssen, und darüber hinaus werden so die offenen Gewässer des Knik umgangen. In Wasilla starten diejenigen Teams zuerst, die zuerst am Eagle River ankamen. Die teilweise chaotischen Startverhältnisse, bei denen mehrere Gespanne mit je 20 Hunden gleichzeitig zum Start antreten, kann man sich vorstellen. Der letzte Halt auf einer Straße ist nach 20 Kilometer in der Stadt Knik, danach nur noch offene Wildnis.

Heutzutage sind die besten Hundeführer professionelle Rennfahrer, die die meiste Zeit mit Training oder der Pflege ihrer Hunde verbringen. Die großen Wettbewerber geben oft bis zu 70000 Dollar in der Vorbereitungsphase aus, und ein guter Leithund kann bis zu 8000 Dollar kosten.

Das Iditarod Trail Committee (Tel. +1(907) 376-5155) hat seine Hauptgeschäftsstelle in Wasilla bei Meile 2,2. Es gibt offizielle Iditarod-Souvenirshops im Fifth-Avenue-Kaufhaus von Anchorage (Tel. +1(907)276-2350) und in der Northway Mall (Tel. +1(907)276-7533). Unter Tel. +1(800)545-6874 kann man den offiziellen Katalog anfordern.

um Anchorage, und im großen Auditorium kann man sich kostenlose Dokumentationen über das Land anschauen. Im Center lassen sich außerdem Reservierungen für Hütten im Chugach und Tongass National Forest vornehmen.

Detaillierte Informationen zu den topographischen Karten erhält man beim U.S. Geological Survey (4230 University Drive, Tel. +1(907)786-7010).

The Maps Place (113 West Northern Lights Boulevard, Tel. +1(907)562-6277) verkauft weitere topographische und andere Karten. Informationen zu den Alaska State Parks – inklusive Details über die öffentlich nutzbaren Hütten (ab $35) im ganzen Staat – gibt

Südliches Zentralalaska

es im Büro des **Department of Natural Resources** (Frontier Building, 3601 C Street, Suite 200, Tel. +1(907)269-8400; montags bis freitags von 11 bis 17 Uhr).

■ BIBLIOTHEKEN

Die **Z.J. Loussac Library** (36th Street/Denali Road, Tel. +1(907)261-2975) ist eine wunderbare Einrichtung in der Stadt, geöffnet montags bis donnerstags von 11 bis 21 Uhr, freitags bis samstags 10 bis 18 Uhr. Im nach einem Pharmazeuten, Politiker und Philantrophen aus der Gründerzeit benannten Haus kann man beim Umherstreifen durch die Regale und Schmökern im gemütlichen Leseraum im dritten Stock gut und gerne einen ganzen Nachmittag verbringen. Es gibt auch eine riesige Reliefkarte von Alaska und die Alaskana-Kollektion mit einer Fülle von mystischen Geschichten (die Sammlung liegt etwas versteckt).
Andere Bibliotheken in Anchorage sind die **Muldoon Branch Library** (7731 East Northern Lights Boulevard, Tel. +1(907)337-2223), die **Samson-Dimond Branch Library** (Dimond-Einkaufscenter, Dimond Boulevard/Old Seward Highway, Tel. +1(907)349-4629) und die **University Library** (Tel. +1(907)786-1871) auf dem Campus der UAA.

■ ESSEN

Die Größe von Anchorage und die ethnische Vielfalt seiner Einwohner spiegeln sich in einem enormen Angebot verschiedener Lokale wider, vom einfachen Schnellimbiß bis zum erstklassigen (und teuren) Gourmetrestaurant. Um die Mehrzahl der besten Restaurants zu erreichen, ist ein Fahrzeug oder mindestens gute Kenntnis des Busfahrplans Voraussetzung. Es gibt allerdings auch viele gute Restaurants im Stadtzentrum. Eine weitere Möglichkeit ist das **Takeout Taxi** (Tel. +1(907)562-8150), das für einen Aufschlag von $4,50 Speisen von etwa 30 Restaurants der Stadt nach Hause liefert.
Nur ein Lokal in Anchorage verlangt Preise, die vergleichbar mit denen in den anderen 48 Bundesstaaten sind: die Cafeteria im **Federal Building** (Eighth Avenue und D. Street; Montag bis Freitag von 7 bis 15.30 Uhr).
Im Stadtzentrum stehen verschiedene Stände vor dem Old Federal Building in der Fourth Avenue. Der beste – mit der längsten Schlange – ist der Stand mit Bratwurst und gegrillten Zwiebeln an der Ecke Fourth Avenue und G. Street. Fast food im Stadtzentrum gibt es im **Food Court** in der dritten Etage des Fifth-Avenue-Einkaufszentrums an der Ecke Fifth Avenue und C Street. Es ist für fast jeden Geschmack etwas dabei: thailändisch, chinesisch, Sandwiches, Meeresfrüchte, Frozen Yogurt, Burritos und Pizza. Außerdem findet man hier Kentucky Fried Chicken, Mrs. Field's Cookies, Burger King und Arby's. Ein echter Fast-food-Genuß. Mehr billiges Essen gibt es bei **Subway** (508 West Sixth Avenue). Weitere einfache Lokale sind am östlichen Ende der Stadt entlang der Sixth Avenue und in Midtown an Benson und Northern Lights verstreut.
Für wesentlich bessere Burger zu vernünftigen Preisen sollte man zu **Arctic Roadrunner** (2477 Arctic Boulevard, Tel. +1(907)279-7311) oder zu **Hamburger Heaven** (716 Muldoon Road, Tel. +1(907)337-6149) gehen.
Trotz der Menge an guten Lokalen in Anchorage ist das Angebot an wirklich guten Frühstücksrestaurants enttäuschend.

Anchorage und Umgebung

Hogg Bros. Café (1049 West Northern Lights Boulevard, Tel. +1(907)276-9649) serviert gigantische Frühstücksportionen und Burger und hat ein eindrucksvolles Angebot an Plunderteilchen. Es ist deshalb nicht überraschend, daß das Essen sehr fetthaltig ist.
Wer etwas Leichteres möchte, sollte zum **Roosevelt Café** (2419 Spenard Road, Tel. +1(907)272-2416) gehen. Frühstück und Mittagessen werden in einem geräumigen, altmodisch eingerichteten Raum serviert, in dem Tische und Stühle nicht zusammenpassen. Die Speisekarte ist eher klein, aber recht gut. Die sehr leckere Spinatquesadilla sollte man unbedingt probieren.
Gwennie's Old Alaska Restaurant (84333 Spenard, Tel. +1(907)243-2090) hat die besten Sauerteigpfannkuchen mit Rentierwurst der Stadt und serviert den ganzen Tag Frühstück.
Roscoe's Skyline Restaurant (607 Hollywood Drive, Tel. +1(907)276-5879) ist Anchorages Soul-food-Lokal mit Hafergrütze zum Frühstück und gegrillten Rippchen und Huhn zum Abendbrot, als Dessert leckeren Pfirsichkuchen. Die Lokalität befindet sich in Government Hill, nördlich der Eisenbahnschienen.
Ein gutes Sonntagsbrunch bietet sowohl **Crow's Nest** im Captain Cook Hotel (Fourth Avenue und K. Street, Tel. +1(907)276-6000) als auch das **Regal Alaskan Hotel** (4800 Spenard Road, Tel. +1(907)243-2300). Die Terrasse vom Regal bietet einen malerischen Ausblick auf den Lake Hood, auf dem man Wasserflugzeuge starten und landen sehen kann.
Downtown Deli (525 Fourth Avenue, Tel. +1(907)278-7314) ist ein Klassiker in Anchorage, nicht besonders preiswert, aber dafür mit einem großen Angebot an Bagels und Lachs sowie Sandwiches. Man hat das Gefühl, als wäre man in eine Zeitmaschine geraten und auf einem Planeten nahe Delancey Street in Manhattan gelandet. Der Eigentümer Tony Knowles ist übrigens 1994 zum Gouverneur von Alaska gewählt worden.
Sacks Café (625 West Fifth Avenue, Tel. +1(907)276-3546) ist ein anderer beliebter Treffpunkt zum Lunch mit Yuppiespeisen. Das thailändische Huhnsandwich ist bemerkenswert.
Dianne's, im Enserch Building (550 West Seventh Avenue, Tel. +1(907)279-7243) hat wunderbare Suppen, frisch gebackenes Brot und viele vegetarische Speisen, einschließlich eines Gemüse-Chef-Salates.
Wing'n'Things (529 I Street, Tel. +1(907) 277-9464) bereitet leckeres gebratenes Huhn.
Mike and Sara's Deli-Café (809 East Loop Road, Tel. +1(907)277-1445) befindet sich in Government Hill (nördlich der Eisenbahnschienen) und hat wunderbare Sandwiches und Käsesteaks nach Philadelphia-Art im Angebot.
Verschiedene Einrichtungen in der Innenstadt bieten schnelles und preisgünstiges Essen. **The Bagel Factory** (136 West 34th Street, Tel. +1(907)561-8871) hat frische und leckere Bagels und andere leichte Speisen und ist beliebt bei Leuten aus den umliegenden Büros. Die Bagelchips muß man versuchen.
California Roll (Benson Boulevard/C. Street, Tel. +1(907)563-8896) bietet das Standard-Fast-food-Menü mit ein paar bemerkenswerten Ausnahmen, zum Beispiel scharfem Cajun-Huhnsandwich.
Ebenfalls in der Nähe ist **Crazy Croissants** (1406 West 31st Avenue, Tel. +1(907)278-8787), etwas schwer zu finden, da die 31st

Südliches Zentralalaska

Avenue nur eine Seitenstraße des Minnesota Drive ist. Es gibt authentische französische Backwaren und exzellentes Mittagessen. Wunderbar Mittag essen kann man bei **Atlasta Deli** (701 West 36th Avenue, Tel. +1(907)563-3354) und bei **Europa Bakery** (601 West 36th Avenue, Tel. +1(907)563-5704). Man wird nicht enttäuscht sein.

Und auf keinen Fall darf man die ständig volle **L'Aroma Bakery & Deli** (3700 Old Seward Highway, Tel. +1(907)562-9797) auslassen. Es gibt Sandwiches, kleine Pizzen im Holzfeuer gebacken und wunderbare Kuchen.

L'Aroma befindet sich in dem gleichen Gebäude wie zwei weitere Gourmetlokale: **Kaladi Brothers Coffee Shop and New Sagaya** (Tel. +1(907)561-5173), das Specials für unter $6 und frisches Sushi anbietet.

Für ein italienisches Essen ist **Pizza Olympia** (2809 Spenard Road, Tel. +1(907)561-5264) ein Favorit. Die Eigentümer sind Griechen und haben Speisen wie Knoblauch-und Feta-Pizzen im Angebot, ebenfalls gutes griechisches Essen.

Das beste süditalienische Essen in Anchorage gibt es auch bei **Sorrento's** (610 East Firewood, Tel. +1(907)278-3439) und bei **Fletcher's** (Hotel Captain Cook, Fifth Avenue/K Street, Tel. +1(907)276-6000), wo die Kellner und Köche von Anchorage nach der Arbeit hingehen.

Daneben kann **Today's Pizza** (4608 Spenard Road, Tel. +1(907)248-6660) empfohlen werden. Dort gibt es auch sehr gutes italienisches Essen.

Für leckere norditalienische Speisen mit einem Hauch Alaska sollte man das **Campobello Bistro** (601 West 36th Avenue, Tel. +1(907)563-2040) aufsuchen; empfehlenswert, aber teuer, und die Salate gehen extra.

L'Aroma Bakery & Deli (3700 Old Seward Highway) befindet sich neben dem asiatischen Lebensmittelgeschäft und hat wunderbare, im Holzofen gebackene Pizzen im Angebot. Die Atmosphäre ist ungezwungen. Die immer besetzten Tische werden von den Kaffeetrinkern des benachbarten Kaladi Brothers und den Gästen des New Sagaya mit den gefüllten Tellern benutzt.

Es gibt keine besonders tollen chinesischen Restaurants im Stadtzentrum, aber unbedingt nennenswert ist das **Twin Dragon Mongolian Barbeque** (612 East 15th Avenue, Tel. +1(907)276-7535). Lunch bestehend aus einem Teller Gemüse und Fleisch, Suppe, Vorspeise, Tee und Reis kostet nur $6. Man wählt die Zutaten aus, und der Koch sorgt für die Show. Am Abend gibt es All-you-can-eat-Gerichte für $10 – ein Riesenspaß.

Das **Golden Pond Restaurant** (300 West 36th Avenue, Tel. +1(907)563-5525) hat mittags und abends ein ausgezeichnetes All-you-can-eat-Büfett.

Das **Yen King Restaurant** (3501 Old Seward Highway, Tel. +1(907)563-2627) hat ebenfalls ein gutes All-you-can-eat-Büfett sowie einen kostenlosen Lieferservice, wenn man zu Hause essen möchte.

Chinese Kitchen (2904 Spenard Road, Tel. +1(907)279-2222) ist ein netter kleiner Familienbetrieb mit Sonderangeboten zum Mittag und freundlichen Eigentümern. Wer abenteuerlich veranlagt ist, sollte das Menü in chinesischer Sprache verlangen.

Das **Ding How Restaurant** (1301 East Huffman Road, Tel. +1(907)345-0033) kann ebenfalls empfohlen werden. Hier muß man unbedingt die Reissuppe und die chinesischen Nudeln mit scharfer schwarzer Bohnensauce probieren.

Das bekannteste und zentralste thailändische Restaurant ist **Thai Cuisine** (444 H

Street, Tel. +1(907)277-8424). Das Mittagessen ist ein Schnäppchen, was aber auch bedeutet, daß es zur Mittagszeit hier voll ist. Aber Ortsansässige wissen, daß wirklich authentisches thailändisches Essen im **Thai Kitchen** (3405 East Tudor Road, Tel. +1(907)561-0082) serviert wird, das sich im Hinterzimmer eines asiatischen Lebensmittelgeschäftes in einem Einkaufszentrum befindet. Besonders lecker sind Popeye chicken oder eine andere scharf gewürzte Suppe. Wochentags ist das Lokal geöffnet zum Mittag- und Abendessen, an den Wochenenden nur zum Abendessen. Man muß zeitig kommen, da ab 21 Uhr geschlossen ist.

Ein anderes gutes Restaurant (in einer alten Dairy Queen), ist das **Thai House Restaurant** (860 East 36th Avenue, Tel. +1(907)563-8616). Exzellenter Service und alles wird frisch zubereitet.

Thai Village (954 Muldoon, Tel. +1(907)337-9559) hat sich auf vegetarische Gerichte und braunen Reis spezialisiert.

Maharaja's (Fourth/K Street, Tel. +1(907) 272-2233) hat ein annehmbares indisches Mittagsbüfett für $8 und ein größere Auswahl an Abendessen.

Frische Sushi, Tempura und Teriyaki gibt es im **Yamota Ya** (3700 Old Seward Highway, Tel. +1(907)561-2128).

Ein anderes gutes japanisches Restaurant und Sushi-Bar ist **Ichiban** (2488 East Tudor Road, Tel. +1(907)563-6333) Avenue.

Sushi Garden (1120 East Huffman Road, Tel. +1(907)345-4686) behauptet, das beste Sushi der Stadt zu haben.

Vietnamesisch kann man im **Saigon Restaurant** (3561 East Tudor Road, Tel. +1(907) 563-2515) essen.

Ein beliebtes Lokal – das älteste mexikanische Restaurant in Alaska – ist **La Cabaña** (312 East Fourth Avenue, Tel. +1(907)272-0135), besonders gut zum Mittagessen mit bemerkenswerten Heilbutt-Fajitas.

Zwei **La Mex Restaurants** (900 West 6th Avenue, Tel. +1(907)274-7678 bzw. 2552 Spenard Road, Tel. +1(907)274-7511) sind wegen ihrer Nachos und Margaritas oder einer kompletten Mahlzeit am Abend beliebt. Die Steaks sind ebenfalls nicht schlecht.

Mexico in Alaska (7305 Old Seward Highway, Tel. +1(907)349-1528) ist eines der besten mexikanischen Restaurants, aber es befindet sich ziemlich weit außerhalb.

Ein anderes Lokal, das einen Besuch wert ist, ist **Garcia's Mexican Restaurant** (4140 B Street, Tel. +1(907)561-4476).

Wer eine schnelle mexikanische Variante sucht, sollte **Taco King** (112 West Northern Lights Boulevard, Tel. +1(907)276-7387) einen Besuch abstatten, sehr gute Burritos und Tacos.

Natural Pantry (300 West 36th Avenue, Tel. +1(907)563-2727) ist bei Vegetariern sehr beliebt in der Mittagszeit und hat fast immer Quiche-Sonderangebote.

Das **Middle Way Café** (1200 West Northern Lights Boulevard, Tel. +1(907)272-6433) bietet hervorragende vegetarische Sandwiches, Backwaren, Espresso, Tee und andere leichte Sachen. Empfehlenswert.

Sourdough Mining Company (5200 Juneau, Tel. +1(907)563-2272) hat ein All-you-can-eat-Büfett für $20 den ganzen Sommer über. Zusätzlich zum gebratenen Lachs kann man zwischen Heilbutt, Rippchen, Huhn, Maiskolben, Salaten, Sauerteigbrötchen und Karottenkuchen wählen. Wer nachmittags anruft, wird kostenlos mit dem Shuttle vom Stadtzentrum zum Restaurant gefahren. Das Büfett ist täglich von 17 bis 23 Uhr geöffnet.

Südliches Zentralalaska

Phyllis' Café (436 D Street, Tel. +1(907)274-6576) hat zusätzlich zum Menü Lachs und Heilbutt für $17. Das Essen wird draußen serviert.

Simon & Seaforts (420 L. Street, Tel. +1(907) 274-3502) hat eine ausgewählte Speisekarte, exzellente Speisen, einen guten Service und obendrein eine herrliche Aussicht. Es ist auch eines der finanziell erfolgreichsten Restaurants an der Westküste. Simon's hat täglich frischen Fisch im Angebot, zu jedem Gericht gibt es Sauerteigbrot. Ein Abendessen kostet zwischen $25 und $30. Das Mittagessen ist deutlich billiger. Wer für den Abend keinen Tisch vorbestellt hat, setzt sich einfach an die Bar, wo es ein preiswerteres Menü gibt. Mittags gibt es Sandwiches ab $6. Wer ein mehr traditionelles amerikanisches Essen möchte – zum Beispiel das saftigste Steak von Anchorage – sollte das **Black Angus Meat Market Restaurant** (1101 West Fireweed Land, Tel. +1(907)279-3122) aufsuchen.

Ein wesentlich kleinerer und ruhigerer Ort als Simon's ist das elegante **Marx Bros. Café** (Third Avenue/I Street, Tel. +1(907)278-2133; Montag bis Samstag von 18 bis 21.30 Uhr). Der Caesar Salad verdient eine Erwähnung. Die Speisekarte wechselt täglich, ist immer kreativ, und die lange Weinliste und die guten Desserts vervollständigen das Mahl. Es ist sehr empfehlenswert, wenn man es sich leisten kann, aber eine Reservierung ist notwendig.

Schließlich gibt es noch **Top of the World**, ganz oben im Anchorage Hilton (Tel. +1(907)265-7111). Das Essen und die hervorragenden Desserts sind genauso gut wie die Aussicht auf den Cook Inlet. Man muß mit mindestens $35 rechnen. Um draußen zu sitzen, ist rechtzeitiges Erscheinen angeraten.

Brauereien gibt es in Anchorage erst seit 1996, aber allein in jenem Jahr öffneten fünf ihre Pforten. Alle bieten Speisen und frisch gebrautes Bier an. Wahrscheinlich werden sie sich nicht lange halten können, aber sie sind definitiv eine Bereicherung für Anchorages Gastronomielandschaft.

Die herausragende Brauerei ist die **Railway Brewing Co.** (412 West First Avenue, Tel. +1(907)277-1996), die sich in dem geräumigen Eisenbahndepot befindet. Die Gerichte sind vorwiegend teuer. Hauptsächlich gibt es Sandwiches, Meeresfrüchte, Huhn und außergewöhnliche Pizzen.

Ebenfalls in der Stadt befindet sich das **Snow Goose Restaurant and Sleeping Lady Brewery** (717 West Third Avenue, Tel. +1(907)277-7727), montags bis samstags zum Mittag- und Abendessen geöffnet. Es bietet Sandwiches und Pasta zum Mittag- sowie Meeresfrüchte, Geflügel und Rindfleisch zum Abendessen (Hauptgerichte $14 bis $19). Das Beste ist aber die Kneipe in der oberen Etage mit einer Außenveranda mit Aussicht auf den Cook Inlet. Snow Goose hat immer ein halbes Dutzend selbstgebrauter Biere im Angebot sowie eine große Auswahl an Weinen.

Cusack's Brewpub & Roaster (598 West Northern Lights Boulevard, Tel. +1(907)278-2739) befindet sich im Ramada Inn. Das Menü ist leicht, z. B. gedämpfte Muscheln, Salate und Suppen sowie fünf frisch gebraute Biere aus dem Zapfhahn.

Im **Moose's Tooth Pub and Pizzeria** (3300 Old Seward Highway, Tel. +1(907)258-2537) ist die Atmosphäre am lockersten und sehr freundlich.

Wer in der **F Street Station** (325 F. Street, Tel. +1(907)27-5169) ißt, macht nichts falsch. Es gibt Tagesangebote zu annehmbaren Preisen. Der Heilbutt in Bierteig schmeckt auf jeden Fall.

Anchorage und Umgebung

Humpy's Great Alaskan Ale House (610 West 6th Avenue, Tel. +1(907)276-2337) zieht mit seinen Faßbieren und einem verläßlichen Angebot an Heilbutt-Burgern, Salaten, Pasta und anderen leichten Speisen eher College-Studenten an. Fast jeden Abend gibt es Live-Musik in dem beliebten Treffpunkt. Eine andere Kneipe mit leckeren Bierhappen ist **Peanut Farm** (5227 Old Seward Highway, Tel. +1(907)563-3283), wo Faßbier und Riesenburger (im Sommer auf der Veranda serviert) sowohl Ortsansässige als auch Besucher anziehen. Peanut Farm sollte man auf keinen Fall mit dem Striplokal nebenan verwechseln.

Harry's Restaurant & Bar (101 West Benson Road, Tel. +1(907)561-5317) hat sich auf frische Meeresfrüchte spezialisiert und ein hervorragendes Angebot an Faßbieren – stets mehr als $20.

Die bei weitem größten und besten Lebensmittelgeschäfte sind **Carrs Supermarkets**. Die Megamärkte gibt es überall in Anchorage und im umliegenden Tal, nur leider nicht direkt im Stadtzentrum. Die eindrucksvollsten Carr-Läden gibt es an der Ecke Northern Lights und Minnesota sowie an Huffman und New Seward Highway. Viele Carrs haben sehr gute Feinkostabteilungen und Salatbars und in den größeren gibt es sogar frisches Sushi und Pizza zum Fertigbacken im Angebot.

Ein besonderer Lebensmittelladen und asiatischer Markt ist **New Sagaya** (3700 Old Seward Highway, Tel. +1(907)561-5173). Das Geschäft verkauft alle möglichen asiatischen Zutaten: Tees, Gewürze, Nudeln, Reis, Sushi, Potstickers zum Mitnehmen und exotisches Obst und Gemüse sowie lebende Krabben und Muscheln. Einfach ansehen, aber Vorsicht: Die Preise für diese exotischen Zutaten sind sehr hoch.

Natural Pantry (300 West 36th Avenue, Tel. +1(907)563-2727) führt überteuerte Bio-Lebensmittel.

Man geht besser zum **Saturday Market**, der jeden Samstag im Sommer auf dem Parkplatz Third Avenue und East Street von 10 bis 18 Uhr abgehalten wird. Im August gibt es alle möglichen Sorten an frischem Biogemüse aus dem Matanuska Valley. Für die beste Auswahl sollte man rechtzeitig kommen.

Frische Backwaren gibt es in allen Carrs, aber die besten Brote und Kuchen bei der **Europa Bakery** (601 West 36th Avenue, Tel. +1(907)563-5704). Deren rustikale Brote können problemlos mit denen von Seattle, San Francisco oder Europa konkurrieren. **Great Harvest Bread Co.** (570 East Benson Boulevard, Tel. +1(907)274-3331) ist mit Sicherheit die beste Bäckerei in der Stadt mit Zweipfundbroten für $4 bis $7. Eine Scheibe des täglichen Sonderangebotes kann man kostenlos probieren, ebenso die Plätzchen und Süßigkeiten. Great Harvest befindet sich in einem kleinen Einkaufszentrum gegenüber der Sears Mall.

Ebenfalls in dieser Mall gibt es Metro Music and Books sowie das **Café Amsterdam** (530 East Benson, Tel. +1(907)274-1072), das holländische Leckereien im Angebot hat.

Alaska Wild Berry Products hat eine riesige Schokoladenfabrik und einen Fabrikverkauf in der Juneau Street an der Ecke Old Seward Highway und International Airport Road. Für Schokoladenliebhaber ein wunderbarer Ort. Es gibt sogar einen hohen Wasserfall aus flüssiger Schokolade – und natürlich Kostproben.

Versteckt in einem Einkaufszentrum ist das **Café del Mundo** (341 East Benson, Tel. +1(907)274-0026), in dem man den Vormittag verbringen kann.

Südliches Zentralalaska

Sorella's (1001 West Fourth Avenue, Tel. +1(907)274-0070) hat eine warme Atmosphäre, guten Kaffee und leckere Sandwiches zu Mittag.
Das freundliche **Cyrano's Café** (413 D Street, Tel. +1(907)274-1173) befindet sich ebenfalls im Stadtzentrum neben dem gleichnamigen Buchladen.
Das **Middle Way Café** (1200 West Northern Lights Boulevard, Tel. +1(907)272-6433) ist ein überraschendes kleines Kaffeehaus, versteckt in einem Einkaufszentrum neben REI, mit wohlschmeckenden Mittagsgerichten.
Bear Paw Coffee Company (646 F Street, Tel. +1(907)279-3665) ist ein klassisches kleines Lokal, das mehr als Espresso im Angebot hat. Die Kuchen, Biscotti und Schokoladentrüffel sind die besten in Anchorage, tolle Waffeln zum Frühstück und Panini zum Mittag.
Adventures & Delights (414 K Street, Tel. +1(907)276-8282 oder +1(800)288-3134) hat ein kleines Café. Man kann einfach reingehen und die vielen Reisehandbücher und Karten sichten, eine Dia-Show am Mittwochabend ansehen oder sich für Exkursionen und Kurse eintragen.
Ein Favorit ist **Kaladi Brothers** (6921 Brayton, Tel. +1(907)344-5483). Wer kein Fahrzeug hat, sollte gar nicht erst versuchen, dorthin zu kommen, da es in einer Parallelstraße zum New Seward Highway versteckt ist. Wer mobil ist, fährt den Highway nach Süden nach Diamond, biegt links ab, fährt unter dem Highway durch, biegt wieder links in die Frontage Road und fährt etwa 750 Meter nach Norden zur Brayton Mall, in der sich Kaladi befindet. Die Atmosphäre ist entspannt. In der oberen Etage kann man Folk-Musikern zusehen und sich vom Computerterminal kostenlos Zugang zum Internet verschaffen. Es gibt den besten Mokka der Stadt. Auch frisch gerösteter Kaffee wird verkauft. Die Mehrheit der Cafes in Anchorage kauft ihren Kaffee von Kaladi Brothers.
Barnes & Noble Bookseller (200 East Northern Lights Boulevard, Tel. +1(907)279-7323) hat ebenfalls ein Café und verkauft Starbucks-Kaffee.
In Anchorage ist in allen Cafes das Rauchen verboten.

■ **UNTERHALTUNG**

Mittelpunkt von Anchorages aktiver Kulturszene ist das **Performing Arts Center** im Stadtzentrum. Ganzjährig gibt es Aufführungen, modernen Tanz, Ballett, Comedy, Oper, Konzerte von landesweit bekannten Künstlern und Vorstellungen des Sinfonieorchesters von Anchorage. Unter Tel. +1(907)272-1471 gibt es genaue Informationen zu den Veranstaltungen, oder man schaut freitags im Veranstaltungskalender der *Daily News* nach.
Denali Theater (1230 West 27th Avenue/Spenard Road, Tel. +1(907)279-2332) zeigt zwei Filme für den Preis von einem – das beste Angebot der Stadt. Die Filme sind meist Wiederholungen, aber für den Preis kann man sie sich ruhig noch einmal ansehen.
Ausländische und ausgefallene Filme werden im **Capri Cinema** (345 East Tudor Road, Tel. +1(907)561-0064) gezeigt.
Loussac Library zeigt ebenfalls ausländische Filme am Freitagabend. Unter Tel. +1(907) 261-2844 gibt es das aktuelle Programm.
Wer auf eine außergewöhnliche Großleinwanderfahrung aus ist, sollte zu einem der Multiplex-Kinos gehen: **Totem Theatre** (3101 Muldoon, Tel. +1(907)275-3188), **Fire-**

weed **Theatre** (Fireweed/New Seward, Tel. +1(907)277-3139) und **University Cinemas** (3109 Old Seward Highway, Tel. +1(907)562-1250).

Bars gibt es natürlich in ganz Anchorage. Im Stadtzentrum ist **F Street Station**, das auch ein preiswertes Mittagsmenü hat, zwischen Third und Fourth neben dem Hilton gelegen, sehr beliebt.

Darwin's Theory in der G Street zwischen Fourth und Fifth ist ein beliebter Treffpunkt der Büroangestellten nach Arbeitsschluß. Eine sehr nette Kneipe ist die **Cheechako Bar** (317 West Fireweed, Tel. +1(907)276-9490). Der Eigentümer ist Ire, deshalb ist am St. Patrick's Day garantiert viel los. Es gibt auch eine großartige Jukebox.

Die vier besten Sports Bars in der Stadt sind **Peanut Farm** (5227 Old Seward Highway, Tel. +1(907)563-3283), **Sports Edition Bar** im Anchorage Hilton (500 West Third Avenue, Tel. +1(907)272-7411), **Crossroads Lounge** (1402 Gambell, Tel. +1(907)276-9014) und **Legends** im Anchorage Sheraton (401 East 6th Avenue, Tel. +1(907)276-8700).

Harry's Restaurant & Bar (101 West Benson Boulevard, Tel. +1(907)561-5317) hat mehr als 20 Faßbiere, davon viele eigene.

Anchorages populärste Bar im Stadtzentrum ist **Humpy's Great Alaskan Ale House** (610 West 6th Avenue, Tel. +1(907)276-2337). Am Freitagabend ist es ziemlich voll. An der Bar werden eigene Faßbiere gezapft, und die Küche liefert ganz gutes Kneipenessen. Live-Bands spielen fast jeden Abend. Bei Humpy's muß man einfach gewesen sein, wenn man seine Unterkunft im Stadtzentrum hat.

Chilkoot Charlies (2435 Spenard Road) ist ein baufälliges Gebäude, in dem man zu echtem Rock'n'Roll abrocken und draußen Hufeisen werfen kann. Es gibt zwei separate Tanzflächen und drei verschiedene Bands am Wochenende. An Wochenenden muß immer Eintritt gezahlt werden.

Wer sich gern schick anzieht, sollte ins **Hot Rods** (4848 Old Seward Highway, Tel. +1(907)562-5701) gehen, wo es sogar einen Parkservice gibt. Das Dekor paßt zum Namen – Autos aus den Fünfzigern und Sechzigern stehen im Mittelpunkt. Es spielen keine Live-Bands im Hot Rods, dafür kann man zu alten Rock'n'Roll-Scheiben tanzen. Im Hot Rods gibt es ein gutes Billardzimmer mit 16 antiken Tischen.

Nicht verpassen sollte man die klassische Bar von Anchorage: Mr. Whitekeys **Fly By Night Club** (3300 Spenard, Tel. +1(907)279-SPAM). Das Feinschmeckermenü erklärt die Telefonnummer: Es gibt Delikatessen wie Spam mit Nachos und Cajun Spam. Alle Spamgerichte gibt es zum halben Preis, wenn dazu Champagner bestellt wird, und kostenlos mit Dom Perignon. Spam ist übrigens ein Büchsenfleisch, das in alten Zeiten am Lagerfeuer verzehrt wurde und heute noch sehr beliebt ist, allerdings kein Gourmetessen.

Im **Chef's Inn** (825 West Northern Lights Boulevard, Tel. +1(907)272-1341) spielen Blues-Bands von Mittwoch bis Samstag. Mehr Blues gibt es im **Alaska Blues** (530 East Fifth Avenue, Tel. +1(907)279-2583).

Rumrunners im Stadtzentrum (330 E Street, Tel. +1(907)278-4493) hat eine große Tanzfläche.

Lost Abby/Thristy Monk Café (2520 East Tudor Road, Tel. +1(907)563-8194) ist ein Club für alle Altersklassen mit alternativen Bands an vier Abenden pro Woche.

Gig's Music Theatre (140 E Fourth Avenue, Tel. +1(907)278-4447) zieht junge Gäste an, da kein Alkohol ausgeschenkt wird und die Musik sehr nach Seattle klingt.

Südliches Zentralalaska

Bernie's Bar & Grill (Sears Mall, Northern Lights/New Seward Highway, Tel. +1(907) 272-3223) unterhält mit Klavierjazz an Freitag- und Samstagabenden.
Wer das Glück, einen klaren Nachthimmel zu erleben, elegante Kleidung eingepackt und keine Geldsorgen hat, sollte ins **Crow's Nest** im Captain Cook Hotel (Fourth/K Street, Tel. +1(907)276-6000) gehen – die Aussicht ist es wert.
Das **Regal Alaskan Hotel** (4800 Spenard, Tel. +1(907)243-2300) hat eine Yuppie-Bar mit Aussicht auf den Lake Hood, einer berghüttenähnlichen Atmosphäre inklusive ausgestopfter Tiere und einem riesigen gemütlichen Kamin.
Country- und Western-Bands spielen in vielen Saloons in Anchorage. Die größten sind **Buckaroo Club** (2811 Spenard Road, Tel. +1(907)561-9251), **The A–K Korral Saloon** (2421 East Tudor Road, Tel. +1(907)562-6552) und **The Last Frontier Bar** (369 Muldoon Road, Tel. +1(907)338.9922). Der A–K Korral Saloon besitzt eine der größten Tanzflächen.
Es ist nicht überraschend, daß Anchorage jetzt auch ein **Hooters Restaurant** (701 East Tudor Road, Tel. +1(907)563-5653) hat, in dem die vielbeschäftigten Kellnerinnen in knapper Kleidung die Hauptattraktion sind.
Die berühmteste Bar ist **The Great Alaskan Bush Company** (631 East International Airport Road), wo Stripper in Augenhöhe für den Preis eines Biers die Hüllen fallenlassen. Überraschenderweise ist es geschmackvoll – mit einer gut funktionierenden Ventilation und schönen Körpern – so glamourös wie eine Stripbar nun mal sein kann.

■ TERMINE

Die bekanntesten Veranstaltungen (Iditarod und Fur Rendezvous) in Anchorage finden im Winter statt, aber die Stadt ist auch im Sommer voller Leben.
Das beliebteste Spektakel ist der **Saturday Market**, der samstags auf dem Parkplatz Third Avenue und E Street von 10 bis 18 Uhr stattfindet. Es gibt frisches Obst und Gemüse sowie Handarbeiten.
Jeden Freitag um 12 Uhr wird in der Fourth Avenue neben dem Visitor Center ein kostenloses **Concert on the Lawn** abgehalten.
Anchorage hat nicht nur ein, sondern sogar zwei halb-professionelle Baseball-Teams – die **Anchorage Bucs** (Tel. +1(907)272-2827) und die **Glacier Pilots** (Tel. +1(907)274-3627). Zwischen Juni und Anfang August kann man sich fast jeden Tag ein Spiel ansehen. Stars wie Reggie Jackson und Dave Winfield spielten früher in Anchorage.
Die **Elmendorf Open House and Air Show** in der Elmendorf Air Force Base findet Anfang Juni statt und beinhaltet eine phänomenale Show der Air Force Thunderbirds.
The Taste of Anchorage findet ebenfalls Anfang Juni im Delaney Park Strip statt. Die verschiedensten Restaurants haben Stände aufgebaut, dazu gibt es Live-Musik und Unterhaltung.
In der zweiten Junihälfte wird das **Anchorage Festival of Music** mit Klassik-Konzerten im Performing Arts Center abgehalten.
Am 4. Juli zieht eine Parade durch das Stadtzentrum, aber wenn um Mitternacht das Feuerwerk beginnt, ist es nicht besonders dunkel.
Man sollte auf keinen Fall Mr. Whitekeys Alaska-Ulk *Whale Fat Bellies*, der den ganzen Sommer im Fly By Night Club spielt, verpassen.
Andere Höhepunkte sind die **Three Barons Renaissance Faire** Anfang Juni, wo sogar

das Publikum mit einbezogen wird, indem es mit faulen Tomaten nach schlechten Schauspielern werfen darf, sowie die **Scottish Highland Games** Mitte Juni und die **Spenard Solstice Street Party**.

In den letzten Jahren hat der Alaska-Tourismus im Winter erheblich zugenommen, da viele Besucher zunehmend entdecken – was die Einwohner Alaskas schon wissen: Der Winter ermöglicht eine Vielfalt von Aktivitäten an der frischen Luft. Verschiedene Unternehmen haben sich auf Wintertouren und -aktivitäten spezialisiert. Die Broschüren liegen im Visitor Center aus.

Ein Alaska-Ereignis, das immer die geballte nationale Aufmerksamkeit erhält, ist das **Iditarod Dogsled Race** von Anchorage nach Nome. Start ist Anfang März im Stadtzentrum von Anchorage.

Nach Iditarod ist das **Fur Rendezvous** das zweitgrößte jährliche Ereignis in Anchorage. Da es Mitte Februar stattfindet, sind die Teilnehmer hauptsächlich Einheimische. Während dieser zehn Tage dauernden Festivals gibt es alle möglichen Aktivitäten. Auf einem Volksfest kann man die verschiedensten Karussells und ähnliches ausprobieren. Es gibt Autorennen, Feuerwerk, einen Schneeskulpturenwettkampf, Bälle, Konzerte, Skirennen, Hundezugwettkämpfe und die Weltmeisterschaft im Hundeschlittenrennen. Ein Riesenvergnügen.

Ein weiteres sehr beliebtes Ereignis ist das alljährlich im November stattfindende **Great-Alaska-Shootout**-Basketballturnier in der Sullivan Arena, an dem acht der besten College-Teams teilnehmen. Auch diesem wird nationale Aufmerksamkeit zuteil, da es so früh in der Saison stattfindet. Wer in der zweiten Februarhälfte in Anchorage ist, sollte sich für den **Grandview Ski Train** anmelden, gesponsort vom Nordic Skiing Club. Der Zug verläßt Anchorage für einen Tagesausflug in das Grandview-Gebiet zwischen Portage und Seward. Es gilt, Gletscher sowie steile Abfahrten in alle Richtungen zu erkunden. Hunderte von Langläufern aller Art fahren an zwei Wochenenden mit diesem Zug und erleben das wahre Polkagetümmel im Gepäckwagen auf der Rückfahrt: Man muss es selbst gesehen haben, um es zu glauben. Um sich eine Fahrkarte zu sichern, sollte man rechtzeitig anrufen. Die Hin- und Rückfahrt kostet etwa $60 (einschließlich Club-Mitgliedschaft).

Der Nordic Skiing Club (Tel. +1(907)561-3141) ist ein toller Verein, der sich um die Instandhaltung der Loipen kümmert und lokale Ereignisse wie die **Tour of Anchorage** Ende Februar und eine 21-Meilen-Skitour über den **Hatcher Pass** Ende März organisiert.

Ein anderes einzigartiges Skiereignis wird vom **Alaska Mountaineering Club** veranstaltet. Jeden Januar am Super Bowl Sunday führt der Club eine kostenlose Skitour vom Portage Visitor Center über Portage Pass nach Whittier durch. In Whittier angekommen, wärmen sich alle in den Bars auf, schauen das Endspiel im American Football und fahren anschließend mit dem Zug zu ihren Autos zurück. Für mehr Informationen kontaktiert man Alaska Mountaineering & Hiking (Tel. +1(907)272-1811).

■ UNTERBRINGUNG

In einer Stadt mit rund einer Viertelmillion Einwohnern gibt es ein umfangreiches Angebot an Übernachtungsmöglichkeiten. Leider sind viele dem Alaska-Standard entsprechend teuer. Die einzige Ausnahme bilden die Hostels und Studentenzimmer der

Südliches Zentralalaska

Alaska Pacific University. Für Paare sind die hiesigen Bed-and-Breakfast-Häuser eine gute Alternative. Wer länger als ein paar Tage bleibt, sollte die Anzeigen in der *Anchorage Daily News* studieren oder in den Gelben Seiten unter »Boarding Houses« oder »Rooming Houses« nachschauen. Eine komplette Liste der Motels, Hotels und anderer Übernachtungsmöglichkeiten findet man unter dem Stichwort »Anchorage Accomodations«. Wer im Juli und August hierhinreisen möchte, sollte rechtzeitig reservieren.

Das **Anchorage Youth Hostel** (700 H Street, Tel. +1(907)276-3635) zwischen Seventh und Eighth Street ist die Rettung für alle preisbewußt Reisenden. Die Einrichtung mit mehr als hundert Betten ist von 7.30 bis 12 Uhr und von 14 bis 24 Uhr für Anreisende geöffnet. Man kann sich allerdings dort nicht zwischen 12 und 17 Uhr aufhalten. AYH-Mitglieder zahlen $15, Nichtmitglieder $18 pro Nacht, ein Grund, warum die Jugendherberge im Sommer schnell belegt ist. Ein Schlafraum für Paare bietet größere Betten zum selben Preis. Einige wenige Privatzimmer sind für $40 bzw. $46 erhältlich. Reservierungen sind dringend erforderlich. Im Sommer ist ein Mindestaufenthalt von vier Tagen Bedingung. Das Hostel verfügt über eine Küche, Gemeinschaftsräume, Waschmaschinen ($1 pro Ladung) und Trockner ($1). Männer und Frauen schlafen in getrennten Räumen. Es gibt auch vernünftige Winterraten für Reisende, die länger bleiben möchten.

Eine andere günstige Einrichtung ist das **Spenard Hostel** (2845 West 42nd Place, Tel. +1(907)248-5036; $15 pro Person). Es geht etwas lockerer zu als in der Jugendherberge. Spenard Hostel besitzt eine Küche, es gibt Wochenpreise.

Das Management des **International Backpackers Inn** (3601 Peterkin, Unit A, Tel. +1(907)274-3870) unterhält fünf Häuser mit Schlafgelegenheiten für Männer und Frauen ($12 bis $15) im Mountainview-Gebiet an der nordwestlichen Seite von Anchorage. Während des Sommers können auch Zelte und Schlafsäcke gemietet werden. Backpackers ist besonders beliebt bei denjenigen, die einen Fax- und Telefonanschluß benötigen (Telefonate innerhalb von Anchorage sind kostenlos). Der Standort ist nicht so zentral wie das AYH Hostel, aber die Fahrt hierher dauert nicht allzu lange. Auch wenn Backpackers in einer der besseren Straßen liegt, ist Mountain View das Viertel mit der höchsten Kriminalitätsrate in Anchorage. Das Inn ist gut geführt, aber nicht jeder möchte in diesem Umfeld logieren.

Zwischen Mitte Mai und Anfang August können Urlauber in einem Studentenheim der **Alaska Pacific University** (Tel. +1(907) 564-8238) wohnen. Doppelbetten kosten ab $25. Reservierungen können ab Mitte April vorgenommen werden. Einige Zimmer haben Kochnischen. Man kann auch in der APU Cafeteria essen, die allerdings während der Sommermonate nicht jeden Tag geöffnet ist.

■ **AN- UND WEITERREISE**

Viele Jahre lang warb der Flughafen damit, »Knotenpunkt aller Luftwege der Welt« zu sein. Viele Flugzeuge landeten hier auf ihrem Weg nach Tokio, London oder New York, um aufzutanken. Heute benötigen viele Jets keinen Zwischenstop mehr, und seitdem der russische Luftraum geöffnet wurde, ist die Zahl der internationalen Verbindungsflüge deutlich zurückgegangen. Anchorage ist aber nach wie vor ein Dreh-

Übernachtungsmöglichkeiten in Anchorage

Anchorage schlägt auf alle Motelkosten eine Übernachtungssteuer von acht Prozent auf. Die Liste beginnt mit den preiswertesten Übernachtungsmöglichkeiten.

Thrift Motel (606 West Northern Lights, Tel. +1(907)561-3005; Einzel- oder Doppelzimmer $40), hauptsächlich Langzeitmieter und oft ausgebucht, Zimmer vorher anschauen.

AAA Mexico Hotel (3903 Spenard Road, Tel. +1(907)248-4848; Einzelzimmer $45, Doppelzimmer $65), Mikrowellen und Kühlschränke, Zimmer unbedingt vorher anschauen.

Alaska Budget Motel (545 East Fourth Avenue, Tel. +1(907)277-0088; Einzel- oder Doppelzimmer $49, Kleinküche $10 extra), sehr einfach.

John's Motel and RV Park (3543 Mount View Road, Tel. +1(907)277-4332 oder +1(800)278-4332, Einzelzimmer $50, Doppelzimmer $55, mit Kochnische $60 bzw. $65).

Spenard Motel (3960 Spenard Road, Tel. +1(907)243-6917; Einzelzimmer $55, Doppelzimmer $65, mit Kochnische $69 bzw. $79), kostenloser Transport zum Flughafen, einfach ausgestattet.

Arctic Tern Inn (5000 Taku Drive, Tel. +1(907)337-1544; Einzel- oder Doppelzimmer $55, mit Kleinküche 75), kostenloser Shuttleservice.

Big Timber Motel (2037 East Fifth Avenue, Tel. +1(907)272-2541; Einzel- oder Doppelzimmer $60), belebt, Jacuzzi, kostenloser Transport vom/zum Flughafen.

Inlet Inn (359 H Street, Tel. +1(907)277-5541; Einzel- oder Doppelzimmer $60).

Al's Alaska Inn (7830 Old Sewar Highway, Tel. +1(907)344-6223; Einzelzimmer $60, Doppelzimmer $65 bis $70), Kochnischen.

Woods Motel (2005 East Fourth Avenue, Tel. +1(907)274-1566; Einzelzimmer $60, Doppelzimmer $70).

Midtown Lodge (604 West 26th Avenue, Tel. +1(907)258-7778; Einzelzimmer $60, Doppelzimmer $75), Bad im Flur, kleine einfach ausgestattete Räume, kontinentales Frühstück, kostenloser Flughafentransfer, Kühlschränke.

Southseas Hotel (3001 Spenard Road, Tel. +1(907)561-3001; Einzel- oder Doppelzimmer $65), kostenloser Flughafentransfer, Zimmer vorher ansehen.

Kobuk Motel (1104 East Fifth Avenue, Tel. +1(907)274-1650; Einzelzimmer $65; Doppelzimmer $75, mit Kochnische $75 bzw. $85), an vielbefahrener Straße.

Mush Inn Motel (333 Concrete Street, Tel. +1(907)277-4554 oder +1(800)478-4554; Einzel- oder Doppelzimmer $65 bis $100), groß und in gutem Zustand, Kochnischen, kostenloser Flughafentransfer.

Hillside Motel (2150 Gambell Street, Tel. +1(907)258-6006 oder +1(800)478-6008; Einzel- oder Doppelzimmer $69, mit Kochnische $90).

Arctic Inn Motel (842 West International Airport Drive, Tel. +1(907)561-1328; Einzelzimmer $69, Doppelzimmer $79), Kochnischen.

Red Ram Motor Lodge (642 East Fifth Avenue, Tel. +1(907)274-1515; Einzelzimmer $70, Doppelzimmer $80), kostenloser Flughafentransfer, an vielbefahrener Straße, Gemeinschaftsküche.

Black Angus Inn (1430 Gambell Street, Tel. +1(907)272-7503 oder +1(800)779-0707;

Südliches Zentralalaska

Einzel- oder Doppelzimmer $70 bis $75), kostenloser Flughafentransfer, Kochnischen auf Anfrage.
Alaskan Samovar Inn (720 Gambell Street, Tel. +1(907)277-1511 oder +1(800)478-1511; Einzelzimmer $70, Doppelzimmer $85).
Snowshoe Inn (826 K Street, Tel. +1(907)258-7669; Einzelzimmer mit Gemeinschaftsbad $75, Doppelzimmer $80, Einzelzimmer mit privatem Bad $85 bis $95, Doppelzimmer $90 bis $100), sehr sauber, kontinentales Frühstück, empfehlenswert.
Anchor Arms Motel (433 Eagle Street, Tel. +1(907)272-9619; Einzel- oder Doppelzimmer $79), Gegend nicht besonders sicher, Kochnischen, kostenloser Flughafentransfer.
Royal Suite Lodge (3811 Minnesota Drive, Tel. +1(907)563-3114; Einzelzimmer-Studios $79, Doppelzimmer $89, 1-Raum-Suite $89 bzw. $99), Kochnischen, kostenloser Flughafentransfer.
Anchorage Uptown Hotel (2509 Fairbanks Street, Tel. +1(907)279-4232 oder +1(800)478-4232; Einzel- oder Doppelzimmer $80), Küchen.
Bonanza Lodge (4455 Juneau Street, Tel. +1(907)563-3590 oder +1(800)478-3590; Einzel- oder Doppelzimmer $80 bis $90), Kochnischen in allen Zimmern.
Marrill Field Motel (420 Sitka Street, Tel. +1(907)276-4547; Einzel- oder Doppelzimmer $85, mit Kleinküche $108), guter Zustand, kostenloser Flughafentransfer, AAA-empfohlen.
Tudor Motel (4423 Lake Otis Parkway, Tel. +1(907)561-2234; Einzel- oder Doppelzimmer $89), kostenloser Flughafentransfer, Kochnischen.
Lakeshore Motel (3009 Lakeshore Drive, Tel. +1(907)248-3485 oder +1(800)770-3000; Einzelzimmer $94, Doppelzimmer $104 bis $114, Suiten $134 bis $155), Kochnischen auf Anfrage, in Flughafennähe.
Nelchina Point Suite (1601 Nelchina Street, Tel. +1(907)279-1601, Einzel- oder Doppelzimmer $94 bis $124), Appartments mit Küche.
Puffin Inn (4400 Spenard Road, Tel. +1(907)243-4044 oder +1(800)478-3346; Einzelzimmer $96, Doppelzimmer $106), kontinentales Frühstück inklusive, kostenloser Flughafentransfer.
Super 8 Motel (3501 Minnesota Drive, Tel. +1(907)276-8884 oder +1(800)800-8000; Einzelzimmer $99, Doppelzimmer $108), kostenloser Flughafentransfer.
Chelsea Inn Motel (3836 Spenard Road, Tel. +1(907)276-5002 oder +1(800)770-5002; Einzelzimmer $95, Doppelzimmer $105), kostenloser Flughafentransfer.
Copper Whale Inn (440 L Street, Tel. +1(907)258-7999; Einzel- oder Doppelzimmer mit Gemeinschaftsbad $100, Einzel- oder Doppelzimmer mit Privatbad $145), sehr schön, kontinentales Frühstück, historisches Gebäude, schöne Aussicht.
Eagle Nest Inn (4110 Spenard Road, Tel. +1(907)243-3433 oder +1(800)848-7852; Einzel- oder Doppelzimmer $105 bis $170), überteuert, kostenloser Flughafentransfer.
Puffin Place Suite (1058 West 27th Avenue, Tel. +1(907)279-1058 oder +1(800)478-3346; Einzelzimmer $110, Doppelzimmer $126), Kochnischen, kontinentales Frühstück inklusive, kostenloser Flughafentransfer.
Best Western Golden Lion Hotel (1000 East 36th Avenue, Tel. +1(907)561-1522 oder

Anchorage und Umgebung

+1(800)528-1234; Einzelzimmer $116 bis $126, Doppelzimmer $122 bis $132).
Eigth Avenue Hotel (630 West Eigth Avenue, Tel. +1(907)274-6213 oder +1(800)274-6213; Einzel- oder Doppelzimmer $120 bis $145), überteuert, AAA-empfohlen.
Sourdough Motel (801 Erickson Street, Tel. +1(907)279-4148; Einzel- oder Doppelzimmer $121, 2-Zimmer-Appartments $138), Küchen, kostenloser Flughafentransfer.
Voyager Hotel (501 K Street, Tel. +1(907)277-9501 oder +1(800)247-9070; Einzelzimmer $129, Doppelzimmer $149), Kochnischen, AAA-empfohlen.
Executive Suite Hotel (4360 Spenard Road, Tel. +1(907)243-6366 oder +1(800)770-6366; Einzel- oder Doppelzimmer $129 bis $219), kontinentales Frühstück inklusive.
Iniet Tower Suites (1200 L Street, Tel. +1(907)276-0110 oder +1(800)544-0786; Einzel- oder Doppelzimmer $130 bis $190), Kochnischen, kostenloser Flughafentransfer, AAA-empfohlen.
Holiday Inn (39 West Fourth Avenue, Tel. +1(907)279-8671 oder +1(800)465-4329; Einzelzimmer $135, Doppelzimmer $155), Swimmingpool, Sauna, kostenloser Flughafentransfer, AAA-empfohlen.
Northwoods Guest House (2300 West Tudor Road, Tel. +1(907)243-3249; $135 für bis zu vier Personen, jede weitere Person $10), ruhige Lage, Wochenpreis möglich.
Best Western Barrat Inn (4616 Spenard Road, Tel. +1(907)243-3131 oder +1(800)221-7550; Einzelzimmer $141 bis $156, Doppelzimmer $151 bis $166; kostenloser Flughafentransfer, Kochnischen auf Anfrage, Fitneßraum, AAA-empfohlen.
Westcoast International Inn (3333 West International Airport Drive, Tel. +1(907)243-2533 oder +1(800)544-0986; Einzelzimmer $144, Doppelzimmer $154, Apartment mit Kochnische $233 bis $248), Sauna, Fitneßclub, kostenloser Flughafentransfer.
Comfort Inn (111 West Ship Creek Avenue, Tel. +1(907)277-6887 oder +1(800)362-6887; Einzelzimmer $145 bis $165, Doppelzimmer $155 bis $175, Apartment mit Kochnische $210), kontinentales Frühstück inklusive, Pool, Jacuzzi, AAA-empfohlen.
Days Inn (321 Fifth Avenue, Tel. +1(907) 276-7226 oder +1(800)222-3297; Einzel- oder Doppelzimmer $149), kostenloser Flughafentransfer, AAA-empfohlen.
Ramada Northern Lights Inn (598 West Nothern Lights, Tel. +1(907)561-5200 oder +1(800)272-6232; Einzelzimmer $154, Doppelzimmer $164), kostenloser Flughafentransfer.
Westmark Anchorage (720 West Fifth Avenue, Tel. +1(907)272-4553 oder +1(800) 544-0988; Einzel- oder Doppelzimmer $179 bis $199), Kochnische auf Anfrage, AAA-empfohlen.
Sheraton Anchorage Hotel (401 East Sixth Avenue, Tel. +1(907)276-8700 oder +1(800) 325-3535; Einzelzimmer $200, Doppelzimmer $210), Sauna, Fitneßclub, AAA-empfohlen.
Regal Alaskan Hotel (4800 Spenard Road, Tel. +1(907)243-2300 oder +1(800)544-0553; $220 bis $235, Doppelzimmer $235 bis $250), Sauna, Fitneßraum, kostenloser Flughafentransfer, AAA-empfohlen.
Hotel Captain Cook (Fifth Avenue und K Street, Tel. +1(907)276-6000 oder +1(800) 478-3100; Einzelzimmer $230, Doppelzimmer $240, Suiten $245 bis $1500), Fitneßclub, Jacuzzi, Sauna, Swimmingpool.

Südliches Zentralalaska

Anchorage Hilton Hotel (500 West Third Avenue, Tel. +1(907)272-7411 oder +1(800) 445-8667; Einzelzimmer $240 bis $285, Doppelzimmer $260 bis $305), größtes Hotel in Alaska, Swimmingpool, Sauna, Jacuzzi, Fitneßclub, AAA-empfohlen.

Bed and Breakfast

Bei der letzten Zählung hatte Anchorage mehr als 250 Frühstückspensionen. Von luxuriösen Häusern in den Bergen mit spektakulärer Aussicht über gemütliche ältere Häuser im Stadtzentrum ist alles dabei. Oftmals werden auch freie Zimmer in Vorstadthäusern vermietet.

Verschiedene Agenturen sind darauf spezialisiert, eine Unterkunft zu finden: AAA-Anchorage Adventures & Accommodations (Tel. +1(907)344-4676), Accommodations in Alaska (Tel. +1(907)345-4279), Alaska Private Lodgings (Tel. +1(907)258-1717), Alaska Sourdough B&B Association (Tel. +1(907)563-6244) oder B&B Hotline.

Der »Anchorage Visitors Guide« (erhältlich im ACVB's Visitor Information Center im Stadtzentrum) listet alle regionalen Frühstückspensionen komplett auf. Auch ein Blick in die vielen Broschüren über Frühstückspensionen im Visitor Center kann nicht schaden.

Die folgenden Frühstückspensionen (Doppelzimmer $60 bis $75) können empfohlen werden: A View With a Room (Tel. +1(907)345-2781), Arctic Feather (Tel. +1(907)277-3862), Arctic Loon (Tel. +1(907)345-4935), Bonnie's (Tel. +1(907)345-4671), Country Garden (Tel. +1(907)344-0636), Gallery (Tel. +1(907)274-2567), Green Bough (Tel. +1(907)562-4636), Heidi's (Tel. +1(907) 563-8517), Mullen House (Tel. +1(907)562-4155 oder +1(907)258-9260) sowie Valley of the Moon (Tel. +1(907)279-7755).

Teurere Frühstückspensionen (Doppelzimmer $80 bis $125) mit zusätzlichem Komfort (z. B. Whirlpool) und komplettem Frühstück sind Alaskan Frontier Gardens (Tel. +1(907) 345-6556), All the Comforts of Home (Tel. +1(907) 345-4279), Always Paradise (Tel. +1(907)345-2973), Arctic Fox (Tel. +1(907) 272-4818), Arctic Pines (Tel. +1(907)278-6841), Aurora Windes (Tel. +1(907)346-2533), Camai (Tel. +1(907)333-2219 oder +1(800)659-8763), Country Garden (Tel. +1(907)354-0636), De Veaux's Contemporary (Tel. +1(907)349-8910), English Country (Tel. +1(907)344-0646), Glacier Bear (Tel. +1(907)843-8818), Little Rabbit Creek (Tel. +1(907)345-8183), Lynn's Pine Point (Tel. +1(907)333-2244), Snowline (Tel. +1(907)345-1631) und Swan House (Tel. +1(907)346-3033 oder +1(800)921-1900).

Camping

Zwei Stadtparks bieten von Mai bis September Campingmöglichkeiten. Lion's Camper Park (Tel. +1(907)33-9711) hat Platz sowohl für Zelte als auch Wohnmobile und kostet $13 pro Tag mit einem Höchstaufenthalt von sieben Tagen. Man erreicht ihn, indem man vom Glenn Highway auf dem Boniface Parkway Richtung Süden etwa 750 Meter fährt. Der Campingplatz, im Stadtpark von Russian Jack Springs gelegen, ist durch zwei kleine Einfahrt- und Ausfahrtschilder markiert.

Centennial Park (Tel. +1(907)333-9711) hat gleiche Preise und Ausstattung, ist aber großzügiger und etwas weiter von der Stadt entfernt am Glenn Highway gelegen. Südlich vom Glenn Highway biegt man in die Muldoon

Anchorage und Umgebung

> Road, die nächste Straße (Boundary) links, dann die nächste wieder links in die Highway Frontier Road. Der Campingplatz ist etwa 750 Meter entfernt. Die Buslinien 3 und 75 halten an der Ecke Boundary und Muldoon. Es gibt folgende Möglichkeiten für Wohnmobile: Golden Nugget Camper Park (4100 De Barr Road, Tel. +1(907)333-5311 oder +1(800)449-2012), Highlander Camper Park (2706 Fairbanks Road, Tel. +1(907)277-2407), Hillside Motel & RV Park (2150 Gambell, Tel. +1(907)258-6006), John's Motel & RV Park (3543 Mountain View Drive, Tel. +1(907)277-4332), Polar Bear Inn (4332 Spenard Road, Tel. +1(907)243-0533) und Ship Creek Landing RV Park (Ship Creek, Tel. +1(907)277-0877). Ein Stellplatz kostet $20 bis $25 inclusive Anschlüsse.

kreuz für Luftfracht: Sowohl FedEx als auch UPS unterhalten größere Terminals am Flughafen.
Fast jeder, der aus dem unteren Teil der Vereinigten Staaten nach Alaska fliegt, landet in Anchorage, auch wenn es sich nur um einen Anschlußflug mit anderen Fluggesellschaften handelt. Während man auf sein Gepäck wartet, sollte man einen Blick auf die Sammlung an ausgestopften einheimischen Tieren und Fischen auf der oberen Ebene werfen. Von hier aus kann man auch die Skyline der Stadt und die Chugach Mountains sehen. Draußen kann man die Aussicht genießen. Der Anchorage International Airport liegt knapp zehn Kilometer südwestlich von Downtown. In der Nähe des Gepäckbandes befindet sich ein Informationsschalter (täglich von 9 bis 17 Uhr). Falls er geschlossen ist, nimmt man sich die Broschüren von den Ständern mit. Man kann Gepäck zur Aufbewahrung geben (Tel. +1(907)248-0373; $2 bis $5 pro Tag). Der People-Mover-Bus 6 ($1) fährt auf der unteren Ebene in Richtung Anchorage etwa jede Stunde ab. Ein Taxi von der und in die Innenstadt kostet ab $12 und ist fast immer problemlos zu kriegen.
Viele der großen nationalen Fluggesellschaften fliegen von und nach Anchorage – darunter **Alaska Airlines** (Tel. +1(800)426-0333), **America West** (Tel. +1(800)235-9292), **American** (Tel. +1(800)433-7300), **Continental** (Tel. +1(800)523-3273), **Delta** (Tel. +1(800)221-1212), **Northwest** (Tel. +1(800)225-2525) und **United** (Tel. +1(800)241-6522).
Die meisten Flüge gehen via Seattle, Northwest bietet auch Direktflüge von Minneapolis/St. Paul an. In den letzten Jahren hat der starke Wettbewerb dazu beigetragen, daß die Flugpreise zwischen Seattle und Anchorage gesunken sind, manchmal kann man für $80 eine Strecke fliegen. Im Reisebüro sollte man daher nach Schnäppchen fragen.
Alaskas Regionalfluglinien sind **Reeve Aleutian Airways** (Tel. +1(800)544-2248), **Era Aviation** (Tel. +1(907)243-3322 oder +1(800)866-8394), **PenAir** (Tel. +1(907)243-2323 oder +1(800)448-4226) und **South-Central Air** (Tel. +1(907)283-3926 oder +1(800)478-2550). Alle fliegen täglich zu verschiedenen Städten und Orten in ganz Alaska. Reeve Aleutian ist eine alteingesessene Fluglinie mit einem exzellenten Ruf und stilvollen Flugzeugen.
Wer beim Ticketkauf Geld sparen will, liest die Rubrik »Travel-Transportation« im Anzeigenteil der *Anchorage Daily News*.

Südliches Zentralalaska

Hier veröffentlichen viele regionale Reisebüros ihre Sparpreise, die oftmals preiswerter sind als die der überregionalen Reisebüros. Der täglich verkehrende Express-Zug von und nach Fairbanks der **Alaska Railroad** (First Avenue, Tel. +1(907)265-2494 oder +1(800)544-0552) bietet die gleichen Preise wie die Tourbusse, die Fahrt ist aber weitaus bequemer, angenehmer und noch dazu historisch. Der Express verläßt Anchorage von Mitte Mai bis Mitte September um 8.30 Uhr Richtung **Denali** (Ankunft um 16 Uhr, einfache Fahrt $ 95) und **Fairbanks** (Ankunft um 20.30 Uhr, einfache Fahrt $ 135). Der Zug hält in Wasilla, Talkeetna und Nenana. Dort kann man aussteigen, allerdings nur ohne aufgegebenes Gepäck.

Ein Dieselzug verläßt Anchorage sonntags, mittwochs und samstags Richtung Hurrican Gulch (an der Südseite des Broad Pass vor Denali gelegen) und kostet für die Hin- und Rückfahrt $ 88. Hier trifft man noch urgemütliche Einwohner. Eine Auswahl möglicher Zugfahrten mit Unterbringung oder Flugkombinationen sind in der Broschüre von Alaska Railroad aufgelistet.

Princess Tours (Tel. +1(800)835-8907) und **Gray Line** (Tel. +1(907)277-5581 oder +1(800)544-2206) hängen Aussichtswagen an den Express an, um Touristen eine luxuriöse Eisenbahnerfahrung im alten Stil zu bieten. Sie sind hauptsächlich für Kreuzfahrtgäste gedacht, aber auch an Einzelreisende werden Tickets verkauft. Man muß allerdings für diesen Trip, der eine Übernachtung in einem Hotel nahe dem Park miteinschließt, mit mindestens $ 343 rechnen oder mit $ 280 von Anchorage bis Fairbanks mit Übernachtung in Denali.

Die Strecke nach **Seward** ist eine wunderschöne Reise mit Panoramablick auf die Kenai Peninsula. Der Zug biegt in der Nähe des Highway von Portage ab und windet sich die steilen Kenai Mountains hoch an verschiedenen Gletschern vorbei. Die tägliche Tour kostet $ 50 bzw. $ 80.

Es gibt keine zentrale Station für die **Longhaul-Busse** in Anchorage, und die Preise und Fahrpläne ändern sich ständig. Die Anbieter scheinen ebenso häufig zu wechseln, man sollte also die unten aufgeführten Informationen nur als Richtlinie nehmen und sich vor Ort selbst erkundigen.

Alaskon Express (die öffentliche Buslinie von Gray Line; Tel. +1(800)544-2206) fährt zwischen Mitte Mai und Mitte September jeden Sonntag, Dienstag und Freitag um 7 Uhr nach Haines ($ 185), Whitehorse ($ 190) und Skagway ($ 180). Bei allen Routen ist eine Übernachtung in Beaver Creek im Yukon vorgesehen. Die Übernachtung kostet ab $ 40 im Einzelzimmer, das Essen ist ebenfalls nicht im Preis inbegriffen.

Alaska Direct (Tel. +1(907)277-6652) bietet einen Minibus-Service rund ums Jahr nach Fairbanks ($ 65), zum Denali National Park ($ 45), nach Whitehorse ($ 145) und Skagway ($ 180).

Seward Bus Lines (Tel. +1(907)278-0800) bietet einen Minibus-Service ganzjährig nach Girdwood ($ 21) und Seward ($ 30).

Alaska Backpacker Shuttle (Tel. +1(907) 344-8775) fährt zwischen Mitte Mai und

Anchorage und Umgebung

Mitte September nach Denali ($35), Talkeetna ($30) und Portage ($20).
Im Sommer kann es schwierig werden, einen **Mietwagen** aufzutreiben. Daher sollte man rechtzeitig ein Auto reservieren (bis zu zwei Monate im voraus). Die bekannten Mietwagenfirmen Dollar, Hertz, Avis, National, Payless, Budget und Thrifty sind alle in Anchorage ansässig. Ein Wagen ohne Kilometerbegrenzung kostet in der Regel ab $40 pro Tag.
Denali Car Rental (Tel. +1(907)276-1230 oder +1(800)757-1230) ist einer der günstigen Regionalanbieter. Viele vermieten auch Jeeps und Minibusse. In den Gelben Seiten kann man alle Firmen mit den gebührenfreien (800)-Nummern finden. Einen Mietwagen beispielsweise in Anchorage mieten und dann in Fairbanks abgeben, kommt einen teuer zu stehen. Mit dem zuerst genannten Preis der Mietwagenfirma sollte man sich nie zufrieden geben, sondern ein zweites Mal nachfragen.
Einige Firmen vermieten auch riesige Wohnwagen, die mit 45 Kilometer pro Stunde den Highway entlangtuckern. Empfehlenswert sind **Clippership Motorhome Rentals** (Tel. +1(907)562-7051) und **Alaska Economy RVs** (Tel. +1(907)248-7723). Weitere Anbieter sind unter der Rubrik »Recreational vehicles – Renting and Leasing« in den Gelben Seiten aufgeführt, die Preise liegen im Sommer zwischen $125 und $150 pro Tag.

■ NAHVERKEHR

People Mover, Anchorages öffentliches Bussystem, bedient das ganze Anchorage Basin. Alle 23 Linien fahren an den Werktagen zwischen 6 und 22 Uhr. Am Samstag fahren die meisten Busse zwischen 8 und 20 Uhr. 90 Prozent legen allerdings sonntags eine Ruhepause ein. Das **Transit Center** (Tel. +1(907)343-6543; von Montag bis Freitag von 7 bis 18 Uhr) befindet sich zwischen Sixth Avenue und G Street, wo man sich einen *Ride Guide* mit Fahrplanzeiten und Streckennetz für $1 besorgen kann. Hier kann man für $2 pro Tag sein Gepäck verstauen. In den Bussen muß man passend bezahlen (Erwachsene $1, Kinder 50 Cents). Transfers (10 Cents) sind nur mit anderen Buslinien, die in dieselbe Richtung fahren, für zwei Stunden gültig. Die Busse von People Mover verkehren im Innenstadtbereich kostenlos.
Taxis sind teuer. Die meisten berechnen $2 allein für das Heranwinken und $1 für jede gefahrene Meile. Darunter sind **Alaska Cab** (Tel. +1(907)563-5353), **Anchorage Taxicab** (Tel. +1(907)278-8000), **Yellow Cab** (Tel. +1(907)272-2422) und **Checker Cab** (Tel. +1(907)276-1234). In der Innenstadt bezahlt man um die $4, von der Innenstadt nach Midtown $7 und von der Innenstadt bis zum Flughafen rund $12. Am Flughafen stehen stets jede Menge Taxis bereit.

■ RUNDFAHRTEN

Anchorage Historic Properties (Tel. +1(907)274-3600) bietet im Sommer stundenlange Rundgänge durch die Innenstadt an ($5, Kinder $1). Sie starten an der alten City Hall (524 West Fourth Avenue).
Einige Anbieter veranstalten tagelange Wanderungen in die Umgebung von Anchorage, darunter **Alaska Trail & Sail** (Tel. +1(907)346-1234), **Chugach Hiking Tours** (Tel. +1(907)278-4453) und **Alpina Tours** (Tel. +1(907)783-2482).
Mehr als ein halbes Dutzend Busunternehmen bieten Rundfahrten durch Anchorage und die Umgebung an. Die Stadtrundfahr-

Südliches Zentralalaska

ten lohnen sich meistens nicht. Außerdem macht es viel mehr Spaß, sich die Stadt selbst zu Fuß zu erschließen.
Wer allerdings nicht gut zu Fuß ist, sollte in den **Anchorage City Trolley** (Tel. +1(907) 257-5603) am Fourth Avenue Theater einsteigen. Er fährt täglich von Mai bis Oktober und kostet $10 für eine einstündige Fahrt durch die Innenstadt.
$25 bezahlt man für die Fahrten anderer Anbieter, die einen Museumsbesuch miteinschließen.
Wer ein kleines Abenteuer erleben möchte, sollte einen kombinierten Bus- und Bootstrip zum Portage-Gletscher ($55) oder eine Stadt-und-Gletscher-Tour ($74) unternehmen. Auch hier hält der ACVB Broschüren bereit.
Auch wenn es keine **Bootstouren** direkt von Anchorage aus gibt, ist es ein guter Ort, um die Bootstrips über den Prince William Sound zu organisieren. Eine Reihe von Busveranstaltern – darunter **Gray Line**, **Alaska Sightseeing-Cruise West** und **Phillips** – bieten Fahrten an, die eine Busreise von Anchorage nach Portage, eine Zugfahrt nach Whittier, einen Bootsausflug durch den Prince William Sound und einen Flug oder eine Busreise zurück nach Anchorage miteinschließen. Oder man fährt auf eigene Faust nach Whittier und unternimmt eine Bootstour von dort.
Die Südwestrouten der Alaska Marine Highway Ferry (Tel. +1(800)642-0066) verkehren nicht bis nach Anchorage, aber man kann mit der Alaska Railroad bis nach Whittier oder Seward fahren und von dort aus die Fähre nehmen. Mit Aussicht auf den massiven Columbia-Gletscher verläuft die Fahrt mit der Fähre nach Valdez (die preiswerteste Variante, um den Prince William Sound zu sehen). Von dort kann man weiter nach Cordova, Seward, Homer, Kodiak usw. fahren oder den Bus zurück nach Anchorage über den wunderbaren Richardson Highway nehmen. Im Alaska Public Lands Information Center (siehe Seite 379) befindet sich ein Büro der Fährgesellschaft.

■ RUNDFLÜGE

Den besten Blick auf Anchorage hat man natürlich aus der Luft. In Anchorage gibt es eine große Anzahl von Anbietern sogenannter Flugbesichtigungen. Die Adressen findet man in den Telefonbüchern unter »Aircraft Charter«. Einige der größeren und etablierten Anbieter sind **Rust's Flying Service** (Tel. +1(907)243-1595), **Regal Air** (Tel. +1(907) 243-8535) und **Ketchum Air Service** (Tel. +1(907)2435525 oder +1(800)433-9114). Alle Unternehmen operieren von Lake Hood aus.
Folgende Unternehmen starten von Merril Field: **Airlift Alaska** (Tel. +1(907)276-3809), **Jayhawk Air** (Tel. +1(907)276-4404) und **VernAir** (Tel. +1(907)258-7822 oder +1(800) 478-7822).
Alaska Bush Carrier (Tel. +1(907)243-3127) fliegt vom Flughafen aus wie auch **Era Helicopters** (Tel. +1(907)248-4422 oder +1(800) 843-1947).
Die meistern Anbieter haben folgenden Standardflug im Repertoire: 90minütiger Flug über die Chugach Mountains und den Knik-Gletscher für $140 bis $155 pro Person, einen dreistündigen Flug über den Prinz Williams Sound und den Columbia-Gletscher für $200 pro Person (inklusive einer Wasserlandung), einen dreistündigen Flug über den Mount McKinley für $200 pro Person (inklusive eines Stops am See).
Tagesausflüge nach Brooks Camp im Katmai National Park kosten um die $500 pro

Person. Die Lufttaxis bieten ebenfalls Ausflüge zum Fliegenfischen im Susitna River an. Man muß mit $150 bis $165 pro Person für einen Hin- und Rückflug am gleichen Tag oder $185 bis $270 für einen Übernachtausflug zu einer Seehütte rechnen. Der Preis beinhaltet die Hütte. Rusts Flying Service hat eine ganze Menge solcher Ausflüge im Angebot.

Für Gruppen von vier und mehr Personen empfehlen sich Charterflüge zu bestimmten Zielen, wie zum Beispiel dem Chugach National Park mit Übernachtung in einer öffentlichen Hütte (ab $25). Mit $210 pro Stunde für eine Cessna 185 (maximal vier Personen) oder $280 pro Stunde für eine Beaver (maximal sieben Personen) muß man allerdings auch hier rechnen.

Chugach State Park

Das zweitgrößte Gebiet Alaskas im Besitz der Regierung, der Chugach State Park, umfaßt fast 2000 Hektar und ist damit halb so groß wie Delaware. Der Park bedeckt die gesamte Chugach Range vom Eagle River, 40 Kilometer nördlich von Anchorage, bis nach Girdwood, 55 Kilometer südlich. Ein ehrgeiziger Wanderer würde Jahre brauchen, um alle Wege, Gipfel und Pässe zu erforschen. Dementsprechend bietet der Park eine Fülle an Wandermöglichkeiten, die sich in Länge, Entfernung, Schwierigkeit, Zugang und Beliebtheit unterscheiden. Eine gute Einführung in die Weiten des Parks gibt das Buch von Jenny Zimmerman *A Naturalist's Guide to Chugach State Park and Alaska*. Das Alaska Public Lands Information Center in Anchorage hält Prospekte und Broschüren bereit. Wenn man sich für einen Weg entschieden hat, zieht man seine Regenkleidung an. Die Wolken hängen oft in den Gebirgsketten, und während es in Anchorage klar und sonnig ist, kann es auf den Wanderwegen, lediglich eine kurze Entfernung weiter, bereits hageln. Das sollte aber niemanden abhalten. Der Park liegt in unmittelbarer Nähe von Anchorage, wo über 60 Prozent der Bevölkerung durch den Alltag hetzen und rennen, wovon man auf den Wanderwegen überhaupt nichts spürt.

■ AKTIVITÄTEN

Die Hauptfreizeitbeschäftigung ist das Wandern auf mehr als einem Dutzend gut ausgebauter Trails mit allen Schwierigkeitsgraden. Klettermöglichkeiten sind rar bis schlecht, da das Gestein sehr porös ist. Allerdings kann man oberhalb von 1800 Meter das ganze Jahr über schnee- und eisklettern. Auf dem Eklutna Lake ist Bootfahren sehr populär. Wildwasser- und Kanufahrer können für eine Fahrt der Klasse II bei Meile 7,5 und 9 in den Eagle River stechen.

■ UNTERBRINGUNG

Erschlossene Campingplätze befinden sich am **Eklutna Lake** wie auch am **Eagle River** nördlich von Anchorage und bei **Bird Creek** im Süden. Die beiden letzteren mit Nebengebäuden und Wasseranschluß sind fast immer bis zur maximalen Kapazität ausgelastet und haben ein Vier-Tage-Übernachtungslimit. Sie sind von Mai bis September geöffnet und kosten pro Übernachtung $10 am Eklutna Lake, ebenfalls $10 am Bird Creek und $15 am Eagle River. Alternativ dazu kann man einen Jahrespaß für $150 kaufen, der für alle Campingplätze in den staatlichen Parks gültig ist. Für weitere

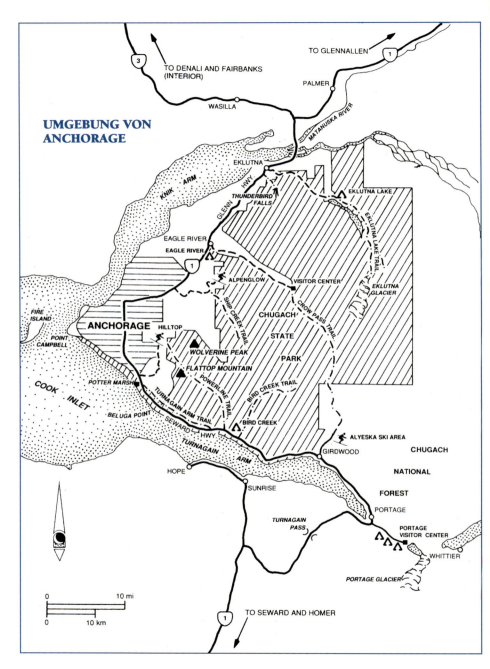

Informationen ruft man unter Tel. +1(907) 345-5014 an. Am Eklutna Lake (Tel. +1(907) 269-8400) gibt es darüber hinaus die Möglichkeit, herrliche Hütten für $35 pro Nacht zu mieten.
Das **Chugach State Park Visitor Center** (Tel. +1(907)694 6391, automatische Bandansage) liegt am Ende der 17 Kilometer langen Eagle River Road, die vom Alaska Highway 20 Kilometer nördlich von Anchorage abzweigt. Um die Wanderungsplanung bei den Chugach Rangers zu hinterlegen, ruft man unter Tel. +1(907)345-5014 an.

Arctic Valley

Neun Kilometer weiter nördlich auf dem Glenn Highway findet man die Abfahrt zur Arctic Valley Road, die dann auf einem 11 Kilometer langen Stück steil zum Alpenglow-Skigebiet ansteigt. Der Beginn eines Wanderwegs etwa einen Kilometer vor dem Ende der Straße führt zu dem langen **Ship Creek Trail**, der mit ein wenig Überlandwandern über gleichnamige Pässe zum Bird Creek und Indian Creek führt. Es sind etwa 34 Kilometer vom Arctic Valley bis zum Beginn des Indian Creek Trails.
Ein drei Kilometer langer Weg führt vom Alpenglow-Parkplatz zum **Rendezvous Peak**, eine einfache Strecke mit wundervollen Aussichten auf die Stadt und mit ein wenig Glück sogar auf den Mount McKinley.
Etwa 20 Kilometer weiter auf dem Glenn Highway von Anchorage entfernt, liegt die Hiland Road, die zum **Eagle River Campground** führt, wo man für $15 übernachten kann. Um sich einen Platz auf dem sehr beliebten Campingplatz zu sichern, muß man sehr früh dort sein.

Eagle River Area

Die Abfahrt zum Eagle River liegt bei Meile 13 am Glenn Highway. Diese führt zu einem 17 Kilometer langen Weg ins Herz der Chugach Mountains. Die Straße endet am **Chugach Sate Park Visitor Center** (Tel. +1(907) 694-2108). Das Center ist im Sommer von freitags bis montags 11 bis 19 Uhr geöffnet.
Der **Rodak Nature Trail** ist eine breite Schotterstrecke, etwa 700 Meter lang mit Informationstafeln zu Schnee, Gletscher usw., auf der man 15 sehr sinnvolle Minuten verbringen kann.
Der **River Trail** mit seinen zehn Kilometern bietet die Möglichkeit zu einer längeren Wanderung.
Einer der längsten und panoramareichsten Wanderwege ist der **Crow Pass Trail** mit fast 40 Kilometern. Die Strecke, auch als der Historic Iditarod Trail bekannt, war um die Jahrhundertwende eine Überlandroute, die von Seward durch das Chugach-Gebiet zu den Goldminen in Iditarod führte. Beim Aufstieg zum Crow Pass überquert man mehrere Flüsse, darunter den Eagle River. Es empfiehlt sich, die Flüsse am Morgen zu überqueren, da sie nach der Nacht Niedrigwasser führen. Aussichtshöhepunkte sind der Raven-Gletscher und Crystal Lake in der Nähe des Crow Pass, wo ein Weg aus dem State Park in den unglaublich großen National Forest führt. Auf dem Gipfel des Passes steht eine sehr beliebte Hütte, die man für $25 die Nacht mieten kann (Tel. +1(907)271-2500). Von hier aus sind es noch sechs Kilometer hinunter bis zum Beginn des nächsten Wanderabschnitts, der nach Alyeska führt (7,5 Kilometer). Erfahrene Skifahrer nutzen die Strecke im Winter bisweilen zu einer Tour über die Berge. Die Lawinengefahr ist allerdings sehr hoch.

Südliches Zentralalaska

Eklutna Village

Dies ist eine der überraschenden Entdeckungen direkt am Glenn Highway, über die Ausfahrt Eklutna Road, die über den Highway zurück zur **Nicholas Russian Orthodox Church** und dem **Tanaina Spirit House** führt. Von dieser Stelle, der ersten Ansiedlung der Tanaina-Indianer, hinunter zur westlichen Kenai Peninsula, dem Kodiak und den Aleuten, überlagert die russisch-orthodoxe Kultur das Kulturerbe der Ureinwohner. Die Vorfahren der meisten Indianer wurden von russischen Missionaren »bekehrt«, und die Kirche, die bis ins Jahr 1830 zurückreicht, ist eines der ältesten Gebäude in der Gegend um Anchorage. Die kleine Holzkapelle, die neben farbenfrohen Grabsteinen steht, ist eine oft fotografierte Sehenswürdigkeit in Alaska. Halbstündige Führungen werden täglich von 8 bis 18 Uhr angeboten (Tel. +1(907)696-2828; Mai bis September, $ 3,50).

Eklutna Lake Area

Auf der gegenüber liegenden Seite des Highway verläuft die Eklutna Road am Eklutna River (15 Kilometer) entlang, bis dieser in den gleichnamigen See mündet. Der gemütliche Campingplatz ($ 10) liegt am Ende der Straße, direkt am See.
Der 20 Kilometer lange **Lakeside Trail – Eklutna Glacier Trail** führt an der Westseite des Sees entlang und steigt dann einen Gletscher hinauf. Drei Seitenwege gehen in Richtung Twin Peaks, Bold Ridge und der East Fork des Eklutna River. Im Sommer handelt es sich um einen ausgezeichneten Radwanderweg, im Winter ist er herrlich mit Ski oder Schneemobilen zu befahren.
Viele dieser Routen stehen auch Allradfahrzeugen offen, was natürlich bedeutet, daß die Ruhe empfindlich gestört werden kann. Erfahrene Skifahrer schätzen das Terrain hinter dem Eklutna-Gletscher, eine Strecke, die über viele Gletscher zum Crow Pass führt (48 Kilometer).
Der **Alaska Mountaineering Club** (P.O. Box 102037, Anchorage AK 99510, USA, Tel. +1(907)272-1811) besitzt entlang dieser Strecke drei Hütten.
Über die oben genannte Ausfahrt erreicht man ebenfalls die Thunderbird Falls (wer in nördlicher Richtung von Anchorage aus unterwegs ist, nimmt die ausgeschilderte

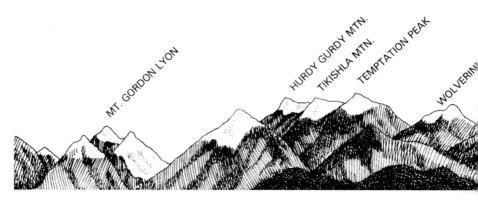

Potter Marsh Area

Ausfahrt **Thunderbird Falls**). Ein leichter Wanderweg führt Sie hinauf zum Thunderbird Creek; von dort aus folgen Sie Ihrem Gehör zu den Fällen.

Östlich von Anchorage

Vier Wanderwege, die am südöstlichen Stadtausgang liegen, leiten zu einem Netzwerk verschiedener Strecken. Sie beginnen alle auf dem Hillside Drive, der entlang vieler hübscher Häuser mit atemberaubenden Blick auf die Skyline westlich führt. Busse der Linie 92 halten an der Ecke von DeArmoun Road und Hillside Drive. Man bleibt auf dem Hillside Drive, bis man die Huffman Road erreicht, und biegt dort rechts ab. Nach 700 Meter biegt man in den Toilsome Hill Drive. Dieser führt zum **Glen Alps Trailhead**. Die Aussicht vom Parkplatz ist bereits lohnend, bevor man zum **Flattop Mountain Trail** steigt, um noch bessere Ausblicke zu erhaschen. Dieser Rundwanderweg ist sehr populär (sechs Kilometer), steigt 450 Höhenmeter an und wird am Gipfel sehr eng, wenn er sich durch die Felsen schlängelt.

Neben diesem gibt es weitere mittelschwere Rundwanderwege, die am Glen Alps Trailhead beginnen: **Little O'Mailey Peak**, zwölf Kilometer, **Ramp and Wedge**, 17 Kilometer, und **Willwaw Lakes**, 20 Kilometer.

Der **Powerline Trail** ist ein sehr zu empfehlender Radwanderweg (17 Kilometer) und führt über den 1065 Meter hoch gelegenen Powerline Pass zum Indian Creek Trailhead am Seitenarm des Turnagain.

Wer weiterhin auf der Hillside bleibt und rechts in die Upper O'Malley Road einbiegt, gelangt schließlich zum **Prospect Heights Trailhead**, von wo aus der **Wolverine Peak Trailhead** bis zum Gipfel des gleichnamigen 1336 Meter hohen Berges führt (hin und zurück 17 Kilometer). Herrliche Ausblicke auf Anchorage und die Alaska Range sind garantiert.

Potter Marsh Area

Das Potter-Marschland liegt am südlichen Ausgang von Anchorage und bietet einen Weg, der über das Marschgebiet führt. Dies ist eine gute Gelegenheit, um mehr als 80 verschiedene Arten von Wasservögeln zu erspähen, darunter kanadische Gänse,

Südliches Zentralalaska

Trompetenschwäne und Lachmöwen. Die Marsch entstand, als die Eisenbahnarbeiter zum Schutz der Eisenbahnlinie vor den Wellen des Turnagain einen Wall aufbauten und dabei den Frischwasserablauf von den Bergen beschädigten.

Eineinhalb Kilometer südlich steht das **Potter Section House**, ein kleines Eisenbahnmuseum in einem originalgetreu restaurierten Weichenhaus. Hier befindet sich auch das Hauptquartier des Chugach State Park, wo man sich mit Prospekten eindecken kann. Einige sehr informative Tafeln geben Auskunft über viele Aspekte der Alaska-Eisenbahnen. Ein kleiner Souvenirladen verkauft Eisenbahnandenken und Bücher und ist ganzjährig von Montag bis Freitag von 8 bis 16.30 Uhr geöffnet.

Turnagain Arm Trail

Auf der anderen Seite des Highway gegenüber dem Potter Section House liegt der Parkplatz des **Potter Creek Trailhead**, der erste Weg, der zum Turnagain Arm Trail führt, welcher über 14 Kilometer parallel zum Highway verläuft. Um die Jahrhundertwende war der Trail ein Wagenweg, der die Eisenbahnarbeiter mit Nachschub versorgte. Da diese dem Süden zugeneigten Pisten relativ früh im Jahr bereits schneefrei sind, sind sie ein beliebter Wanderweg. Nach fünf Kilometern kommt das Picknickgelände am McHugh Creek, das gleichzeitig Ausgangspunkt für die Strecke zum **Rabbit Lake** ist. Wer in südlicher Richtung weitergeht, kommt über kurz oder lang zum **Windy Corner Trailhead**, mittlerweile 14 Kilometer vom Ausgangspunkt entfernt, und ganz in der Nähe des Beluga Point.

Beluga Point

30 Kilometer südlich von Anchorage liegt Beluga Point, ein ganz ausgezeichneter Punkt, um die gleichnamigen kleinen weißen Wale zu beobachten, die Ende Mai bis Ende August den Lachsen in die flachen Gewässer des Turnagain Armes folgen. Daneben gibt es Dallschafe, die oftmals in der Gegend nahe dem Highway angetroffen werden. Oder man bringt sich ein Picknick mit und wartet auf eine der berühmten Tunnelwellen im Cook Inlet. Die Wellen hier gehören mit zu den größten der Welt, und die höchsten erreichen durchaus 2,50 Meter Höhe und 750 Meter Breite. Die Geschwindigkeiten erreichen nicht selten 16 Stundenkilometer. Es sind die einzigen Tunnelwellen, die es in den USA gibt. Sie entstehen, wenn eine große Wassermenge mit starkem Wellengang in ein enges Gefüge (den Turnagain Arm) gepreßt wird. In der Zeitung gibt es eine Gezeitentabelle. Von den Schlammoberflächen sollte man sich unbedingt fernhalten. Die Mischung aus Eisschicht und Schlamm hat einen Treibsandeffekt, und nicht wenige Menschen sind bereits ertrunken, nachdem ihre Füße im Schlamm steckenblieben und sie von der einlaufenden Flut überrascht wurden.

Indian Creek und Bird Creek

40 Kilometer südlich von Anchorage und bevor man das Turnagain House Restaurant erreicht, biegt man in der alten Goldgräberstadt Indian rechts ab und folgt der Schotterstrecke durch das Indian Valley bis zum **Indian Creek Trailhead**. Der Weg ist besonders während des »Indian Summer« im

Girdwood

Herbst sehenswert. Man kann den neun Kilometer langen, gut ausgebauten Weg weiterwandern und gelangt schließlich (nach weiteren Kilometern auf unbefestigten Wegen) zum **Ship Creek Trail**, der zum Arctic Valley (34 Kilometer) nördlich von Anchorage führt.
Die Ausfahrt Bird Creek liegt etwa drei Kilometer nach der Ausfahrt zum Indian Creek. Hier befinden sich zwei Wanderwege, einer zum Gipfel hin und einer entlang dem Bird Creek zum Bird Pass. Dort liegt der **Bird Creek Campground** ($ 10). Dieser Campingplatz ist fast immer mit Anglern besetzt, die ihr Glück im Bird Creek versuchen. Ein Fahrradwanderweg führt mitten durch den Campingplatz.

Von Girdwood nach Whittier

Man verläßt den Chugach State Park bei Meile 90 auf dem Seward Highway und gelangt in den immens großen Chugach National Forest. Mit nahezu 2,4 Millionen Hektar Fläche schließt dieser Nationalwald den gesamten Prince William Sound und Teile der Halbinsel Kenai ein. Der US Forest Service ist für die Verwaltung des Gebietes bis hin nach Seward verantwortlich, und Girdwood und Whittier sind die beiden letzten Außenposten der Zivilisation, die von diesem Waldgebiet, dem größten der USA, umgeben sind.

Girdwood

Girdwood Station (Meile 90) war der ursprüngliche Standort dieser Stadt, bevor durch ein Erdbeben die Landschaft gesenkt wurde. Die Zufahrtsstraße führt nach fünf Kilometern ins neue Girdwood und zum **Alyeska Ski Resort**.
Lediglich 60 Kilometer von 240 000 Menschen entfernt, ist dieses Winterresort auch im Sommer beliebter Anlaufpunkt, eine klassische Touristenfalle in Alaska. Wer nach den obligatorischen Einkäufen von T-Shirts, Souvenirs und Essen noch Geld übrig haben sollte, gibt $ 16 für eine Zugfahrt aus, die zum Gipfel des Mount Alyeska führt (690 Meter). Auf dem Gipfel befinden sich zwei Restaurants und der laut *Condè Nast Traveler*, Amerikas populärstem Reisemagazin, beste Ausblick in einem amerikanischen Skiresort. Die zwei Zugwaggons, mit einer Kapazität von jeweils 80 Personen, wurden 1993 in Betrieb genommen und sind vollständig behindertengerecht eingerichtet. Wer eine Reservierung im Seven Glaciers Restaurant hat, zahlt für die Bahnfahrt lediglich $ 6.
Die **Candle Factory** auf dem Weg sollte einen Besuch wert sein. Die Kerzen selbst sind nicht nur preiswerte und besondere Andenken, sie brennen auch nahezu endlos und das ohne Rauch oder Geruch. Die Kerzen sind einem alten Brauch entsprechend handgemacht und kosten zwischen $ 3 (klein) und $ 12 (groß).
Crow Creek Mine (Tel. +1(907)278-8060; von Mai bis September täglich von 9 bis 18 Uhr; $ 3), fünf Kilometer auf der Crow Creek Road, ist eine der ältesten Goldminen in Alaska (1896). Acht der originalen Minengebäude wurden restauriert und stehen für Besucher offen. Für $ 2 darf man Gold waschen. Camping ist für $ 5 möglich.

■ **AKTIVITÄTEN**

Eineinhalb Kilometer bevor man das Resort erreicht, sieht man eine Schotterstrecke, die

Südliches Zentralalaska

zum **Crow Pass Trailhead** führt. Von dort aus sind es fünf Kilometer und 600 Höhenmeter zum Paß. Auf dem Weg kommt man an alten Goldgräberbauten vorbei und passiert eine Hütte des Forest Service. 700 Meter hinter dem Paß ist der Raven-Gletscher, wo man den Chugach State Park erreicht.
Alpine Air (Tel. +1(907)783-2360) bietet für $99 einstündige Flüge mit Landung auf dem Gletscher an. Man kann ebenfalls einen Flug zum Prince William Sound buchen.
Alyeska Resort (Tel. +1(907)754-1111 für Reservierungen, Tel. +1(907)754-7669 für Schneeverhältnisse) ist das Hauptzentrum winterlicher Aktivitäten in Alaska. In den vergangenen Jahren wurden mehr als 70 Millionen Dollar in das Resort investiert, um weitere Liftanlagen, eine 60-Personen-Seilbahn, sechs Restaurants und einen Hotelkomplex zu bauen. Das Resort umfaßt heute 240 Hektar, hat 60 Pisten, sieben Sessellifte und zwei Zuglifte. Die meisten Pisten sind in die Schwierigkeitsstufen mittel bis schwierig einzuordnen. Die niedriger gelegenen Pisten können, wenn nötig, mit Kunstschnee versorgt werden. Im Alyeska Resort öffnet die Skisaison Mitte November und schließt Ende April. Die Pisten sind täglich von 10.30 bis 17.30 Uhr geöffnet, Nachtskifahren wird an besonderen Tagen angeboten. Ein Shuttlebus verbindet das Hauptskigebiet mit dem Prince Hotel. Lifttickets für Erwachsene kosten $38 für den ganzen Tag, Halbtagestickets sind für $26 zu haben. Ein Halbtagesticket inklusive Nachtski kostet $31. Kinder und Studenten erhalten jeweils einen Rabatt, ebenso die Käufer von Wochenpässen.
Die **Daylodge** verleiht Ausrüstung, um sich im Schnee auszutoben. Daneben erhält man dort teures Cafeteria-Essen wie auch die Möglichkeit, sich den letzten Schrei der Ski-Mode in Alaska anzuschauen. Weitere Cafeterias findet man auf dem Berggipfel. Skikurse sind überall buchbar.
Der Verkehr zwischen Anchorage und Girdwood kann sich am Wochenende stauen, daher sollte man früh genug aufbrechen oder besser die Alaska Railroad oder eines der Busunternehmen benutzen, die man in den Gelben Seiten findet.

■ ESSEN

An der Kreuzung von Girdwood Spur Road und Seward Highway befindet sich eine Einkaufszeile mit einer Reihe von Geschäften. Bei **Alpine Diner & Bakery** (Tel. +1(907)783-2550) bekommt man alle Mahlzeiten des Tages, darunter frisch gebackene Köstlichkeiten, Espresso und Eiscreme. Auf der Speisekarte stehen Burger, Sandwiches, Meeresfrüchte, Pizza und italienische Küche, die Preise liegen bei $9 bis $14.
Der Bake Shop im **Alyeska Resort** lädt mit seinen hausgemachten Sauerteigbackwaren, Suppen und Eintöpfen zum Bleiben ein. Sandwiches und Eiscreme vervollständigen das Angebot.
Das **Seven Glaciers Restaurant** auf dem Gipfel bietet die wundervolle Kombination von gutem Essen und einem traumhaften Ausblick. Aus der Höhe von 700 Meter über dem Meeresspiegel genießt man einen Blick über die Täler, über den Crow Pass bis in den Seitenarm des Turnagain hinein. Ein Gang kostet zwischen $18 und $24, die Desserts sind spektakulär, und falls man sich besonders wohl fühlen will, kann man das Mahl mit einem Cognac für $100 abrunden. Das Restaurant ist sehr elegant, ohne steif zu wirken. Die siebenminütige Fahrt mit der Seilbahn gibt eine Gelegenheit, sich die Gegend genauestens anzuschauen, und mit

Girdwood

einer Reservierung im Restaurant erhält man einen verbilligten Fahrpreis. In Girdwood selbst findet man eine Reihe von Restaurants, dazu ein Postamt, eine Wäscherei mit Duschgelegenheit und mit **Girdwood Griddle** das örtliche Café. Das berühmte **Double Musky Inn** (Tel. +1(907)783 2822; Dienstag bis Donnerstag von 16.30 bis 22 Uhr, Freitag bis Sonntag von 16 bis 22 Uhr) liegt nach 400 Metern auf der linken Seite der Crow Creek Road. Es werden keine Reservierungen angenommen. In einer durchschnittlichen Nacht servieren Bob und Deanna Persons in diesem Restaurant mit den hundert Plätzen 300 Mahlzeiten. Das Restaurant ist also voll, laut, mit langen Warteschlangen und zu wenig Kellnern. All das vergißt man allerdings in dem Moment, in dem das Essen kommt: Man verschwendet keine Zeit mit den Vorspeisen, so lecker diese auch sein können, und freut sich auf den Hauptgang. Cajun Shrimps, Heilbutt, Scallops und Lachs kosten etwa $20, Huhn um die $16, Steak ab $20. Alle Gerichte werden mit Gemüse, Kartoffeln und Brötchen serviert. Die Spezialität des Hauses ist das französische Pfeffersteak für $22, wohl das saftigste, größte und leckerste Stück Fleisch, das man jemals gegessen hat.

■ **UNTERBRINGUNG**

Auf dem Weg zum Resort biegt man nach rechts in die Timberline, und der Weg führt an zauberhaften Chalets vorbei, bis man erneut rechts abbiegt, diesmal in die Alpina Road. Ein paar Kurven weiter liegt das **Alyeska Home Hostel** (Tel. +1(907)783-2099; $10), eine sehr gute Unterkunft mit acht Betten, einer Küche, einem Bad und einer Sauna hinter dem Haus (keine Duschmöglichkeit). Reservierungen kann man bei Anchorage Hostel (Tel. +1(907)276-3635) vornehmen.
Weitere Unterkunftsmöglichkeiten in Girdwood findet man bei **Alyeska View B&B** (Tel. +1(907)783-2747) und **Alyeska Accomodations** (Tel. +1(907)783-2010). Das glitzernde **Westin Alyeska Prince** (Tel. +1(907)754-1111 oder +1(800)880-3880) bietet Luxus und alles, was den Aufenthalt angenehm erscheinen läßt. Das achtstöckige Hotel besitzt vier Restaurants, ein Fitneß-Center, einen Swimmingpool und einen Whirlpool, indem man alle gewonnenen Pfunde wieder losverden kann. Die Seilbahn, die zum Gipfel des Mount Alyeska fährt, startet direkt vor dem Haus.

■ **AN- UND WEITERREISE**

Es gibt zwei Unternehmen, die Fahrten von Anchorage nach Girdwood anbieten und nach Seward und Homer weiterfahren: **Seward Bus Lines** (in Anchorage Tel. +1(907)563-0800, in Seward Tel. +1(907)224-3608; einfache Fahrt $21) und **Alaskon Express** (Tel. +1(907)277-5581; $25).
Alaska Railroad (Tel. +1(907)265-2494 oder +1(800)544-0552) bietet im Winter einen Skizug an, der Anchorage mit Girdwood verbindet.

Portage-Gletscher

70 Kilometer südlich von Anchorage befindet sich bei Meile 79 auf dem Seward Highway eine Haltestelle der Alaska Railroad für die Fahrt nach Whittier. Etwa eineinhalb Kilometer weiter liegt die 8,5 Kilometer lange Zufahrtsstraße zum Portage-Gletscher, die durch das Portage Valley führt. Früher war an dieser Stelle ein Dorf, das

Südliches Zentralalaska

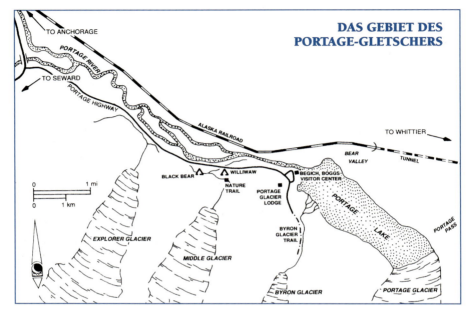

allerdings beim Erdbeben von 1964 zerstört wurde. Salzwasser vom Turnagain-Seitenarm ergoß sich in die Gegend, die sich beim Beben um 1,80 bis 3 Meter senkte und alle Bäume zerstörte. Portage Glacier ist eine der Haupttouristenattraktionen Alaskas und zieht jedes Jahr 700 000 Besucher an. Wer sich an einem klaren Tag in der Gegend aufhält, kann sich des Eindrucks nicht erwehren, daß diese 700 000 Personen alle gleichzeitig da sind.

■ AKTIVITÄTEN

Nur wenige Gehminuten vom Visitor Center beginnen zwei Wanderwege. Der **Moraine Loop Trail** ist ein fünfminütiger Weg durch die Moränenlandschaft der Gegend. Der Portage-Gletscher befindet sich erst seit etwa hundert Jahren an dieser Stelle. Die Flora und Fauna wird auf Schildern erklärt, und selbst der Parkplatz bietet eine herrliche Aussicht.

Etwa eineinhalb Kilometer weiter auf der Zufahrtsstraße beginnt der **Buron Glacier Trail**, eine etwa einen Kilometer lange Strecke, die entlang dem Seeauslauf führt.

■ INFORMATIONEN

Das **Begich Bogge Visitor Center** des Forest Service ist nach Nicholas Begich (einem Regierungsabgesandten Alaskas) und Hale Bogge (ehemaliger Repräsentantenhausführer im US-Senat) benannt, deren Flugzeug 1972 in dieser Gegend verschollen ist. Sie wurden nie gefunden. Das Visitor Center ist im Sommer täglich von 9 bis 19 Uhr geöffnet und im Winter donnerstags bis montags von 10 bis 17 Uhr. Man überschaut

Whittier

von hier den engen Ablauf des Portage Lake, wo sich die Eisberge, die vom Portage-Gletscher kommen, stauen. Der Gletscher selbst befindet sich auf der anderen Seite des Sees, und erst von dort aus eröffnen sich die gewaltigen Ausmaße des Massivs.

Das Visitor Center bietet eine Reihe von Ausstellungen, einschließlich einer Eishöhle, einem »lebenden« Eisberg, der vom See hierhertransportiert wurde, und einer Reliefkarte der Eisfelder. Alles was man jemals über Eisberge wissen wollte, erfährt man hier. Unbedingt zu bewundern sind die ausgestellten winzigen Eiswürmer, die sich von Pollen, Körnern und roten Algen ernähren und nahe dem Gefrierpunkt überleben können. Ein 20minütiges Video liefert weitere Information über diese Geschöpfe. *Voices from the Ice* wird alle 45 Minuten zwischen 9.30 und 17.30 Uhr vorgeführt. Eine Spende von $1 wird empfohlen.

Während des Sommers bietet der Forest Service **Iceworms Safaris** auf dem Byron Glacier Trailhead an. Daneben gibt es die Woche über Lagerfeuer auf dem Williwaw Campground. Der Gletscher selbst kann man an Bord eines der Westour-Boote besuchen. Von der **Aussichtsplattform** in der Nähe des Campingplatzes beobachtet man im späten Sommer Lachse beim Laichen.

■ UNTERBRINGUNG

Auf den zwei **Campingplätzen** des Forest Service gibt es insgesamt 50 Zeltplätze mit Wasser und Toilettenanschluß. Die Übernachtungen kosten $10 auf dem Black Bear Campground, $9 auf dem beim Williwaw Creek. Die Campingplätze werden privat unterhalten, und Reservierungen sind unter Tel. +1(800)280-2267 möglich.

Die **Portage Glacier Lodge** (Tel. +1(907) 783-3117) gegenüber dem Visitor Center bietet eine Cafeteria mit überraschend zivilen Preisen.

Seward Bus Lines bringt Reisende zum Gletscher. Man kann aber auch eine der Pakettouren für $40 buchen, die in Anchorage von zahlreichen Unternehmen angeboten wird.

Westour/Gray Line (Tel. +1(907)277-5581 und +1(800)544-2206) bieten Fahrten auf der *Ptarmigan* an, die über 200 Plätze verfügt. Die einstündigen Fahrten über den Portage Lake beginnen um 10.30 Uhr an der Anlegestelle beim Visitor Center und kosten $21 für Erwachsene, $10,50 für Kinder. Die letzte Fahrt verläßt den Hafen um 16.30 Uhr. Eine Tour mit Busfahrt von Anchorage und zurück sowie der Bootsfahrt erhält man bei Gray Line für $57.

Whittier

Tausende von Touristen passieren jede Woche das Dorf mit seinen 330 Einwohnern auf ihrem Weg von Fähren und Tourschiffen zur Alaska Railroad. Aber nur die wenigsten sehen Whittier wirklich.

Die meisten gehen einfach von der Fähre zum Zug und verpassen dabei einen der interessantesten und seltsamsten Orte in Alaska. Mit einer frühen Fähre oder einem späten Zug kann man sich ein wenig Zeit gönnen, dieses Dorf zu erkunden. Es ist schließlich das einzige Dorf in Alaska, das nach einem Poeten (John Greenleaf Whittier) benannt wurde.

■ HISTORISCHES

Der Bau der Eisenbahnverbindung nach Whittier war eine der größten Ingenieurlei-

Südliches Zentralalaska

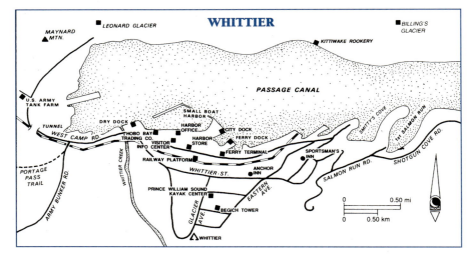

stungen des Zweiten Weltkriegs. Zwei Tunnel mußten durch die Chugach Mountains gebohrt werden (1368 und 3648 Meter lang), die Anchorage und Fairbanks mit einem geheimen Seehafen verbanden. Seward, der damalige Haupthafen im südlichen Zentralalaska, schien japanischen Angriffen gegenüber zu verwundbar. Deshalb wurde diese Eisenbahnlinie gebaut, die den Nachschub für die Verteidigung Alaskas sichern sollte. Nach dem Fall Japans zogen sich die Militärs aus Whittier zurück, kehrten aber ein Jahr danach wieder, da mittlerweile die Konfrontation mit der Sowjetunion begonnen hatte. Whittier wurde zur dauerhaften Militäreinrichtung, und man baute den Begich Tower, ein 14stöckiges Hochhaus, das so gar nicht in diese Gemeinde passen will. Daneben findet sich ein Gebäude, das einst 1000 Menschen beherbergte und das größte Gebäude in Alaska war. Mit Hochhäusern umging man das Problem des Schneeräumens, was im Winter schon einmal bedeuten konnte,

4,20 Meter hohen Neuschnee wegzuräumen.
1960 wurde die Basis stillgelegt. Die Gebäude wurden während des Bebens von 1964 stark in Mitleidenschaft gezogen. Begich Tower ist mittlerweile zu einem Wohnhaus umgebaut worden, während das andere Gebäude noch immer leersteht. Das dritte Hochhaus, Whittier Manor, wurde 1950 privat erbaut und beherbergt Wohnungen. Die Militärpräsenz heutiger Tage beschränkt sich auf die Pipeline, die militärische Einrichtungen in Anchorage versorgt. Bis 1992 war Whittier ein sehr beliebter Anlegeplatz für Kreuzfahrtschiffe, aber zerfallende Docks und die vierprozentige Mehrwertsteuer haben dafür gesorgt, daß die Schiffe heute Seward anlaufen.
Dies bringt dem unabhängig Reisenden allerdings den Vorteil, daß er die Stadt ohne die normalerweise in Kreuzfahrthäfen anwesenden Massen von Touristen genießen kann.

■ SEHENSWERTES

Die meisten Touristen schaffen es nicht weiter als bis ins Hafengebiet von Whittier. Dabei gibt es soviel zu entdecken. Wie immer beginnt man seine Erkundung beim **Visitor Center**. Es ist in einem Eisenbahnwaggon untergebracht und nur im Sommer täglich von 11 bis 12 Uhr und 13 bis 16 Uhr geöffnet. Hier erhält man Informationen über Zugverbindungen und Charterboote. Der Name Small Boat Harbor täuscht allerdings, hier liegen einige sehr große Schiffe vertäut.

Man folgt der Beschilderung nach Whittier an den Trockendocks vorbei und biegt dann links in die Whittier Street ein. Rechts in der Glacier Avenue steht der **Begich Tower**, in dessen 196 Wohnungen der Großteil der Bevölkerung wohnt. Die restlichen Bewohner leben im **Whittier Manor** (das auch unter dem Namen Sportsman's Inn bekannt ist). Eine typische Drei-Zimmer-Wohnung wird mit etwa $20 000 gehandelt und kostet rund $500 Miete pro Monat. Viele der Wohnungen gehören Bewohnern aus Anchorage, die hier ihren Sommer verbringen und die Einwohnerzahl damit auf knapp 1000 Personen hochtreiben.

In Zimmer 107 des Begich Tower ist das **Town Museum** (Tel. +1(907)472-2321; täglich von 11 bis 17 Uhr) untergebracht, in dem man einige der wildesten und ungewöhnlichsten Artefakte Alaskas findet. Mit ein wenig Glück hat man in der Regel die Bediensteten ganz für sich allein. Zu bewundern sind die Alaska-Koralle mit ihrer weißbraun-schwarzen Farbmischung, die Ausstellung an Schalentieren von Babs Reynolds, der Besitzerin der Hobo Bar, die Zähne eines Wolfsfisches, ein Foto von Whittier aus dem Jahr 1951, und russische Münzen. Weiterhin zu sehen sind ein Stiefelauszieher aus Walroßknochen, ein Stück Holz, das die Sprungwelle von 1964 glatt durch einen sechs Zentimeter dicken Reifen getrieben hat und eine Streichholzsammlung von Lori Simonds. Es wird eine Spende erwartet.

Eine Viertelmeile weiter die Eastern Avenue gelangt man zum ruhigen, beschaulichen **Smitty's Cove**, wo eines der wenigen Privathäuser von Whittier steht. Von hier aus hat man eine wunderbare Aussicht über die Wasserfälle des Passage Canal und den gigantischen Billing's-Gletscher.

Von Palmer nach Valdez

Der nach Kapitän Edwin Glenn, einem frühen Entdecker der Armee, benannte Glenn Highway (Route 1) erstreckt sich über 528 Kilometer von der Innenstadt von Anchorage in nördlicher Richtung nach Tok, wo er auf den Alaska Highway trifft. Der überwiegende Teil des Glenn Highway entstand 1942 und führte von Tok nach Gulkana, wo er sich mit dem Richardson Highway vereinte, und dann von Glennallen schließlich weiter nach Palmer. Palmer war zu jener Zeit mit Anchorage bereits über das Eisenbahnnetz verbunden. Daher wurden die letzten 68 Kilometer des Glenn Highway erst einige Jahre später fertiggestellt. Wenn man vom Stadtzentrum von Anchortown die Sixth Avenue nimmt – vorbei an Merrill Field, der Northway Mall und Fort Richardson – erreicht man den Highway. Nach 16 Kilometer kommt man an der Ausfahrt nach Eagle River vorbei, die in den nördlichen Chugach State Park führt. Bei Meile 29 biegt man nach rechts auf den alten Glenn Highway ab, eine landschaftlich

Südliches Zentralalaska

besonders schöne Alternative für die Fahrt nach Valdez.

Palmer

In den ersten 20 Jahren ihres Bestehens war die Stadt Palmer (3500 Einwohner) nicht viel mehr als ein Eisenbahndepot der Alaska Railroad an der Abzweigung nach Matanuska. Im Mai 1935 jedoch, auf dem Höhepunkt der Depression und einer verheerenden Dürreperiode im Mittelwesten, siedelte der damalige Präsident Franklin D. Roosevelt im Zuge des New-Deal-Hilfsprogramms 200 ausgewählte Farmerfamilien aus dem Norden von Michigan sowie aus Minnesota und Wisconsin in das Matanuska-Tal um. Was in Zelten begann, endete damit, daß die Farmer den dichten Wald rodeten und Häuser und Scheunen bauten. Beim Bestellen der Felder wurden sie von der Agricultural Experimental Station der Universität von Alaska in Wasilla unterstützt. In den ersten Jahren mußten die Farmer große Not und Entbehrungen hinnehmen. Dazu zählten Krankheiten, Heimweh, Mißmanagement, Überschwemmungen und darüber hinaus auch noch viel Pech. Bis zum Herbst 1936 jedoch waren die schlimmsten Fehler beseitigt, und bereits 120 Kinder hatten in der Kolonie das Licht der Welt erblickt. Fruchtbare Felder und lange Sommertage sorgten dafür, daß sich die Scheunen mit Ernteerzeugnissen füllten. Die Bewohner feierten dieses Ereignis mit einem dreitägigen Erntedankfest, einem Vorläufer der großen Landwirtschaftsausstellung des Staates. Nur wenige Jahre später hatte sich Palmer nicht nur in eine blühende Stadt verwandelt, sondern war auch das Zentrum eines idyllischen und landwirtschaftlich genutzten Tals, das noch heute einmalig in Alaska ist.

■ **SEHENSWERTES**

Wenn man von Wasilla aus entlang dem Palmer-Wasilla Highway nach Palmer fährt, ist das in etwa vergleichbar mit der Fahrt auf dem Parks Highway nach Wasilla. Der Unterschied zwischen Palmer, einer seit 60 Jahren bestehenden Gemeinde von Farmern, und Wasilla, einer Hals über Kopf aus dem Boden gestampften Ansiedlung, ist erschreckend. Unnötig zu unterstreichen, daß ein Besuch in Palmer mehr Sehenswürdigkeiten bietet.

Man beginnt den Aufenthalt beim **Palmer Visitor Information Center, Museum and Gift Shop** (723 South Valley Way, Tel. +1(907)745-2880) an der Ecke der East Fireweed Street. Die Öffnungszeiten sind im Sommer täglich von 8 bis 18 Uhr. Vor dem Besucherzentrum findet man ein Schild, auf dem die Entfernungen von Palmer in alle Welt angegeben sind: 4925 Straßenkilometer nach Elko (Nevada), 10 446 Flugmeilen zum Südpol und viele mehr. Im Inneren kann man sich mit allerlei Broschüren eindecken und das kleine Museum besuchen, das das Leben der ersten Siedler zeigt.

Zwei Blocks östlich in der East Elmwood Street liegt die **Church of a Thousand Logs**, die von den frühen Siedlern von 1936 bis 1937 gebaut wurde.

Wenn man einen weiteren Block in östlicher Richtung geht, erreicht man die Hauptverwaltung der **Agricultural Experimental Station**, wo man sich über die Gewächshäuser und den Baumgarten entlang der Straße informieren kann.

Ungefähr eineinhalb Kilometer südlich der Stadt am Glenn Highway sind die **Alaska**

Palmer

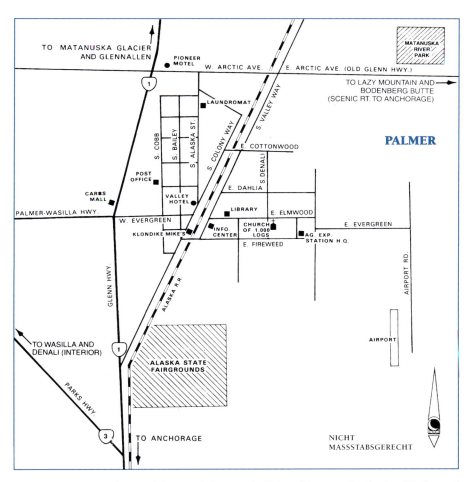

NICHT MASSSTABSGERECHT

State Fairgrounds. Die staatliche Landwirtschaftsausstellung wird zwischen der letzten Augustwoche und dem Labor Day abgehalten.
Auf dem Gebiet der Messe befindet sich das **Colony Village**, in dem einige Gebäude aus den Anfängen der Stadt, weitere Häuser (eines wurde 1917 in Anchorage erbaut), zahlreiche Scheunen (von denen eine heute als Colony Theater dient), eine Kirche und ein Postamt erhalten werden. Die Öffnungszeiten sind montags bis samstags von 10 bis 16 Uhr, der Eintritt ist frei.

■ **FARMEN**

Während man in Palmer ist, sollte man die Möglichkeit wahrnehmen, die weltweit ein-

Südliches Zentralalaska

zige Farm mit heimischen **Moschusochsen** zu besuchen und diese prähistorischen Kreaturen der Arktis aus der Nähe zu betrachten. Im Rahmen einer halbstündigen Führung ($7) erfährt man neben vielen anderen Dingen, daß diese exotischen Tiere zur Jahrhundertwende durch die Jagd nahezu ausgerottet waren. Heute wird die Wolle der Moschusochsen gekämmt, in den Osten verschifft, um dort gesponnen zu werden, und dann an die Siedlungen der Einheimischen verteilt, wo sie von den Inuit zu Endprodukten aus Qiviut-Wolle verarbeitet werden. Qiviut ist achtmal wärmer als Schafwolle sowie weicher und feiner als Kaschmir. Schals, Stolen, Mützen und Umhänge aus diesem Material werden im Showroom verkauft ($165 bis $425). Die Farm ist täglich von 10 bis 18 Uhr geöffnet (vom zweiten Sonntag im Mai bis in den September). Um dorthin zu kommen, nimmt man den Glenn Highway in Richtung Norden und biegt bei Meile 50 nach links in die Archie Road ab (erste Abzweigung links nach der Fishhook Road).

Nach einem Zusammentreffen mit den Moschusochsen fährt man eineinhalb Kilometer weiter zu **Wolf Country USA** (Tel. +1(907)745-0144). Dort kann man sich Wölfe ansehen und sogar junge Wölfe kaufen. Die Öffnungszeiten sind täglich von 9 bis 20 Uhr, der Eintritt kostet $3.

Auf dem Weg zurück in die Innenstadt (Richtung Norden) kann man nach rechts in die Arctic Avenue biegen. Diese Straße geht später in den Old Glenn Highway über. Nach rund sechs Kilometern erreicht man den Bodenberg Loop. Diese acht Kilometer lange Straße führt durch ein Gebiet des Tals, in dem man überall reizendes Farmland sieht, das vom Chugach Pioneer Peak überragt wird. Es ist kaum zu glauben, daß man sich in Alaska befindet. Um einige original erhaltene Farmen der ersten Siedler zu sehen, fährt man auf dem Glenn Highway etwa 15 Kilometer in Richtung der Farm Loop Road.

■ **AKTIVITÄTEN**

Zwei exzellente Wanderwege erreicht man vom Old Glenn Highway östlich von Palmer. Von der Innenstadt aus hält man sich in nördlicher Richtung und biegt in die Arctic Avenue, die dann zum Old Glenn Highway wird. Nachdem man die Brücke über den Matanuska River überquert hat, geht es nach links in die Wolverine Road und dann weiter über etwa eineinhalb Kilometer bis zur nächsten Kreuzung. Dort nimmt man die Abzweigung rechts auf die Huntley Road und fährt für weitere eineinhalb Kilometer bis zu einer Weggabelung, an der man sich dann rechts hält. Vorbei an einer Hütte erreicht man dann einen großen Parkplatz. Der Anfang des Wanderwegs ist nicht gekennzeichnet, er beginnt jedoch am oberen Ende des Parkplatzes. Bis zur Spitze des **Lazy Mountain** (997 Meter) sind es etwa zwei Stunden.

Eine bessere Aussicht und eine kürzere Wanderung erwartet einen am **Bodenberg Buttle** (269 Meter). Um dorthin zu gelangen, nimmt man den Old Glenn Highway in südlicher Richtung vorbei an der Loop Road, die rechts abzweigt, und biegt rechts in die zweite Straße. Nach etwa 400 Metern, kurz nach einem Schotterloch, erreicht man den sehr steilen und nicht ausgeschilderten Wanderweg. Trotzdem kann man den Weg, der entlang eines Reitweges führt nicht verfehlen. Der 40minütige Aufstieg wird mit einem herrlichen Rundumblick auf das Tal.

Palmer

die Chugach Mountains, die Talkeetnas, den Knik-Gletscher sowie undurchdringliche Wälder belohnt, die einen Eindruck davon geben, womit die Siedler einst konfrontiert waren, als sie das Land rodeten.

■ ESSEN UND UNTERHALTUNG

Das **Round House Café** ist rund um die Uhr geöffnet. Dort bekommt man Eier mit Speck für $ 5,95, Burger für $ 5 bis $ 7, einen guten Heilbutt-Sandwich für $ 7 sowie Gerichte mit Heilbutt, Hühnchen, Schwein, Steak, Jakobsmuscheln und Nudeln für $ 9 bis $ 15.

In **Klondike Mike's Saloon** wird von Mittwoch bis Samstag live Rock'n Roll gespielt (jeweils ab 21.30 Uhr).

■ UNTERBRINGUNG

Palmer verfügt über einen der komfortabelsten Campingplätze in Alaska. Der **Matanuska River Park** in der East Arctic Avenue, einen knappen Kilometer östlich der Stadt, befindet sich auf einem üppig begrünten Gebiet mit alten Pyramidenpappeln und wilden Rosen. Zwischen den 80 Stellplätzen, von denen 20 für Wohnwagen noch größer angelegt sind, gibt es jede Menge Platz. Normalerweise ist der Campingplatz nie überfüllt (pro Nacht $ 10). In der Umgebung befinden sich ein Picknickbereich, Softball- und Volleyballplätze sowie ein Wanderweg, der um die benachbarten Teiche herumführt. Auf dem Campingplatz gibt es außerdem Münzduschen ($ 2 für zehn Minuten), Feuerholz, Wanderwege, Zugang zum Fluß sowie eine Beobachtungsplattform. Weitere Informationen erhält man bei Mat-Su Parks and Recreation (Tel. +1(907)745-9281).

Weitere Übernachtungsmöglichkeiten bestehen im **Pioneer Motel** (124 West Arctic Avenue, Tel. +1(907)745-3425). Ein Doppelzimmer kostet dort ab $ 55. Da die Einzelzimmer früh ausgebucht sind, muß man diesen Preis auch als Einzelreisender im Doppelzimmer zahlen.

Das **Valley Hotel** (606 South Alaska Street, Tel. +1(907)745-3330) ist der beste Tip in der Stadt. Die Zimmer kosten ab $ 55. Außerdem gibt es dort eine Lounge und einen Spirituosenladen.

Das **Colony Inn** (325 East Elmwood Avenue, Tel. +1(907)745-3330) vermietet Nichtraucherzimmer zum Preis von $ 75 bis $ 100. Das Hotel wird von den Besitzern des Valley Hotels betrieben.

Eine Übernachtung im **Pollen's B&B** (Tel. +1(907)745-8920) kostet $ 63 bis $ 69 im Sommer sowie $ 50 in den Wintermonaten.

Waschmöglichkeiten findet man bei **Wash Day Too** (127 South Alaska Street, Tel. +1(907)746-4141). Der Waschsalon ist täglich von 7.30 bis 21 Uhr geöffnet. Dort gibt es auch Duschen ($ 3).

■ AN- UND WEITERREISE

Die Busse des **Alaskon Express** halten viermal wöchentlich in Palmer auf der Fahrt nach Haines. Sie verlassen Anchorage um 7.30 Uhr jeweils sonntags, dienstags und freitags und erreichen Palmer gegen 8.30 Uhr. Der Fahrpreis beträgt $ 59. Informationen gibt es unter Tel. +1(907)277-5581.

Jeden Sonntag, Mittwoch und Freitag machen die Busse von **Alaska Direct** auf ihrem Weg nach Whitehorse jeweils um 7 Uhr in Palmer Station. Ab Anchorage kostet die Fahrt $ 15.

Alaska Railroad bedient die Strecke nach Palmer nur während der Staatsmesse.

Südliches Zentralalaska

Nach Glennallen

Außerhalb von Palmer durchdringt der Glenn Highway ein hügeliges Waldgebiet. Nach etwa 19 Kilometer (bei Meile 54) liegt der **Moose Creek Campground**, eine kleine aber sehr praktische Alternative, wenn Palmer zu voll sein sollte. Die Übernachtung kostet dort $10.
Einen sehr großen und schönen Campingplatz gibt es bei Meile 76. **King Mountain Wayside** verfügt über fließendes Wasser, Toiletten und eine große Auswahl an Stellplätzen direkt am Matanuska River. Die Plätze innerhalb der Flußschleife sind meist weniger stark dem Wind ausgesetzt. Gegenüber dem Campingplatz erhebt sich der King Mountain mit einer fast perfekten dreieckigen Spitze.
Nur etwa 90 Meter entfernt liegt die **King Mountain Lodge**. Dort kann man problemlos einen wundervollen Tag und die Nacht verbringen.
Oder man legt einen Stop in der **Long Lake State Recreation Site** (bei Meile 85) ein und vertritt sich die Beine. Camping ist dort zwar nicht erlaubt, wenn man aber nach einem einfachen Zugang zum Matanuska-Gletscher – dem Höhepunkt an diesem Highway – sucht, kann man sein Zelt in der **Matanuska Glacier State Recreation Site** aufschlagen. Der Campingplatz (bei Meile 101) liegt auf einem Hügel mit Blick auf den eisigen Riesen und bietet die exzellenten Einrichtungen, über die die staatlich geführten Campingplätze in Alaska verfügen ($10).

■ MATANUSKA-GLETSCHER

Dieser Gletscher liegt so nah, ist einfach zugänglich und so eindrucksvoll, daß er sein Eintrittsgeld auf jeden Fall wert ist. Eintrittsgeld für einen Gletscher? Das ist tatsächlich richtig. Allerdings sind es nur $6,50. Dafür kümmert man sich aber auch um die Erhaltung der Landschaft und bietet Besichtigungen an.
1966 kaufte Job Kimball hier ein 162 Hektar großes Gelände nahe dem Highway, das dicht an den Gletscher reichte. Zwei weitere Jahre und natürlich ein entsprechendes Bankkonto benötigte er, um eine Straße und Brücken zu einem Aussichtspunkt fertigzustellen, der den Blick auf den Gletscher freigab. Seit 1968 »managt« Kimball den Gletscher mit viel Voraussicht und Umsicht.
Man biegt bei Meile 102 an dem farbenfrohen Schild nach rechts ab und folgt der weiten, gut ausgebauten Straße bis hinunter zum Fluß und fährt von dort aus weiter bis zur Lodge (Tel. +1(907)745-2534). Dort kann man einen Zwischenstop zum Essen und Trinken einlegen oder einfach nur den Wegezoll zahlen. Auf dem Gelände darf man überall campen ($6), der offizielle Campingplatz befindet sich jedoch direkt am Eingang. Wenn man über das nötige Kleingeld verfügt, kann man auch einstündige Rundflüge buchen ($85).
Nachdem man das Tor passiert hat, sind es noch gut drei Kilometer auf einer Schotterstraße bis zum Parkplatz. Der Gletscher selbst ist heute 43,4 Kilometer lang und 6,4 Kilometer breit. Vor 8000 Jahren reichte er noch bis zu der Stelle, an der sich heute die Lodge befindet. Vor 18000 Jahren erstreckte er sich sogar bis hinunter nach Palmer. In den letzten 400 Jahren hat sich der Gletscher jedoch kaum verändert. Die Endmoräne besteht überwiegend aus festem Gestein und ist lediglich an einigen Stellen von Sand durchsetzt. Man kann bis zum Ende des Gletschers laufen. Je näher man jedoch kommt, desto mehr muß man mit

Glennallen

etwas weniger festem Untergrund rechnen. Bis nach Glennallen und der Kreuzung von Glenn Highway und Richardson Highway sind es weitere 137 Kilometer. Wenn es die Reiseplanung zuläßt, den Aufenthalt hier im späten August oder September einzuplanen, sollte man dies unbedingt tun. Die Fahrt führt durch ein Meer von Espen, deren Laub sich golden färbt und einen Kontrast bildet zu den dunkelgrünen Fichten, während sich im Hintergrund Gletscher und schneebedeckte Bergspitzen erheben.

Bei Meile 98 sollte man sein Augenmerk auf die kleinen weißen Punkte an den Berghängen richten: Es sind Dallschafe, die dort auf der Suche nach mineralhaltigem Gestein zusammenkommen.

In der **Long Rifle Lodge** (Tel. +1(907)745-5151) bei Meile 102,2 serviert man hausgemachte Gerichte. Trotzdem ist der wahre Grund, hier anzuhalten, sicherlich die herrliche Aussicht vom Restaurant auf die nahe gelegenen Gletscher und Täler – da ist es schon schwierig, die Augen auf den Teller zu richten angesichts dieses Bergpanoramas direkt vor den Augen.

Jenseits von Eureka Summit erreicht man das Gebiet der Karibus. Man kann also überall nach den Mitgliedern der lokalen Nelchina-Herde Ausschau halten. Entlang der Strecke von Eureka nach Glennallen und dann weiter nördlich auf dem Richardson Highway nach Tok kann man fast überall Karibus entdecken. Bei klarem Wetter hat man von Glennallen aus einen hervorragenden Ausblick auf die Wrangell Mountains: Bei der schönen schneebedeckten Bergspitze genau in der Mitte der herrlichen Szenerie handelt es sich um den Mount Drum (3661 Meter). Im Süden liegt der Mount Sanford (4949 Meter), und im Norden erhebt sich der Mount Wrangell (4317 Meter).

Glennallen

Bei Meile 187 auf dem Glenn Highway kurz vor der Kreuzung mit dem Richardson Highway liegt dieser kleine Ort, der nach Edwin Glenn und Henry Allen benannt wurde. Beide Männer führten die erste Expedition in das Gebiet des Copper River an. Der Ort (900 Einwohner) erstreckt sich auf beiden Seiten der Straße und ist das Eingangstor zum großen Copper River Valley sowie zum Wrangell St. Elias National Park. Der erste Halt gilt dem **Copper River Valley Visitor Center** (Tel. +1(907)822-5555), einer Holzhütte mit einem Grassodendach auf der rechten Seite. Es ist in der Zeit vom 15. Mai bis 15. September täglich von 8 bis 19 Uhr geöffnet. Dort erhält man Broschüren mit Informationen zu jedem Winkel zwischen Tok und Cordova. Außerdem kann man sich die zahlreichen Videovorführungen ansehen und sich mit den freundlichen Mitarbeitern des Visitor Center unterhalten. Nur wenig entfernt von der Kreuzung am Glenn Highway liegt der **Northern Lights Campground**. Der Campingplatz bietet Plätze für Zelte und für Wohnwagen und verfügt überdies über einen Souvenirladen und Feuerholz.

Der staatliche Campingplatz **Dry Creek** liegt acht Kilometer nördlich der Straßenkreuzung. Dort gibt es 58 Stellplätze, Plumpsklos und viele Moskitos ($10).

Ein Zelt kann man aber auch aufschlagen, wenn man vom Caribou Café einen knappen Kilometer nach Westen geht und an der Bücherei nach Norden abbiegt. Dann kommt man nach 200 Metern an Baseballfelder, wo man bestimmt einen Platz zum Campen findet.

Übernachten kann man auch im **Caribou Hotel** (Tel. +1(907)822-3302). In der 1991

Südliches Zentralalaska

erbauten Lodge zahlt man $95 für ein Einzelzimmer, $109 für ein Doppelzimmer sowie $187 für eine Suite mit zwei Schlafzimmern. Insgesamt gibt es 45 Zimmer.

Das **Caribou Restaurant** serviert Eier mit Speck für $6,50, Burger und Sandwiches für $5 bis $8, Tagesgerichte für $9 sowie Steaks für $12 bis $15. Das Restaurant ist täglich von 7 bis 23 Uhr geöffnet.

Gerichte zum Mitnehmen bekommt man in Glennallen seit über 20 Jahren bei **Tastee-Freez** (Tel. +1(907)822-3923) in der Zeit von 10 bis 23 Uhr.

Das **Hitching Post Restaurant** (Tel. +1(907) 822-3338) gegenüber dem Park's Place Grocery hat sich auf gute mexikanische Gerichte zu annehmbaren Preisen spezialisiert. Neben Burritos und Tacos gibt es das übliche amerikanische Durchschnittsessen mit einer Vielzahl scharfer Soßen für jeden Geschmack.

In Glennallen gibt es außerdem drei Tankstellen, Pardner's General Store, den Park's Place Supermarket und einen Waschsalon.

Backcounty Connection (Tel. +1(907)822-5292) ist der jüngste Anbieter in einer ganzen Reihe von Busunternehmen, die planmäßige Verkehrsverbindungen von Glennallen aus anbieten. Das Unternehmen besteht jedoch nun auch schon seit mehr als einem Jahrzehnt. Backcountry Connection bietet begleitete Rundfahrten von Glennallen nach McCarthy (mit Mittagessen $99), Transfers in einem Kleinbus sowie viele Ausflüge. Die Fahrten finden täglich außer sonntags statt, und eine Reservierung ist empfehlenswert.

Die Bushaltestelle des **Alaskon Express** befindet sich am Caribou Café. Dort kann man auch nach den Fahrplänen und Fahrpreisen fragen, da sich hier ständig ändern.

Richardson Highway in Richtung Süden

Diese 185 Kilometer lange Autostraße zwischen den zerklüfteten und wilden Chugach Mountains im Westen und dem massiven Gebirgszug der Wrangell Mountains im Osten ist angefüllt mit Geschichte, schöner Landschaft und Wildnis und verfügt über einen riesigen Fischreichtum. Man könnte sicherlich ohne Probleme seinen gesamten Alaska-Aufenthalt zwischen Glennallen und Valdez verbringen. Diese Route – übrigens die älteste Straße in Alaska – entstand während des Goldrauschs 1898 und diente seit dieser Zeit zunächst als Fußweg, an dem später eine Telegrafenleitung verlegt wurde, dann als Straße für Pferdewagen und viel später als Durchfahrtsstraße für Autos. Der Richardson Highway ist die Zufahrtsstraße zum Wrangell St. Elias National Park, dem größten Nationalpark des Landes. Über 155 Kilometer hinweg zieht sich der Edgerton Highway (Route 10) vom Richardson Highway aus durch Chitina (am Copper River kann man hervorragend Lachs angeln) bis nach McCarthy und zu den Kupferminen von Kennecott, die bereits mitten im Nationalpark liegen. Die letzten 40 Kilometer bis nach Valdez gehören zu den drei landschaftlich schönsten Straßen in Nordamerika und stehen in Konkurrenz zur Denali Park Road um den Eielson herum und zum Icefields Parkway zwischen Lake Louise und Jasper.

■ COPPER CENTER

24 Kilometer südlich von Glennallen am Richardson Highway liegt der kleine Ort Copper Center (400 Einwohner). Er entstand 1896 und war die erste Ansiedlung im Inneren des südlichen Zentralalaska, die

Richardson Highway in Richtung Süden

nicht von Indianern gebaut wurde. Zur Gründung von Copper Center führten die vielen Erkundungsfahrten, die man auf dem mächtigen Copper River unternahm. Außerdem war dies genau die Stelle, an der der verhängnisvolle Pfad über den Valdez-Gletscher von den Bergen herunterkam und endete. Als die Goldsucher damals in Copper Center ankamen, fanden sie kaum mehr als eine Ansammlung von Zelten sowie einige Holzhütten, ein Postamt und das Blix Roadhouse vor, das 1898 für den stolzen Preis von $ 15 000 gebaut wurde. Immerhin gab es in diesem Rasthaus schon richtige Betten und ein modernes Bad.
In der **Copper Center Lodge** (Tel. +1(907) 822-32459), die dieses Rasthaus 1932 ablöste, kann man heute ein Einzelzimmer mit Gemeinschaftsbad für $ 75 mieten. Eine Hütte für bis zu sechs Personen kostet $ 125 pro Nacht und ein Cottage für bis zu acht Personen $ 135. Das Restaurant ist von 7 bis 21 Uhr geöffnet. Dort gibt es Burger, Sandwiches, Fisch und Steaks mit hausgemachten Beilagen und Desserts. Die frühere Bar gibt es nicht mehr. Auf Wunsch kann man sich mit den Bussen der Backcountry Connection von der Lodge abholen und nach McCarthy bringen lassen.
Im **Ashby Museum** kann man sich eine Ausstellung ansehen, die sich mit der Geschichte des Copper River Valley befaßt. Dazu zählen Kunstgegenstände der Athabasken-Indianer und der ersten Siedler. An die Tage des Goldrauschs und der Pioniere erinnern Fotografien, Arbeitswerkzeuge und alte Versandhaus-Kataloge, die für die Bewohner damals die einzige Möglichkeit boten, notwendige Dinge des täglichen Lebens zu erstehen. Das Museum wurde kürzlich um ein zweites Gebäude ergänzt und ist montags bis freitags von 13 bis 17 Uhr geöffnet.

Gegenüber liegt **Chapel on the Hill**. Es ist die älteste Kapelle aus Holz im Flußbecken des Copper River. Sie wurde 1942 von Freiwilligen der Armee erbaut. Dort kann man sich kostenlos eine Diavorführung über das Gebiet um den Copper River ansehen. Wenn die Kapelle geschlossen ist, geht man zum Wohnwagen auf dem Grundstück und klopft an die Tür. Der Hausmeister wird dann die Kirche öffnen.

■ ÜBER DEN EDGERTON HIGHWAY NACH CHITINA

29 Kilometer südlich von Copper Center ist die Abzweigung der Route 10 nach Chitina und McCarthy. Der Edgerton Highway, der wie viele andere auch nach einem Straßenbauer benannt wurde, ist eine 53 Kilometer lange Straße, von der die ersten 32 Kilometer asphaltiert sind. Die Autostraße endet bei Chitina.
Die Chitina-Indianer benutzten Kupferwerkzeuge, um aus Kupferklumpen Teller herzustellen, die sie wiederum gegen Gegenstände der Tlingit eintauschten. Der Besitzer von fünf oder sechs solchen Tellern wurde als sehr reich angesehen. Als die Copper River and Northwest Railroad den Ort 1909 erreichte, wurde Chitina zu einem wichtigen Bindeglied. Eine Nebenstrecke stellte die Anbindung an den früheren Richardson Wagon Trail nach Fairbanks her. 1938 versank die kleine Stadt aber wieder in der Versenkung, als die Bahnverbindung eingestellt wurde. 1964 wurde durch das gewaltige Erdbeben am Karfreitag das Schicksal des Ortes endgültig besiegelt. Dabei stürzten einige Brücken ein, die eine Verbindung von Cordova über den Copper Highway nach Chitina darstellten. Zu diesem Zeitpunkt wurde auch der Bau einer Autobahn

Südliches Zentralalaska

aufgegeben, die Chitina mit Cordova verbinden sollte.
Chitina (50 Einwohner) ist bekannt für seine Fangnetzsaison im Juni. Dies ist die Zeit, in der sich die Bewohner der Gegend am Zusammenfluß des Copper River und des Chitina River einfinden, um riesige Netze an langen Aluminiumpfählen ins Wasser herabzulassen, um später mächtige Fische an Land zu ziehen.
In Chitina gibt es ein einziges Motel, eine Tankstelle, ein Münztelefon, eine Park Service Station und einige Restaurants.
Der nächste offizielle Campingplatz ist bei **Liberty Falls**, etwa 16 Kilometer vor der Stadt. Viele schlagen ihre Zelte jedoch auch rund um den Town Lake und am fünf Kilometer langen Zubringer nach Süden auf.

■ MCCARTHY ROAD

Dies könnte die längste 96 Kilometer lange Straße im Norden der USA sein. Man muß mindestens mit einer Fahrzeit von vier Stunden rechnen. Bei gutem Wetter und hervorragender Fernsicht benötigt man sicherlich mehr Zeit, weil man zwischendurch immer anhält, um einen Blick auf die Wrangell Mountains zu werfen. Bei Meile 16 steigt der Adrenalinspiegel an, wenn man die enge Hängebrücke über den Kuskulana River überquert. Die 1910 erbaute Brücke wurde 1988 ausgebaut und um Eisenbahnschienen ergänzt. Insgesamt ist sie fast 180 Meter lang und befindet sich nahezu 122 Meter über der Wasseroberfläche. Findige Unternehmer haben vor kurzem versucht, hinter dem Rücken der Behörden kommerzielle Bungee-Sprünge dort anzubieten ($ 50), sie wurden jedoch mit harten Strafen belegt.
Unmittelbar vor dem Ende dieser Straße befindet sich ein sehr schöner Aussichtspunkt mit Blick auf McCarthy, die umliegenden Berge sowie auf den Kennicott- und den Root-Gletscher.
Backcountry Connection (Tel. +1(907)822-5292) bietet Rundreisen zwischen Glennallen und McCarthy.
McCarthy Air veranstaltet Flüge für drei oder fünf Personen von Glennallen oder Chitina nach McCarthy. Das Unternehmen unternimmt auch Rundflüge und setzt die Reisenden auf Wunsch auch an einem beliebigen Ziel ab.
Elias Air Taxi (Tel. +1(907)822-3368) fliegt für $ 61 (einfache Strecke) von Gulkana nach McCarthy oder von Anchorage nach McCarthy ($ 177 einfache Strecke).
Die Straße endet auf der falschen Seite des Kennicott River. 1983 bauten die Bewohner eine Art Bahn, mit der sie von einer freien Plattform aus auf die andere Flußseite gelangten. Sie mußten dabei aber selbst Hand anlegen und sich etwa über die Länge eines Fußballfeldes ziehen. Das kann auch heute noch eine sehr anstrengende Angelegenheit werden, besonders wenn es bergauf geht. Es ist wesentlich leichter für jemanden auf der anderen Seite, die Flußüberquerer herüberzuziehen, um dann später selbst hinübergezogen zu werden. Rucksäcke und Fahrräder kann man außerhalb der Kabine befestigen. Wenn man die Schlucht überquert hat, folgt man einfach dem Weg. Die rechte Abzweigung führt nach McCarthy, die linke nach Kennicott.

■ MCCARTHY

Diese wunderschöne kleine Ansiedlung (25 Einwohner) war vom Beginn dieses Jahrhunderts bis 1939 eine blühende Goldgräberstadt. Zur Zeit des Goldrauschs diente McCarthy als Versorgungsstation für die Arbeiter in den Kennecott-Minen und später auch für die Leute, die am Bau der Eisenbahnstrecke der Copper River and Northwestern Railroad beteiligt waren. Während der nahezu 30 Jahre, in denen die Minen in Betrieb waren, holte man hier Erz im Wert von 220 Millionen Dollar zutage. Das Erz enthielt bis zu 70 Prozent Kupfer, daneben noch ein wenig Silber und Gold. Die Kontrolle über diese Minen lag beim Alaska Syndicate, das J. P. Morgan und Daniel Guggenheim gehörte. Das Alaska Syndikat war aber auch im Besitz der CR&NW Railroad, mit der das Erz bis zum Meer transportiert wurde, sowie der Alaska Steamship Company, deren Schiffe das Erz zu den unterschiedlichen Hüttenwerken brachten. Die Minen wurden 1938 geschlossen, als der Kupferpreis so stark fiel, daß die Produktionskosten den Rahmen sprengten.

Die Beinahe-Geisterstadt Kennicott (zehn Einwohner) und die Kennecott-Minen (die Stadt wurde nach dem frühen Entdecker Robert Kennicott benannt, die ursprünglich falsche Schreibweise der Mine wurde jedoch niemals berichtigt) sind in einer langen Tageswanderung von McCarthy aus zu erreichen. Für eine Fahrt mit dem Wrangell Mountain Shuttle, der die Strecke mehrmals täglich bedient, zahlt man $ 5.

Das Gebiet um McCarthy und Kennicott befindet sich in Privatbesitz. Es ist umgeben vom Wrangell St. Elias National Park. Daher gestaltet sich Camping dort etwas problematisch. Es gibt keine Campingplätze. Entsprechende Orte, an denen man sein Zelt aufschlagen kann, gibt es jedoch trotzdem. Man sollte aber in jedem Fall vorher nachfragen.

In McCarthy selbst kann man in der **McCarthy Lodge**, in der es zwölf Zimmer gibt, übernachten. Die Preise liegen bei $ 95 für Einzelzimmer und $ 105 für Doppelzimmer. Es gibt auch Angebote mit Halbpension. Hier findet man übrigens auch die einzige Bar im Umkreis von rund 100 Kilometer.

■ WRANGELL-ST. ELIAS NATIONAL PARK

Auch wenn dieser Nationalpark etwas schwerer zu erreichen ist als der Denali National Park, so ist er dennoch eine hervorragende Alternative zu den Menschenmassen, die in den Denali drängen. Die Berge (Chugach, Wrangell und St. Elias) sind wirklich eindrucksvoll und der Mount Wrangell – mit einer Höhe von 4317 Metern der höchste Vulkan Alaskas – stößt Rauchwolken gen Himmel. Tatsächlich befinden sich von den 16 höchsten Bergen Nordamerikas neun auf dem Gebiet des Wrangell-St. Elias National Park. Die Eisfelder im Nationalpark zählen zu den größten der Welt, und auch die glazialen Ausläufer, die sich in die Landschaft graben, müssen den Vergleich mit anderen in Alaska nicht scheuen. Auf dem Copper River kann man einige Wochen lang mit einem Floß oder Kanu durch die Gegend streifen. Für die Verpflegung unterwegs sorgt der große Fischreichtum im Fluß. Auch die Tierwelt ist artenreich und – wie im Denali National Park – für die Besucher häufig zu sehen. Überdies verfügt der Park sogar über Strände am Golf von Alaska. Zwei Straßen führen mitten durch den Park. Außerdem bestehen Verkehrsverbindungen mit Bussen und Flugzeugen. Mit einer Fläche von 540 Quadratkilometern (340 für den Park und 200 für das Naturschutzgebiet) ist dies der größte Nationalpark des Landes. Zusammen mit dem Kluane National Park auf der kanadischen Seite ist es das erste Gebiet, das von den Vereinten Natio-

Südliches Zentralalaska

nen als Weltkulturerbe anerkannt wurde. Und außerdem benötigt man keine besondere Genehmigung, um im staatlichen Park zu campen. Man sucht sich einfach eine Richtung aus und zieht los.
Auf dem Landweg erreicht man den Wrangell St. Elias National Park über den Edgerton Highway/McCarthy Road. Diese Straße zweigt vom Richardson Highway bei Meile 82 ab und verläuft über 160 Kilometer bis in die Mitte des Parks. Eine zweite Zufahrt ist die 69 Kilometer lange Straße von Slana aus. Sie zweigt bei Meile 65 vom Glenn Highway ab und führt zu der aufgegebenen Bergarbeiterstadt Nabesna. Natürlich kann man sich auch von einem kleinen Flugzeug an jedem beliebigen Ort im Park absetzen lassen. Nach diesen Möglichkeiten sollte man sich in Glennallen oder Cordova erkundigen.
Die Hauptverwaltung des Parks (Superintendent, P.O. Box 29, Glennallen, AK 99588, Tel. +1(907)822-5234) befindet sich in Glennallen. Das Visitor Center findet man bei Meile 105 am Richardson Highway, 37 Kilometer südlich der Abzweigung nach Edgerton. Es ist während der Saison täglich von 9 bis 18 Uhr geöffnet. Die Ranger im Visitor Center sind bei der Planung von Wanderungen behilflich und verkaufen sehr gute topographische Karten. Hier sollte man auch für Notfälle die Route der Wanderung angeben. Kleinere Ranger-Stationen findet man außerdem in Slana, Chitina und Yakutat.

■ NACH VALDEZ

Die nächsten 120 Kilometer führen durch sehr schönes, bewaldetes Hügelland und entlang wogender Creeks mit unzähligen Wasserfällen, die von Eisfeldern und kleinen Gletschern aus den zerklüfteten Chugach Mountains herabstürzen. Wenn man von diesem Streckenabschnitt so begeistert ist, daß man seinen Aufenthalt noch etwas verlängern möchte, gibt es zwei staatliche Erholungsgebiete mit der Möglichkeit zum Campen. Man hat die Wahl zwischen dem **Squirrel Creek** (bei Meile 79) und Little Tonsina (bei Meile 65). **Little Tonsina** ist ein wenig laut wegen einer knapp einen Kilometer entfernten Pipelinepumpstation, die mit Flugzeugturbinen betrieben wird. Das klingt wie ein Flugzeug, das ununterbrochen startet. Hinweisschilder am Highway erzählen die Geschichte der Pipeline und erklären die Arbeitsweise der Turbinen und der Pumpstation, die täglich 1,6 Millionen Barrel über den 72 Kilometer südlich gelegenen Tompson Pass pumpt. Das entspricht einer Menge von 1200 Barrel in der Minute.
Bei Meile 56 stößt man auf die **Tiekel River Lodge** (Tel. +1(907)822-3259). Dort gibt es Eß- und Schlafmöglichkeiten, Campingplätze, Benzin und einen Souvenirladen. Die Übernachtungspreise liegen zwischen $5 für einen Stellplatz und $75 für ein Hotelzimmer mit Bad. Das gute Essen, das freundliche Personal und zahlreiche Aktivitäten, die das ganze Jahr hindurch angeboten werden, machen die Tiekel River Lodge zu einem angenehmen Zwischenstop auf dem Weg nach Valdez.
Nach einer Straßenbiegung bei Meile 33 trifft man völlig unvorbereitet auf den **Worthington-Gletscher**. Wie in einem Horrorfilm scheinen sich die drei eisigen Finger aus den Girls Mountain in die Landschaft zu graben. Entgegen vieler Behauptungen ist dieser Gletscher nicht nach dem gleichnamigen Automobil-Franchise-Unternehmer an der Westküste benannt.
Nach ein paar Kilometern gibt es eine Abzweigung, an der man in eine nicht gerade gut ausgebaute Straße biegt. Nach

Richardson Highway in Richtung Süden

ein paar hundert Metern erreicht man den Parkplatz, der zum Aussichtspunkt gehört. Es gibt keinen offiziellen Campingplatz an dieser Stelle, nur einen offenen Unterstand und einige Informationstafeln. Dennoch kann man hier zur Not campen. Vom Aussichtspunkt hat man einen hervorragenden Blick auf den längsten glazialen Ausläufer. Wanderwege führen das kurze Stück hinunter bis zum Gletscher.

Nach nur fünf Kilometern die Straße hinauf erreicht man der **Thompson Pass** (745 Meter). Die lange Reihe der gezackten Bergspitzen wirkt wie ein Sägeblatt, an dem einige Zähne fehlen. Über eine Seitenstraße sind auch der Blueberry Lake und der Summit Lake erreichbar. Sie liegen hinter dem Paß in Richtung Valdez. Sehr schön ist der kleine Campingplatz am Blueberry Lake, der allerdings ungeschützt ist. Angesichts der Tatsache, daß der Thompson Pass rekordverdächtige Niederschlagsmengen verzeichnet, ist dies besonders problematisch. Daß diese Gegend eines der schneereichsten Gebiete der Erde ist, zeigen die orangefarbenen Stangen am Rand der Straße, die den Fahrern bei Schnee den Verlauf der Straße anzeigen.

Etwa elf Kilometer hinter dem Paß kommt man zum **Keystone Canyon**, einem der schönsten Fleckchen in ganz Alaska – sogar bei Regen. Der sechs Kilometer lange Canyon spielte eine große Rolle zur Zeit des Goldrauschs und des Kupferabbaus. Als das Goldfieber ausgebrochen war, erhoben die kanadischen Behörden hohe Steuern und stellten strenge Regeln auf (dadurch wurden viele Leben gerettet, weil vielen die Kosten einfach zu hoch waren und sie in ihre Heimatorte zurückkehrten). Damals kursierten aber auch Gerüchte, daß von Valdez aus bis in den Yukon hinein ein Pfad führen sollte, der schon den Indianern und Russen bekannt war.

Diese vage Geschichte veranlaßte 4000 Goldsucher, in Richtung Valdez zu ziehen, um ihr Glück auf diesem Weg zu versuchen. Das war natürlich glatter Wahnsinn. Total unvorbereitet stiegen die Männer über den Valdez-Gletscher. Auch das Militär ging dem Gerücht nach und schickte Kapitän William Abercrombie 1898 auf den Weg, um eine Route von Valdez in das Innere Alaskas zu finden. Abercrombie hatte schon 1884 an der amerikanischen Expedition in das Gebiet des Copper River teilgenommen. Er kannte sich im Land und mit den Bedingungen aus. Als er 1898 den Valdez-Gletscher überquerte, verschob er jedoch sein Vorhaben. 1899 kehrte Abercrombie zurück und kartographierte das gesamte Gebiet. Dabei fand er auch den Lowe River, den Keystone Canyon und die Route über den Thompson Pass ins Landesinnere. Er gab seinen Neuentdeckungen ihre Namen.

Der Keystone Canyon war auch Schauplatz einer Auseinandersetzung. Zwei Baufirmen im Wettbewerb um den Bau der Straße von der offenen See bis zur Kennecott-Kupfermine prallten 1906 genau hier aufeinander. Beide beanspruchten das Recht für sich, diese Trasse fertigzustellen. Bei diesen Auseinandersetzungen wurde ein Mann getötet. Die sich anschließende gerichtliche Auseinandersetzung ließ die Gemüter erst recht in Wallung geraten. Schließlich standen sich Angehörige der beiden rivalisierenden Baufirmen bei einem »Shoot-out« im Keystone Canyon gegenüber.

Heute fährt man entlang dem tobenden Lowe River am unteren Ende der hundert Meter hohen Klippen vorbei. Der gesamte Canyon ist in ein berauschendes Grün

Südliches Zentralalaska

getaucht, in dem jede Spalte in den hohen Klippenwänden mit Moos bewachsen ist. Von den hohen Felswänden stürzen Wasserfälle herab, die sich in den Fluß ergießen und die Straße mit einem feinen Wasserdunst bedecken. Die Wasserfälle Bridal Veil Falls (Brautschleier) und Horsetail Falls (Pferdeschwanz) werden ihren Namen vollauf gerecht.

Valdez

Valdez liegt am Ende des Valdez-Arms. Die von schneebedeckten Bergen umgebene Stadt (4000 Einwohner) ist nicht nur einer der malerischsten Orte in Alaska, sondern auch einer der wohlhabendsten. Und das liegt daran, daß hier seit 20 Jahren der Endpunkt der Erdölpipeline ist.

Valdez (die Betonung liegt auf der zweiten Silbe) ist aber auch eine sehr fortschrittliche Stadt. Der 50 Millionen Dollar teure schwimmende Containeranleger ist der größte seiner Art weltweit. Das durch Wasser gespeiste Elektrizitätswerk Copper Valley versorgt nicht nur Valdez mit Strom, sondern auch eine ganze Reihe von Städten, die weit entfernt liegen. Die Stromleitungen kann man den Richardson Highway entlang bis Glennallen verfolgen. Die Gewässer werden von der Solomon Gulch Hatchery genutzt, um die Zukunft der Lachszuchtanstalt und damit die Arbeitsplätze zu sichern. Besonders stolz sind die Bewohner von Valdez auf das drei Millionen Dollar teure Bürgerzentrum, das Jugendzentrum (1,3 Millionen Dollar), die neue Freizeit- und Erholungsanlage (1,5 Millionen Dollar), die Bücherei, ein Krankenhaus, ein Altersheim, eine Weiterbildungsstätte und weitere städtische Einrichtungen.

Valdez ist ganzjährig auf der Straße, mit einer Fähre und auf dem Luftweg gut erreichbar und verfügt über gut entwickelte touristische Einrichtungen. Hinzu kommen Angelcharterangebote sowie Schiffsausflüge zum beliebten Columbia-Gletscher.

■ HISTORISCHES

1778 segelte Kapitän James Cook in die Bucht und gab ihr den Namen Prince William Sound. 1790 kam der spanische Entdecker Don Salvador Fidalgo nach »Puerto de Valdez«, der den Hafen nach dem damaligen spanischen Marineminister benannte. 1898 war Valdez schließlich ähnlich wie Skagway eine Zeltstadt der Goldsucher – bis auf ein kleines Detail: Es gab von dort keinen Weg ins Landesinnere. Dennoch machten sich zwischen 4000 und 6000 todesmutige Goldsüchtige auf den Weg, um den Valdez-Gletscher zu überqueren. Kapitän William Abercrombie beschrieb die törichten Neuankömmlinge als erschreckend inkompetent und sowohl physisch als auch psychisch total unvorbereitet auf das, was sie erwartete. Die meisten wußten noch nicht einmal, wie sie ihr Hab und Gut auf dem Rücken festschnallen mußten. Nur wenige dachten daran, die zwei lebenswichtigsten Dinge mitzunehmen: Wasser und Holz. Viele erblindeten durch die Reflektion der Sonnenstrahlen auf dem Eis. Andere gingen in heulenden Stürmen, die über das Eis fegten, verloren, in denen es unmöglich war, den Vordermann zu hören oder zu sehen. Von denen, die den Gipfel erreichten, verloren viele ihre Ausrüstung und ihr Leben beim gefährlichen Abstieg auf der anderen Seite. Und wer schließlich auch diese Hürde überstanden hatte, der sah sich den reißenden, eiskalten Flüssen gegenüber. Viele Männer mit schwe-

Valdez

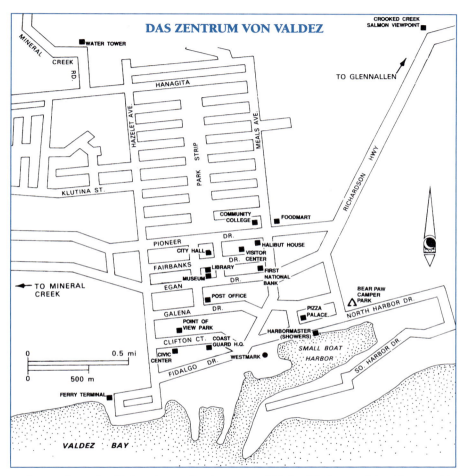

rer Last verloren den Halt und ertranken im nur knietiefen Wasser. Andere wiederum bauten Boote, um dann auf dem Klutina River bis Copper Center zu fahren, doch nur wenige erreichten ihr Ziel. Und alle, die zwischen dem Gletscher und dem Fluß festsaßen, besaßen schließlich gar nichts mehr. Von all denen, die im Frühjahr und Sommer 1898 in Valdez aufgebrochen waren, kehrten nur 300 im Herbst zurück. Abercrombie fand sie mittellos und gebrochen vor. Viele waren verrückt geworden, an Skorbut erkrankt, und viele hatten Erfrierungen an Händen, Füßen und im Gesicht. Die Einrichtungen waren erbärmlich, und es gab nichts zu essen. Abercrombie gab seinen Plan, einen Weg ins Landesinnere zu suchen, auf und kümmerte sich während der folgenden

Südliches Zentralalaska

sechs Monate um die Überlebenden. Er gab ihnen zu essen, kleidete sie ein und sorgte für die Heimreise der Männer.
Um sie herum begann der Ort Valdez zu wachsen. Nur fünf Jahre später löste der Goldrausch einen starken Wettbewerb zwischen Valdez, Cordova und Katalla aus. Alle Städte wollten Endstation der Bahnlinie sein, die von den heutigen Kennecott-Kupferminen zum Ozean gebaut werden sollte. Dutzende Projekte wurden ins Auge gefaßt und wieder verworfen. Schließlich jedoch gewann Cordova das Rennen. Während der nächsten 60 Jahre war Valdez im Vergleich mit Seward und später mit Whittier ein verschlafener Fischerort und Schiffsanlegeplatz, von dem aus die Schiffsfracht ins Landesinnere gebracht wurde. Das Erdbeben vom Karfreitag (1964) machte die ganze Stadt dem Erdboden gleich. Sie wurde zehn Kilometer weiter im Landesinneren wiederaufgebaut auf einem Grundstück, das ein Einheimischer gespendet hatte. 1974 verkauften die Stadtväter Valdez mitsamt seinem eisfreien, 244 Meter tiefen Hafen und dem Zugang ins Landesinnere an die Planer der Pipeline, die sich aufgrund dessen für Valdez als Ausgangspunkt entschieden.
Wie durch ein Wunder ging alles ohne große Zwischenfälle – bis zum 29. März 1989. Fast 25 Jahre nach dem verheerenden Erdbeben lief die *Exxon Valdez* an jenem Tag am Bligh-Riff auf Grund, nur wenige Stunden nachdem sie das Pipelineterminal in Valdez verlassen hatte. Dabei liefen über elf Millionen Gallonen Rohöl aus und ergossen sich in den Prince William Sound. Das Unvorstellbare war geschehen. Im Sommer 1989 wurde Valdez von der Katastrophe komplett auf den Kopf gestellt. In der Zwischenzeit ist im Leben der Bewohner langsam wieder Normalität eingekehrt.

■ IM STADTZENTRUM

Mitten im Herzen der Stadt liegt das **Valdez Museum** (Tel. +1(907)835-2764) am Egan Drive. Es ist von 8 bis 20 Uhr geöffnet und enthält für seine Größe eine erstaunlich umfassende Sammlung. Es gibt auch eine sehenswerte Fotoausstellung mit Bildern, die den Einfluß der Pipeline zeigen, sowie alte Fotos, unter anderem von einem Dampfschiff vor dem Columbia-Gletscher von 1928. Unter den sehr alten und seltenen Karten findet man auch eine russische von 1737. Hinzu kommen Zeichnungen von Webber, dem Zeichner an Bord von Kapitän Cooks Schiff, sowie Ausstellungsvitrinen, die sich mit den Indianern, dem Bergbau und der Geschichte der Telegraphie beschäftigen. Höhepunkte der Ausstellung sind die Leuchtturmlinse von 1840 und eine alte Ahrens-Dampfmaschine von 1907. Genügend Zeit sollte man sich auch für die Beschreibung des Erdbebens nehmen – der Schrecken ist einfach unvorstellbar.
Man folgt der Meals Avenue in Richtung der Berge zum **Prince William Sound Community College**. Auf dem Gelände sind einige Holzskulpturen des Künstlers Peter Toth verstreut, zu denen auch die besonders beeindruckende Darstellung eines Indianerkopfes zählt.
Danach nimmt man die Meals Avenue in Richtung Hafen und biegt nach links in den Clifton Drive. Vorbei an der Küstenwache erreicht man schließlich das Civic Center. Dort ist eine sehr informative Tafel aufgestellt, die den Terminal am Ende der Pipeline auf der anderen Seite der Bucht beschreibt und erklärt.
Um einen schönen Blick auf die Stadt zu haben, kann man die steilen Stufen zum Point of View Park hinaufsteigen.

Valdez

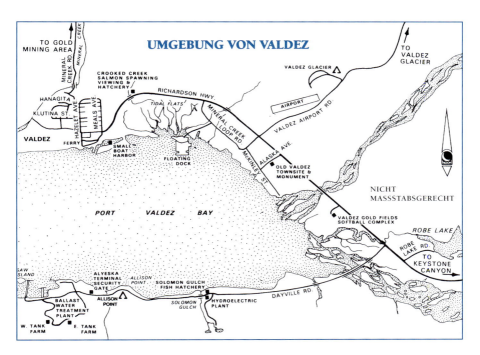

■ **AUSSERHALB DER STADT**

Fährt man den Richardson Highway etwa 800 Meter stadtauswärts, so erreicht man ein Laichgebiet von Lachsen: **Crooked Creek**. Im Spätsommer kann man hier das faszinierende Schauspiel beobachten, wenn die Lachse im letzten Teil ihres unglaublichen Lebenszyklus zum Laichen herkommen. Ein Bohlenweg führt noch weiter in das Gelände hinein.

Weitere fünfeinhalb Kilometer am Richardson Highway stößt man auf eine Schautafel, die auf das alte Valdez hinweist. Das Erdbeben ließ von der Stadt lediglich die Grundmauern des alten Postgebäudes übrig, so daß die Meilensteine am Richardson Highway selbst zu Gedenktafeln wurden. Noch immer ist die Meile 0 genau an dieser Stelle. Wenn man nach weiteren fünf Kilometern nach rechts in die Dayville Road fährt, kommt man zum Kraftwerk und zur Lachszuchtanstalt. Hier kann man sich auch die mächtigen Wasserfälle im Solomon Gulch ansehen und einen Rundgang durch die Lachszuchtanstalt unternehmen. Die Mitarbeiter beantworten bereitwillig alle Fragen. Danach geht es den steilen Alaska Power Authority Trail hoch bis zum Staudamm und zum See. Hin und zurück sind es rund fünf Kilometer. Der Weg beginnt links, wenn man in Richtung Kraftwerk blickt.

Nach weiteren drei Kilometern steht man vor dem Tor des Pipelineterminals. Die Skulptur, die hier steht, stammt von Malcolm Alexander, der eine ähnliche Skulptur

Südliches Zentralalaska

auch für den Golden Heart Park in Fairbanks schuf. Das Information Center befindet sich aus Sicherheitsgründen am Flughafen. Es besteht aus einer Reihe von Informationstafeln, die sich mit der Geschichte von Valdez und mit technischen Einzelheiten der Pipeline beschäftigen. Beeindruckend ist auch der graphische Vergleich der *Bartlett*-Fähre mit einem Öltanker, der zwei Millionen Barrel Öl fassen kann. An dem hier gebauten Pipelineterminal können zur gleichen Zeit vier solcher Tanker beladen werden. Der Öltanker *Exxon Valdez* war jedoch der größte von allen.

■ ZUM COLUMBIA-GLETSCHER

Von allen Gletschern Alaskas, die ins offene Meer münden, ist der Columbia-Gletscher der am einfachsten zugängliche und daher auch der am meisten besuchte. Glacier Bay, die Kenai-Fjorde (von Seward aus) und der College-Fjord (von Whittier) erfreuen sich ebenfalls großer Beliebtheit. Alle Ausflugsfahrten werden von privaten Unternehmen durchgeführt und sind entsprechend teuer. Der Columbia-Gletscher wird als einziger auch von der staatlichen Fähre angesteuert, von deren Decks dann auch die meisten Touristen diesen mächtigen Gletscher im Prince William Sound bewundern. Der Gletscher hat eine Fläche von 1140 Quadratkilometern und ist 67 Kilometer lang. An seiner Mündung ist er 4,8 Kilometer breit und ragt 90 Meter aus dem Meer. Unter der Wasseroberfläche befinden sich noch einmal schier unglaubliche 610 Meter. Der Columbia-Gletscher ist der zweitgrößte seiner Art in Alaska und erstreckt sich noch immer über 50 Kilometer entlang seinem alten Fjord. Trotzdem ist er nur ein kleines Überbleibsel des riesigen Gletschers, der vor nur wenigen Tausenden Jahren den Prince William Sound ausfüllte. Damals hatte der Gletscher an dieser Stelle eine Höhe von 1220 Meter. Seit 1982 zieht sich der Gletscher stark zurück, pro Jahr um durchschnittlich 800 Meter. Dieser schnelle Rückzug hat zur Folge, daß sich die Columbia-Bucht mit Eisbergen anfüllt und Ausflugsboote daher nicht mehr näher als acht Kilometer an den Kopf des Gletschers heranfahren können. Das Eis in der Bucht führt zu gefährlichen Bedingungen im Prince William Sound. Um diesen gefährlichen Eismassen auszuweichen, nahm auch die *Exxon Valdez* die verhängnisvolle Abkürzung nahe dem Bligh Riff. Wenn der Rückzug des Gletschers zum Stillstand kommt, wird er nach Meinung von Wissenschaftlern einen neuen, 40 Kilometer langen Fjord hinterlassen, in den verschiedene Gletscher kalben werden.
Nur 40 Kilometer Luftlinie von Valdez entfernt legt die staatliche Fähre *Bartlett* einige Kilometer vor dem Gletscher eine Pause auf ihrer Fahrt von Valdez nach Whittier ein. Es gibt aber auch mindestens vier Ausflugsboote, die durch die Bucht kreuzen, die der zurückgehende Gletscher hinterlassen hat. Es gibt viele Ausflugskombinationen, unter denen man wählen kann: Flugzeug-Schiff, Bus-Schiff, Zug-Schiff oder einfach nur eine Rundfahrt mit dem Boot von Valdez aus. **Stan Stephens Charters** (Tel. +1(907)835-4731) bietet achteinhalbstündige Fahrten mit der *Glacier Spirit* zum Gletscher. Der Ausflug kostet inklusive einem Fischessen auf Growler Island $94 für Erwachsene und $64,50 für Kinder. Wenn man in Zelten übernachtet, werden $189 für Erwachsene und $161 für Kinder berechnet.
Reisen mit der luxuriösen *Lu-Lu Belle* veranstaltet **Glacier Charter Service** (Tel.

Valdez

+1(907)835-5141). Auf dem Ganztagesausflug sieht man eine Seelöwenkolonie, viele Seevögel und Wale. Das Schiff verbringt außerdem eine Stunde vor dem kalbenden Meeres-Gletscher. Im Reisepreis von $115 ist ein warmes Essen enthalten.

◼ AKTIVITÄTEN

Ein schöner Spaziergang ist die landschaftlich schöne **Mineral Creek Road**, die durch eine eindrucksvolle Schlucht zu einer Tretmühle führt. Die neun Kilometer lange Straße entstand um die Jahrhundertwende und ist eigentlich ein sehr enger und holpriger Weg. Die Smith Stamp Mill, in der früher das Erz der Minen oben auf dem Berg zerkleinert wurde, befindet sich rund eineinhalb Kilometer von der Mineral Creek Road entfernt. Man geht am besten die Hazelet Avenue weiter bis zum Hanagita Drive, biegt zunächst nach links und dann wieder nach rechts in Richtung Mineral Creek. Für diese Wanderung (21 Kilometer) muß man fünf bis sieben Stunden einkalkulieren.

Ein weiterer schöner Weg führt auf dem Egan Drive in westlicher Richtung stadtauswärts und dann weiter bis hinter die Brücke, die über den Mineral Creek führt. Man kann den Berg hinaufsteigen, vorbei an der Pension Blueberry Hill B&B. Der Weg ist landschaftlich sehr schön.

Ein paar Kilometer hinter dem Campingplatz endet die Straße zum Flughafen an einer Kiesgrube, die sich direkt an einem Fluß vor dem gefährlichen **Valdez-Gletscher** befindet. Wegen der hohen Felswand entlang der Straße entsteht hier ein ausgezeichnetes Echo. Wenn man bis an den Rand der Grube klettert, hat man eine wunderschöne Aussicht. Nach einem guten Frühstück auf dem Campingplatz ist es hierher ein schöner Spaziergang.

Keystone Raft and Kayak Adventures (Tel. +1(907)835-2606) veranstaltet eine aufregende zweistündige Floßfahrt auf dem Lowe River und durch den Keystone Canyon. Mit fünf täglichen Abfahrten müßte diese Floßfahrt eigentlich in jeden Reiseplan passen. Der Preis beträgt pro Person $35 oder $45 inklusive Transport von Valdez. Regenausrüstung, Rettungswesten und Gummischuhe werden zur Verfügung gestellt. Das Unternehmen bietet auch einen vierstündigen Ausflug auf dem Tsaina River ($70 inklusive Transfer) und Ausflüge ins Landesinnere und in die Gegend des Copper River.

Wenn man schon immer Kajakfahren lernen wollte oder schon über gute Kenntnisse verfügt und den Prince William Sound um Valdez in einem komfortablen Gefährt umrunden möchte, dann sollte man sich mit Hedy Sarney von **Anadyr Adventures** (Tel. +1(907)835-2814) in Verbindung setzen. Dabei wird man in einem Charterboot über die offenen Gewässer gefahren und kann dann das Einer- oder Zweierkajak an Plätzen wie dem Shoup- oder dem Columbia-Gletscher sowie in der Galena-Bucht zu Wasser lassen. Man wird dabei mit allen notwendigen Ausrüstungsgegenständen ausgestattet. Hinzu kommen Essen, Duschen, Schlafquartiere bei mehrtägigen Ausflügen und Kajaklehrstunden. Die Ausflüge reichen von dreistündigen Fahrten für $52 bis hin zu einer achttägigen Tour für $1925, bei der man immer wieder auf das Basisschiff zurückkehrt. Hinzu kommen weitere Ausflüge von unterschiedlicher Reisedauer und diversen Schwierigkeitsgraden, die sowohl von Schiffen als auch von Hütten aus beginnen. Außerdem kann man sich an einem

Südliches Zentralalaska

gewünschten Ziel mit dem Kajak absetzen oder abholen lassen, Kajaks mieten und Kajakstunden nehmen.
In Valdez gibt es etwa zwei Dutzend Charterboote, die für Angel- und Ausflugsfahrten eingesetzt werden. Im Visitor Center erhält man eine Broschüre der Valdez Charter Boat Association.

■ INFORMATIONEN UND DIENSTLEISTUNGEN

Das **Visitor Center** (200 Chenega Street, Tel. +1(907)835-2984) befindet sich gegenüber der Stadthalle. Es ist täglich von 8 bis 20 Uhr geöffnet. Das Büro ist häufig überfüllt, vor allem wenn sich Kreuzfahrtschiffe im Hafen befinden. Pro Jahr besuchen 45 000 Touristen dieses Zentrum. Darüber hinaus werden jährlich über 100 000 schriftliche Anfragen beantwortet.
Öffentliche Duschen gibt es beim Büro des Hafenmeisters an der Ecke Meals Avenue und Harbor Drive, gleich gegenüber der Handelskammer. Marken erhält man für $3 im Büro die Treppen hinauf.

■ ESSEN

In Valdez hat man eine große Auswahl von Essensmöglichkeiten. Zur Frühstückszeit füllt sich das **Totem Inn** (Tel. +1(907)835-4443) am Richardson Highway mit Einheimischen. Der dunkel gehaltene Speisesaal ist mit Aquarien, Schaukästen und einer Video-Großleinwand ausgestattet.
Guten Fast-food-Fisch erhält man im **Alaska Halibut House** (Tel. +1(907)835-2788) in der Meals Avenue.
Ebenfalls sehr beliebt für Pizza und italienische Gerichte ist **Pizza Palace** am North Harbor Drive.

Das **Cafe Valdez** neben dem Village Inn serviert leckere mexikanische Küche.
Chinesisch kann man bei **Fu Kung** hinter dem Totem Inn essen.

■ UNTERBRINGUNG

Kreatives Campen ist angesagt. Wohnwagen bevölkern die Stadt, vor allem entlang dem Ufer. Der **Bear Paw Camper Park** auf dem North Harbor Drive (Tel. +1(907)835-2530) berechnet $15 pro Zelt sowie $20 bis $22 für einen Stellplatz mit unbegrenzt nutzbaren Duschen.
Der nächste offizielle Campingplatz liegt acht Kilometer entfernt. Man erreicht ihn, wenn man auf dem Richardson Highway stadtauswärts geht, dann nach links in Richtung Flughafen biegt und noch eineinhalb Kilometer weiterläuft.
Der **Valdez Glacier Campground** (Tel. +1(907)835-2282) verfügt über 100 Stellplätze ($10), Picknick- und Barbecue-Bereiche, Toiletten und fließendes Wasser. Er liegt landschaftlich sehr schön, ist aber für Fußgänger relativ schwer zu erreichen.
Eine weitere Alternative ist der **Allison Point Campground** in der Dayville Road nahe dem Alyeska-Ölterminal. Er wird von den Eigentümern des Valdez Glacier Campground betrieben. Die Kosten und Einrichtungen sind auf beiden Plätzen ähnlich. Der Allison Point Campground hat 68 Stellplätze und bietet gute Angelmöglichkeiten am Ufer in der näheren Umgebung.
Um kostenlos zu campen, geht man vom Fähranleger um die Ecke und biegt nach links auf den Egan Drive. Nach etwa 400 Metern kommt man an ein bewaldetes Grundstück, auf dem man sein Zelt aufschlagen kann.
Eine weitere Möglichkeit besteht auf der

Wiese gegenüber vom Parkplatz in der Nähe der Fähre. Allerdings ist man dort den Blicken anderer Menschen ausgesetzt und befindet sich sehr dicht an den Konservenfabriken.
Auch der Hügel, der unmittelbar am Ufer liegt, eignet sich als Campingplatz. Oder man folgt dem Harbor Drive, bis man auf der linken Seite auf einen Stadtpark stößt, wo man sein Zelt für $6 aufschlagen kann. Alle Hotelzimmer in Valdez kosten mehr als $100. Laut einer neuen Broschüre gibt es in Valdez 52 Frühstückspensionen. Eine Auflistung erhält man im Visitor Center der Stadt. Für schnelle und einfache Reservierungen von Pensionen, Hotels, Charterbooten und ähnlichem wendet man sich am besten an Cathy vom Reservierungszentrum **One Call Does It All** (Tel. +1(907)835-4988).

■ AN- UND WEITERREISE

Valdez liegt 589 Kilometer von Fairbanks entfernt am Richardson Highway. Von Anchorage sind es 304 Kilometer über den Glenn Highway nach Glennallen und dann weitere 185 Kilometer auf dem Richardson Highway nach Valdez.
Die Busse von **Alaskon Express** (Tel. +1(907)835-2357) starten in Valdez am Westmark Hotel täglich um 8 Uhr und erreichen Anchorage um 18 Uhr (einfache Strecke $65). In Anchorage fahren die Busse vom Hilton Hotel ebenfalls um 8 Uhr ab und erreichen Valdez gegen 18 Uhr.
Flüge mit Turboprop-Maschinen zwischen Valdez und Anchorage bietet **ERA Aviation** (einfache Strecke $74 bis $99). Der Flughafen befindet sich sechseinhalb Kilometer außerhalb der Stadt. Für eine Fahrt mit einem Taxi (Yellow Cab, Tel. +1(907)835-2500) zahlt man etwa $5.

Ein Auto kann man bei **Avis** (Tel. +1(907)835-4774) für $52 bis $65 pro Tag mieten (ohne Kilometerbegrenzung). Reservierungen sind vor allem für kleinere Städte sehr empfehlenswert, da bereits eine Schiffsladung Touristen den gesamten Bestand von Leihwagen mieten kann.
Die Fähre des **Alaska Marine Highway** verkehrt zwischen Valdez und Whittier (rund $60), zwischen Whittier und Cordova sowie zwischen Valdez und Cordova. Da sich die Fahrpläne häufig ändern, erkundigt man sich am besten nach den neusten Abfahrtszeiten- und -tagen. Die *Bartlett* ist jedoch das einzige staatliche Fährschiff ohne Duschen. Die *Tustumena* legt mehrmals pro Woche in Valdez ab und nimmt durch den Prince William Sound Kurs auf Seward, Homer und Kodiak. Die Abfahrtszeiten variieren wöchentlich, daher sollte man den Fahrplan und die Preise sehr genau studieren.
Mountainbikes kann man bei **Beaver Sports** (316 Galena Street) für $9 pro Stunde mieten. Das Geschäft ist montags bis freitags von 10 bis 19 Uhr, samstags von 9 bis 18 Uhr und sonntags von 13 bis 18 Uhr geöffnet.

Cordova

Cordova (2000 Einwohner) ist deutlich geringer bevölkert, weniger wohlhabend und schwerer zugänglich als die große Schwesterstadt Valdez. Und viele Einheimische sind besonders glücklich über diesen Umstand. Auch wenn sie nur eine sechsstündige Fährüberfahrt entfernt liegt, hat die Stadt ihren ganz eigenen Flair: Das Klima ist milder und feuchter und das Leben viel beschaulicher als in Valdez. Cordova ist eher

Südliches Zentralalaska

zwischen Petersburg und Juneau anzusiedeln, denn die Stadt ist ebenfalls nur mit dem Flugzeug oder per Schiff erreichbar, verfügt über eine große kommerzielle Fischfangflotte und ist von dichten Wäldern, Inseln und schneebedeckten Bergspitzen umgeben.

Viele Reisende, besonders diejenigen, die es an die Küste zieht, nutzen Cordova als Sprungbrett vom Südosten in das südliche Zentralalaska und zum Festland. Damit umgehen sie Hunderte von Kilometern, die sie sonst auf der Überlandroute durch den Yukon und das Innere Alaskas zurücklegen müßten.

Doch Cordova ist mehr als nur ein Küstenstreifen: Es steht für den Chugach National Forest, den Prince William Sound und die damit verbundenen vielfältigen Freizeit- und Erholungsmöglichkeiten, den Copper River mit seinen wilden Stromschnellen und seinem eindrucksvollen Flußdelta, die Geschichte der Eisenbahn und schließlich für die Million Dollar Bridge. Und inmitten all dessen befindet sich die kleine Gemeinde, die während der Fischsaison im Sommer fast aus den Nähten platzt und genau von dieser Faszination des Fischfangs zusammengehalten wird. Man sollte hinüber nach Cordova fahren und ein paar Tage in diesem ganz besonderen Winkel Alaskas verbringen – man wird es nicht bereuen.

■ HISTORISCHES

1884 nahm Abercrombie die Vermessung des Copper-Flußdeltas vor. Damit machte er es für einige hartgesottene Goldsucher zugänglich. Während des Goldrauschs 1897 und 1898 entstand dort eine Siedlung. Noch 1905 war Cordova kaum mehr als eine Ansammlung einiger Fabriken, in denen Fische aus dem Prince William Sound verarbeitet wurden. Dann aber trat Michael J. Heney auf den Plan. Viele Jahre hatte er damit zugebracht hatte, die umliegenden Regionen zu vermessen und den Bau der Eisenbahn in die Gebiete mit Kohle- und Kupfervorkommen zu beobachten. Als der Versuch fehlschlug, das Morgan-Guggenheim-Alaska-Syndikat davon zu überzeugen, die Straße in Richtung der Kupfermine nicht in Katalla zu beginnen, investierte Heney 1907 sein gesamtes Vermögen in den Bau einer Eisenbahntrasse von Cordova in Richtung der Kennecott-Minen. Als später alle Einrichtungen in Katalla durch einen Sturm vernichtet worden waren, kaufte das Syndikat Heney die Copper River und Northwest Line und stellte 1911 die Bahnlinie mit einem Gesamtaufwand von 23 Millionen Dollar fertig. Schon 1917 hatte man über diese Bahnlinie Erze im Werte von 100 Millionen Dollar nach Cordova verladen. Dort kam das Erz auf Schiffe, die es in Hüttenwerke transportierten.

Bis die Kennecott-Mine 1938 schloß, war Cordova eine blühende Stadt. Seitdem hat sich allerdings das wirtschaftliche Bild der Stadt geändert, und heute bestimmen der Fischfang und die fischverarbeitende Industrie wieder das Leben in Cordova. Alljährlich im Sommer verdoppelt sich die Einwohnerzahl in Cordova. In einem guten Jahr gibt es hier genug Arbeit.

■ SEHENSWERTES

Das **Cordova Museum** befindet sich im Centennial Building an der Ecke First Street und Adams Avenue. Daran schließt sich die Bücherei an. Das Museum ist montags bis samstags von 10 bis 18 Uhr sowie sonntags von 14 bis 17 Uhr geöffnet (wenn sich genü-

Cordova

gend Freiwillige finden). Der Eintritt ist frei. Im Inneren findet man viele Kunstgegenstände, darunter eine alte Linotype-Schreibmaschine, ein altertümlicher Spielautomat, eine dreisitzige *Baidarka* und eine amüsante Ausstellung zum berühmten Eiswurmfesti-val von Cordova, das alljährlich im Februar stattfindet. Beeindruckend sind auch die Luftbildaufnahmen der Schäden, die ein Erdbeben an der Million Dollar Bridge anrichtete. Täglich um 15 Uhr wird der 30minütige Film *Story of Cordova* gezeigt.

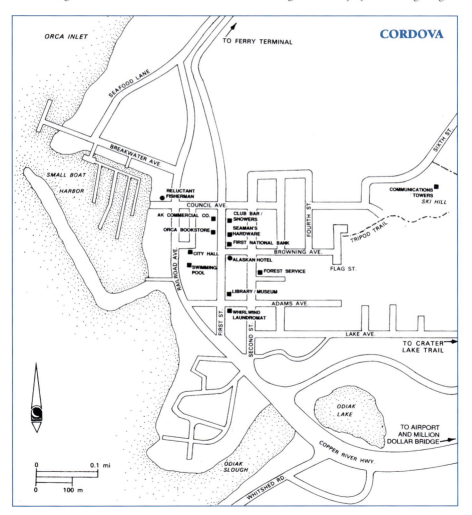

Südliches Zentralalaska

Die **Bücherei** ist dienstags bis samstags von 13 bis 20 Uhr geöffnet und ist ein guter Platz, um in Ruhe zu lesen, abzuschalten, zu schlafen oder andere Reisende kennenzulernen, die auf die Ankunft der Fähre warten.

Viele Gebäude der Stadt sind noch original erhalten von 1908. Dazu gehören alle Gebäude in der First Street, das Alaskan Hotel und das Cordova Hotel sowie das Gebäude der Ambrosia Pizza. Das älteste Gebäude der Stadt ist das Red Dragon, das früher an Werktagen den hartgesottenen Männern als Klubhaus diente, am Sonntag in eine Kirche umfunktioniert wurde. Der Altar wurde dann kurzerhand an Seilen von den Dachbalken herabgelassen. Im Museum erhält man eine kleine Karte, die einen sehr schönen Fußweg durch die Stadt beschreibt und in der auch alle alten Gebäude beschrieben sind.

■ MILLION DOLLAR BRIDGE

Es gibt sowohl in der deutschen als auch in der englischen Sprache nicht genügend Superlative, die ausreichen, um die 80 Kilometer lange Fahrt über den Copper Highway von Cordova bis zu dieser erstaunlichen Brücke angemessen zu beschreiben. Allein die Landschaft – Berge, Gletscher, Fluß und Flußdelta – braucht keinen Vergleich mit anderen Gebieten auf dem Kontinent zu scheuen. Auch die Tierwelt ist wohl einmalig: Mit Tausenden von Küstenvögeln und Enten, Kanadagänsen, riesigen Trompetenschwänen, Weißkopfadlern, Elchen, Bären und laichenden Lachsen schlägt dieses Gebiet sogar den Denali National Park aus dem Rennen. Zur Geschichte dieser Region gehört auch der Bau der Eisenbahn zu Beginn des 20. Jahrhunderts, deren Trasse über 320 Kilometer in das Landesinnere

hineinreicht, und einer Straße aus den sechziger Jahren, die leider durch das größte Erdbeben, das man jemals in Nordamerika gemessen hat, zerstört wurde.
Krönender Abschluß der Fahrt, die bei jedem Wetter ein einmaliges Erlebnis ist, ist zweifelsohne der Anblick der Million Dollar Bridge. Die Brücke wurde 1910 unter großem Kostenaufwand und großer Gefahr gebaut und überstand das Erdbeben zu großen Teilen. Sie liegt zwischen zwei sich fortbewegenden Gletschern und bietet einen unvergleichlichen Ausblick.
Sobald man die Stadt verlassen hat, führt der Copper River Highway an dem sehr schönen Eyak Lake am Fuß des Eyak Mountain vorbei. Der See hat übrigens zwei Farben: ein tiefes Blau und ein helles Grün. Die beiden Farben vermischen sich nicht.
Zwischen der Meile 6 bei der Brücke über den Eyak River und der Meile 12, wo auch der Asphalt endet, sollte man sein Auge auf die Wasservögel und die anderen Tiere richten, die sich in den Bächen des nahen Scolt-Gletschers tummeln. Bei Meile 12 biegt man nach links Richtung Flughafen, wo eine drei Kilometer lange Schotterstraße zum Cabin Lake führt. Dort gibt es Picknicktische sowie Wanderwege, die zu drei anderen Seen führen. Außerdem gibt es dort hervorragende Möglichkeiten zum Forellen-Angeln.
Bei Meile 14 kann man ebenfalls nach links abbiegen und erreicht nach drei Kilometern den Anfang des Mount Sheridan Trail. Man folgt der Fahrspur der Allradfahrzeuge über eineinhalb Kilometer bis hinauf zum Bergkamm. Von dort aus hat man einen Blick auf die beiden Ausläufer des Gletschers, die sich an beiden Seiten des Berges vorbei in die Landschaft schieben. Auf dem See schwimmen Eisberge.

Bei Meile 17 führt eine Nebenstraße zum **Alaganik Slough**. Das sind fünf schwer zu befahrende Kilometer, man wird aber entschädigt durch die vielen Vögel, die man von hier aus beobachten kann.
Bei Meile 27 passiert man die erste von fast einem Dutzend Brücken und Dämmen, die zur anderen Seite des Copper River führen, der hier fast 16 Kilometer breit ist. Wer Florida kennt, wird sich hier an die Florida Keys erinnern.
Long Island, von Meile 28 bis Meile 33,5, liegt inmitten des Flußdeltas. Auf den Teichen kann man mit einem Kanu herumfahren. Erst wenn man hier steht und die Landschaft und das gesamte Brückennetz in sich aufnimmt, wird man verstehen, warum von den insgesamt 315 Straßenkilometern von Cordova nach Kennicott 154 Kilometer über Brücken oder Gerüste verlaufen.
Bei Meile 48 erreicht man endlich die Million Dollar Bridge. Die Brücke wurde 1910 gebaut und kostete damals etwas mehr als eine Million Dollar. Sie war die Verwirklichung einer Vision von Michael Heney, getragen durch seinen eigenen Glauben, die Loyalität seiner Arbeiter und die Fähigkeiten seiner Ingenieure. Diese Brücke mußte während der Wintermonate errichtet werden, da zu dieser Zeit die beiden Gletscher, die den Berg umschließen, »schliefen«. Die Arbeitsbedingungen waren unbeschreiblich und die Gefahr groß – besonders beim Bau des letzten Teilstücks. Durch Frostaufbrüche wurden die Stützpfeiler zerstört. Trotz all dieser Widrigkeiten wurde die Brücke fertiggestellt und von Heney an das Syndikat verkauft.
Der Nordteil der Brücke fiel während des verheerenden Erdbebens von 1964 in sich zusammen. Die Regierung baute eine Rampe bis hinab zum Pfeiler, und es ist

Südliches Zentralalaska

sehr spaßig, bis zur anderen Seite hinabzurutschen.

Von der Brücke aus sieht man links das riesige Ende des **Childs-Gletschers**, rechts blickt man über den Miles Lake auf den etwa fünf Kilometer entfernten **Miles-Gletscher**, der sich seit 1910 gut drei Kilometer zurückgezogen hat. Eine kurze Seitenstraße auf der linken Seite (vor der Brücke) führt zu einer kleinen Betonbaracke, die der Fischereibehörde während der Laichzeit der Lachse als Unterstand dient. Der Weg führt weiter zu einem Aussichtspavillon auf einem kleinen Felsvorsprung am Ufer des Flußes. Von dort aus kann man sich den Child-Gletscher ansehen. Informative Hinweisschilder unterhalten, während man auf die nächsten Eisbrocken wartet, die sich vom Gletscher ablösen und in den Fluß fallen. Man sollte aber einen ganzen Nachmittag hier einplanen. Wenn der Gletscher große Eisstücke kalbt, die dann mit großer Wucht auf das Wasser treffen, muß man vorsichtig sein. Dadurch entstehen sehr hohe Wellen, die den Damm überspülen.

■ AKTIVITÄTEN

Zwei Wege führen auf den **Mount Eyak** – einer durch den Wald, der andere über die Skipiste. Der nicht ausgeschilderte **Tripod Trail** ist etwas schwer zu finden. Er beginnt zwischen der Hütte und einer Ausbuchtung am Ende der Fifth Street. Es ist ein sehr schöner Weg, insbesondere im Frühling und im August, wenn die Beeren reif sind. Wer diesen Weg nicht findet, folgt der Council Avenue, hält sich links in der Sixth Street und geht dann um die Fernmeldetürme von Alascom herum. Von hier aus kann man den Weg bis zum Gipfel beginnen und hat schon nach kurzer Zeit einen sehr schönen Ausblick auf die Stadt und den Hafen. Hier oben kann man auch gut campen.

Der sehr schöne **Crater Lake Trail** beginnt gegenüber der Skaters Cabin am Eyak Lake, drei Kilometer außerhalb der Stadt. Dort liegen auch der Friedhof, der Landeplatz der Wasserfahrzeuge und die städtische Start- und Landebahn. Der Wanderweg steigt auf drei Kilometer Länge bis auf eine Höhe von 457 Meter an und führt durch schöne Wälder. Von dort aus hat man einen guten Panoramablick auf den Eyak Lake und den Heney Range. Das Gebiet um den Crater Lake ist verhältnismäßig licht, so daß man mit ein wenig Zeit und Geduld auch alle umliegenden Gipfel ausmachen kann. Der Waldweg ist fest und einigermaßen leicht zu verfolgen. Sogar wenn der Wind pfeift, ist es relativ still im Wald. Es kann allerdings etwas rutschig werden. Diesen Ausflug sollte man nicht versäumen.

Am Ende der Power Creek Road, neun Kilometer außerhalb der Stadt, führt ein Wanderweg bis zu den Ohman Falls. Beim Anblick dieser Wasserfälle werden Sie wirklich beeindruckt sein.

Der Forest Service hat in der näheren Umgebung von Cordova gleich mehrere Wanderwege angelegt und unterhält diese auch. Dazu gehören der **Lydick Slough Trail** (5,1 Kilometer), der bei Meile 7 des Copper River Highway beginnt, der **Lake Elsner Trail** (6,4 Kilometer), am Ende der Cabin Lake Road, der **Pipeline** und der **McKinley Lake Trail** (je 3,2 Kilometer), die beide bei Meile 19,8 des Highway beginnen, sowie der **Mount Sheridan Trail** (3,2 Kilometer), der am Ende der Glacier Road startet. Im Büro des Forest Service erhält man eine Fotokopie, auf der diese Wanderwege eingezeichnet sind.

■ INFORMATIONEN UND DIENSTLEISTUNGEN

Duschen findet man beim Büro des Hafenmeisters. Münzen erhält man im Rathaus und, außerhalb der Geschäftszeiten, bei der Polizeidienststelle. Oder man geht in das städtische Schwimmbad in der Railroad Avenue. Dort zahlt man $4 für die erste Stunde sowie $1 für jede weitere Stunde. Duschen gibt es auf dem Wohnwagenplatz an der Whitshed Road.
Alles über die wirtschaftliche Seite von Cordova erfährt man beim **Chamber of Commerce** (Tel. +1(907)424-2759) im Union-Hall-Gebäude in der First Street. Die Öffnungszeiten sind montags bis freitags von 8 bis 16 Uhr.
Im Büro des **Forest Service** in der dritten Etage des alten Postgebäudes in der Second Avenue erhält man Landkarten über die Umgebung von Cordova sowie Broschüren und Auskünfte über die Hütten des Forest Service. Besonders interessant ist eine 21 Seiten umfassende Broschüre über die vielen Wanderwege. Das Büro des Forest Service ist von Montag bis Freitag jeweils von 8 bis 17 Uhr geöffnet.

■ ESSEN

Zwei Coffee Shops öffnen bereits um 6 Uhr. Sie sind gute Anlaufstellen für diejenigen, die mit der frühen Fähre ankommen. Der **Club**, hinter der Club Bar in der First Avenue, serviert Eier mit Speck für $6. Das **Reluctant Fisherman** hat ein ähnliches Speiseangebot. Beide Coffee Shops sind bis 21 Uhr geöffnet.
Ein schöner Ort für einen Brunch oder ein Mittagessen ist das **Killer Whale Cafe** im Orca Bookstore in der First Avenue. Ein reichhaltiges Frühstück beginnt bei $4. Hier kann man gut sitzen und hat einen ausgezeichneten Blick auf den Hafen.
Ambrosia Pizza und das **OK Chinese Restaurant** befinden sich in der First Avenue. Auf Suppen und Sandwiches hat sich das **Powder House** am Highway spezialisiert. Dort sitzt man sehr gut auf einer Terrasse mit Blick auf den See.
Der größere Supermarkt in der Stadt ist **Alaska Commercial Co.** in der Nickoloff Road, der kleinere ist **Davis Foods** in der First Avenue.

■ UNTERHALTUNG

Das Nachtleben in Cordova kann man getrost vergessen. Die einzige Art der Unterhaltung ist ein Umtrunk mit den Mitarbeitern der Fischfabriken. Man ist also ganz auf sich allein gestellt.
In der **Club Bar** wird an den meisten Abenden Live-Musik gespielt, wozu man natürlich tanzen kann, wenn einen gar nichts mehr hält.
Weitere Bars – allerdings etwas für Hartgesottene – sind die **Alaskan Bar** und die **Cordova Bar** in der First Avenue sowie die **Anchor Bar** in der Breakwater Avenue.
Die beste Aussicht hat man von der Bar im **Reluctant Fisherman** aus. Entsprechend hoch sind aber auch die Preise.
Im **Powder House** am Copper River Highway kann man seinen Drink auf der Terrasse mit Blick auf den Eyak Lake genießen.

■ UNTERBRINGUNG

Der Forest Service vermietet etwa ein Dutzend Hütten. Sie liegen alle in der näheren Umgebung von Cordova und sind bis auf drei nur mit dem Flugzeug oder Schiff zu

Südliches Zentralalaska

erreichen. Solche Hütten befinden sich auch an beiden Enden des McKinley Lake Trails. Wer noch nie eine solche Hütte gesehen hat, läuft die 70 Meter auf dem McKinley Lake Trail (Meile 1,8) und wirft durch die Fenster einen Blick hinein. Reservierungen für die Hütten nimmt das Büro des Forest Service in der Second Avenue entgegen.

In der First Street, der Hauptstraße, stehen ein Motel und zwei Hotels zur Auswahl. Alle drei befinden sich aber über oder direkt neben Bars. Am preiswertesten wohnt man sicherlich noch im **Alaskan Hotel** (Tel. +1(907)424-3288) über der Alaska Bar. Ein Einzelzimmer ohne Bad kostet dort $35, mit Bad $55.

Gleich nebenan, oberhalb der Cordova Bar, liegt das **Hotel Cordova** (Tel. +1(907)424-3388). Dort zahlt man für ein Einzelzimmer ohne Bad $30, und für ein Doppelzimmer mit Bad $40. Kreditkarten werden nicht akzeptiert.

Das **Prince William Sound Motel** (Tel. +1(907)424-3201) hinter dem Club Bar and Cafe verlangt $70 im Einzel- und $80 im Doppelzimmer.

Noch teurer ist es im **Reluctant Fisherman** in der Railroad Avenue. Die Preise für Zimmer beginnen dort bei $115, sofern man überhaupt eines bekommt. Im Winter sowie für Geschäftsreisende und Staatsangestellte gibt es Sondertarife.

Das **Northern Nights Inn** (Tel. +1(907)424-5356) verfügt über vier Zimmer, die in einem wunderschönen alten Gebäude untergebracht sind, mit jeweils eigenem Bad, Küchenzeile, Telefon und Kabel-TV. Es liegt nahe der Innenstadt mit Blick auf den Hafen. Die Zimmerpreise liegen zwischen $50 und $65. Die Eigentümerin Becky Chapek bietet einen unkomplizierten Reservierungsservice und hilft auch bei der Zimmersuche, wenn das Northern Nights Inn bereits ausgebucht ist. Becky ist außerdem bei jeder Fähranskunft im Hafen und bietet einen kostenlosen Transfer für ihre Gäste zum Hotel. Für $35 fährt sie eine Tour durch das Copper River Delta zur Million Dollar Bridge. Im Preis bereits ein sehr gutes Essen eingeschlossen. Das ist ein wirklich gutes Angebot für einen sehr empfehlenswerten Ausflug, den man auf jeden Fall unternehmen sollte, wenn man in Cordova ist.

Campen war bislang ein Problem in Cordova. Mit der Fertigstellung weiterer städtischer Campingplätze soll sich dies in Zukunft jedoch ändern. Nur 640 Meter vom Fährterminal entfernt liegt **Flemming Spit**. Er verfügt über Stellplätze für 50 Wohnwagen und 20 Zelte. Am Fuß des Abfahrtshanges soll ein weiterer Campingplatz entstehen. Das Zelt einfach in der Nähe der Stadt aufzustellen, ist problematisch, da das Land in Privatbesitz ist. Wer motorisiert ist, fährt einfach stadtauswärts in Richtung Million Dollar Bridge. Bei Meile 17 weist ein Informationsschild darauf hin, daß man sich nun auf dem Gebiet des Forest Service befindet. Theoretisch kann man also ab hier überall campen. Komfortabler ist jedoch der Picknickplatz bei Meile 22 oder der Parkplatz an der Alaganik Slough. In dieser Gegend gibt es keine ausgewiesenen Campingplätze, Campen ist erlaubt. Es gibt dort Picknicktische, Toiletten und Feuerstellen. Man muß jedoch selbst für Wasser sorgen, also selbst genügend Wasser mitnehmen oder das Wasser aus den umliegenden Flüssen abkochen.

■ AN- UND WEITERREISE

In den Sommermonaten fährt die Fähre *Bartlett* dreimal in der Woche Cordova an, zweimal von Valdez und einmal von Whittier (nicht über den Columbia-Gletscher). Da sich die Fahrpläne ständig ändern, fragt man am besten nach den aktuellen Abfahrtszeiten und Tarifen. Die *Tustumena* fährt einmal wöchentlich von Valdez nach Cordova. Die *Tustumena* hat Duschen an Bord, die *Bartlett* leider nicht.

Vom Fähranleger in Cordova sind es etwa 20 Minuten zu Fuß bis in das Stadtzentrum. Um den Hügel an der First Avenue zu umgehen, biegt man bei der Straßengabelung in die Railroad Avenue und geht dann vom Reluctant Fisherman aus die Council Avenue weiter. Becky Chapek nimmt Urlauber auch kostenlos vom Fähranleger in die Stadt mit, um ihre Ausflüge zu bewerben (siehe Seite 440).

Alaska Airlines macht einmal täglich einen Zwischenstop in Cordova auf dem Weg von und nach Juneau (freitags und sonntags sogar zweimal). Der Flug kostet $170 für die einfache Strecke. Die zwar teure Verbindung ermöglicht den Sprung vom Südosten bis in den Süden von Zentralalaska. Dadurch hat man aber auch eine Verbindung von einer Fähre zur nächsten und überbrückt so die langen Wege auf der Straße. **ERA** fliegt zweimal täglich mit Turboprop-Maschinen zwischen Cordova und Anchorage, und Alaska Airlines bietet tägliche Flugverbindungen mit Linienmaschinen nach Anchorage und Fairbanks.

Der Flughafen liegt 19 Kilometer außerhalb der Stadt am Copper River Highway. Eine Fahrgelegenheit mit einem Kleinbus vom Flughafen in die Stadt kostet $9 für die einfache Strecke oder $15 für Hin- und Rückfahrt. Der Bus hält an verschiedenen Stellen, bevor er am Flughafen ankommt. Nähere Einzelheiten und Abholzeiten vereinbart man mit **Copper River & Northwest Tours** (Tel. +1(907)424-5356).

Für einen Ausflug zu den Gletschern oder zur Million Dollar Bridge gibt es eine Vielzahl von Möglichkeiten. Man kann zum Beispiel von Valdez aus mit dem Auto nach Cordova übersetzen: Der Preis für die Hin- und Rückfahrt liegt bei $128. Das mag zwar teuer klingen, aber man muß es nur mit den Kosten für einen Mietwagen von Reluctant Fisherman vergleichen, wo man $75 pro Tag plus 25 Cents für jede gefahrene Meile zahlt. Dazu kommen noch Versicherung, Benzin und Steuer. Schnell summiert sich alles auf $125 pro Tag.

Man kann es aber auch bei **Imperial Car Rental** (Tel. +1(907)424-5695) versuchen. Dort gibt es Mietwagen, Pickups und Minibusse ab $55 pro Tag ohne Kilometerlimit. Man sollte auf jeden Fall rechtzeitig reservieren.

Zum Glück gibt es eine Alternative. Becky Chapeks Unternehmen **Footloose Tours/ Copper River & Northwest Tours** (Tel. +1(907)424-5356) bietet ebenfalls Ausflüge mit dem Minibus zur Brücke. Im Preis von $35 ist die sechsstündige Fahrt sowie ein Gourmet-Essen inklusive.

Kenai Peninsula

Die Kenai Peninsula ist eine Miniaturausgabe des Bundesstaates Alaska. Sie vereint all das, was die Landschaft in Alaska an Besonderheiten zu bieten hat: Berge, Eisfelder und Gletscher, Fjorde und vorgelagerte Inseln, große, fischreiche Flüsse und Seen, sumpfige Ebenen, unterschiedliche Klimazonen und viel Niederschlag, ein paar einsam liegende Hafenstädte und ein lebhaftes Zentrum. Dies alles konzentriert sich in einer Region, die nur etwa $1/35$stel des gesamten Staates Alaska ausmacht.

Südliches Zentralalaska

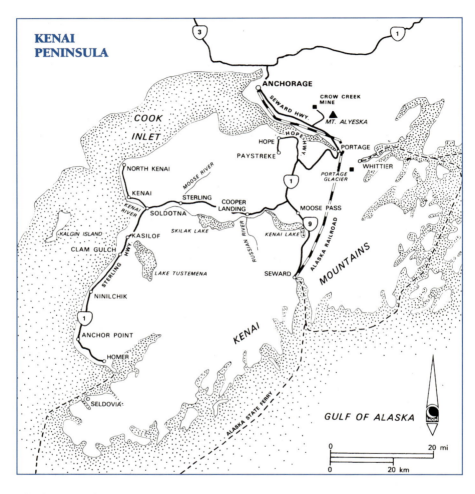

Hier kann man in freier Natur so viele verschiedene Dinge unternehmen, daß das Programm kaum zu bewältigen ist. Da fällt die Auswahl schon schwer und zwar für jede Art der Freizeitbeschäftigung, vom Wandern über das Radfahren bis zum Paddeln, Fliegen, Angeln usw. Außerdem teilt man all dies mit höchstens 300 000 anderen Menschen. Daher ist die Halbinsel vor allem bei den Bewohnern von Anchorage und natürlich bei Touristen sehr beliebt. Dabei braucht man aber keine Bedenken zu haben, daß man hier auf den üblichen Touristenrummel stößt. Das Angebot ist vielfältig und das Gebiet sehr einsam gelegen.

Kenai Peninsula

■ DAS LAND

Mit einer Größe von über 41 600 Quadratkilometern ist Kenai Peninsula ein wenig kleiner als Vermont und New Hampshire zusammen. Die Kenai Mountains bilden das Rückgrat der Halbinsel, während das Harding-Eisfeld das untere Becken formt. An der Ostseite, also zum Prince William Sound hin, kann man noch Ausläufer der Chugach Mountains mit den glitzernden Sargent-Eisfeldern sehen. Die Westseite ist dem Cook Inlet zugewandt und besteht aus flachem Land mit sumpfigen Gebieten, Seen und Flüssen. Die Eisfelder, Gletscher und Ebenen entstanden zur Zeit des Pleistozäns. Diese Eiszeit teilte sich in fünf glaziale Perioden auf. Während der letzten Periode, der Wisconsin-Periode, füllte der Portage-Gletscher den gesamten Turnagain Arm aus. Der Gletscher war 80 Kilometer lang und 800 Meter hoch. Vor nur 10 000 Jahren beendete der Gletscher sein Streben, einen Fjord zwischen dem Prince William Sound und dem Turnagain Arm zu graben. Hätte er dies nicht getan, wäre die Halbinsel Kenai heute möglicherweise eine Insel. Trotzdem setzt sich die Halbinsel aus einer so großen Zahl von kleinen Halbinseln zusammen, daß sich eine Küstenlinie von mehr als 1600 Kilometern Länge ergibt. Das Land befindet sich fast ausschließlich im Besitz des Staates. Der Chugach National Forest, das Kenai National Wildlife Refuge und der Kenai Fjords National Park machen fast 85 Prozent der gesamten Landfläche aus.

Auf der Kenai Peninsula gibt es 18 **Freizeithütten** des Forest Service. Die meisten sind in Form von Blockhäusern für vier Personen mit Feuer- oder Ölöfen. Die Hütten entlang der Seen sind mit Ruderbooten ausgestattet. Für Reservierungen, Karten und eine Broschüre, die die einzelnen Hütten beschreibt, wendet man sich an das Alaska Public Lands Information Center (605 West Fourth Avenue, Anchorage, AK 99501, Tel. +1(907)271-2599) oder schaut in einem der Büros des Forest Service in Anchorage, Girdwood oder Seward herein. Wegen der großen Beliebtheit ist es sinnvoll, die Hütten lange vor Reiseantritt zu reservieren. Es ist bereits sechs Monate im voraus möglich. Der Park Service vermietet auch fünf Hütten für nur $20 pro Nacht (statt der üblichen $25).

■ HISTORISCHES

Der russische Einfluß ist hier überall gegenwärtig. Die erste Schiffswerft von Baranof lag irgendwo an der Resurrection Bay unterhalb des heutigen Seward. 1786 bauten die Russen eine Palisade in der Nähe von Kasilof und errichteten 1791 ein Fort in Kenai. Abgesehen von diesen kurzen Episoden der Fremdeinwirkung war das Land stets im Besitz der Kenai-Indianer, die zu den Athabasken gehören. Als man in der Nähe von Hope und Sunrise am Turnagain Arm und im Moose Creek, auf dem halben Wege nach Seward, Gold entdeckte, änderten sich die Besitzverhältnisse jedoch. Die ersten Pfade verbanden nur die neuen Goldgräbersiedlungen, dann folgten Wege, auf denen Wagen fahren konnten. In den zwanziger Jahren drang die Eisenbahn von Seward aus über Anchorage bis nach Fairbanks vor. Als der Seward Highway und der Sterling Highway 1952 fertiggestellt wurden, war Kenai auch für den Autoverkehr erschlossen. Der wirtschaftliche Stern der Halbinsel ging jedoch erst 1957 auf, als das Unternehmen Atlantic Richfield vor der Westküste auf Öl und Gas stieß. Heute ver-

Südliches Zentralalaska

dienen die 40 000 Bewohner der Kenai Peninsula ihren Lebensunterhalt mit Fischfang, Tourismus und anderen Dienstleistungen.

Nach Hope

Acht Kilometer südlich von Portage klettert der Seward Highway hinauf in die Kenai Mountains. Man darf sich nicht aus der Ruhe bringen lassen und nichts Unüberlegtes tun, wenn man hinter einem langsam kriechenden Wohnwagen herfahren muß. Zur rechten Zeit gibt es immer wieder Überholspuren.
Das Gebiet der Halbinsel erreicht man beim **Turnagain Pass** (auf 301 Meter). Dort gibt es an beiden Seiten der Straße Haltebuchten. Man kann dort eine Pause einlegen, sich die Beine vertreten und die schönen Berge genießen.
Nach weiteren vier Kilometern erreicht man bei Meile 65 den **Bertha Creek Campground**. Dort stehen zwölf Stellplätze zur Verfügung ($ 6).
Bei Meile 64 liegt das Nordende des **Johnson Pass Trail**. Er führt über 37 Kilometer durch überwiegend ebenes Gelände und trifft bei Meile 33 auf den Seward Highway.
Kurz hinter Meile 57 muß man in Richtung Hope nach rechts auf den Hope Highway einbiegen. Diese Straße ist kaum befahren, insbesondere wenn man es mit dem Seward Highway vergleicht. Die Straße folgt dem Sixmile Creek in Richtung Norden und führt zurück zum Turnagain Arm. Auf den ersten acht Kilometern kann man im Creek Gold waschen. Bis Hope sind es insgesamt 26 Kilometer auf einer asphaltierten Straße. Entlang dieser Strecke gibt es einige inoffizielle Campingplätze, einige wenige gute davon liegen bei Meile 13. Man muß unbedingt an einer der asphaltierten Einbiegungen anhalten und nach den Belugawalen im Turnagain Arm Ausschau halten. Dann dreht man sich um und sucht die Felsen nach den Bergziegen ab, die sich ganz oben zwischen den Klippen verstecken. Ziegen kann man übrigens von den häufiger anzutreffenden Dallschafen an ihrem längeren, zottigen Fell und dem Körperbau unterscheiden. Schafe wirken drahtig und geschmeidig, während Ziegen von der Seite fast rechteckig wirken. Ziegen leben darüber hinaus in höher gelegenen, raueren Gebieten als Schafe, auch wenn sich ihre Reviere im Sommer häufig überschneiden.

■ HOPE

1888 entdeckte man im Resurrection Creek Gold. Nur acht Jahre später lebten daher in der aufstrebenden Gegend zwischen Hope und Sunrise am Sixmile Creek bereits 3000 Menschen. Viele kamen durch den Passage Canal, wo heute Whittier liegt und hatten ihr Wasserfahrzeug über den Chugach Pass zum Turnagain Arm getragen. Bis in die vierziger Jahre hinein grub man hier erfolgreich und im großen Stil nach Gold, dann aber wurde die Mine bei Sunrise aufgegeben.
Die 225 Einwohner von Hope leben heute nur noch zu einem geringen Teil vom Gold und von der Holzindustrie. Um nach Hope zu gelangen, biegt man vom Highway nach rechts ab. Bevor man aber in die Stadt hineinfährt, sollte man links abbiegen und einen kleinen Umweg zum früheren Hope machen.
Dort kann man die **Social Hall** fotografieren, in der früher ein Laden der Alaska Commercial Company beheimatet war, sowie die Landschaft bewundern, die durch eine Absenkung des Boden während des

Erdbebens 1964 um gut zwei Meter verursacht wurde. Die Niederungen sind sehr gefährlich – man sollte sie nicht betreten. Nach diesem Zwischenstop im alten Hope kehrt man wieder um und biegt nach links ab in Richtung des heutigen Hope mit seinem Postamt, einem roten Schulhaus und sehr schönen neuen und alten Blockhütten. Am Ende des Hope Highway an einer asphaltierten Straße liegt der **Porcupine Campground**. Der Campingplatz verfügt über 24 Stellplätze ($6), den süßen Nachtisch in Form von wohlschmeckenden Himbeeren gibt es in der Umgebung.

Auf der anderen Seite der Straße steht der einzigartige **Davidson Grocery Store** mit seiner riesigen Glasfront.

Direkt am Zaun, der den Campingplatz umgibt, beginnt auch der **Mount Baldy Trail**, der jedoch nicht ausgeschildert ist. Der Wanderweg führt zunächst einmal 400 Meter entlang dem Porcupine Creek und dann auf eine kleine Anhöhe, von wo aus man einen sehr schönen Blick auf den Turnagain Arm hat. Von hier aus kann man entlang dem Bergkamm weitergehen.

Ein weiterer Wanderweg startet ebenfalls am Campingplatz und zieht sich parallel zum Ufer des Turnagain Arms entlang. Es ist ein einfacher Spaziergang bis zum Gull Rock. Von dort aus genießt man zwar nicht die tollen Ausblicke, die eine Wanderung bis hinauf auf die Bergrücken bietet, jedoch kann man bei Flut, wenn die Belugawale den Turnagain Arm bevölkern, sehr nahe an diese Tiere herankommen.

Im alten Ortsteil von Hope kann man im **Seaview** (Tel. +1(907)782-3364) übernachten. Dort gibt es Zimmer, Stellplätze für Wohnmobile, eine Bar, ein Café und einen Abschleppdienst, falls man in dieser Gegend Probleme mit dem Fahrzeug bekommt.

Die **Bear Creek Lodge** (Tel. +1(907)782-3141) bei Meile 15,9 am Hope Highway verfügt über ein Restaurant und zahlreiche Hütten, die rund um einen Teich verstreut liegen. Sie sind mit Holzöfen und jeweils eigenem Bad ausgestattet. Die Übernachtung kostet $75 im Sommer und $65 im Winter.

Henry's One Stop (Tel. +1(907)782-3222) vermietet Motelzimmer für $50. Dort gibt es außerdem Duschen, einen Waschautomaten, einen kleinen Lebensmittelladen und Abstellplätze für Wohnmobile.

■ **RESURRECTION PASS TRAIL**

Man fährt zunächst auf dem Highway stadtauswärts und biegt nach rechts in die Palmer Creek Road. Nach etwa eineinhalb Kilometern erreicht man eine Straßengabelung, an der man aber noch elf Kilometer weiter geradeaus in Richtung **Coeur D'Alene Campground** (gebührenfrei) fährt oder nach rechts in die Resurrection Pass Road einbiegt. Nach etwa sechs Kilometern auf einer schlechten Straße beginnt der Wanderweg. Dort gibt es auch einen Parkplatz, eine Informationstafel und eine kleine lustige Brücke über den Bach. Der 61 Kilometer lange Wanderweg nach Cooper Landing am Sterling Highway erfreut sich großer Beliebtheit. Unterwegs kann man auch die Abkürzung über den **Devil's Pass Trail** bis Meile 39 am Seward Highway nehmen. Entlang der Route liegen acht Hütten des Forest Service ($20 pro Nacht). Viele Wanderer unterteilen die Strecke jedoch in vier bis fünf Teilabschnitte, jeweils mit Übernachtung.

Man kann natürlich auch direkt beim **Russian Lakes Trail** auf der anderen Seite des Sterling Highway bei Cooper Landing

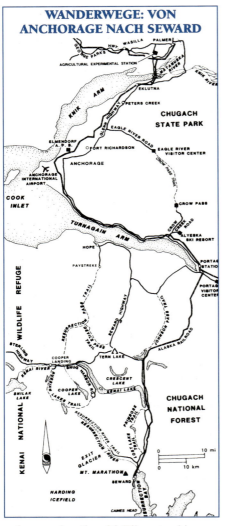

WANDERWEGE: VON ANCHORAGE NACH SEWARD

quer über die Halbinsel. Zwischen der Brücke am Beginn dieses Wanderwegs und Paystreke, etwa 800 Meter weiter flußaufwärts, trifft man bestimmt auf Hobby-Goldschürfer. Für detaillierte Informationen zu den Wanderwegen und für die Reservierung der Hütten (im Sommer unbedingt notwendig) wendet man sich an den Forest Service in Seward, Girdwood oder Anchorage.

Nach Seward

Eine breite Straße mit Überholspuren führt bis hinauf zum malerischen Summit Lake. An seinen Ufern bei Meile 46 liegt der **Tenderfoot Creek Campground**.
Daneben befindet sich die unvergleichliche **Summit Lake Lodge**, die ganzjährig geöffnet ist. Sie ist urgemütlich, liegt genau am richtigen Platz und hat eine durchweg empfehlenswerte Küche. Frühstück wird hier bis 14 Uhr serviert. Danach kann man zwischen Hamburgern, Salaten, Vorspeisen und Hauptgerichten wählen. Aufgrund der mangelhaften Telefonverbindungen akzeptiert das Restaurant für die Bezahlung keine Kreditkarten, sondern nur Bargeld oder Traveller-Schecks. Nebenan gibt es außerdem ein kleines Motel und einen Laden, in dem Souvenirs, Eis und Espresso verkauft werden. Die Lodge wurde ursprünglich 1953 erbaut. Leider haben nur der riesige Kamin und der Schornstein das Erdbeben von 1964 überstanden.
Kurz hinter Meile 40, eineinhalb Kilometer vor der Kreuzung von Seward Highway und Sterling Highway, beginnt der **Devil's Pass Trail**. Über ihn erreicht man das 14 Kilometer entfernt gelegenen Paß und nach weiteren eineinhalb Kilometern den Resurrection Pass Trail. Auf dem Paß selbst gibt es eine Berghütte des Forest Service. Der

anfangen, der über 26 Kilometer bis zum Resurrection River Trail führt, und dann weitere 26 Kilometer bis zur Auffahrt auf die Glacier Road außerhalb von Seward wandern. Die zwölftägige Wanderung führt

Beginn des Devil's Pass Trails ist sehr schlecht ausgeschildert.

Der **Carter Lake Trail** verläßt den Highway bei Meile 33 und steigt in knapp drei Kilometern auf 305 Meter bis zum Carter Lake an. Der Weg verläuft dann etwa eineinhalb Kilometer rund um den Carter Lake bis zum Crescent Lake. Auf dieser Route gelangt man schnell in die Berge. Zurück zum Highway kommt man auf dem Crescent Lake und dem Crescent Creek Trail. Am südlichen Ufer des Crescent Lake gibt es auch eine öffentliche Hütte ($25 pro Nacht).

Etwa 800 Meter nach dem Anfang des Carter Lake Trails liegt das Südende des **Johnson Pass Trails** (das nördliche Ende des Weges befindet sich bei Meile 64). Unmittelbar dahinter kommt die **Trail Lakes Fish Hatchery**. Die Fischzuchtanstalt ist von 8 bis 16.30 Uhr geöffnet. Dort kann man eine schöne farbige Schautafel sehen, auf der das Laichen der Lachse dargestellt ist.

Bei Meile 30 erreicht man **Moose Pass**. Der Ort ist nur wenig größer als Hope, aber berühmt für das Wasserrad von Ed Estes und die wilden Feierlichkeiten zur Sommersonnenwende.

Zehn Kilometer weiter kommt man an die Abzweigung zum **Trail River Campground**, der nur eineinhalb Kilometer vom Highway entfernt liegt. Er ist groß, wird nur selten benutzt und bietet sogar einige Stellplätze am Ufer des Sees ($6).

Bei Meile 23 liegt der **Ptarmigan Creek Campground** mit 25 Plätzen ($6).

Der Ptarmigan Creek Trail schlängelt sich über gut fünf Kilometer entlang dem Fluß bis hinauf zum Ptarmigan Lake. Dort kann man gut fischen.

In südlicher Richtung ist schon der malerische **Kenai Lake** zu sehen. Der große, blaugrüne See ist umgeben von schneebedeckten Gipfeln.

Bei Meile 20 beginnt der gut fünf Kilometer lange **Victor Creek Trail**. An seinem Ende ist die Abzweigung zum **Primrose Campground**.

Seward

Mit nur 2700 Einwohnern ist Seward ein weiterer kleiner Hafen und die einzige größere Stadt an der Ostseite der Kenai Peninsula. Seward liegt in einer funkelnden Bucht, umgeben von schneebedeckten Bergen. Das maritime Klima ist angenehm. Verkehrstechnisch ist die Stadt ideal gelegen. Man kann sie mit Bussen, Fähren und Flugzeugen erreichen. In Seward ist die Fischindustrie wie in vielen Städten Alaskas stark vertreten. Doch es gibt einen Unterschied: die Nähe dieser Stadt zum Kenai Fjords National Park. Der Ausbau des Nationalparks steckt noch in den Kinderschuhen, denn er umfaßt eine der unwirtlichsten Gegenden, die man in Alaska nur besuchen kann, dem Harding-Eisfeld, einem prähistorischen, gefrorenen Riesen mit drei Dutzend eisigen Ausläufern, die sich in die Landschaft graben. Es konkurriert mit der Glacier Bay in Bezug auf die landschaftliche Szenerie und die artenreiche Tierwelt. Der Vorteil besteht für Touristen darin, daß man für weniger Geld an diesen Gletscher herankommt. Wer das zu den guten Campingmöglichkeiten in Seward, dem guten Essen, der hervorragenden Anbindung durch öffentliche Verkehrsmittel und der Tatsache hinzurechnet, daß es in Seward mehr Bars als in jeder anderen Stadt in Alaska gibt, hat alle Argumente für einen tollen Aufenthalt hier auf seiner Seite.

Südliches Zentralalaska

■ HISTORISCHES

Als sich Baranof 1791 auf einer Reise rund um seine Ländereien in Alaska zurück nach Kodiak befand, mußte er wegen eines Sturms am Ostersonntag, einem hohen russischen Feiertag, in der Bucht von Seward vor Anker gehen. Die geschützten Gewässer der Resurrection Bay brachten Baranof auf die Idee, hier eine Schiffswerft zu bauen. Ganze 110 Jahre später legten die Vermessungsingenieure der Alaska Central Railroad den Ort fest, in dem der neue Hafen entstehen sollte. Dieses Projekt lag in privaten Händen und wurde durch Geschäftsleute aus Seattle finanziert. Man gründete die Stadt Seward, verlegte 80 Kilometer Bahnlinie und mußte dann Konkurs anmelden. 1911 verlängerte die Alaska Northern Railroad die Strecke bis zum heutigen Girdwood. Ein Jahr später entschied sich die amerikanische Regierung, die Fertigstellung des kompletten Streckennetzes zu übernehmen, und so endete die Bahnlinie 1923 schließlich ganze 756 Kilometer weiter in Fairbanks. Von diesem Zeitpunkt an gleicht Sewards Geschichte der von Valdez: Beide Häfen sind das ganze Jahr hindurch eisfrei und mit dem Landesinneren verbunden – Seward durch die Bahn und Valdez über eine Straße. Und ebenso wie Valdez wurde auch Seward während des Erdbebens am Karfreitag 1964 fast vollständig zerstört. Heute wird die Wirtschaft der Stadt vorwiegend vom Fischfang und der fischverarbeitenden Industrie (insbesondere Heilbutt) bestimmt. Natürlich spielt auch der Tourismus eine große Rolle. Viele Urlauber, die die Kenai-Fjorde besuchen wollen, kommen nach Seward. Die Zahl der Kreuzfahrtschiffe ist hier in die Höhe geschnellt, nachdem die Stadt Whittier 1992 diesen Tourismuszweig mit einer hohen Steuer belegt hat. Daher verlegten die großen Kreuzfahrtreedereien ihre Routen einfach nach Seward. Um den Menschenmassen auszuweichen, sollte man Seward möglichst spät zum Ende der Saison ansteuern. Am Nordende der Stadt befindet sich eine Einrichtung der Suneel Alaska Corporation, von der aus Kohle verschifft wird. Fallende Kohlepreise haben aber in letzter Zeit zu starken Einbußen geführt. Die Kohle stammt aus der Usibelli-Kohlenmine in Healy und wird nach Korea verschifft.

■ SEHENSWERTES

Die bekanntesten Sehenswürdigkeiten rund um Seward befinden sich auf dem Gebiet des Kenai Fjords National Park. Dazu gehört natürlich auch der Exit-Gletscher. Das **Seward Museum** (Tel. +1(907)224-3902) an der Ecke Jefferson Street und Third Avenue ist täglich von 10 bis 17 Uhr geöffnet. Der Eintritt kostet $2. Dort kann man sich eine Sammlung von Körben der Einheimischen und Elfenbeinschnitzereien, die Originaleinrichtung des alten Ladengeschäfts von Brown and Hawkins sowie den Querschnitt einer 350 Jahre alten Fichte ansehen. Außerdem gibt es eindrucksvolle Aufnahmen vom Erdbeben von 1964, bei dem Teile des Landes um bis zu 1,8 Meter absanken. Jeden Abend um 19 Uhr beginnt eine Diashow über die Geschichte der Stadt.
Ein Film zum Erdbeben von 1964 wird in den Sommermonaten in der **Seward Library** an der Ecke Fifth Avenue und Adams Street gezeigt. Die Bücherei ist montags bis freitags von 13 bis 20 Uhr sowie samstags von 13 bis 18 Uhr geöffnet. Der Film startet jeweils um 14 Uhr ($2). Hier findet man

Seward

auch die originale Alaska-Flagge, die von einem einheimischen Jungen 1927 entworfen wurde. Das **Benny Benson Memorial** am nördlichen Ende der Lagune erinnert an diesen trivialen Teil alaskanischer Geschichte.

Das **Seward Marine Education Center** (Tel. +1(907)224-5261) an der Third Avenue beherbergt die einzige Marineforschungseinrichtung der Universität von Alaska. Die Besucherzeiten sind von Dienstag bis Sonntag von 10 bis 16 Uhr. Es werden Führungen zu den Aquarien und verschiedenen Schaukästen unternommen sowie Film- und Diavorführungen gezeigt.

Wenn man dann in der Fourth Avenue in Richtung Highway geht, erreicht man den geschäftigen kleinen Bootshafen von Seward.

William H. Seward

■ AKTIVITÄTEN

Ein schöner und kurzer Wanderweg ist der **Two Lakes Trail**. Der Weg beginnt hinter dem Alaska Vocational Tech Center an der Ecke Second Avenue und C Street und windet sich durch den Wald. Am Anfang des Weges stößt man auf einen Picknickplatz. Die hohe, kahle Erhebung hinter Seward ist der Mount Marathon – die Attraktion des Marathon-Laufs am Nationalfeiertag 4. Juli. Ungeübte benötigen für diese Strecke hin- und zurück mindestens vier Stunden. Man folgt der Jefferson Street in westlicher Richtung hinauf zum Lowell Canyon und hält nach dem Anfang des Weges Ausschau, der auf der rechten Seite hinter zwei großen Wassertanks beginnt. Wer es sich zutraut, kann den Rückweg den Berg hinunter über einen steilen Schotterweg nehmen. Man muß jedoch aufpassen, daß man nicht auf den glitschigen Felsen im unteren Abschnitt ausrutscht. Der Weg führt nicht ganz hinauf bis zum Gipfel des Mount Marathon (1390 Meter), aber von seinem breiten östlichen Ausläufer (921 Meter) hat man eine phantastische Aussicht auf Seward und die ganze Umgebung.

Auf dem Gebiet des **Caines Head State Recreation Area** befand sich im Zweiten Weltkrieg eine Militärbasis. Noch heute steht Fort McGilvray an der Spitze einer massiven 200 Meter langen Landzunge. Von dort aus kann man die Resurrection Bay und das umliegende Land überblicken. Ein sieben Kilometer langer Wanderweg führt von Lowell Point (eineinhalb Kilometer südlich von Seward) zu diesem alten Militärposten. Teile des Weges ziehen sich entlang der Küste und sind nur bei Ebbe passierbar. Man sollte sich also genau anhand der Gezeitentabellen informieren, bevor man sich auf den Weg macht. Außerdem sollte man auch unbedingt eine

Südliches Zentralalaska

Taschenlampe mitnehmen, damit man die unterirdischen Gänge und Räume von Fort McGilvray erforschen kann. Dort sind die Munitionslager und die Abschußrampen für die Sechs-Zoll-Waffen untergebracht, die Seward bewachten. Diese Gegend eignet sich gut für einen zweitägigen Ausflug – einen Campingplatz mit einer Schutzhütte erreicht man in eineinhalb Kilometer Entfernung bei Tonsina Point bequem zu Fuß. Caines Head ist besonders beliebt bei Kajakfahrern, die von Seward aus dorthin paddeln. Auf dem Weg dorthin leisten ihnen Seeotter und Seehunde Gesellschaft.

Adventures & Delights Eco Tours (Tel. +1(907)224-3960) im Fjords-Trading-Postgebäude in der Port Avenue ist ein renommierter Ausstatter und Reiseanbieter für verschiedene Exkursionen. Von Seward aus bietet das Unternehmen ein- bis dreitägige Kajaktouren in den Nationalpark sowie aufs Meer hinaus an, veranstaltet Praxisunterricht im Kajakfahren und verleiht Kajaks aus Fiberglas und Hartschalenplastik (ab $30 pro Tag im Einsitzer). Die Tagesausflüge enthalten die Kajakmiete, einen Führer sowie ein Mittagessen ($95). Touren über fünf Tage in die Ailik Bay oder in den Northwestern Fjord beginnen bei $1140 pro Person, inklusive der Fahrt mit dem Wassertaxi ab Seward. Eine dreitägige Reise zur Kenai Fjords Wilderness Lodge kostet $795. Und wenn man auf der Suche nach einem Ziel für Flitterwochen ist, fragt man auch nach den Drei-Tages-Ausflügen nach Fox Island ($795 pro Person).

Man sagt, daß die Resurrection Bay mit ihren idealen Windverhältnissen zu den schönsten Segelrevieren nördlich von San Francisco zählt. Aus diesem Grund gibt es im kleinen Bootshafen von Seward drei lokale Jachtklubs und Dutzende von Segelbooten, die dort anlegen. Die ansässige Segelschule **Sailing Inc.** (Tel. +1(907)224-3160) bietet Kurse für Anfänger und Fortgeschrittene.

■ INFORMATIONEN UND DIENSTLEISTUNGEN

Landkarten und Broschüren von Seward erhält man im **Visitor Information Center** (Tel. +1(907)224-3094) im Eisenbahnwagen an der Ecke Third Street und Jefferson Street. Es ist im Sommer täglich von 11 bis 17 Uhr geöffnet (im Winter geschlossen). Man nimmt am besten auch den *Visitors Guide* mit, der einen Stadtrundgang sowie interessante geschichtliche Hintergründe beschreibt. Der Eisenbahnwagen diente der Alaska Railroad von 1936 bis 1960 als Clubwagen.

Das **Seward Chamber of Commerce** (Tel. +1(907)224-3046) befindet sich drei Kilometer nördlich der Stadt und ist im Sommer täglich von 9 bis 18 Uhr sowie während des restlichen Jahres montags bis freitags jeweils von 9 bis 17 Uhr geöffnet. Es ist eine der ersten Stellen, an denen man vorbeikommt, wenn man aus nördlicher Richtung Seward erreicht.

Das Besucherzentrum des **Kenai Fjords National Park** (1212 Fourth Avenue Tel. +1(907)224-3175) neben dem Büro des Hafenmeisters ist in den Sommermonaten täglich von 8 bis 19 Uhr sowie in den übrigen Monaten von Montag bis Freitag von 8 bis 17 Uhr geöffnet (siehe Seite 454ff.).

Das **Forest Service Office** (Tel. +1(907)224-3374) findet man an der Ecke Fourth Avenue und Jefferson Street. Die Öffnungszeiten sind montags bis freitags von 8 bis 17 Uhr. Dort erfährt man alles über Wanderungen und Hütten.

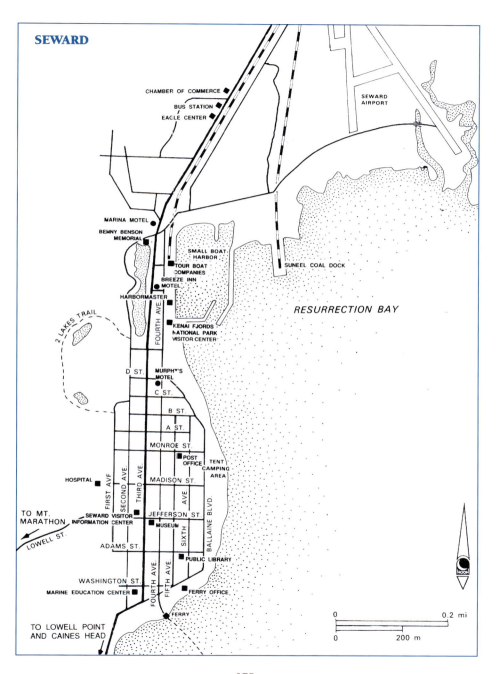

Südliches Zentralalaska

Duschen gibt es beim Büro des **Hafenmeisters** (von 8 bis 22 Uhr) und in der **Seward Laundry** ($ 3 für 20 Minuten). Oder man benutzt die Duschen im Schwimmbad der High School. Die Öffnungszeiten erfährt man unter Tel. +1(907)224-3900.
Bücher kann man bei **Reader's Delight** (222 Fourth Avenue) erstehen.

■ ESSEN

Man kann einfach die Fourth Avenue auf- und abgehen und die Speisekarten studieren, um zu sehen, worauf man Lust hat. Einer der billigsten Plätze ist **Prospero's**, ein Wagen an der Ecke Adams Street und Fourth Avenue. Dort bekommt man Burritos (ab $ 3,50), Enchiladas und Tacos.
Bis 22.30 Uhr geöffnet ist **Peking Chinese Cuisine** (338 Fourth Avenue). Man muß dort unbedingt den Kung-Pao-Heilbutt ($ 7,50) probieren. Das Restaurant bietet auch Mittagsspezialitäten für $ 6,50.
Chinesisch essen kann man auch im **Paradise** gegenüber vom Bootshafen. Das Essen ist nicht teuer und gar nicht so schlecht für chinesisches Fast food.
Nicht weit entfernt ist das **Breeze Inn** mit dem besten Frühstück der Stadt und einem Mittagsbüfett im Sommer.
In dieser Gegend liegt auch **Pristine Seafoods**, wo man frischen Fisch bekommt.
Ein Versuch wert ist auch **The Depot Restaurant** am Nordende der Stadt nahe dem Besucherzentrum. Dort serviert man Sandwiches, fettige Burger und Heilbutt.
Wer etwas mehr Geld ausgeben will, sollte unbedingt eines der drei lokalen Restaurants – Ray's, Harbor Dinner Club und Apollo – besuchen. In allen drei Restaurants gibt es hervorragende Spezialitäten mit frischem Fisch. Die besten Fish and Chips (aus Heilbutt) bekommt man im **Harbor Dinner Club** ($ 8,50). **Ray's** im kleinen Bootshafen eignet sich besonders, wenn man die Zeit bis zur Abfahrt des Ausflugsbootes abkürzen will oder für ein heißes Getränk, wenn man zurückkommt. Man kann dort aber auch hervorragend zu Abend essen. Außerdem gibt es ein reichhaltiges Frühstücksangebot. Im **Apollo Restaurant** hat man die größte Auswahl: Pizza, Nudeln und mexikanische Gerichte.

■ UNTERHALTUNG

In der Fourth Avenue verbirgt sich hinter jedem zweiten Haus eine Bar. Dazu zählen **Yukon, Tony's, Pioneer, Showcase** und **DJ's Bar**. In der Yukon Bar und bei Tony's wird an den Wochenenden Rock'n Roll gespielt. Einen ungewöhnlichen, rechtwinkligen Billardtisch gibt es bei DJ's. Im **Liberty Theater** in der Adams Street werden Filme gezeigt.

■ TERMINE

Der Januar beginnt in Seward mit dem **Polar Bear Jump-Off**, dem Sprung in das 4 °C kalte Wasser der Resurrection Bay. Daran nehmen Verrückte in unterschiedlichster Kostümierung teil.
Am Nationalfeiertag, dem 4. Juli, findet das Rennen auf den Mount Marathon statt, der sich hinter Seward in einer Höhe von 921 Metern erhebt. Viele Läufer schaffen die Strecke hin und zurück in einer Zeit von unter einer Stunde. Dabei tragen sie jedoch Blessuren wie Prellungen und blutige Knie davon. Der Rekord liegt bei 43 Minuten. Das Rennen wird seit 1915 ausgetragen und zieht Hunderte von Läufern und Schaulustigen nach Seward, wo sie die Bars und Campingplätze belegen.

Seward

Jedes Jahr im August ist Seward auch Austragungsort des **Silver Salmon Derby**. Mit einem Preisgeld von $100 zählt es zu den höchstdotierten Preisangel-Veranstaltungen in Alaska (mit $300 für den ersten Platz lag das Homer Halibut Derby 1995 an der Spitze).

■ UNTERBRINGUNG

In Seward gibt es eine ganze Reihe von teuren Übernachtungsmöglichkeiten, wie das **Best Western Hotel Seward** (221 Fifth Avenue, Tel. +1(907)224-2378), das pro Person im Doppelzimmer $178 berechnet ($168 im Einzelzimmer).
Das **Marina Motel** (1603 Seward Highway, Tel. +1(907)224-5518) ist etwas günstiger ($105 im Einzelzimmer, $120 im Doppelzimmer) und bietet einen Bustransfer in die Stadt.
Das **Breeze Inn Motel** (Tel. +1(907)224-5237) am kleinen Bootshafen kostet $105 im Doppelzimmer. Es ist zentral in der Nähe der Restaurants und der Ausflugsboote zu den Kenai-Fjorden gelegen.
Das **New Seward Hotel** (217 Fifth Avenue, Tel. +1(907)224-8001) bietet Zimmer ab $86.
Am billigsten ist **Murphy's Motel** (911 Fourth Avenue, Tel. +1(907)224-8090). Dort zahlt man für ein Einzelzimmer $75 und für ein Doppelzimmer $90.
Im Besucherzentrum erhält man eine Liste mit 25 Frühstückspensionen. Empfehlenswert sind unter anderem **Alaska Nellie's B&B** (Tel. +1(907)288-3124), **Bay Vista B&B** (Tel. +1(907)224-5880), **Bearpaw Cove B&B** (Tel. +1(907)224-5441) und **Stoney Creek Inn B&B** (Tel. +1(907)224-3940).
Bei **Creekside B&B** (Tel. +1(907)224-3834) kann man Hütten für eine ultimative Alaska-Erfahrung mieten. Man muß mit etwa $70 im Einzel- und $95 im Doppelzimmer bei den Preisen für Frühstückspensionen in Seward rechnen.
Eine schöne Jugendherberge befindet sich 26 Kilometer nördlich von Seward und eineinhalb Kilometer südlich vom Primrose Campground. Das **Seward Hostel** (P.O. Box 425, Seward, AK 99664) ist besonders praktisch für Wanderer, die auf dem Lost Lake Trail unterwegs sind. Es gibt 14 Betten, zwei Bäder, eine Küche sowie einen Gemeinschaftsraum. Die Übernachtung kostet $10 für Mitglieder sowie $13 für Nichtmitglieder. Das Büro ist täglich von 8 bis 10 Uhr und von 17 bis 22 Uhr geöffnet. Reservierungen für die Sommermonate sind angeraten. In der Jugendherberge selbst gibt es kein Telefon, man kann sich jedoch an die Jugendherberge in Anchorage (Tel. +1(907)276-3635) für nähere Informationen wenden.
Die Stadtväter von Seward haben einen schmalen Streifen als »Campingplatz« entlang dem Ufer gegenüber vom Ballaine Boulevard angelegt. Dort gibt es eine Toilette, eine Hütte zum Picknicken, wunderbare Ausblicke und viel Gesellschaft. Die Übernachtung kostet pro Zelt $6 – falls überhaupt jemand zum Kassieren vorbeikommt.
Ein weiterer Campingplatz befindet sich drei Kilometer außerhalb von Seward. Für $4,25 pro Nacht ist man dort von großen Bäumen und dem Lärm des Highway umgeben. Man kann sein Zelt jedoch auch auf dem kleinen Campingplatz am Exit-Gletscher im Kenai Fjords National Park aufstellen. Am Eingang zum Campingplatz gibt es Wasser – ansonsten ist es ein Platz ohne Luxus auf einem Moränenterrain.
Wohnwagen steuern besser den elf Kilometer nördlich von Seward gelegenen **Bear**

Südliches Zentralalaska

Creek RV Park (Tel. +1(907)224-5725), den **Kenai Fjords RV Park** (Tel. +1(907)224-8779) am kleinen Bootshafen oder den **Olson's Trailer Park** (Tel. +1(907)224-3233) fünf Kilometer nördlich von Seward an.

■ AN- UND WEITERREISE

Ein Zug der **Alaska Railroad** verläßt Anchorage im Sommer täglich um 6.45 Uhr und erreicht Seward gegen 11 Uhr. Die Rückfahrt beginnt um 18 Uhr in Seward mit Ankunft in Anchorage gegen 22 Uhr. Die Fahrt kostet $50 für die einfache Strecke oder $80 hin und zurück. Der Zug hält nicht am Portage, um Wanderer in Richtung Whittier abzusetzen oder wieder mitzunehmen. Wenn man von Portage aus nach Seward gelangen möchte, muß man den Bus nach Anchorage nehmen und von dort mit dem Zug nach Seward fahren oder sich für einen Bus der Seward Bus Line entscheiden. In der Zeit zwischen 27. September und 22. Mai bestehen keine Zugverbindungen.

Die *Tustumena* des **Alaska Marine Highway** (Tel. +1(907)224-5485) legt auf dem Weg von und nach Homer ($96), Seldovia ($100), Kodiak ($54) und Dutch Harbor ($250) in ihrem Heimathafen Seward viermal pro Woche zu jeweils unterschiedlichen Tages- und Nachtzeiten an.

Der Flughafen von Seward liegt fünf Kilometer nördlich der Stadt. **F.S. Air Service** bietet drei Flüge in der Woche – jeweils zwei samstags und einmal sonntags – zwischen Anchorage und Seward ($65).

Rundflüge veranstaltet **Bear Lake Guide Service**. Ein Flug (etwa 45 Minuten bis eine Stunde) kostet $99. Reservierungen sind nicht nötig, aber empfehlenswert. Von der Stadt aus besteht ein kostenloser Busservice.

Eine Straßenbahn fährt regelmäßig durch Seward. Der Fahrpreis beträgt $1 pro Strecke oder $3 für den ganzen Tag. **Seward Bus Lines** (Tel. +1(907)224-3608 oder +1(907)278-0800) verläßt Seward um 9 Uhr und kommt in Anchorage gegen 12 Uhr an. Die Rückfahrt beginnt in Anchorage (an der Ecke Seventh Street und Gambell Street) um 14.30 Uhr, Ankunft in Seward gegen 17.30 Uhr. Die Fahrt kostet $30 (einfache Strecke).

Mietwagen erhält man bei **Hertz** (Tel. +1(907)224-6097). Lokale Autovermieter berechnen pro Tag $55 bis $63. Bei Einwegmieten nach Anchorage muß man sich auf saftige Aufschläge einstellen (in der Nachbarschaft sind es $100).

Mountainbikes kann man für $32 pro Tag von Grizzly Bicycle Rentals bei **Eco Adventures & Delights** (Tel. +1(907)224-3960) mieten.

Mary Thompson von **Kenai Peninsula Guided Hikes** (Tel. +1(907)288-3141) veranstaltet eintägige Wanderungen in das Gebiet um Seward für $25 pro Person.

Kenai Fjords National Park

Der Kenai Fjords National Park umfaßt 2300 Quadratkilometer Eis, Felsen und zerklüftete Küstenlinie am südlichen Ende der Kenai Peninsula. Das Herzstück dieses wunderschönen Nationalparks ist das Harding-Eisfeld, eine massive Fläche aus Eis und Schnee, die nur durch sogenannte »Nunataks« (die Spitzen der Rocky Mountains) durchbrochen wird. Das Eisfeld erstreckt sich in alle Himmelsrichtungen und bildet so mehr als 30 benannte Gletscher. Acht dieser Gletscher entlang der Küste erreichen die offene See. Die Gletscher kalben gewaltig

Kenai Fjords National Park

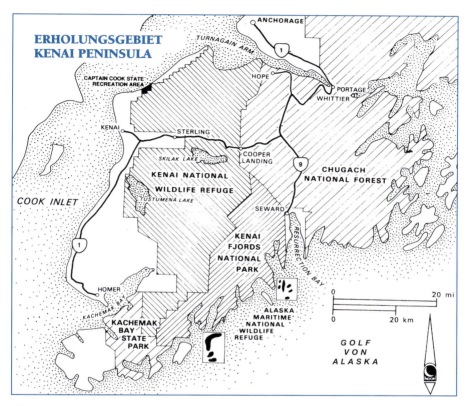

Eisberge ins Meer und bieten dabei ein eindrucksvolles Schauspiel.
Die Kenai-Fjorde wurden erst 1980 zum Nationalpark erklärt, und doch zählt das Gebiet bereits heute zu den beliebtesten Touristenattraktionen in Alaska. Viele Besucher kommen hierher an Bord von Ausflugsbooten, um vorbei an riesigen Vogelkolonien und bis hinauf zu den beschriebenen Gletschern zu fahren. Viele andere unternehmen eine landschaftlich schöne Wanderung zum Exit-Gletscher oder folgen dem steilen Weg zum Rand des Harding-Eisfelds.

■ **DER EXIT-GLETSCHER**

Das Gebiet um den Exit-Gletscher ist der einzige Teil des Parks, der mit dem Auto erreichbar ist. Von Seward fährt man sechseinhalb Kilometer in Richtung Norden und biegt bei der Ausschilderung nach links ab. Die Rangerstation mit **Exit Glacier Visitor Center** liegt 14,5 Kilometer weiter auf dieser rauhen Schotterstraße, jenseits eines kleinen Campingplatzes. Dort erwartet einen eine Vorführung mit Satellitenbildern, die zeigen, welchen kleinen Bruchteil des riesigen Harding-Eisfeldes der Exit-Gletscher ein-

Südliches Zentralalaska

nimmt. Ein Dutzend zusammengehefteter, topographischer Karten zeigt das gigantische Ausmaß der Halbinsel. Die Ranger führen in der Zeit von 10 bis 14 Uhr einstündige Naturwanderungen durch. Ein längerer Ausflug, der zum Eisfeld führt, findet jeweils samstags ab 8 Uhr statt. Weitere Aktivitäten entnimmt man dem Informationsbrett.

Ein rund ein Kilometer langer Rundweg auf einem Naturpfad bietet die Möglichkeit für einen einfachen und ruhigen Spaziergang durch den Wald.

Der **Lower Loop Trail** führt über 800 Meter bis zu einem Fluß, den man überquert, und steigt dann auf 400 Meter bis zum Kopf des Exit-Gletschers an.

Der steile und gewundene **Upper Trail** führt 400 Meter weiter und bietet Ausblicke auf den Gletscher und einige Eisflächen, die man auf keinen Fall betreten sollte.

Der sieben Kilometer lange **Harding Icefield Trail** zweigt gleich nach der Brücke über den Fluß ab und klettert bis auf eine Höhe von 1067 Meter zum Eisfeld. Für diese sehr schwierige Wanderung muß man mindestens vier Stunden einkalkulieren und vorher bei der Ranger-Station nach dem aktuellen Zustand des Weges fragen. Tiefer Schnee kann ihn bis in die Sommermitte blockieren. Erfahrenen Skifahrern ist es möglich, mit Langlaufskiern auf dem kompakten Eis zu fahren. Im Winter wird die Straße zum Exit-Gletscher nicht geräumt. Sie wird jedoch sehr viel von Skifahrern und Schneemobilen befahren.

■ AUSFLÜGE

Das interessanteste, was man in Seward unternehmen kann, ist die Fahrt mit einem Ausflugsboot in die Resurrection Bay oder in einen der nahe gelegenen Fjorde. Das ist die Gelegenheit, die Meerestierwelt zu sehen. Mit etwas Glück bekommt man drei Arten von Walen – Beluga-, Buckel- und Killerwale – sowie Tümmler, Seeotter, Seelöwen, Hunderte von Papageientauchern, Möwen und natürlich Weißkopfadler und Austernfischer zu Gesicht. Ein halbes Dutzend unterschiedlicher Veranstalter bietet Ausflüge mit erfahrenen Führern. Die halbtägigen Fahrten führen in die nahe gelegene Resurrection Bay und bis hinaus nach Rugges Island, während längere Touren darüber hinaus Aialik Bay, den Holgate-Gletscher mit seinen kalbenden Eisbergen und die Chiswell Islands ansteuern, wo man Kolonien von Steller-Seelöwen, brütende Seevögel und bemerkenswerte Papageientaucher antrifft.

Kenai Fjord Tours (Tel. +1(907)224-8068) bietet eine ganze Reihe von Ausflügen durch den Park an, die von der vierstündigen Fahrt in die Resurrection Bay ($49) bis zur neunstündigen Northwest Glacier Tour ($129) reichen.

Andere Anbieter veranstalten ähnliche Ausflüge sowie Pauschalangebote inklusive Transfer ab/bis Anchorage und Fahrten zum Exit-Gletscher.

Kenai Coastal Tours (Tel. +1(907)224-8068) berechnet für einen ganztägigen Ausflug mit Mittagessen $95.

Major Marine Tours (Tel. +1(907)224-8030) bietet eine halbtägige Abendkreuzfahrt (inklusive Krabben und Shrimps – so viel man essen kann) für $74 pro Person an.

Die drei Unternehmen verfügen über große Ausflugsboote für mehr als 100 Passagiere, die auch bei rauher See noch sehr ruhig im Wasser liegen.

Die drei nachfolgenden Unternehmen haben kleinere Boote für individuellere

Ausflüge: **Alaska Renown Charters** (Tel. +1(907)224-3806) verlangt $35 ($20 für Kinder) für zweieinhalbstündige Kurztrips. **Fresh Aire Charters** (Tel. +1(907)272-2755) unternimmt halbtägige Ausflüge mit Mittagessen für $70 pro Person, während **Mariah Charters & Tours** (Tel. +1(907)224-8623) $50 für Halbtagesausflüge sowie $80 für ganztägige Touren berechnet (Essen nicht inklusive). Die Ausflüge von Mariah werden von Einheimischen als besonders gut bewertet. Freitags geht es in die Harris Bay, wo sich nur wenige andere Ausflugsboote einfinden.

Die Ausflugsboote verkehren nur in der Zeit zwischen Mitte April und Mitte September. Wenn man zu Anfang oder am Ende der Saison an diesen Touren teilnimmt, kann es sein, daß man günstigere Preise und weniger Menschen an Bord vorfindet. Viele Anbieter verfügen über Verkaufsstände am Dock hinter dem Büro des Hafenmeisters an der Fourth Avenue. Ferngläser und Teleobjektive sind sehr praktisch, und Kleidung in sieben Schichten empfiehlt sich besonders bei ganztägigen Reisen, bei denen man dem Wasser stärker ausgesetzt ist.

Adventures & Delights Eco Tours (Tel. +1(907)224-3960) veranstaltet Kajaktouren in den Park und vermietet auch Kajaks (siehe Seite 454).

■ UNTERBRINGUNG

Der Park Service betreibt fünf sehr beliebte öffentliche Hütten in den Kenai-Fjorden. Vier von ihnen liegen entlang der Küste und sind nur mit dem Boot oder einem Wasserflugzeug von Seward aus zu erreichen. Sie sind von Juni bis zum Labor Day geöffnet und kosten $25 pro Nacht. Jede Hütte hat ihre eigene Spezialität: einen wunderschö-

nen Weg entlang der **Aialik Bay**, gute Fischgründe am **Delight Creek**, donnernde kalbende Gletscher am **Holgate Arm** und einen alten Regenwald am **North Arm**. Zu diesen Hütten an der Küste kommt die einzige Hütte des Forest Service am **Exit-Gletscher**, die nur im Winter geöffnet ist. Zu dieser Hütte kann man vom Highway aus auf der 9,5 Kilometer langen, nicht geräumten Straße gemütlich auf Skiern zum Exit-Gletscher fahren. In der Nähe befindet sich eine zweite Schutzhütte, die ebenfalls im Winter geöffnet ist ($20). Die Hütten sollten frühzeitig beim Park Service (Tel. +1(907)224-3175) reserviert werden.

Nach Soldotna/Kenai

Bei Meile 37 kreuzt der Seward Highway den Sterling Highway. Die Meilensteine der Autostraße beginnen hier ebenfalls bei 37. Zwischen dieser Straßenkreuzung und Cooper Landing (Meile 49) findet man drei Campingplätze des Forest Service: **Tern Lake** (25 Plätze, Wasser, $6), **Quartz Creek** (asphal-

Südliches Zentralalaska

tierte Straße, 32 Plätze, Toilettenanlagen, Bootsanleger, sehr schöne Anlage am Kenai Lake, $7) und **Crescent Creek** (fünf Kilometer entfernt an der Crescent Creek Road, neun Plätze, $6). Vom Parkplatz am Crescent Creek Campground führt ein zehn Kilometer langer Wanderweg bis hinauf auf eine Höhe von über 305 Meter zum Crescent Lake.

■ KENAI PRINCESS LODGE

Die kleine und wunderschön gelegene Lodge mit Blick auf das türkisfarbene Wasser des Kenai River wurde 1989 von Princess Tours in Seattle, einem der zwei führenden Alaska-Reiseanbieter, gebaut. Die Empfangshalle, die Lounge, das Restaurant, das Konferenzzimmer und der Ausflugsschalter befinden sich im Hauptgebäude und sind aus Alaska-Kiefer. Dort findet man auch einen großen, steinernen Kamin, Kronleuchter und eine große Terrasse. Außerdem gibt es einen Souvenirladen, ein Fitneß- und Gesundheitszentrum, zwei kurze Naturlehrpfade (eine Broschüre erhält man an der Hotelrezeption), einen Wohnwagenpark und ein Gemischtwarengeschäft. Die Lodge verfügt über 50 Zimmer, die je mit einem Holzofen (und elektrischer Heizung), zwei großen Betten, einer Sitzecke, Fernseher und einem Balkon ausgestattet sind. Das Hotel ist ganzjährig geöffnet, die Sommerpreise liegen bei $175 im Doppelzimmer und $210 für eine Suite. Von September bis Dezember und von März bis April zahlt man von sonntags bis donnerstags $79, freitags und samstags werden $99 berechnet. Eine Suite kostet dann $129. Weitere Details erhält man unter Tel. +1(907)595-1425. Die Kenai Princess Lodge erreicht man über den Sterling Highway. Kurz bevor man den Kenai River überquert, biegt man rechts ab und folgt der Schotterstraße über dreieinhalb Kilometer vorbei an der Schule, der Bibliothek, dem Bürgerzentrum und dem Friedhof. Auf der linken Seite sieht man bereits die Ausschilderung zur Lodge.

■ COOPER LANDING

Dies ist das erste von vielen Service-Zentren, die sich an beiden Seiten des Sterling Highway bis nach Kenai erstrecken. In Cooper Landing gibt es drei Motels, ein paar Restaurants, eine Tankstelle, ein Metallwarengeschäft, einen Lebensmittelhändler und einige Ausrüsterläden.
Hauptattraktion ist die 22,5 Kilometer lange Floßfahrt auf dem Kenai River bis nach Jim's Landing. Auf der Strecke liegen Stromschnellen der Kategorie II bei Schooner Bend. Mehrere Unternehmen bieten diese Floßfahrten an.
Alaska Wildland Adventures (Tel. +1(907) 595-1279) startet täglich um 9.30, 13 und 17 Uhr zu zweistündigen Ausflügen ($42 für Erwachsenen, $29 für Kinder). Die ganztägige Floßfahrt durch den Kenai Canyon beginnt um 11 Uhr und kostet $95. Begleitete Touren für Sportfischer kosten $185 für den ganzen Tag. In den *Visitor Guides* der Stadt findet man Coupons im Wert von $5, die auf den Reisepreis angerechnet werden. Ähnliche Ausflüge bieten auch **Osprey Alaska** (Tel. +1(907)595-1265) und **Alaska Rivers Corporation** (Tel. +1(907)595-1226). Die Alaska Rivers Corporation bietet zusätzlich geführte Wanderungen zu den Russian River Falls, wo man im Juni und August während der Laichzeit der Lachse ein wahres Spektakel erleben kann. Außerdem werden Angelexpeditionen organisiert. Unmittelbar hinter Cooper Landing liegt der **Cooper Creek Campground** mit 26

Campingplätzen an beiden Seiten der Straße ($ 9).

Nach weiteren zwei Kilometern erreicht man den großen **Russian River Campground**, einen idealen Ort, um Lachse zu fangen (Mitte Juni bis Mitte Juli). Die 85 Campingplätze ($ 11) erstrecken sich entlang der drei Kilometer langen asphaltierten Zufahrtsstraße. Wer auf dem 34 Kilometer langen **Russian Lakes Trail** wandern möchte, kann seinen Wagen gegen eine Gebühr von $ 5 auf dem Parkplatz abstellen. Oder man nimmt den »Fisherman's Pass« entlang dem Fluß zu den Russian River Falls, wo die Lachse über die Höhenunterschiede und gegen die Strömung springen.

Der **Resurrection Pass Trail** kreuzt den Sterling Highway bei Meile 53.

Ein ebenfalls sehr beliebtes Gebiet für Angler, die Lachs fischen, ist der **Kenai-Russian Rivers Campground** des U.S. Fish and Wildlife Service bei Meile 55.

■ KENAI NATIONAL WILDLIFE REFUGE

Das große Schutzgebiet ist Lebensraum für Elche, Dallschafe, Bären, Lachse und viele andere Tiere. Es wurde 1941 durch ein Gesetz von Präsident Roosevelt eingerichtet. Damals trug es jedoch noch den Namen Kenai National Moose Range. Durch den National Interest Lands Act von 1980 wurde es in Kenai National Wildlife Refuge umbenannt und auf ein Gebiet von mehr als 8000 Quadratkilometern ausgeweitet. Das Schutzgebiet untersteht der staatlichen Behörde Fish and Wildlife Service. Bei Meile 58, unmittelbar an der Kreuzung des Sterling Highway und der schlechten und staubigen **Skilak Lake Loop Road** (32 Kilometer), gibt es einen Informationsstand. Von dieser Kreuzung bis ins Zentrum von Sterling ist es eine schnelle Fahrt auf dem Sterling Highway über 40 Kilometer. Dabei kommt man vorbei an kleinen Campingplätzen, die an Seen liegen und Möglichkeiten zum Angeln und Picknicken bieten. Entlang der Loop Road findet man so viele Campingplätze, Wanderwege, Seen, Flüsse und Freizeiteinrichtungen, daß die Aufzählung den Rahmen dieses Buches sprengen würde. Nähere Einzelheiten über die sieben kostenlosen Campingplätze, mehr als ein Dutzend Wanderwege und Hunderte von Kilometern an Wasserwegen und Fischfanggebieten kann man in der Hütte des U.S. Fish and Wildlife Service oder im Hauptquartier dieser Behörde in Soldotna erfahren.

■ STERLING

Spätestens in Sterling (1800 Einwohner) bei Meile 83, wo der immer breiter werdende Kenai River mit dem Moose River zusammenfließt, ist man ganz sicher im Reich der Lachse. Nicht zuletzt sagt einem das der Geruchssinn. Das Getümmel der Lachse ist hier in Höhe der Brücke an beiden Ufern gleich groß, wobei an der Westseite ein privates Fischcamp und an der Ostseite die **Izaak Walton State Recreation Site** liegen. Dieser schöne Campingplatz hat 38 Plätze, asphaltierte Straßen, Toiletten und Wasser ($ 10 pro Nacht). Aus archäologischen Funden und Ausgrabungen weiß man, daß bereits vor mehr als 2000 Jahren Inuit diese fischreichen Gründe bewohnten.

1957 stieß man in dem bis dahin noch nicht erschlossenen Gebiet nördlich von Sterling unweit des Swanson River auf Öl. Schnell wurde eine 29 Kilometer lange Schotterstraße zu den Ölfeldern gebaut. Damit wurde auch dieses von Seen durchsetzte Tiefland der Öffentlichkeit zugänglich gemacht.

Südliches Zentralalaska

Über die Swanson River Road, einer Abzweigung des Sterling Highway bei Meile 84 an einem alten Schulhaus, sind auch die beliebten Kanurouten **Swanson River Route** (129 Kilometer, 40 Seen) und **Swan Lake Route** (96,5 Kilometer, 30 Seen) erreichbar. An der Swanson River Road, etwa 21 Kilometer entfernt, liegt der **Dolly Varden Lake Campground**. Er ist kostenlos, nicht überfüllt, bietet schöne Ausblicke, liegt direkt am See und wird häufig von Elchen besucht. Weitere Informationen hierzu findet man in der Broschüre *Canoeing in the Kenai Wildlife Refuge*, die beim U.S. Fish and Wildlife Service erhältlich ist.

Entlang der 21 Kilometer langen Straße von Sterling nach Soldotna wimmelt es nur so von Ausflugsanbietern und Ausstattern, Angelzubehörgeschäften, Bootsverleihen, Reparaturwerkstätten und allem, was man für den Lachsfang oder die Fahrt mit dem Kanu benötigt.

Soldotna

Wie Anchorage diente auch Soldotna (3600 Einwohner) als Versorgungszentrum der Eisenbahn. Soldotna entstand in den vierziger Jahren des 20. Jahrhunderts an der Kreuzung des Sterling Highway und der Kenai Spur Road. Noch immer lebt die Stadt vom Geld aus dem Ölgeschäft im Cook Inlet, das die Grundlage der Wirtschaft von Anchorage darstellt. Dadurch konnte sich Soldotna erst richtig entwickeln. Die ausgedehnte Stadt ohne Vororte ist Sitz der Bezirksregierung und einer Zweigstelle der Universität von Alaska. Soldonta ist voll von Einkaufszentren, geschmückt mit Fast-food-Restaurants und geprägt vom Fischfang. Bis auf Wolkenkratzer gibt es dort einfach alles.

■ **SEHENSWERTES**

Das **Kenai Peninsula Visitor Information Center** (Tel. +1(907)262-9814) liegt am Sterling Highway, südlich der Brücke. Es ist täglich von 9 bis 19 Uhr geöffnet. Hier kann man Informationen sammeln und einen über 40 Kilogramm schweren Lachs bestaunen – dabei handelt es sich um einen der größten Lachse, der jemals von einem Angler gefangen wurde. Das Chamber of Commerce befindet sich im gleichen Gebäude. Zum **Kenai National Wildlife Refuge Visitor Center** (Tel. +1(907)262-7021) nimmt man an der Kalifornsky Road die Abzweigung nach links, biegt sofort nach rechts ab und folgt der Ski Hill Road für etwa eineinhalb Kilometer. Das Besucherzentrum ist montags bis freitags zwischen 8 und 16.30 Uhr sowie an den Wochenenden von 10 bis 17 Uhr geöffnet. Hier kann man Bücher und Plakate kaufen und sich zwischen 12 und 16 Uhr einen Videofilm von 15 Minuten Dauer ansehen, der stündlich beginnt. An den Wochenenden zwischen 12 und 17 Uhr wird auch eine Dokumentation über die Tierwelt gezeigt (kostenlos). Entlang einem eineinhalb Kilometer langen Naturlehrpfad erreicht man einen Beobachtungsturm. Das **Soldotna Historical Society Museum** ist eine Ansammlung von Holzhütten entlang dem Weg zum Centennial Park. Es ist dienstags bis freitags von 10 bis 16 Uhr sowie am Wochenende von 12 bis 16 Uhr geöffnet.

■ **ESSEN, UNTERHALTUNG UND DIENSTLEISTUNGEN**

Ein schöner Platz zum Essen, Trinken und um ein wenig zu entspannen ist **Tide's Inn Supper Club and Lounge**, gegenüber der Kenai River Lodge und mit Blick auf den

Fluß. Dort trifft man bestimmt auf Einheimische. Das Restaurant sieht zur Straße hin (Rückseite) zwar sehr einfach aus, seine Vorderfront und das Innere sind jedoch sehr elegant. Zum Mittagessen gibt es Burger und Sandwiches für $6 bis $8. Hinzu kommen Prime Ribs, Filet Mignon, Kalbfleisch à la Oscar, Hühnchen in Sesam, Jakobsmuscheln, Lachs, Heilbutt und Königskrabben für $15 bis $35. Die wirklich empfehlenswerte Lounge ist urgemütlich, und für Nachtschwärmer gibt es Live-Vorführungen und eine Tanzfläche.

Neben dem Duck Inn in der Kalifornsky Road, etwa fünf Kilometer westlich von Soldotna, gibt es ebenfalls ein Restaurant: Dort bekommt man Frühstück und Mittagessen ($6 bis $7) sowie das übliche Abendessen – Steak, Fisch und Geflügel (ab $18). Krönender Abschluß sind die Königskrabben. Außerdem gibt es hausgemachte Pizza. Das Restaurant ist von 7 bis 23 Uhr geöffnet.

Klondike City (Tel. +1(907)262-2220) an der Ecke des Highway und der Lovers Lane gegenüber der Dairy Queen ist ein kleines Einkaufszentrum mit einer Bowlingbahn ($6 pro Bahn/Stunde inklusive Schuhverleih), einer Rollschuhbahn, einem Pfandhaus, einer Druckerei und Sal's Klondike Diner (rund um die Uhr geöffnet), wo man typisches Fast food und riesige Kuchenstücke bekommt.

Grand Burrito ist ein Schnellimbiß in Soldotna, wo man bereits unter $4 satt wird. Der Veggie Burrito schmeckt dort am besten. Geöffnet ist der Imbiß von 11 bis 21 Uhr. Nebenan befindet sich eine armenische Bäckerei.

Die Bar und die Lounge in der **Kenai River Lodge** sind gemütlich und bieten in der zweiten Etage durch die Panoramafenster einen wunderschönen Ausblick auf den Fluß. Der Service ist sehr gut und das Personal überaus freundlich.

Eine Dusche kann man im **Alpine Laundromat** auf dem Highway direkt neben der Dairy Queen nehmen. Er ist von frühmorgens bis am späten Abend geöffnet. Die Dusche kostet $3, 25 Cents werden für ein Handtuch verlangt.

■ **UNTERBRINGUNG**

Das Leben spielt sich in der Stadt entweder am Sterling Highway oder in der Kalifornsky Beach Road ab. Die Kalifornsky Beach Road, die nach einem frühen Siedler aus Kalifornien benannt ist, kreuzt den Kenai River direkt an seiner Mündung am Eingang der Stadt.

Der **Centennial Park City Campground** berechnet $8 für einen Stellplatz sowie $3 Parkgebühr pro Tag, wenn man entlang dem Fluß angeln will. Dazu nimmt man den Sterling Highway, überquert die Brücke und biegt rechts in die Kalifornsky Beach Road. Die Abzweigung zum Campingplatz ist dann gleich auf der rechten Seite. Der städtische Campingplatz verfügt über Stellplätze aus Holz (einige davon direkt am Wasser), Picknicktische, Feuerstellen, Wasser, Telefon und eine Rampe für Boote.

Die gleichen Gebühren verlangt der **Swiftwater Campground** in der East Redoubt Street (Meile 96,1 am Sterling Highway), der ebenfalls von der Stadt betrieben wird. Weitere drei Kilometer entfernt in der Kalifornsky Beach Road liegt das **Duck Inn** (Tel. +1(907)262-1849). Das Hotel verfügt über kleine Zimmer mit Doppelbetten. Dafür sind die Preise aber auch für die hiesigen Verhältnisse relativ niedrig (ab $79).

Soldotna Bed & Breakfast (399 Lovers Lane, Tel. +1(907)262-4779) ist ein wunderschönes Anwesen – eine Mischung aus einem europäischen Schloß und einem Motel. Das Hotel (vom Sterling Highway biegt man in die Dairy Queen Street) verfügt über 16 Zimmer. Die Übernachtungspreise liegen im Sommer zwischen $120 und $140. Wenn man die Brücke am Highway in nördlicher Richtung überquert, erreicht man die **Kenai River Lodge** (Tel. +1(907)262-4292). Je nach Saison bezahlt man für ein Zimmer mit Blick auf den Fluß zwischen $99 und $110.

Kenai

Die Stadt Kenai (6300 Einwohner) liegt auf einem Felsvorsprung hoch oben über der Mündung des Kenai River mit Blick auf das Cook Inlet. Auf der gegenüber liegenden Seite des Meeresarmes erheben sich im Südwesten der Redoubt und der Iliamna, zwei aktive Vulkane am Anfang der Aleuten Range. Die Alaska Range dagegen sieht man im Nordwesten. Bei aufkommender Flut schwimmen häufig große weiße Belugawale auf der Jagd nach Fischen bis in die Flußmündung. Kenai ist die zweitälteste dauerhafte Siedlung in Alaska. Gegründet wurde sie von russischen Pelzhändlern, die 1791 auch St. Nicholas Redoubt erbauten. 1869, zwei Jahre nach dem Kauf Alaskas durch die Amerikaner, baute die Armee das Fort Kenay. 1957 entdeckte man vor der Küste Öl, und heute ist Kenai nicht nur die größte, sondern auch die am stärksten industrialisierte Stadt auf der Halbinsel.

■ SEHENSWERTES

Alle Sehenswürdigkeiten von Kenai liegen sehr dicht beieinander, so daß die Stadt bequem zu Fuß in etwa 90 Minuten besichtigt werden kann. Am besten beginnt man einen Rundweg beim **Kenai Bicentennial Visitor and Cultural Center** (Tel. +1(907)283-1991) an der Ecke Main Street und Kenai Spur Road. Das Fremdenverkehrsamt ist werktags von 9 bis 20 Uhr sowie am Wochenende von 10 bis 19 Uhr geöffnet. Hier findet man eine hervorragende und umfassende Auswahl von Broschüren und Informationsblättern über die Gegend. Das Museum zeigt eindrucksvolle Kunstgegenstände der Einheimischen, eine permanente Ausstellung zur lokalen Geschichte und Naturgeschichte sowie regelmäßig weitere Ausstellungen. Natürlich werden daneben die unvermeidlichen Alaska-Videos gezeigt.

Danach geht man in Richtung Klippe auf der Overland Avenue zur Nachbildung des **Fort Kenay**, das 1967 anläßlich der Jahrundertfeier Alaskas nachgebaut wurde.

Unmittelbar daneben steht die **Holy Assumption Russian Orthodox Church** von 1896, die zweitälteste russisch-orthodoxe Kirche in Alaska (die älteste steht auf der Insel Kodiak). In der Kirche finden noch heute regelmäßig Gottesdienste statt: Führungen sind auf Nachfrage möglich. Man kann aber auch durch die Fenster einen Blick auf den bemalten Altar und die Kronleuchter aus Messing werfen. Die Architektur der nahe gelegenen Kapelle **Saint Nicholas Memorial** von 1906, die über dem Grab des ersten Priesters von Kenai errichtet wurde, ist ebenfalls an den russisch-orthodoxen Stil angelehnt.

Wenn man in östlicher Richtung auf der Mission Road weitergeht, kommt man an zwei Aussichtspunkte über den Klippen: Vom ersten blickt man auf die fischverarbeitenden Fabriken mit den Kenai Mountains

Kenai

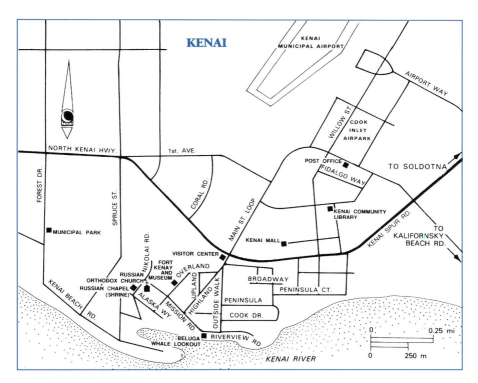

im Hintergrund und der Aleuten Range und der Alaska Range, die den Meeresarm umgeben. Am zweiten findet man eine Informationstafel über Belugawale.

■ **UNTERBRINGUNG UND ESSEN**

In Kenai gibt es keine öffentlichen Campingplätze. Der **Overland RV Park** (Tel. +1(907)283-4512) umrahmt das Besucherzentrum von drei Seiten. Dort kann man sein Zelt aufschlagen, den Wohnwagen aufstellen sowie die Duschen und Waschmöglichkeiten nutzen.
Wer ein Dach über dem Kopf sucht, kann es im **Uptown Motel** (Tel. +1(907)283-3660) in der Spur Road in den Stadtmitte versuchen. Einzelzimmer kosten dort $115, für ein Doppelzimmer werden $125 berechnet (zuzüglich 17 Prozent Steuer). Unbedingt sollte man auch einen Blick auf die hundert Jahre alte Blattgoldkasse hinter der Rezeption werfen.
Ähnliche Zimmerangebote und Preise haben das **Kenai Merit Inn** (Tel. +1(907)283-6131) und das **Kenai Kings Inn** (Tel. +1(907)283-6060) in der Spur Road (auf der Uferseite von Soldotna).
Eine noble Adresse zum Essen ist das **Paradisos** (Tel. +1(907)283-2222) in der Spur Road, einen Block östlich vom Visitor Center. In dem Restaurant, das bereits seit 1971

Südliches Zentralalaska

besteht, kann man zum Mittag- oder Abendessen einkehren. Die umfangreiche Speisekarte enthält italienische, mexikanische und griechische Gerichte.
Ebenfalls sehr stilvoll ißt man bei **Louis'** im Uptown Motel. Die Preise für die gängigen Mittag- und Abendessen mit Fleisch und Fisch liegen zwischen $12 und $24.

Nach Homer

Von Kenai aus fährt man zunächst auf der Kalifornsky Beach Road über den Kenai River zurück und biegt dann an der Kreuzung nach rechts zur Küste ab. Diese Nebenstraße mündet bei Meile 109 in den Sterling Highway. Das ist genau bei **Kasilof**, dem Zugang zum riesigen Tustumena Lake. Die Abzweigung dorthin befindet sich bei Meile 110.
Bei Meile 117 beginnt die Zufahrtsstraße zur **Clam Gulch State Recreation Area**, von wo aus eine drei Kilometer lange Schotterstraße zum Campingplatz und zu den Muschelgründen führt. Der dortige Campingplatz verfügt über 116 Stellplätze für $8 pro Nacht. Bevor man aber auf Muschelsuche geht, sollte man eine Genehmigung dafür einholen. Sie kostet $10 für einen Tag, $15 für drei Tage oder $30 für zwei Wochen. Außerdem benötigt man eine Schaufel, einen Eimer und Handschuhe, wenn man im kalten Sand nach den rasierklingenscharfen Muscheln graben will. Mehr als 60 Muscheln darf man nicht sammeln. Die beste Jahreszeit ist im Frühsommer bei Ebbe. Grundsätzlich ist das Suchen von Muscheln aber zu jeder Zeit zwischen April und September möglich. Am besten wendet man sich an **Ipswich Plaza** (Meile 118). Wenn man sich die Mühe sparen will, bestellt man sich aber einfach Muscheln in der **Clam Shell Lodge** und bezahlt den Preis für dieses Gericht. Muscheln sammeln kann man nicht nur hier, sondern auf der gesamten Strecke bis Anchor Point.
Wie unglaublich abwechslungsreich Alaska ist, zeigt die nun folgende 64 Kilometer lange Strecke auf dem Sterling Highway. Abgesehen von einigen Nebenstraßen im Südosten des Staates, ist dies die einzige längere Küstenstraße Alaskas. Sehr schön ist der Blick auf die Gebirgskette der Aleuten auf der anderen Seite des Cook Inlet, wo sich der Mount Redoubt (3108 Meter) im Norden und der Mount Iliamna (3053 Meter) im Süden majestätisch erheben. Beide liegen inmitten des Lake Clark National Park. An einem Tag mit sehr guter Fernsicht kann man auch den noch immer aktiven Vulkan Mount Augustine sehen. Er befindet sich auf einer einsamen Vulkaninsel und ist an dem besonders geformten Kegel am unteren Ende des Meeresarmes leicht zu erkennen.

■ NINILCHIK

Der kleine Ort an der Mündung des Ninilchik River blickt auf eine lange Geschichte zurück. Er wurde um die Jahrhundertwende von Pensionären der Russisch-Amerikanischen Gesellschaft, die damals einheimische Frauen geheiratet hatten, an einer kleinen Nebenstraße des Sterling Highway gegründet.
Im alten Stadtkern liegen **Village Arts and Crafts**, das **Beachcomber Hotel** (Tel. +1(907)567-3417, $60) und einige klassische Häuser am Wasser.
Man folgt der Straße entlang dem Ninilchik River um die Landzunge herum zur anderen Flußseite und der Ansiedlung am Strand. Auf der linken Seite befindet sich ein staatli-

cher Campingbereich (meistens vollbelegt mit Wohnwagen) für $6 pro Nacht, zur Rechten ist ein kleiner Bootshafen. Der neuere Teil der Stadt (750 Einwohner) erstreckt sich rechts und links des Highway. Dort findet man die Ninilchik Corners (mit Waschsalon, Duschen, Geschäften und Wohnwagenpark), den Ninilchik General Store, eine Tankstelle sowie mehrere Motels, Restaurants und Charterunternehmen.

Ein Besuch in der **Bücherei** (Tel. +1(907) 567-3333), die an Werktagen zwischen 11 und 16 Uhr geöffnet ist, lohnt sich. Hier bekommt man die ausgezeichnete Broschüre mit dem Titel Tour of Ninilchik Village. Darin werden ein Dutzend historischer Gebäude und Sehenswürdigkeiten beschrieben. Ein kurzer Fußweg führt zur **russisch-orthodoxen Kirche**, die 1900 auf einer Aussichtsplattform errichtet wurde.

Alljährlich am dritten Wochenende im August findet auf den **Kenai State Fairgrounds** eine große Messe statt.

Auf dem Hügel vor dem Ortseingang liegt der **North River Campground**. Er ist groß, bewaldet, nicht überfüllt und verfügt über Wasser und Toiletten ($8).

Unmittelbar vor der Stadt befindet sich die **Ninilchik State Recreation Site** mit 35 Plätzen, Wasser und Toiletten ($8 bis $10). Auf einem Felsvorsprung, etwa 30 Meter oberhalb des Strandes, bietet er ähnlich wie die **Stariski State Recreation Site** bei Meile 152 (13 Plätze, $10) eine unglaublich schöne Aussicht.

Homer

Homer wird mit positiven Attributen geradezu überschüttet. So sagt man dieser Stadt nach, daß sie landschaftlich am schönsten gelegen sei, das mildeste Klima, ein reichhaltiges Vorkommen an Heilbutt, die größten Buchten, die längsten Landzungen, die unkompliziertesten Menschen und die beste Lebensqualität im Staate Alaska und weit über seine Grenzen hinaus biete. Tatsache ist dagegen, daß es die einzige Stadt in Alaska ist, die fast wie an einer Sackgasse gelegen ist. Ohne Frage ist Homer landschaftlich sehr schön gelegen: mit zerklüfteter Küstenlandschaft, tief einschneidenden Fjorden und natürlich den Kenai Mountains auf der anderen Seite der wunderbaren Kachemak Bay.

Nicht selten zeigt die Waage beim Heilbuttfang mehr als 200 Pfund an, und für $100 kann man selbst sein Angelglück versuchen. In Homer lassen sich aber auch sehr viele Künstler und Kunsthandwerker nieder. Ihre Werke verkaufen sie in den kleinen Galerien, die vollgestopft mit seltenen und verlockenden Dingen sind.

■ HISTORISCHES

Den Russen war das unbegrenzte Kohlevorkommen in dem Gebiet schon im frühen 19. Jahrhundert bekannt, die Amerikaner begannen mit dem Abbau jedoch erst zehn Jahre, nachdem sie Alaska gekauft hatten. Im Zuge des Goldrauschs Mitte der neunziger Jahre des 19. Jahrhunderts strömten aber auch die Goldsucher und mit ihnen die Versorgungsgüter durch den kleinen Hafen am Ende der Landzunge in Richtung der Goldfelder bei Hope und Sunrise. Eine der schillerndsten Figuren, die dabei diese Gegend durchquerten, war Homer Pennock, dessen Wirken durch den Namen der Stadt auch heute noch in Erinnerung ist. Er förderte bis 1907 Millionen Tonnen von bitumenhaltigem Brennstoff. Dann wurde seinem Vorha-

Südliches Zentralalaska

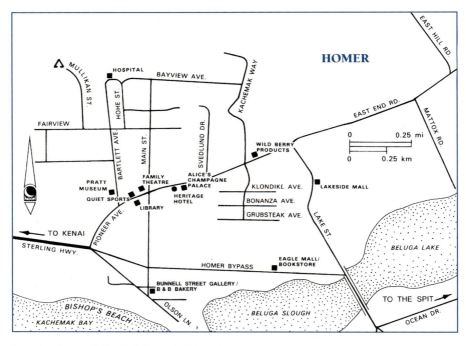

ben durch staatliche Politik und sinkende Preise ein Ende bereitet.

In den zwanziger Jahren des 20. Jahrhunderts siedelten sich Fischer in Homer an. Sie fanden genug Brennstoff zum Beheizen ihrer Häuser vor. Bis zum Beginn der fünfziger Jahre blieb Homer eigentlich ein kleiner Fischerort mit Konservenfabriken. Durch den Bau des Sterling Highway, der die Stadt mit dem Rest des Kontinents verband, wuchs die Bevölkerung von Homer beständig auf heute über 4000 Einwohner an.

Grundlage der Wirtschaft sind die fischverarbeitende Industrie, die Schiffahrt und der Tourismus. Das Wasserkraftwerk am Bradley Lake macht langsame Fortschritte, und in naher Zukunft sollen Ölbohrungen im unteren Teil des Cook Inlet möglich sein.

■ IN DER STADT

Am besten beginnt man seinen Stadtrundgang beim **Pratt Museum** (3779 Bartlett Avenue, Tel. +1(907)235-8635) gleich an der Kreuzung mit der Pioneer Avenue. Das Museum war schon vor dem Umbau 1989 hervorragend, doch seitdem ist es noch besser. Die Ausstellungsstücke über die Geschichte, das Leben und die Wirtschaft sowie die zur Schau gestellten Kunstgegenstände können die Besucher stundenlang fesseln. Die russische Ausstellung ist faszinierend, und die Sammlung zur Flora und Fauna zählt zu den besten in ganz Alaska. Das Skelett eines Wals nimmt fast die Länge eines ganzen Raumes ein. Außerdem findet man hier im Museum sehr schöne Modellschiffe aus Elfenbein. In der Marine Gallery kann man Fische, Schalentiere, Otter und Küstenvögel sowie ein Aquarium bestaunen.

Das **Alaska Maritime National Wildlife Refuge** wurde durch den Alaska National Interest Lands Act von 1980 gegründet, in dem elf bereits bestehende Schutzgebiete mit neuem öffentlichem Land vereint wurde. Das Wildschutzgebiet umfaßt heute 140 Quadratkilometer. Dazu gehören 2500 Inseln, die sich von Forrester Island im südlichen Teil Südostalaskas, bis an die Küste nach Kenai und Kodiak, zur Alaska Peninsula, den Aleuten und den Pribilof-Inseln sowie entlang der westlichen Küste des Festlandes bis hinauf nach Barrow ziehen. Das Gebiet schützt 40 Millionen Seevögel 30 verschiedener Arten. 200 Zugvögelarten machen hier Rast auf ihrem langen Weg. Die zentrale Verwaltung des Schutzgebiets ist in Homer. Außerdem gibt es ein Visitor Center (509 Homer Bypass Road, Tel. +1(907)235-6546) nahe der Kreuzung mit der Pioneer Avenue. Es ist wochentags von 8.30 bis 17 Uhr sowie am Wochenende von 10 bis 17 Uhr geöffnet. Dort gibt es eine Ausstellung über die Meeresfauna sowie das riesige Exemplar eines Weißkopfadlers samt Nest. Natürlich bekommt man auch Informationen über die Tierwelt rund um Homer und kann Bücher zu diesem und anderen Themen kaufen.

■ **DIE LANDZUNGE**

Diese schmale, gut sechs Kilometer lange Landzunge, die so kühn in die großzügige Bucht hereinragt, hat schon viele Schiffsanleger überdauert. Sie beherbergte eine Eisenbahn, einen Lokomotivschuppen und ein Schiffswrack und überstand Feuer, Dürreperioden und ein Erdbeben, das das Land um 1,80 Meter absenkte. Heute liegen hier der kleine Bootshafen, Fischfabriken, zwei touristische Bootsstege, der berühmte Salty Dawg Saloon, das sehr schöne Land's End Hotel, ein öffentlicher Campingplatz und die Anleger des Alaska Marine Highway. Darüber hinaus erwarten den Besucher Strandspaziergänge mit einem unvergleichlich schönen Blick. Wenn man nicht in der Stadt war oder das Chamber of Commerce geschlossen ist, sollte man hier beim **Info Center** vorbeischauen. Es ist in der ersten Ladenzeile, die man sieht (auf der rechten Seite), wenn man auf die Landzunge hinausfährt.

■ **RUNDFAHRTEN**

Man fährt in Homer zunächst stadtauswärts auf dem Sterling Highway und biegt dann nach rechts in die West Hill Road. Unmittelbar nachdem die asphaltierte Straße endet, hält man sich an der Straßengabelung rechts (links würde man in die Diamond Ridge Road einbiegen, die zurück zum Sterling Highway führt) und erreicht den **Skyline Drive**. Vorbei an luxuriösen Häusern steigt die Straße steil an, bis man schließlich einen wunderschönen Blick auf die Landzunge, die gesamte Bucht und die Bergkuppen an der Südküste hat. Und alles ist schön eingerahmt durch die roten Blüten des Fireweed. Danach fährt man am besten auf dem Skyline Drive weiter, um dann später nach links in die Ohlson Mountain Road einzubiegen. Diese endet beim Ohlson Peak (461 Meter). Die Pioneer Avenue führt quer durch die Stadt und wird zur **East End Road**. Hier stehen sehr schöne Häuser, und man hat von dort aus einen herrlichen Blick auf die Landzunge und die Bucht. Die Straße ist über eine Länge von 20 Kilometern asphaltiert und führt durch einen Vorort von Homer, in dem der Fritz Creek General Store und das Homestead (an Wochenenden auch Unterhaltung) liegen. Von dort aus hat man ebenfalls phantastische Ausblicke auf die Bucht, den Gletscher und das Kraftwerk am Bradley Lake. Die Straße endet am Wendeplatz der Schulbusse, etwa 32 Kilometer außerhalb der Stadt. Wer nicht die ganze Strecke fahren will, biegt nur wenige Kilometer stadtauswärts scharf rechts in den Kachemak Drive und kehrt wieder zurück zur Landzunge.

Die besten Ausblicke genießt man von der **East Hill Road** aus, die nach etwa eineinhalb Kilometern von der East End Road nach links abzweigt, wo der Asphalt endet. Dann geht es auf dem Skyline Drive bergauf bis zu einer Kreuzung ohne Hinweisschilder. Man biegt nach links ab in Richtung Ohlson Mountain. Von dort sind es noch fünf Kilometer bis zum Ende des Skyline Drive. Die Aussicht entlang dem Weg ist unübertroffen.

■ HALIBUT COVE

Auch wer nur zwei Tage für Homer vorgesehen hat, sollte die Hälfte der Zeit direkt in dieser zauberhaften Stadt verbringen. Hier leben ganzjährig 50 Einwohner. Die Stadt ist unglaublich schön gelegen. Man kann auf Bohlenwegen gemütlich schlendern, die zwei Galerien besuchen, an Deck der berühmten *Saltry* herrlich zu Abend essen oder in den umliegenden Wäldern wandern. Jeweils um 12 und 17 Uhr legt die Fähre *Danny J.* hinter dem Salty Dawg Saloon zu einer Rundfahrt ab ($36). Die Mittagsabfahrt führt bis zum Vogelschutzgebiet Gull Island. Man sollte dort unbedingt eine Kopfbedeckung tragen und durch den Mund atmen. Die Abfahrt um 17 Uhr ($18) ist den Bewohnern von Halibut Cove sowie Besuchern mit einer Reservierung für ein Abendessen oder eine Übernachtung vorbehalten. Die Unterkünfte befinden sich auf einem Hügel in Hütten, die über Speicher mit Schlafmöglichkeiten, Küchenzeile und Holzöfen verfügen. Rückfahrt der Fähre ist um 16 und 21 Uhr. Näheres über diese Schiffsverbindung kann man unter Tel. +1(907)235-7847 erfahren.

■ SELDOVIA

Ein weiterer verschlafener Fischerort ist Seldovia (ungefähr 400 Einwohner). Seldovia war einst die geschäftige Stadt, die Homer heute ist. Der Bau der Straße, das Erdbeben und nicht zuletzt einfach das Schicksal ließen diese beiden Städte die Rollen tauschen. Die Stadt, die auf dem gleichen Breitengrad wie Oslo gelegen ist, wurde Anfang des 19. Jahrhunderts von Russen besiedelt und war ein wichtiger Stützpunkt für den Pelzhandel. Im Lauf der Jahre lebte Seldovia von etlichen mit dem Meer verbundenen Wirtschaftszweigen, angefangen vom kurzlebigen Heringsfang über Lachs- und Krabbenverarbeitung bis zum Gerben von Fischhäuten.

Seldovia ist ein schöner Ort, um einfach auszuspannen. Verbindungen nach Homer bestehen einmal wöchentlich mit der staatlichen Fähre sowie mit zahlreichen Ausflugsbooten. Die Ausflugsboote machen für zwei Stunden in Seldovia fest. Das gibt den Besuchern genügend Zeit für einen Stadtrundgang und vielleicht noch für den Otterbahn Trailhead.

Am besten beginnt man die Besichtigung mit einem Bummel in der Main Street, der

Homer

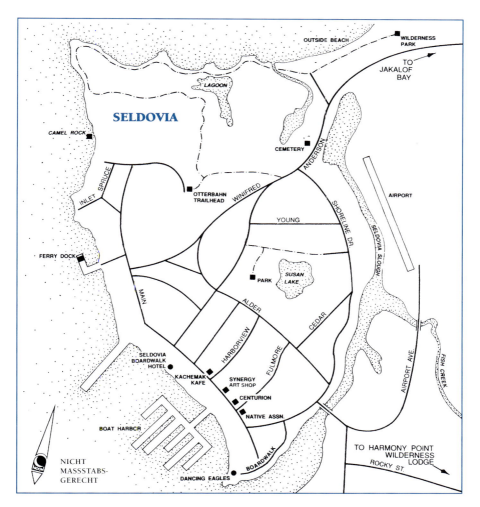

einzigen asphaltierten Straße. Hinweisschilder erzählen die Geschichte des russischen Einflusses in Alaska, des kommerziellen Fischfangs, des Erdbebens und vielem mehr. Beim **Synergy Art Shop** kann man halten, um die Werke lokaler Künstler zu sehen. Die Regale im hinteren Teil sind vollgestopft mit Besucherinformationen, von denen man auf jeden Fall einen Stadtplan von Seldovia und eine Karte vom Otterbahn Trailhead mitnehmen sollte. Die russisch-orthodoxe Kirche ist meist am frühen Nachmittag für eine Stunde geöffnet. Danach geht man ein Stück auf den letzten noch

Südliches Zentralalaska

erhaltenen Teilen des Bohlenwegs gleich beim kleinen Bootshafen. Der Rest wurde durch das große Erdbeben zerstört.

Man kann sich auch ein Fahrrad von Annie MacKenzie's ausleihen und auf der Seldovia Street bis Outside Beach oder Jakalof Bay fahren.

Bei Einheimischen besonders beliebt ist eine Fahrt über den **Rocky River Road Trail** am Ende der Jakalof Bay Road.

Gut markiert ist auch der **Otterbahn Trail**, der von der Schule über zweieinhalb Kilometer zum Outside Beach führt.

Seldovia verfügt über zwei Hotels und sieben Frühstückspensionen. Das **Seldovia Boardwalk Hotel** (Tel. +1(907)234-7816) befindet sich direkt am Hafen. Die hintere Veranda des Hotels ist einer der schönsten Plätze der Stadt, um einfach einmal abzuschalten. Die Zimmerpreise liegen zwischen $79 und $120. Das Hotel hat auch Pauschalangebote inklusive Flug und Kreuzfahrt für $119.

Eine gute Wahl ist das ebenfalls am Wasser gelegene **Dancing Eagles B&B** (Tel. +1(907)234-7627). Der Preis liegt bei $125 für ein Chalet.

Man kann allerdings auch kostenlos am Outside Beach, eine kurze Wanderung entlang der Jakalof Bay Road, sein Zelt aufschlagen. Dort gibt es aber kein fließendes Wasser.

Mittag- und Abendessen bekommt man im **Kachemak Kafe**. Das gemütliche Restaurant verfügt über nur acht Tische und serviert Eier mit Speck, Burger und Sandwiches für $6 bis $7.

Eine Alternative ist das **Centurion Restaurant**, wo es ähnliche Speisen gibt.

Relativ teure Lebensmittel sind im **Stampers Family Market** erhältlich.

Das Boardwalk Hotel vermietet Fahrräder für $2 pro Stunde. Das sollte man wirklich nicht versäumen, denn die schönste Sache, die man in Seldovia unternehmen kann, ist eine Fahrradtour entlang der sandigen Strände mit wunderschönen Ausblicken auf die Katchemak Bay.

Die *Tustemena* fährt dreimal wöchentlich von Homer nach Seldovia. Die Überfahrt dauert 90 Minuten. Nach einem ein- bis zweistündigen Aufenthalt geht es zurück nach Homer (einfache Strecke $18). Allerdings sollte man sich rechtzeitig anmelden (Tel. +1(907)235-8449). Mindestens drei Unternehmen bieten zudem naturkundliche

Homer

Ausflugsfahrten über die Kachemak Bay mit einem zweistündigen Aufenthalt in Seldovia an.

■ AKTIVITÄTEN

Wer drei Tage in Homer bleibt (oder zwei und Seldovia ausläßt), sollte einen Tag auf der **Kachemak Bay Natural History Tour** mit einem Stop im Zentrum für Küstenstudien in der China Poot Bay verbringen. Lokale Naturkundler führen zu den Kolonien, Wassertümpeln, durch den Regenwald und zu prähistorischen Stätten. Die neunstündige Erkundungstour kostet nur $49. Darin ist eine Überfahrt mit Rainbow Tours enthalten. Man sollte aber sein eigenes Mittagessen sowie Regenzeug, Gummistiefel, Fernglas und Kamera mitbringen. Reservierungen nimmt Rainbow Tours (Tel. +1(907)235-7272) entgegen. Für weitere Informationen wendet man sich an die China Poot Bay Society (Tel. +1(907)235-6667).
Mit einem zwölf Meter langen Segelboot, der *St. Augustine's Fire*, fährt **Saint Augustine Charters** (Tel. +1(907)235-7847) in die Bucht. Die zweistündige Fahrt kostet $35.

Rund um Homer gibt es mindestens zwei Dutzend weitere Ausflugs- und Charterboote. Viele können über die **Central Booking Agency** (Tel. +1(907)235-7847) gebucht werden.
Auf einer geschützten Insel in der Nähe des Kachemak Bay State Parks findet man **True North Kayak Adventures** (Tel. +1(907)235-0708). Das Unternehmen bietet Ausflüge in kleinen Gruppen mit stabilen Kajaks in die Kachemak Bay an. Die Preise für einen Tagesausflug beginnen bei $100 (inklusive Mittagessen und Bootstransfer zur Insel). Man kann selbstverständlich auch nur Kajaks mieten (Einsitzer $35, Zweisitzer $65). Charterboote zum Angeln kosten zwischen $100 und $150 für einen Tagestrip. Ausrüstung und Köder werden gestellt. Wenn man die Preise vergleicht, sollte man sich versichern, daß der Fang gesäubert und weiterverarbeitet wird. Man sollte warme Kleidung in mehreren Schichten tragen und darüber Regenkleidung sowie Bootsschuhe. Wer während der Fahrt Seevögel und andere Meerestiere beobachten will, sollte auf jeden Fall ein Fernglas dabeihaben. Man kann seinen Fang übrigens auch einfrieren lassen und nach Hause schicken.

Südliches Zentralalaska

■ DIENSTLEISTUNGEN UND INFORMATIONEN

Das **Chamber of Commerce** (1213 Ocean Drive, Tel. +1(907)235-7740) ist montags bis freitags von 9 bis 17 Uhr geöffnet. Wenn man auf die Landzunge hinausfährt, befindet sich das Besucherzentrum des Chamber of Commerce im ersten Gebäude auf der rechten Seite.

Für sämtliche Ausflüge und alles, was man sonst in Homer unternehmen kann, ist die **Central Charter Booking Agency** (Tel. +1(907)235-7847) die erste Anlaufstelle für Touristen.

Die öffentliche **Bibliothek** (141 Pioneer Avenue, Tel. +1(907)235-3180) ist dienstags und donnerstags von 10 bis 20 Uhr sowie mittwochs, freitags und samstags von 10 bis 18 Uhr geöffnet.

Den Waschsalon **Washboard Laundromat** findet man am Ocean Drive in der Nähe der Sourdough Bakery. Die Öffnungszeiten sind täglich von 8 bis 21 Uhr. Hier treffen sich Globetrotter und Einheimische. Außerdem gibt es hier Duschen ($ 3,50 mit 30 Minuten Zeitlimit), Nachrichten- und Posthinterlegung sowie ein Bräunungsstudio.

Für den gleichen Preis kann man auch die heißen Duschen auf dem Homer Spit Campground benutzen (siehe Seite 475).

Die Poststelle liegt am Ocean Drive bei Wadell – neben dem Adler aus Buntglas, der von einer Klasse des College geschaffen wurde. Tatsächlich ist das College, Kachemak Bay Campus of Kenai Peninsula College of the University of Alaska, im alten Postgebäude an der Pioneer Avenue untergebracht. Über 600 Studenten werden dort unterrichtet, und ihre Zahl wächst stetig.

■ ESSEN

In der Stadt gibt es eine ganze Reihe von hervorragenden Plätzen für ein schönes Frühstück. Nicht verpassen sollte man **Cafe Cups** (Tel. +1(907)235-8330): Vier riesige Teetassen hängen an der Vorderfront des umgebauten Hauses am Pioneer Drive gegenüber der Bücherei. Im Inneren ist jeder Tisch und jeder Stuhl unterschiedlich, und an den Wänden befinden sich alte Bücher. Das Café ist täglich von 7 bis 22 Uhr geöffnet. Dort gibt es auch nicht alltägliche Mittags- und Abendgerichte.

Wer zum Frühstück im Cafe Cups war, sollte zum Mittagessen im **Neon Coyote Cafe** (Tel. +1(907)235-6226) gleich die Straße hinunter vorbeischauen. Dort gibt es den ganzen Tag über Frühstück sowie eine exotische Mischung aus hawaianischer und chinesischer Nouvelle cuisine (mit einem mexikanischen Touch). Man bemüht sich erfolgreich, gute und gesunde Küche zuzubereiten. Auch sind die Preise relativ niedrig. Die Öffnungszeiten sind montags bis samstags von 11 bis 22 Uhr.

Auf der Landzunge direkt an der Spitze sollte man sich einmal ein Frühstück im **Hotel Land's End** genehmigen. Die Preise sind annehmbar, die Portionen reichhaltig, das Essen sehr lecker und der Ausblick einfach unbeschreiblich.

Sehr gute mediterrane Küche serviert das **Alaska Italian Bistro**, das von 12 bis 23.30 Uhr geöffnet ist. Dort kann man Fisch, Pasta, Pizza, Fleisch- und Geflügelgerichte bestellen. Ein Abendessen kostet zwischen $11 und $24, und allein schon der Duft ist die Reise nach Homer wert.

Ebenfalls empfehlenswert sind **Boardwalk Fish and Chips**, **Smoky Bay Cooperative** an der Ecke Pioneer und Bartlett Avenue

Homer

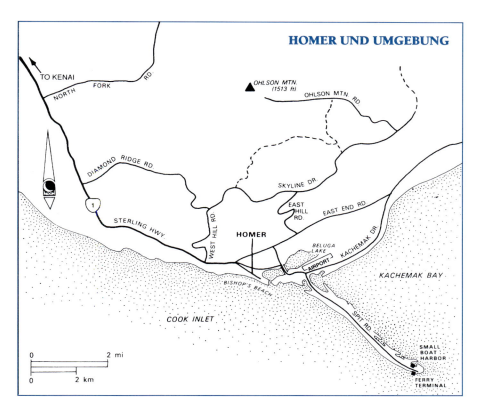

HOMER UND UMGEBUNG

sowie **Two Sisters Espresso and Bakery**, eines der schönsten Cafés in Homer.

■ UNTERHALTUNG

In **Alice's Champagne Palace** neben dem Heritage Hotel spielt jede Nacht Musik, sogar am Montag gibt es keine Ruhepause. Wenn man nur etwas Trinken möchte, ist man auf der gegenüber liegenden Straßenseite in **Hobo Jim's Alaska Bar** gut aufgehoben.

Drei Kilometer östlich der Stadt in der East End Road liegt der **Down East Saloon** mit abendlichem Tanz.

Im **Family Theatre** (Tel. +1(907)235-6728) an der Ecke Pioneer Avenue und Main Street gibt es Filmvorführungen ($5).

Der **Salty Dawg Saloon** am äußersten Ende der Landzunge ist schon fast so etwas wie ein Wahrzeichen von Homer. Das Originalgebäude stammt von 1897, das zweite Gebäude wurde 1909 errichtet, und Mitte der sechziger Jahre kam ein Turm hinzu. Die Bar ist ab 11 Uhr geöffnet und schließt erst, wenn der letzte Gast gegangen ist. Auf ein Bier sollte man hier schon mal vorbeischauen, um die einzigartige Atmosphäre zu erleben.

Südliches Zentralalaska

■ GALERIEN

In Homer gibt es künstlerisch einiges sehr Interessantes zu sehen. Dazu gehört unter anderem die Sammlung in der Galerie **Ptarmigan Arts** in der Pioneer Avenue, gegenüber von Wild Berry Products. Hier findet man fast alles: von Kristall- und Alabaster-Skulpturen bis hin zu Holzspielzeug und Strickpullovern.

Nebenan ist das **Studio One** mit schönen Skulpturen und Tonwaren lokaler Künstler, T-Shirts und anderen Dingen.

Auch der Laden von **Homer Artists** in der Mariner Mini-Mall neben Alaska Wild Berry ist einen Besuch wert. Er ist dienstags bis samstags von 10 bis 18 Uhr geöffnet. Hier kann man Wasserfarben, Drucke, Postkarten, Holzarbeiten und Kunstutensilien kaufen.

Ein Umweg zur **Bunnell Street Gallery** lohnt sich ebenfalls. Die Galerie ist in der alten Inlet Trading Post untergebracht, die 1937 oberhalb des Bishop's Beach lag, inmitten dessen, was damals das Wirtschaftszentrum Homers war. Einheimische Künstler begannen 1989 mit der Renovierung des Handelspostens. Heute sind dort außerdem die Two Sisters Bakery und eine Frühstückspension untergebracht.

Interessant ist sicher auch ein Besuch von **Halibut Cove Artists** in Halibut Cove. Hier kann man sich beispielsweise Gemälde von Diana Tillion ansehen, die mit der Tinte von Tintenfischen gemalt wurden.

Das **Pratt Museum** ist ebenfalls lohnend. Hier gibt es wechselnde Ausstellungen heimischer Kunst.

Wild Berry Products (523 East Pioneer Avenue) ist Homers klassische Touristenfalle. Die Sammlung von Schmuckstücken, Schnickschnack, Souvenirs und T-Shirts würde jeden Laden am Las Vegas Strip neidisch machen. Hinzu kommen Süßigkeiten, Gelees und Marmeladen, Produkte aus Beeren, Karamellen und Lachskonserven.

■ UNTERBRINGUNG

Im **Ocean Shores Motel** (3500 Crittendon Road, Tel. +1(907)235-7775) unterhalb der Junior High School von Homer werden Zimmer mit und ohne Kochecke für $60 bis $120 vermietet.

Das **Heritage Hotel** (Tel. +1(907)235-7787) in der Pioneer Avenue (neben Alice's) berechnet $79 für ein Einzelzimmer und $10 für jede weitere Person. $50 bis $120 zahlt man im **Driftwood Inn** (Tel. +1(907) 235-8019) am Bishop's Beach. Beide Häuser haben durchaus ihren Reiz. Das Heritage Hotel besteht bereits seit 1948 und hat sehr gemütliche Zimmer und komfortable Bäder.

Hinzu kommen mindestens 30 Frühstückspensionen, die meist zwischen $50 und $60 kosten. Besonders empfehlenswert sind **Pioneer** (Tel. +1(907)235-5670), **Lily Pad** (Tel. +1(907)235-6630), **Jelly Bean B&B** (Tel. +1(907)235-8720) und **Brass Ring B&B** (Tel. +1(907)235-5450).

Informationen zu den weiteren Frühstückspensionen erhält man bei der **Homer Referral Agency** (Tel. +1(907)235-8996). Dort kann man auch Angelcharterboote, Rundflüge und vieles andere buchen.

Die **Tutka Bay Lodge** (P.O. Box 960, Homer, AK 99603, Tel. +1(907)235-3905) ist eine ruhige und abgeschiedene Lodge am südlichen Ufer der Kachemak Bay zwischen Halibut Cove und Seldovia, 15 Kilometer von der Landzunge entfernt. Die Gastgeber Jon und Nelda Osgood erinnern an die liebste Tante und den liebsten Onkel. Sie vermieten ihre Zimmer an Naturliebhaber, Fotografen, Vogelkundler und Angler. Zwei Übernachtungen sind der Mindestaufenthalt und kosten rund $ 500. Darin enthalten sind der Transfer ab/bis Homer sowie hausgemachte Mahlzeiten.

Campen ist hier die häufigste Übernachtungsart von Rucksackreisenden und Urlaubern, die einen engen Budgetrahmen haben. Es ist allerdings nicht gerade gemütlich. Der **Campingplatz** liegt unmittelbar neben der Straße auf kahlem Gebiet. Dort ist es windig und sehr eng. Nächtliche Ruhestörungen durch Rowdies sind nicht ungewöhnlich. Am Strand, der zum Ozean hin liegt, darf man sein Zelt maximal 14 Tage aufschlagen.

Auf den anderen Plätzen kann man den ganzen Sommer über bleiben. Dann teilt man den Platz unter anderem mit den Arbeitern in der Fischfabrik und zahlt pro Nacht $ 7.

Wer auf der Landzunge campen will, hält an dem Laden auf der linken Straßenseite. Kleine Plätze kosten $ 7 und Stellplätze für Wohnwagen $ 14. Dort gibt es auch Duschen ($ 3,50 für 20 Minuten), Waschmöglichkeiten, eine Besucherinformation, einen Fahrradverleih, Angeln und Muschelschaufeln. Der Campingplatz ist im Sommer von 7 bis 22 Uhr geöffnet.

Ein weiterer städtischer Campingplatz befindet sich unmittelbar im Stadtzentrum in der Mulligan Street. Er ist schöner, ruhiger und liegt geschützter. Wenn man vom Sterling Highway kommt, fährt man zunächst in die Pioneer Avenue, biegt nach links in die Bartlett Avenue und fährt dann nochmals links in die Fairview Street. Auf der rechten Seite liegt die Mulligan Street ($ 7).

■ **AN– UND WEITERREISE**

Das Unternehmen **Seward and Homer Bus Lines** (Tel. +1(907)235-8280) bietet Verbindungen zwischen Homer und Anchorage für $ 50 (hin und zurück $ 80). Der Bus hält auch in Soldotna und Kenai. Die Abfahrten sind täglich in Homer um 10 Uhr, die Ankunft in Anchorage um 16 Uhr. In Anchorage fährt der Bus um 9.45 Uhr ab und erreicht Homer um 15.45 Uhr.

Eine andere Möglichkeit, auf dem Landweg nach Homer zu gelangen, ist die Fahrt mit dem Minibus oder dem Zug nach Seward und von dort an Bord der Fähre *Tustumena* über Kodiak weiter nach Homer ($ 94). Man sollte den Fahrplan jedoch genau studieren, sonst kann es passieren, daß man eine oder zwei Wochen festsitzt. Der Fähranleger in Homer liegt fast an der Spitze der Landzunge, für Camper ist das äußerst günstig.

Zweimal am Tag fliegt eine Maschine von **ERA** von Anchorage (Tel. +1(907)243-3300) nach Homer. Vom Preis her kein schlechtes Angebot und man hat während des Fluges einen unglaublich schönen Blick auf die gesamte Halbinsel. Es gibt reduzierte Standby-Tarife, mit denen man bis zu 20 Prozent sparen kann. ERA arbeitet auch mit Alaska Air in Anchorage zusammen.

Flugverbindungen zwischen Anchorage und Homer bietet des weiteren die Gesellschaft **Southcentral** (Tel. +1(907)235-6172), die mit Delta Air Lines verbunden ist

Der **Flugplatz** von Homer liegt außerhalb an der East Kachemak Road, die von der Straße zur Landzunge am Beluga Lake abzweigt.

In Homer gibt es keine öffentlichen Verkehrsmittel. Autos kann man bei **National Car Rental** am Flughafen mieten.

Südwestalaska

Zum Gebiet Südwestalaskas gehören die Gruppe der Kodiak-Inseln, die Alaska Peninsula, die kahlen, dem Wind ausgesetzten Aleuten- sowie die Pribilof-Inseln. Hier gibt es auch die weltberühmten Braunbären. Die besten Beobachtungsmöglichkeiten bestehen vor allem im Kodiak Island National Wildlife Refuge, im Katmai National Park und im McNeil River State Game Sanctuary. Hinzu kommen der Lake Clark National Park, das Aniakchak National Monument und das Alaska Maritime National Wildlife Refuge.

Rund um die Aleuten- und die Pribilof-Inseln stößt man überall auf Pelzrobben, Seeotter und Walrosse. Die Inselgruppen sind auch für Vogelkundler ein wahres Paradies. Aufgrund der klimatischen Verhältnisse gibt es westlich der nördlichen Kodiak-Inseln und auf dem angrenzenden Festland keine Wälder mehr. Auf der Halbinsel Alaska und den Aleuten herrscht offene Tundra vor.

Die größten Ansiedlungen in Südwestalaska sind Kodiak und Unalaska/Dutch Harbor. Überall in dieser abgeschiedenen, nahezu baumlosen Landschaft liegen kleinere Fischerorte und Dörfer der Einheimischen verstreut. Nur Kodiak lohnt wirklich einen Besuch. Alle andere Orte sind so abgelegen, daß der Zugang schwierig und sehr teuer ist.

■ GEOGRAPHIE

Die Alaska Range erstreckt sich vom Denali National Park aus in südwestlicher Richtung bis sie zur Aleuten Range wird. Diese wiederum mündet als Alaska Peninsula in den nördlichen Pazifik und geht in die Inselkette der Aleuten über. Der 2400 Kilometer lange Bogen vom nördlichen Ende der Alaska Peninsula bis zur Westspitze der Inselkette der Aleuten ist ein Gebiet mit außergewöhnlichen vulkanischen und seismischen Aktivitäten. Tatsächlich spielen sich dort zehn Prozent aller Erdbeben auf der Erde ab. Die Insel Kodiak ist etwas unglücklich am Rande des Aleuten-Grabens gelegen. Trotzdem sie nicht vulkanisch ist, wird sie von den feuerspeienden Nachbarinseln beeinflußt. Die großen zusammengefallenen Krater von Katmai und Aniakchak werden heute vom National Park Service verwaltet. Die etwa 50 bis 60 Vulkane, die sich auf diesem Archipel befinden, bilden die längste ununterbrochene Kette rauch- und aschespeiender Berge, die es auf der Erde gibt.

Die Vegetation in Südwestalaska ist durch einen dicken Gras- und Buschteppich gekennzeichnet. Hier kann man Hunderte von Kilometern unterwegs sein, ohne einen einzigen Baum zu sehen. Das Klima ist wenig freundlich – Nebel, Regen, Schnee

Kodiak Island

aus. Damit ist Kodiak sehr einfach zu erreichen und ein angenehmer Ort für einen Besuch.

■ DAS LAND

Die Inselgruppe Kodiak, eine Verlängerung der Chugach-Kenai Ranges, war möglicherweise früher einmal mit dem Festland verbunden. Heute ist sie jedoch durch das Cook Inlet und die Shelikof Strait vom Festland getrennt. Die Inselgruppe liegt auf der Kontinentalplatte, direkt am Rand des Aleuten-Grabens. Das hat zur Folge, daß man auf die Nachwirkungen jeglicher vulkanischer und seismischer Aktivitäten sehr empfindlich reagiert, wie zum Beispiel der Ascheregen von Novarupta und die Tsunamis nach dem Erdbeben von 1964. Dennoch bestimmt die Vergletscherung und nicht die Vulkantätigkeit die geologischen Gegebenheiten von Kodiak. Während der letzten Eiszeit bedeckten Schnee und Eis fast die gesamte Inselgruppe.

Die höher gelegenen, alpinen Gebiete sind durch die Naturgewalten scharf geformt. Erkennbar ist das an den steilen Hängen, den kurzen, schnellen Gebirgsbächen und den abgerundeten Kesseln. Hinzu kommt, daß die Küstenbereiche von Kodiak durch tiefe Fjorde eingeschnitten sind und bei einer maximalen Breite von 96 Kilometern kein Punkt auf dieser Insel mehr als 32 Kilometer vom offenen Meer entfernt ist. Kodiak ist der nordwestlichste Punkt der Fichtenwälder.

■ DAS KLIMA

Man muß sich auf kaltes, feuchtes und windiges Wetter einstellen. Die durchschnittliche Temperatur im August, dem »wärmsten« Monat, liegt bei 12 °C. Kodiaks Hitzerekord liegt bei 30 °C, aber in den meisten Jahren lassen nur etwa ein halbes Dutzend Sommertage die Quecksilbersäule auf über 21 °C steigen. Kodiak verzeichnet 190 Zentimeter Niederschlag pro Jahr, von denen allein 30 Zentimeter in den Monaten Juni bis September fallen. Die Bewohner von Kodiak behaupten, daß an mindestens einem von drei Tagen die Sonne für wenige Augenblicke scheint. Es kann jedoch auch vorkommen, daß es für die gesamte Dauer von drei Tagen klar oder nur teilweise bewölkt ist und danach neun Regen- oder Nebeltage folgen. Man muß sich also warm anziehen, und wenn man Wanderungen ins Hinterland plant, sind Regenzeug und Gummistiefel unbedingt erforderlich.

■ HISTORISCHES

Es war der russische Pelzhändler Glotoff, der Kodiak 1763 »entdeckte«. Er berichtete Grigori Shelikof von den reichen Seeottervorkommen in dieser Gegend. Der 1356 Meter hohe Berg Glotoff, der zweithöchste der Insel, wurde nach ihm benannt. Shelikof dagegen bezeichnet man als Begründer der Russisch-Amerikanischen Gesellschaft sowie der ersten europäischen Siedlung (1784) Alaskas, in der Three Saints Bay auf Kodiak Island. Dort, wo sich heute der alte Hafen befindet, lag früher eine bedeutende Siedlung der Koniag. Um das Gebiet einzunehmen, ließ Shelikof Hunderte dieser Einheimischen auf einem Felsen massakrieren, auf dem sie Zuflucht gesucht hatten. Einheimische Führer bezeichnen diesen Kampf in Anlehnung an die berühmte und verheerende Schlacht am Wounded Knee als »Wounded Knee of Alaska«. Die Schlacht brach endgültig den Widerstand der einhei-

Südwestalaska

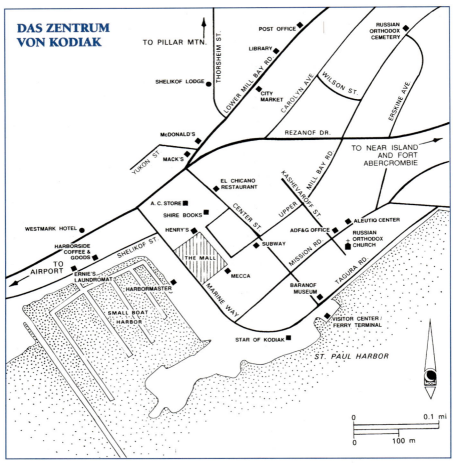

mischen Indianer gegen die Besetzung durch die Russen.
1791 kam Alexander Baranof in diese Gegend, um die Gesellschaft und die Kolonie zu verwalten. Er ließ die Siedlung unmittelbar nach seiner Ankunft nach St. Paul's Harbor verlegen, wo sie als Stadt Kodiak noch heute besteht. Grund für die Verlegung war eine riesige Flutwelle nach einem Erdbeben, die fast die ganze Stadt ausgelöscht hatte. Die mit den Inuit verwandten Koniag waren über den Abzug der Russen und ihrer Aleuten-Sklaven natürlich nicht böse. 1800 gab es eine erneute Umsiedlung nach New Archangel, dem heutigen Sitka. Zu dieser Zeit waren die Seeotter der Umgebung nahezu ausgerottet. Und wie auf den Queen Charlotte Islands vor der

Kodiak Island

Nordküste von British Columbia waren von den 20 000 einheimischen Bewohnern aufgrund von Krankheiten und kriegerischen Auseinandersetzungen gerade einmal 1500 übriggeblieben.

Kodiak konnte sich im 19. Jahrhundert durch den Handel mit Pelzen, den Walfang, die Fischerei und die Herstellung von Eis über Wasser halten. Tatsächlich waren es Russen, die um 1850 herum damit begannen, Eis zu produzieren und die boomenden Goldgräberstädte in Kalifornien damit zu beliefern. Sie brachten die ersten Pferde nach Alaska und bauten die ersten Straßen. Anfang des 20. Jahrhunderts etablierte sich der Lachsfang, und für längere Zeit gab es kaum existentielle Sorgen. Das änderte sich jedoch schlagartig, als 1912 auf Katmai der Novarupta ausbrach. Als Folge des Vulkanausbruchs wurde die Stadt mit einem Ascheregen bedeckt. Eine dicke Schicht legte sich über Felder und Orte, brachte Dächer zum Einsturz und verwandelte die grüne Insel über Nacht in eine graubraune Wüste. Nach 48 Stunden totaler Dunkelheit und Atemnot evakuierte ein amerikanischer Kutter 450 Bewohner in einer gewagten Rettungsaktion. Mehr als zwei Jahre waren nötig, um wieder ein normales Leben führen zu können.

Wie andere Teile Alaskas wurde Kodiak während des Zweiten Weltkriegs auch mobilisiert. Aus Angst vor einer Invasion der Japaner und um den Vormarsch auf den Aleuten zu organisieren, entstanden Forts, Geschützstellungen, U-Boot-Stützpunkte und Kommandozentralen. Die vielen tausend Soldaten, die in Kodiak stationiert waren, waren aber auch mitverantwortlich für die wirtschaftliche Entwicklung der Stadt.

Der größte Aufschwung jedoch kam für diese Insel später, und zwar durch die berühmten Königskrabben aus Kodiak. Zu Beginn der sechziger Jahre wurde diese Krabbenart hier zu Millionen gefangen und verarbeitet.

Beim verheerenden Erdbeben am Karfreitag 1964 bebte die Erde mehr als fünf Minuten, und in den anschließenden zwölf Stunden wurde die Stadt von mehreren Flutwellen überschwemmt. Die erste Flutwelle zog bei Ebbe das Wasser zwar zunächst wieder hinaus und legte den Hafengrund frei, dann jedoch drängte das Wasser mit ganzer Macht wieder zurück und spülte die Stadt weg. Die Flutwelle erreichte eine Höhe von mehr als zehn Metern.

Nach dem Erdbeben machte man sich in Kodiak daran, alles wieder aufzubauen und weitete den Fang auf Krabben, Lachs, Hering, Shrimps, Heilbutt und andere Fischarten aus. Durch die Überfischung waren die Königskrabben 1983 nahezu ausgerottet. Heute ist der am stärksten wachsende Industriezweig der Fang von Grundfisch, anderem Schellfisch und Dorsch. Diese minderwertigeren Fischarten werden zu *Surimi*, einer Imitation von Krabben- und Shrimpfleisch, weiterverarbeitet. Den angelandeten Fisch betreffend nimmt Kodiak immer noch einen der führenden Plätze unter allen amerikanischen Häfen ein. Um die Stadt herum gibt es ein Dutzend verschiedener fischverarbeitender Fabriken.

■ BARANOF MUSEUM

Mehrere Gebäude im Zentrum von Kodiak erinnern an die starken russischen Wurzeln der Stadt. Das Baranof Museum (Tel. +1(907)486-5920; im Sommer wochentags von 10 bis 16 Uhr, samstags und sonntags von 12 bis 16 Uhr, im Winter montags bis mittwochs sowie freitags von 11 bis 15 Uhr,

Südwestalaska

samstags von 12 bis 15 Uhr, im Februar geschlossen; $2, Kinder unter zwölf Jahre frei), das im ältesten Gebäude Nordamerikas untergebracht ist, wurde 1808 als Lagerhaus für Seeotterpelze gebaut. Ausgestellt sind eine Sammlung russischer Samowars und andere Relikte wie eine Banknote, gedruckt auf der Haut eines Seeotters, aus der Zeit Alexander Baranofs. Hinzu kommen Gegenstände der Koniag- und der Aleuten-Indianer wie zum Beispiel ein bemerkenswertes altes Dreisitzer-Kajak, ein Diorama und eine groteske Maske aus Holz, die 1958 auf Cape Douglas gefunden wurde. Die Fotografien der Flutwelle von 1964 sind unvorstellbar schrecklich. Am Vordereingang des Museums sieht man zahlreiche Walknochen. Der kleine Souvenirladen ist möglicherweise einer der besten in ganz Alaska.

■ DER RUSSISCHE EINFLUSS

Gleich gegenüber der Grünfläche an der Ecke Mission Road und Kashevaroff Street liegt die **Holy Resurrection Orthodox Church**, leicht erkennbar an den blauen Zwiebeltürmen. Es ist die dritte Kirche, in der sich die orthodoxen Gläubigen auf Kodiak seit der Gründung der Gemeinde 1794 versammeln. In dieser Kirche befindet sich die sterbliche Hülle von St. Herman von Spruce Island, dem einzigen russisch-orthodoxen Heiligen der westlichen Hemisphäre. Er wurde 1970 heiliggesprochen. Im Inneren der Kirche kann man viele farbenfrohe Ikonen und andere religiöse Gegenstände sehen, und von der Empore aus hat man einen sehr schönen Blick. Um in die Kirche zu gelangen, muß man sich entweder entsprechend kleiden und am Gottesdienst teilnehmen (donnerstags um 19.30 Uhr, samstags um 18.30 Uhr und sonntags um 9.30

Uhr), oder man wartet auf die Führungen, die täglich in der Zeit zwischen 13 und 15 Uhr stattfinden ($1).

Einen Einblick in die gesamte Geschichte der russisch-orthodoxen Kirche kann man im Veniaminov Museum im **St. Herman's Theological Seminary** kennenlernen. Das theologische Seminar ist eines von dreien in Amerika.

■ SEHENSWERTES IM STADTZENTRUM

Das **Aleutiq Center** (215 Mission Road, Tel. +1(907)486-7018) wurde 1995 durch Subventionen in Höhe von 1,5 Millionen Dollar nach dem Schiffsunglück der *Exxon Valdez* finanziert. Das Museum ist im Sommer täglich von 10 bis 16 Uhr sowie in der Nebensaison zu variablen Zeiten geöffnet. Es enthält eine Auswahl der vielen tausend Kunstgegenstände, die bei archäologischen Ausgrabungen in der Siedlung Karluk gefunden wurden, sowie Nachbildungen von Kajaks und anderen Gegenständen wie aus Fichte geflochtene Körbe und Beutel aus Seehundfell.

Im Anschluß schlendert man hinunter zum kleinen Bootshafen von Kodiak, der ohne

Kodiak Island

Zweifel der überfüllteste im ganzen Staat ist. Wenn die Fischfangflotte im Hafen liegt, bilden die Masten, Takelagen und Fischfangausrüstungen ein undurchdringbares Dickicht. An die Gefährlichkeit des Seefahrerlebens erinnert das kleine Monument vor dem Büro des Hafenmeisters. Auf der Plakette stehen die Namen von 79 Männern und Frauen, die auf See ihr Leben lassen mußten.

Wenn man auf dem Marine Way unterwegs ist, hält man bei der **National Bank of Alaska** (»Krabbenbank«) und sieht sich am Eingang die Darstellungen über den Lebenszyklus von Krabben an.

Die **First National Bank of Anchorage,** gleich um die Ecke in der Center Street, wird auch die »Bärenbank« genannt, wegen des großen ausgestopften Braunbären in der Eingangshalle. Ein weiterer solcher Bär steht am Flughafen im Terminal von Alaska Airlines. Er wog ganze 1400 Pfund.

Die Mission Road hinauf gegenüber der russisch-orthodoxen Kirche ist das Büro des **Alaska Department of Fish and Game**. Dort sind riesige Krabben, Hummer, Fische und andere Meerestiere ausgestellt.

Eine 15 Millionen Dollar teure Brücke ins »Niemandsland« verbindet Kodiak mit der nahe gelegenen Insel Near Island, wo das **Fishery Industrial Technology Center** (Tel. +1(907)486-1500) untergebracht ist. Dort arbeiten Forscher an der Entwicklung neuer Produkte aus Meeresfrüchten für Restaurants und Geschäfte. Ein zweites Gebäude nahe dem Forschungszentrum auf Near Island wird seit 1998 für Forschungsarbeiten über Meeresbiologie, Meeressäugetiere und die Fischerei des National Marine Fisheries Service und anderen staatlichen Unternehmen genutzt. Auf Near Island landen inzwischen auch Wasserflugzeuge.

Wenn man der Shelikof Street folgt, erreicht man die »Cannery Row« (»Konservenfabrikreihe«), wo sich häufig Seelöwen an den Docks tummeln. Weitere Konservenfabriken liegen am Ufer auf beiden Seiten des Fähranlegers.

Auf keinen Fall sollte man die Fischfabrik **Star of Kodiak** auslassen, die auf dem gleichnamigen Schiff untergebracht ist. Das Schiff wurde 1945 als Truppentransporter in Dienst gestellt. Heute ist es eine Anlage der All Alaska Seafoods und gehört einer Kooperative von Fischern.

■ DIE KALAKALA

Wenn man auf dem Rezanof Drive stadtauswärts in westlicher Richtung fährt, kommt man nach eineinhalb Kilometer an der *Kalakala* vorbei. Das Schiff, das an Land vertäut ist, war die erste moderne, stromlinienförmige Fähre, die weltweit benutzt wurde. Sie wurde als *Paralta* gebaut und von 1927 bis 1933 in der San Francisco Bay eingesetzt. Nach einem schweren Feuer bis zur Wasserlinie wurde der Schiffsrumpf nach Seattle überführt und vom Flugzeughersteller Boeing überholt. Anstatt sich an traditionelle Fährschiffsformen zu halten, verpaßte man dem Oberbau ein stromlinienförmiges Aussehen. Das silbern glitzernde Schiff erinnerte fast an einen Wal mit geöffnetem

Südwestalaska

Maul. Nach dem Umbau wurde das Schiff in *Kalakala* umgetauft und war auf Strecken im Pudget Sound unterwegs. Die *Kalakala* war bei den Passagieren besonders beliebt, und als 1967 ein neueres und größeres Fährschiff ihren Platz einnahm, wurde sie schließlich verkauft. Die neuen Eigentümer brachten sie nach Dutch Harbor und nutzten sie als die erste stromlinienförmige Fischfabrik der Welt. Nach vielen weiteren Jahren endete die *Kalakala* schließlich in Kodiak, wo sie als fischverarbeitender Betrieb weiterbesteht.

■ DER WEG ZUM FLUGHAFEN

Das Visitor Center des **Kodiak National Wildlife Refuge** liegt rund fünf Kilometer außerhalb der Stadt (siehe Seite 491ff.).
Die **Buskin State Recreation Site** befindet sich an der Zufahrtsstraße zum Buskin River. Dort kann man besonders im Spätsommer hervorragend angeln.
Auf der Fahrt zum Flughafen sollte man unbedingt am Aussichtspunkt der **Coast Guard Station** vorbeischauen. Sie ist mit 85 Quadratkilometern die größte Einrichtung ihrer Art in den Vereinigten Staaten. Zur Küstenwachstation gehören vier große Kutter und fast 2500 Mitarbeiter. Ihre Hauptbeschäftigung ist die Überwachung der 200-Meilen-Zone für den Fischfang, die von den Russen und Japanern häufig nicht eingehalten wird. Außerdem werden die Schiffe auf Drogenhandel untersucht, und man kümmert sich um die Rettung der Fischerboote, die in Seenot geraten sind.
Rechts neben dem Visitor Center und dem Flughafen ist die Abzweigung zur wunderschönen **Anton Larsen Bay** an der nordwestlichsten Spitze der Insel. Die 19 Kilometer lange Schotterstrecke führt vorbei an einem großen Vorratshaus für Krabben, überwachsenen Bunkern aus dem Zweiten Weltkrieg, Fernmeldeeinrichtungen, einem Golfplatz, Wanderwegen zum Pyramid Peak und schließlich zu einer Stelle, an der man Boote zu Wasser lassen kann. Die Bootsfahrt in diesem landschaftlich schönen und geschützten Fjord ist wirklich toll und lohnt die Anfahrt auch bei Regen oder Nebel.

■ FORT ABERCROMBIE STATE PARK

Das staatliche Erholungsgebiet liegt acht Kilometer nordöstlich der Stadt und ist über die Mill Bay Road oder den East Rezanof Drive zu erreichen. Es befindet sich auf einer Halbinsel mit einem unglaublichen Regenwald mit großen Sitka-Fichten, die auf der vulkanischen Asche des Novarupta prächtig gedeihen. Dickes Moos umgibt die Baumstämme.
Auf der Klippe oberhalb der Bucht kann man noch Geschützstellungen sehen. Die alten Kanonen wären jedoch niemals in der Lage gewesen, die Breitseite eines japanischen Schiffes zu treffen. Von diesem Aussichtspunkt aus kann man auch nach Walen, Seeottern und Kormoranen Ausschau halten. Es ist außerdem einer der wenigen Plätze in Alaska, wo man Papageientaucher von der Küste aus beobachten kann. Dieser Park ist wirklich ein wunderschönes und inspirierendes Fleckchen Erde.

■ RUNDFAHRTEN

Eine gute Straße führt hinauf bis zur Spitze des **Pillar Mountain**. Dort entstehen die Panoramabilder von Kodiak. Am besten fährt man auf der Thorsheim Street bis Maple. Dort biegt man nach links in die Pillar Mountain Road. Die Streckenführung ist

Kodiak Island

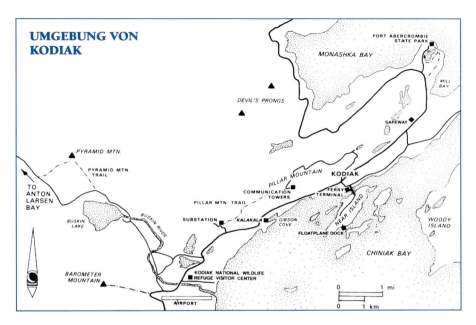

teilweise etwas verwirrend, da die Straße sich mehrmals teilt. Besser fragt man also unterwegs einmal nach dem Weg. Man kann allerdings auch vom Rezanof Drive (westlich der Stadt) den Berg erklimmen. Es ist zwar sehr steil, aber viel schneller, als die Straße hinaufzuspazieren.

Die Pillar Mountain Golf Classics finden alljährlich im März auf dieser Seite des Berges statt (siehe Seite 488).

Kodiak Island verfügt über ein Straßennetz von nahezu 160 Kilometern Länge (14 asphaltierte Straßen und eine Ampel, die jedoch nur blinkt). Die Straßen führen bis hinauf in die Anton Larson Bay, vom Abercrombie State Park um die Manashka Bay herum hinüber nach Cape Chiniak an der östlichen Spitze der Insel und den ganzen Weg hinunter zum **Pasagshak Bay and State Park** im Südosten.

■ SHUYAK ISLAND STATE PARK

Die Insel Shuyak liegt 130 Kilometer nördlich von Kodiak. Der 40minütige Flug mit dem Wasserflugzeug bringt die Besucher in eine andere Welt. Der 45 Quadratkilometer große Park enthält junge Wälder aus Sitka-Fichten und eine bezaubernde Küstenlinie mit vielen vorgelagerten, kleineren Inseln. Dort bestehen hervorragende Möglichkeiten zum Kajakfahren. Außerdem unterhält der Staat öffentliche Hütten, in denen man für $50 übernachten kann. Auf Shuyak gibt es nur wenige Wanderwege, und das dichte Buschwerk macht Wanderungen relativ schwierig. Wer ohne Kajak unterwegs ist, kann jedoch bei Ebbe entlang der Küste spazierengehen. Reservierungen für die Hütten nimmt Alaska State Parks unter Tel. +1(907)486-6339 (Kodiak) oder +1(907)762-

Südwestalaska

2261 (Anchorage) entgegen. Die Hütten sind normalerweise frei, für die Lachssaison im September sollte man jedoch weit im voraus reservieren.

■ AFOGNAK ISLAND

Die große Insel liegt zwar nur 48 Kilometer nördlich von Kodiak Island, sie unterscheidet sich jedoch stark von ihrer Nachbarinsel. Afognak ist – oder besser war – bedeckt von einem üppigen dichten Fichtenwald. Leider wurde ein großer Teil dieser eindrucksvollen Landschaft in den vergangenen Jahren von einheimischen Unternehmen gerodet.

Der **Afognak Island State Park** umfaßt 174 Quadratkilometer der Insel, die nur mit dem Wasserflugzeug oder per Boot erreichbar ist.

Übernachten kann man in der **Pillar Lake Cabin** (für bis zu sieben Personen) am östlichen Ende der Insel. Pro Nacht muß man dafür $25 bezahlen. Reservierungen kann man unter Tel. +1(907)486-6339 (Kodiak) oder Tel. +1(907)762-2261 (Anchorage) vornehmen. Wasserflugzeuge können nur auf dem sehr kleinen See landen.

Der U.S. Fish and Wildlife Service (Tel. +1(907)487-2600) unterhält eine Hütte in der abgeschiedenen Bluefox Bay. Die Übernachtung kostet $20.

Weitere Übernachtungsmöglichkeiten bestehen in der **Afognak Wilderness Lodge** (Tel. +1(907)486-6442). Wenn man Zimmerpreise von $400 pro Person und Tag (inklusive Essen) nicht scheut, dann kann man dort in einer der schönsten Herbergen Alaskas richtig entspannen.

Günstiger sind auf jeden Fall die am See gelegenen Hütten der **Afognak Native Corporation** (Tel. +1(907)486-6014). Hier kann man sich auch nach den Expeditionen zu aktuellen archäologischen Ausgrabungen erkundigen.

■ PORT LIONS

Der kleine Ort Port Lions (260 Einwohner) entstand, nachdem das Erdbeben und die Flutwelle von 1964 das nahe gelegene Afognak zerstört hatten. Der Ort ist nach dem Lions International Club benannt, der die Ansiedlung gründete. In der Stadt gibt es eine wichtige Basis für den kommerziellen Fischfang. Hinzu kommen eine Handvoll Lodges, Restaurants und einheimische Geschäfte. Port Lions wird von der staatlichen Fähre angelaufen. Hinzu kommen Flüge mit Wasserflugzeugen in die Umgebung der Stadt. Pete Squartsoff (Tel. +1(907)454-2333) vermietet fünf Hütten auf dem nahe gelegenen Whale Island. Von dort aus kann man Wale, Seeotter und eine Möwenkolonie beobachten.

■ AKTIVITÄTEN

Auf Kodiak gibt es eine Vielzahl von Wanderwegen. Im Visitor Center erhält man eine Karte, die die beliebtesten Wege beschreibt. Zum westlich der Stadt gelegenen **Pyramid Peak** gibt es zwei Wege von der Anton Larsen Bay Road aus. Sie führen hinauf bis zur Spitze des steilen, 732 Meter hohen Berges. Am besten beginnt man den Aufstieg nahe dem Skilift, ungefähr zwei Kilometer hinter dem Golfplatz. Vom Gipfel hat man einen herrlichen Ausblick.

Der **Barometer Mountain Trail** ist ein steiler, acht Kilometer langer Aufstieg auf den Pyramid Peak. Der Beginn des Wanderwegs ist zwar nicht markiert, aber relativ einfach zu erkennen. Man fährt einfach auf dem Rezanof Drive stadtauswärts in westlicher

Kodiak Island

Richtung und nimmt nach der Start- und Landebahn des Flughafens die erste Abzweigung nach rechts. Der Barometer Mountain Trail zählt zu den beliebtesten Wanderwegen in dieser Gegend.

Rund um **Fort Abercrombie** gibt es ebenfalls eine ganze Reihe von Wanderwegen. Dabei wird man auf viele Überbleibsel aus dem Zweiten Weltkrieg stoßen. Bevor man sich jedoch auf Kodiak Island auf eine Wanderung begibt, sollte man sich über die geplanten Wanderrouten mit den Mitarbeitern des Visitor Center oder mit den Park Rangern in Fort Abercrombie unterhalten.

■ AUSFLÜGE

Island Terrific Tours (Tel. +1(907)486-4777), **Custom Tours of Kodiak** (Tel. +1(907)486-4997) und **Kodiak Tours** (Tel. +1(907)486-5989) veranstalten ganztägige Ausflüge mit dem Minibus in das Gebiet rund um Kodiak. Im Visitor Center findet man eine Auflistung lokaler Fischer- und Ausflugsboote.

Viele Autovermieter sind mit einem Büro am Flughafen vertreten. Dazu gehören **Avis** (Tel. +1(907)487-2264), **Budget** (Tel. +1(907)486-5815), **Hertz** (Tel. +1(907)487-2261), **National** (Tel. +1(907)487-4335) und **Rent A Heap** (Tel. +1(907)486-5200).

Man kann aber auch ein Fahrrad im **Elkay-Bicycle Shop** (104 Rezanof Drive, Tel. +1(907)486-4219) mieten.

■ INFORMATIONEN UND DIENSTLEISTUNGEN

Das **Visitor Information Center** (Tel. +1(907)486-4070) befindet sich im gleichen Gebäude wie das Fährbüro an der Ecke Marine Way und Center Street. Es ist in den Sommermonaten wochentags von 8 bis 17 Uhr, samstags von 10 bis 14 Uhr, sonntags von 13 bis 21 Uhr sowie an Abenden, wenn die Fähre im Hafen liegt, geöffnet. Das restliche Jahr über ist es von Montag bis Freitag jeweils von 8 bis 17 Uhr geöffnet. Man sollte auf jeden Fall die *Kodiak Island Map* und den *Visitors Guide* mitnehmen und einen Blick auf das Fell des drei Meter großen Bären werfen. Dort kann man auch seinen Rucksack abstellen.

Duschen gibt es im kleinen Bootshafen in der Shelikof Road in **Ernie's Laundromat** oder im **The Wash Tub**. Bei beiden kosten 20 Minuten $3. Für ein Handtuch muß man 50 Cents mehr zahlen.

Die **Bibliothek** in der Mill Bay Road verfügt über eine breite Sammlung von Büchern über die Geschichte Alaskas. Sie ist wochentags von 10 bis 21 Uhr sowie am Wochenende von 10 bis 17 Uhr geöffnet.

■ ESSEN

Der beliebteste Treffpunkt in Kodiak ist **Harborside Coffee & Goods** (216 Shelikof Street, Tel. +1(907)486-5862). Dort bekommt man Milchkaffee, Backwaren und sensationelle Espresso-Shakes. Es ist ein schöner Platz, um an einem Regentag zu entspannen.

El Chicano (103 Center Street, Tel. +1(907)486-6116) serviert mexikanisches Essen. Im gleichen Gebäude ist ein Espresso-Stand.

Das **Shelikof Lodge Restaurant** hat besonders gute Spezialangebote zum Abendessen. An der großen Kreuzung von Rezanof Drive und Center Street liegt **Eugene's Restaurant** (Tel. +1(907)486-2625). Dort kann man zur Karaoke-Version von Elvis-Hits

Südwestalaska

eines der chinesischen Gerichte genießen. Wer es besonders eilig hat, ist bei **Subway** (Tel. +1(907)486-7676) in der Center Street genau richtig.
Im Sommer ist **Beryl's Sweet Shop** (202 Center Street, Tel. +1(907)486-3323) bis Mitternacht geöffnet. Auf der Speisekarte stehen leckere Sandwiches, Burger, Würstchen und Espresso.
Mimi's Deli (Tel. +1(907)486-2886) am East Rezanof Drive macht die besten Sandwiches auf der Insel.

■ UNTERHALTUNG

In einer Stadt, deren Einwohner so nah am »Ende der Welt« leben, erwartet man sicherlich, daß man zu feiern versteht – und Kodiak enttäuscht in dieser Hinsicht ganz sicher nicht. Man braucht gar nicht weiter als bis zum Einkaufszentrum in der Stadtmitte zu gehen. Dort findet man bereits ein Dutzend großer Bars.
Das **Mecca** verfügt eine große und sehr gut besuchte Tanzfläche.
Hartgesottene treffen sich in der **Ship's Tavern**, der **Breakers Bar**, **The Village** oder bei **Tony's**.
Die **Tropic Lounge** ist eine große Bar, in der es auch Bowlingbahnen gibt.
Wer nach einer Möglichkeit sucht, die aktuellsten Sportnachrichten bei einem frisch gezapften Bier und etwas zu Essen zu sehen, versucht es in **Henry's Great Alaskan Restaurant** (512 Marine Way, Tel. +1(907) 486-3313).
Live-Musik wird in der **Shelikof Lodge** gespielt.
Oder man entscheidet sich für das **Orpheum Theater** in der Center Street. Mittwochs ist es dort besonders günstig: Die Eintrittskarten kosten dann nur $2,50.

■ TERMINE

Die berüchtigten **Pillar Mountain Golf Classics** finden jedes Jahr am letzten Tag im März statt. Das Golfturnier am 427 Meter hohen gleichnamigen Berg außerhalb der Stadt dreht sich um ein einziges Loch. Der Golfplatz wird dabei mit langen Buschmessern freigeschlagen und führt bis hinauf zur Spitze des Pillar Mountain. Dort dient ein Eimer im Schnee als Loch und limonenfarbener Wackelpudding als Green.
Die wichtigste Veranstaltung in den Sommermonaten ist das **Krabbenfestival** am Memorial Day mit einer großen Parade, der Segnung der Fischfangflotte, Konzerten und vielem mehr.
Alle möglichen Musikrichtungen bringt das **Kodiak Bear Country Music Festival** jedes Jahr Mitte Juli auf die Insel.
Weitere große Veranstaltungen sind das **Kodiak State Fair and Rodeo** am Wochenende nahe dem Labor Day sowie der **St. Hermans's Day**. Dabei wird alljährlich am 9. August des russisch-orthodoxen Heiligen gedacht.

■ UNTERBRINGUNG

Der unten stehenden Tabelle kann man eine Auflistung der Unterkunftsmöglichkeiten in Kodiak entnehmen. Es gibt jedoch keine Jugendherbergen. Am besten wohnt man wahrscheinlich in einer der diversen Frühstückspensionen in der Stadt.
Der nächste Campingplatz ist die **Buskin River State Recreation Site** ($10, eine Woche Höchstaufenthalt), sechs Kilometer südlich der Stadt an der Buskin Beach Road nahe dem Flughafen. Der Campingplatz liegt am Wasser und verfügt über Toiletten und Wanderwege. Den Lärm des benach-

barten Flugplatzes gibt es gratis. Südlich der Stadt bei Gibson Cove liegt ein Campingplatz, der vorwiegend von Fabrikarbeitern genutzt wird. Er ist während des Sommers geöffnet und hat manchmal auch für Urlauber Platz.

Am besten campt man im **Fort Abercrombie State Park**, acht Kilometer östlich der Stadt. Auch wenn alle 14 Stellplätze belegt sind, kann man sein Zelt irgendwo in der Nähe aufschlagen. Es ist die Anreise wirklich wert, denn hier wird man einige der zauberhaftesten Nächte auf Kodiak Island verbringen ($10 pro Nacht).

Mit dem Wohnmobil kann man den elf Kilometer nördlich gelegenen **VFW RV Park** (Tel. +1(907)486-3195) an der Monashka Bay ansteuern.

72 Kilometer südlich der Stadt am äußersten Ende der Straße erreicht man die **Pasagshak River State Recreation Site**. Dort kann man kostenlos campen.

Unterkünfte in Kodiak

Zu den genannten Preisen muß man zehn Prozent lokale Steuern rechnen.

Motels

Shelikof Lodge (211 Thorsheim Street, Tel. +1(907)486-4141; Einzelzimmer $60, Doppelzimmer $65).

Inlet Guest Rooms (1315 Mill Bay Road, Tel. +1(907)486-4004; Einzel- und Doppelzimmer $65), Flughafentransfer, sechs Gästezimmer mit Kühlschrank und Mikrowelle.

Russian Heritage Inn (119 Yukon Street, Tel. +1(907)486-5657; Einzel- und Doppelzimmer $65, Zimmer mit Küchenzeile $85).

Kalsin Bay Inn (48 Kilometer südlich; Tel. +1(907)486-2659; Einzelzimmer $65, Doppelzimmer $75).

Buskin River Inn (1395 Airport Way, Tel. +1(907)487-2700; Einzel- und Doppelzimmer $105).

Westmark Kodiak (236 Rezanof West Drive, Tel. +1(907)486-5712; Einzel- und Doppelzimmer $131).

Bed & Breakfast

Lakeview Terrace B&B (2426 Spruce Cape Road, Tel. +1(907)486-5135; Einzelzimmer $45, Doppelzimmer $55), nur ein einziges Zimmer, inklusive Frühstück.

Wintel's B&B (1723 Mission Road, Tel. +1(907)486-6935; Einzel- und Doppelzimmer $50 bis $90), drei Gästezimmer und eine Suite, Frühstück.

Ocean Side B&B (3010 Spruce Cape Road, Tel. +1(907)486-5835; Einzelzimmer $55, Doppelzimmer $65), private Suite, Frühstück.

Star House B&B (1612 Mission Road, Tel. +1(907)486-8823; Einzelzimmer $55, Doppelzimmer $70), zwei Gästezimmer, kontinentales Frühstück.

Berry Patch B&B (1616 Selief Lane, Tel. +1(907)486-6593; Einzel- und Doppelzimmer $55 bis $65), zwei Gästezimmer, Frühstück.

Otter Crest B&B (1814 Rezanof Drive, Tel. +1(907)486-4650; Einzel- und Doppelzimmer $55 bis $75), drei Gästezimmer, Frühstück.

St. Herman's Theological Seminary (414 Mission Road, Tel. +1(907)486-3521; Einzel- und Doppelzimmer $55 bis $75), zehn Gästezimmer, Frühstück.

The Teal House B&B (374 Teal Way, Tel. +1(907)486-3369; Einzel- und Doppelzim-

Südwestalaska

mer $55 bis $75), zwei Gästezimmer, Frühstück.
Country B&B (1415 Zentner Avenue, Tel. +1(907)486-5162; Einzel- und Doppelzimmer $55 bis $80), vier Gästezimmer, Frühstück.
Shahafka Cove B&B (1812 Mission Road, Tel. +1(907)486-2409; Einzel- und Doppelzimmer $55 bis $95), drei Gästezimmer, Frühstück.
Russian River B&B (11572 South Russian Creek Road, Tel. +1(907)487-4301; Einzelzimmer $55, Doppelzimmer $110), drei Gästezimmer, kontinentales Frühstück.
Luanne's Emerald Isle B&B (1214 Madsen Street, Tel. +1(907)486-4893; Einzel- und Doppelzimmer $60 bis $70), zwei Gästezimmer, kontinentales Frühstück.
Kodiak B&B (308 Cope Street, Tel. +1(907)486-5367; Einzelzimmer $60, Doppelzimmer $72), drei Gästezimmer, Frühstück.
Lotus Inn B&B (304 Wilson Street, Tel. +1(907)486-4962; Einzel- und Doppelzimmer $60 bis $72), zwei Gästezimmer, kontinentales Frühstück.
Abby's Loft B&B (426 Teal Way, Tel. +1(907)486-3615; Einzel- und Doppelzimmer $60 bis $75), zwei Gästezimmer, Frühstück.
Bear and the Bay B&B (216 East Rezanof Drive, Tel. +1(907)486-6154; Einzel- und Doppelzimmer $80 bis $85), zwei Gästezimmer, Frühstück.
Bay View B&B (3481 Eider Street, Tel. +1(907)486-4890; Einzel- und Doppelzimmer $100, Veranda mit Blick über die Bucht, privates Bad, Küche, Frühstück.
Larch Tree Inn (720 Larch Street, Tel. +1(907)486-1706; Einzel- und Doppelzimmer $110), private Suite am Lili Lake mit Küche, Frühstück, buchbar von Mai bis September.

■ AN- UND WEITERREISE

Wer Zeit mitbringt und bei der Anreise eine Menge Geld sparen will, nimmt die *Tustumena* von Homer nach Kodiak. Die Überfahrt dauert zwölf Stunden und kostet nur $48. Man kann auch bereits in Seward an Bord gehen ($54). Es ist eine schöne und erholsame Art, nach Kodiak zu gelangen.
Das **Fährterminal** (Tel. +1(907)486-3800) im Stadtzentrum von Kodiak ist montags bis freitags von 8 bis 17 Uhr geöffnet. Die Fähre macht auf dem Weg auch im benachbarten Port Lions Station.
Ein **Wassertaxi** (Tel. +1(907)454-2418) verbindet Port Lions mit Kodiak und der Anton Larson Bay.
Wavetamer Kayaking (Tel. +1(907)486-2604) veranstaltet Kajaktouren rund um Kodiak. Dazu gehören auch Einführungsstunden sowie halbtägige Ausflüge in die Anton Larsen Bay und nach Woody Island. Sie bieten eine schöne Möglichkeit, Seeotter, Robben und Papageientaucher zu beobachten.
Zweisitzer-Kajaks aus Fiberglas und faltbare Kajaks kann man bei **Backcountry Rentals** (Tel. +1(907)486-2722) mieten.
PenAir (Tel. +1(907)487-4014), **ERA Aviation** und **Alaska Airlines** bieten tägliche Flüge von Anchorage aus. Die Preise für den Hin- und Rückflug liegen in der Regel bei rund $215. PenAir richtet in den Sommermonaten auch Flugverbindungen zwischen Kodiak und King Salmon ein. Wer nur wenig Zeit hat und nicht die Fähre nehmen will, hat hier genau die richtige Alternative.
Mit etwas Glück und klarer Sicht hat man auf dem Weg dorthin die herrliche Aussicht auf die spektakulären Berge auf einer Länge von über 800 Kilometern: den Mount

Kodiak National Wildlife Refuge

McKinley, Foraker, Spurr, Redoubt, Iliamna und Augustine. Dazu sollte man im Flugzeug auf der rechten Seite sitzen. Auf dem Rückflug (ebenfalls rechts) sieht man bei gutem Wetter das Harding-Eisfeld und die Kenai Mountains. Der Flugplatz ist acht Kilometer von Kodiak entfernt. Ein Transferbus ($5) ist zu fast allen Ankünften am Flughafen. An den Wänden im Flughafen findet man auch zahlreiche Telefonnummern von lokalen Anbietern.

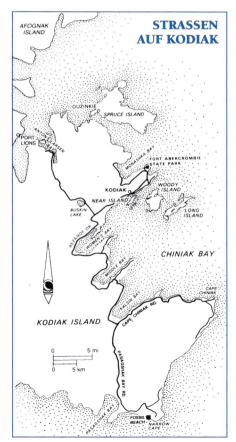

STRASSEN AUF KODIAK

Eine Reihe von Unternehmen bietet Flüge mit dem Wasserflugzeug zu den verschiedenen Teilen von Kodiak, die vom Dock für Wasserflugzeuge auf Near Island starten. Die größeren unter ihnen sind **Sea Hawk Air** (Tel. +1(907)486-8282), **Island Air Service** (Tel. +1(907)486-6196), **Uyak Air Service** (Tel. +1(907)486-3407), **PenAir** (Tel. +1(907)486-4014) und **Wilderness Air** (Tel. +1(907)486-8101). PenAir unterhält tägliche Verbindungen nach **Akhiok** ($75), **Karluk** ($75), **Larsen Bay** ($60), **Old Harbor** ($50) und **Port Lions** ($30). Häufig kann man sich auch entlang der Strecke und an den Hütten des Fish and Wildlife Service absetzen lassen und damit eine Menge Geld angesichts der hohen Preise für Charterflüge sparen. Wer allerdings mit einem der besten Piloten in Alaska fliegen will, sollte nach Rolan Ruoss von Sea Hawk Air fragen. Charterpreise liegen generell bei rund $270 für eine Cessna 206 oder bei $370 für eine Beaver. Uyak Air, Wilderness Air und Island Air bieten Rundflüge mit garantierter Bärenbeobachtung rund um Kodiak und auf der Alaska Peninsula. Für einen vierstündigen Flug muß man mit rund $400 pro Person rechnen.

Kodiak National Wildlife Refuge

Das 7700 Quadratkilometer umfassende Wildschutzgebiet wurde 1941 gegründet, um den Lebensraum der Braunbären auf Kodiak zu schützen. Es bedeckt zwei Drittel der Inselfläche im Südwesten sowie die Inseln Uganik Island, Ban Island und einen kleinen Teil von Afognak Island. Das **Visitor Center** des U.S. Fish and Wildlife Service und gleichzeitig die Hauptverwaltung des Schutzgebiets ist von Juni bis September während der Woche jeweils von 8 bis 16.30

Südwestalaska

Uhr sowie samstags von 12 bis 16.30 Uhr geöffnet. Den Rest des Jahres über sind die Öffnungszeiten montags bis freitags von 12 bis 16.30 Uhr. Weitere Informationen erhält man unter Tel. +1(907)487-2600.

Das Kodiak National Wildlife Refuge selbst beginnt 40 Kilometer südwestlich der Hauptverwaltung und ist nur mit dem Wasserflugzeug erreichbar (wenn man nicht gerade mit dem Boot unterwegs ist oder rekordverdächtiges Wandern im Sinn hat). Die meisten Besucher fliegen zu einem der vielen Seen, übernachten in einer der Hütten des Fish and Wildlife Service oder campen. Andere steigen in einer der teuren Angler-Lodges ab, die über das Gebiet verstreut liegen ($2000 pro Woche). Eine komplette Auflistung findet man im Visitor Center.

■ BÄRENBEOBACHTUNGEN

Kodiak ist weltberühmt für seine riesigen Braunbären. Die größten unter ihnen sind über drei Meter lang und haben ein Gewicht von 1500 Pfund. In der Regel wiegen aber die meisten ausgewachsenen männlichen Tiere rund 800 Pfund, die weiblichen 550 Pfund. Acht der zehn größten Bären, die jemals erlegt wurden, stammen von Kodiak Island. Auf der Insel gibt es etwa 2500 Bären, das entspricht einem Tier auf vier Quadratkilometer. Viele Besucher kommen hierher, um die wunderbaren Tiere zu beobachten und zu fotografieren. Leider reisen jedoch auch ziemlich viele Jäger nach Kodiak, um die Bären zu erlegen. Jeder, der etwas Zeit damit verbracht hat, die Bären auf Kodiak zu beobachten, lernt ihren Stolz kennen und entwickelt Respekt angesichts der Intelligenz dieser Tiere.

Vorausgesetzt, daß man auf Kodiak ist, um die Bären zu sehen – und nicht um sie zu töten –, kann man bei vielen lokalen Fluggesellschaften vierstündige Rundflüge buchen. Je nachdem wo sich die Bären befinden, wird man zur Katmai-Küste oder nach Kodiak Island geflogen ($400). Zu den Anbietern zählen **Sea Hawk Air** (Tel. +1(907)486-8282), **Island Air Service** (Tel. +1(907)486-6196), **Uyak Air Service** (Tel. +1(907)486-3407) und **Wilderness Air** (Tel. +1(907)486-8101). Wilderness Air organisiert auch ein Bärenbeobachtungsprogramm auf dem Land der Koniag Native Corporation am O'Malley Lake nahe der südwestlichen Spitze der Insel. Ein eintägiger Ausflug ist ausgesprochen teuer ($680 für acht Stunden), daher übernachten viele Urlauber in einer der drei Hütten der Gesellschaft auf Camp Island. Die Führer begleiten die Besucher mit dem Boot und zu Fuß in die Gebiete entlang dem Thumb River und bringen sie zum Essen und Schlafen wieder dorthin zurück. Der Preis liegt bei $799 für eine Nacht, $1299 für zwei Nächte oder $1699 für drei Nächte inklusive drei Mahlzeiten. Die Hütten verfügen über heiße Duschen und Schlafsäcke.

Clint Hlebechuck von **Kodiak-Katmai Outdoors Incorporation** (Tel. (907)486-2628) unternimmt Bärbeobachtungen in der Hallow Bay, an der äußeren Küste des Katmai National Park. Beim Fish and Wildlife Service erhält man eine komplette Liste von Ausflugsanbietern, die zu anderen Bärenbeobachtungs-Camps fahren.

Diese Plätze sind natürlich nicht die einzigen auf Kodiak Island, wo man Braunbären zu sehen bekommt. Sie sind auch dort zu finden, wo im Sommer die Lachse schwimmen, und besonders da, wo die Hauptströme der Rot- und Königslachse verlaufen. Die beste Zeit dafür ist im Juli. Im Spätsommer ziehen die Bären hinauf zu den Laichgründen der

Kodiak National Wildlife Refuge

Lachse an den schmaleren Flußläufen und in die Gebiete mit Beeren, wo sie schlechter zu sehen sind. Von der Straße aus auf Kodiak bekommt man wohl keine Braunbären zu sehen, da viele hier vor langer Zeit gejagt wurden und sie deshalb am Tage außer Sichtweite bleiben. Man wird also das Geld für einen Flug in das Hinterland investieren müssen, um einen Braunbären zu sehen.

■ AKTIVITÄTEN

Das gewaltige Kodiak National Wildlife Refuge ist im Grunde ein völlig unentwickeltes Land. Trotz des Mangels an Wegen ist es jedoch relativ einfach, dort zu wandern, da es nahezu keine Bäume in den südlichen Gebieten gibt. Die beste Zeit zum Wandern ist im Frühsommer, nachdem der Schnee geschmolzen ist und bevor das Gras und das Unterholz zu dicht werden. Ab Mitte August kann das Vorhaben zu einer Strapaze werden. Abgesehen davon ist es gefährlicher, wenn man in einem Gebiet mit Bären wandert und das Dickicht der Weiden zu dicht ist, so daß man die Bären womöglich nicht sieht. Wenn man einmal die Baumgrenze überschritten hat, wird das Wandern auch im Spätsommer sehr einfach. Es gibt eigentlich nur einen richtigen Wanderweg im gesamten Wildschutzgebiet. Er führt von der Larsen Bay zum sechs Kilometer entfernten Karluk River. Der fast ebenerdige Weg wird von Hunderten von Floßfahrern während der Hochsaison des Königslachses benutzt (vorwiegend im Juli). Die Flöße werden von vielen Flugunternehmen für $45 am Tag vermietet und dort, wo der Weg auf den Fluß trifft, zu Wasser gelassen. Die Fahrt führt über 40 Kilometer nach Karluk. Von dort aus gibt es täglich einen Rückflug (einfache Strecke $75). Die Koniag Native Corporation erhebt von jedem, der auf dem Fluß fährt und campt, eine nicht gerade populäre »Passiergebühr« in Höhe von $100. Formulare erhält man bei Mack's Sporting Goods in Kodiak oder bei den Fluganbietern.

Uyak Air Service (Tel. +1(907)486-3407) unterhält vier Hütten bei Portage und eine fünfte am Karluk Lake. Die Übernachtung kostet $80 pro Tag für ein Doppelzimmer oder $165 für bis zu sechs Personen. Wenn man sich bis zum Fluß bei Portage fliegen läßt, muß man mit rund $350 pro Person für einen Charterflug rechnen. Der regelmäßige Liniendienst ins benachbarte Larson kostet dagegen nur $60.

Der kleine Ort **Karluk** (70 Einwohner) hat eine wunderschöne, alte russisch-orthodoxe Kirche (gebaut 1888). Außerdem gibt es ein kleines Geschäft und einige Fischerhütten. Die Fischreuse der Fish-and-Game-Behörde etwa eineinhalb Kilometer oberhalb von Karluk ist die älteste ihrer Art in Alaska und mit einer Breite von 98 Meter eine der größten des Landes. Der Karluk River, der Ayakulik River und zahlreiche andere Ströme auf Kodiak Island sind weltberühmt für ihren Lachsreichtum. Zur Jahrhundertwende – bevor lokale Fischfabriken die Lachsbestände zerstörten und infolgedessen schließen mußten – wurden am Karluk River bis zu zehn Millionen Lachse gezählt. Es benötigte viele Jahrzehnte sorgfältiger Arbeit, damit sich der Fischbestand wieder erholen konnte. Heute zählt das Gebiet zu den besten Fischgründen der Welt.

■ UNTERBRINGUNG

Das Wildschutzgebiet verfügt über rustikale Hütten ($20 pro Nacht) an sieben unterschiedlichen Standorten auf Kodiak und

Südwestalaska

Afognak. Das ist eine wundervolle Möglichkeit, die Wildnis hautnah und auf sehr persönliche Art kennenzulernen. Man sollte Heizöl und Campingutensilien mitbringen und auf keinen Fall Mückensalben und eine Kopfbedeckung mit Gesichtsschutz vergessen. Da die Hütten sehr beliebt sind, werden Verlosungen abgehalten. Für eine Übernachtung in der Zeit von April bis Juni sollte man sich vor Januar anmelden, für den Zeitraum Juli bis September sollte das vor April geschehen. Die größte Nachfrage besteht im Juli. Durch Stornierungen sind die Hütten manchmal auch kurzfristig buchbar. Wer also erst kurz vorher anruft, kann sich unter Tel. +1(907)487-2600 nach der Verfügbarkeit erkundigen.

Wer sich für Bärbeobachtungen interessiert, fragt auch nach den Hütten am South Frazer Lake oder am Uganik Lake. Ein faltbares Kajak oder ein Schlauchboot sind dabei sehr hilfreich, um sich in dieser Gegend fortzubewegen. Manche Fluganbieter mieten die Kajaks für ihre Kunden bereits an.

Außerdem kann man überall im Wildschutzgebiet ohne Erlaubnis campen. Die vielen Bären und der Regen können dieses Erlebnis weniger vergnüglich machen. Erfahrene Rucksackreisende werden jedoch sicherlich diese einzigartige Möglichkeit, sich in einer nahezu unberührten Landschaft zu bewegen, trotzdem genießen.

Lake Clark National Park

Der 14 600 Quadratkilometer große Nationalpark reicht vom westlichen Ufer des Cook Inlet über die Chigmit Mountains bis zum 80 Kilometer langen Lake Clark. Er wurde 1980 gegründet.

Auch wenn viele Lodges und Hütten über den gesamten Park verteilt liegen, ist **Port Alsworth** (50 Einwohner) am Lake Clark doch das einzige erschlossene Gebiet. Trotz des Namens ist Port Alsworth kein Hafen. Das Meer ist über 80 Kilometer entfernt. Da der Park von Meereshöhe bis hinauf in die Berge reicht, findet man dort ein vielfältiges Ökosystem vor. Es reicht von dichten Fichtenwäldern entlang der Küste bis zu aktiven Vulkanen (Iliamna und Redoubt). Die westliche Flanke der Chigmit Mountains ist von Tundra und borealen Wäldern bedeckt. Im Süden liegt der riesige Iliamna Lake, der größte See in Alaska.

Wenn man sich einmal von den Lodges entfernt hat, zeigt sich der Nationalpark als weite, unerschlossene Wildnis ohne Straßen, Wege oder andere Einrichtungen. Wer nicht in den Lodges übernachtet, kommt an den See, um zu angeln, Boot zu fahren oder in den Bergen zu wandern. Die Gebirgsausläufer im Westen eignen sich mit ihrer offenen, trockenen Tundra hervorragend für Wanderungen. Ebenfalls sehr beliebt ist eine Bootsfahrt auf einem der vielen Flüsse die nach Westen führen. Tierbeobachtungen sind dort sehr eindrucksvoll: Mit etwas Glück kann man Karibus, Elche, Wölfe, Braun- und Schwarzbären, Dallschafe und viele andere Tiere sehen.

■ INFORMATIONEN

Die Parkverwaltung hat ihren Sitz in Anchorage (Tel. +1(907)271-3751). Eine Bezirksstation gibt es jedoch auch in Port Alsworth. In Port Alsworth gibt es keine Geschäfte, man kann jedoch Boote in den vielen Lodges mieten.

Teure Übernachtungsmöglichkeiten bestehen in mehr als einem Dutzend Fischerhütten an den Ufern des Lake Clark. Beim Park Service erhält man eine Liste der Anbieter. **Lake Clark Air** (Tel. +1(907)278-2054 in Anchorage) bietet täglich Flüge zwischen Anchorage und Port Alsworth (hin und zurück $275) an.

Katmai National Park

Der Katmai National Park liegt auf einem großen Gebiet auf der Alaska Peninsula. Er umfaßt mehr als 160 Quadratkilometer nordwestlich von Kodiak Island auf der anderen Seite der Shelikof Strait. Es gibt viele Anziehungspunkte für Besucher des Katmai National Park: die wilde vulkanische Landschaft, hervorragende Lachsgründe in einer herrlichen Umgebung und die Möglichkeit, Bären zu beobachten.

■ VULKANAUSBRÜCHE

Im Juni 1912 spielte sich eine der größten Katastrophen der modernen Geschichte ab. Dabei verlor der Mount Novarupta seine Kuppe und spuckte drei Tage lang Lava, Asche und schwefelhaltige Dämpfe. Eine der Explosionen war noch im 1380 Kilometer entfernten Ketchikan zu hören. Der Niederschlag legte sich über Kodiak, dessen Bewohner in einer halsbrecherischen Aktion von der Küstenwache evakuiert wurden. Nach offiziellen Angaben kam niemand ums Leben. Eine 213 Meter dicke Schicht aus heißer Asche und Bimsstein legte sich über ein Gebiet von 100 Quadratkilometern, und saurer Regen zerstörte sogar die Wäsche auf den Wäscheleinen in Vancouver. Der Staub tauchte die Umgebung in eine Dunkelheit, die 60 Stunden andauerte, und zirkulierte für die folgenden zwei Jahre in der oberen Atmosphäre, wobei er die weltweiten klimatischen Verhältnisse veränderte. Wissenschaftler gehen davon aus, daß es sich bei diesem Ausbruch um die zweitgrößte Eruption handelte, von der in der jüngeren Geschichte berichtet wird. Sie wurde nur von dem Vulkanausbruch im griechischen Santorin übertroffen. Zum Vergleich: Der Ausbruch des Krakatau in Indonesien (1883) war nur halb so stark, und doch kamen dabei 35000 Menschen ums Leben.

Robert Griggs von der National Geographic Society entdeckte 1916 das nahe gelegene **Valley of Ten Thousand Smokes**, in dem heiße Gase durch Tausende von Löchern an die Oberfläche gelangen. Heute hat sich das gesamte Gebiet abgekühlt, und nur einige wenige Fumarole sind übriggeblieben. 1918 wurde hier ein nationales Monument errichtet, das seitdem bereits fünfmal vergrößert wurde, um den großen Lebensraum der Braunbären und der Lachse einzuschließen. Durch den Alaska National Interest Lands Conservation Act (ANILCA) wurde das Gebiet zum Nationalpark erklärt.

Seit dem Ausbruch des Novarupta sind mehr als 75 Jahre vergangen. Doch noch heute studieren Vulkanologen dieses einzigartige Phänomen, um die Gefahren zukünftiger Eruptionen abzuschätzen. Der Novarupta ist nur einer von 15 aktiven Vulkanen auf dem Gebiet des Katmai National Park, die überwacht werden. Der letzte Ausbruch wurde 1968 vom Trident-Vulkan verzeichnet. Dampfschwaden werden jedoch gelegentlich auch beim Megeik- und dem Martin-Vulkan beobachtet.

■ DAS TAL

Besonders empfehlenswert ist der achtstündige Busausflug (Hin- und Rückfahrt 74

Südwestalaska

Kilometer) von Brooks Camp zu einem Aussichtspunkt mit Blick über das Valley of Ten Thousand Smokes. Vom Three Forks Outlook erreicht man einen fünf Kilometer langen Rundwanderweg durch das Tal. Der Bus verläßt die Brooks Lodge im Sommer täglich um 9 Uhr, die Fahrt kostet $50. Ein Mittagessen kostet $7. Man sollte warme Kleidung und Regenzeug sowie ein Fernglas mitnehmen. Reservierungen für die Bustour sind besonders im Juli und August sehr ratsam. Wanderer benutzen den Bus, um in das Tal zu gelangen, und nehmen einen späteren Bus für die Rückfahrt ($30 pro Strecke).

Zwei der schönsten Ziele für Wanderungen sind der 24 Kilometer entfernt gelegene **Megeik Lake** und der **Baked Mountain** (19 Kilometer). Im Tal selbst gibt es keine Wanderwege, und die Flüsse sorgen manchmal für gefährliche Überquerungen, doch das unfruchtbare Land ist relativ leicht zu durchwandern. Eine Forschungshütte am Baked Mountain bietet Schutz vor den zeitweise heftigen Windverhältnissen, die ungeheure Sandstürme entfachen können. Man muß jedoch vorher bei der Parkverwaltung nachfragen, ob die Hütte frei ist. Außerdem sollte man eine Skibrille und ein Halstuch um Mund und Nase tragen, um sich vor der umherfliegenden Asche zu schützen. Das sollte einen aber nicht vom Wandern abhalten. Das hier ist ein spektakuläres Land mit einer Mondlandschaft, die von tiefen und farbigen Schluchten durchzogen ist.

Bevor man sich auf den Weg macht, schaut man am besten kurz beim Park Service in Brooks Camp vorbei, um eine Karte, eine Erlaubnis für die Wanderung in diesem Gebiet sowie weitere Informationen einzuholen.

■ BÄRENBEOBACHTUNGEN

Bis vor kurzem kamen die Besucher nach Katmai, um die vulkanische Verwüstung zu sehen oder nach Lachs zu fischen, doch inzwischen zieht es mehr und mehr Urlauber hierher, um Braunbären beim Lachsfang zu beobachten und zu fotografieren. Der enorme Anstieg des Interesses hat dazu geführt, daß sich an einem normalen Tag im Juli bis zu 350 Besucher im Gebiet um Brooks Camp drängen. Neueste Informationen zur Verwaltung des Parks und über etwaige Beschränkungen erfährt man unter Tel. +1(907)246-3305.

Bärenbeobachtungsplätze befinden sich am Brooks River, der in den Naknek Lake nur einen Kilometer vom Campingplatz entfernt fließt. Eine schwimmende Brücke überquert den Fluß und führt zu einer Plattform, von der aus man die Bären sehen kann.

Die **Brooks Falls** sind einen Kilometer von hier entfernt. Eine sehr beliebte Aussichtsplattform an den Wasserfällen ist in der Hochsaison hoffnungslos überfüllt. Daher ist die Besuchszeit auf der Plattform durch den Park Service auf eine Stunde begrenzt, und man muß häufig eine ganze Weile warten, bis man auf die Plattform gelangt.

Hinzu kommt ein zweiter Grund, warum die Menschen hierher reisen: Der Brooks River ist für Sportfischer frei zugänglich (ohne Genehmigung). Daher ist er oft von Anglern gesäumt, die vorwiegend nach Rotlachs fischen. Wenn sich Bären nähern, sind die Angler dazu angehalten, den gefangenen Fisch sofort freizulassen. Da kann es schon einmal passieren, daß die Park Ranger die Angelleine durchtrennen, wenn man nicht schnell genug ist. Denn manche Bären greifen sofort die Angler an. Daher sieht sich der

Katmai National Park

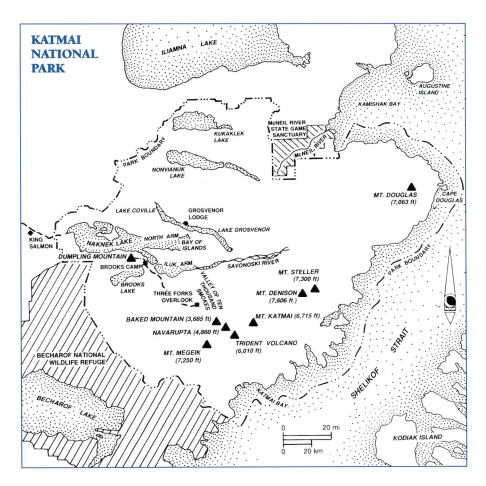

Park Service manchmal dazu veranlaßt, den Fluß für das Fischen zu sperren, um zu verhindern, daß die Bären aggressiver gegen Menschen werden.

Bärenbeobachtung wird auch an der Ostseite von Katmai entlang der Shelikof Strait immer beliebter, wo die Braunbären nach Muscheln graben und anderes Futter ergattern.

Clint Hlebechuck von **Kodiak-Katmai Outdoors Incorporation** (Tel. +1(907)486-2628) bietet Ausflüge mit Bärenbeobachtung in der Hallow Bay an.

Viele Fluganbieter unternehmen ebenfalls Tagesausflüge von Kodiak aus zur äußeren Küste von Katmai. Informationsbroschüren erhält man im Visitor Center in Kodiak (siehe Seite 487).

Südwestalaska

■ KING SALMON UND NAKNEK

Der Ort King Salmon ist das Eingangstor zum Katmai National Park. Reisende, die keinen Platz in einer Lodge oder auf dem Campingplatz in Brooks Camp finden, verweilen häufig hier und unternehmen Tagesausflüge in den Park. Naknek ist auf der Straße 24 Kilometer entfernt und ein wichtiger Fischerhafen. Beide Orte verfügen über Essens- und Übernachtungsmöglichkeiten und sind durch einen Taxidienst miteinander verbunden.

In King Salmon kann man in folgenden Hotels und Pensionen übernachten: **Bristol Bay B&B** (Tel. +1(907)246-7570; $70 pro Person), **Bristol Bay Charter Adventures** (Tel. +1(907)246-3750; $150 im Doppelzimmer in einer Hütte), **The Guest House** (Tel. +1(907)246-7425; $80 bis $120 im Einzel- oder Doppelzimmer), **King Koo Inn** (Tel. +1(907)246-3377; $153 im Einzel- und $178 im Doppelzimmer), **Ponderosa Inn** (Tel. +1(907)246-3444; $90 im Einzel- und $160 im Doppelzimmer) sowie im ausgefallensten Hotel der Stadt, dem **Quinnat Landing Hotel** (Tel. +1(907)246-3000; $180 im Einzel- und $205 im Doppelzimmer).

Normalerweise kann man sein Zelt auch für ein paar Dollar neben Dave's World nahe dem Katmai Air Office aufstellen.

In Naknek sind die Übernachtungspreise niedriger, man muß jedoch $14 pro Strecke für das Taxi hinzurechnen. Die billigste Unterkunft ist das **Chulyen Roost** (Tel. +1(907)246-4458). Dort zahlt man $25 für eine Schlafkoje in Gemeinschaftsräumen. Für eine privates Einzelzimmer muß man mit $50 und im Doppelzimmer mit $75 rechnen. Die freundlichen Mitarbeiter halten das Hotel absolut sauber und servieren ein komplettes Frühstück.

Andere Plätze sind das **Al-Lou's B&B** (Tel. +1(907)246-4270; $60 im Einzel- und $75 im Doppelzimmer), **Leader Creek Inn** (Tel. +1(907)246-4415; $50 im Einzel- und $60 im Doppelzimmer), **Naknek Hotel** (Tel. +1(907) 246-4430; $50 im Einzel- und $70 im Doppelzimmer) und das **Red Dog Inn** (Tel. +1(907)246-4213; $70 im Einzel- und $80 im Doppelzimmer).

Das moderne Restaurant **King Ko Grill** in King Salmon (Tel. +1(907)246-3377) serviert drei verläßlich gute Mahlzeiten am Tag, zusammen mit Meeresfrüchten, Pizza ($20), Burger und anderen beliebten Speisen. Im Sommer spielt dort an den Wochenenden eine Live-Band.

Essen kann man auch im **Quinat Landing Hotel**.

Lebensmittel, Sportzubehör und Espresso bekommt man bei **City Market** in King Salmon.

■ AKTIVITÄTEN

Es gibt nur ein paar Wege innerhalb des Katmai National Park. Einer führt über knapp einen Kilometer zur Bärenbeobachtungsplattform am Brooks River. Der zweite, zweieinhalb Kilometer lange Wanderweg führt zum Valley of Ten Thousand Smokes (siehe Seite 495).

Der **Dumpling Mountain Trail** beginnt in Brooks Camp und steigt auf einer Länge von 6,4 Kilometer bis auf die 744 Meter hohe Spitze an. Vom Gipfel aus genießt man einen wunderbaren Panoramablick über die umliegende Seenlandschaft, die von Vulkanen überragt wird.

Life Time Adventures (Tel. +1(907)746-4644) veranstaltet begleitete Wanderungen und Mountainbike-Touren durch den Park. Außerdem kann man auch Räder mieten

Katmai National Park

($30 pro Tag) und auf eigene Faust losradeln. Die 37 Kilometer lange schmutzige Straße zum Valley of Ten Thousand Smokes eignet sich gut für Radtouren. Und die Aussicht wird immer eindrucksvoller, je weiter man fährt. Manche Urlauber, die keinen freien Platz mehr auf dem Brooks-Campingplatz ergattern können, mieten Fahrräder und fahren acht Kilometer weiter die Straße entlang, um dort ihr Zelt aufzuschlagen. Diese Distanz ist der vorgeschriebene Mindestabstand zum Campen.

Der **Savonoski Loop** ist eine beliebte Kanu- und Kajakstrecke. Die Bootstouren starten in Brooks Camp, führen hinauf in den nördlichen Arm des Naknek Lake, eineinhalb Kilometer über die Portage zum Lake Grosvenor und dann auf dem Grosvenor River und dem Savonoski River in den Seitenarm des Naknek Lake und zurück nach Brooks Camp. Es handelt sich hierbei um eine vier- bis zehntägige Reise, die man vorher mit dem Park Service wegen der Sicherheitsvorkehrungen und notwendigen Genehmigungen absprechen sollte.

Kanus und Kajaks kann man in der Brooks Lake Lodge oder bei **Life Time Adventures** (Tel. +1(907)746-4644) mieten. Das Unternehmen veranstaltet auch begleitete Kajaktouren (sechstägiger Ausflug von Anchorage $1100) und organisiert Transportmöglichkeiten für das Kajak überall am Naknek Lake.

Bristol Bay Charter Adventures (Tel. +1(907)246-3750) bietet ebenfalls den Transport von Kajaks.

Bei vielen Unternehmen kann man auch Motorboote am Naknek Lake mieten. Im **King Salmon Visitor Center** (Tel. +1(907)246-4250) erhält man eine Liste der Anbieter. Dort erfährt man auch die Namen von Ausrüstern für Sportfischer und Veranstaltern von Bootstouren.

■ **INFORMATIONEN UND DIENSTLEISTUNGEN**

Am Flughafen von King Salmon gibt es ein sehr nützliches **Visitor Center**. Es ist im Sommer montags bis samstags von 8 bis 17 Uhr sowie sonntags von 9 bis 17 Uhr geöffnet. Ein zweites Visitor Center, das vom Park Service unterhalten wird, befindet sich in Brooks Camp.

Der Park Service organisiert in den Sommermonaten täglich kostenlose **Naturwanderungen** und Abendprogramme in Brooks Camp. Näheres hierüber entnimmt man den Informationstafeln im Visitor Center, der Lodge oder auf dem Campingplatz.

Für weitere Informationen über Katmai wendet man sich an den National Park Service (P.O. Box 7, King Salmon, AK 99613, Tel. +1(907)246-3305).

Eine Karte vom Park sowie ein Exemplar der sehr informativen Broschüre *The Bear Facts* erhält man im Alaska Public Lands Information Center in Anchorage (Tel. +1(907)271-2737).

Dave's World (Tel. +1(907)246-3353) in King Salmon vermietet Zelte.

■ **UNTERBRINGUNG**

Wer eine Nacht in der berühmten **Brooks Lodge** verbringen will, muß eine ganze Menge Geld dafür veranschlagen. Im Juli (Hochsaison) kostet eine Pauschalreise inklusive drei Übernachtungen in der Brooks Lodge sowie Hin- und Rückflug ab/bis Anchorage pro Person $807. Dazu kommt das Essen: $10 für das Frühstück, $12 für das Mittagessen und $22 für das Abendessen. Wenn man die Hütte mit einem anderen Paar teilen will oder nach dem Juli anreist, sind die Kosten insgesamt

Südwestalaska

niedriger. Da die Lodge sehr schnell ausgebucht ist, sollte man bereits im Januar die Reservierung vornehmen.
Ein kleiner Laden in der Lodge verkauft Snacks, Filme, T-Shirts und anderen Touristen-Kram. Man kann hier auch Kanus, Angeln und Hüftwatstiefel ausleihen.
Fünf Fischerhütten liegen an anderen Seen innerhalb des Parkgebietes. Sie sind noch teurer als die Brooks Lodge, aber auch weit weg von allem Lärm und Tumult: In der Grosvenor Lodge zahlt man $1625 für drei Übernachtungen inklusive Flug.
Die Lodges sowie alle anderen Dienste (einschließlich der Busausflüge) sind allerdings nur vom 1. Juni bis Mitte September buchbar. Danach ist man auf sich selbst gestellt.
Der Campingplatz bei Brooks Camp liegt nur wenig entfernt von der Lodge und verfügt über Trinkwasser. Er ist sehr beliebt, und die Stellplätze füllen sich sehr schnell. Daher sollte man frühzeitig eine Reservierung vornehmen (Tel. +1(907)246-3305). Die maximale Aufenthaltsdauer liegt im Sommer bei sieben Nächten. Es ist der einzige Campingplatz in Katmai, und da Campen außerhalb des Platzes nur acht Kilometer von Brooks Range entfernt erlaubt ist, sollte man nicht ohne eine Reservierung herkommen. Das Wetter in Katmai ist ähnlich wie auf den Aleuten: kalt, naß und sehr windig.

■ AN- UND WEITERREISE

Nach Katmai zu gelangen, ist nicht gerade billig. Erst fliegt man von Anchorage nach King Salmon mit **Alaska Airlines**, **Reeve Aleutian Airways** (Tel. +1(907)246-7686) oder **PenAir** (Tel. +1(907)246-3373). Hin- und Rückflug kosten etwa $375. PenAir bedient in den Sommermonaten auch die Strecke von Kodiak nach King Salmon.
Von King Salmon aus bietet **Katmai Air** (Tel. +1(907)246-3079) regelmäßige Verbindungen nach Brooks Camp (hin und zurück $120).
Ebenfalls täglich fliegen **Egli Air Haul** (Tel. +1(907)246-6119), **C-Air** (Tel. +1(907)246-6318) und **Branch River Air Service** (Tel. +1(907)246-3437). Diese Anbieter veranstalten auch Rundflüge sowie Flüge zum nahe gelegenen McNeil River.
Eine erholsame Alternative ist der Bootsservice vom **Quinnat Landing Hotel** in King Salmon (Tel. +1(907)246-3000). Das vorwiegend für Hotelgäste geschaffene Angebot ist auch für die Öffentlichkeit zugänglich. Hin- und Rückfahrt kosten $125.
Bristol Charter Adventure bietet einen ähnlichen Service für $115.
Das Wetter in King Salmon ist häufig so schlecht, daß Flugannullierungen aufgrund der Wetterverhältnisse nicht unüblich sind. Daher stecken Urlauber hier häufig fest.

McNeil River State Game Sanctuary

Eingebettet oberhalb des nordöstlichen Zipfels von Katmai liegt dieses staatliche Schutzgebiet, das als Hintergrund vieler Fotografien dient, auf denen Braunbären, Lachse und Möwen zusammen abgelichtet sind. Tatsächlich finden sich hier zur Lachssaison mehr Braunbären zusammen als auf jedem anderen Fleck der Erde. Vor kurzem zählte man 130 Exemplare an einem Tag. Die Gegend wurde 1967 zum Schutzgebiet erklärt, und bereits fünf Jahre später begrenzte man die Anzahl der Besucher auf eine festgelegte Zahl. 1979 schließlich wurde das McNeil River State Game Sanctuary komplett für Angler gesperrt.

■ AN- UND WEITERREISE

Jedes Jahr gibt es mehr als 1500 Anfragen nach einer Besuchserlaubnis für das Gebiet um den McNeil River und den nahe gelegenen Mikfik Creek. Es werden jedoch nur 250 Genehmigungen erteilt. Anfragen richtet man an das Alaska Department of Fish and Game (333 Rasberry Street, Anchorage, AK 99502, Tel. +1(907)344-0541). Dort erhält man einen Fragebogen, den man ausfüllt und mit $20 pro Person versehen bis spätestens 1. März wieder zurückschickt. Am 15. Mai werden die täglich maximal zehn Besucher in einer Lotterie ermittelt. Wer zu den glücklichen Gewinnern zählt, muß weitere $250 für den eigentlichen Eintritt bezahlen. Die Erlaubnis ist nicht übertragbar. Die Besucher müssen sich in guter physischer Verfassung befinden, da die Entfernung zu den Wasserfällen etwa zwei Kilometer beträgt, und wenn das Wetter schlecht ist, was sehr häufig der Fall ist, kann es sehr kalt und ungemütlich sein, mehrere Stunden im Regen zu verbringen.

Im Juni schwimmen die Rotlachse den Mikfik Creek stromaufwärts und ziehen dabei mehrere Dutzend Bären an. Die Besucher werden im Juni hierhergebracht und im Spätsommer zum McNeil River. Die beste Zeit zur Bärenbeobachtung ist von Mitte Juli bis Anfang August, wenn die Hundelachse hierherkommen. Leider ist dies auch die Zeit, für die sich die meisten Besucher bewerben. Die zweitbeste Wahl ist also vor der Hochsaison, danach ist es nicht mehr so interessant. Insgesamt kann man sich vier Tage im Schutzgebiet aufhalten – und man sollte alle nutzen.

Zur Sicherheit kann man sich zusätzlich noch um eine Standby-Genehmigung bewerben, die nichts zusätzlich kostet. Dafür gibt es eine separate Lotterie, und der Eintrittspreis liegt bei $125. Bis zu fünf Personen erhalten diese begehrte Erlaubnis. Die Gewinner warten darauf, daß ein angemeldeter Besucher nicht erscheint oder – was wahrscheinlicher ist – daß manche Urlauber einen der insgesamt vier Tage im Camp verbringen. Das ist in der Regel dann der Fall, wenn das Wetter schlecht ist. Da die Bestimmungen diesbezüglich in der nahen Zukunft geändert werden sollen, setzt man sich am besten vorher mit der Fish-and-Game-Behörde in Verbindung. Campingausrüstung und Essen muß man selbst mitbringen, und man benötigt Hüftstiefel, um durch die Bäche zu waten.

Viele Fluganbieter fliegen McNeil von Homer, King Salmon, Kodiak oder Anchorage aus an. Man muß mit etwa $270 für den Hin- und Rückflug ab/bis Homer, dem am häufigsten gewählten Ausgangspunkt, rechnen.

Kachemak Air Service (Tel. +1(907)235-8924) in Homer ist ein besonders freundliches Unternehmen, das die Strecken über den Meeresarm seit über zwanzig Jahren täglich bedient.

Die Aleuten

Ein Bogen von 200 Inseln erstreckt sich in südwestlicher Richtung von der Spitze der Alaska Peninsula über eine Länge von 1690 Kilometer bis zur Insel Attu. Die Aleuten trennen den Nordpazifik vom Beringmeer. Sie sind Teil des »Ring des Feuers« im Pazifik, eine vom geologischen Standpunkt aus am wenigsten besiedelten Regionen der

Südwestalaska

Erde. Südlich dieser Inselkette verläuft der Aleutengraben, in dem zwei tektonische Platten aufeinandertreffen. Die Pazifikplatte schiebt sich unter die nordamerikanische Platte und verursacht so Vulkanausbrüche und Erdbeben. 14 große, 65 kleinere Inseln und unzählige winzige Eilande bilden einen vom Wind durchpeitschten Außenposten im nördlichen Pazifik. Das Zusammentreffen von milden Strömungen aus Japan und dem eisigen Beringmeer ruft ein Klima hervor, das von Nebel, Regen, Schnee und nur wenig Sonne bestimmt ist.

Hohe Berge fallen abrupt ins Meer ab. Dauerfrost gibt es zwar nicht, aber die ständigen starken Winde verhindern jeden Baumwuchs und lassen nur Tundra und Moore entstehen. Stürme sind hier an der Tagesordnung, und Unalaska verzeichnet 250 Regentage pro Jahr. Wegen der warmen Strömung friert die See aber nie zu.

Angesichts der extremen klimatischen Bedingungen überrascht es, daß jede der Inseln bereits vor der Ankunft der Russen bewohnt war. Sie waren Heimat der Aleuten, nahe Verwandte der Inuit. Die Aleuten waren geschickte und geübte Jäger, die in Einklang mit der Natur lebten. Die Russen versklavten die Aleuten oder töteten sie, so daß sich ihre Zahl von fast 25 000 (1741) auf etwa 2000 ein Jahrhundert später reduzierte. Die Russen jagten auch die Seeotter und Pelzrobben derart, daß die Tiere fast ausgerottet waren. Die zielstrebige Ausbeutung der Ressourcen der Inseln ist bis heute nicht beendet.

Die Küstenwache hält überall Ausschau nach Plünderern, da asiatische und russische Fischerboote unter extremen Wetterbedingungen – wenn die Flugzeuge der Küstenwache nicht in der Luft sind – die Gewässer leerfischen.

■ HISTORISCHES

Im Frühjahr 1942 hielt Japan einen triumphalen Einzug in den Pazifik. Als Zugänge in diese Gewässer benutzten sie Australien und Hawaii. Aber mit den amerikanischen Kampfflugzeugen, von denen bei dem Angriff auf Pearl Harbor keines verlorenging, drängte man den japanischen Befehlshaber der Marine, Isoroku Yamamoto, und seine Untergebenen zurück. Um zu gewinnen, mußte er die Amerikaner in einen Seekrieg verwickeln. Also steuerte er Midway an, eine kleine Insel am Ende der Inselkette von Hawaii. Dort hatten die Amerikaner gerade einen Stützpunkt gebaut. Um die Flotte der Amerikaner zu zersplittern, beschloß er einen Angriff auf die Aleuten, der am 3. Juni 1942 begann. Er attackierte Dutch Harbor, den amerikanischen Stützpunkt in der Unalaska Bay, aus der Luft und fügte den Amerikanern dabei schwere Verluste zu. Der Stützpunkt konnte aber aufrechterhalten werden. Unbekannt war den Japanern, daß die Amerikaner Geheimstützpunkte in Umnak und Gold Bay angelegt hatten. Die schlechten Wetterbedingungen verhinderten jedoch einen Gegenangriff durch die Amerikaner.

Trotzdem waren sie nicht untätig geblieben: Sie hatten bei Midway den japanischen Befehlscode geknackt und machten damit die ehrgeizigen Pläne der Japaner zunichte. Ein japanischer Flugzeugträger nach dem anderen sank vor der Küste. Daraufhin besetzten die Japaner die unverteidigten Inseln Attu und Kiska am westlichen Ende der Aleuten. Sie erhofften sich davon, eine vorgeschobene Verteidigungslinie für Japans Norden zu schaffen und einen Keil zwischen Rußland und Amerika treiben zu können.

Im August 1942 besetzte die amerikanische Marine die Insel Adak und begann mit dem Bau eines Flugplatzes. Von Adak aus wollte man Attu und Kiska angreifen. Im Januar 1943 kämpften sich die US-Soldaten zur Insel Amchitka vor. Pausenlose Angriffe und eine Seeblockade schwächten die Japaner. Am 11. Mai 1943 landeten 16 000 amerikanische Soldaten auf Attu. 549 von ihnen mußten ihr Leben lassen, bis man schließlich die 2650 japanischen Soldaten überwältigt hatte.

Ende Juli durchbrachen die japanischen Truppen die amerikanische Blockade und evakuierten die übriggebliebenen 6000 japanischen Soldaten. Am 15. August landeten 34 000 amerikanische und kanadische Soldaten unbehelligt auf Kiska. Obwohl es nichts anzugreifen gab, wurden 99 Soldaten getötet und 74 verwundet, und zwar nicht bei Kämpfen, sondern durch Mißgeschicke bei Landemanövern und anderen Unfällen.

Von den 80 benannten Inseln der Aleuten sind heute nur acht besiedelt. Es ist die Heimat von Seeottern, die fast schon ausgestorben waren und sich wieder kräftig vermehrt haben. Die Vielfalt der Meeressäugetiere und Seevögel wird durch das Aleutian Islands National Wildlife Refuge geschützt, insbesondere die schwarze Wildgans im Izembek Refuge unweit der Cold Bay an der Spitze der Alaska Peninsula.

Unalaska/Dutch Harbor

Die 1300 Kilometer südwestlich von Anchorage gelegene Unalaska Bay schneidet sich tief in die Nordseite der bergigen Insel Unalaska. Damit bildet sie einen der besten und geschützten eisfreien Häfen auf den Aleuten.

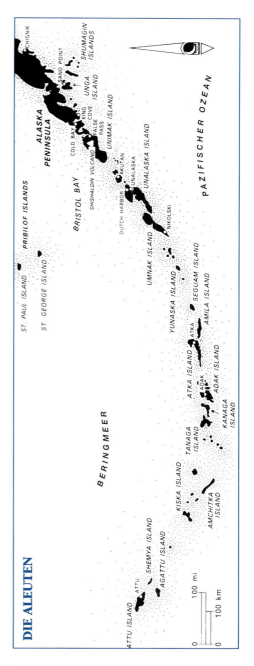

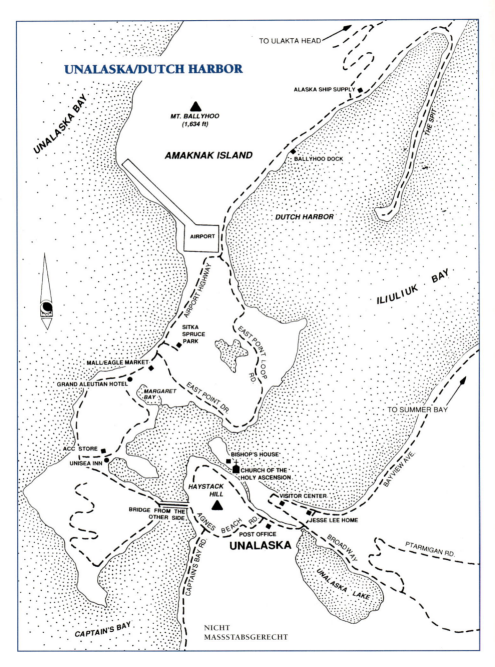

Unalaska/Dutch Harbor

An einem klaren Tag kann man manchmal die Rauchschwaden des **Makushin-Vulkans** (2036 Meter) sehen, die im Westen aufsteigen.

Die Stadt Unalaska (40 Einwohner) erstreckt sich auf der Insel Unalaska sowie auf der wesentlich kleineren Insel Amaknak. Eine 150 Meter lange Brücke verbindet die beiden Inseln.

Auch wenn sie oft Dutch Harbor genannt wird, bezieht sich der Name eigentlich auf den geschützten Hafen und nicht auf die Stadt selbst. Dutch Harbor ist heute ein sehr geschäftiger Ort, der regelmäßig unter den drei ersten Fischereihäfen in den USA rangiert. Zu jeder Zeit kann man ein Dutzend und mehr Frachter im Hafen liegen sehen, die Fische oder Krabben aufladen. Mehr als 300 Millionen Kilogramm Fisch und Meeresfrüchte im Wert von über 135 Millionen Dollar durchlaufen jedes Jahr den Hafen. Der Großteil der Fische wird dabei in der hektischen Fischfangsaison im Winter gefangen und verarbeitet. Und doch hat Dutch Harbor viel mehr zu bieten.

■ HISTORISCHES

Als die ersten russischen Siedler Unalaska 1759 »entdeckten«, lebten dort bereits mehr als 1000 Aleuten in 24 Siedlungen. Während des folgenden Jahrhunderts dezimierten die Russen die Zahl der Aleuten und versklavten viele von ihnen für die Jagd nach den Fellen von Seeottern und Robben. Unalaska, ihre erste richtige Siedlung, entstand 1772. Sechs Jahre später verbrachte Kapitän Cook hier drei Wochen. Während der russischen Herrschaft wurde Unalaska schnell zum wichtigsten Handelszentrum auf den Aleuten. Nachdem Amerika das Gebiet 1867 übernommen hatte, änderte sich das jedoch schnell. Unalaska wurde wichtiger Kohlelieferant und Versorgungsstation für den Goldrausch in Nome.

In den vierziger Jahren des 20. Jahrhunderts eignete sich die amerikanische Marine Dutch Harbor an. Nachdem die Stadt im Juni 1942 von den Japanern bombardiert wurde, siedelte man die Aleuten in Lagern in Südostalaska um. Zehn Prozent von ihnen starben in diesen Camps aufgrund der schlechten sanitären Voraussetzungen und wegen Überfüllung. Nach dem Ende des Zweiten Weltkriegs kehrten sie an einen komplett veränderten Ort zurück, der von Militäreinrichtungen beherrscht wurde. Viele ihrer Häuser waren in der Zwischenzeit geplündert worden.

Die Wirtschaft von Dutch Harbor erlebte in den sechziger und siebziger Jahren des

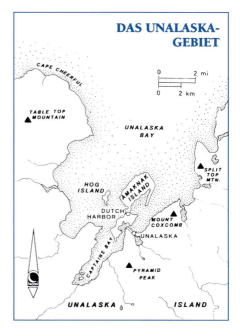

Südwestalaska

20. Jahrhunderts einen Aufschwung mit dem sprunghaften Anstieg der Krabbenfischerei. Sie brach jedoch auch fast komplett zusammen, als der Bestand aufgrund der Überfischung dramatisch zurückging.

Einige Jahre später gab es einen zweiten Boom, als sich die Fischfangflotte auf den Fang von Grundfisch, besonders Schellfisch, spezialisierte.

Heute leben viele fischverarbeitende Fabriken in Dutch Harbor von der nahen Bristol Bay. Und doch gibt es Hinweise darauf, daß das scheinbar unerschöpfliche Beringmeer der Ausbeutung nicht länger standhalten kann. Die hundert Meter langen Fischkutter sind riesige Tötungsmaschinen, die bis zu 240 Tonnen Fisch in einem einzigen Schlepptau an Bord ziehen können. Diese Art des Fischfangs kann am besten mit der Abholzung der Wälder verglichen werden. Der einzige Unterschied besteht darin, daß der Raubbau durch die Rodung klar erkennbar ist, während die dezimierten Fischgründe im Ozean mit bloßem Auge nicht zu sehen sind.

■ SEHENSWERTES

Die Hauptattraktion in Unalaska ist die wunderschöne russisch-orthodoxe **Church of the Holy Ascension**. Die von 1824 bis 1827 erbaute Kirche ist die älteste russische in Alaska und ein historisches Wahrzeichen. Nicht weit entfernt ist das **Bishop's House** von 1882.

Ein weiteres historisches Gebäude ist das **Jesse Lee Home** in der Nähe des Friedhofs, das von methodistischen Missionaren errichtet wurde.

Unweit vom Flughafen liegt der **Sitka Spruce Park**. Dort stößt man auf vier dürre, störrische Fichtenbäume, die 1805 von russischen Siedlern gepflanzt wurden. An ihrem Fuß wächst eine Unmenge von verkümmerten und ums Überleben kämpfenden jüngeren Fichten. Diese und ein paar andere Ansammlungen von Bäumen sind der einzige »Wald« im ansonsten baumlosen Gebiet. Der Park ist ebenfalls ein historisches Wahrzeichen.

■ AUSFLÜGE

Aleutian Adventures (Tel. +1(907)581-4489) verkauft und verleiht Kajaks, Snowboards, Skier und Ausrüstungen für Rucksackreisende.

Beim **Unalaska Department of Parks, Culture and Recreation** kann man auch Fahrräder mieten.

■ INFORMATIONEN UND DIENSTLEISTUNGEN

Informationen über Unalaska erhält man im kleinen **Visitor Center** im **Henry Swanson's House** (Tel. +1(907)581-4242) auf dem Broadway nahe der Second Street im Stadtzentrum von Unalaska. Es ist nur donnerstags von 13 bis 19 Uhr sowie samstags von 13 bis 16 Uhr geöffnet. Wenn das Büro geschlossen ist, versucht man es im Rathaus. Duschen und ein paar Runden drehen kann man im Schwimmbad der **High School**.

■ ESSEN

Die Restaurantszene in Unalaska ist nicht herausragend. Das sieht beim Preis schon ganz anders aus. Bisher gibt es keine Fastfood-Restaurants.

Für die besten Burger versucht man es am besten im Restaurant am Flughafen.

Die **Dutch Harbor Cafe and Pizzeria** in der Margaret Bay serviert eine Mischung aus

Unalaska/Dutch Harbor

italienischen, amerikanischen und mexikanischen Spezialitäten. Dazu gehören auch die beste Pizza der Stadt und die Cannelloni.

Gleich nebenan sind das **Peking Restaurant** (Tel. +1(907)581-2303) und **Linh's Restaurant** (Tel. +1(907)581-1625) mit chinesischer, koreanischer und japanischer Küche. Im Peking Restaurant gibt es auch eine Karaoke-Bar.

Gute mexikanische Gerichte gibt es bei **Ziggy's Homestyle Cooking** (Tel. +1(907)581-2800).

Nicky's Place (Tel. +1(907)581-2303) bereitet den besten Kaffee der Stadt zu. Dort kann man auch Bücher, CDs und Poster kaufen.

Im **Unisea Inn** (Tel. +1(907)581-1325) gibt es sonntags einen sehr beliebten Brunch sowie abendliche Spezialitäten mit Meeresfrüchten.

Der bei weitem ausgefallenste Ort für ein Essen – und besonders für frischen Fisch – ist das **Margret Bay Cafe** im Grand Aleutian Hotel. Zu annehmbaren Preisen bekommt man dort ein wirklich gutes Frühstück sowie Mittagessen. In der oberen Etage befindet sich der **Chart Room**, wo das teure Porzellan der Qualität des Essens und den Preisen entspricht.

Lebensmittel erhält man bei der **Alaska Commercial Company** oder bei **Eagle Quality Centers** (Tel. +1(907)581-4040).

Alaska Ship Supply verkauft ebenfalls Essen sowie Ausrüstung für unterwegs.

■ **UNTERBRINGUNG**

Wenn es ans Übernachten geht, wird man schnell feststellen, daß nichts in Unalaska billig ist. Campen ist nur begrenzt erlaubt, und Zuwiderhandlungen werden mit hohen Strafen belegt. Man sollte also beim Ounalashka Corporation Office (400 Salmon Way, Tel. +1(907)581-1276) nach einer entsprechenden Erlaubnis fragen.

Die meisten Hotels und Pensionen bieten einen kostenlosen Transferdienst zum Flughafen. Die günstigsten Übernachtungsmöglichkeiten sind Schlafbaracken (»Bunkhouses«) in den großen Fischfabriken.

Das **Grand Aleutian Hotel** ist eine Alternative, wenn man sein Geld stilvoll ausgeben will.

Am westlichen Ende von Unalaska Island liegt die Schafranch **Chernofski Farm**. Die Eigentümer Milt und Cora Holmes nehmen

---

Unterkünfte in Unalaska/Dutch Harbor

Statewide Services Inc., OSI Bunkhouse (Tel. +1(907)581-1515; $49 pro Person in Gemeinschaftsräumen, $73 inklusive drei Mahlzeiten, $79 im Privatzimmer, $103 inklusive drei Mahlzeiten).

Alaska Ship Supply Guest House (Tel. +1(907)581-1640; $51 im Einzel- und $81 im Doppelzimmer), Badezimmer unten in der Halle, Wochenend- und Monatspreise.

Beach House B&B (Tel. +1(907)581-1717; $60 im Einzel- und $75 im Doppelzimmer), vier Gästezimmer mit Bad, kontinentales Frühstück.

Unisea Inn (Tel. +1(907)581-1325; $90 im Einzel- und $100 im Doppelzimmer).

Carl's Bayview Inn ($90 im Einzel- und Doppelzimmer, $125 mit Küchenzeile, $150 für ein Appartement mit einem Schlafzimmer).

The Grand Aleutian (Tel. +1(907)581-3844; $135 im Einzel- und $150 im Doppelzimmer).

Südwestalaska

manchmal Besucher auf, der Charterflug dorthin kostet jedoch mehr als $ 1000. Auf der Farm gibt es kein Telefon, man kann jedoch über Reeve Aleutian Airways per Radio Kontakt aufnehmen.
Auf der Insel Umnak nahe Nikolski liegt die **Fort Glenn Lodge** (Tel. +1(907)522-4999). Es ist die größte Rinder-, Schaf- und Pferderanch des Landes.

■ AN- UND WEITERREISE

Unalaska war noch nie ein traditioneller Touristenort, und die meisten Besucher kommen her, um Geld zu verdienen und nicht, um Urlaub zu machen. Die hohen Kosten für die Anreise und die Unterkunft werden auch weiterhin die meisten Touristen fernhalten, auch wenn einige Kreuzfahrtschiffe inzwischen die Insel während der Sommermonate anlaufen. Wer sich für einen Kurzbesuch entscheidet, legt sich den Aufenthalt möglichst in eine Schönwetterperiode. Die Wettervorhersage für dieses Gebiet findet man im *Anchorage Daily News*.
Wenn das Wetter gut ist, ist diese Gegend wirklich eindrucksvoll. Überwiegend herrscht jedoch regnerisches und windiges Wetter vor. Da kann es schon einmal passieren, daß man hier festsitzt, weil die Flugzeuge wegen des schlechten Wetters nicht landen können. Und es kostet ein Vermögen, hier zu bleiben.
Die staatliche Fähre *Tustumena* nimmt einmal im Monat Kurs auf Dutch Harbor. Die dreieinhalbtägige Reise führt vorbei an Homer, Kodiak, Chignik, Sand Point, King Cove und Cold Bay. Die Überfahrt kann dabei besonders im September und Oktober sehr rauh werden. Die *Tustumena* verfügt über Duschen, eine Cafeteria, eine Bar und einen Supermarkt. Es ist jedoch ratsam, etwas zu essen und zu trinken sowie viel Lesestoff und andere Beschäftigungsmöglichkeiten mitzunehmen. Schlafen kann man auf dem überdachten Solariumdeck. In Unalaska gibt es keinen Fähranleger. Das Schiff macht jedoch nahe dem Flughafen auf der Insel Amaknak fest.
Die zweite Möglichkeit, Unalaska zu erreichen, besteht aus der Luft. **Reeve Aleutian Airways** fliegt mit Jets und Propellermaschinen zum Flughafen von Dutch Harbor. Starts und Landungen sind ein Erlebnis für sich, da die Landebahn nur 1190 Meter mißt – 600 Meter kürzer, als Piloten (und Passagiere) begrüßen würden. Nahezu jeder, der mit dem Flugzeug nach Dutch Harbor fliegt, hat haarsträubende Geschichten zu berichten. Daher bevorzugen viele Einheimische den Flug mit einer Super Electra aus den fünfziger Jahren, die auf kürzerer Strecke zum Stillstand kommt. Außerdem fliegen diese Maschinen niedriger und langsamer und haben breite Sitze und große Fenster.
Andere Fluganbieter sind **PenAir** und **Alaska Airlines**. Die Preise sind bei allen Gesellschaften nahezu gleich. Für den Hin- und Rückflug ab/bis Anchorage bezahlt man etwa $ 860. Wenn man bei klarem Wetter in Anchorage startet, sollte man sich auf die rechte Seite des Flugzeugs setzen. Von dort hat man einen Ausblick auf die Gipfel der Vulkane Mount Iliamna und Mount Redoubt.
Charterflüge kann man bei **Aleutian Air** (Tel. +1(907)581-1686) buchen.
Da sich Dutch Harbor und Unalaska über zwei Inseln erstrecken, benötigt man ein Transportmittel. Mountainbikes kann man im Gemeindezentrum (Tel. +1(907)581-1297) mieten. Es ist die schönste Art, die vie-

len Straßen und die Hügel in der Umgebung zu entdecken. Im Regen ist es allerdings nicht besonders reizvoll.

Im Stadtgebiet gibt es 21 **Taxiunternehmen**. Daher ist es sehr einfach, zum Flughafen oder zu anderen Plätzen zu gelangen. Für die meisten Strecken zahlt man $8 bis $10. Die Preise für Mietautos sind exorbitant und beginnen bei $85 pro Tag. Am besten kommt man bei **Blue Checker Taxi** (Tel. +1(907)581-2186), **North Port Rentals** (Tel. +1(907)581-3880) und **Aleutian Truck Rental** (Tel. +1(907)581-1576) weg.

Nach Details für **Angelcharter** erkundigt man sich am besten im Grand Aleutian Hotel.

Hinter **A.L.E.U.T. Tours** (Tel. +1(907)581-6001) verbirgt sich Patricia Lekanoff-Gregory, eine Aleutin aus Unalaska, die städtische Führungen aus der Perspektive der Einheimischen anbietet.

Weitere Inseln der Aleuten

Akutan (600 Einwohner) ist ein kleiner Fischerort, 56 Kilometer nordöstlich von Dutch Harbor. Auf der Insel gibt es ein General Store, aber das war auch fast schon alles. Von Unalaska fliegt an mit PenAir (Tel. +1(907)243-2323) nach Akutan.

Auf **Shemya** (660 Einwohner) unterhält die US-Luftwaffe eine Radarstation, während die U-Boot-Gefechtsstation der US-Marine auf **Adak** nach dem Ende des kalten Krieges heute geschlossen ist. Beide Inseln darf man nur nach einer Sicherheitsüberprüfung betreten. Wer einen Besuch einplant, sollte sich mindestens einen Monat im voraus an den kommandierenden Offizier wenden, auf Shemya unter Tel. +1(907)552-4202 und auf Adak unter Tel. +1(907)592-8351.

Auf **Attu** wurden die Aleuten 1942 von den Japanern nach Japan deportiert. Als sie nach dem Ende des Krieges nach Amerika zurückkehrten, verweigerte ihnen die amerikanische Regierung die Rückkehr auf ihre Insel. Heute leben auf Attu nur die Mitarbeiter einer Station der Küstenwache. Vogelbeobachter kommen hierher, um die asiatischen Vogelarten zu studieren, die es auf die Aleuten verschlagen hat.

Kleine Dörfer der Aleuten gibt es ferner auf **Atka** und **Nikolski** (auf Umnak Island). Trotz der unsicheren geologischen Situation benutzten die USA diese abgelegenen Vulkaninseln bis 1971 für unterirdische Atomversuche. Als eine ihrer ersten Aktionen schickte Greenpeace aus Protest ein Schiff in das Gebiet, was nach einigem Hin und Her schließlich zur Beendigung der Versuche führte.

Eine hervorragende Quelle für aktuelle Informationen zur entlegenen Alaska Peninsula, den Aleuten und den Pribilof-Inseln ist die kostenlose Broschüre *Aleutian Accommodations,* die jährlich von Reeve Aleutian Airways herausgegeben wird. Darin enthalten sind auch Port Moller, Sand Point, Nikolski, Port Heiden, King Cove, Chignik, Cold Bay und andere Häfen. Die Fluggesellschaft bietet Flüge nach Dutch Harbor, Adak, King Salmon, Cold Bay, Port Heiden und Sand Point an.

Pribilof Islands

Die abgelegenen und doch dicht bevölkerten Pribilof Islands im Beringmeer liegen 400 Kilometer nördlich der Aleuten und 480 Kilometer westlich des Festlandes. Von Anchorage sind die Pribilof Islands 1600 Kilometer entfernt. Die beiden Hauptinseln

Südwestalaska

– **St. Paul** (760 Einwohner, die größte Aleuten-Gemeinde weltweit) und **St. George** (190 Einwohner) – und zwei kleinere Inseln sind die Heimat der größten Ansammlung von Meeressäugetieren und Seevögeln, wie sie an keinem anderen Punkt der Erde anzutreffen ist. Auch wenn beide Inseln über eine artenreiche Tierwelt verfügen, ist St. Paul bekannter für seine Robbenkolonien und St. George für seine Seevögelkolonien. Die Inseln mit vulkanischem Ursprung sind zwei von nur vier Eilanden der Inselkette, die heute bewohnt sind. Auch auf **Tiny Walrus** und **Otter Island** kommen Tausende von Robben und Vögeln vor. St. Paul ist die größte der Inseln: 22,5 Kilometer lang und 13 Kilometer breit. Die Berge erreichen eine Höhe von 152 Meter. Auf St. George ragt eine Felswand steil aus dem Meer empor (fast 305 Meter). In den Felsvorsprüngen und Ritzen nisten Millionen von Wasservögeln.

■ TIERWELT

Jedes Jahr im Sommer kommen mehr als 800 000 Pelzrobben hierher. Das sind 75 Prozent des weltweiten Bestandes. Sie kehren hierher zurück, um ihre Jungen zur Welt zu bringen und sie großzuziehen. Die Männchen tauchen Ende Mai auf, während es die Weibchen im Juni zur Geburt ihrer Jungen an Land treibt. Mit 90 bis 130 Pfund sind die Weibchen wesentlich kleiner als die größten männlichen Exemplare, die bis zu 600 Pfund erreichen. Hafenrobben, Seeotter, Steller-Seelöwen und Walrosse runden die Szenerie ab. Nirgendwo in Nordamerika und möglicherweise an keinem anderen Ort der Erde ist es möglich, die Tierwelt so einfach und in diesem Ausmaß zu beobachten.

Zu den Meeressäugetieren kommen mehr als 210 Vogelarten hinzu, die auf den Inseln gesichtet wurden. Dazu zählen Millionen von Papageientauchern, Kormoranen, Möwen und Eissturmvögeln. Der Vogelbeobachter Rodger Tory Peterson bezeichnete die Kolonien von St. George als den möglicherweise größten einzelnen Vogelfelsen in Amerika. Die beste Zeit für die Beobachtung der Vögel ist von Mitte Mai bis Anfang Juni.

■ HISTORISCHES

Kurz nachdem der russische Pelzhändler Gerassim Pribilof im Juni 1786 die unbewohnte Inselkette entdeckte und ihr seinen Namen gab, ließ seine Gesellschaft die Pelzrobben durch Aleuten-Sklaven jagen. Die Berichte hierüber sind sehr unterschiedlich. Während die einen behaupten, daß die Russen die Pelzrobben fast ausrotteten, sprechen andere davon, daß sich ihr Bestand bis 1867 wieder auf Rekordzahlen erholt hatte und es die Amerikaner waren, die später Millionen Tiere töteten. Wie dem auch sei, Tatsache ist jedenfalls, daß die Zahl der Pelzrobben 1911 auf unter 150 000 Tiere gefallen war. Im selben Jahr unterzeichneten die USA, Rußland, England und Japan einen Vertrag, in dem sie die Jagd von Pelzrobben auf dem Meer komplett verboten und an Land nur eine limitierte Anzahl zuließen. Trotzdem dauerte es bis 1985, bis die kommerzielle Jagd nach Robben aufgrund von massiven Protesten aus den Reihen der Umweltschützer beendet wurde. Die Aleuten selbst erhielten übrigens erst 1983 die volle Kontrolle über ihre Inseln. Heute wächst die Wirtschaft von St. Paul durch die starke Entwicklung der fischverarbeitenden Fabriken am Land und auf dem Wasser stetig. Ein Teil des Wachstums geht auf den Bau des neuen, 80 Millionen teuren

Hafens zurück. Diese Entwicklung hat jedoch die Diskussion um die Überfischung der Gewässer neu angefacht. Es gibt starke Hinweise darauf, daß einige Fischpopulationen sowie Seelöwen- und Robbenbestände dieser Entwicklung zum Opfer fallen.

■ ST. PAUL

Die kleine **St. Peter and Paul Church** ist ein Mittelpunkt im Leben auf St. Paul. Diese einfache alte russisch-orthodoxe Kirche ist im Inneren großzügig mit vielen Ornamenten ausgestaltet.

Übernachten kann man auf der Insel für $80 pro Person im **King Eider Hotel** (Tel. +1(907)546-2477).

Campen ist nicht erlaubt, und es gibt auch keine Restaurants. Man kann jedoch in einer der Cafeterias der lokalen Fischfabriken essen. Am besten bringt man jedoch sein eigenes Essen mit, auch wenn man möglicherweise nichts kochen kann. In der Stadt gibt es einen kleinen General Store mit begrenztem und sehr teurem Angebot sowie einen Taxidienst.

Ein Auto kann man bei **North Star Truck Rental** (Tel. +1(907)546-2645) mieten.

Die Mehrzahl der jährlich 3000 Besucher kommt nach St. Paul mit einer der Rundreisen, die vom einheimischen Unternehmen **Tanadgusix** und **Reeve Aleutian Airways** angeboten werden. Dabei kann man unter einer ganzen Reihe von Ausflügen ab/bis Anchorage wählen. Eine dreitägige Rundreise beginnt ab $735. Die Touren werden in der Zeit vom Memorial Day bis zum Labor Day angeboten.

Reeve Aleutian Airways und **PenAir** fliegen dreimal pro Woche von Anchorage nach St. Paul (Hin- und Rückflug etwa $770). PenAir bietet auch Verbindungen von St. Paul nach St. George (einfache Strecke $60). Der Flug kann jedoch aufgrund der Wetterverhältnisse und anderer Schwierigkeiten manchmal recht heikel werden. Reservierungen für den Flug sind auf jeden Fall rechtzeitig zu machen.

■ ST. GEORGE

Zu den Sehenswürdigkeiten von St. George zählen die russisch-orthodoxe Kirche **St. George the Martyr** sowie das **St. George Tanaq Hotel**. In dem Hotel, das auch ein nationales historisches Wahrzeichen ist, kann man für $89 pro Person in einem Zimmer mit Gemeinschaftsbad übernachten. Da es nur neun Zimmer gibt, ist eine frühzeitige Reservierung unerläßlich.

Auf der Insel gibt es keine Restaurants. Man kann jedoch Lebensmittel im Ort kaufen und in der Hotelküche zubereiten.

Eine begrenzte Auswahl von Waren zu immens hohen Preisen bekommt man bei **St. George Island Canteen** und bei **Alaska Ship Supply**.

PenAir (Tel. +1(907)243-2323) fliegt dreimal wöchentlich nach St. George (Hin- und Rückflug $770). Das Unternehmen bietet auch Verbindungen von St. Paul nach St. George (einfache Strecke $60).

Weitere Informationen über St. George erhält man bei der **Tanaq Corporation** in Anchorage (Tel. +1(907)272-9886).

Wer jemanden sucht, der die Reiseorganisation und -planung übernimmt, wendet sich an **Joseph Van Os Photo Safaris** (Tel. +1(907)463-5383). Das Unternehmen veranstaltet kostspielige Touren, die von einem professionellen Fotografen begleitet werden. Eine viertägige All-Inklusive-Reise nach St. George kostet einschließlich zwei Übernachtungen in Anchorage $2495.

Die Beringstraße und die arktische Küste

Das wirkliche Hinterland von Alaska liegt weit, weit entfernt von jeglicher Zivilisation. Die verstreuten Siedlungen Dillingham, Bethel, Nome, Kotzebue und Barrow sind lediglich winzige Punkte auf der Landkarte. Die großen Entfernungen zwischen den einzelnen Orten machen einen Besuch zwar sehr schwer und teuer, gleichzeitig sind es dadurch aber auch sehr exotische und faszinierende Ziele. Jede Reise in diese Region kostet ein ganzes Bündel Hundert-Dollar-Scheine. Man wird jedoch dafür mit einzigartigen und unvergeßlichen Erlebnissen und Erinnerungen entschädigt.

Bristol Bay, eine Bucht am südlichen Ende des Beringmeers, zählt zu den ergiebigsten Fischgründen mit Rotlachsen. In Dillingham – der wichtigsten Hafenstadt – gibt es Hunderte von Lachsfangbooten und Lodges für Angler. Außerdem ist Dillingham das Tor zum abgelegenen Wood-Tikchik State Park, der mit 5700 Quadratkilometern der größte staatliche Park in den USA ist. Nicht weit entfernt liegen die Walrus-Inseln mit einer außergewöhnlichen Walroßaufzucht auf Round Island.

Bethel und die Umgebung im Westen Alaskas sind ein sehr niedrig gelegenes und mit Seen gefülltes Delta, durch das die beiden Flüsse Kuskokwim und Yukon fließen, die sich wiederum in das Beringmeer ergießen.

Überall in der baumlosen Ebene des Parks verstreut liegen Inuitdörfer.

Weiter im Norden stößt man auf Nome, eine Stadt der Goldgräber, wo noch heute Grabungen stattfinden. Noch weiter nördlich, auf der anderen Seite der Berge der Seward Peninsula, liegt die große Inuitstadt Kotzebue. Sieben Nationalparks umgeben die Stadt, und noch mehr Parks und Schutzgebiete erstrecken sich über die Brooks Range. Das sind aufregende Aussichten für Wanderer sowie für Kajak- und Kanufahrer auf der Suche nach Abenteuern.

An der Spitze des Kontinents am Arktischen Ozean liegt die Stadt Barrow, die berühmt für die Mitternachtssonne ist. Hier befindet sich auch Prudhoe Bay, die Quelle für Alaskas Ölreichtum. Das abgelegene Arctic National Wildlife Refuge im nordöstlichsten Teil wird umgeben vom Arktischen Ozean und dem Yukon Territory.

■ **REISEN IN DIE ARKTIS**

Wer sich auf die Reise zu den Inuit macht, verspürt vielleicht eine besondere Spannung. Während der letzten 200 Jahre mußten diese Menschen mitansehen, wie die Einwanderer die Meeressäugetiere und Karibuherden, die einst die Existenzgrundlage der Inuit waren, rücksichtslos mit Hilfe der neuesten Technologien nahezu

Die Beringstraße und die arktische Küste

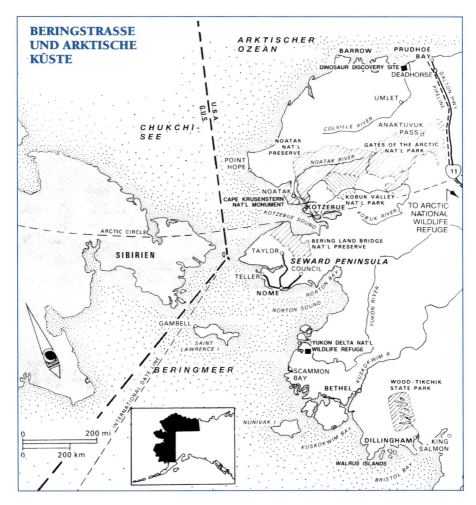

ausrotteten. Wann auch immer die Inuit wertvolle Ressourcen auf dem Grund und Boden ihres Landes entdeckten – Felle, Gold oder Öl –, wurde es ihnen von Fremden wieder weggenommen. Alkohol, die amerikanische Erziehung und die Konsumgesellschaft haben ein weiteres dazu beigetragen, daß sich das Leben der Inuit dramatisch verändert hat.

Wie überall in der Welt kann man auch hier viel über das Reisen, die Menschen und sich selbst erfahren, wenn man mit Behutsamkeit reist und den Menschen mit Sensibilität und Zurückhaltung begegnet.

Die Beringstraße und die arktische Küste

Dillingham

Die kleine Stadt Dillingham (2100 Einwohner) ist das regionale Zentrum für Bristol Bay, Alaskas größter Rotlachsfischerei. Der Großteil des weltweiten Lachsfangs stammt aus dieser riesigen Bucht am nördlichen Ende des Beringmeers. In der Hochsaison säumen Fischernetze die Strände von Dillingham, während Wandnetze in der Nähe der Küste eingesetzt werden. In den vier Fischfabriken der Stadt herrscht Hochbetrieb. Man entdeckt in der Bristol Bay jedoch keines der großen Fischerboote, die man sonst in Alaska sieht, da Schiffe für kommerziellen Fischfang eine maximale Länge von 9,75 Meter aufweisen müssen, um in dieser Bucht fischen zu dürfen.

■ HISTORISCHES

Auch Dillinghams Wurzeln gehen zurück auf die ersten russischen Pelzhändler, die 1822 ein Fort (Alexandrovski Redoubt) auf der anderen Seite der Nushagak Bay errichteten. Nach der Übergabe an die Amerikaner, entstanden in der Gegend Fischfabriken, um die riesigen Fänge von Rotlachsen an den Flüssen Nushagak und Wood zu bewältigen. Nachdem eine Grippeepidemie im Winter 1918/19 rund um die Nushagak Bay die Zahl der Einheimischen dezimierte, zogen die meisten Überlebenden nach Dillingham. Das Resultat ist eine Stadt, die sich aus Yup'iks, Aleuten, Russen und Amerikanern zusammensetzt.

■ SEHENSWERTES

Auch wenn es in diesem Gebiet viele Lodges für Angler gibt, hat Dillingham trotzdem nicht viel von einer Touristenstadt. Die meisten Menschen kommen hierher, um zu arbeiten.
Das kleine **Sam Fox Museum** (Tel. +1(907) 842-5521) befindet sich an der Ecke der Seward und der D Street im selben Gebäude wie die Bibliothek.
Das **Visitor Center** (Tel. +1(907)842-5515) ist nur einen Block entfernt.
In der Stadt gibt es eine Anzahl von Geschäften, die Kunstgegenstände der Einheimischen (Körbe und Puppen) verkaufen. Durch die einheimische Fischfabrik und die Tiefkühlanlagen werden Führungen angeboten.
Die Hauptattraktion für Besucher sind der Wood-Tikchik State Park und das Walrus Island State Game Sanctuary.
Das Wildschutzgebiet **Togiak National Wildlife Refuge** beginnt nur fünf Kilometer westlich von Dillingham und umfaßt ein Gebiet von 17 400 Quadratkilometer. Dort kann man vor allem Wasservögel, Kaisergänse, gemeine Enten und Steller-Enten beobachten, die auf dem Weg nach Süden hier rasten. Bevor man sich auf den Weg ins Schutzgebiet macht, sollte man bei der Parkverwaltung (Tel. +1(907)842-1063) in Dillingham vorbeischauen.
Eine vergnügliche, 40 Kilometer lange Schotterstraße führt von Dillingham in die Siedlung **Aleknagik** (190 Einwohner) am Aleknagik Lake. Der Wood-Tikchik Park beginnt am oberen Ende des Sees.

■ TERMINE

Die größte Veranstaltung in Dillingham ist das **Beaver Round-Up**. An fünf Tagen im Winter finden Hundeschlitten-Meisterschaften, Tanzveranstaltungen und die lokale Wahl zur Miss Dillingham statt.
Im Sommer gibt es außerdem ein **Silberlachs-Wettangeln**.

Walrus Island State Game Sanctuary

■ ESSEN UND UNTERBRINGUNG

Essen kann man im **Fisherman's Cafe, Captains's Table** oder bei **Ricardo's**.
Außerdem gibt es zwei Lebensmittelhändler: **N&N Market** und die größere **Alaska Commercial Company**.
In Dillingham gibt es zwei Übernachtungsmöglichkeiten: das **Bristol Inn** (Tel. +1(907) 842-2240) und das **Dillingham Hotel** (Tel. +1(907)842-5316). Dort zahlt man etwa $110 im Einzel- und $135 im Doppelzimmer.
Günstigere Zimmer vermietet die Frühstückspension **Wild Goose B&B**. Hier bezahlt man $50 für ein Einzelzimmer und $75 für ein Doppelzimmer. In der Pension kann man auch Boote und Pickups mieten. Duschen findet man im Bootshafen in der Nähe des A.C. Harbor Store.

■ AN- UND WEITERREISE

Der Flughafen liegt etwa drei Kilometer außerhalb der Stadt. Um nach Dillingham zu gelangen, nimmt man ein Taxi ($6) von **Yellow Cab** (Tel. +1(907)842-5833) oder **Ernie's Cab** (Tel. +1(907)842-2606). Man kann natürlich auch einen Wagen mieten (Tel. +1(907)842-2266).
PenAir, Alaska Airlines, Reeve Aleutian Airways und **Yute Air** (Tel. +1(907)842-5333) bieten tägliche Flüge zwischen Anchorage und Dillingham, PenAir und Yute außerdem zu allen umliegenden Dörfern und Städten.
Hinzu kommen lokale Charterfluganbieter wie **Wren Air** (Tel. +1(907)842-5630), **Manokotak Air** (Tel. +1(907)842-2486) und **Tucker Aviation** (Tel. +1(907)842-1023).

Walrus Island State Game Sanctuary

Zu den Walrus-Inseln gehören sieben kleine felsige Inseln in der nördlichen Bristol Bay. Eine von ihnen – Round Island – ist berühmt als Aufzuchtstelle für bis zu 10 000 Walrosse, die es während der Sommermonate hierherzieht (nur die Bullen gehen an Land). Hinzu kommen Hunderttausende nistender Seevögel: Möwen, Kormorane und Sittiche sowie getupfte und gehörnte Papageientaucher. Auf der Insel gibt es auch Rotfüchse und Steller-Seelöwen, die an einem besonderen Strand an Land kommen.

■ AN- UND WEITERREISE

Man setzt sich mit dem **Alaska Department of Fish and Game** in Dillingham (Tel. +1(907)842-1013) in Verbindung und fragt nach einem Informationspaket und einer Besuchserlaubnis. Anmelden kann man sich bereits im Januar, und eine frühzeitige Anfrage ist ratsam, damit man zur Hochsaison (Mitte Juni bis Juli) auch eine Genehmigung erhält.
Um den menschlichen Einfluß in diesem Gebiet so gering wie möglich zu halten, werden nur zwölf Genehmigungen für eine Dauer von jeweils fünf Tagen erteilt. Zwei davon werden für diejenigen freigehalten, die sich erst zehn Tage vorher anmelden. Der Zugang zu Round Island ist schwierig und sehr teuer. Durch die rauhe See ist eine Anreise aus der Luft nicht möglich.
Um in das Schutzgebiet zu gelangen, fliegt man erst einmal nach Dillingham (ab/bis Anchorage etwa $400). Dann geht es von Dillingham weiter nach Togiak (Hin- und Rückflug $100).

Don Winkelman von **Don's Round Island Charters** (Tel. +1(907)493-5127) bringt Besucher mit dem Boot von Togiak nach Round Island (hin und zurück etwa $300). Die Überfahrt dauert zwei Stunden. Viele Besucher kommen in Togiak bereits am Vorabend an und übernachten in einer Unterkunft, die von Don Winkelman gestellt wird.

Wer hierherkommt, muß für seine Campingausrüstung, Essen und alles andere Notwendige selbst sorgen. Das Wetter kann sehr extrem werden. Manchmal gibt es Orkanwindgeschwindigkeiten und peitschenden Regen. Daher sollte man bei der Vorbereitung nicht an der Regenbekleidung und dem Zelt sparen. Lange Zeltpflöcke – und einige in Reserve – gehören ins Gepäck, um alles am Boden zu halten. Außerdem sollte man seine Essensvorräte so kalkulieren, daß man mindestens eine Woche länger bleiben kann, da das Wetter manchmal unberechenbar ist und man möglicherweise auf der Insel festsitzt.

Mehrere Wege führen vom Campingplatz zu hochragenden Felsen, von denen man die Walrosse, Papageientaucher, Alke und andere Seevögel beobachten kann. Das Alaska Department of Fish and Game hat zwei Forschungsmitarbeiter auf der Insel, die gerne alle Fragen beantworten (es sind aber keine Reiseführer).

Wood-Tikchik State Park

Dieses 6500 Quadratkilometer umfassende Gebiet ist der größte staatliche Park Amerikas. Er ist 480 Kilometer von Anchorage und einen 30minütigen Flug mit dem Wasserflugzeug von Dillingham entfernt.

Der Park schützt eine gewaltige Fluß- und Seenlandschaft, zu der auch zwei miteinander verbundene Wasserstraßen gehören. Auf dem Parkgebiet gibt es acht verschiedene Seen, die mindestens 32 Kilometer lang sind, sowie unzählige kleine Teiche. Dort bestehen hervorragende Möglichkeiten zum Angeln. Der östliche Teil von Wood-Tikchik ist nahezu flaches bewaldetes Gebiet. Zum Westen hin erheben sich die zerklüfteten Wood River Mountains bis auf eine Höhe von 1524 Meter.

Kanu- und Kajakfahrer können auf dem Nuyakuk River und dem Tikchik River stromabwärts fahren – vorbei an einer unübertroffenen Landschaft, die vom Menschen bislang unberührt ist. Details zu Fahrten auf diesen Flüssen findet man in der *Alaska Wilderness Milepost*.

■ INFORMATIONEN

Wood-Tikchik ist wirklich sehr abgelegen. Am einfachsten kommt man dorthin mit dem Wasserflugzeug von Dillingham. Man kann aber auch die 40 Kilometer von Dillingham nach Aleknagik am Aleknagik-See mit dem Auto zurücklegen. Von dort aus kann man mit dem Boot über eine Vielzahl miteinander verbundener Seen fahren. Im Park selbst gibt es keine Wege oder andere Einrichtungen. Möglichkeiten zum Campen und Wandern gibt es jedoch zuhauf, wenn man die richtige Ausrüstung hat und über ein Boot verfügt, mit dem man sich fortbewegen kann.

Viele Parkbesucher halten sich in einer der fünf Angel- und Jagdhütten auf. In der Wood River Lodge zahlt man zum Beispiel $40 pro Person und Woche. Weitere Informationen und eine Liste der lokalen Hütten erhält man bei der Parkverwaltung (P.O. Box 3022, Dillingham, AK 99576, Tel. +1(907)842-2375).

Bethel

Wer mit dem Flugzeug von Anchorage aus nach Bethel anreist, nimmt eine genaue Vorstellung mit nach Hause zurück, wie gewaltig dieses Land ist. Die Alaska Range und die Kuskokwim Mountains bilden eine scheinbar unüberschaubare Zahl von Gipfeln auf einer Länge von über 480 Kilometer. Dann endet das Ganze abrupt in einem hügeligen Gebiet, das langsam in eine gewaltige Küstenebene abflacht. Weiter unten ist der Landstrich durchsetzt von Tausenden von Seen in jeder Größe, und der Kuskokwim River sucht sich dort seinen Weg zum Meer. Die Stadt Bethel (5000 Einwohner) breitet sich am weiten Kuskokwim River, 130 Kilometer nördlich der Flußmündung, aus.

Bethel ist eine der größten Ortschaften im Hinterland Alaskas. Es dient als Versorgungs-, Transport- und Kommunikationszentrum für Dutzende entlegenere Orte.

Die Vegetation besteht vorwiegend aus flacher Tundra, mit Weiden entlang der Flußbänke und vereinzelten dunklen Fichtenwäldern weiter flußaufwärts.

Im Sommer kann man mit dem Boot auf dem Kuskokwim River die Dörfer am Fluß ansteuern, im Winter verwandelt sich der Fluß jedoch auf einer Strecke von Hunderten von Kilometern flußaufwärts in eine Eisstraße. Im Frühjahr ruhen die Geschäfte für einige Wochen, da die Eisschicht auf dem Fluß zu dünn ist, als daß man darauf fahren könnte, aber auch noch zu dick ist, um den Verkehr mit Booten zu ermöglichen. Es ist sicherlich eine einzigartige Straße in Amerika.

Die Stadt Bethel liegt auf einer Schicht aus Permafrost. Um zu vermeiden, daß die Hitze in den Boden dringt und ihn langsam

Die Beringstraße und die arktische Küste

auftaut, sind alle Gebäude auf Stelzen gebaut. Der Permafrost macht auch die Verlegung von Wasserleitungen sehr schwierig. Daher wird das Wasser zu Auffangtanks vor den einzelnen Gebäuden transportiert. Für die Besucher heißt das, daß man kein Wasser für lange Duschen zu verschwenden hat, und auch das Trinkwasser ist an manchen Orten nicht trinkbar. Aus der Wasserknappheit resultieren auch die hohen Preise für Mineralwasser in den Lebensmittelgeschäften und vielleicht auch die Fülle von Wodka in einer Stadt, in der Alkohol nicht legal verkauft wird.

■ HISTORISCHES UND SEHENSWERTES

In den siebziger Jahren des 19. Jahrhunderts wurde ein Handelsposten entlang dem Kuskokwim River errichtet, und ein Jahrzehnt später folgte eine kirchliche Mission. Die Stadt selbst entstand um die Mission und den Handelsposten herum.

Das **Yup'ik-Kulturzentrum**, im gleichen Gebäude wie die Universität von Alaska, enthält eine faszinierende Sammlung alter Yup'ik-Kleidungsstücke und Arbeitsgegenstände, zusammen mit Fotoausstellungen.

Die alte **Moravian Church** (1885) ist das interessanteste Gebäude der Stadt.

■ YUKON DELTA NATIONAL WILDLIFE REFUGE

Bethel ist umgeben von diesem 810 Quadratkilometer großen Schutzgebiet – dem größten in den USA. Es umfaßt die weiten Flußmündungen des Yukon und des Kuskokwim sowie die Insel Nunivak. Fast das komplette Gebiet besteht aus Tundra-Sümpfen, Seen und Flüssen. Das Yukon Delta National Wildlife Refuge ist ein lebenswichtiger Bereich für Wasservögel: Mehr als zwei Millionen Enten, 750 000 Gänse und Schwäne sowie 100 Millionen Küstenvögel nisten hier jeden Sommer. Die meisten Besucher kommen her, um Vögel und andere Tiere zu sehen, die meisten Yup'ik, um zu fischen und zu jagen, wie sie es schon seit einer Ewigkeit tun.

Das Schutzgebiet ist am besten mit dem Boot oder per Wasserflugzeug zu erreichen: Wandern gestaltet sich schwierig auf dem sumpfigen Terrain. Bei der Parkhauptverwaltung in Bethel gibt es auch ein **Visitor Center** (Tel. +1(907)543-3151). Im Sommer werden dort begleitete Vogelbeobachtungstouren organisiert.

■ ESSEN

Pizza und griechische Spezialitäten bekommt man in **Dimitri's Restaurant** (Tel. +1(907)543-3434).

Datu's Place (Tel. +1(907)543-2216) hat chinesische Küche und die üblichen Standardgerichte mit Burger und Sandwiches.

In **Diane's Cafe** (Tel. +1(907)543-4305) gibt es die teuersten Mahlzeiten der Stadt. Es ist der Treffpunkt in Bethel – das Essen ist aber nicht wirklich außergewöhnlich.

Im Gebäude der Alaska Commercial Company liegt das **Shogun Japanese Seafood Restaurant** (Tel. +1(907)543-3720).

Im **Kuskokwim Inn** (Tel. +1(907)543-2207) gibt es ein größeres Restaurant mit einer Auswahl der gängigen amerikanischen Gerichte. Die Shrimps sollte man unbedingt probieren.

Zwei überraschend große Geschäfte bieten nahezu alles an, was man zum täglichen Leben braucht – von gebratenen Bohnen bis zum Kühlschrank: **Alaska Commercial**

Bethel

Company (ACC) und **Swanson's**. Die Preise für die meisten Dinge sind nicht annähernd so hoch, wie man sie erwarten würde, wenn auch teurer als in Anchorage.

■ TERMINE

Das Spektakel schlechthin in Bethel ist das **Kuskokwim-300 Sled Dog Race**, das jedes Jahr im Januar abgehalten wird. An diesem verrückten Hundeschlittenrennen, das drei Tage lang den gefrorenen Fluß hinaufführt, nehmen einige der besten Teams Alaskas teil. Details hierzu erfährt man unter Tel. +1(907)543-3300.

Das **Camai Festival** im März ist eine dreitägige Veranstaltung mit Tanzvorführungen der Einheimischen und Künstlern aus ganz Alaska (und sogar aus Rußland). In dieser Zeit kann man auch sehr gut einheimisches Kunsthandwerk kaufen.

■ UNTERBRINGUNG

Das größte Hotel in Bethel ist das **Kuskokwim Inn** (Tel. +1(907)543-2207). Es ist dort jedoch sehr laut, weil die Leute aus den benachbarten Orten hierherkommen, um sich zu vergnügen.

Die billigste Unterkunft ist das **Bethel Inn** (Tel. +1(907)543-3204), wo man in einfachen Wohnwagen übernachtet.

Besser untergebracht ist man in den drei Frühstückspensionen in Bethel. **Brown Slough B&B** (Tel. +1(907)543-4334) ist eine komfortable und große Herberge mit vier Gästezimmern und komplettem Frühstück ($85 bis $105 im Einzel- bzw. Doppelzimmer).

Bentley's Porter House B&B (Tel. +1(907)543-3552) berechnet $78 für ein Einzelzimmer und $101 für ein Doppelzimmer. Die Zimmer sind komfortabel und haben eine schöne Aussicht.

Deutlich größer, aber trotzdem sehr schön ist das **Pacifica Guest House** (Tel. +1(907)543-4305). Die Sommerpreise liegen hier bei $90 im Einzelzimmer, $100 im Doppelzimmer sowie $135 bis $140 in einer Suite. Der Flughafentransfer ist inklusive, und man kann unbegrenzt Wasser benutzen – ein Luxus in Bethel.

Das **Blueberry Motel** (Tel. +1(907)543-3392) hat vier Zimmer für $75 als Einzel- und $80 als Doppelzimmer.

■ AN- UND WEITERREISE

Bethel ist das Verkehrszentrum für einen Großteil Westalaskas und verfügt über eine der am stärksten frequentierten Versorgungsstation für Flugzeuge in Alaska. **Reeve Aleutian Airways**, **Alaska Airlines**, **ERA Aviation** und **Yute Air** (Tel. +1(907)842-5333) bieten das ganze Jahr über tägliche Flugverbindungen zwischen Anchorage und Bethel.

Viele Fluganbieter haben regelmäßige Flüge nach Hooper Bay, Scammon Bay, Chevak und zu vielen anderen Orten. Dazu zählen **ERA Aviation** (Tel. +1(907)543-3905), **Camai Air** (Tel. +1(907)543-4040), **YK Aviation** (Tel. +1(907)543-5550) und **Yute Air Alaska** (Tel. +1(907)543-3003).

Folgende Unternehmen veranstalten Charterflüge zu noch abgelegeneren Orten: **Yukon Aviation** (Tel. +1(907)543-3280), **Kusko Aviation** (Tel. +1(907)543-3279), **Larry's Flying Service** (Tel. +1(907)543-3304) und **Craig Air** (Tel. +1(907)543-2575). Yute Air unternimmt auch Direktflüge zwischen Anchorage und Aniak.

Mietwagen bekommt man bei **Practical Rent-A-Car** (Tel. +1(907)543-3610) oder bei

Die Beringstraße und die arktische Küste

National Car Rental (Tel. +1(907)543-3555). Eine Klausel im Mietvertrag untersagt jedoch strikt die Fahrt auf dem zugefrorenen Fluß.
Wer ein Taxi sucht, schaut sich einfach um. Bestimmt ist alle paar Meter eins zu sehen.
Kuskokwim Wilderness Adventures (Tel. +1(907)543-3900) veranstaltet Floßfahrten auf abgelegenen Flüssen im Hinterland.

Nome

Die Stadt Nome (4400 Einwohner, davon 2500 Inuit) liegt ganz im Süden der Halbinsel Seward am Rande des Norton Sound mit Blick auf das Beringmeer. Sie ist nur 305 Kilometer von Sibirien und 3700 Kilometer von Seattle entfernt (ein Flug nach Anchorage dauert 90 Minuten).
Benannt wurde Nome nach dem Kartographen, der diese Ortschaft ohne Namen auf einer Karte mit »? Name« bezeichnete. Der nächste Mensch, der sich mit dieser Karte beschäftigte, las dies falsch als »C (für Cape) Nome«. Nome liegt 240 Kilometer südlich des Polarkreises und befindet sich etwa auf demselben Breitengrad wie Fairbanks. Deshalb ist die Dauer das Tageslichtes ähnlich lang. Außerdem herrschen hier höhere Temperaturen als in den Küstenstädten Kotzebue und Barrow, auch wenn die Quecksilbersäule im Januar bei −17° Celsius stehenbleibt und im Juli ganze 10° Celsius erreicht.

■ HISTORISCHES

Im späten Frühling 1899 erreichte Dawson die Nachricht, daß man in Anvil Creek, unweit von Nome, auf riesige Goldvorkommen gestoßen war. Im Herbst desselben Jahres waren bereits 10 000 Goldsucher angekommen. Kaum hatten sie aber ihre Zelte am Strand aufgebaut, fegte ein starker Septembersturm sie alle wieder fort. Daraufhin zog man sich weiter ins Landesinnere zurück. Dort fand man viel mehr Gold, insbesondere in den Flüssen, die in das Beringmeer mündeten.
Um 1900 herum bevölkerten 20 000 Goldsucher diese Küste. Das war ein Drittel der gesamten weißen Bevölkerung von Alaska zu der Zeit. Mittlerweile hatte man auch eine Eisenbahn bis Anvil Creek gebaut, wo es bereits mehrere Dutzend Goldclaims gab.
1925 mußte das dringend benötigte Serum wegen einer Diphtherie-Epidemie aus dem 1045 Kilometer entfernten Ort Nenana mit Hundeschlitten nach Nome gebracht werden. Das war der Vorläufer des heute so berühmten Iditarod-Hundeschlittenrennens, das von Anchorage bis Nome führt. Dieses Hundeschlittenrennen findet alljährlich im März statt und in Nome beginnt ein buntes Treiben. Während des Zweiten Weltkriegs war Nome eine bedeutende Transferstation für die Flugzeuge auf dem Weg nach Rußland. Fast 8000 Maschinen wurden auf dem Flugplatz von Nome sowjetischen Soldaten übergeben.
1983 wurden die Rechte an der Ausbeutung von Öl- und Erdgasvorkommen am Norton Sound vergeben. Rentierherden sind ein bedeutender wirtschaftlicher Faktor ebenso wie Schnitzereien aus Elfenbein und die etwa 12 000 Touristen, die jedes Jahr nach Nome kommen. Die Stadt ist bekannt für den Handel mit Elfenbein. Weltweite Aufmerksamkeit zieht natürlich das Iditarod-Rennen jedes Jahr im März auf sich. Noch heute ist die Stadt ein Zentrum der Goldbagger – mit über zwei Dutzend in der nähe-

Nome

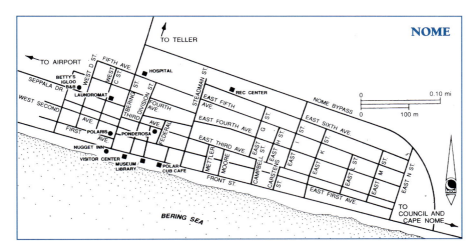

ren Umgebung. Viele Besucher versuchen ihr Glück beim Goldwaschen entlang der Strände, und einige wenige finden sogar Goldsplitter.

■ SEHENSWERTES

Man beginnt einen Besuch in Nome im **Visitor Center** (Tel. +1(907)443-5535) in der Front Street. Dort erhält man eine Broschüre, in der ein Rundgang durch Nome beschrieben ist. Das Hauptaugenmerk liegt dabei auf den historischen Sehenswürdigkeiten. Das Center verteilt außerdem lokale Informationsbroschüren. Wenn man dort ist, sollte man auch mal einen Blick in die Sammelalben und die Bücher mit historischen Fotos werfen. Das Besucherzentrum ist montags bis samstags geöffnet.

Gegenüber liegt die **City Hall** mit ihrer viktorianischen Fassade und der Kuppel aus massivem Holz, die die Ziellinie des Iditadrod-Rennens markiert.

In den Souvenirgeschäften bekommt man Inuit-Puppen, Kunstwerke aus Elfenbein und Speckstein, Weidenkörbe und Schuhe aus Robbenhaut.

Das **Carrie McLain Museum** (Tel. +1(907) 443-2566) ist im Erdgeschoß der Bücherei, ein paar Häuser weiter östlich in der Front Street, untergebracht. Es ist im Sommer montags bis freitags von 13 bis 19 Uhr und samstags von 13 bis 18 Uhr geöffnet und enthält eine faszinierende Sammlung historischer Fotografien aus der Zeit des Goldrauschs sowie Ausstellungen zur Naturgeschichte, Archäologie und natürlich über den Goldrausch.

Die **Kegoayah Kozga Library** hat eine Abteilung mit interessanten und seltenen Büchern.

Es gibt nur wenige alte **Goldbagger**, die zu Fuß von Nome aus zu erreichen sind. Man sollte auf keinen Fall auf den riesigen Ungetümen herumklettern, da sie nicht abgesichert sind. Gold wird in der Umgebung von Nome immer noch abgebaut, und zwei Bagger sind im Sommer rund um die Uhr in Betrieb. Leider werden keine Führungen angeboten. Am eindrucksvoll-

Die Beringstraße und die arktische Küste

sten ist ein nahe der Küste gelegener 14 Stockwerke hoher Bagger. Wer sich auf die Suche macht, wird sicherlich auf einige der mehr als hundert alten Bagger stoßen, die hier überall stehengelassen wurden.
In der Nähe von Nome steht der rostige Rumpf des »**Last Train to Nowhere**« (»Letzter Zug nach Nirgendwo«). Der Zug besteht aus drei Lokomotiven der Council City and Solomon River Railroad, die 1881 den Dienst aufnahm. Die Zugmaschinen verkehrten auf der Hochbahn von New York City, bevor sie 1903 nach Norden verschifft wurden. Es handelt sich dabei um die ältesten Lokomotiven ihrer Art, die heute noch existieren.

■ AKTIVITÄTEN

Von Nome aus kann man dieses riesige Land entdecken. Ein Straßennetz von mehr als 400 Kilometern Länge in der Umgebung von Nome ermöglicht die Erkundung der gewaltigen arktischen Landschaft auf der Seward Peninsula. Und dabei kann man eine artenreiche Tierwelt sehen: Moschusochsen, Rotfüchse, Wölfe, Elche, Rentiere und sogar einige Grizzlies sind hier zu Hause. Hinzu kommen gute Fischgründe. Aus dem ganzen Land reisen Vogelbeobachter hierher, um seltene Vögel zu beobachten. Im Sommer sind die Straßen gesäumt von grüner Tundra-Vegetation und einem Meer von Blumen.
Die Straßen führen zu den kleinen Ortschaften Teller, Council und Taylor. Dabei geht es vorbei an Überbleibseln aus der Zeit des Goldrauschs: Bagger, Bergbauhütten und die Geisterstadt **Solomon**.
Die interessanteste Strecke führt in Richtung Norden entlang dem Nome River in die spektakulären **Kigluaik Mountains**. Die Straße läuft parallel zur historischen **Wild Goose Pipeline** von 1920, die auf Metallpfeilern und aus Mammutbaum gefertigten Leisten gebaut wurde, um Wasser zu den Goldminen von Nome zu transportieren.
Am 64 Kilometer außerhalb der Stadt gelegenen Salmon Lake gibt es einen Campingplatz. Hinzu kommt eine Schutzhütte für Wanderer in der Gegend des Mosquito Pass. Nähere Informationen hierzu erhält man beim Bureau of Land Management in Nome (Tel. +1(907)443-2177).

■ ESSEN UND UNTERHALTUNG

Gutes Essen bekommt man im beliebten **Polar Cub Cafe**.
In Nome gibt es aber auch einige Pizzerien, ein chinesisches und ein mexikanisches Restaurant sowie eine Handvoll anderer Lokale.
Lebensmittel erhält man bei der **Alaska Commercial Company**, wo auch eine Filiale von **Burger King** untergebracht ist.
Nome ist eine Stadt mit vielen hartgesottenen Trinkern. Es gibt acht verschiedene Bars, wie den **Board of Trade** in der Front Street. Dieses Lokal wurde 1901 unter dem Namen Dexter Saloon zur Zeit von Wyatt Earp eröffnet. Bewohner entfernterer Dörfer kommen vorwiegend nach Nome, um zu trinken.

■ TERMINE

Die Hauptattraktion von Nome ist das **Iditarod Sled Dog Race**. Das Hundeschlittenrennen beginnt am ersten Samstag im März in Anchorage und führt über 1688 Kilometer nach Nome, dem Endpunkt des Spektakels. Es dauert meistens zwischen

Nome

zehn und zwölf Tage, bis das erste Team Nome erreicht. Wer in dieser Zeit nach Nome reisen und den hektischen Schlußspurt mit ansehen will, sollte eine Unterkunft rechtzeitig im voraus reservieren. Jeder kommt hierher, um die Gewinner zu bejubeln.

Ebenfalls im März findet das **Iditarod-Basketballturnier** statt, an dem mehr als 50 High School Teams teilnehmen.

Die **Bering Sea Ice Golf Classics** werden auf der zugefrorenen See vor Nome ausgetragen. Der Kurs birgt jedoch Gefahren und ist nicht vergleichbar mit anderen Golfplätzen. Man benutzt orangefarbene Golfbälle, und grüngefärbtes Eis dient als Green.

Sehr verrückt ist auch das jährliche **Memorial Day Polar Bear Swim**, bei dem die Teilnehmer im eisigen Beringmeer schwimmen.

■ UNTERBRINGUNG

Die preiswerteste Unterkunft bietet das **Hotel Polaris** (Tel. +1(907)443-2268) mitten im Stadtzentrum mit $40 im Einzel- und $80 im Doppelzimmer im alten Teil des Hotels mit Badbenutzung. Es kann allerdings sehr laut werden.

Ruhiger sind das **Ponderosa Inn** (Tel. +1(907)443-5737) und das **Nugget Inn** (Tel. +1(907)443-2323) mit $85 im Einzelzimmer und $95 bzw. $92 im Doppelzimmer.

Das **Oceanview Manor** (Tel. +1(907)443-2133) hat drei Gästezimmer mit eigenem oder Gemeinschaftsbad und kontinentalem Frühstück für $50 bis $60 im Einzel- und $55 bis $65 im Doppelzimmer.

Übernachten kann man auch in **Betty's Igloo B&B** (Tel. +1(907)443-2419).

Außerdem kann es möglich sein, daß man am Strand campen darf. Wer während des Schlittenhunderennens keine Unterkunft in Nome findet, wendet sich an das Visitor Center.

Campen kann man an den Stränden von Nome sowie entlang der Straßen, die außerhalb der Stadt verlaufen. Es gibt jedoch keine ausgewiesenen Campingplätze. Das überall angeschwemmte Treibholz eignet sich hervorragend für ein Lagerfeuer. Duschen findet man im Recreation Center.

■ AN- UND WEITERREISE

Alaska Airlines fliegt täglich von Anchorage und Fairbanks nach Nome. Rundflüge und Charterflüge von Nome aus werden von **Cape Smythe Air** (Tel. +1(907)443-2414), **Bering Air** (Tel. +1(907)443-5464), **Olson Air Service** (Tel. +1(907)443-2229), **Baker Aviation** (Tel. +1(907)443-3081), **Ryan Air** (Tel. +1(907)443-5482) und **Anvil Aviation** (Tel. +1(907)443-2010) angeboten.

Alaska Sightseeing/Gray Line bietet von Anchorage aus Pauschalreisen mit Übernachtung in Nome und Kotzebue an. Die Preise beginnen bei $469 pro Person.

Der Flughafen von Nome liegt eineinhalb Kilometer außerhalb der Stadt. Die Taxifahrt in die Stadt kostet $5, eine Stadtrundfahrt $3.

Pickups oder Fahrzeuge mit Allradantrieb bekommt man bei **Alaska Cab Garage** (Tel. +1(907)443-2939), **Budget** (Tel. +1(907)443-5598), **Bonanza** (Tel. +1(907)443-2221) und **Stampede Rent-a-Car** (Tel. +1(907)443-5252).

Lokale Ausflugsanbieter sind **Nome Custom Adventures** (Tel. +1(907)443-5134) und **Grantley Harbor Tours**.

Inua Expedition Company (Tel. +1(907)443-4994) veranstaltet Kajaktouren auf dem Pilgrim River.

St. Lawrence Island

Die 160 Kilometer lange Insel liegt etwa 320 Kilometer von Nome und nur 64 Kilometer von Sibirien entfernt. Bei klarem Wetter kann man bis hinüber auf die Berge Rußlands sehen.

Gambell (550 Einwohner) ist der Hauptort der Insel. Seit mehreren Jahrhunderten leben dort sibirische Inuit. Viele Menschen sprechen immer noch Yup'ik und leben von der Jagd auf Wale (mit Harpunen), Robben, Walrosse, Fische, Vögel und Polarbären. Es ist der einzige Ort, an dem Umiak-Boote aus Walroßhaut noch immer benutzt werden.

Aufgrund ihrer Lage ist die Insel St. Lawrence eine guter Ort für die Beobachtung seltener Vögel.

In Gambell und Savoonga, dem anderen Ort auf der Insel, gibt es nur eine begrenzte Anzahl von Übernachtungsmöglichkeiten.

Wer campen will, wendet sich an Native Corporation. Dort bekommt man gegen eine Gebühr von $25 die Genehmigung für einen Aufenthalt außerhalb der Stadtgrenzen.

Auf der Insel kann man wunderschöne handgefertigte Kunstgegenstände der Inuit aus Elfenbein und anderen Materialien kaufen. Man sollte als Besucher jedoch darauf verzichten, diese unbezahlbaren Kulturschätze zu erstehen, die aus alten Siedlungen auf der Insel stammen.

In Gambell gibt es dank der täglichen Flugverbindungen nach Nome einen gut ausgestatteten Lebensmittelhändler.

Gray Line (Tel. +1(907)277-5581) veranstaltet eine dreitägige Tour. Die Reiseroute führt von Anchorage nach Kotzebue, Nome und Gambell und wieder zurück über Nome nach Anchorage ($940 pro Person). Eingeschlossen ist dabei je eine Übernachtung in Nome und Gambell. Auf St. Lawrence gibt es keine Autos.

Kotzebue

Kotzebue (3000 Einwohner) liegt 42 Kilometer nördlich des Polarkreises am Kotzebue Sound und in der Nähe der Flußmündungen des Noatak, des Kobuk und des Selawik. Die Stadt erstreckt sich auf einer fünf Kilometer langen, sandigen Landzunge, auf der die Inupiat seit sechs Jahrhunderten leben. Wenn die Sonne am 3. Juli aufgeht, bleibt sie für 36 Tage am Himmel. Otto von Kotzebue, ein russischer Seemann, stieß 1816 auf dieses Dorf, das damals noch Kikiktagruk hieß und am Rande der Halbinsel Baldwin lag.

Die Einheimischen führen ein recht traditionelles Leben, das mit allen Annehmlichkeiten wie Schneemobilen und Videorecordern verbunden ist, aber auch mit Rentierherden. Die Inupiat verwerten jedes Stück der wertvollen Tiere: Das Fleisch wird gegessen. Aus der Haut fertigen sie Zelte, Kleidungsstücke, Schuhe und Ähnliches, und aus den Geweihen stellen sie aphrodisierendes Pulver her, das an Asiaten verkauft wird. Kotzebue ist die größte Siedlung von Einheimi-

Kotzebue

schen in ganz Alaska und gleichzeitig das führende Wirtschaftszentrum im nordwestlichen Alaska.

Die große Neuigkeit in Kotzebue ist die Red Dog Mine. 160 Kilometer nördlich der Stadt gelegen ist sie die größte Zinkmine der Welt. Eine halbe Milliarde Dollar wurden in dieses gewaltige Vorhaben investiert – 175 Millionen stammen aus der Staatskasse und der Rest von einem internationalen Bankenkonsortium. Die **Red Dog Mine** gehört den beiden Unternehmen Cominco Canada und Northwest Alaska Native Association (NANA), die das Land unweit des Noatak Preserve besitzt. Das Lagerhaus faßt acht Millionen Tonnen Blei und Zink im Wert von fünf Milliarden Dollar. Um einen Überblick zu haben und Gewinn aus diesem riesigen Projekt zu schlagen, wurde ein neuer Stadtbezirk geschaffen.

■ SEHENSWERTES

In Kotzebue gibt es zwei Museen. Das **NANA Museum of the Arctic** in der Second Avenue zeigt eine eindrucksvolle Multimediashow, handwerkliche Vorführungen, Tanzdarbietungen und die berühmten schönen Decken. Das alles kostet $20, der Eintritt zum Museum selbst ist jedoch frei. Das Museum ist während der Sommerzeit täglich von 8.30 bis 17.30 Uhr geöffnet sowie im Winter auf Anfrage.

Das Museum **Ootukahkuktuvik** (»Ort für alte Dinge«) ist in der First Avenue. Man muß den Namen schon richtig aussprechen, wenn man es betreten möchte. Hier beherrschen die Einheimischen die Stadt.

Bei einem Bummel durch die Straßen kann man die einzigartige Atmosphäre der Stadt aufnehmen. Interessant ist auch der Besuch des alten Friedhofs. Auf manchen Grabstätten findet man farbenfrohe Häuser für die Seelen der Verstorbenen.

Die Hauptverwaltung des Park Service befindet sich im selben Gebäude wie das NANA Museum. Drinnen sieht man viele Darstellungen der einzelnen Parks.

■ ESSEN UND UNTERBRINGUNG

Etwas zu essen gibt es auch bei **Dairy Queen, Hamburger Hut, Pizza House** oder **Arctic Dragon**. Tanzen kann man im **Ponderosa**.

Der Verkauf von Alkohol ist in Kotzebue nicht erlaubt, wer also nicht darauf verzichten will, muß seinen eigenen mitbringen.

Die einzige Herberge in Kotzebue ist das **Nullukvik Hotel** (Tel. +1(907)442-3331). Man muß frühzeitig reservieren, da zur Zeit der Sommersonnenwende Reisegruppen häufig das ganze Hotel belegen. Wem die Preise zu hoch sein sollten, der kann sein Zelt hinter dem Flughafen am Strand aufschlagen. Im Hotel bekommt man frischen Fisch und Rentiersteaks.

Handwerksarbeiten der Einheimischen werden im NANA Museum, im Nullagvik Hotel und in anderen Souvenirläden verkauft.

■ AN- UND WEITERREISE

Alaska Airlines hält tägliche Flugverbindungen von Anchorage und Fairbanks nach Kotzebue.

Rundflüge und Transferflüge in die Umgebung bieten **Cape Smythe Air** (Tel. +1(907) 442-3020), **Bering Air** (Tel. +1(907)443-5464), **Alaska Island Air** (Tel. +1(907)442-3205), **Arctic Air Guides** (Tel. +1(907)442-3030), **Northwestern Aviation** (Tel. +1(907) 442-3525) und **Ram Aviation** (Tel. +1(907) 442-3205).

Die Beringstraße und die arktische Küste

Tours Arctic (Tel. +1(907)422-3301) unternimmt das ganze Jahr über Touren auf dem Landwege in das Gebiet rund um Kotzebue. **Alaska Sightseeing Tours/Gray Line** fliegt von Anchorage nach Kotzebue und weiter nach Nome, wo eine Übernachtung vorgesehen ist. Am nächsten Tag geht es zurück nach Anchorage ($497 pro Person). Ein Tagesausflug nach Kotzebue kostet $377.

Nationalparks in Nordwestalaska

Kotzebue ist fast komplett umgeben von vier Nationalparks, die jedoch wenig bekannt sind: **Bering Land Bridge National Preserve**, **Cape Krusenstern National Monument**, **Kobuk Valley National Park** und **Noatak National Preserve**. Die Nationalparks Noatak und Kobuk treffen auf den Gates of the Arctic National Park und bilden ein 650 Quadratkilometer großes Wildnisgebiet (darin nicht enthalten ist das 8100 Quadratkilometer große Selawik Wildlife Refuge südlich von Kobuk Valley).

Das Büro des **National Parks Service** für die Parks im Nordwesten befindet sich im Gebäude des NANA Museum in Kotzebue. Wer Einzelheiten zu den selten besuchten Nationalparks erfahren will, wendet sich an die Mitarbeiter des Park Service (P.O. Box 287, Kotzebue, AK 99752, Tel. +1(907)442-3890). Dort erhält man auch eine Liste lokaler Flug- und Reiseanbieter.

■ BERING-LANDBRÜCKE

Das 11300 Quadratkilometer umfassende Bering Land Bridge National Preserve befindet sich 145 Kilometer nördlich von Nome und 80 Kilometer südlich von Kotzebue auf der Seward Peninsula. Dorthin kommt man vorwiegend mit dem Flugzeug. Es ist jedoch auch möglich, von Nome nach Teller zu fahren und von dort aus bis zur 32 Kilometer entfernten Grenze des Schutzgebietes zu wandern.

Man vermutet, daß die Seward Peninsula der verbleibende Rest einer Landbrücke ist, die während der Eiszeit Sibirien mit Alaska verband. Sie wurde als Korridor von Menschen und Tieren genutzt. Im Schutzgebiet kann man heute zahlreiche archäologische Stätten sehen, die bis zu 10000 Jahre zurückreichen. Bering Land Bridge verfügt über keine ausgebauten Wanderwege, es gibt jedoch eine öffentliche Hütte bei den heißen Quellen von Serpentine. Andere Attraktionen sind die Lavaströme nahe dem Imuruk Lake sowie Vulkankrater.

■ CAPE KRUSENSTERN

16 Kilometer nordwestlich von Kotzebue liegt das 2700 Quadratkilometer große Cape Krusenstern National Monument. Die Anreise ist zu Fuß, mit dem Boot oder aus der Luft mit einem Charterflugzeug möglich. Es enthält bedeutende archäologische Stätten an den 114 Stränden, die in einer Periode von mehr als 6000 Jahren geformt wurden. Es gibt keinerlei Einrichtungen oder Wege in diesem Nationalpark. Trotzdem genießen Wanderer die Möglichkeit, die Vielzahl von Wasservögeln, Grizzlybären, Dallschafen und Karibus zu beobachten.

■ KOBUK VALLEY

Der Kobuk Valley National Park erstreckt sich auf einer Fläche von 6900 Quadratkilometern an der südlichen Seite der Baird Mountains, 130 Kilometer östlich von Kotzebue.

Nationalparks in Nordwestalaska

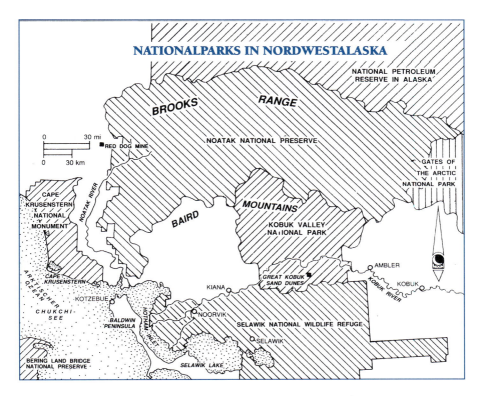

Kobuk Valley ist bekannt für die **Great Kobuk Sand Dunes**, die auf einem Gebiet von 7,6 Quadratkilometer nahe dem Kobuk River liegen. Die Sanddünen erreichen teilweise eine Höhe von 30 Metern. Weitere Gebiete mit Sanddünen liegen über den Nationalpark verstreut. Auf den Bergpässen trifft man auf Karibuherden, die den Gebirgszug überqueren.

Viele Parkbesucher reisen mit dem Wasserflugzeug von Kotzebue an und fahren dann mit dem Kajak oder Kanu auf dem Kobuk River. Am besten fliegt man von Bettles oder Amber zum Walter Lake, der auf dem Gebiet des Gates of the Arctic National Park liegt. Von dort aus geht es auf dem Fluß über eine Strecke von 200 Kilometern nach Kobuk. Diese Fahrt nimmt normalerweise sechs Tage in Anspruch.

Informationen zum Fluß sowie eine Liste von Ausrüstern, die begleitete Floßtouren anbieten, erhält man beim Park Service. Im Tal selbst gibt es keine angelegten Wanderwege, entlang dem Flußufer findet man einige Einheimischen-Siedlungen.

■ NOATAK NATIONAL PRESERVE

Dieses 26 700 Quadratkilometer große Schutzgebiet umfaßt das enorme Fluß-

Die Beringstraße und die arktische Küste

becken des Noatak River nördlich von Kotzebue. An seinem nördlichen Rand ist der Bergkamm der DeLong Mountains, im Süden liegen die Baird Mountains und der Kobuk Valley National Park. Der Nationalpark Gates of the Arctic beginnt gleich östlich des Noatak-Schutzgebietes. Dort gibt es keinerlei touristische Einrichtungen oder Wege.

Die meisten Besucher reisen mit dem Wasserflugzeug an und fahren flußabwärts auf Flößen oder mit dem Kajak. Hierzu nimmt man das Flugzeug von Bettles hierher und läßt sich später in der 560 Kilometer entfernten Siedlung Noatak wieder abholen. Für diese außergewöhnliche und unvergeßliche Reise sollte man sich mindestens zwei Wochen Zeit nehmen. Mehr Informationen zu diesem Park bekommt man beim Park Service.

Barrow

Auf dem 71. Breitengrad, 560 Kilometer nördlich des Polarkreises und 1290 Kilometer nordöstlich von Nome, liegt Barrow (3800 Einwohner). Die kleine Stadt ist voll von Widersprüchen. Barrow hat eine 72 Millionen Dollar teure High School mit Platz für 2000 Studenten, einen Spielplatz im Gebäude der Grundschule (nützlich im Winter, wenn die Außentemperaturen bei –30° Celsius liegen), sowie ein gutes Krankenhaus. Im Gegensatz dazu gibt es jedoch keine asphaltierten Straßen, und die Hinterhöfe sind vollgestopft mit alten Schneemaschinen, Allrad-Fahrzeugen, Bootsüberresten sowie mit Regalen, die mit toten Enten, Karibus und Robbenfleisch gefüllt sind. Die Mehrzahl der Bewohner von Barrow sind Inupiat.

Viele Besucher kommen im Rahmen einer Pauschalreise nach Barrow. Manche verbringen hier nur wenige Stunden, andere bleiben über Nacht. Seit die Flugpreise nach Barrow so stark angehoben wurden, daß sie die Kosten einer Pauschalreise übersteigen, kommen nur noch wenige Einzelreisende in die Stadt. In Barrow scheint die Sonne im Sommer für mehr als 80 Tage, dem stehen aber 67 Tage völliger Dunkelheit im Winter gegenüber.

Die Stadt liegt am Rand des Arktischen Ozeans, der zehn Monate im Jahr zugefroren ist. Das ist ohne Frage ein einzigartiger Anblick. Die Temperaturen im Winter fallen deutlich unter 0° Celsius, und der kalte Wind kann sie bis auf –70° Celsius absinken lassen. Sogar im Sommer ist es häufig kühl, naß und windig. Ab Mitte August kann es ausgesprochen kalt werden, daher sollte man immer warme Kleidung mitbringen, ganz egal zu welcher Jahreszeit man hierherkommt. Die schmutzigen Straßen und der Wind sorgen den Großteil des Sommers für viel Staub und Dreck. Nur wenige Besucher bekommen zu sehen, was so wichtig für Barrow ist: den Walfang im Frühjahr und die Wanderung der Bartenwale im Herbst. Wenn ein Wal erlegt wird, ist die ganze Stadt auf den Beinen, um ihn zu sehen. Viele helfen beim Schlachten des Tieres, und das fetthaltige Fleisch wird unter allen verteilt. Danach wird der Kadaver weit weg bis zum Point Barrow gezogen, um Polarbären davon abzuhalten, in die Stadt zu kommen.

■ HISTORISCHES

Dieser Küstenstreifen wurde 1826 zum ersten Mal durch Kapitän Beech von der britischen Marine kartographiert. Er nannte

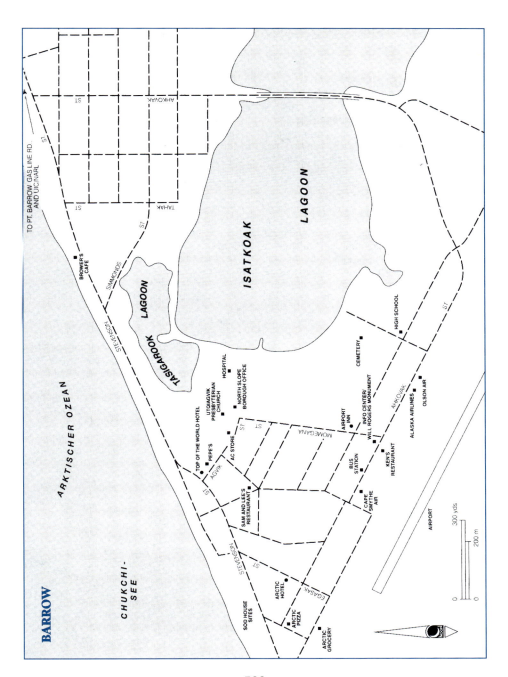

die Stadt nach dem englischen Adligen Sir John Barrow, der viele Fahrten auf der Suche nach der Nordwestpassage angeregt und ausgestattet hatte.
In den siebziger Jahren des 19. Jahrhunderts kamen Walfangschiffe in die Region, von denen aber viele im Eis steckenblieben. Die Expeditionen zur Rettung der Eingeschlossenen trugen maßgeblich dazu bei, die North Slope zu vermessen. Das erste Flugzeug landete 1926 in Barrow. 1935 kamen hier der berühmte Pilot Wiley Post und der Humorist Will Rogers bei einem Absturz ums Leben.
Heute ist Barrow Sitz des riesigen North-Slope-Bezirks, der sich über eine Fläche von 2280 Quadratkilometer erstreckt. Die Stadt profitiert von der Ölpipeline, was sich in den modernen Gebäuden, Dienstleistungen und den hohen Löhnen widerspiegelt.

■ SEHENSWERTES

Die am Arktischen Ozean gelegene Stadt – genauer betrachtet liegt Barrow am Chukchi-Meer, das Beaufort-Meer beginnt gleich östlich von Point Barrow – ist seit langer Zeit von den Inupiat bewohnt. Die Überbleibsel alter Walknochen und Grassodenhäuser sind im westlichen Stadtteil am Ufer zu sehen. Diese Häuser sind wirklich einen Besuch wert.
Danach geht man entlang der abgetragenen Küstenlinie in östlicher Richtung zu den alten, mit Tierhäuten überzogenen Holzbooten und einem paar bogenförmiger Walknochen vor dem Brower's Cafe.
Mehr Knochen findet man vor der historischen Kirche **Utqiagvik Presbyterian Church**, die von 1898 stammt.
Vor der North-Slope-Bezirksverwaltung befindet sich der Schädel eines großen Bartenwals. Im Inneren gibt es eine eindrucksvolle Sammlung von Artefakten wie Anoraks und geschnitzte Walzähne. Dort kann man auch Elfenbeinschnitzereien, Kleidungsstücke und andere Dinge kaufen.
Das ausgeklügelte, überirdische Rohrleitungssystem ist typisch für Alaska. Das Gas in Barrow stammt von den nahe gelegenen Feldern und ist daher sehr billig. Wasser muß jedoch aus brackigen Teichen geholt und in einer Entsalzungsanlage aufbereitet werden. Die Kosten hierfür liegen für einen durchschnittlichen Haushalt bei $200 im Monat.
Östlich der Stadt befinden sich ein Frühwarnbereich (Distant Early Warning Area), der jedoch kaum genutzt wird, sowie ein Laboratorium (Naval Arctic Research Lab), das heute vorwiegend als College der Gemeinde in Gebrauch ist.
Ein Monument zum Gedenken an Wiley Post und Will Rogers steht neben dem kleinen Visitor Center nahe dem Flughafen. Eine weitere Gedenkstätte kann man am Ort des eigentlichen Absturzes, 26 Kilometer von der Stadt entfernt sehen.
Die Gas Line Road reicht von Barrow aus 16 Kilometer in die Tundra hinein. Sie ist ein guter Ausgangspunkt für Urlauber, die ein wenig wandern und dabei Vögel beobachten wollen.

■ UNTERBRINGUNG

In Barrow gibt es verschiedene Übernachtungsmöglichkeiten. Das größte und bekannteste Hotel ist das **Top of the World Hotel** (Tel. +1(907)852-3900). Dort zahlt man für ein Einzelzimmer $159 und für ein Doppelzimmer $179.
Wer den Hotelaufenthalt mit der Barrow Tour (siehe Seite 528) verbindet, bezahlt

$194 im Einzel- und $239 im Doppelzimmer.
Am günstigsten ist die Übernachtung im **U.I.C./N.A.R.L Hotel** (Tel. +1(907)852-7800), wo man mit $60 im Einzel- und $80 im Doppelzimmer rechnen muß. Es liegt außerhalb der Stadt, bietet jedoch einen kostenlosen Flughafentransfer.
Das **Airport Inn** (Tel. +1(907)852-2525) hat saubere Zimmer, die mit Mikrowelle und Kühlschrank ausgestattet sind, für $130 im Einzel- und Doppelzimmer.

■ ESSEN

Das teuerste mexikanische Essen, das man sich überhaupt nur vorstellen kann, bekommt man bei **Pepe's North of the Border**. Dort kostet eine Portion Taco und Enchiladas stolze $16. Das Restaurant, das bereits seit 1978 in Betrieb ist, wird heute von Fran Tate geleitet.
Überraschend gute Pizza zu annehmbaren Preisen gibt es bei **Arctic Pizza** (Tel. +1(907)852-4222). Auf einem großen Fernsehbildschirm kann man dort die neusten Nachrichten und Sportberichterstattungen sehen.
Ken's Restaurant im alten MarkAir-Gebäude (Tel. +1(907)852-8888) hat amerikanische und chinesische Küche. Chinesisch essen kann man auch in **Sam & Lee's Restaurant** (Tel. +1(907)852-5555). Beide Restaurants sind bis 2 Uhr morgens geöffnet und gehören der starken koreanischen Gemeinde von Barrow an.
Das Mittagsbüfett im **Brower's Cafe** ist lohnend. Von Montag bis Donnerstag kann man dort zu einem Festpreis essen, so viel man will.
Wer sein Essen lieber selbst zubereitet, kann die Zutaten im **Alaska Commercial Store** kaufen. Dort findet man alles – von Eiscreme bis zum Sofa. Und tatsächlich werden auch Kühlschränke am oberen Ende der Welt verkauft. Die Preise sind generell sehr hoch, da vieles mit dem Flugzeug nach Barrow gebracht wird. Nur unverderbliche Waren werden in der kurzen eisfreien Zeit im August an Bord von Schiffen hierher transportiert.

■ INFORMATION UND DIENSTLEISTUNGEN

Die **Convention and Visitors Association** (Tel. +1(907)852-8687) gegenüber dem alten MarkAir Terminal ist an den Sommerwochenenden geöffnet.
Kunstgegenstände und Kunsthandwerk kann man bei **Mugsie's Arts 'N Crafts' N Things** (386 Ogrook Street, Tel. +1(907)852-3106) erstehen. Man kann auch nach ansässigen Künstlern fragen, die Inupiat-Kleidung und Schmuck herstellen.
Barrow verfügt über ein hervorragendes Hallenbad sowie über ein schönes Freizeit- und Erholungszentrum.

■ AN- UND WEITERREISE

Alaska Airlines fliegt täglich von Fairbanks aus nach Barrow.
Ebenfalls ab Fairbanks bietet **Alaska Excursions** Touren nach Barrow an, die den Ausflug sowie eine Übernachtung in Barrow enthalten ($492 pro Person). Die gleiche Reise ab Anchorage kostet $662. Wer es wirklich eilig hat – und über das nötige Kleingeld verfügt –, bucht eine zwölfstündige Kurzreise von Fairbanks nach Barrow für $383 (ab/bis Anchorage $553).
Stadtrundfahrten werden von **Tundra Tours/Top of the World Hotel** (Tel. +1(907)

852-3900) angeboten und kosten $58. Die Fahrten dauern von 10.30 bis 17.30 (mit einer Pause zum Mittagessen) und schließen eine sehr informative Fahrt in die Nähe von Point Barrow ein. Der Ausflug endet mit der Vorführung des traditionellen Deckenwerfens der Inuit und einer Vorführung mit traditionellen Tänzen, Trommeln und Gesängen der Inupiat, gefolgt von einer Einführung in die Handwerkskunst der Bewohner von Barrow.

Extreme Tours unternimmt individuellere Ausflüge, die bis zum Ende von Point Barrow ($100), zum Will Rogers Monument ($200) sowie zu weiteren Plätzen abseits der üblichen Touristenwege führen.

Hundeschlittentouren werden von **Arctic Mushing Tours** (Tel. +1(907)852-6874) angeboten. Die Fahrten finden im Sommer auf Schlitten mit Rädern statt ($30), im Winter auf richtigen Kufen ($40).

Cape Smythe Air (Tel. +1(907)852-8333) ist der größte lokale Fluganbieter mit planmäßigen Flügen nach Atqasuk ($67), Barter Island ($283), Deadhorse ($210), Kotzebue ($370), Nuiqsut ($155), Point Hope ($278), Point Lay ($144) und Wainwright ($72). **Olson Air** (Tel. +1(907)443-2229) bietet regelmäßige Flüge nach Atqasuk ($65), Point Lay ($120) und Wainwright ($65). Beide Unternehmen sowie **Alaska Island Air** (Tel. +1(907)852-2726) veranstalten überdies Charterflüge ins Gebiet der North Slope.

Eine der großen Überraschungen in Barrow ist das hervorragende öffentliche Bussystem, mit dem man für nur 50 Cents überallhin fahren kann. Die Busse verkehren sehr häufig und sind eine günstige Möglichkeit, in dieser weitläufigen Stadt herumzukommen.

Autos und Pickups kann man für $100 pro Tag **bei North Slope General Auto** (Tel. +1(907)852-7323) mieten.

Prudhoe Bay/Deadhorse

Hier ist der Ort, der Alaska am Leben erhält: das gewaltige Ölfeld in der Prudhoe Bay und der Anfangspunkt der Trans-Alaska-Pipeline. In der Prudhoe Bay leben rund 3500 Menschen, die direkt auf den Ölfeldern oder in damit zusammenhängenden Bereichen beschäftigt sind.

Wohnen kann man im **North Star Inn** (Tel. +1(907)659-3160). Das Hotel verfügt auch über ein Restaurant und einen Sportklub. Ein Gemischtwarengeschäft gibt es in Deadhorse. Karibus weiden hier zwischen den Gebäuden der Stadt, Pumpstationen und anderer Ausrüstung.

■ AN- UND WEITERREISE

Alaska Airlines hat tägliche Verbindungen nach Prudhoe Bay/Deadhorse.

Die **Northern Alaska Tour Company** (Tel. +1(907)474-8600) veranstaltet zweitägige Ausflüge von Fairbanks aus in die Prudhoe Bay. Im Preis von $599 sind Übernachtungen in Coldfoot und Prudhoe enthalten. Für einen Flug von Prudhoe nach Barrow, wo man noch einmal übernachtet, bevor man nach Fairbanks zurückfliegt, muß man noch einmal $289 berechnen. Das Unternehmen bietet außerdem für $159 einen eintägigen Ausflug ab/bis Fairbanks zum nördlichen Polarkreis.

Ähnliche Reisen in das Gebiet der North Slope gibt es bei **Polar Tours** (Tel. +1(907) 479-0751), **Tour Arctic** (Tel. +1(907)265-4100) und **Prudhoe Bay Adventures** (Tel. +1(907)474-4767).

Princess Tours (Tel. +1(907)276-7711) und Gray Line veranstalten dreitägige Reisen, die den Dalton Highway hinauf nach Coldfoot führen, wo auch übernachtet wird. Am nächsten Tag geht es in die Prudhoe Bay. Nach einer weiteren Übernachtung startet der Rückflug nach Fairbanks. Die komplette Reise kostet $700 ab Fairbanks sowie $1000 von Anchorage aus.

Arctic National Wildlife Refuge

Es kann eigentlich gar nichts wilderes und weiter abgelegeneres geben als dieses Wildschutzgebiet. Das Arctic National Wildlife Refuge bedeckt eine Fläche von mehr als 800 Quadratkilometern im nordöstlichsten Teil von Alaska. Die Landschaft setzt sich aus flacher und sumpfiger Tundra, weitläufigen Hügeln sowie Bergen zusammen, die mehr als 2400 Meter hoch sind und deren Spitzen eisbedeckt sind. Es gibt dort nicht mehr als ein paar vereinzelte Urlauber auf der Suche nach dem ultimativen Abenteuer in der Wildnis. Es bestehen jedoch intensive Bemühungen seitens der Ölfirmen und ihrer Verbündeten (dazu zählt auch die Mehrheit der Politiker in Alaska aus beiden Parteien), diese Wildnis zu erschließen. Die Fülle der Ölvorkommen im Boden des Schutzgebietes ist zwar ohne Zweifel groß, der Verlust des letzten großen Wildnisgebietes wäre aber größer. Glücklicherweise war die Regierung bislang in der Lage, die Erschließungsvorhaben zu blockieren.

Der Hauptgrund für einen Besuch im Arctic National Wildlife Refuge ist – neben der wunderschönen Landschaft – die Tierwelt in dieser Region. Während der langen und heftigen Winter verlassen nur die wenigsten Tiere ihre Höhlen, doch im Sommer erwacht das Schutzgebiet zum Leben. Die allgegenwärtigen Mücken sind der beste Beweis dafür. Man sollte auf jeden Fall eine Kopfbedeckung mit Gesichtsschutz tragen und eine Mückensalbe mitnehmen.

Bekannt ist die Region besonders für die alljährliche Wanderung der Karibuherden (150000 Tiere), die übrigens auch einer der Gründe für die Einrichtung des Schutzgebietes waren. Darüber hinaus gibt es Millionen nistender Enten, Gänse, Schwäne und Seetaucher sowie viele weitere Vögel. Zu den großen Säugetieren zählen Moschusochsen, Wölfe, Elche, Dallschafe, Polarbären und Grizzlies.

Mehrere bedeutende Flüsse durchdringen das Arctic National Wildlife Refuge auf beiden Seiten der Philip Smith Mountains, die wiederum das Wildschutzgebiet teilen. Die Flüsse Sheenjek und Wind sind übrigens die Favoriten bei Kajak- und Floßfahrern.

■ AN- UND WEITERREISE

In das Wildschutzgebiet kommt man mit dem Wasserflugzeug von den umliegenden Orten Fort Yukon, Kaktovik und Deadhorse. Im Arctic National Wildlife Refuge selbst gibt es keinerlei Einrichtungen oder Wanderwege. Einige Unternehmen veranstalten teure Wildnis-Touren in das Arctic National Wildlife Refuge. Eine komplette Liste erhält man im Büro der Parkverwaltung.

Einer der besten Anbieter ist **Alaska Discovery** (Tel. +1(907)780-6226). Eine zehntägige Tour ab/bis Fairbanks kostet dort $2900.

Für weitere Informationen zu diesem einzigartigen Fleckchen Erde wendet man sich an den **Arctic National Wildlife Refuge** (Fish and Wildlife Service, 101 12th Avenue, Fairbanks, AK 99701, Tel. +1(907)456-0250).

Register

Adak 509
Adler 29
Admiralty Island 210
Afognak Island 26, 486
Akutan 509
Alaganik Slough 437
Alaska Department of Fish and Game 57
Alaska Highway 258f.
Alaska Marine Highway 122ff.
Alaska Native Claims Settlement Act 15
Alaska NCSA 43
Alaska-Großhornschaf 23
Alaska-Pipeline 14f., 43
Aleuten 38, 49, 51, 501ff.
Alsek River 221
Anchorage 366ff.
   Alaska Experience 371
   Anchorage Museum of History and Art 371f.
   Alaska Zoo 372f.
   Midtown 373
   Militärbasen 373
Anemonen 35
Angeln 59f.
Angoon 210
Anreise 71ff.
Arbeitslosigkeit 46
Arctic National Wildlife Refuge 16, 533f.
Arctic Valley 403
Aretes 14
Arktis 512ff.
Ärzte 70f.

Astern 35
Athabasken 36ff., 49, 51
Atka 509
Attu 509
Aurora borealis 19
Ausrüstung 68

Baranof Museum 479f.
Baranof, Alexander 27, 40
Bären 331ff., 335
Bärenbeobachtungen 492f., 496f.
Bargeld 66
Barrow 528ff.
Barter 16
Bäume 34
Baumwollgras 35
Bed and Breakfast 63f.
Beeren 35f.
Bellingham 86ff.
Beluga Point 406
Bergsteinbrech 35
Bergziegen 27
Bering Land Bridge National Preserve 526
Bering, Vitus 38f.
Beringstraße 512ff.
Bethel 517ff.
Bever Creek 258, 262f.
Bird Creek 406f.
Blaubeeren 36
Blumen 34f.
Bodenfrost 14f.
Bodenschätze 47f.

Register

Braunbären 22
Brooks Falls 496
Broughton Strait 102f.
Buckellachs 31f.
Bureau of Indian Affairs 15
Bureau of Land Management 57
Busse 77f.

Campgrounds 62f.
Camping 62
Campingausrüstung 68
Cantwell 350
Cape Krusenstein National Monument 526
Carmack, Siwash George 42
Carmacks 264
Cassiar Highway 247
Cassiar Mountains 247ff.
Central 317
Central Vancouver Island 102
Chatanika 314f.
Chatanika River 315
Chatham Sound 110f.
Chena Hot Springs 313
Chena Hot Springs Road 311f.
Chena Lake Recreation Area 309
Chena River Recreation Area 312f.
Chichagof Island 184f.
Childs-Gletscher 438
Chilkat Bald Eagle Preserve 231
Chilkoot Trail 239f.
Chitina 421ff.
Chuck River Wilderness 209f.
Chugach State Park 401f.
Chukchi Sea 29
Chum 31f.
Circle 318
Circle Hot Springs 313f.
Circle Hot Springs Resort 317f.
Clear 327ff.
Coldfoot 322ff.
Columbia-Gletscher 430
Cook, James 39

Cooper Landing 458f.
Copper Center 420f.
Cordova 433ff.
Craig 150ff.
Cripple Creek Campground 316
Crooked Creek 429

Dall, William H. 23, 41
Dallschafe 23f.
Dalton Highway 321ff.
Davidson Ditch 315f.
Dawson City 266ff.
   Dawson City Museum 270f.
Deadhorse 324, 532f.
Deception Creek 360
Deer Mountain 135
Delta Junction 288ff.
Denali 328ff.
Denali Highway 349ff.
Denali National Park 21
Denali State Park 353ff.
Devil's Pass Trail 446
Dillingham 514f.
Dokumente 69
Douglas 196
Doyon Limited 15
Duncan, William 111
Dutch Harbor 503ff.

Eagle 278ff.
Eagle River Area 403
Eagle Summit 316f.
East Fork River 339
Edgerton Highway 421f.
Eielson Visitor Center 339f.
Einreisebestimmungen 67f.
Eisenhut 35
Eklutna Lake Area 404f.
Eklutna Village 404
Elche 22f., 25
Elfenbein 53
Elfin Cove 186f.

535

Register

Elliott Highway 319ff.
Endicott River Wilderness 210
Erdbeben 12, 43
Erdbeeren 35
Erdhörnchen 25
Erdölförderung 15f., 43f., 48
Erholungsgebiete 56f.
Eroberer 15f.
Ester 310f.
Exit-Gletscher 455f.
Exxon Valdez 28, 43f.

Fähren 72f., 76f.
Fährnetz 122ff.
Fahrräder 77f.
Fairbanks 290f.
   Innenstadt 293ff.
   Universität 297f.
   Alaskaland 298
   Solar borealis 298f.
Fairbanks Exploration Company/Poker Flat 314
Fauna 19ff.
Felszeichnungen 157
Fireweed 34f.
Fischfang 33
Fischindustrie 47
Flohkraut 35
Flora 33ff.
Flüge 71f.
Flugrundreisen 75f.
Flutwellen 13
Forest Service 56
Fort Abercrombie State Park 484f.
Fort Seward 225
Fotografieren 58
Fox 309f.
Fremdenverkehrsämter 71
Frostgrenze 14

Gänse 31
Gänseblümchen 35

Gastfreundschaft 58
Geldwechsel 66
Geologie 9ff.
George Parks Highway 324
Gepäck 68
Giardiasis 70
Giftbeeren 35
Girdwood 407ff.
Glacier Bay National Park 213ff.
Glennallen 418ff.
Gletscher 13f.
Gobbler's Knob 323
Gold Creek 196f.
Goldadler 30
Goldförderung 47f.
Goldrausch 41f.
Goldsuche 59
Golf-Inseln 99ff.
Gracious House Lodge 350f.
Grauwale 28f.
Grizzlybären 20ff.
Gustavus Area 216ff.
Gwaii Haanas/South Moresby National Park Reserve 114f.

Haidas 49f.
Haines 221ff.
Haines Junction 258f.
Halibut Cove 468
Hatcher Pass 378
Hatcher Pass Road 362
Haustiere 21
Healy 327ff.
Heilbutt 32
Hess Creek 322
Hidson Bay Company 40f.
Himbeeren 36
Hirsche 22f.
Holunderbeeren 36
Homer 464ff.
Hope 444f.
Hotels 63

Register

Hundelachs 32
Hundeschlittenrennen 336f.
Hütten 63f.
Hydaburg 153f.
Hyder 142ff.

Iditarod Trail Sled Dog Race 380f.
Independence Mine State Historical Park 362
Indian Creek 406f.
Indianer 36ff.
Informationsmaterial 71
Inuit 19, 23, 38, 49, 52
Inupiak 16, 38

Jagen 59
Johannisbeeren 36
Johnson Pass Trail 444
Jugendherbergen 63, 71
Junction 37, 247
Juneau 188ff.
   Alaska State Museum 191
   Juneau-Douglas City Museum 191f.
   State Office Building 192
   Governor's Mansion 192
   State Capitol 192
   Wickersham-Haus 192f.
   Mount Roberts Tramway 193
   Marine Park 193
   Gastineau-Lachszuchtanstalt 193f.
   Mendenhall-Gletscher 194
   Universität 194
   Alaska-Brauerei 194f.
   Schrein von St. Terese 195f.

Kaisergänse 31
Kajakfahren 61
Kake 170f.
Kaktovik 16
Kalakala 483f.
Kanada-Gänse 31
Kantishna 340

Kanufahren 61, 211
Karibus 23
Kartensymbole 8
Kasilof 464
Katmai National Park 495ff.
Kenai 462ff.
Kenai Fjords National Park 454ff.
Kenai National Wildlife Refuge 459
Kenai Peninsula 441ff.
Kenai Princess Lodge 458
Ketchikan 126ff.
   Im Stadtzentrum 127f.
   Creek Street 129
   Totem Heritage Center 129
   Deer-Mountain-Fischzucht 129f.
   Totem Bight State Historical Park 130
   Saxman 130
   Umgebung 135ff.
Keystone Canyon 425
Killerwale 28f.
King Salmon 498
Klawock 152f.
Kleidung 68f.
Klimazonen 18
Klondike 42
Klondike Highway 240f.
Klondike Loop 263f.
Kluane National Park 259ff.
Kobuk Valley National Park 526f.
Kodiak 335
Kodiak Island 478ff.
Kodiak National Wildlife Refuge 491ff.
Kodiak-Braunbären 22
Koima 16ff.
Kolonialismus 38ff.
Königslachs 31f.
Kootznahoo Inlet 211f.
Kotzebue 524ff.
Krankenhäuser 70f.
Kreditkarten 66
Küchengeschirr 69
Kupreanof Island 166f.

537

Register

Labrador-Teepflanze 35
Lachs 31f., 64f.
Lake Clark National Park 494f.
Ländereien 15f.
Landwirtschaft 47
Lawinengebiete 378
Lebenshaltungskosten 46
Lebensmittel 64
Le-Conte-Gletscher 167
Lichtnelken 35
Lopez, Barry 24f.
Luchse 26f.
Lupinen 35

Mackenzie, Alexander 40
MacLaren 351
Manatuska Valley 363
Manley Hot Springs 319ff.
Masken 53
Maßeinheiten 67
Matanuska-Gletscher 418f.
McCarthy 422f.
McCarthy Road 422
McNeil River State Game Sanctuary 500f.
Meerestiere 33
Metlakatla 111f.
Metlakatla (Annette) 139ff.
Midnight Dome 271f.
Mietwagen 72
Miles Canyon 250ff.
Miles-Gletscher 438
Militärstützpunkte 42
Million Dollar Bridge 436ff.
Minke-Wale 28f.
Misty Fjords National Monument 138f.
Mitternachtssonne 18f.
Mohnblumen 35
Moose Trail 447
Moränen 14
Moschusochsen 26
Mount Eyak 438
Mount Roberts 196

Mount Spurr 13
Mountainbiking 58
Muldrow Glacier 340
Murie, Adolph 24
Murmeltiere 25

Nagetiere 25
Naha River 136
Naikoon Park 115
Naknek 498
Nanaimo 99f.
Nancy Lake Recreation Area 361ff.
Nationalparks 55f.
Naturschutzgebiete 15f.
Nelkenwurz 35
Nenana 324ff.
Niederschläge 16ff.
Nikolski 509
Ninilchik 464f.
Noatak National Preserve 526ff.
Nome 520ff.
Nordlicht 19
Nordwestpassage 42
North Pole 308f.
Northwest Company 40
Notfälle 69f.
Novarupta 13

Olnes 319
Ölpest 43f.
Ölpreis 48
Orca 28f.
Otterjagd 27f.
Outer Range 337
Ozonrückgang 18

Pack Creek 213
Palmer 365, 413ff.
Papageientaucher 30
Pauschalreisen 73f.
Paxson 352
Pelican 185f.

Register

Pelzhandel 40
Pelzrobben 29
Permafrost 14f.
Permanent Fund 46f.
Petersburg 162ff.
Petroglyphen 157
Pilze 36
Pinnell Mountain 316f.
Point Bridget State Park 197
Port Edward 112
Port Hardy 103
Port Lions 486
Portage-Gletscher 409ff.
Post 66
Potter Marsh Area 405f.
Pribilof Islands 509ff.
Prince of Wales Island 147ff.
Prince Rupert 105ff.
Prince William Sound 12
Prudhoe Bay 532f.

Qiviut 26
Queen Charlotte City 113f.
Queen Charlotte Islands 112ff.
Queen of the North 103f.
Quellen, heiße 61

Rafting 60f.
Rasberry 26
Recreation Areas 56f.
Regenmengen 17
Regenwälder 33f., 118ff.
Reiseapotheke 69
Reiserouten 74ff.
Reiseschecks 66
Rennell Sound 116f.
Rentiere 23
Restaurants 64
Resurrection Pass Trail 445f.
Richardson Highway 420f.
Rittersporn 35
Rohstoffe 47f.

Rosen 35
Rotlachs 31f.
Round 29
Rundflüge 61f.
Rundreisen 75
Russisch-Amerikanische Gesellschaft 40f.

Sable Pass 339
Sandspit 114
Schafgarbe 35
Schecks 66
Schellfisch 32f.
Schierlingstanne 35
Schmelzprozeß 13
Schneefall 16f.
Schneegänse 31
Schneehasen 26f.
Schneehühner 31
Schutzgebiete 55f.
Schwarzbären 27
Schwarzwedelhirsche 27
Seattle 79ff.
  Pike Place Market 79f.
  Stadtzentrum 80f.
  Karte 81
  Nordwestlich des Stadtzentrums 82f.
  Nördlich des Stadtzentrums 83
  Südlich des Stadtzentrums 83f.
Seeadler 29f.
Seelöwen 28
Seeotter 27f.
Seldovia 468ff.
Seward 446ff.
Seward, William H. 41, 449
Seymour Canal 212
Shelikof, Gregor 40
Shemya 509
Shuyak Island State Park 485f.
Silberlachs 31f.
Silver Trail 264f.
Sitka 171ff.
  Haus des russischen Bischofs 175

539

Register

Sheldon Jackson Museum 175f.
Sitka National Historical Park 176
   Alaska Raptor Rehabilitation Center 176
   Mount Edgecumbe 176f.
Sitka-Hirsche 27
Skagway 231ff.
   Am Broadway 234
   Abseits vom Broadway 234f.
   White Pass & Yukon Route Railroad 235
Skidegate 113
Soldotna 457f., 460ff.
Sommersonnenwende 18f.
Sportfischerei 33
St. George 511
St. Lawrence Island 524
St. Paul 511
State Parks 56f.
Statehood Act 15
Steese Highway 313f.
Steinbrech 35
Steller, George William 28
Sterling 459f.
Stewart 142ff.
Stewart Crossing 265f.
Stikine River 161f.
Stint 33
Stony Hill 339

Tack's General Store 312
Taiga 34
Takhini Hot Springs 253
Talkeetna 356ff.
Tatshenshini River 221
Taylor Highway 285ff.
Teklanika River Valley 338
Tektonische Platten 12
Telefonieren 66
Temperaturen 16ff.
Tenakee Springs 187f.
Terror Lake 335
Teslin 248

Thomas Bay 167
Thompson Pass 425
Thorne Bay 153f.
Thorofare Pass 339
Three Lakes Recreation Area 166
Tlingits 36ff., 49ff.
Togiak National Wildlife Refuge 514
Toilettenartikel 69
Tok 285ff.
Toklat River 339
Tongass National Forest 124ff.
Tongass National Park 197
Top of the World Highway 273ff.
Totempfähle 53
Tourismus 48f.
Tow Hill 115f.
Tracy Arm-Fords Terror Wilderness 207ff.
Treibhauseffekt 17f.
Trompetenschwäne 30f.
Tsimshians 49f.
Tsunamis 13
Tundra 34
Turnagain Arm Trail 406
Turnagain Pass 378, 444

U.S. Fish and Wildlife Service 57
Überfischung 28
Umweltschutz 57
Unalaska/Dutch Harbor 503ff.
Unterkühlung 69f.
Ureinwohner 16

Valdez 413f., 424ff.
Valdez-Gletscher 431
Vancouver 88ff.
   Westliches Stadtzentrum 88
   Stadtzentrum 88ff.
   Nördliches Stadtzentrum 90f.
   Universität und Museen 91f.
   Howe Sound 92ff.
Vancouver Island 94ff.
Vancouver, George 39f., 99

Register

Veilchen 35
Verwaltung 44
Victoria 96ff.
   Stadtzentrum 96f.
   Craigdarroch Castle 97
   Butchart Gardens 98
Vogelbeobachtung 30
Vorfahren 36ff.
Vulkane 12f., 495

Wacholderbeeren 35f.
Währung 65f.
Wälder, boreale 34
Wale 28f.
Walrosse 29
Walrus Island State Game Sanctuary 515f.
Wapitihirsche 25f.
Ward Lake 135
Wasilla 362ff.
Wasser 70
Wassersport 60f.
Watson Lake 244ff.
Weißkopf-Seeadler 29f.
Weißschwanzadler 30
Wendekreis, nördlicher 18
West Chichagof-Yakobi Wilderness 186
Wetterlage 16ff.
White Mountain Trail 319f.
Whitehorse 248ff.
Whittier 407, 411ff.

Wickersham Wall 340
Wildtiere 21
Willow 360
Wilson Creek Recreation Area 360
Windsurfen 61
Wirtschaft 44ff.
Wölfe 24f., 334
Wolle 26
Wonder Lake 340
Wood-Tikchik State Park 516
Worthington-Gletscher 424
Wrangell 154ff.
   Chief Shakes Island 156
   Wrangell Museum 157
   Mount Dewey 157f.
   Anan Creek 158f.
Wrangell-St. Elias National Park 423f.

Yakataga 12
Yukon 242ff.
Yukon Gardens 252
Yukon Quest International Sled Dog Race 296
Yukon Transport Museum 252f.
Yukon-Charley Rivers National Preserve 284f.

Zeitzonen 67
Zirbeldrüse 17
Züge 76

Die ganze Vielfalt Nordamerikas

Alle zwei Monate neu:
an Flughäfen, im Bahnhofsbuchhandel
und im gut sortierten Zeitschriftenhandel.
www.america-journal.de